Richtet nicht!
Vergangene Gegenwart

Wiederum sah ich alles Unrecht an,
das unter der Sonne geschieht,
und siehe, da waren Tränen derer,
die Unrecht litten und keinen Tröster hatten.
Und die ihnen Gewalt antaten,
waren zu mächtig,
sodaß sie keinen Tröster hatten.

Pred 4,1

Siehst du, wie im Lande der Arme Unrecht leidet
und Recht und Gerechtigkeit
zum Raub geworden sind,
dann wundere dich nicht darüber;
denn ein Hoher schützt den andern,
und noch Höhere sind über beiden.

Pred 5,7

quia curare volo,
non accusare –
denn ich will heilen,
nicht anklagen.

Augustinus

Für meinen verstorbenen Freund,
Michael Longard,
Gefängnisseelsorger in Berlin.
Eugen Drewermann

EUGEN DREWERMANN

Richtet nicht!

Strafrecht und Christentum

Band 1
Vergangene Gegenwart

Patmos Verlag

VERLAGSGRUPPE PATMOS

PATMOS
ESCHBACH
GRÜNEWALD
THORBECKE
SCHWABEN
VER SACRUM

Die Verlagsgruppe
mit Sinn für das Leben

MIX
Papier aus verantwortungsvollen Quellen
FSC® C014496

Für die Verlagsgruppe Patmos ist Nachhaltigkeit ein wichtiger Maßstab ihres Handelns. Wir achten daher auf den Einsatz umweltschonender Ressourcen und Materialien.
Klimaneutral gedruckt.

Verlagsgruppe Patmos in der Schwabenverlag AG, Ostfildern
www.patmos.de

Umschlaggestaltung: Finken & Bumiller, Stuttgart
Umschlagabbildung: Detail aus Giovanni Francesco Barbieri (genannt Guercino), Die Ehebrecherin, 1621, Dolvi Spice Gallery London
Gestaltung, Satz und Repro: Schwabenverlag AG, Ostfildern
Druck: GGP Media GmbH, Pößneck
Hergestellt in Deutschland
ISBN 978-3-8436-1214-2 (Print)
ISBN 978-3-8436-1220-3 (eBook)

Inhalt

»Ans Kreuz mit ihm« (Joh 19,14) oder: Ändert die Welt

Die ihn hingerichtet sehen wollten, wähnten sich im Recht. Sie glaubten, damit Gott zu dienen. Ihrem Gott, im Gegensatz zu seinem. Der Unterschied war eklatant; er stellte sich in ihren Augen dar als Wahl zwischen Recht und Ordnung oder Anarchie und Chaos, zwischen Gerechtigkeit vor dem Gesetz oder Großzügigkeit nach eigenem Ermessen, zwischen einem verbindlichen Regelwerk für alle oder einem Freibrief individueller Ausnahmen von Fall zu Fall. In seinen Augen war es eine Wahl zwischen Gesetz und Gnade, zwischen Verurteilen und Verstehen, zwischen Strafen und Vergeben. Was gilt? Was sollte gelten?

An dieser Frage schieden sich und scheiden sich damals wie heute die Geister; doch ist sie's wirklich wert, die eigene Existenz dafür aufs Spiel zu setzen? Der Mann, auf den das Christentum sich gründet, meinte: Unbedingt! Denn woraus lebt ein Mensch? Er braucht den Atemwind der Freiheit; er läßt sich nicht einengen in den Fesseln fertiger Reglements und gußeiserner Satzungen; er darf die eigene Verantwortung nicht delegieren an ein Netzwerk fremder Anordnungen und Verordnungen. »Durch sein Leiden und Sterben am Kreuz hat er die Welt erlöst«, lehrt das christliche Glaubensbekenntnis.

In der Tat: Erlösen wollte Jesus die Menschen seiner Zeit und aller Zeit von einer Welt der Angst und Schuldgefühle, der Nicht-Berechtigtheit und steten Leistungsforderung, der Abgelehntheit und der Selbstpreisgabe, der Außenlenkung und Entfremdung, der Doppelbödigkeit und Unaufrichtigkeit, mit einem Wort: von der Tragik und dem Unglück jenes Grundgefühls, nicht sein zu dürfen außer durch die prompte Einhaltung bestimmter sozialer Normen und durch die Darbringung gesellschaftlichen Nutzens. In Jesu Nähe sollten Menschen sich zum Dasein zugelassen fühlen, als akzeptiert, erwünscht, gemocht; in seinen Worten sollten sie etwas vernehmen, das die umgebende Natur in der Stringenz ihrer Gesetze ihnen ebenso wenig sagen kann wie die Gesellschaft und Kultur, der sie entstammen: »Du bist, weil ich dich liebe; nur diese Liebe ist der hinreichende Grund dafür, daß es dich gibt; alle ursächlichen Zusammenhänge der Natur bedingen allenfalls gewisse unerläßliche Voraussetzungen deines Daseins, dich aber liebe ich bedingungslos und absolut dafür, daß es dich gibt, einfach weil es dich gibt. Dies sei daher fortan dein Selbstgefühl: In meiner Liebe lebst du leicht und unbelastet, befreit von allen Selbstvorwürfen und Infragestellungen.« Die Stimme, die so spricht, jenseits aller Natur, jenseits jeder Gesellschaft, ist selber absolut und unbedingt, sie ist in Jesu Mund die Stimme Gottes.

Ein solches Wort des Göttlichen zu jedem Menschen wollte Jesus sein; in seiner Art zu leben und zu wirken trachtete er es zu verkörpern; wo er war, bildete sich eine Stätte von Vertrauen und Geborgenheit, und seine Worte, seine Hände legten sich begütigend und lindernd auf den Kummer und das Leid der Seele wie des Körpers all der Menschen, die sich an ihn wandten. Denn dies war seine feste Überzeugung: Menschen können nur richtig leben im Einklang mit sich selbst. Wie denn soll stimmen, was sie tun, wenn sie sich selber nicht gehören? Wenn sie sich selbst kaum kennen, weil sie nie sein durften, was ihnen innerlich entsprochen hätte? Wenn sie sich zu verhalten hatten entsprechend den Verhältnissen, die sie wie schicksalhaft umgaben? Eine gestohlene Kindheit, ein erpreßtes Erwachsenseinmüssen, ein Zerrissensein zwischen Sehnsucht und Zwang, – auf der Flucht hinein in die Nötigungen der anderen, auf der Flucht zugleich weg von den Überforderungen der anderen, nirgends zu Hause, nicht draußen, nicht drinnen ... Zu solchen sprach Jesus, sie sollten kommen zu ihm, denn was er ihnen bringe, sei leicht zu tragen und beglückend (Mt 11,28–30)[1]. Für diese Ausgesetzten und Ausgeplünderten trat Jesus ein. Denn in der Leere ihres Herzens fand er das notvolle Verlangen nach jener unbedingten Liebe, die nur in Gott wohnt, jenseits dieser Welt, doch unentbehrlich, um inmitten dieser Welt sich selbst zu finden und nicht wieder zu verlieren. Im Namen Gottes glaubte Jesus unendlich viel mehr an jeden Einzelnen, der zu ihm kam, als dieser an sich selber jemals hätte glauben können. Für ihn ging es nicht anders: Er wurde radikal. Er wurde revolutionär.

Denn so sah er die Welt: nicht länger aus der Sicht der Arrivierten und Etablierten, sondern aus der Perspektive der Entfremdeten und Ausgestoßenen, der sich Verlierenden und Fallengelassenen, der Ver-

1 Vgl. E. DREWERMANN: Das Matthäus-Evangelium, II 207–213: Mt 11,25–30: Einladung und Dankbarkeit.

irrten und Verwirrten. Auf dem Bodensatz jeglicher menschlichen Not entdeckte er die so oft verleugnete, oft gar verbotene Notwendigkeit der Gnade. Und gerade dieser Glaube an eine Güte, grundlos, von Grund auf, den Abgrund unter unseren Füßen schließend, erwies sich als gefährlich für die Grundsätze der bürgerlichen Ordnung. Der Konflikt war notwendig; er ließ sich nicht vermeiden.

Verankert in der Tradition von Ethik und Jurisprudenz, stützt sich das Weltbild aller ordentlichen, angepaßten Bürger auf zwei einfach scheinende Gewißheiten: 1) der Mensch ist frei, zu wählen zwischen Gut und Böse; und 2) was gut und böse ist, besagen die Gesetze, die entweder Gott (Jahwe am Sinai, Allah im Koran), ein göttlicher Kulturheros (*Osiris*, *Gilgamesch*, *Prometheus*), ein Herrscher in geschichtlichen Zeiten (*Hammurapi*, *Solon*, *Lykurg*, *Augustus*, *Karl der Große*, *Napoleon*) oder der Wille des Volkes (*Kleisthenes* um 508 v.Chr., die Bill of Rights 1776) festgelegt und öffentlich zu wissen kundgetan haben. Diese Gesetze regeln das Zusammenleben aller, die sich der jeweiligen Gemeinschaft (der Religion, des Staates, der Kultur) zugehörig fühlen; wer gegen sie verstößt, fügt der Gemeinschaft und der sie tragenden Autorität (des Gottes, des Herrschers, der Verfassung) Schaden zu; deswegen steht er in der Pflicht, den entstandenen Schaden entsprechend seiner Größe wiedergutzumachen. Da er als Täter für frei gilt, hat er bewußt und willentlich in der Wahl zwischen Gut und Böse sich offenbar für das Böse entschieden; deswegen ist er nicht nur haftbar für die Folgen seines Tuns, er ist vor allem schuldig als Urheber seiner Tat; nach Maßgabe des Rechts gehört er dafür bestraft. Gesetze, die sich straffrei übertreten lassen, besitzen keinerlei Rechtswirksamkeit; in Geltung sind sie nur als strafbewehrt, und um so strenger muß die festgelegte Strafe ausfallen, als das Gesetz, das übertreten wurde, an Bedeutsamkeit besitzt.

Einander gegenüber stehen also die einzuhaltenden Bestimmungen der Gesetzesvorschriften und das Tun des Straftäters, und aus dieser Beziehung ergibt sich mit der Schwere der Schuld auch die Schwere der Strafe. Die Göttin der Gerechtigkeit trägt (seit dem 16. Jh.) eine Augenbinde: sie achtet nicht auf die Person des Täters, sie wägt auf ihrer Waage das Gewicht der Schuld, und sie verhängt mit ihrem Schwert die Strafe, sie zu ahnden. Sie selber ist, will dieses Bild besagen, von allem subjektiven Urteil unabhängig; sie achtet nicht des Standes und der Wertschätzung des Täters in der öffentlichen Meinung, sie ist allein am Richtspruch des Gesetzeswortlauts interessiert; sie ist als objektiv, universell und unanfechtbar zu erachten.

Mit dieser Ansicht von »Gerechtigkeit« beruhigt sich das Bewußtsein des loyalen Bürgers. Doch genau gegen diese selbstverständlich scheinende *political correctness* der öffentlichen Meinung und des veröffentlichten Staatsgesetzes richtet sich die Grundeinstellung und die Praxis Jesu, und zwar nicht als das Ergebnis staatspolitischer und rechtsphilosophischer Theorien, sondern auf Grund einer simplen menschlichen Evidenz: Gesetze, die nichts weiter als das äußere Verhalten regeln, können allenfalls ein Stück weit die Symptome der Verstörung im Herzen eines Menschen eindämmen, sie werden der Krankheit tief drinnen niemals Herr werden. Vor allem: wenn wirklich, wie man es in Israel glaubt, der Gott vom Sinai die 613 Gesetze des *Moses* erlassen hat, so liefe es auf ein schlimmes Mißverständnis hinaus, sie rein äußerlich zu nehmen. Gott schaut nicht auf die Hände, sondern in das Herz des Menschen, und was er sagt, läßt sich allein von innen her begreifen. Deshalb formuliert der Mann aus Nazareth in den berühmten Antinomien der Bergpredigt (Mt 5,21–48)[2] sein »Ich aber sage euch« gegen das äußere Gebotsverständnis der Gesetzeslehrer. »Du sollst nicht morden!« – heißt es da zum Beispiel (Mt 5,21). Doch wann beginnt man, einen Menschen umzubringen? Man kann es tun mit Messer und mit Gift, doch was im Vorlauf einer solchen Tat staut sich an Haßgefühlen auf, an Verachtung, an Verwünschungen? Wie geht man mit den eigenen Aggressionen um? – Oder: »Du sollst nicht ehebrechen!« (Mt 5,27) Was ist zu tun, wenn die Verbundenheit eines Paares nach und nach zerfasert und die Gefühle sich umherschweifend auf Wanderschaft begeben? Nur wer im eigenen Herzen Ordnung schafft, kann auch nach außen Ordnung halten. Ordnung im Inneren jedoch kann man nicht mit Gesetzen und mit Strafandrohungen erzwingen, sie kann nur reifen in der Einheit eines Menschen mit sich selbst.

»Wenn euere Vorstellung von Gerechtigkeit sich nicht vollkommen unterscheidet von den Vorstellungen der Thorajuristen, werdet ihr niemals in die Wahrheit Gottes (ins ›Himmelreich‹) eintreten«, erklärte deshalb Jesus (Mt 5,20)[3]. Es geht nicht darum, im Namen des Rechts recht zu haben und zu behalten gegen den anderen; was sich von Gott her im »Gesetz« ausspricht, ist die Beauftragung, der Not des anderen hilfreich gerecht zu werden. Denn davon war der Mann

2 Vgl. a.a.O., I 44–69: Von Zwang und Freiheit oder: Gesetz und Evangelium; 448–509: Mt 5,21–5,48: Die Antinomien.

3 Vgl. a.a.O., I 441–447: Mt 5,17–20: Zwischen Gesetzlichkeit und Chaos oder: Die Verbindlichkeit der Freiheit.

aus Nazareth im eigentlichen überzeugt: hilfreich für den am Boden Liegenden ist nicht ein Gott der Strafe – ein solcher kann einen Gefallenen nur vollends bis zum Staub erniedrigen –, aufrichten kann einen solchen allein der Zuspruch einer unbedingten Güte, die ihn versteht und mit ihm geht.

An dieser Stelle ging der Weg, den Jesus einschlug, in die genaue Gegenrichtung zu den Mahnreden seines prophetischen Lehrmeisters *Johannes des Täufer*s am Jordan. Auch dieser suchte die Einhaltung der göttlichen Gesetze zu verinnerlichen, doch geschah das bei ihm in Form eines ethischen Rigorismus im Schatten drohender Gerichtsvisionen: Gott wird, so seine Botschaft, unnachsichtig strafen einen jeden, der sein Leben nicht dramatisch ändert. Ein willentlich abgerungenes Rechtverhalten in Angst und Askese war das, was der Täufer als »Umkehr« verstand. Ganz anders Jesus. Als er sich im Jordan taufen ließ, erzählt die Legende (Mk 1,9–11)[4], sah er den Himmel offen, und er hörte eine Stimme zu ihm sagen: »Du bist doch mein Sohn.«

Jeremia hatte so gedacht, als er von der Notwendigkeit eines Neuen Bundes sprach, den Gott mit seinem Volke schließen müsse (Jer 31,31–34)[5]: solange seine Gesetze nur in Stein gemeißelt in der Bundeslade lägen, blieben sie den Menschen äußerlich, ein Ausdruck furchteinflößender Gewalt und einzuhalten nur in dem Gefüge von Gewohnheit und Gehorsam. Was der Prophet im 6. Jh. v. Chr. als Einsicht aus dem Untergang Jerusalems gewann, läßt sich vor allem psychologisch gut verstehen: Ein Zustand bloßer Heteronomie und Autoritätsabhängigkeit läßt Menschen nicht mit sich zusammenwachsen, er schafft überhaupt erst die Gegensätze und Konflikte zwischen Müssen und Mögen, zwischen Kultur und Natur, zwischen Überich und Es, denen mit dem Zwang eines in sich zerspaltenen moralischen Willens nicht beizukommen ist. Eine Frömmigkeitsform der Einschüchterung und des Schuldvorwurfs tut nicht gut, sie macht krank, sie verschärft den Widerspruch von außen und innen, statt ihn zu lösen; sie erschafft ein unglückliches Bewußtsein zwischen Selbstverachtung und Selbstüberhebung, zwischen Strafangst und Stolz, zwischen Frustration und Perfektionsstreben. Um den Menschen mit sich selber zu versöhnen, muß Gott innerlich, im Herzen

4 Vgl. E. DREWERMANN: Das Markus-Evangelium, I 136–141: Mk 1,9–11: Wie der Himmel sich öffnet.

5 Vgl. E. DREWERMANN: Gedanken des Friedens, nicht des Leidens, 204–228: Ich will mein Gesetz in ihr Herz geben (Jer 30,1–11; 31,23–37).

des Menschen, sich als »Verbündeter« erweisen, das heißt, er muß unmittelbar zugänglich sein, nicht erst erreichbar in den gelehrten Expertisen der Gesetzesinterpreten; er muß als persönlich ansprechbar empfunden werden, und diese persönliche Begegnung zwischen Gott und Mensch darf nicht delegierbar sein an den komplizierten Instanzenzug behördlicher Institutionen. Vor Gott sollte die Eigenständigkeit und Mündigkeit des Einzelnen bestärkt werden, statt daß Gott selber die Funktion der Außenlenkung und der Unterwerfung übernähme. Die zentrale Zuversicht des *Jeremia*, das Grundkonzept des Neuen Bundes, lautete: Gott straft nicht länger, um sein Volk zu züchtigen, Gott wird vergeben alle Schuld (Jer 31,34). Er wird geduldig und begleitend mit uns gehen. Und niemals wird er jemanden verloren geben. »Kann denn«, wird wenig später der *Zweite Jesaja* in gleichem Sinne sprechen, »eine Mutter ihrer Kinder vergessen? Und könnte eine Mutter ihrer Kinder vergessen, – ich, Gott, vergesse dein nimmer!« (Jes 49,15)

In die Fußstapfen dieser Propheten eines Gottes der Güte trat mit Entschiedenheit Jesus, als er das Vertrauen in die absolute Vergebensbereitschaft in den Mittelpunkt seiner öffentlichen Verkündigung stellte. »Kehrt um« (Mk 1,15)[6] – damit verband er nicht länger mehr im Sinn des Täufers strengste Selbstkontrolle in genauer Einhaltung der göttlichen Gesetze, sondern eine Umformung der gesamten Lebensausrichtung von Angst in Geborgenheit, von steter Selbstrechtfertigung durch Opfervorleistungen in die ruhige Zuversicht, vor Gott von Grund auf akzeptiert zu sein, von der furchtsamen Hörigkeit auf den genauen Wortlaut der Gesetzesvorschriften in eine kreative Menschlichkeit im Umgang miteinander. Solange Menschen die Erfüllung äußerer Verordnungen für die Grundlage ihrer Daseinsberechtigung nehmen, werden sie alle Gefühle und Handlungen daraufhin befragen, ob sie mit bestimmten Anordnungen und Handlungen übereinstimmen oder von ihnen abweichen. Nicht wer der Mensch an ihrer Seite ist und wie er sich befindet, steht zur Debatte, sondern allein die Frage stellt sich, wie das, was jemand tut, gesetzlich als geboten oder als verboten zu betrachten ist.

Jede menschliche Beziehung reduziert sich in einer Gesetzesreligion auf diesen verengten Bewertungsmechanismus, und ebenso in

6 Vgl. E. DREWERMANN: Das Markus-Evangelium, I 161–170: Mk 1,14–20: Die ersten Jünger.

der Wahrnehmung gewisser Verfehlungen im Rahmen der bürgerlichen Gesellschaft. Die Beurteilung des beobachtbaren Tuns entsprechend den Regularien aus Ethik und Justiz steht da im Vordergrund, und die Frage nach dem Täter tritt dahinter weitgehend zurück. Der Mensch, der je nach seiner Tat beurteilt wird, ist selber nur noch durch das Okular des vorwerfbaren Fehlverhaltens zu betrachten.

Das aber wurde nun zur Frage Jesu, was wir wirklich wollen: helfen oder verurteilen. Wollen wir über den anderen den Stab brechen, so können wir uns zweifelsohne als die Guten im Kontrast zu jenem Bösen von Grund auf nur bestätigt fühlen: indem wir ihn verurteilen, wenden wir uns von ihm ab und versichern uns gegenseitig, von diesem Verurteilten so weit als denkbar verschieden zu sein. Vor allem: wenn es die Gesetze Gottes sind, nach denen ein solches Urteil zu fällen ist, wird aus Gott selber nach Maßgabe seiner Gerechtigkeit der Trennungsgrund der absoluten Einteilung der Menschen in die Guten und die Bösen. Doch kann das, darf das wirklich sein?

Nach Jesu Meinung sollten wir uns nicht von Menschen, die schuldig geworden sind, abwenden; abkehren sollten wir uns vielmehr von der gesamten Denkweise, die uns gebietet, nach göttlichen Geboten übereinander zu Gericht zu sitzen. Nicht verurteilen sollten wir die Schuldiggewordenen, sondern ihnen beistehen. Denn das allein sei es, was Gott wirklich gebiete. Alle Gebote sonst seien so viel wie die Symptomzusammenstellungen möglicher Erkrankungen, ein diagnostisches Kompendium, um klar zu sehen, woran jemand leidet, ein erster Anhaltspunkt also, entsprechend seinem Leiden seinen Schmerz zu lindern. Vom Strafen sollten wir zum Heilen finden. Das war zentral des Nazareners Botschaft. Doch derart umzudenken ist nicht einfach.

Gewisse Denkschablonen zur Bewertung menschlichen Verhaltens sind allgemein verbreitet und tief eingebürgert; insbesondere in Gesellschaften göttlichen Rechts gelten sie religiös als sakrosankt; in ihnen ist Gott, sein Gesetz und das Zusammenleben »seines« Volkes miteinander sachidentisch. Es kam von daher einem Sakrileg, dem schlimmsten aller denkbaren Verbrechen, gleich, wenn Jesus diese Einheit von Volk und Frömmigkeit, von Staat und Religion, von Moralgesetz und Gottesdienst im Umgang miteinander aufhob. Das gesamte bürgerliche Leben stellte seine Einsicht auf den Kopf, daß vor Gott die so beliebte Einteilung in Gute und in Böse nicht länger mehr in Geltung stehen kann. »Gott läßt die Sonne aufgehen über Gute und Böse, und er läßt es regnen über Gerechte und Ungerechte«

(Mt 5,45).[7] Das waren seine Worte. Die Stacheldrahtverhaue und Gefängnismauern, die Menschen zwischen Freund und Feind und zwischen Bürger und Verbrecher zum Zwecke der verordneten Gerechtigkeit errichten, sind demnach hinfällig unter dem weiten Himmel Gottes, der allen Atem schenkt und Leben gibt. Die Wolken, die dort droben ziehen, die Sterne, die am Himmel wandeln, kennen nicht die Barrieren, die uns die Angst und Enge unseres Herzens als Schutzwall vor einander zu bauen anempfehlen. Sie niederzureißen im Vertrauen auf die Güte Gottes ist das einzige »Gebot«, das in Wahrheit aus all den Gesetzen Gottes spricht. »Liebe Gott mit allen Kräften deiner Seele, und so geh' auf den Menschen an deiner Seite zu« (Mk 12,30; Lk 10,27).[8] Ein ähnlicher Gedanke findet sich zeitgleich wohl auch bei Rabbi *Hillel*, doch da diskutierte man, wer denn »der Nächste« sei, den es zu lieben gelte, – ist das der Volksgenosse oder auch ein Nicht-Israelit, ein Samariter *par exemple* oder gar ein Heide, etwa ein Römer, der schon durch seinen Aufenthalt in Israel den Boden des Gott geweihten Landes verunreinigt?

Keiner der jüdischen Gesetzeslehrer hätte es entfernt auch nur gewagt, den Sperrzaun der Gesetze selber zu durchbrechen, um der Not der Menschen aufzuhelfen. Religion nicht länger mehr als Ethik und als Staats- und Strafgesetz, sondern als Suspension des Ethischen, als Aufhebung des Strafgesetzbuches zugunsten einer hilfsbereiten Suche nach all den Verlorenen, nur so schien Jesus Rettung möglich. – Eigentlich ist diese Wahrheit evident.

Stimmt es denn überhaupt, daß Menschen, die nach Gesetzesmaßstab Böses tun, auch wirklich Böses wollen, – daß sie mithin auch böse sind? Kein Zweifel, was Menschen Menschen antun, kann entsetzlich sein in seiner Grausamkeit, in seiner Hinterhältigkeit, in seiner absichtsvollen Zufügung von Qual und sinnloser Zerstörung; doch alles Böse, das geschieht, hat tiefliegende Ursachen, und wer sich da hineingräbt, dem zerbricht bei seiner Untertagearbeit mit Hacke und mit Schaufel alsbald der leicht geschwungene Richtstock der gesetzlichen Bewertung. Er trifft dort drunten, in den Gebirgsverwerfungen der Seele, unfehlbar *Jeremia* wieder, so wie Jesus ihn verstand: »Gut«, mithin zur Güte fähig, wird ein Mensch niemals durch Aburteilen und Abstrafen; zum Gutsein reift ein Mensch allein

7 Vgl. E. DREWERMANN: Das Matthäus-Evangelium, I 500–509: Mk 5,43–48: Die wahre Gottessohnschaft ist die Feindesliebe.

8 Vgl. E. DREWERMANN: Das Markus-Evangelium, II 284–294: Mk 12,28–34: Welches Gebot ist das wichtigste?

heran in einer Güte, die ihn zweifelsfrei, bedingungslos und nichtambivalent umfängt und die sogar in seiner Schuld sich inniger womöglich noch mit ihm verbunden fühlt denn weniger. »Strafe« – das ist, wenn ein Kind spürt, daß es der Mutter weh getan oder ihr Kummer bereitet hat; dann ist es, wie wenn Wolken sich vor die Sonne schöben und es spürbar kühler wird; Strafe – das ist eine Eintrübung der ungetrübten Einheit, die ein jedes Kind im Grunde mit seiner Mutter sucht. Solche Strafen dienen allein der Klarstellung und der Bekräftigung der Spielregeln, die fairerweise im Zusammenleben gelten. Ein Kind, das diese Regeln wie mit Absicht stört, ist selbst gestört, und diese Störung gilt es zu erkennen und geduldig durchzugehen. Daraus folgt das Entscheidende: Wer Unrecht tut, braucht mehr an Liebe, nicht ein Mehr an Strafe.

Was Jesus mit dieser seiner Ansicht aufhob, weil er es für unbrauchbar, ja, schädlich hielt, war das Prinzip der Entsprechung von Lohn und Verdienst einerseits sowie von Bestrafung und Vergehen andererseits[9]. In der Kulturgeschichte der Menschen ist dieser Schritt einzigartig, ein absolutes Spezifikum und Charakteristikum der Botschaft Jesu, das einen Vorläufer – neben *Jeremia*! – allenfalls in dem griechischen Weisen *Sokrates* findet[10]. Ihn verurteilten im Jahre 399 die Richter von Athen wegen eines vergleichsweise ähnlichen Verbrechens zum Tode; auch er hatte mit seiner Auffassung von Gut und Böse mittelbar die Strafjustiz in Frage gestellt. Denn er lehrte, daß es besser sei, Unrecht zu erleiden als Unrecht zu tun[11]. Wenn es so steht, bestraft jemand, der Unrecht tut, letztlich sich selber; sein Opfer, recht verstanden, muß deshalb keine Wiedergutmachung einklagen, denn das Leid, das sich der Übeltäter selbst zufügt, wiegt schwerer als der Schmerz, den er dem anderen zufügt.

Das paradoxe Theorem des *Sokrates* machte das uralte Prinzip der Strafjustiz logischerweise obsolet und machte seinen Urheber zu einem Staatsfeind Nummer eins. Jesus argumentierte nicht philoso-

9 Vgl. E. DREWERMANN: Von Krieg zu Frieden. Kapital und Christentum, Bd. 3, 434–455: »und vergib uns unsere Schuld, wie auch wir vergeben unsern Schuldnern.« CHRISTOPH TÜRCKE: Jesu Traum, 134.

10 PLATON: Apologie, 39 c – 40 c, Kap. 31, in: Sämtliche Werke, I 29–30: »unmöglich können wir annehmen, der Tod sei ein Übel.«

11 Vgl. PLATON: Gorgias 508 c – 509 c, Kap. 64, in: Sämtliche Werke, I 265: »das größte unter allen Übeln (ist) die Ungerechtigkeit selbst ... für den, der Unrecht tut.« Wenn es sich so verhält, liegt die »Strafe« im Tun selbst und muß nicht von außen per Gesetz verhängt werden. Das Gewissen tritt an die Stelle des Gerichtshofs.

phisch, sondern religiös: Wie könnte Gott denn jemanden, den er doch selbst ins Dasein rief, verloren geben? Er müßte sich dann eingestehen, in seiner eigenen Schöpfung ein Gescheiterter zu sein. Dergleichen ist nicht vorstellbar. Wer Gott verstehen will, meinte Jesus, der sollte ihn sich nach Art eines Hirten vorstellen, der, wenn er abends merkt, daß ihm von seiner Herde wieder mal ein Tier abhanden kam, es suchen geht und, wenn er's findet, auf seinen Armen zu den anderen zurückträgt (Lk 15,1–5)[12]. Niemals wird so ein Hirte glauben, daß sein Schaf sich absichtlich verlaufen habe, – es hat sich verirrt, es hat den Kontakt zu den anderen verloren, das ist alles; »Verlorenheit« meint in der Hirtensprache des Hebräischen genau das, was die Theologen »Sünde« nennen, »Verzweiflung« gibt im Deutschen das Gemeinte wohl am besten wieder[13].

Ein einziges solches Wort bereits verändert alles. Wer von »Vergehen«, »Sünde« oder »Schuld« spricht, verbleibt noch immer in dem Rahmen des Moralischen und des Justiziablen: jemand hat freiwillig Böses verübt, er ist dafür verantwortlich, er kann und muß die Richtung seines Willens ändern, und um ihm das zu zeigen, gilt es, in aller Schärfe die Bestimmungen des Strafgesetzbuches in Anwendung zu bringen. Ganz anders jetzt: Einem »Verlorenen« oder »Verzweifelten« ist nicht mit Vorschriften und Paragraphen beizukommen; was er braucht, ist jemand, der, wie im Gleichnis Jesu, den Weg mit ihm noch einmal nachgeht, auf dem er sich verloren hat. So macht es Gott mit uns, und so sollten auch wir es machen im Umgang mit den Straffälliggewordenen. Was Jesus damit fordert, ist nichts Geringeres als die Beseitigung der allerorten üblichen Praktik, Menschen moralisch zu bemessen und juristisch abzustrafen.

Was umgekehrt ihm unter dem »Reich Gottes« vorschwebte, ergibt sich wie von selber aus der Einsicht in die Gründe des sogenannten Bösen im Herzen eines Menschen. Sie alle haben ihre Ursache in dem Gefühl, als Person nicht, wie notwendig, geliebt zu sein, und sie lassen sich nur beseitigen, indem man sie in allen Negativerfahrungen nach und nach widerlegt. Das »Böse« läßt sich nur beseitigen, indem man es in einer therapeutischen Grundhaltung durcharbeitet oder, besser, überliebt.

12 Vgl. E. DREWERMANN: Das Lukas-Evangelium, II 219–232: Lk 15,1–10: Vom verlorenen Schaf und der verlorenen Drachme oder: Vor Gott kann es nicht sein, daß man etwas verloren gibt.

13 Vgl. SÖREN KIERKEGAARD: Die Krankheit zum Tode, 1. Abschn., A. B. S. 14–17.

Wie das geschehen kann, erläutert Jesus in der Bergpredigt (Mt 5 – 7). Sie wäre gänzlich falsch verstanden, wenn man in ihr, wie es gemeinhin wohl geschieht, eine Art Überethik – ganz im Sinne einer johanneischen Gesetzesradikalisierung – sehen wollte; sie ist in Wirklichkeit das Gegenteil zu aller Ethik, indem sie schildert, wie das Dasein sich verwandelt, wenn es, statt wie bisher von Angst, nunmehr von Zuversicht geprägt wird: es heilt dann wie von einer seelischen Erkrankung, die anders das gesamte Leben in Unentrinnbarkeit gefangen hielte und oft genug sich auch in körperlichen Phänomenen niederschlagen müßte[14].

Gerade so interpretiert der Evangelist Matthäus die Worte Jesu, die er in der »Bergpredigt« zusammengestellt hat und die er umrahmt mit einem zweifachen Hinweis: zum einen auf all die Kranken, die von weither sich zu Füßen Jesu versammeln (Mt 4,23–24)[15], und zum anderen auf die Kette von Heilungen, die sich ereignen, als er vom Berg, der wie ein zweiter Sinai ist, herabsteigt zu den Menschen, die in ihrer Not seiner bedürfen (Mt 8,1–4; 8,5–13; 8,14–17)[16]; an die Stelle furchtsamer Gesetzesstrenge tritt eine Haltung, die den Menschen gut tut und die sie therapeutisch bis in all die psychisch und psychosomatisch bedingten Krankheitsformen der Angst hinein hilfreich und heilsam umgreift. Wer Menschen verstehen und begleiten will, muß aufhören, ihnen ihr Unheil und ihr Unglück, ihr Scheitern und ihr Zerbrechen moralisch auch noch vorzuwerfen und gerichtlich bloßzustellen.

Es ist diese sozusagen ärztliche (»erlösende«) Einstellung, die sich unmittelbar aus dem unbedingten Vertrauen in die Güte Gottes ergibt: So wie das ganze Dasein des Menschen in seinen Händen liegt, so wird es auch in aller Schuld darin geborgen bleiben. Entgegen dem Urteilsspruch der strafenden Gerechtigkeit spricht Gott über denjenigen, der sich vergangen hat, das Wort, das es in keinem Codex von

14 Zum Verständnis der Bergpredigt vgl. E. DREWERMANN: Das Matthäus-Evangelium, I 642–667: Mt 7,24–29: Der feste Grund oder: Die »Moral« der Besitzlosen.

15 A.a.O., I 359–366: Mt 4,23–25: Die Kunde von Gott und die Gesundung der Kranken.

16 A.a.O., II 55–60: Mt 8,1–4: Die Heilung eines Aussätzigen oder: Religion als Integration; S. 61–69: Mt 8,5–13: Der Hauptmann von Kapharnaum oder: Die Frage nach der Universalität des Menschlichen; S. 70–73: Mt 8,14–15: Die Schwiegermutter des Petrus oder: Die heilende Kraft der Einfühlung; S. 74–79: Mt 8,16–17: »Unsere Krankheiten hat er hinweggetragen« oder: Vom Zusammenhang von Schuld und Krankheit.

Gesetzen geben kann: das Wort des Freispruchs, der Vergebung, der neu sich öffnenden Ermöglichung zum Weiterleben, – der Kraft, im Angesicht der Fehlerhaftigkeit und Unvollkommenheit des Daseins überhaupt dies Leben anzunehmen.

Daß Gott vergibt, bedingungslos, weil er um unsere Schwachheit weiß, ist die zentrale Überzeugung der gesamten Botschaft Jesu. »Alles mußt du uns vergeben, weil wir sonst nicht leben könnten«, – so müßte man die Vater-unser-Bitte wohl umschreiben (Mt 6,12)[17]. Und gleichzeitig folgt daraus die unbedingte Bereitschaft, auch untereinander alle Schulden zu vergeben. Wer weiß, daß er nur existiert, weil ihm alles vergeben wurde, der kann nicht, wie der Schalksknecht in dem Gleichnis Jesu (Mt 18,21–35)[18], dem anderen für läppische Beträge an die Gurgel gehen. »Gerecht« ist das Prinzip der Vergebung nicht, es ist im Gegenteil so viel wie ein systematisierter Betrug, wie eine Urkundenfälschung in der Buchführung von Soll und Haben, doch es ist unsere einzig verbleibende Rettung, sollte Gott mit uns ins Gericht gehen, wie Jesus in dem Gleichnis vom ungetreuen Verwalter zum Schrecken aller rechtgesinnten Thorajuristen verdeutlicht (Lk 16,1–9)[19].

Und nicht allein aus der Stellung vor Gott, auch aus dem Verhältnis zueinander ergibt sich die Notwendigkeit der Vergebung. Jene gesetzestreue Spaltung der Menschen in die Guten und die Bösen ist, gelinde gesagt, ein grandioser Selbstbetrug, denn schon im Wurzelwerk der eigenen Motive ist untrennbar das eine mit dem anderen verflochten. Die Saat auf den Halmen vom Unkraut zu säubern, ist ein terroristisches Programm umfassender Zerstörung, das Jesus seinen Jüngern ausdrücklich untersagt (Mt 13,24–30)[20].

Doch die Neigung gerade der »Guten« scheint unausrottbar, ihr ungütiges Gutsein darin auszuleben, daß sie die eigenen Fehler gnadenlos in anderen bekämpfen möchten. Um sich nicht selbst zu hassen, verschieben sie die Aggressionen ihrer verinnerlichten Strafinstanzen auf ihre Gegner, bei denen sie überscharf wahrnehmen, was

17 A.a.O., I 526–535: Mt 6,9–15: Das Vater Unser, S. 530–532: »Und vergib uns unsere Schuld.«

18 A.a.O., II 443–458: Mt 18,15–35; 9,1–2: »Wie ich mich deiner erbarmt habe« oder: Wovon die Menschen leben.

19 Vgl. E. DREWERMANN: Das Lukas-Evangelium, II 258–274: Lk 16,1–9: Das Gleichnis vom betrügerischen Verwalter oder: Ein Schuldennachlaß per Urkundenfälschung als verständiger Ausweg.

20 Vgl. E. DREWERMANN: Das Matthäus-Evangelium, II 283–299: Mt 13,24–43: Ausrotten oder Wachsenlassen – was eigentlich macht Gott mit uns?

sie bei sich selber zu sehen tunlichst vermeiden. Den »Splitter im Auge« des anderen herauszuziehen, erspart die Mühe, sich um den »Balken« im eigenen Auge zu kümmern (Mt 7,3–5)[21]. Steckt nicht in all der Selbstgewißheit des Strafens diese Selbstberuhigung des inneren Zwiespalts in der eigenen Seele? Statt das »Böse« in sich selber zu integrieren und zu einer geschlossenen Persönlichkeit heranzuwachsen, setzt eine projektive Verfolgungsjagd ein, die sozial wie politisch die Zerspaltenheit untereinander in immer fatalere Konsequenzen treibt. »Richtet ihr überhaupt nicht«, dieser Satz, auf den die Bergpredigt wie auf ihren abschließenden Höhepunkt hinausläuft (Mt 7,1–2)[22], bietet die einzig denkbare Rettung aus dem selbstgeschaffenen Dilemma aller Strafjustiz.

Was Jesus damit allerdings riskiert, liegt auf der Hand. Er hebt, wie er betont, den Sinn der Gesetze nicht auf, er schafft vielmehr überhaupt erst die Voraussetzung dafür, daß Menschen auch in moralisch-juridischem Sinne sich normengerecht verhalten, also von innen her »gut« sein können (Mt 5,17–18)[23]; aber der Vorwurf der Anklage, das vernichtende Urteil über das Gesamtkonzept seiner Art von Gottesverkündigung meldet sich augenblicklich auf seiten der Schriftgelehrten und der Sadduzäer zur Stelle. Das Markus-Evangelium ist gerade erst drei Kapitel alt, da steht es den politischen wie religiösen Instanzen fest: er muß verrückt sein oder vom Teufel besessen, er gehört, mit einem Wort, in die geschlossene Abteilung einer Psychiatrie oder aber gleich auf den Scheiterhaufen (Mk 3,6.21–22)[24]. Auch Jesus selber erklärt, daß das, was er bringt, eine radikale Neuerung darstellt, die sich nicht durch Flickschusterei mit dem Althergebrachten verbinden läßt (Mk 2,21–22)[25], eine Revolution, nicht des gewaltsamen Umsturzes, sondern eines ebenso sanften wie folgenschweren Umdenkens.

Wer irgend beginnt, die Welt zu sehen mit Jesu Augen, dem erscheint hohl und morsch, was da so prall und prachtvoll zwischen Thron und Tempel, zwischen Herrschermacht und Religion den Bür-

21 A.a.O., I 579–591: Mt 7,1–5: Richtet nicht!

22 A.a.O., I 579–591.

23 A.a.O., I 441–447: Mt 5,17–20: Zwischen Gesetzlichkeit und Chaos oder: Die Verbindlichkeit der Freiheit.

24 Vgl. E. DREWERMANN: Das Markus-Evangelium, I 280–294: Mk 3,1–12: Die Starrnis des Herzens und die Erlaubnis zum Guten; S. 311–321: Mk 3, 20–35: Vom Mut zur Freiheit.

25 A.a.O., I 247–267: Mk 2,18–22: Die Hochzeitsgäste fasten nicht oder: Von altem und neuem Wein.

gern wie den Gläubigen an Rechten und Gesetzen dargeboten wird. »Der ist des Todes schuldig.« Wie häufig fand und findet sich der Satz in den Strafgesetzbüchern antiker wie moderner Staaten! »Der wird mit Kerkerhaft nicht unter soundsoviel Jahren belegt.« Wer gibt den Richtern in der Amtstracht ihrer Roben die Legitimation, mit Menschen derart zu verfahren? Der Staat, dessen Diener sie mit ihrer »Rechtsprechung« sind, hat ihnen die Befugnis erteilt, doch woher bezieht der Staat das Recht dazu? Im Alten Orient von der Gottheit, die in dem Herrscher erscheint und als deren Sohn dieser gilt. Doch eine solche Gottheit dient allein der Ideologie des Machterhalts der Herrschenden. Gott sollte nicht dazu herhalten, Menschen in uniforme Untertanen zu verwandeln, er sollte ihnen die Kraft verleihen, sich aus dem Pulk der Menge herauszulösen und sich als Individuen, als Einzelne mit einer eigenen Beauftragung in ihrem Leben und mit einer eigenen Verantwortung für sich selber, als unvertauschbare Personen, im Gegenüber Gottes – gerade nicht der Allgemeinheit in Staat, in Kirche und Gesellschaft – nach Art der biblischen Propheten zu riskieren. »Man muß Gott mehr gehorchen als den Menschen« (Apg 5,29).[26]

Dieser Satz des Petrus vor dem Hohenpriester zeigt überdeutlich, wohin die Gesinnung Jesu diejenigen führen wird, die ihm nachfolgen. »Sie werden euch vor Gericht stellen und euch aburteilen«, stellt er ihnen in Aussicht (Mt 10,17–19)[27] und nennt gleichwohl glücklich all diejenigen, die um seinetwillen Verfolgung leiden (Mt 5,10)[28], als sei diese Tatsache selber ein Wahrheitsbeweis für die Richtigkeit ihrer Lebensform. Was Jesus bringt, ist ein »Schwert«, das all die tradierten Ordnungen auflöst (Mt 10,34)[29]. Der Konflikt auf Leben und Tod um ein menschenwürdiges Leben in Freiheit, Achtung und Selbstbestimmung ist unvermeidlich.

Was die Schriftgelehrten in den Tagen Jesu als einen unverzeihlichen Affront und einen tödlichen Skandal erlebten, bestand in gleich zwei Grenzüberschreitungen. *Zum einen* erlaubte sich Jesus in prophetischer Kraft, das Gottesbild aus seinem patriarchalisch-autoritä-

26 Vgl. E. DREWERMANN: Die Apostelgeschichte, 262–280: Apg 5,12–33: Heilung und Widerstand oder: Man muß Gott mehr gehorchen als den Menschen.
27 Vg. E. DREWERMANN: Das Matthäus-Evangelium, II 157–166: Mt 10,16–25: Der unvermeidbare Widerspruch oder: Prophetenlos.
28 A.a.O., I 367–427: Mt 5,1–12: Die Bergpredigt und die Seligpreisungen, S. 420–427: Glücklich die Verfolgung leiden um des rechten Lebens vor Gott willen, denn ihrer ist das Königreich der Himmel.
29 A.a.O., II 167–174: Mt 10,26–36: Trotz allem: Fürchtet euch nicht.

ren Rahmen zu lösen und damit die Worte des Gesetzes in das Vertrauen einer unbedingten (maternalen) Güte zu stellen[30]; wie in den Tagen des *Jeremia* sollte Gott wieder beginnen, unmittelbar den Menschen ins Herz zu reden; die kasuistischen Kommentare der Rabbinen mit ihren endlosen Komplikationen und immer ausgedehnteren Weisungsabhängigkeiten erschienen nicht länger als Vermittlung zu Gott, sondern als Verhinderung der Gottunmittelbarkeit eines jeden Einzelnen. Und *zum zweiten* bedeutete dieser Schritt einen klaren Bruch mit der fest eingerichteten Gesetzestradition, die historisch zwar erst im und nach dem babylonischen Exil im 6. Jh. ausformuliert worden war, doch in jedem Jota als das Wort Gottes, durch *Moses* vermittelt, zu gelten hatte. Wer gegen diesen Kern des jüdischen Selbstverständnisses verstieß, verdiente als Anti-Moses, als Lügenprophet und als Diener des Teufels verurteilt zu werden. Das alles sind denn auch die Anklagepunkte, die im Prozeß gegen Jesus vorgebracht werden[31].

Und ein noch »Schlimmeres«, Aufrührerisches lag darin: die entschiedene Verneinung der Heilsbedeutung des Tempels und der sadduzäischen Priesterschaft. Ein Gott, der keine Opfervorleistungen will noch braucht, um die Schuld der Menschen zu vergeben, benötigt keine Priester, die in einem geweihten Bezirk bei besonderen

30 Vgl. ERICH FROMM: Die Entwicklung des Christusdogmas, in: Gesamtausgabe, VI 36: »Es ist der Haß des *am-haarez* (sc. des »Volks vom Lande«, der Ungebildeten, d.V.) gegen den Pharisäer ... Mit diesem Haß gegen die geistlichen und sozialen Autoritäten, dem Haß der Brüder gegen den Vater, hängt aufs engste ein wesentlicher Zug der sozialen und psychischen Strukturen des Urchristentums zusammen: ihr demokratischer, brüderlicher Charakter. War die jüdische Gesellschaft jener Zeit charakterisiert durch einen alle gesellschaftlichen Beziehungen erfüllenden extremen Kastengeist, so ist die urchristliche Gemeinde eine freie Brüderschaft des armen Volkes, sie ist gleichgültig gegen Institutionen und Formeln.« S. 68: »Der Katholizismus bedeutete die verhüllte Rückkehr zur Religion der großen Mutter, als deren Besieger Jahwe auf den Plan getreten war. Erst der Protestantismus greift wieder auf den Vater-Gott zurück, er steht am Beginn einer gesellschaftlichen Epoche, die eine aktive Haltung der Massen zuläßt, im Gegensatz zur passiv-infantilen des Mittelalters.« – Wir werden das Strafrecht des Mittelalters noch als eine extrem paternal-autoritär fixierte Machtdemonstration kennenlernen, und es bietet die Herleitung des Christusbildes aus Klassenkonflikten eine gewisse historische Plausibilität bezüglich der Lehrentwicklung der frühen Kirche; doch unsere Frage gilt nicht der Gruppe, in der die Botschaft Jesu jeweils weitergegeben wurde, sondern dem Inhalt dieser Botschaft: was sagt er uns – heute!

31 Vgl. E. DREWERMANN: Das Markus-Evangelium, I 45–80: Der Tod des Gottessohnes als Kaufpreis des Menschenlebens; II 624–648: Mk. 15,20 b–41: Die Kreuzigung oder: Warum der Messias sterben mußte.

Anlässen nach gewissen kultisch korrekt einzuhaltenden Ritualvorschriften und Gebeten Tiere schlachten, um mit ihrem Blut eine ewig zürnende Gottheit von Augenblick zu Augenblick zu versöhnen. In Jesu Augen sind die Priester nicht nur überflüssig, sondern schädlich: Es muß sie nur solange geben, als sie die Angst der Menschen vor Gott ausbeuten und verwalten können; solange es die Priester gibt, kann es nicht, darf es nicht jenes kindliche Vertrauen geben, das Jesus lehrte und verkörperte. Zudem setzen die Priester in jeder Religion sich selbst und ihr Expertenwissen absolut: nur *ihre* Formeln bringen Heil und Segen, alle anderen Kult- und Religionsformen sind unter Androhung göttlichen Zornes zu verwerfen. So waren nach der Wiedereinrichtung des Tempels im 5. Jh. v. Chr. unter *Esra* und *Nehemia* die Samaritaner kategorisch aus dem israelitischen Kultverband ausgeschlossen worden. Es ist ein durch und durch antiklerikales Gleichnis, wenn Jesus in der Geschichte von dem barmherzigen Samariter schildert, wie ausgerechnet ein solcher Samariter Gott findet, indem er einem Schwerverletzten am Wegesrand aufhilft mit allem, was er kann, während ein Priester und ein Levit schon aus Reinheitsgründen an ihm vorübergehen (Lk 10,30–37)[32].

Zudem ist der Jerusalemer Tempel nicht nur das Zentralheiligtum jüdischer Frömmigkeit, er ist auch die Zentralbank, in der die Tempelsteuergelder aus der gesamten jüdischen Diaspora zusammenfließen. Die Angstbindung der Gläubigen an die Priester erweist sich für diese als höchst profitabel. Was also will und meint man da – Gott oder Geld? Da müßte man sich wohl entscheiden (Mt 6,24)[33]. Als Jesus sieht, wie es im Tempel zugeht, folgt er ein zweites Mal seinem Vorbild *Jeremia*, der den Tempel eine Räuberhöhle genannt hatte (Jer 7,1–15): Im Tempelvorhof wirft er die Geldwechsler und Opfertierhändler hinaus (Mk 11,15–19)[34]. Alles, was die Hohenpriester da treiben, verfälscht Gott, – es gehört abgeschafft. Wenn es noch eines Grundes für die Hüter tradierter Frömmigkeit bedurft hätte, Jesus aus dem Weg zu räumen, – spätestens mit dem demonstrativen und provokativen Akt der Tempelreinigung war für sie das Maß voll. Ihr

32 Vgl. E. DREWERMANN: Das Lukas-Evangelium, I 755–777: Lk 10,25–37: Das oberste Gebot und das Gleichnis vom barmherzigen Samariter oder: Von Gottes- und von Menschenliebe.

33 Vgl. E. DREWERMANN: Das Matthäus-Evangelium, I 559–570: Mt 6,24: Gott oder Geld – eins von beiden.

34 Vgl. E. DREWERMANN: Das Markus-Evangelium, II 188–215: Mk 11,12–26: Zwischen Glauben und Geschäft – die Tempelreinigung und der verdorrte Feigenbaum.

Entschluß stand fest. Das Problem bestand freilich, daß Todesurteile zwar vom Hohen Rat verhängt, doch nur von der römischen Besatzungsmacht exekutiert werden konnten. Und innerjüdische Auseinandersetzungen in religiösen Fragen betrachteten diese Heiden als kaum verstehbar und auch wohl als überflüssig. Man durfte ihnen Jesus nicht als einen religiösen, man mußte ihn als einen politischen Revolutionär präsentieren. Nur wie?

An keiner Stelle der Evangelien wird ein Wort aus dem Munde Jesu überliefert, das gegen die Römer gerichtet wäre oder gar zur gewaltsamen Guerilla gegen sie aufriefe. Wohl befindet sich im Kreise der Zwölf auch ein ehemaliger Bandenkämpfer, *Judas*, der »Eiferer« (Mk 3,18), doch desgleichen hat Jesus mit dem Zöllner *Levi* auch einen aus der Gruppe der bei den Orthodoxen am meisten verhaßten Kollaborateure Roms aufgenommen (Mt 10,3), wie er denn überhaupt als »Freund der Zöllner und Sünder« (Mt 11,19)[35] sich verhaßt und suspekt gemacht hatte.

Eine Frage, die immer wieder in Israel seit dem Einzug des *Pompejus* im Jahre 63 v. Chr. hin und her diskutiert wurde, war das Problem der Erlaubtheit beziehungsweise der Verpflichtung, an den Kaiser Steuern zu zahlen. Mit genau diesem Problem konfrontierten Jesus die Herodianer und die Pharisäer, um daraus eine unentrinnbare Falle zu konstruieren. Vermöchte man ihm die Aussage zu entlocken, man solle getrost dem Kaiser die geforderten Steuern entrichten, so wäre er bei allen messiastheologisch Denkenden im Lande untragbar; ließe er sich hingegen zu der Behauptung verleiten, man müsse um Gottes willen dem Kaiser die Steuern verweigern, so könnte man ihn leichthin als einen gefährlichen Rebellen denunzieren. Jesus forderte in seiner berühmten Antwort dazu auf, die Steuer sang- und klanglos abzuführen, darüber aber niemals zu vergessen, daß Gott, mehr als der Kaiser sein Bild auf einen Denar, sein eigenes Bild in das Herz eines jeden Menschen geschrieben hat; ihm gehören sie ganz, – politische Herrschaftsverhältnisse sind relativ und ändern daran absolut gar nichts (Mk 11,13–17)[36].

Gleichwohl legte man dem Prokurator *Pilatus* genau dies als Anklage gegen Jesus vor: er habe zum Steuerboykott aufgerufen und

35 Vgl. E. DREWERMANN: Das Matthäus-Evangelium, II 190–198: Mt 11,1–19: Johannes der Täufer und Jesus oder: Von Prophetie und Heilung.

36 Vgl. E. DREWERMANN: Das Markus-Evangelium, II 188–215: Mk 11,12–26: Zwischen Glauben und Geschäft – die Tempelreinigung und der verdorrte Feigenbaum.

überhaupt das ganze Land in Aufruhr versetzt (Lk 23,1)[37]; aus der zutiefst religiösen »Umkehr« der Botschaft Jesu stilisierte man einen politischen Aufruhr. Und man setzte, nicht ungeschickt, dabei auf die Zweideutigkeit der traditionellen Messiaserwartung in Israel. Wer ist er, der von Gott verheißene »Gesalbte«, der kommende »Sohn Davids« (Mk 12,35–37)[38]? Wenn er erscheint, wird er die Römer wie Korn im Mörser mit dem Stößel zermalmen, glauben die einen; wenn er denn käme, unterstrich Jesus bei seinem Einzug in Jerusalem, würde er (nach einer Weissagung aus Sach 9,9–11) alle Kriegswagen verbrennen und alle Bogen zerbrechen, er würde durch Abrüstung Frieden verbreiten (Mk 11,1–10)[39]. Wie also?

In jedem Falle beansprucht jemand, der sich als Wendepunkt in der Religionsgeschichte Israels, ja, damit zugleich in der Religionsgeschichte aller Völker versteht, nichts Geringeres, als ein neuer *Moses*, ein neuer *Elija* (Mk 9,11–13)[40], ein neuer *Jeremia* (Mt 16,14) zu sein. Auch wenn er alle machtpolitischen Implikationen im Erbe des davidischen Königtums mit seinen Großreich-Phantasien ablehnt, läßt sich nicht leugnen, daß er sich geistig als den Mittelpunkt des Volkes Israel und seines Auftrags an die Welt begreift. Mit seiner Botschaft vom »Reich Gottes«, das durch ihn gekommen sei, führt er sich ohne Zweifel selbst als »Herrscher« eben dieses Reiches, mithin als den Messias ein. Und das allein ist es, was man den Römern sagen muß, wenn man ihn auf das Kapitaldelikt – auf Majestätsbeleidigung des Kaisers durch Inanspruchnahme einer angemaßten eigenen Königswürde in einer römischen Provinz – verklagen will.

Hätte Pilatus Jesus wirklich zugehört, so hätte er begreifen können, daß an dem Vorwurf absolut nichts stimmt, – von diesem Mann geht keinerlei Gefahr im Sinne einer bewaffneten Aufstandsbewegung aus, wie sie sich 35 Jahre später im Jüdischen Krieg (68–73 n. Chr.) auf grausame Weise Bahn brechen wird. Er hätte zugleich allerdings auch begreifen müssen, daß die Botschaft vom Reich Gottes dazu bestimmt ist, alle irdischen Machtverhältnisse umzustürzen. Dieser Mann ist für Rom und alle Reiche dieser Welt weitaus gefähr-

37 Vgl. E. DREWERMANN: Das Lukas-Evangelium, II 844–869: Lk 23,1–12: Der politische Prozeß oder: Von Pilatus und Herodes (Antipas).

38 Vgl. E. DREWERMANN: Das Markus-Evangelium, II 295–315: Mk 12,35–37a: Wessen Sohn ist der Messias?

39 A. a. O., II 166–187: Mk 11,1–11: Der Einzug Jesu in Jerusalem.

40 A. a. O., I 586–599: Mk 9,1–13: Die Verklärung Jesu und das Glück des Menschen; S. 600–611: Noch einmal Mk 9,1–13: Die Verklärung Jesu oder: »Es redeten mit ihm Moses und Elias.«

licher, als selbst seine Gegner vermuten. HENRIK IBSEN hatte recht, als er bereits die Antwort Jesu auf die Frage nach der Kaisersteuer als den heimtückischsten Tyrannenmord aller Zeiten bezeichnete[41]. *Bru-*

41 A.a.O., II 247–261: Mk 12,13–17: Das Gespräch über die Steuermünze oder: Der religiöse Realismus Jesu; S. 261–270: Noch einmal Mk 12,13–17: Ist es erlaubt, dem Kaiser Steuern zu zahlen oder: Von der Freiheit eines Christenmenschen. Vgl. ETHELBERT STAUFFER: Christus und die Caesaren, 102–125: Die Geschichte vom Zinsgroschen; DERS.: Die Botschaft Jesu damals und heute, 95–118: Die Politik der Zukunft, S. 108. Kein Geringerer als HENRIK IBSEN: Kaiser und Galiläer, 2. Teil: Kaiser Julian, 3. Akt, S. 212–213, ließ in seinem »welthistorischen Schauspiel« von 1873 den römischen Kaiser *Julian* (»Apostata«, 361–363) zum »Problem« der Christen in ihrem Verhältnis zum Staat sagen: »Kaiser und Galiläer! Wie das Widersprechende vereinen? Ja, dieser Jesus Christus ist der größte Aufrührer, der jemals gelebt hat. Was war *Brutus* – was war *Cassius* gegen ihn? Sie mordeten nur den einen *Julius Cäsar*; aber er mordet *Cäsar* und *Augustus* überhaupt. Oder kann man an einen Ausgleich zwischen Kaiser und Galiläer denken? Ist Raum auf Erden für beide zusammen? Und er lebt auf Erden ... – der Galiläer lebt, sage ich, so gründlich die Juden und die Römer sich auch einbilden, ihn getötet zu haben; – er lebt in dem widerspenstigen Geist der Menschen; er lebt in ihrem Trotz und Hohn gegen alle sichtbare Macht. Gib dem Kaiser, was des Kaisers – und Gott, was Gottes ist! – Niemals hat ein Menschenmund ein mehr hinterlistiges Wort ausgesprochen, als dieses. Was steckt dahinter? Was und wieviel kommt dem Kaiser zu? Dieses Wort ist wie ein Streitkolben, der die Krone von des Kaisers Haupt schlägt.« Kaiser *Julian* entwickelt sich in Ibsens Drama von einem Anhänger zu einem Verfolger des Christentums, das er – ähnlich wie NIETZSCHE – für einen Verrat an der menschlichen Natur hält: »Die Priester –! Meine ganze Jugend war gleichsam ein beständiges Entsetzen vor dem (sc. christlichen, d.V.) Kaiser *(sc. Constantius II., 337–361, d.V.)* und vor Christus. O, er ist entsetzlich, dieser rätselvolle – dieser schonungslose Gottmensch! Überall, wo ich vorwärts wollte, trat er mir groß und streng in den Weg mit seiner unbedingten, unerbittlichen Forderung ... Ich sollte! Krampfte sich meine Seele in wühlendem, zehrendem Schmerz gegen den Mörder meines Geschlechtes zusammen, so hieß es: liebe deine Feinde! Schmachtete mein schönheitsdürstendes Gemüt nach den Sitten und Bildern der vergangenen Griechenwelt, so brach die Christenforderung in mich hinein mit ihrem: suche das einzig Notwendige! Fühlte ich des Leibes süße Lust und die Begierde nach diesem und jenem, so schreckte mich der Fürst der Entsagung zurück mit seinem: stirb hier ab, um dort zu leben! – Das Menschliche ist etwas Unerlaubtes geworden mit dem Tage, da der Seher von Galiläa das Weltsteuer ergriff. Leben heißt bei ihm sterben. Lieben und Hassen ist sündigen. Hat er denn des Menschen Fleisch und Blut verwandelt? Oder ist der erdgebundene Mensch nicht weiter geblieben, was er war? Unsere gesunde innerste Seele hebt sich dagegen; – und doch sollen wir *wollen*, gerade gegen unseren eigenen Willen! Wir sollen, sollen, sollen!« (Kaiser und Galiläer, 1. Teil: Cäsars Abfall, 5. Akt, S. 115) Daß die Botschaft Jesu gerade die Befreiung von jeglicher heteronomen, repressiven Moral darstellt, ist in der Geschichte der Kirche des 4. Jhs. als Idee und Erfahrung nicht mehr Teil des Glaubens und der Lebensführung. Die Religion des Lichtes, die *Julian* durchsetzen möchte, scheitert jedoch an den Mitteln der Macht und führt nur zu einer inneren Festigung und Sammlung des Christentums. Es bleibt die Sehnsucht nach einer neuen Zukunft jenseits der Widersprüche religi-

tus tötete *Caesar* mit dem Dolch; der Mann aus Nazareth aber stürzt mit diesem einen Wort die Caesaren alle von ihrem Thron: »Gebt Gott, was Gottes ist!« (Mk 11,17) Das heißt, der Kaiser ist kein Gott. – Die frühen Christen, die sich weigern, im reichseinheitlichen Kaiserkult dem römischen Herrscher als einem Gott zu opfern, werden ihr Leben aufs Spiel setzen. Im Grunde weiß das jeder Jude: Man darf den Namen Gottes nicht aufs Wahnhafte heben (Ex 20,7); aber wer hätte dieses Wissen je so sanftmütig-zerstörerisch akzentuiert, wer hätte es je derart souverän gelebt, wie es im Gegenüber Gottes Jesus selbstverständlich war?

Noch anderes, nicht weniger Unglaubliches und Ungeheuerliches, hätte *Pilatus* hören können, als Jesus zu ihm sagte: »Mein Reich ist nicht von dieser Welt« (Joh 18,36).[42] Es ist nicht nur, daß Jesus jede Form gewaltsamer Revolution verabscheut; er sieht nicht, wie der Einsatz militärischer Gewalt jemals dem Frieden dienen könnte. Gewiß, stets führen die Regierenden Krieg unter der Vorgabe, es sei nur dieses Mal noch nötig, im Namen der Humanität, im Kampf gegen die Barbarei, zu den Waffen zu greifen, hernach warte der ewige Friede; doch so ist es nie. Die Blutmühle der menschlichen, unmenschlichen Geschichte dreht sich nur um eine Windung weiter. Der Friede ist kein Ziel, das man mit dem genauen Gegenteil: mit Krieg, erreichen könnte; der Friede ist der Weg, und wer nicht mit ihm anfängt, wird niemals bei ihm ankommen.

Im übrigen gilt das Sprichwort, das Jesus bei seiner Verhaftung im Ölberggarten an einen seiner Jünger richtete: »Wer zum Schwerte greift, wird durch das Schwert umkommen« (Mt 26,52).[43] Alle Gewalt ruft ihren Widerspruch und Widerstand hervor; sie ruft von selber nach der größeren Gewalt, an der sie schließlich selbst zugrunde gehen wird. So dreht die menschliche Geschichte sich wie ein Kreisel, den die Peitsche einer Kinderhand immer von neuem um die eigene Achse rotieren läßt, über den blutbeschmierten Asphalt der Zeit, als gäbe es kein natürliches Ende des Wahnsinns. Jesu Botschaft bedeutet gerade dies: Schluß mit dem Spuk aus wechselseitiger Einschüchterung im Gleichgewicht des Schreckens und stetiger

öser, rechtlicher, moralischer und machtpolitischer Gewalt. Um heilsam zu sein, bedarf es der Heilung von der kirchlichen Verfälschung der Botschaft Jesu und einer entschiedenen Rückkehr zu dem ursprünglich Gemeinten.

42 Vgl. E. DREWERMANN: Das Johannes-Evangelium, II 254–263: Joh 18,28–40 (19,4–16): Pilatus oder: zwischen Macht und Wahrheit.

43 Vgl. E. DREWERMANN: Das Matthäus-Evangelium, III 245–268: Mt 26,1–75; 27,1–66: Der ewige Karfreitag.

Hochrüstung in Bereitschaft immer neuer Kriege. Ein Friede, wie die Welt ihn niemals geben kann (Joh 14,27)[44], geht aus der jegliche Gewalt erübrigenden Einstellung des Mannes aus Nazareth hervor. Es war der Schuldtitel, mit dem man ihn ans Kreuz schlug: »König der Juden« (Mk 15,26)[45]; doch hätte man ihn begriffen, hätte der Titel lauten müssen: »Herrscher der Herzen in Erfüllung der Sehnsucht aller Menschen nach Frieden und Freiheit in der Wirklichkeit Gottes.«

Und dadurch wäre Schluß vor allem mit dem Machtstreben im ganzen. »Wer ist unter uns der Größte?« fragen noch im Abendmahlssaal einander die Jünger. Die Antwort Jesu hat im Lukas-Evangelium den Stellenwert eines Vermächtnisses: »Wer unter euch groß sein will, der sei der Diener aller« (Lk 22,24–26).[46] »Die auf den Thronen sitzen, willküren herab auf ihre Untertanen und lassen sich dafür noch ›Wohltäter‹ nennen. Nicht so bei euch!« konnte Jesus an anderer Stelle sagen (Mk 10,42–45)[47]. O ja, es ist möglich, die Hände nach Weltherrschaft auszustrecken, doch dann muß man die Knie vor dem Teufel beugen und sich vor ihm zu Boden werfen. Machtgier – das ist der wahre Satanskult, so kam es Jesus vor (Mt 4,8–10; Lk 4,5–8)[48]. Die Menschen davon zu befreien und sie zu Individuen zu machen, die sich in Gott selber gehören und nicht länger irgend eines anderen Eigentum in Fremdherrschaft und innerer Versklavung sind, – das war das Ziel seiner heilsamen, den Menschheitswahn der Macht endenden Botschaft vom »Reich Gottes«. Und stimmt es nicht? Was soll das schon für eine »Größe« sein, in der als »Held« gilt, wer im Töten bei sinnlosen Schlachten sich am tüchtigsten hervortut, und in der als eine »Großmacht« diejenige gilt, die ungeheuere Ressourcen, mehr als der Rest der Welt, für Rüstung auszugeben pflegt, bis daß sie über eine unvergleichliche Kapazität

44 Vgl. E. DREWERMANN: Das Johannes-Evangelium, II 134–149: Joh 14,15–31: Von Liebe und Treue oder: Vom »Trost«, der Jesus bleiben wird.

45 Vgl. E. DREWERMANN: Das Markus-Evangelium, II 624–648: Mk 15,20b–41: Die Kreuzigung oder: Warum der Messias sterben mußte.

46 Vgl. E. DREWERMANN: Das Lukas-Evangelium, II 774–781: Lk 22,21–30: Wie man als Jünger Jesus verraten kann oder: Die Rangordnung Gottes.

47 Vgl. E. DREWERMANN: Das Markus-Evangelium, II 129–147: Mk 10,32–45: Das Leid des Menschensohnes oder: Die Regenten der Völker und die Diener Gottes.

48 Vgl. E. DREWERMANN: Das Matthäus-Evangelium, I 325–345: Mt 4,1–11: Der Geist der Wüste oder: Die dreifache Pervertierung des Religiösen; DERS.: Das Lukas-Evangelium, I 210–234: Lk 4,1–13: Die Versuchung oder: Dreimal Nein zugunsten reiner Menschlichkeit, S. 221–229: c) Die Verlockung der Macht.

zum Töten vieler Menschen im Handumdrehen verfügt? Ist sie nicht eher armselig und niedrig zu nennen, weil bereits ihre Aufwendungen nur für Waffen Elend und Tod für ungezählte Hungernde bedeuten? So löst man nicht Probleme, so schafft man sich mutwillig schier unlösbare Katastrophen.

Und warum dies? Des Geldes wegen. Auch dazu hat sich Jesus niemals systematisch, wirtschaftstheoretisch, nach Art etwa des ARISTOTELES geäußert. Aber er hat gewarnt davor, in Geldbesitz nach einer Sicherheit zu suchen, die es im äußeren nicht geben kann (Mt 6,24–34)[49]. Und vollends seine Grundhaltung, Schuld sei nicht einzutreiben, sondern zu vergeben, macht es finanzpolitisch unmöglich, mit Leihgeld aus der Not des Nachbarn durch Zins- und Zinseszinsgeschäfte auf möglichen Gewinn zu spekulieren. Geld ohne Zinsen! Das ganze kapitalistische Wirtschaftssystem bräche zusammen, wenn das gilt[50], und mit ihm der permanente Druck, die eingegangenen unbezahlbaren Schuldverschreibungen mit kriegerischen Raubzügen refinanzieren zu wollen. Kein Krieg, für den der ihn führende Staat sich nicht vorweg durch gigantische Kredite hoch verschulden müßte, in der verbrecherischen Hoffnung, hernach, im Fall des Sieges, den Unterworfenen ein Vielfaches an Geld und Gut auf lange Zeit hin abpressen zu können. Diese gesamte Mixtur aus Macht, Gewalt und Geld, aus Kapital und Krieg und Korruption löste sich auf. Die sogenannte Normalität träte vor aller Augen als das in Erscheinung, was sie ist: als eine Abnormität des Humanen, als ein Räderwerk zur Zerstörung des Menschlichen. Wir hätten es hinter uns. Das scheinbar alternativlose Weiter-so erwiese sich als ein trügerischer und zynischer Verrat an der Wahrheit, die in den Menschen lebt mit dem Verlangen nach Einheit mit sich selbst und mit den anderen, nach Gemeinsamkeit, Gespräch und Verständigung. Frieden ist nicht nur möglich, er ist das Gebot der Stunde, ist doch sein Gegenteil: der Krieg, die Widerlegung alles Menschlichen.

In Jesus versammelt, wie zu sehen, sich mithin der umfassende Widerspruch gegen jedwede staatsgebundene Widerlegung des Humanen. Als Anti-Imperialist, als Anti-Militarist, als Anti-Kapitalist

49 Vgl. E. DREWERMANN: Das Matthäus-Evangelium, I 571–578: Mt 6,25–34: Sorgt euch allein, daß Gott in euch herrscht.

50 Vgl. E. DREWERMANN: Finanzkapitalismus, 133–229: Zins als Schuldgewinn, S. 133–159: Ohne Zins kein Kapitalismus; DERS.: Jesus von Nazareth, 468–502: »Und er rief die Schuldner seines Herrn« (Lk 16,5) – oder: Freiheit vom Zins. Die Lösung des Gordischen Knotens?

ist er im Grunde auch gegen die »Friedenspolitik« von Kaiser *Augustus* und seinem Nachfolger *Tiberius*; doch »Rom« kristallisiert nur die Aufgipfelung des Üblichen, – für alles Weltmachtstreben ist es in der abendländischen Geschichte vorbildlich geblieben, nicht anders als die Prachtentfaltung *Salomos*, die in der Bibel ebenso gerühmt wie kritisiert wird, der aber Jesus rundum eine Absage erteilte (Mt 6,29).

Für *jedes* Machtgebilde stellt der Mann aus Nazareth mit seiner Botschaft vom Reich Gottes deshalb einen unaufhebbaren Kontrast dar. Zu allen Zeiten nötigt er aufs absolute zur Entscheidung: entweder ist er selbst die Wahrheit (Joh 14,6)[51] oder man zieht, wie seinerzeit *Pilatus*, sich ausweichend und achselzuckend auf den Standpunkt eines pragmatischen Agnostizismus zurück und antwortet mit der bekannten Gegenfrage: »Was ist Wahrheit?« (Joh 18,38)[52] Egal, wie man es dann noch dreht und wendet, in letzterem Falle verurteilt man Jesus immer neu zum Tode; und so geschieht es allerorten und zu allen Zeiten, solange sich das Wesen des Politischen nicht ändert. Die »Herrlichkeit«, die sich in Jesu Hinrichtung erweist, überführt die »Welt« der Lüge und der »Sünde« (Joh 16,8–11)[53]; sie ist notwendig das »Gericht« über eben jene Welt, die Jesus hingerichtet hat.

In seinem Roman »Die Dämonen« läßt F. M. DOSTOJEWSKI den Gottsucher und Gottesleugner *Kirillow* diese äußerste Konsequenz aus der Kreuzigung ziehen: »Vernimm einen großen Gedanken! Es war auf der Erde ein Tag, und in der Mitte der Erde standen drei Kreuze. Einer der Gekreuzigten glaubte so fest, daß er zu einem der anderen sagte: ›Heute wirst du mit mir im Paradies sein.‹ Dieser Mensch war das Höchste auf der ganzen Erde. Er bildete das Ziel, zu dessen Erreichung sie leben sollten. Der ganze Planet, mit allem, was auf ihm ist, ist ohne diesen Menschen nichts als ein Wahnsinn. Weder vor Ihm noch nach Ihm gab es einen ebensolchen wie Er. Nie, nie, sodaß es sogar ein Wunder ist ... Wenn dem aber so ist, wenn die Naturgesetze nicht einmal *Diesen*, nicht einmal ihr eigenes Wunderwerk schonen wollten, sondern auch ihn gezwungen haben, inmitten der Verlogenheit zu leben und einer Lüge wegen zu sterben,

51 Vgl. E. DREWERMANN: Das Johannes-Evangelium, II 120–133: Joh 14,1–14: Ich bin der Weg ... oder: Zwischen Angst und Vertrauen.
52 A.a.O., II 254–263: Joh 18,28–40 (19,4–16): Pilatus oder: Zwischen Macht und Wahrheit.
53 A.a.O., II 180–185: Joh 16,5–15: Zwischen Welt und Gott, Schmerz und Glück, Angst und Frieden oder: Die einzig ernstzunehmende Alternative.

dann ist also der ganze Planet nur eine Ausgeburt der Lüge und beruht auf Verlogenheit und dummer Verhöhnung. Also sind auch die Gesetze selbst nichts als Lüge und eine vom Teufel ersonnene Komödie. Wozu soll man also leben? Antworte, wenn du ein Mensch bist?«[54] *Kirillow* folgert, der Mensch müsse sich selber zum Gott machen, indem er die Angst vor dem Tod überwinde; doch wenn es schon klar ist, daß die Gesetze dieser (Menschen)Welt auf Lüge und Gewalt basieren, warum dann nicht Jesus Recht geben und die Angst vor der Nichtigkeit des Daseins im Hintergrund der Unmenschlichkeit im Umgang miteinander im Vertrauen auf Gott überwinden?

Entscheidend ist, daß dieser absolute Widerspruch zwischen dem »Himmelreich« in Jesu Botschaft und den Reichen dieser Welt sich wesentlich aus gerade diesem Vertrauen in einen Gott ableitet, der einen jeden Menschen mit seiner unbedingten Liebe meint und will; ein solcher Gott wird einen Menschen nicht abstrafen, sondern ihm vergeben, und diese Aufhebung der in allen Rechtssystemen gültigen Entsprechung von Lohn und Strafe bildet den Kern des Widerspruches Jesu gegen die Grundlagen aller herkömmlichen staatlichen Verwaltung. *Dafür* wurde er hingerichtet und wird er immer wieder zum Schweigen gebracht werden; notwendigerweise muß er als schlimmste Form von Anomie und Anarchie erscheinen, solange man sich weigert zu begreifen, daß Jesus nicht das friedliche Zusammenleben unter Menschen stören und zerstören mochte, sondern daß er im Gegenteil in Anbetracht der offensichtlichen Friedlosigkeit der Welt zu allererst die Voraussetzung für eine solche Gemeinschaft zu schaffen suchte, indem er die Zwangsordnung von außen mitsamt ihren folgenschweren Verwüstungen durch eine Ordnung aus innen ersetzte. Eine Neuordnung in allem, nicht eine Reform an dieser oder jener Schadstelle in Beibehaltung des Gesamtsystems war seine Botschaft und sein Leben.

Oft wurde überlegt, was bei der Aburteilung Jesu vor 2000 Jahren eigentlich geschah. Liegt hier ein Justizirrtum vor oder ein Justizmord, beantragt von Juden, begangen von Römern? Die Wahrheit ist: beantragt und begangen von uns selbst, die wir den Worten nach Jesus als den Messias Israels bekennen und doch die Welt so lassen, wie sie ist, die wir uns also mit dem Bestehenden stets weiter arrangieren, statt uns dagegen existentiell zu engagieren. Im Rahmen der bestehenden »Ordnung« sahen die jüdischen Priester und Rabbinen

54 FJODOR M. DOSTOJEWSKIJ: Die Dämonen, 3. Teil, 6. Kap., 2, S. 646.

zu Recht in der Botschaft Jesu einen tödlichen Angriff auf ihr Verständnis von Gerechtigkeit und Sühne; ihr ganzes Gottesbild geriet ins Wanken; sie mußten Jesus beseitigen, um nicht von ihm beseitigt zu werden. Und ebenso die römische Provinzverwaltung: sie hätte ihrer eigenen Liquidation zustimmen müssen, wenn sie nicht ihrerseits den Mann aus Nazareth liquidiert hätte. Kein Justizirrtum also, und auch keine Justizmord, vielmehr ein Notwehrurteil zur Erhaltung eben der Welt, die wir kennen. Immer ist da noch ein Einzelner zu opfern für den Erhalt des Volkes (Joh 11,50; 18,14).

Doch seitdem sehen wir klar. Als Jesus starb, erzählt das Matthäus-Evangelium (Mt 27,45.52), bebte die Erde, und die Sonne verfinsterte sich (Mk 15,33)[55]. Wollen wir weiter in dieser Finsternis verharren und das Licht verleugnen, das in ihr erstrahlen könnte (Joh 1,5)[56]? Wollen wir weiter in der Unruhe und Angst der Welt verbleiben (Joh 16,33)[57] oder den Sieg Jesu über diese Welt als die Errettung unseres eigenen Lebens glauben? Wie wir über die Staatsjustiz mit ihrem Strafrecht denken, entscheidet über unser Selbstverständnis. Alles im bürgerlichen Leben steht seit dem Tag von Golgotha in Frage. Nichts mehr ist selbstverständlich, es sei denn jenes unbedingte Vertrauen Jesu in die Güte Gottes, das Jesus uns in seinem Leben und mit seinem Tod zu bringen kam.

Im Kern richtig verstanden hat die Botschaft Jesu FRIEDRICH NIETZSCHE, als er sie gegen die erdrückende Priesterpredigt endloser Schuldgefühle in Schutz nahm. »In der ganzen Psychologie des Evangeliums«, schrieb er, »fehlt der Begriff Schuld und Strafe; desgleichen der Begriff Lohn. Die ›Sünde‹, jedwedes Distanz-Verhältnis zwischen Gott und Mensch ist abgeschafft, – eben das ist die ›Frohe Botschaft‹. Die Seligkeit wird nicht verheißen, sie wird nicht an Bedingungen geknüpft; sie ist die einzige Realität – der Rest ist Zeichen, um von ihr zu reden ... – Die Folge eines solchen Zustandes projiziert sich in eine neue Praktik, die eigentlich evangelische Praktik. Nicht ein ›Glaube‹ unterscheidet den Christen: der Christ handelt, er unterscheidet sich durch ein anderes Handeln. Daß er Dem, der böse gegen ihn ist, weder durch Wort noch im Herzen Widerstand leistet.

55 Vgl. E. DREWERMANN: Das Matthäus-Evangelium, III 245–268: Mt 26,1–75; 27,1–66: Der ewige Karfreitag; DERS.: Das Markus-Evangelium, II 624–648: Mk 15,20 b–41: Die Kreuzigung oder: Warum der Messias sterben mußte.

56 Vgl. E. DREWERMANN: Das Johannes-Evangelium, I 13–29: Joh 1,1–18: »Im Anfang war das Wort.« 1. Teil.

57 A.a.O., II 186–197: Joh 16,16–33: In der Welt habt ihr Angst, doch: besiegt habe ich die Welt.

Daß er keinen Unterschied zwischen Fremden und Einheimischen, zwischen Juden und Nicht-Juden macht (›der Nächste eigentlich der Glaubensgenosse, der Jude‹). Daß er sich gegen niemanden erzürnt, niemanden geringschätzt. Daß er sich bei Gerichtshöfen weder sehn läßt noch in Anspruch nehmen läßt (›nicht schwören‹). Daß er sich unter keinen Umständen, auch nicht im Falle bewiesener Untreue des Weibes, von seinem Weibe scheidet. – Alles im Grund Ein Satz, alles Folgen Eines Instinkts. – Das Leben des Erlösers war nichts anderes als diese Praktik, – sein Tod war auch nichts anderes ... Er hatte keine Formeln, keinen Ritus für den Verkehr mit Gott mehr nötig, – nicht einmal das Gebet. Er hat mit der ganzen jüdischen Buß- und Versöhnungs-Lehre abgerechnet; er weiß, wie es allein die Praktik des Lebens ist, mit der man sich ... jederzeit als ein ›Kind Gottes‹ fühlt. Nicht ›Buße‹, nicht ›Gebet um Vergebung‹ sind Wege zu Gott: die evangelische Praktik allein führt zu Gott.«[58]

Für diese seine »Praktik« ging Jesus in den Tod oder, richtiger, für diese seine Überzeugung brachte man ihn um. Und wie nun? »Denn durch sein heiliges Kreuz hat er die Welt erlöst«? Dieses christliche Bekenntnis kann nur gelten unter der Voraussetzung, daß man Punkt für Punkt die Bedingungen in Frage stellt, unter denen die Aburteilung Jesu möglich war und nach wie vor als unumgänglich praktiziert wird, nicht mehr freilich in einem öffentlichen Spektakel, wie damals, das ist auch gar nicht nötig, wohl aber unauffällig, wie ganz selbstverständlich, systemimmanent. Daß Jesus das Recht aufhob, mit Menschen über Menschen zu Gericht sitzen: im Namen Gottes, im Namen des Gesetzes, im Namen des Volkes, das ist der Grund, daß man ihn für des Todes schuldig sprach. Was also ist so falsch an einer persönlichen Einstellung oder an einer religiösen beziehungsweise staatlichen Einrichtung, die ihre monströse Lebensfeindlichkeit eben dadurch erweist, daß sie die Chance zu einem Leben, wie es Jesus uns zu bringen kam, augenblicks für ein todwürdiges Verbrechen gegen Gott und gegen die Grundlagen eines bürgerlich geregelten Zusammenlebens erklärt? Nichts von dem Hauptanliegen der Botschaft Jesu ist wirklich begriffen, solange es uns nicht gelingt zu zeigen, daß in dem Todesurteil über ihn sich das Prinzip des Richtens selbst zum Tode verurteilt.

Kritisch betrachten müssen wir daher das Institut der Strafjustiz

58 FRIEDRICH NIETZSCHE: Der Antichrist, Nr. 33, in: Götzendämmerung, 185–283, S. 230–231.

als ganzes und uns zugleich an jeder Stelle überlegen, warum und wie seine Vorstellungen im Sinn der Haltung Jesu zu verändern sind. Wieso herrscht offenbar allerorten im Zusammenleben der Grundsatz: »Strafe muß sein«? In welchen Formen werden Strafen verhängt, und was bewirken sie? Wer ist die strafverhängende (legislative) und strafausübende (exekutive) Instanz, und woher nimmt sie die Normen ihrer Entscheidungen? Wir sind geneigt, unser heutiges System der Gefängnisstrafe als einen humanen Fortschritt gegenüber der Tortur qualvoller Hinrichtungen anzusehen, doch was war das in der Antike für ein System öffentlicher Tötungsspektakel, aus welchen Gründen kam man davon ab und welch ein Preis war und ist dafür zu entrichten? Und vor allem: Wie läßt sich das Strafen auf Grund seiner erweisbaren Gegenfinalität aufgeben und durch Verfahren wirklicher Hilfe ersetzen?

Immerhin gilt inzwischen der Grundsatz: »Keine Strafe ohne Schuld.« Wie aber läßt sich die Schuld eines Menschen an seiner Tat feststellen? Gibt es sie überhaupt? Was ist es mit der behaupteten Willens- und Entscheidungsfreiheit, die dem Menschen zugeschrieben wird, um ihn gerechterweise bestrafen zu können? Oder geht es beim Strafen gar nicht um Gerechtigkeit, sondern um ganz andere Ziele? Und gibt es womöglich weit bessere Wege, diese zu erreichen, als die Verfahren herkömmlicher Strafjustiz?

Mit all dem halten wir uns immer noch in einem Terrain auf, in dem das Strafrecht vielleicht praktisch eingeschränkt, modifiziert oder mit besseren Begründungen versehen, nicht aber prinzipiell beseitigt werden kann. Genau das aber wollte Jesus. Ihm erschien die Grundvoraussetzung unhaltbar, die zu allem Strafen wesentlich gehört: daß da eine Gruppe von im Recht Befindlichen über gewisse im Unrecht Befindliche den Stab bricht, als ließen sich die Menschen, womöglich mit Berufung auf Gott oder auf eine absolute Moralität, von einander trennen. Wie hängen Menschen zusammen, gerade wenn sie sich gegenüber anderen schuldig machen? Und was läßt sich tun, um den bedrohten Zusammenhalt aller zu stabilisieren? Wie läßt sich die Praxis des Strafens ersetzen durch eine Praxis des Helfens und Heilens?

Was sich damit abzeichnet, ist ein tieferes Verständnis des Begriffs der »Erlösung« im Christentum. Er gehört zentral in den Erfahrungsraum jedes Einzelnen, – nur der Einzelne vermag aus seiner inneren Negiertheit, aus Angst und Schuld, aus Aggression und Depression heranzureifen zu dem Vertrauen von Daseinsbejahung und

Freiheit; doch dieser Prozeß ist nicht denkbar, ohne daß von den dazu nötigen Erfahrungen aus zugleich die Strukturen des gesellschaftlichen Zusammenlebens, ganz entscheidend in den Fragen des Strafrechts, sich vermenschlichen. Diese Durcharbeitung ist von den verfaßten Kirchen kaum begonnen worden, während die von ihnen beauftragten Seelsorger in den staatlichen Gefängnissen Tag um Tag in ihren Begegnungen die Defizite und Deformationen zu spüren bekommen, die der staatlich verordneten Strafjustiz eigen sind. Ein Umdenken im ganzen ist nötig, um der Menschen willen und um der Botschaft Jesu willen, die in nichts anderem besteht als darin, Gefangenen Freiheit zu schenken und ein Gnadenjahr des Herrn auszurufen (Lk 4,18).

I) »Strafe muss sein« – Strafe als Normenkontrolle bei Tieren

1) *Das Anstoßnehmen*

Die Praktik, normabweichendes Verhalten zu bestrafen, ist in menschlichen Gruppen so allgemein verbreitet, daß diese Tatsache allein schon auf ihre Herkunft aus der Tierreihe schließen läßt. An dieser Stelle bereits steht ein völliges Umdenken auch in der »Schöpfungstheologie« an, denn man kann den absoluten Unterschied zwischen den Gesetzen der Natur und den »Gesetzen« Jesu auf keine Weise nivellieren oder sie schlechterdings umgehen durch eine »panentheistische Prozeßtheologie«, nach welcher mit »Gott« ein dynamisch kreatives Organisationszentrum der Evolution gemeint sein soll. Mit dem »Vater« Jesu hat das nichts zu tun. – Tatsächlich hängt das Verhalten von Menschen mit der Entstehungsgeschichte der Tiere zusammen. Verhaltensforscher bezeichnen nach dem Ornithologen Friedrich Goethe die entsprechenden Reaktionen bei sozial lebenden Artgenossen im Tierreich als »Anstoßnehmen«[1] und beschreiben mit diesem Wort die gerichtsartige Antwort von Vögeln oder Säugetieren auf einen Sozialpartner, der in Aussehen und Gebaren sich nicht anständig benimmt. Dafür ein lehrreiches Beispiel.

Eine Möwe hat einen Flügel gebrochen; dann fallen die anderen Tiere mit spitzen Schnäbeln über sie her – es kommt zu einem »Möwengericht« (in Anlehnung an das bekannte »Krähengericht«). Es mag sein, daß Menschen den verletzten Vogel dem wütenden »Behassen« der Artgenossen entreißen und ihn gesund pflegen; alles könnte damit wieder in Ordnung sein; doch so ist es nicht. In die Freiheit entlassen, fliegt die Möwe auf, der Möwenschwarm aber erkennt sie wieder und fällt erneut über sie her. Das kranke Tier verkörpert offenbar eine Normabweichung, die mit Ausmerzung zu ahnden ist[2]. Ein gleiches geschieht, wenn ein Farbfleck das Gefieder eines Vogels

1 Friedrich Goethe: Über das Anstoßnehmen bei Vögeln, in: Zeitschr. f. Tierpsychologie, III, 1939, 371–374.

2 Rudolf Bilz: Über die menschliche Schuldangst, in: Paläoanthropologie, I 364.

negativ markiert, etwa wenn eine Möwe in die Ölreste eines Schiffes geraten ist, das auf See seine Tanks »gereinigt« hat. Über ein solches Tier fallen alle anderen her und hacken auf es ein; in bitterstem Wortsinn ist es buchstäblich »vogelfrei«.

Womit wir es hier zu tun haben, ist eine brutale Form der »Ausstoßvictimisation«, bei der durch die gezielte Aggression der ganzen Gruppe ein krankes, verletztes oder sonstwie negativ auffallendes Tier hingerichtet wird; es hat seinen Flügel gebrochen, es ist in eine Öllache geraten, –darauf offenbar steht die Todesstrafe. Als Biologe mag man versucht sein, hinter dem tödlichen Ausschluß eines einzelnen Artgenossen im Falle eines normabweichenden Auftretens einen darwinistischen Sinn zu vermuten: das Kranke soll eliminiert werden, damit seine Gene nicht weitergegeben werden; als Mensch aber kann man über soziale Phänomene wie diese nur zutiefst erschrocken sein, sieht man doch eine Fülle von Szenen voraus, die sich in vergleichbarer, ja gleicher Weise auch unter Menschen abspielen.

Da genügt eine an sich geringfügige, aber auffallende, mit Augen, Nase oder Ohren wahrnehmbare Abweichung vom Standardverhalten und -aussehen der Artgenossen, und es kommt zum Ausbruch einer spontanen kollektiven »Haß«-Reaktion mit dem Ziel, die Störung des Verhaltensreglements ein für allemal zu beseitigen: entweder verhält der Abweichler sich auf der Stelle so wie alle anderen oder er wird, wenn dazu außerstande, solange attackiert, bis er physisch ausgemerzt ist. Zunächst mag die gezielte Aggression aller noch der Wiedereingliederung des abweichenden Verhaltens oder Erscheinens eines Einzelnen in die Gruppennorm dienen; die Wut der anderen, die er auf sich zieht, verfolgt zunächst tatsächlich wohl den Zweck seiner »Besserung«: er soll wieder werden und handeln wie alle; doch wenn das nicht möglich ist, hört die Gruppenaggression nicht etwa auf, sie geht vielmehr immer weiter bis hin zur Vernichtung des Betreffenden. Selbst wenn nach einer Weile das ehedem behinderte Tier wieder voll funktionsfähig und normangepaßt in seine Bezugsgruppe zurückkehrt, bleibt es des früheren Befundes wegen, auf Grund seiner Altschuld, des Todes würdig; es ist als Haßobjekt den Artgenossen noch zu gut in Erinnerung, als daß es die vormalige Ablehnung nicht erneut und ungehemmt auf sich zöge. Ein »genug gestraft« gibt es nicht, so wenig wie ein Mitempfinden für das vorgefundene Leid hinter dem normabweichenden Verhalten. Was da als »Norm« empfunden wird, zeigt sich an der Heftigkeit der Haß- und Ärgerreaktion der Artgenossen im Falle einer mehr oder minder großen Abweichung.

Bei all dem geht es erkennbar nicht um die verletzte oder ölverschmierte Möwe als Subjekt, – was sie empfindet, spielt nicht die geringste Rolle; noch weniger taucht eine Frage danach auf, wie das betreffende Tier sich die sichtbare (oder riechbare) Abweichung von dem Erscheinungsbild einer »normalen« Möwe zugezogen hat. Womit wir es zu tun haben, ist ein Straf- und Hinrichtungsverfahren, das sich reinweg an dem äußeren Anschein in Auftreten und Verhalten eines Einzelnen ausrichtet; nicht als Subjekt wird der Betreffende wahrgenommen, nur als Träger eines nach außen hin bemerkbaren Erscheinungsbildes. Auf dieser untersten Ebene des Strafens kann die Reaktion der Gruppe ebenso gut von einer entsprechend hergerichteten Attrappe provoziert werden. Die Abweichung von dem Schema der »gesunden« Norm fungiert als ein Reiz, der die entsprechende Reaktion in Form von Mobbing-Aggressivität auf den Plan ruft und sie erst zur Ruhe kommen läßt, wenn das Objekt des Anstoßes beseitigt ist.

Entscheidend an dieser Feststellung ist die Tatsache, daß die Funktion dieser Urform des Strafens absolut nichts mit Gerechtigkeit oder Schuld zu tun hat; worum es sich handelt, ist ein automatisiertes Normenkontrollverhalten, das einzig dem Zweck dient, jede Abweichung auszuschließen und auszumerzen. Die Norm in den genannten Beispielen besteht in der Korrektheit von Flügel und Federkleid; wenn daran Mängel auftauchen, verhindern sie eine gesunde Angleichung an das Aussehen und Verhalten der anderen; und diese mangelnde Angleichung ist es, die bedingungslos über Leben und Tod entscheiden kann. Alle Angehörigen der Gruppe wissen das, auch das verletzte oder kranke Tier selbst; es wird sich seines Zustands wegen vor der zu erwartenden Strafreaktion der anderen fürchten und sich verstecken. Soziale Angst in Strafgewärtigung bildet anscheinend die Ausgangsform dessen, was sehr viel später sich zu einem echten Schuld- und Schamgefühl entwickeln wird. Das Tier, das sich selbst als normabweichend wahrnimmt, tut gut daran, den Blicken der anderen auszuweichen und ihren Kontakt zu meiden; denn je auffallender die Normabweichung in Erscheinung tritt, desto sicherer wird sie in den Focus der Wahrnehmung der anderen rücken und deren Mobbingreaktion freisetzen.

Zusammenhänge dieser Art scheinen vordergründig dem menschlichen Verhalten fernzuliegen, doch beeinflussen sie es offenkundig auf vielerlei Weise. Man denke nur an die Situation eines Stotterers auf dem Pausenhof einer Grundschule. Das Kind ist verängstigt, eben deshalb wird seine Sprachmotorik immer wieder unterbrochen; es steht unter einem besonderen Leistungsdruck, über den nicht verhandelt werden kann; viele spontan auftretende Gefühlsregungen müssen unterdrückt werden und sind allenfalls kontrolliert zugelassen. Ein solches Kind braucht dringend einen Schutzraum der Geborgenheit zur Bildung eines ruhigen Selbstvertrauens, doch das genaue Gegenteil wird ihm von seinen Klassenkameraden zugemutet: sie werden es verspotten und nachäffen, verlachen und verhöhnen, – es hat ein Gebrechen, und die Schnäbel der »Krähen« hacken erbarmungslos darauf ein. Die Idee der »Inklusion« tut in den Schulen den Behinderten nicht allemal so gut, wie ihre Gründer glauben machen möchten.

Oder: wir sehen vor uns ein Mädchen, dessen Eltern nicht das nötige Geld zur Verfügung haben, ihr Kind »standesgemäß« anzuziehen; seine Kleidung ist ordentlich, wirkt aber »billig«, manche Teile sind selbstgestrickt und selbstgenäht, und dieser kleine Unterschied im Äußeren genügt für den Spott und den Hohn der Designer-Mode-Träger. – Zum Aussehen kommt noch der Geruch: ein Bettler am Straßenrand hat sich längere Zeit nicht gewaschen, er riecht nach Schmutz, Schweiß und Urin, er riecht nach Alkohol, und das genügt, daß man an ihm vorübergeht. Oder es werden aus den Klassenunterschieden sogar Rassenunterschiede: in manchen Kreisen der Südstaaten der USA zum Beispiel nimmt man den unterschiedlichen Geruch von Weißen und von Schwarzen als einen Trennungsgrund: man weiß, daß »Nigger« stinken …

Alle möglichen Unterschiede können zu einem solchen »Anstoßnehmen« den Auslöser bilden: eine Hasenscharte, ein Leberfleck, eine Gesichtsnarbe, Übergewicht, die Zahnstellung, die Haarfarbe, die Frisur, eine Brille, Allergien, – egal, was: alles, was irgendwie negativ auffällt, kann zur Zielscheibe von Spott und Verachtung werden. Die Hohnlachenden finden es lustig, mit ihrem Opfer zu spielen; was in dem Betroffenen vor sich geht, nehmen sie nicht wahr, schlimmer: selbst wenn man es ihnen sagen würde, bestünden sie trotzig und unbeirrt auf ihrer Praktik. Sie fühlen sich im Recht, so zu tun, und ein urtümlicher Antrieb bestätigt sie darin. Sie haben ihr Urteil gefällt: so etwas gehört nicht zu uns, so etwas stoßen wir aus, und so teilt sich die Welt in die Richtigen, Berechtigten, Gesunden, *Normalen* und die Unrichtigen, Unberechtigten, Ungesunden und Unnormalen. Diese Aburteilung wird nicht erklärt, sie geschieht, indem sie vollzogen wird; Gesetzgeber, Richter und Urteilsvollstrecker sind eins.

Der Anfang und Grund aller Strafjustiz – so also sieht er aus: grausam, brutal und rücksichtslos, eine Selbstbestätigung der »Normalen« gegenüber den »Anormalen«, eine Ausstoßreaktion der Gruppe auf gewisse unvorteilhafte Abweichungen von der Standardnorm. Wir werden diesem Gedanken immer wieder begegnen, daß das ganze Strafrecht, so viel zu seiner Begründung oder zu seiner Kritik auch vorgetragen werden mag, wesentlich den einen Zweck verfolgt: eine ungeschriebene oder geschriebene Regel des Zusammenlebens gegenüber Abweichung (Devianz-Vergehen) oder Übertretung (Delinquenz-Verbrechen) zu verteidigen und als maßgebende Norm zu stabilisieren. Die kulturelle Entwicklung des Strafrechts hat diese Grundlage zwar differenziert und kompliziert und in verschiedene Aktionsebenen institutionalisiert, doch niemals wirklich aufgegeben.

2) Macht- und Rangstreitigkeiten

Allerdings, was innerhalb von Vogelschwärmen sich nicht ohne weiteres beobachten läßt, ist die Verteilung der Ausstoß- oder Mobbingaggressivität entlang einer bestimmten Rangpyramide. Es war THORLEIF SCHJELDERUP-EBBE[3], der bei der Beobachtung von Hühnern herausfand, daß bei einer Reihe von wichtigen Situationen, wie der Aufnahme der Nahrung oder der Auswahl der Schlafplätze, Rangordnungen existieren, nach denen die Tiere ihr Sozialverhalten ausrichten. Alle in Gemeinschaften lebenden Tiere unterstehen einem dynamischen Regelwerk der Positionszuordnungen von hoch- und niederrangig, von oben und unten. Die jeweiligen Rollenzuweisungen erfolgen erneut nach äußeren Merkmalen wie Körpergröße und Körperkraft, aber auch nach dem Willen und dem Geschick, sich gegen etwaige Konkurrenten durchzusetzen. Jede höhere Stufe der Macht muß erobert und verteidigt werden, so daß es zu zwei Arten von Feindseligkeit kommt: es gibt die »Fremd-Feinde« außerhalb der Gruppe, gegen die der Zusammenhalt aller unter dem Kommando des Alpha-Tieres zu einer wirksamen Verteidigung zu gewährleisten ist, und es gibt innerhalb der Gruppe eine ständige Auseinandersetzung von seiten der Rangfeinde, denn stets trachten die unteren danach, in die Stellung der oberen aufzurücken. Kriegs- und Strafrecht bilden von Anfang an eine Einheit. Sobald ein Höherrangiger sich eine Blöße gibt oder eine Schwäche zeigt, droht ihm die Ablösung, die in aller Regel identisch ist mit dem Sturz in die gruppenbezogene Bedeutungslosigkeit, wofern nicht gleich in die physische Vernichtung; dafür kann der Nachfolgende mit dem Vorschußvertrauen antreten, daß gerade durch ihn nunmehr die Krise der Rangeleien und Postenstreitigkeiten vorüber sei: neue Zeiten scheinen angebrochen, und so umgibt der Emporgekommene sich alsbald mit einer wohl etwas veränderten, doch im wesentlichen sehr ähnlichen Entourage von Höflingen und Bediensteten, wie sie seinem Vorgänger zur Verfügung stand[4]. *Le roi est mort – vive le roi.*

Für unser Thema: die Ursprünge der Strafpraxis, ergibt sich da-

3 THORLEIF SCHJELDERUP-EBBE: Zur Soziologie der Vögel, Zeitschr. für Psychologie (1924) 95; DERS: Die Despotie im sozialen Leben der Vögel, in: R. THURNWALD: Arbeiten zur biologischen Grundlegung der Soziologie, Bd. 2, Leipzig 1931.
4 RUDOLF BILZ: Ökonomie der Rang-Affekte im menschlichen Handeln und Werden, in: Die unbewältigte Vergangenheit des Menschengeschlechtes, 193–196.

durch ganz von alleine ein weiterer wichtiger Gesichtspunkt: das Strafen dient nicht einfach der Festigung bestimmter Normen des Zusammenlebens; es dient nicht minder der Festigung der Machtstruktur innerhalb der Gruppe. Eine Gesellschaft, deren interner Zusammenhalt auf ständigen Machtvergleichskämpfen basiert, kann nur eine Strafegesellschaft sein: die Macht des Ranghöheren läßt sich nur bewahren, indem schon der Versuch, seine Position zu erobern, mit entsprechender Schärfe geahndet wird; die Zurückweisung der Rebellion ist identisch mit dem Urteil der bestehenden Macht und mit der augenblicklichen Verurteilung des (noch) Ohnmächtigen. Viele Grausamkeiten des Strafrechts, die wir noch kennenlernen werden, haben hier ihren Grund. Anders im Falle eines echten Machtwechsels: dann ist die Eroberung der Rangstellung des einen identisch mt dem (An)Spruch des neuen Machthabers und der Verabschiedung beziehungsweise der Verurteilung des alten. Ein »Recht« auf einen bestimmten Rang besitzt nur, wer ihn einzunehmen und zu verteidigen versteht; die Vertreibung eines Schwächeren aus seiner Position stellt kein »Unrecht« dar, sie ist ein normaler Vorgang in einer so strukturierten Gesellschaft; in einer solchen stellt der Machtbesitz selbst schon einen Rechtsanspruch dar, den Mächtigen in seiner Rolle zu respektieren; solange er mächtig ist, verlangt die Norm die Einhaltung des Zusammenlebens untere seiner Herrschaft, ja, sie verlangt sogar die übliche Ausrottung von Konkurrenten bei einem Machtwechsel auf dem Thron. Insbesondere die eigenen Verwandten in der Erbfolge konnten in Erbmonarchien solchen Razzien zum Opfer fallen, denn wer die Macht nur erhält, wenn sein älterer Bruder stirbt, hat natürlich ein Interesse daran, daß derlei bald geschieht. Doch das ist nur die Hälfte der Wahrheit. Den Mächtigen immer aufs neue herauszufordern, um seine Ablösung zu betreiben, ist gleichfalls »normal« und gehört zu dieser Art des Zusammenlebens. Wer da wen straft, hängt ab von der Machtverteilung und dem jeweiligen Machtbesitz.

Wie es sich im Schatten einer solchen Ordnung geregelter Feindschaft lebt, kann jeder beobachten, der Tiere füttert, – ob Hühner, Tauben, Hunde oder Katzen: er wird sehen, daß stets ein bestimmtes Tier die größere Menge der Nahrung für sich beansprucht und daß die »armen Schlucker« leer ausgehen. Primatenforscher berichten von den Techniken, die Minderrangige, Jungtiere zum Beispiel, aufwenden, um unbemerkt von den mißtrauisch äugenden Blicken des Höherrangigen eine Banane zu stibitzen; im Fall der Entdeckung droht ihnen für ihren Diebstahl die Strafe[5]. Der Stärkere beansprucht ein Mehr an Nahrung, – das ist sein »Recht«; seine Macht ist sein Besitzrecht. Und es ist auch sein Recht, die Strafaktion der Gruppe gegen einen Abweichler – gegen ein Huhn in Schreckmauser zum Beispiel – auszulösen.

Natürlich wähnen wir auch hier, in einer zivilisierten Gesellschaft lebend, uns weit entfernt von solchen Verhältnissen im Tierreich; doch wir sollten ehrlich genug sein, uns einzugestehen, daß auch unser menschliches Verhalten von dieser animalischen Sphäre bewußt oder unbewußt zutiefst bestimmt wird. Man betritt einen Raum, und augenblicklich beginnt das Maßnehmen im wechselseitigen Einschätzen der möglichen Ranghöhe anderer: wer könnte mir als Konkurrent gefährlich werden, wen muß ich fürchten oder ausschalten, mit wem sollte ich mich zusammenrotten, – auf solchen »natürlichen« Verhaltensmustern von Rangneid, Gegnerschaft und Allianz beruht auch das menschliche Zusammenleben. Wir sind keine Tiere, doch es muß nicht ein Zyniker sein, wer behaupten wollte, wir trieben es wie sie, nur stilvoller und überlegter und in jedem Falle mit rational zurechtgelegten Rechtfertigungen, denen zu widersprechen selbst schon als ein Verstoß gegen das geltende Recht zu ahnden ist.

Man betrachte die Fernsehbilder von Anfang Juli 2018. Da kommen in Brüssel die Staatschefs der EU-Länder zusammen, um über vielerlei zu beraten, vor allem aber über die »Lösung« des »Flüchtlingsproblems«. Ein gemeinsames Bankett gehört unbedingt zum Ritual solcher Gipfeltreffen, – als ob man in den vielerlei Sprachen im Abstand mehrerer Meter und im Stimmengewirr von allen Seiten irgendein sinnvolles Gespräch führen könnte; die Teilnehmer selber haben bei der Vielzahl ähnlicher Empfänge alle Mühe, ihr Gewicht zu halten; doch der Sinn der Veranstaltung liegt auch nicht eigentlich in der Pflege von Freundschaft und Gesundheit, es geht um die

5 So erzählt JANE VON LAWICK-GOODALL: Wilde Schimpansen, 84–85, von Figan, der eine Banane auf einem Baum entdeckte unmittelbar oberhalb des Alpha-Tieres Goliath, der sie ihm sicher wegnehmen würde, wenn er sie zu erhaschen suchte. Was also konnte er tun? »Figan ließ seine Augen kurz von der Banane zu Goliath wandern, zog sich dann zurück …, so daß er die Banane nicht mehr sehen konnte. Fünfzehn Minuten später, als Goliath sich erhob und davonzog, lief Figan, ohne eine Sekunde zu zögern, zu dem Baum und holte sich die Banane … Figan (hatte) nicht nur darauf verzichtet, seinen Wunsch unverzüglich zu befriedigen, sondern hatte sich außerdem noch zurückgezogen, um sein Geheimnis nicht durch Blicke verraten zu können.«

Demonstration, wie die Höchstrangigen speisen und wir, ihre Untertanen, ihnen bewundernd und neidvoll dabei zuschauen[6]: die Alpha-Tiere beanspruchen nicht nur die am meisten bevorzugte Nahrung, es unterstreicht auch den Besitz ihrer Macht, wenn sie vor ihren Dienern unangefochten dinieren. Wie makaber die Einhaltung solcher Rituale der Vorzeit allerdings ausfallen kann, zeigte sich zur gleichen Zeit an dem unbeschreiblichen Elend von Millionen Flüchtlingen, über deren Schicksal mit dem Abschottungsbeschluß der Festung Europa gerade bei diesem Treffen entschieden wurde. Die einen speisen, während die anderen verhungern oder ertrinken.

Auch die Verteilung der Aggression innerhalb einer Gruppe geschieht im Auftrag, zumindest mit Zustimmung des Alpha. Die ihm dabei dienstbaren Gammas leisten Gehorsam zumeist aus Angst, von ihm gestraft zu werden, im Falle sie seinen Ärger nicht an das ausgesuchte Opfer weiterleiten. Und auch darin geht es nur allzu menschlich zu.

In einer Schulklasse etwa kann ein Mädchen einen Kreis von Abhängigen um sich scharen, die nach eigenen Regeln auf ein bestimmtes Haßobjekt Jagd machen. Der Zusammenhalt einer solchen Clique basiert wesentlich auf der Einschüchterung durch die Anführerin, die etwa mit erpresserischen Drohungen ihre Compagnons bei der Stange hält. Und am meisten bemerkenswert: Auch bei solchen »Spielen« herrscht kein Unrechtsbewußtsein.

Macht besteht eben darin, das Recht auf alles zu verleihen, und es ist dieser Anspruch, der von allen Gruppenmitgliedern zu respektieren ist. Wir werden noch sehen, daß gerade die grausamsten Strafen, wie die Kreuzigung Jesu, vornehmlich diesen einen Zweck verfolgen: die Achtung des Machthabers außer Zweifel zu stellen und die Unterwerfung der Untertanen durch Verbreitung von Furcht und Schrecken abzusichern. Gewalt erhält sich durch Gewalt. Von daher versteht man die Grausamkeit gerade von schwachen Regenten: in einer quasi paranoischen Welt müssen sie stets einen drohenden Umsturz gewärtigen und gegen vermeintliche oder wirkliche Rangkon-

6 RUDOLF BILZ: Mensch und Tier. Biologische Radikale in unserem Dasein, in: Paläoanthropologie, I 124–125, meint: »Es ist für einen rangtiefen Pavian gefährlich, zur Nahrung zu greifen, während die Sozietätsgenossen noch nicht auf dem Weg der Sättigung sind.« Noch heute ist es Brauch, daß »Alpha … nach dem Ritus der Paviane den ersten Bissen erhält.« In manchen Zeitungen steht dann am nächsten Tag die Speisekarte abgedruckt, nicht nur um die Leser von den eigentlich wichtigen Punkten solcher »Gipfeltreffen« abzulenken, sondern auch um die Untertanen bewundernd und neidvoll zu den sie Regierenden aufschauen zu lassen.

kurrenten vorgehen. Eine milde Strafe oder gar Strafverzicht kann nur der Unangefochtene gewähren.

Nun verhält es sich aber nicht so, als wenn die »Untertanen« einer despotischen Gewalt nur als die Eingeschüchterten und Gequälten zu betrachten wären; in einem System der Rangvergabe nach Machtbesitz strebt ein jedes Gruppenmitglied danach, selbst eine möglichst hochrangige Position zu erklimmen, und so sehr es mt Neid denjenigen betrachtet, der ihm dabei zuvorkommt, so sehr bewundert es den, der es geschafft hat, unstreitig seine Stellung zu behaupten. Es entsteht ein Bild, wie es GUSTAVE LE BON in der »Psychologie der Massen« gezeichnet hat: »Herrschsucht und Unduldsamkeit sind für die Massen sehr klare Gefühle, die sie ebenso leicht ertragen, wie sie sie in die Tat umsetzen. Die Massen erkennen die Macht an und werden durch Güte, die sie leicht für eine Art Schwäche halten, nur mäßig beeinflußt. Niemals galt ihre Sympathie den gütigen Herren, sondern den Tyrannen, von denen sie kraftvoll beherrscht wurden. Ihnen haben sie stets die größten Denkmäler errichtet. Wenn sie den gestürzten Despoten gern mit Füßen treten, so geschieht das, weil er seine Macht eingebüßt hat und in die Reihe der Schwachen eingereiht wird, die man verachtet und nicht fürchtet. Das Urbild des Massenhelden wird stets Cäsarencharakter zeigen ... Stets bereit zur Auflehnung gegen die schwache Obrigkeit, beugt sich die Masse knechtisch vor einer starken Herrschaft. Ist die Haltung der Obrigkeit schwankend, so wendet sich die Masse, die stets ihren äußeren Gefühlen folgt, abwechselnd von der Anarchie zur Sklaverei, von der Sklaverei zur Anarchie.«[7]

Es ist diese Einstellung zur Macht, die eine sonst unfaßbare Eigenart des Strafens in Gruppen allererst wirklich begreifbar macht: den Auftritt einer Horde von Exekutoren, die guten Gewissens gräßliche Taten begehen. »Gewisse Handlungen der Masse sind, an sich betrachtet, sicherlich verbrecherisch, aber doch nur in demselben Sinne, wie die Tat eines Tigers, der einen Hindu verschlingt, nachdem er ihn erst von seinen Jungen zu ihrer Unterhaltung hat zerfleischen lassen. – Die Verbrechen der Massen sind in der Regel die Folge einer starken Suggestion, und die Einzelnen, die daran teilnahmen, sind hinterher davon überzeugt, einer Pflicht gehorcht zu haben ... Hier zeigt sich klar ... Gehorsam gegen einen Einfluß, der um so mächti-

7 GUSTAVE LE BON: Psychologie der Massen, 34. Zu den Führern der Massen und ihren Überzeugungsmitteln vgl. a.a.O., 83–92.

ger wirkt, weil er einer Gesamtheit entstammt, die Überzeugung des Mörders, damit eine äußerst verdienstvolle Tat getan zu haben, eine Überzeugung, die um so natürlicher ist, da er auf die einmütige Zustimmung seiner Mitbürger rechnen kann. Eine derartige Tat kann vielleicht gesetzlich, aber nicht psychologisch als Verbrechen bezeichnet werden.«[8]

Wer nach Beispielen für die Enthemmtheit marodierender Massen sucht, findet sie etwa in den Septembermorden von 1789 in den Tagen der Französischen Revolution, als circa 300 Schlächter die Insassen der Bastille ermordeten: Adlige, Priester, Offiziere, Bedienstete des Königs, – es war das, was sie, als Richter und Henker zugleich, in aller Fröhlichkeit zum Schauspiel auch der anwesenden Damen vollbrachten; für sie war es eine rühmenswerte patriotische Tat, die eine Auszeichnung verdient gehabt hätte. Oder man denke an die Lynchjustiz eines Haufens aufgebrachter Bürger, die beim Töten eines Einzelnen, den sie für schuldig halten, lediglich dem Arm des (zu milden oder zu langsam agierenden) Gesetzes vorzugreifen glauben. Die Affekte sittlicher Empörung und moralischen Abscheus drängen nach einer ebenso raschen wie unbedenklich grausamen Vergeltung einer Tat, die ihr moralisches Empfinden verletzt.

ÉMILE ZOLA etwa schildert in »Germinal« ausführlich die entfesselte Wut von Grubenarbeitern und ihren Frauen, die sich über ihre Ausbeuter hermachen, wo immer es ihnen möglich ist. »Los auf den Kater! – Er muß dran glauben!« schreit die Menge, die den Tod des Ladenbesitzers *Maigrat* fordert, und es sind die Frauen, die den vom Dach Gestürzten kastrieren und sein totes Geschlecht mit triumphierendem Lachen auf einem Stock vor sich hertragen. »Das ist kein Mann mehr, was man da unter die Erde stecken wird. – Nun können dich die Würmer auffressen«, lautet ihr Sieges-Grabgesang. Sie haben »ein böses Tier« erledigt[9], als könnten sie mit ihrer unmenschlichen Tat ihre Würde als Menschen wiederherstellen. Macht oder Ohnmacht – das sind die Kategorien, nach denen der Wert eines Menschen in der Psychologie der Masse gemessen wird, und die größte Macht kommt natürlich demjenigen zu, der über Leben und Tod zu verfügen versteht.

Der Haß einer solchen Gruppe von Unterdrückten und Entrechteten, die gegen die Vertreter ihrer Erniedrigung mit Gewalt aufbegeh-

8 A.a.O., 117–119.
9 ÉMILE ZOLA: Germinal, 5. Teil, 6. Kap., S. 368–370.

ren, mag als Roman-Sujet verdeutlichen, was allgemein gilt. Doch die Ausgrenzung von Nicht-Dazugehörigen kann auch umgekehrt im Gefälle der Macht das Todesurteil derer bedeuten, die überhaupt nur am Leben gehalten werden, damit sie ihren Ausbeutern dienlich sind. Das abscheulichste Bespiel dafür bieten die Arbeitslager der Nazi-Ära, aber auch der »normale« Umgang mit russischen und französischen Kriegsgefangenen etwa auf den Zechen des Ruhrgebietes gegen Kriegsende: Gefangene, die nicht die vorgeschriebene Leistung brachten, wurden nicht selten von ihren Bewachern und Vorgesetzten mit Gummischläuchen und Eisenrohren zu Tode geprügelt. Es war eine Hinrichtung, die von den Handlangern des NS-Regimes im Namen des Deutschen Volkes vollzogen wurde – wie 1943 auf der Zeche Nordstern in Gelsenkirchen. Bezeichnenderweise waren es auch hier die unsicheren Vertreter der neu besetzten Ränge, die am energischsten ihr Soll an Rücksichtslosigkeit abarbeiteten – »junge Steiger, ... Rutschenmeister und Wärter, die sich hervortaten und Gefangene als letzten Dreck betrachteten ... ein einziges Beispiel ...: Ein am Fuß verletzter Russe wurde mittels Transportband zum Stapel befördert. Als er dort ankam, wurde er nicht abgeladen und mit dem Stapelkorb zur Hauptförderstrecke gebracht, sondern man ließ ihn in den Kohlenbunker fallen, in dem er von der nachfallenden Kohle zugeschüttet wurde.«[10] Man tötete nicht, man beerdigte lebendig, man behandelte unnütz gewordene Menschen als Teil der Abfallbeseitigung, und zwar nicht aus privaten Motiven, sondern als Teil von Groß-Deutschland, als Arm des Gesetzes.

Soll man nun glauben, der Zusammenhalt einer Gruppe mit entsprechend gewissen Normen basiere wesentlich auf dem rücksichtslosen Diktat der Gewalt und alle »Gesetze« dienten lediglich der nachträglichen Rechtfertigung der Macht? Das wird des näheren zu untersuchen sein; doch so viel ist schon klar: das Strafsystem des Anstoßnehmens entzündet sich zwar an gewissen äußeren Abweichungen von bestimmten Normen, doch es bewirkt mit dem Ausschluß oder der Ausmerzung von Abweichlern (Delinquenten, Kriminellen oder Anormalen) nicht nur eine Stabilisierung der Gruppennorm, sondern zugleich eine Stabilisierung der Gruppe selbst entlang der dynamischen Schichtung ihrer Rangpyramide. Man kann auch so sagen: Mit ihrem Strafsystem setzt die Gruppe

10 MICHAEL ZIMMERMANN: Das Ruhrgebiet im Nationalsozialismus, in: Chronik Ruhrgebiet, 444.

sich selbst von allem ab, was sie als nicht zugehörig begreift. Jedes Strafsystem ist auch eine Verteidigung und ein Schutz des Gruppenegoismus.

Nur so läßt sich das skandalöse Vorgehen europäischer Politiker im Jahre 2018 begreifen, die auf der einen Seite nicht müde werden, vom Christentum als dem kulturellen Band des Abendlandes zu sprechen, und sich nicht genug tun können, den Schutz der Menschenwürde und der Unantastbarkeit der Menschenrechte hervorzuheben, während sie auf der anderen Seite per Gesetz die Abweisung 100 000er verzweifelter Menschen von den Grenzen Europas zur Vorschrift erheben. Was anderes ist das als Gruppenegoismus, der lediglich den Nationalismus einzelstaatlicher Regelungen in großem Stile multinational vereinheitlicht? – Recht? Ordnung? Menschlichkeit? Was wäre, wenn in der Nachbarwohnung jemand verhungerte; die Mitbewohner des Gebäudes wüßten von der Not, täten aber, obwohl selber im Überfluß lebend, nichts zur Abhilfe der sich anbahnenden Tragödie? Dann könnten sie strafrechtlich verfolgt werden wegen unterlassener Hilfeleistung. So im Umgang mit Einzelnen. Wenn aber ganz Europa die Seenotrettung von Flüchtlingen im Mittelmeer verbietet, im Wissen, daß allein in der ersten Hälfte des Jahres 2018 bereits rund 650 Menschen ertrunken sind, wenn Europa zudem mit Hilfe der paramilitärischen Organisation Frontex (Frontières exterrieures) gewissermaßen Wachsoldaten vor dem Haus des Verhungernden postiert, um jede Hilfe unmöglich zu machen, so erfüllt das offensichtlich, nur jetzt im Staatsauftrag, den Straftatbestand fahrlässiger Tötung. Und schlimmer: Im Jahre 2018 gibt sich Europa – mit Berufung auf die »Volksmeinung« und zum Machterhalt der Regierenden bei immer mal wieder anstehenden Wahlen – ein Gesetz, um die »illegale Migration« mit allen Mitteln zu unterbinden. KARL MARX konnte 1842 in der Debatte um das »Holzdiebstahlgesetz« die simple Wahrheit unzweideutig formulieren: »Der Boden des Staats ist unterminiert, wenn das Unglück zu einem Verbrechen oder das Verbrechen zu einem Unglück wird.«[11]

Im Fall des »Holzdiebstahlgesetzes« ging es um die Klasseninter-

11 KARL MARX: Debatten um das Holzdiebstahlgesetz, in: MEW I 120. – Parallel dazu verboten die bayrischen Grundbesitzer in der Pfalz um 1840 den Bauern das Sammeln des Trockenlaubs in den Wäldern, das diese für ihre Viehhaltung benötigten; und das Vieh benötigten sie zur Düngung der Felder, um ertragreiche Ernten zu erzielen. Viele Nachfahren von Pfälzern aus dieser Zeit leben heute als Auswandererkinder in South Dakota.

essen der Waldbesitzer gegenüber den kleinen Leuten, die mit dem gesammelten Dürrholz kochen und heizen wollten; im Fall der EU-Gesetze zur Abschottung Europas geht es um das Interesse der reichen Industriestaaten des Nordens gegenüber den durch Krieg und Ausbeutung geschaffenen Krisen und Katastrophen im Nahen Osten und in der Subsahara[12]. Eine Politik des brutalen Gruppenegoismus, die sich in das Gewand demokratischer Rechtsstaatlichkeit hüllt, läßt sich nicht mit Begriffen wie »Verantwortung« oder »Schleuserbandenbekämpfung« plausibel reden, sie stellt nichts anderes dar als den Auswuchs der gruppenspezifischen Handlungsbereitschaften aus dem psychosozialen Erbe des Tierreiches, organisiert mit den digitalisierten Verwaltungs- und Kontrollmaßnahmen moderner Staatengebilde.

Wie die Durchsetzung partikularer Gruppeninteressen im Streit um Reviere und Territorien sich bei unseren Primatenverwandten gestaltet, mußte JANE GOODALL zu ihrem Entsetzen nach Jahren der Beobachtung von scheinbar friedlich zusammenlebenden Schimpansen am Gombe-Fluß mitansehen[13]. Der von ihr protokollierte »Krieg der Affen« zog sich über acht Jahre hin und führte 1973 bis 1977 zur Ausrottung der abgespaltenen Kahama-Gruppe, die damit ihr Territorium erheblich erweiterte, dann aber, zwischen 1977 bis 1981, von der nördlichen Mitumba- und der südlichen Kalande-Gruppe in die Zange genommen wurde[14]. Bei diesen Territorialkämpfen der wilden Schimpansen ging es ganz deutlich nicht mehr nur um die Vertreibung von Eindringlingen, sondern um die Schwächung und Vernichtung einer Nachbargruppe zur Ausdehnung des eigenen Wohngebiets. »Natürlich«, schreibt JANE GOODALL, »hatte ich gewußt, daß Schimpansen streiten und sich hin und wieder gegenseitig verletzen ... Aber diese Ausbrüche ... hatten fast nie zu ernsthaften Verletzungen geführt. Der Krieg zwischen den Gesellschaften und der Kannibalismus (sc. jetzt, d.V.) waren eine ganz andere Art von Gewalttätigkeit ... Oft sprangen mich nachts ... grausige Bilder an: *Satan*, wie er eine Hand unter *Sniff*s Kinn legte, um das Blut zu trinken, das aus einer Wunde im Gesicht quoll; der sonst so gutartige *Rodolf*, wie er sich aufrichtete und einen Zwei-Kilo-Felsbrocken auf den hingestreckt liegenden Körper von *Godi* schleuderte; *Jomeo*, der einen

12 Vgl. E. DREWERMANN: Von Krieg zu Frieden, 57–79: Der Verteilungskampf um die Rohstoffe.

13 JANE GOODALL: Ein Herz für Schimpansen, 119–133: Krieg.

14 VOLKER SOMMER: Die Affen, 276–282.

Streifen Haut aus *Dés* Schenkel riß; *Figan*, der angriff und zuschlug und immer wieder auf den wunden, zitternden Körper von *Goliath*, einem der Helden seiner Kindheit, einschlug. Und vielleicht am schlimmsten: *Passion*, wie sie das Fleisch von *Gilka*s Baby verschlang, das Maul bluttriefend wie bei diesen ... Vampirgestalten in den Geschichten meiner Kindheit.«[15]

Verhaltenspsychologisch ist der Krieg der Schimpansen nicht einfach mit dem »Territorialverhalten« zu erklären, das sich bei Vögeln, Gazellen oder Gibbons beobachten läßt. »Schimpansen haben kein Territorium in diesem klassischen Sinne ... – Bei territorial lebenden Arten werden abgesteckte Grenzen respektiert; unabhängig von ihrer Anzahl und eventuellen Überlegenheit nimmt die Aggressivität einer Partei ab, je weiter sie vom Zentrum ihres eigenen Territoriums entfernt ist. Bei Schimpansen hingegen bestimmt die Kopfstärke der Aggressoren und keineswegs der Schauplatz des Kampfes dessen Ausgang ... – Man kommt kaum umhin, die Schimpansenschlachten mit jenem Konflikt zu vergleichen, der einzig als eine Erfindung der Menschen gilt: dem Krieg. Ist es nicht ein Charakteristikum des Krieges, daß statt einzelner Kontrahenten einander Gruppen gegenüberstehen? Sind Kriege nicht vorwiegend männergemacht? Sind die effektiven Ausrottungen benachbarter Schimpansengruppen nicht jenen Genoziden ähnlich, von denen wir so überreich auch aus der jüngsten Geschichte der Menschheit wissen? Haben nicht Kriege – auch jene, die unter der Fahne von Religionen, Kulturwerten oder Ideologien ausgefochten wurden – immer dazu gedient, die Sieger letztlich ökologisch zu stärken, indem sie Lebensraum und Ressourcen sicherten?« Diese rhetorischen Fragen, die VOLKER SOMMER zu Recht stellt[16], lassen sich nur bejahend beantworten: Was wir miterleben, sind nicht nur analoge (auf konvergenten Entwicklungen basierende), sondern homologe (in gerader Linie durch Erbkoordinationen bedingte) Handlungsimpulse, die zum Austragen kriegerischer Aggressionen führen und bei Mensch wie Schimpanse auf die Mitgift eines gemeinsamen Ahnen zurückgehen dürften[17].

Näherhin unterscheidet diese kriegerische (von Männern in Gruppen ausgetragene) Form von Aggression sich nicht wesentlich von

15 JANE GOODALL: Ein Herz für Schimpansen, 130–131.
16 VOLKER SOMMER: Die Affen, 282–283.
17 DEAN FALK: Warum Schimpansen nicht steppen können, 223.

dem Jagdverhalten der Schimpansen[18], mit dem sie das Fleisch von Stummelaffen und Pavianen zu erbeuten suchen, nur daß der »Krieg« der Vertreibung und Tötung der Mitglieder einer gegnerischen Gruppe vom eigenen Gebiet schließlich der Ausdehnung des eigenen Territorium dient, während die Jagd auf Nahrungserwerb abzielt. Demgemäß freilich sind auch die emotionalen Antriebe verschieden: ein Jagderfolg wird sich nur bei einer überlegten Strategie einstellen, während die kämpferischen Auseinandersetzungen von heller Wut und anfallartigem Zorn geprägt sind. Ähnliche Gestimmtheiten spielen die größte Rolle auch bei der Rivalität von Männchen im Kampf um ein Weibchen; doch diese Auseinandersetzungen werden zwischen Einzelnen innerhalb der Gruppe ausgetragen, und ihr Ausgang bestimmt entscheidend die Ranghöhe des Siegers oder des Verlierers; bei den kriegerischen Rivalitäten hingegen treten die (männlichen) Mitglieder der einen Gruppe gegen die Mitglieder einer anderen Gruppe an; die Rangpyramide ist bereits vorgegeben und kommt jetzt in kooperativer Geschlossenheit zum Einsatz; nicht für sich selbst kämpft das einzelne Tier, sondern für die Durchsetzung der Interessen seiner Gruppe. Das Motiv seines aggressiven Affektes liegt nicht in ihm selbst, sondern ist kollektiver Natur: im Kriegsfall muß die Gruppe zusammenhalten, und es ist ein neuerliches Gesetz dieses Zusammenhalts, daß niemand sich ausschließen darf, – er würde sonst selbst mit Verachtung und Ausschluß bedroht.

Das Strafsystem, das im Inneren die Einhaltung der Normen stabilisiert und die Position der Strafinstanzen entlang der Rangpyramide festlegt, ist wirksam also auch vor allem bei den kriegerischen Auseinandersetzungen zwischen einzelnen Gruppen. Auch hier geht es um Ausgrenzung, Ausschluß und Vertreibung, auch hier ist die Anwesenheit Einzelner (Mitglieder einer anderen Gruppe) erwünscht, auch hier greift man zu den Mitteln der Ächtung, der Herabsetzung und letztlich der Vernichtung, so daß man sagen kann, es sei der Krieg selbst eine nach außen gewendete Form der Todesstrafe. Und für welche »Schuld«? Wie beim Anstoßnehmen: für die Tatsache, daß da etwas anwesend ist, das sich mit den Normen des Zusammenhalts der eigenen Gruppe nicht verträgt. Darüber gilt es herzufallen. Das gilt es zu verjagen. Einzig dieser Zusammenhang von

18 Vgl. a.a.O., 216–217. VITUS B. DRÖSCHER: Überlebensformel, 199–200, konstatiert: »In einem Gebiet, in dem einhundertfünfzig Schimpansen leben, beobachtete (man) innerhalb eines Jahres dreißig Jagdszenen, von denen ... zwölf erfolgreich verliefen.«

Normenkontrolle und Kriegsbereitschaft innerhalb ein und desselben Strafsystems dürfte wohl das Paradox konservativ-bürgerlicher Politiker in der Gegenwart erklären, die für die »christlichen Werte« des »Abendlandes« eintreten und gleichzeitig – absolut unchristlich – für eine Machtpolitik der ständigen Aufrüstung und militarisierten Geostrategie plädieren.

An dieser Stelle ist ein wichtiger Hinweis geboten.

In gewisser Weise nämlich kommt mit dem Gesagten ein Konzept zum Erliegen, das KONRAD LORENZ mit der These von der innerartlichen Aggressionshemmung ins Spiel gebracht hat[19]. Der Begründer der Verhaltensforschung glaubte, daß, wie Hunde eine Halsbeißhemmung und Raben eine Augenhackhemmung aufweisen, auch Menschen eine angeborene Scheu zum Töten von Artgenossen in sich trügen. Tatsächlich fällt es einem Menschen nicht leicht, einen anderen Menschen umzubringen, und LORENZ meinte, daß vor allem der Einsatz fernwirkender Waffen die angeborenen Tötungshemmungen herabgesetzt beziehungsweise aufgehoben habe: 100 000 Menschen, wie am 6. August 1945 in Hiroshima, auf einen Schlag töten können wir wirklich wohl nur, weil wir nicht sehen, was wir da anrichten. Ganz falsch ist LORENZens These also sicher nicht, ganz richtig aber scheint sie auch nicht zu sein: individuell (bei Rangstreitigkeiten) oder kollektiv (bei kriegerischen Auseinandersetzungen) bedingte Gestimmtheiten von Wut, Abscheu und Zorn können sich im anfallartigen Augenblickserleben ebenso wie in zeitlich langgedehnten Aggressionsbereitschaften über alle etwaigen Hemmschwellen hinwegsetzen, und sonderbarerweise hat LORENZ selbst dafür eine einleuchtende Erklärung gegeben. Er schildert zum Beispiel das Verhalten von Lachtauben, die als Muster der Sanftmut gelten und doch, in Gefangenschaft oder auf Grund von Mißverständnissen ihrer Signalsprache, entsetzlich scheinende Grausamkeiten begehen können. So zeigt »die Lachtaube keinerlei Hemmungen ..., die ein Verletzen und

19 KONRAD LORENZ: Das sogenannte Böse, 182. »Erstens: es besteht ein Zusammenhang zwischen der Wirksamkeit der Bewaffnung einer Tierart und ihren Hemmungen, diese Waffen gegen Artgenossen zu gebrauchen. Zweitens: es gibt Riten, die darauf abzielen, beim aggressiven Artgenossen eben jene Hemmungsmechanismen auf den Plan zu rufen. Drittens: auf die Hemmungen ist kein absoluter Verlaß; sie können gelegentlich auch einmal versagen.« Vgl. S. 339: »Unsere tieferen, gefühlsmäßigen Schichten nehmen ganz einfach nicht zur Kenntnis, daß das Abkrümmen eines Zeigefingers, das den Schuß auslöst, einem anderen Menschen die Eingeweide zerreißt. Kein Mensch würde auch nur auf die Hasenjagd gehen, müßte er das Wild mit Zähnen und Fingernägeln töten.«

Martern von Artgenossen verhindern«.[20] In aller Seelenruhe kann sie einer anderen die Federn ausrupfen und sie zu Tode quälen, doch nur unter den unnatürlichen Bedingungen der Käfighaltung. Tauben brauchen im Umgang miteinander keine Aggressionshemmungen, da ein unterlegenes Tier sogleich fortfliegen würde, und eben auf die Vertreibung des anderen ist die intraspezifische Aggression gerichtet; die Quälerei des Federnausreißens exekutiert sozusagen die Strafe dafür, daß der andere, obwohl unterlegen, nicht der Forderung, zu verschwinden, einfachhin nachkommt.

Das Signal, die soziale Aggressionshemmung auszulösen, ist die Demutsgebärde, in welcher der Unterlegene dem Überlegenen die am meisten verletzbare Stelle seines Körpers präsentiert: bei Hühnervögeln etwa »endet der Kampf der Männer damit, daß der eine der Kämpfer zu Boden geworfen, niedergehalten und dann vom Sieger nach Lachtaubenart skalpiert wird. Nur eine einzige Art kennt in diesem Falle Gnade: der Truthahn ... Hat ein Puter in dem wilden und grotesken Ringkampf, den diese Vögel aufführen, seinen Teil abbekommen, legt er sich ganz unvermittelt mit lang vorgestrecktem Hals flach auf den Boden«, und diese Geste funktioniert: der Sieger umschreitet den Unterlegenen immer noch in Drohstellung, hackt aber nicht mehr zu. Tragisch hingegen wird es, »wenn Truthahn und Pfau aneinandergeraten, was nicht selten geschieht, da beide als Artverwandte auch in den Ausdrucksbewegungen ihrer Männlichkeit einander ähnlich genug sind, um vom Gegner verstanden zu werden. Trotz größerer Stärke und höherem Gewicht unterliegt der Truthahn fast regelmäßig, weil der Pfau besser fliegt und eine andere Kampfesweise hat. Während der rotbraune Amerikaner sich zum Ringkampf anschicken will, ist der blaue Inder schon hochgeflogen und schlägt ihm die messerscharfen Sporen ein. Der Indian empfindet diesen Verstoß gegen den Kampfkomment seiner Art mit Recht als ›unfair‹, und obwohl er noch voll bei Kräften ist ... legt (er) sich in der ... beschriebenen Weise nieder. Und nun geschieht etwas Scheußliches: Der Pfau *versteht* diese putersche Gebärde der Ergebung nicht, sie sagt ihm nichts und löst daher auch keine Hemmungen in ihm aus. Er hackt und tritt weiter nach dem wehrlos daliegenden Puter, und wenn man nicht zufällig hinkommt, ist es um diesen geschehen, denn je mehr Tritte und Schläge er bekommt, desto fester bleibt er in seine De-

20 KONRAD LORENZ: Er redete mit dem Vieh, den Vögeln und den Fischen, 123.

mutsreaktion eingeklinkt. Niemals ... kommt er auf den Gedanken aufzuspringen und davonzulaufen.«[21]

Anders, ganz anders steht es bei der mörderischen Aggression unserer nächsten Verwandten und bei uns selber. Zur Strategie der Kampfweise von Schimpansen gehört die Unterwerfung des Gegners, und es ist kein Mißverständnis, es ist das Ziel ihrer Gruppenaggression, wenn sie gegen den hilflos am Boden Liegenden den Todesstoß führen. *Par exemple* berichten Soldaten davon, wie sie im Zweiten Weltkrieg als Panzerfahrer ihre Freude am »Fröschehüpfen« hatten, indem sie einen wehrlosen »Iwan« aus seinem Loch aufspringen ließen und vor sich hertrieben, bis sie ihn unter den Ketten ihres Kampfwagens in den Boden drehten. Es ist nicht ein besonderer Affekt nötig, um so zu handeln; die sozial vermittelte Pflicht zum aggressiven Agieren reicht völlig aus, jede Rücksichtnahme auf die Wehrlosigkeit eines Gegners fahren zu lassen.

21 A.a.O., 125.

3) Vom alten und vom neuen Menschen

Was wir im System der Strafpraxis zu sehen bekommen, ist mithin eine Aktionseinheit von drei Ebenen: es geht um die Stabilisierung der Gruppennorm gegenüber Abweichungen in der äußeren Erscheinung sowie gewissen Übertretungen im Verhalten; es geht um die Festigung der Rangordnung durch Ausübung der Strafgewalt; und es geht um die Ausdehnung der Machtinteressen der eigenen Gruppe durch kriegerische Aktionen gegen andere Gruppen, deren Vertreibung und Vernichtung wie eine Strafe dafür ist, daß sie buchstäblich im Wege stehen. Alle drei Ebenen verbinden sich im Zentrum der Gewalt.

Wie Strafe, Rangbehauptung und Machtausübung zusammenhängen, zeigt sich an den minimalisierten Drohgesten des Alpha sowie an den oft genug schikanös wirkenden Details seines Anspruchs auf Beachtung und Respekt. Wohlgemerkt, der Rang eines Alpha kann augenblicklich sich in Nichts auflösen, sobald er selbst aus dem äußeren Erscheinungsbild eines Machthabers herausfällt: ein Pavian zum Beispiel verliert auf der Stelle seine Spitzenstellung, »wenn ihm die Haare ausfallen. Früher einmal hatten Wissenschaftler solch einem Affenhäuptling das Fell geschoren. Gleich danach wurde er von seinen Getreuen mißachtet, als wäre er für sie Luft. Die Schmach der Degradierung vom Boß zum Prügelknaben brach ihm das Herz. Vierzehn Tage später starb er unter Streßsymptomen.«[22] Er, der normalerweise sich, fast asozial, nur um sich selber kümmerte und vor allem Verstöße gegen seine Position als Pascha ahndete, verliert selber die Achtung der Gruppenmitglieder; er hat sein »Gesicht«, sein Haarkleid verloren, – darauf steht die Strafe des totalen Machtverlusts. Solange im Amt befindlich, genügt es freilich, daß das Alpha-Tier einen Übeltäter »ruckartig mit weit aufgerissenen Augen« anschaut, – eine Mimik, die über 10 bis 15 m Entfernung Schrecken einjagt. Eine Stufe stärker kann die Strafandrohung mit der Geste des »Fußbodenwischens« erfolgen: kommt der Betreffende nicht flugs der Mahnung nach, wird mit ihm tatsächlich wie mit einem Scheuertuch verfahren werden: er wird »am Genick gepackt und im Staub herumgerieben. – Die schlimmsten Strafen sind der Genickbiß und der Ausstoß aus der Cliquengemeinschaft«.[23]

22 VITUS B. DRÖSCHER: Überlebensformel, 220.
23 A. a. O., 220.

Und wofür erfolgen die Strafen? Mit Vorliebe für Verstöße gegen die »Grußordnung«. »Es klingt unglaublich, aber jedes Hordenmitglied, das am Boß vorübergehen will, muß ihm ein Zeichen seiner Ergebenheit darbieten. ›Bitte vorübergehen zu dürfen‹, hieß es früher beim Militär ... Das mindeste, was die Obrigkeit (sc. in einer Pavianhorde, d.V.) erwartet, ist, daß der Passant sein mit roten Sitzschwielen verziertes Hinterteil kurz zu ihr hinüberschwenkt ... Etwas mehr Ehrerbietung wird durch kurzes Stehenbleiben und Salutieren mit Seitschwenken des Schwanzes gezollt. Von dieser Geste gibt es zahllose Übergangsstufen bis hin zum demütigen Kniefall, bei dem im Unterschied zum höfischen Zeremoniell des Menschen nicht der Kopf, sondern der Allerwerteste dem Herrscher zugewendet ... wird. Auf grüßende Untertanen reagiert der Boß meist – überhaupt nicht. Er schaut irgendwo in den Himmel. Aber aus den Augenwinkeln beobachtet er doch alles sehr genau. Und wehe dem, der ihn nicht in geziemender Weise oder gar überhaupt nicht grüßt.«[24]

Strafen ist eine Form der Machtausübung, und sie dient wesentlich der Machtbestätigung. Eben dieses Verhaltensmuster bildet emotional offenbar den Grundstock auch des menschlichen Umgangs miteinander. Jahrmillionen, bevor Lebewesen auf diesem Planeten für ihre Praktiken Worte fanden, sich über sie Gedanken machten und sie mit theoretischen Rechtfertigungen versahen, waren die entsprechenden Mechanismen instinktiv bereits voll ausgeprägt im Erbgut der Primaten verankert. Die Folgen bekommen wir doppelt zu spüren. Zum einen: Die alte Schulregel: »Erst denken, dann handeln«, wird sich kaum einhalten lassen, wenn starke Affekte das rationale Kontrollregime wegsprengen; und zum zweiten: das Denken selbst wird von entsprechenden affektiven Bedürfnissen in eigene Bahnen geleitet. Wir werden später noch dem verwirrenden Bündel von Fragen nachzugehen haben, das sich aus dieser Feststellung ergibt: was ist es mit der moralischen Steuerung des Verhaltens – mit den Vorstellungen von Willensfreiheit und Verantwortung, von Schuldfähigkeit und Strafbarkeit, von Gerechtigkeit und Wiedergutmachung?

Hier jetzt genügt es, darauf hinzuweisen, daß die Neigung zum Strafen evolutiv in unserer Seele tief verankert ist, und dieses »tief« läßt sich sogar schon einmal annäherungsweise mit dem Aufbau des Gehirns begründen. Alle Gefühle teilen Menschen mit den höher entwickelten Säugetieren, insbesondere mit den Primaten, und co-

24 A.a.O., 220–221.

diert werden sie im limbischen System, das man – allzu vereinfacht – auch als Säugetierhirn betrachtet. Salopp gesprochen, liegt auf der Couch eines Psychoanalytikers ein Krokodil, dessen psychische Aktivität im Hirnstamm lokalisiert ist, ein Pferd (oder Affe) und, repräsentiert vor allem im Neocortex, ein Mensch, und alle drei müssen versuchen, miteinander zurecht zu kommen[25]; man kann voraussehen, daß es nicht leicht sein wird, Denken und Fühlen, Verstand und Emotion, ins Gleichgewicht zu bringen. Das limbische System, das zwischen Affekt (Antrieb) und Effekt (Willensentscheidung) vermittelt, setzt sich aus verschiedenen Teilen des Zwischenhirnbodens zusammen und beherbergt die Zentren der Gefühle, der Erinnerung und des Geruchssinnes (der beim Menschen sich weit zurückentwickelt hat); es ist »das wichtigste Kontrollorgan des vegetativen Nervensystems«; von dort aus »ziehen Fasern zu den hochorganisierten Assoziationszentren und auch umgekehrt. Ein Bestandteil des Systems, der Hippokampus, besitzt die bedeutende Aufgabe, Langzeiterinnerungen zu aktivieren und aufzuspüren. Eine weitere wichtige Funktion des limbischen Systems besteht darin, sensorische Informationen (Reize) aus dem Cortex mit Emotionen ... zu verbinden ... Diese emotionell gekennzeichneten Empfindungen werden im limbischen System gespeichert. Ferner sendet dieser Bereich Informationen über Gefühlszustände (Angst, Wut) an den Cortex, der dann in angemessener Weise reagieren kann.« Auch spielt »das limbische System eine Rolle ..., um die soziale Ordnung aufrecht zu erhalten. Eine Verletzung in diesem Bereich führt zu veränderten Hierarchieverhältnissen sowie gestörten Verhaltensweisen in Bereichen wie Körperpflege, Sexualtrieb, Mutterinstinkt und weiteren sozialen Verhaltensformen ... (Daher) dürfen wir die Tatsache nicht aus den Augen verlieren, daß unser fortschrittliches limbisches System letztlich nur eine dünne Schicht bildet, unter der ein Primatenhirn sitzt. Schimpansen können nun mal ihre Gefühle nicht sehr gut im Zaum halten; wenn daher jemand unbeherrscht reagiert, meldet sich offenbar gerade sein kleiner Schimpanse, der im Kopf jedes Menschen sitzt und lautstark Auslaß begehrt.«[26]

Die Gefahr, die sich aus dieser evolutiven Hypothek ergibt, ist ein struktureller Anachronismus des Verhaltens. Der Hirnstamm und das limbische System wurden entwickelt, um das Überleben be-

25 Zum Aufbau des menschlichen Gehirns vgl. E. DREWERMANN: Atem des Lebens, I 100–125: Zwischenhirn und limbisches System.
26 DEAN FALK: Warum Schimpansen nicht steppen können, 210.

stimmter Organismen unter bestimmten Umweltbedingungen zu ermöglichen; das ist gelungen, sonst gäbe es uns nicht. Doch seit der neolithischen Revolution, im Verlauf der letzten 10000 Jahre, ist die Naturgeschichte, der wir entstammen, in einem wachsenden Tempo von der Kulturgeschichte des Menschen überlagert worden, nachdem die Ausbreitung des Homo sapiens vor etwa 150000 Jahren die geistigen Voraussetzungen dafür geschaffen hat[27]. Seither leben wir in einer selbstgeschaffenen Welt mit ganz eigenen Anforderungen, ausgestattet aber nach wie vor mit jenen archaischen Antriebsimpulsen, die sich unter ganz anderen Umständen entwickelt und bewährt haben. Wir fühlen wie Tiere, und wir denken wie Menschen, und dazwischen stehen wir selbst. An das Schimpansenhaus im Frankfurter Zoo hat BERNHARD GRZIMEK deshalb die Worte geschrieben: »Das *missing link* (das fehlende Glied) zwischen Mensch und Tier sind wir selbst.« Er wollte damit sagen, daß wir in jedem Belang weit unterhalb des Niveaus leben, auf dem wir leben sollten und das wir eigentlich für richtig halten. Doch nirgendwo zeigt sich dieses Faktum so eindringlich wie in der anscheinend selbstverständlichen Praxis, Menschen zu strafen, um mit Gewalt nach innen wie nach außen bestimmte Normen des Zusammenhalts zu festigen und damit dem Gefälle der Macht zu unterwerfen.

KONRAD LORENZ betrachtete das Problem unter einem vornehmlich quantitativen Aspekt; denn in der Tat: wenn auf Papua Neuguinea, wie noch in der ersten Hälfte des 20. Jhs., Stämme in einem nicht endenden rituellen Krieg, der die Weltordnung darstellt, übereinander herfallen und die Heranwachsenden sich als Kopfjäger bewähren, mag daraus auf die Art bezogen so wenig Schaden entstehen wie bei den Kriegen der Schimpansen am Tanganjika-See; wenn aber ganze Staaten, hochgerüstet, ihre Völker in mörderische Schlachten schicken, bekommt das Wort Aggression zweifellos eine neue Qualität. Wenn am Xingu die Indios mit Pfeil und Bogen einander bekämpfen, hat das ein anderes Format, als wenn man die Kombattanten mit Stahlmacheten und Schnellfeuerwaffen ausrüstet, um in ihren leergeräumten Gebieten auf die Suche nach Bodenschätzen zu gehen oder Wasserkraftwerke zu errichten. »Der Mensch«, meinte LORENZ, »ist gar nicht so böse von Jugend auf (sc. nach Gen 6,5; 8,21, d.V.),

27 Vgl. E. DREWERMANN: Der sechste Tag, 148–197: Vom archaischen homo sapiens zum Cro-Magnon-Menschen.

er ist nur nicht ganz gut genug für die Anforderungen des modernen Gesellschaftslebens.«[28] Doch ist es nur das?

Wenn Schüler auf dem Pausenhof in angegebener Weise einen stotternden Klassenkameraden ihrer Mobbingaggressivität aussetzen, entschuldigen wir sie für gewöhnlich damit, daß sie erst 14 Jahre alt sind, – strafmündig als Erwachsene werden sie erst mit 18 (wenn neurologisch die Myelinisierung der Axone weit genug vorangeschritten ist, um die Funktionsweise des Gehirns zu optimieren). Doch gibt es keinerlei Gewähr dafür, daß mit Beginn des Erwachsenenalters die archaischen Verhaltensvorgaben ihre Wirksamkeit verlören. Im Gegenteil. Gerade das Strafrecht setzt das alte Anstoßnehmen bei Normabweichungen und -übertretungen, freilich in nuancierter Form, als staatliche Gesetzgebung auf hohem Niveau weiter fort, und eine Fülle von rechtsphilosophischen Überlegungen und Argumenten, die wir werden durchgehen müssen, bieten die scheinbare Rechtfertigung dafür. – Oder der Krieg als international exekutierte Todesstrafe: er gehört als Handlungsoption zur Politik aller Staaten der Welt (einzig Costa Rica ist vernünftig genug, kein Militär zu unterhalten). Was wir »Kulturgeschichte« nennen, stellt unter diesem Aspekt nicht sowohl eine Alternative, als vielmehr eine Aufstockung und Erweiterung der Naturgeschichte der menschlichen Seele dar. Unter selbstgeschaffenen modernen Bedingungen sind wir nach wie vor »die Alten« geblieben, und insbesondere in Momenten hoher affektiver Erregung (Wut, Zorn, Triumph, Verzweiflung) brechen die Atavismen des biologischen Erbes eruptiv hervor und überschwemmen die dünne Decke der »Kultur«. Das ist es, was LORENZ meinte.

Aber: den Faktor *Angst* hat KONRAD LORENZ dabei fast gänzlich außer Acht gelassen. Menschen mußten lernen, daß für Menschen nichts gefährlicher ist als ein anderer Mensch, und diese Erfahrung hat die Mechanismen des Sozialverhaltens ins Ungemessene radikalisiert und totalisiert. Erst Menschen konnten die Einsicht allen verängstigten Sicherheitsstrebens zum Prinzip erheben, daß nur das Töten eines Gegners eine endgültige Konfliktlösung darstellt. Um sich vor kriminellen Wiederholungstätern zu schützen, hilft am besten anscheinend die Todesstrafe. – Wir denken so, weil die Angst es uns eingibt. Jene Schimpansenvorfahren, über deren Zwischenhirn im Verlauf der letzten 6 Millionen Jahre sich das Großhirn gewölbt

28 KONRAD LORENZ: Das sogenannte Böse, 349.

hat, machen als Menschen aus den momentanen Handlungsimpulsen der Vorzeit Konzepte, Strategien, gesetzliche Verordnungen: – sie wollen Ruhe haben.

Insbesondere die Trennung der »Guten« von den »Bösen«, die mit dem Anstoßnehmen und Ausstoßen zu jedem Strafsystem gehört, erhebt mit moralischen und juridischen Begründungen die evolutiv bedingten Bedürfnisse der Psychologie so gut wie aller sozial lebenden Tiere zur gesetzlichen und gerichtlichen Verhaltensvorschrift. Die Bestätigung der Norm, die mit Hilfe des Strafregimes gegen Abweichler und Übertreter verteidigt wird, ist im Strafvollzug identisch mit der Selbstbestätigung der Guten, Angepaßten und »Normalen«, die nicht nur das Recht, sondern damit zugleich auch die Pflicht für sich reklamieren, über die Bösen, Nicht-Angepaßten und Abnormalen zu Gericht zu sitzen.

Und spätestens jetzt ist klar, daß und wieso die gesamte Botschaft Jesu grundsätzlich und generell mit den Einrichtungen des Strafrechts aller Staaten und Gruppen in Vergangenheit und Gegenwart der menschlichen Geschichte unvereinbar ist. Zu Recht spricht *Paulus* davon, im Sinne Jesu zu leben sei wie die Heraufkunft eines »neuen Menschen« (Kol 3,9.10); eine Wiedergeburt aus Geist nennt der johanneische Jesus im Gespräch mit *Nikodemus* diese alles verändernde Sicht auf die menschliche Existenz (Joh 3,5). Das Neue Testament kennt nicht die ungeheuere zeitliche Erstreckung der Psychogenese des Menschen in der Evolution, doch es stellt konsequent auf den am meisten problematischen Punkt dieser Entstehungsgeschichte ab: auf die Dynamik der Angst. In sämtlichen rechtsphilosophischen Debatten taucht sie allenfalls unter dem »Sicherheitsaspekt« auf, und in der Psychologie geht es im Grunde nicht um Angst, sondern um kategoriale Beschreibungen von Situationen erlebter (wirklicher oder eingebildeter) Gefahr, in denen im limbischen System von der Amygdala aus Angst als Warnsignal verbreitet wird. Solange wir Angst allerdings nur (im Sinne von Furcht) als Antwort auf innerweltliche Bedrohungen auffassen, werden wir dem Teufelskreis niemals entrinnen, gegen die Angst, die wir selbst verspüren, angstverbreitende Maßnahmen der Gewalt zu setzen, die dann wieder auf uns selber zurückwirken. Zudem bedenken wir nicht die Verunendlichung aller endlichen Angstinhalte durch das menschliche Bewußtsein: für jedes entstehende Problem suchen wir nach einer endgültigen Lösung, die es im Leben nicht gibt; gerade das menschliche Zusammenleben verformt sich dadurch zu einer unendlichen

Todespraxis, – es sei denn, wir beruhigten eben diese Angst, die dazu gehört, daß wir Menschen sind, durch ein Vertrauen in einen Bezugspunkt unseres Daseins jenseits dieser Welt.

Gerade das war die Vision des Jesus von Nazareth: wir sicherten uns nicht per Strafgesetz ab in Angst vor den Normüberschreitungen Einzelner oder ganzer Gruppen, sondern wir gingen auf sie zu in Angstfreiheit, wir suchten die Not zu verstehen, die Menschen nötigt, die Gleise der Normalität und der Normativität zu verlassen, wir versuchten, das Leid durchzuarbeiten, das sie bestimmt, anderen Leid zuzufügen, wir sähen die Täter selber als Opfer und sprengten die Ketten der Vergeltungskausalität auf. Wir befreiten uns damit von der unmenschlichen Zweiteilung der Menschen in Gute und Böse im Rahmen einer justiziablen Ordnung, wir begriffen, daß wir im Guten wie im Bösen zusammenhängen. Wir lernten, an einen Gott zu glauben, der seine Sonne aufgehen läßt über Gute und Böse (Mt 5,45).

Man versteht, warum dieses Programm den Mann aus Nazareth zu einer Bedrohung jeglicher staatlichen Ordnung machen mußte und machen muß und warum seine Hinrichtung durch die Römer auf Betreiben gesetzestreuer Frommer in Israel nur zum Ausdruck bringt, was als Konflikt zwischen dem alten und dem neuen Menschen unsere gesamte Geschichte durchzieht. Wer in dem Kreuz des Karfreitags die Erlösung der Menschheit glaubt, der muß die Gründe durcharbeiten und umarbeiten, die jedes Strafrecht in Gang halten und zu deren Einhalt Jesus auf Leben und Tod die Herausforderung des Konflikts mit jeder bestehenden »Ordnung« annahm. – Wir stehen noch ganz am Anfang dieser Arbeit; sehen wir weiter in eben die Richtung, in die wir soeben zu sehen beginnen: Wie wird gestraft? Und wer ist die Instanz, die straft? Und was ist mit dem Staat, der sich das Monopol von Strafe und Gewalt als seine Hauptdomäne angeeignet hat?

II) Strafen kann nur, wer die Macht dazu besitzt

1) *Strafformen in verschiedenen Gesellschaften*

Alles, was bei Tieren sich an Strafmotiven und Strafformen findet, setzt sich, differenziert und modifiziert mit wechselnden Schwerpunkten je nach den Bedürfnissen des gesellschaftlichen Zusammenlebens, auch in der menschlichen Geschichte fort: Mobben, Ausstoßen, Vernichten mit Duldung oder auf Befehl eines Alphas an der Spitze, – all das tritt noch heute als Strafreaktion auf normabweichendes Verhalten in allen Gruppen im Umgang mit sich selber und mit anderen konkurrierenden Sozialverbänden auf. Ja, es scheint möglich, die Art des Strafens als wesentliche Prägung einer Kultur zu verstehen und sie entsprechend von anderen Gruppen zu unterscheiden.

Im Gedenken an »unsere rechtlichen Praktiken und an den Strafvollzug« versuchte etwa der strukturalistische Ethnologe CLAUDE LÉVI-STRAUSS in »Traurige Tropen« »zwischen zwei verschiedenen Arten von Gesellschaften zu unterscheiden, nämlich zwischen solchen, die Menschenfleisch essen, also in der Einverleibung gewisser Individuen das einzige Mittel sehen, um deren furchtbare Kräfte zu bannen oder gar zu nutzen, und jenen anderen – wie die unsrige –, die eine Haltung einnehmen, welche man als Anthropoemie (von griechisch *eimein* = erbrechen) bezeichnen könnte. Angesichts desselben Problems hat dieser letztere Typus die entgegengesetzte Lösung gewählt, eine Lösung, die darin besteht, die gefährlichen Individuen aus der Gesellschaft auszustoßen und sie in eigens dafür hergerichteten Gebäuden von der Berührung mit anderen Menschen zeitweilig oder für immer auszuschließen. Den meisten Gesellschaften, die wir als primitiv bezeichnen, würde diese Sitte den allergrößten Abscheu einflößen, und sie würden uns für ebenso barbarisch halten wie wir sie, nur aus anderen Gründen.«[1]

1 CLAUDE LÉVI-STRAUSS: Traurige Tropen, 356–357.

Mit Nachdruck verwies der französische Völkerkundler auf die Neigung unseres eurozentrischen Weltbildes, die eigenen Vorstellungen von Recht und Ordnung als die einzig richtigen, weil wahrhaft menschlichen, in der kolonialen Pose von Selbstgewißheit und Unwissenheit, von Arroganz und Ignoranz, allen anderen Kulturen als verpflichtendes Vorbild vor Augen zu stellen, und er tat sein Mögliches, die Schattenseiten unserer vermeintlich alternativlosen Setzungen und Satzungen aufzuhellen.

»Gesellschaften«, schrieb er, »die uns in bestimmter Hinsicht als wild und grausam erscheinen, entpuppen sich als menschlich und wohlwollend, sobald man andere Aspekte betrachtet. Nehmen wir den Fall der nordamerikanischen Plains-Indianer, der insofern doppelt bedeutsam ist, als dieses Volk einerseits bestimmte gemäßigte Formen der Anthropophagie praktizierte und andererseits über eine organisierte Polizei verfügte, was bei primitiven Völkern äußerst selten vorkommt. Diese Polizei, die übrigens gleichzeitig den Richterstand bildete, wäre niemals auf den Gedanken gekommen, daß die Bestrafung eines Schuldigen darin bestehen könnte, dessen soziale Bindungen zu durchschneiden. Wenn ein Eingeborener gegen die Gesetze des Stammes verstieß, wurde er durch die Zerstörung seines Eigentums, das heißt seines Zeltes und seiner Pferde, bestraft. Damit aber stand die Polizei mit einem Mal in seiner Schuld, und es fiel ihr nun die Aufgabe zu, die kollektive Wiedergutmachung des Schadens zu organisieren, den der Schuldige durch seine Bestrafung erlitten hatte. Dadurch sah sich nun dieser seinerseits der Gruppe gegenüber verpflichtet, der er seine Dankbarkeit durch Geschenke bezeugen mußte, die zu sammeln ihm jedermann fleißig half, einschließlich der Polizei, was das Verhältnis von neuem umkehrte. Dieser Austausch dauerte so lange, bis nach einer ganzen Reihe von Geschenken und Gegengeschenken das Chaos beseitigt und die ursprüngliche Ordnung wiederhergestellt war.«[2]

Diese Strafform im Rahmen einer Kultur, die wir als »kannibalistisch« verachten und, bestünde sie heute noch, mit allen Mitteln als unmenschlich und barbarisch international zu ächten und zu beseitigen trachten würden, nötigte den französischen Völkerkundler noch aus eigenem Erleben zu der Feststellung: »Derartige Bräuche sind nicht nur menschlicher als die unsrigen, sondern auch folgerichtiger, und dies selbst dann, wenn man das gesamte Problem in modernen

2 A.a.O., 357.

psychologischen Begriffen formuliert. Logischerweise verlangt nämlich die ›Infantilisierung‹ des Schuldigen, die mit der Vorstellung der Bestrafung gegeben ist, daß man diesem auch das entsprechende Recht auf Belohnung zuerkennt. Versagt man ihm diese, so wird die Bestrafung bestenfalls nichts nützen; wahrscheinlich aber wird sie eine Wirkung haben, die das genaue Gegenteil von dem darstellt, was man sich erhoffte. So hat man bei uns den Gipfel der Absurdität erreicht, wenn man den Schuldigen einerseits als Kind behandelt, um ihn bestrafen zu können, und andererseits als Erwachsenen, um ihm die Belohnung zu verweigern, und wenn man zudem noch davon überzeugt ist, einen großen Fortschritt vollbracht zu haben, weil man einige Mitmenschen, anstatt sie aufzuessen, physisch und moralisch verstümmelt.«[3]

Wir werden auf diesen zentralen Widerspruch von »kindlich« und »erwachsen« in unserem Strafsystem: mit der quälenden Einschränkung sozialer Kontakte soziale Kompetenz erzeugen zu wollen sowie mit der verordneten Unmündigkeit eines Häftlings seine persönliche Mündigkeit vorzubereiten, noch ausführlich zurückkommen; hier jetzt ist der Gedanke von Belang, daß – jenseits des Mythos vom edlen Wilden – eine jede Gesellschaft beziehungsweise eine jede Kultur sich in der Art ihres Strafsystems selber charakterisiert. Die Unterscheidung von Einverleiben (Anthropophagie) und Ausspeien (Anthropoemie) ist freilich noch sehr großflächig – und sollte jedenfalls nicht vergessen machen, daß zum »Ausspeien« eine Mehrzahl von gebräuchlichen Verfahren zur Wahl stehen.

Vier verschiedene Praktiken bieten sich an, die MICHEL FOUCAULT in folgender Übersicht herausgearbeitet hat[4]:

a) *Ausschließen.* Davon spricht FOUCAULT in strengem Sinne, so daß es nicht etwa auch das Einschließen (*enfermer*) umfaßt, und meint: »Bei dieser Straftaktik handelt es sich darum, die Anwesenheit eines Individuums an gemeinschaftlichen oder heiligen Orten zu untersagen, ihm gegenüber jegliche Regeln der Gastfreundschaft zu verbieten. Es handelt sich darum, ihm sein Haus zu nehmen, ja sogar sein Heim in Realität zu beseitigen, so wie man das Haus eines Verbannten niederbrennt ...; es handelt sich darum, ihn bis an die Grenze zu

3 A.a.O., 357–358.
4 MICHEL FOUCAULT: Die Strafgesellschaft, 19–22.

führen oder zu jagen; es kann sich auch darum handeln, ihn auszusetzen.«[5]

Ein solcherweise Bestrafter führt das Leben eines *outlaws*; er lebt, bezogen auf seine Ursprungsgesellschaft, im Exil, was nicht ausschließt, daß er in einer anderen Gesellschaft, anderenorts, sich bewähren und nützlich machen kann.

Ein solcher Brauch bestand etwa in Island noch bis zur Einführung des Christentums um das Jahr 1000. So beginnt zum Beispiel die Geschichte von *Egil*, dem Sohn *Skallagrims*, mit den Worten, daß er »von König *Eirik Blutaxt* von Norwegen wegen eines Totschlags des Landes verwiesen worden« war. Aber: »Auf weiten Fahrten verschaffte sich *Egil* Ehre und Ruhm.«[6] Die Praktik selber scheint eine lange Geschichte zu haben, ward sie doch schon im archaischen Griechenland geübt[7] und ist völkerkundlich als eine in Stammeskulturen weit verbreitete Form der Strafe bekannt. Wie »nützlich« die Ausweisung« sich für die Interessen etwa des britischen Empires erweisen konnte, zeigt in großem Stil die Geschichte der Besiedlung Australiens als einer Sträflingskolonie[8].

Eine besondere Form der Ausschließung, die in der Antike als undenkbar gegolten hätte, ist in der Gegenwart zu einer neuen Art politischer Unmenschlichkeit geronnen: die Abschließung oder Absperrung. Die Griechen in den Tagen HOMERS noch verehrten *Zeus* selbst als einen Freund der Fremden, und Gastfreundschaft galt ihnen als eine vornehme Pflicht der Humanität im Umgang mit Hilflosen[9]. Es ist unsere »Kultur« im »christlichen« Abendland, aber auch in den USA, aber auch in Israel, die mit dem Bau von Mauern und Stacheldraht das eigene Staatsgebiet wie eine Festung gegen Asylsuchende

5 A.a.O., 19–20, einschließlich der Manuskripfthinzufügung. – So agieren z.B. die Israelis, wenn sie in Hebron oder Ramallah mit Schiebebaggern das Haus der Familie eines terrorverdächtigen Palästinensers zerstören.

6 Thule. Ausgewählte Sagas von altgermanischen Bauern und Helden, 133.

7 MICHEL FONCAULT: Die Strafgesellschaft, 20.

8 Vgl. die beeindruckende Schilderung bei Siân Rees: Das Freudenschiff, 9–36: Gefallene Mädchen, wo die Herkunft, die Vergehen und die Urteile über die 240 Frauen aufgeführt werden, die im Sommer 1789 auf der »Lady Julian« zur Aussiedlung nach Australien »begnadigt« wurden: Kinder, alte Frauen, Taschendiebinnen, Betrügerinnen und Prostituierte, die der Schiffsmannschaft als Sklavinnen ein Jahr lang an Bord unter unglaublichen Bedingungen zur Verfügung stehen mußten.

9 HOMER: Odyssee, IV 26–67, S. 93–97, zum Beispiel schildert, welch freundliche Aufnahme *Telemach* bei *Menelaos* und *Helena* findet.

und Verzweifelte abzuschotten sucht und dabei den Tod von Tausenden, die im Mittelmeer ertrinken oder in der Wüste verdursten[10], bewußt in Kauf nimmt. Ihre fahrlässige Tötung wird gerechtfertigt, verhängt wegen illegaler Migration. Nur: was für ein Recht soll das sein, das Ausweglosigkeit, herbeigeführt womöglich in eigener Regie durch endlose Kriege in »humanitären Einsätzen«, zu einem Verbrechen stempelt?

b) *Freikauf und Entschädigung.* Dieses Strafsystem scheint insbesondere »in den alten germanischen Gesellschaften vorherrschend gewesen zu sein«[11], und es unterscheidet sich charakteristisch von dem vorhergehenden: während in jenem die sozialen Verbindungen nachdrücklich gekappt werden, sieht sich der Normbrecher in diesem einem Netz sozialer Verpflichtungen gegenüber: Der Rechtsverstoß wird als ein Schaden betrachtet, der sich in Form von Geld oder Arbeitsleistung wieder gutmachen läßt. Der Schaden bemißt sich natürlich nach der Stellung dessen, dem er zugefügt und an dem er verübt wurde. – In der isländischen Geschichte von dem weisen *Njal* etwa kommt es in den Rivalitäten zwischen der schönen, aber zänkischen *Hallgerd*, der Frau des rechtschaffenden *Gunnar*, und ihrer Gegenspielerin *Bergthora*, der unversöhnlichen Gemahlin *Njal*s, zu einer Reihe von Auftragsmorden an den Knechten der jeweiligen Gegenseite; alternativ dazu kann die Knechtsbuße unter den Männern aber auch auf zwölf Unzen Silbers festgesetzt werden[12]. Das war möglich, denn schwerer noch als der Tod wog die Verletzung der Ehre: entweder ein Held zu werden oder ruhmlos zu sterben, – dazwischen galt es zu wählen. Der gesellschaftliche Codex der Ehre im Kreise der Blutsverwandten wollte es so.

In »der nordischen Welt war die Familie allmächtig, und verwandtschaftliche Bande enthielten mächtige Forderungen, so wie sie

10 Vgl. FRANCISCO CANTÚ: No Man's Land, 108: »2014 veröffentlichte die mexikanische Regierung neue Daten, womit sie offiziell anerkannte, daß seit 2007 mehr als 164000 Personen ermordet worden waren ... Nicht erfaßt sind die Vermißten und Verschwundenen, deren Zahl 2012 auf mehr als 25000 geschätzt wurde, ebenso wenig natürlich die vielen Entführungen und die Fälle von Schutzgelderpressung. – In diesen Zahlen sind auch all jene nicht enthalten, die bei dem Versuch, in die USA zu gelangen, gestorben oder verschwunden sind – oftmals Menschen, die vor der Gewalt in ihrer Heimat flohen. 2017 berichtete ... *New York Times*, daß der US-Grenzschutz zwischen 2000 und 2016 mehr als sechstausend Tote gezählt habe.«

11 MICHEL FOUCAULT: Die Strafgesellschaft, 20. Manuskripthinzufügung.

12 Thule. Ausgewählte Sagas von altgermanischen Bauern und Helden, 101.

auch Stärke und Hilfeleistung einschlossen. Ein Unrecht an einem Verwandten war ein Unrecht an einem selbst, und der Ehrenkodex forderte, daß eine solche Mißachtung entweder durch blutige Rache oder durch Sühnegeld geahndet wurde. Tatsächlich sah das Gesetz Rache vor. Der gute Ruf eines Mannes konnte nur durch erfolgreiche Vergeltung wiederhergestellt werden. Die nordische Gesellschaft legte übergroße Bedeutung auf persönliche und familiäre Anerkennung, so daß jedermann wachsam alles beobachtete, was diesen Ruf schädigen konnte.«[13]. Es ist das soziale Netz der Sippe selbst, das sich beim Freikaufen oder Entschädigen in Form der Strafe um den Normabweichler legt.

c) *Brandmarken.* Während beim Freikauf oder bei der Entschädigung eine Gesetzesübertretung wieder gutgemacht werden soll, wird beim Brandmarken dem begangenen Vergehen oder Verbrechen in der Person des Delinquenten gewissermaßen ein zeitüberdauerndes Mahnmal gesetzt: sein Name bleibt auf immer mit der vermeintlichen oder wirklichen Straftat verknüpft, sein Körper bleibt (durch Abschneiden von Nase, Ohren, Lippen, Händen) auf immer als Objekt der ergangenen Bestrafung erkennbar, er selber wird an den Pranger gestellt, das heißt: man bindet ihn an eine Säule oder ein Gestellt, wo er eine Zeitlang dem Geifer und Eifer der spuckenden und spottenden, schlagenden und schändenden Meute aller »Rechtschaffenen« ausgesetzt ist, – nie mehr soll sein Bild in dem Gedächtnis der Untertanen ausgelöscht werden; dafür soll sich das Bild des Souveräns, als des Horts und des Hüters des Rechts, um so unvergeßlicher einprägen.

»Die Taktik der Brandmarkung war im Abendland vom Ende des Spätmittelalters bis zum 18. Jahrhundert maßgeblich.«[14] Noch im Jahre 1850 beschrieb der amerikanische Dichter NATHANIEL HAWTHORNE in seinem weltberühmten Roman »Der scharlachrote Buch-

13 MAGNUS MAGNUSSON: Der Hammer des Nordens, 124. Vgl. Fünf Geschichten von Ächtern und Blutrache. Die Geschichte von Hörd, dem Geächteten, Nr. 41, S. 256, die mit den Worten endet: »Neununddreißig Jahre alt war *Hörd,* als er fiel, und die Hauptzeit seines Lebens hat ihm Ehre und Ruhm gebracht, bis auf die drei Jahre, die er geächtet war.« Zur Rache für *Hörd* fielen 24 andere, »und für keinen von ihnen ward Wergeld gezahlt«.

14 MICHEL FOUCAULT: Die Strafgesellschaft, 21.

stabe«, wie »vor etwa zwei Jahrhunderten«[15] in Boston die puritanischen Bürger der Neuenglandstaaten, denen »Religion und Gesetz so gut wie gleichbedeutend« waren und denen »die mildesten und die strengsten Handlungen der öffentlichen Gewalt in gleicher Weise verehrungswürdig und furchtbar erschienen«[16], die öffentliche Schändung der *Hester Prynne* miterleben, die zur Mutter eines Mädchens wurde, dessen Vater unbekannt ist (und als welcher sich schließlich der fromme Pastor *Dimmesdale* bekennt); eigentlich hätte dieses lästerliche Weib den Galgen für seine Unzucht verdient, und es ist für einen Akt der Begnadigung zu halten, daß ihr der »scharlachrote Buchstabe« A (für englisch adulteress – Ehebrecherin) »auf ihrem Busen gestickt« bleibt[17]. Die »Plattform des Prangers«, als Ersatz der Guillotine, »verkörperte allen Inbegriff der Schande«, und es gibt, schreibt HAWTHORNE, »keine schwerere Beleidigung der menschlichen Natur ... als die, mit der man dem Schuldigen verbietet, sein Gesicht beschämt zu verbergen«.[18]

d) *Einschließen.* Das ist die Strafform, »die wir praktizieren und deren definitive Einsetzung in die Zeit der Wende vom 18. zum 19. Jahrhundert fällt.«[19] Wohlgemerkt: die griechische Antike kannte das Gefängnis nicht als Strafform; es diente auch im Mittelalter nur als Ort zur Festsetzung eines mutmaßlichen Delinquenten bis zum Beschluß und bis zur Vollstreckung eines Urteils; allerdings, die Haftbedingungen in feuchten und kalten Verliesen, angekettet und der Willkür der Wächter preisgegeben, konnten selber den Tatbestand der Folter erfüllen, – ein Ketzer wie JAN HUS etwa wurde 1414–1415 im Hieronymus-Kloster zu Konstanz von den Schergen des Konzils in einer Weise gefangen gehalten, die einer Tortur gleichkam[20]. Zudem kann die Einsperrung selbst in unseren Tagen auch ohne Urteil auf bloßen Verdacht hin auf unabsehbare Zeit in die Länge gezogen werden, wie zum Beispiel in der amerikanischen Militärbasis Guantanamo auf Kuba, wo man seit 2001 Menschen in Käfigen hält, als wären sie eierlegendes Schlachtgeflügel. Wie und

15 NATHANIEL HAWTHORNE: Der scharlachrote Buchstabe, Kap. II, 84.
16 A. a. O., Kap. II, 85.
17 A. a. O., Kap. II, 91.
18 A. a. O., Kap. II, 94.
19 MICHEL FOUCAULT: Die Strafgesellschaft, 21–22.
20 Vgl. EUGEN DREWERMANN im Gespräch mit JÜRGEN HOEREN: Jan Hus. Im Feuer Gottes, 176–188: Die Durcharbeitung der Angst.

warum so etwas möglich ist, werden wir noch ausführlich zu untersuchen haben.

Insgesamt lassen Gesellschaften sich charakterisieren durch den Straftyp, den sie bevorzugen, – unsere Kultur zum Beispiel ist seit 200 Jahren zu einer ausgesprochenen Gefängnisgesellschaft geworden. Das heißt nicht, daß die anderen Strafformen nicht ebenfalls in Anwendung kommen könnten, nur daß ihre Funktion innerhalb der vorherrschenden Strafform je nach Gesellschaft changiert.

Nehmen wir an, es herrsche die Taktik des *Ausschlusses;* dann kann die Beschlagnahme des persönlichen Besitzes »die Rolle eines Exils vor Ort« übernehmen[21]. Innerhalb eines Strafsystems des *Freikaufs* erfüllt die Geldbuße zwei Funktionen: sie entschädigt den Geschädigten und entlohnt den Schiedsrichter. Innerhalb des Systems der *Brandmarkung* dient die Geldbuße einem wesentlich symbolischen Zweck: sie prägt dem Schuldigen die Pflicht auf, sich den herrschenden Machtverhältnissen zu beugen. So kann heutigentags etwa eine Pressekampagne dafür sorgen, daß eine bestimmte Person, wie der Wetteransager *Jörg Kachelmann*, in der Öffentlichkeit wegen sexuellen Mißbrauchs an den Pranger gestellt wird und ihm hernach von seinem Sender »aus Gründen des Anstands« die Ausübung des Berufs untersagt bleibt, – selbst ein Revisionsurteil, das seine Unschuld feststellt, ändert den Tatbestand nicht mehr[22].

Auch und gerade die Todesstrafe als eine Form endgültiger körperlicher Brandmarkung wird durch die Art ihrer Vollstreckung modifiziert: Jemand, der in Acht und Bann getan wird, kann als »vogelfrei« von jedem Beliebigen getötet werden; der an den Pranger gestellte kann allein durch die Aussichtslosigkeit seiner Lage eines Voodoo-Todes sterben[23] oder in den Selbstmord getrieben werden; der des Landes Verwiesene kann, aller Mittel des Unterhaltes beraubt, sich zu einem allmählichen Ende in Elend und Schande verurteilt sehen; oder er kann, ausgesetzt auf einer Gefängnisinsel oder in einem Straflager, dazu bestimmt sein, sich zum Vorteil der ihn Verurteilenden in einer ebenso schweren wie gewinnbringenden Arbeit zu Tode zu schuften.

21 MICHEL FOUCAULT: Die Strafgesellschaft, 23.

22 Zum Fall *Jörg Kachelmann* vgl. THOMAS DARNSTÄDT: Der Richter und sein Opfer, 54–84: Verdacht, 79: »Der Fall Kachelmann hat nicht nur das Vertrauen in die Justiz strapaziert, sondern mehr noch das Vertrauen zwischen den Geschlechtern.«

23 RUDOLF BILZ: Der Voodoo-Tod und die Daseinsangst, in: Paläoanthropologie, 442–447, S. 442, verweist auf einen Fall in Deutsch-Neuguinea, wo »zwei Einge-

Die Todesstrafe selbst kann, wie im Fall der Kreuzigung Jesu, mit öffentlicher Verhöhnung (als eines Spottkönigs) sowie mit der demonstrativen Beraubung jeglichen Besitzes einhergehen: indem man den Verurteilten die Kleider auszieht und sie vollkommen nackt an das Holz schlägt oder bindet, gibt man sie nicht nur schutzlos der gaffenden Menge preis, sondern man offenbart damit auch ihre totale Würdelosigkeit; noch bevor man sie physisch vernichtet, soll noch ihre soziale Nichtigkeit durch Brandmarkung (Auspeitschen) und Beschlagnahme ihres Kleides vor aller Augen unter Beweis gestellt werden.

Komplizierter ist die Funktion der Todesstrafe im System des *Freikaufs*, denn hier dient sie ganz offensichtlich nicht der Bestrafung des Schuldigen, sondern der Rückerstattung einer Schuld in bestimmter Höhe; nur so wird verständlich, daß ein Mord in einem solchen Strafsystem gesühnt werden kann, indem man einen seiner Verwandten oder – wie in der eben erwähnten Geschichte vom weisen *Njal* – einen seiner Knechte erschlägt; es geht nicht darum, den Schuldigen zu bestrafen, sondern eine Schuld in entsprechender Höhe zurückzuzahlen.

Innerhalb der Praktik der *Brandmarkung* besitzt schon die Form der Todesstrafe selber einen hohen Ausdruckswert: im antiken Rom etwa durften Personen mit Bürgerrecht nur durch das Schwert hingerichtet werden; auch im Mittelalter war es das Vorrecht des Adels, die Todesstrafe durch Enthaupten zu erleiden, während man die Bürgerlichen aufhängte, die Häretiker – wie JAN HUS oder GIORDANO BRUNO – auf dem Scheiterhaufen bei lebendigem Leibe verbrannte[24] und Landesverräter vierteilte. In unserem derzeitigen Strafsystem, das wesentlich auf dem Einschluß basiert, erscheint der Tod nicht mehr als physische Vernichtung oder als lethale Folterqual, sondern er hat sich das Gewand der Sicherheitsverwahrung übergezogen: für die Gesellschaft ist ein derart Verurteilter schon zu Lebzeiten gestorben; sie hat mit ihm nichts mehr zu schaffen, außer daß sie ihn mit Steuermitteln künstlich am Leben erhält.

borene einer Trägerkolonne starben, nachdem der Medizinmann sie für schuldig erklärt ... hatte.«

24 Vgl. EUGEN DREWERMANN: Giordano Bruno oder Der Spiegel des Unendlichen: Nachtrag: Der offene Himmel, 387–395.

In all dem haben wir es, wie MICHEL FOUCAULT hervorhebt, nicht mit der Ausübung idealer Prinzipien von Recht und Gerechtigkeit zu tun, sondern mit Strategien der Macht innerhalb eines Bürgerkriegs, wie er jedes Strafwesen kennzeichnet. Es war die Konzeption der Staatstheorie von THOMAS HOBBES im »Leviathan«, daß als Grundzustand jeder Gesellschaft im Urzustand ein Krieg aller gegen alle anzunehmen sei[25], der erst durch die Bildung eines Staates mit dem Anspruch des Gewalt- und Strafmonopols sein Ende gefunden habe; demgegenüber bleibt festzustellen, daß, solange es Strafsysteme gibt, der Bürgerkrieg im Inneren so wenig zum Erlöschen kommt wie der Krieg nach außen. Diese Feststellung widerspricht freilich der Theorie von JEAN-JACQUES ROUSSEAU[26], der den Staat aus einem Gesellschaftsvertrag hervorgehen ließ, durch den all die Machtkämpfe untereinander zu bloßen bedauerlichen Rückfällen in vergangen geglaubte Zustände erscheinen sollten. Tatsächlich aber stellt der Staat selbst eine Form organisierter Gewalt dar, und es ist gar nicht sein Interesse, den internen Bürgerkrieg zu beenden, viel eher moderiert er die Binnengegensätze und macht sie sich zum eigenen Machterhalt zunutze. Der Staat ist selber die Fortsetzung des Krieges mit anderen Mitteln, um das berühmte Bonmot von CARL VON CLAUSEWITZ[27] umzukehren. Er ist, was FRIEDRICH NIETZSCHE von ihm

25 THOMAS HOBBES: Leviathan, 2. Teil: Vom Staat, 17. Kap.: Über Grund, Entstehung und Definition des Staates, 151–156, S. 151: »Die Absicht und Ursache, warum die Menschen bei all ihrem natürlichen Hang zur Freiheit und Herrschaft sich dennoch entschließen konnten, sich gewissen Anordnungen, welche die bürgerliche Gesellschaft trifft, zu unterwerfen, lag in dem Verlangen, sich selbst zu erhalten und ein bequemes Leben zu führen, oder mit anderen Worten, aus dem elenden Zustand eines Krieges aller gegen alle gerettet zu werden.«
26 JEAN-JACQUES ROUSSEAU: Gesellschaftsvertrag, 1. Buch, 6. Kap.: Vom Gesellschaftsvertrag, 17: »Finde eine Form des Zusammenschlusses, die mit ihrer ganzen gemeinsamen Kraft die Person und das Vermögen jedes einzelnen Mitglieds verteidigt und schützt und durch die doch jeder, indem er sich mit allen vereinigt, nur sich selbst gehorcht und genauso frei bleibt, wie zuvor. Das ist das grundlegende Problem, dessen Lösung der Gesellschaftsvertrag darstellt.«
27 CARL VON CLAUSEWITZ: Vom Kriege, 1. Kap., 25, S. 34: »So sehen wir also, daß der Krieg nicht bloß ein politischer Akt, sondern ein wahres politisches Instrument ist, eine Fortsetzung des politischen Verkehrs, ein Durchführen desselben mit anderen Mitteln. Was dem Kriege nun noch eigentümlich bleibt, bezieht sich bloß auf die eigentümliche Natur seiner Mittel ... die politische Absicht ist der Zweck, der Krieg ist das Mittel.« MICHEL FOUCAULT: Zu Verteidigung der Gesellschaft. Vorlesung vom 21. Januar 1976, 63, fragt zu Recht: »Wer hat den Krieg durch den Frieden hindurch wahrgenommen?« und meint, »daß es der Krieg ist, der unterhalb und innerhalb der Machtbeziehungen funktioniert.« »Ich glaube«,

sagte, »das kalte Untier«[28], »das kälteste aller kalten Ungeheuer«.[29]

Damit haben wir zunächst einmal den Eindruck der Selbstverständlichkeit des Strafens unter Menschen hinlänglich beseitigt; deutlich geworden ist zugeich die Relativität der jeweiligen Strafform im Raum der sie bedingenden Gesellschaft. Was aber ist es mit dem Staat selbst als jener Einrichtung, die sich das Monopol des Strafens als einen Rechtsanspruch zueignet?

schreibt er, »daß es den Grundsatz, nach welchem die Politik der mit anderen Mitteln fortgesetzte Krieg ist, lange vor CLAUSEWITZ gab.«

28 FRIEDRICH NIETZSCHE: Also sprach Zarathustra, 1. Teil, Vom neuen Götzen, 53: »›Auf der Erde ist nichts Größeres als ich: der ordnende Finger bin ich Gottes‹ – also brüllt das Untier. Und nicht nur Langgeohrte und Kurzgeäugte sinken auf die Kniee! Ach, auch in euch, ihr großen Seelen, raunt er seine düsteren Lügen! Ach, er errät die reichen Herzen, die gerne sich verschwenden! Ja, auch euch errät er, ihr Besieger des alten Gottes! Müde wurdet ihr im Kampfe, und nun dient eure Müdigkeit noch dem neuen Götzen! Helden und Ehrenhafte möcht er um sich aufstellen, der neue Götze! Gerne sonnt er sich im Sonnenschein guter Gewissen, – das kalte Untier!«

29 A.a.O., 51.

2) Der Staat als Gründung göttlicher Gewalt

Wir sind dahin erzogen, den Staat als einen unerläßlichen Garanten von Recht und Ordnung anzusehen, und wir erblicken in seinem Gewalt- und Strafmonopol einen entscheidenden Fortschritt in der Geschichte der Zivilisation: endlich wird die vermeintliche Willkür der Blutrache in den Händen Einzelner abgelöst durch ein rationales Verfahren allgemein gültiger Rechtsprechung nach Prinzipien, die ethisch und juristisch wohlbegründet sind. So sollen wir denken. Wahrnehmen hingegen kann jeder, daß der Staat nicht sowohl eine moralische Anstalt als vielmehr ein Gebilde der Macht mit konfliktverstärkendem Potential ist, indem er die Willkür der Einzelnen in ein Regelwerk preßt, das auf der Ebene der Allgemeinheit ganz neue Formen der Willkür ermöglicht und in gewissem Sinne sogar erzwingt, die bereits rein quantitativ ins Ungemessene sich aufsummieren.

Gewiß geht die Einrichtung staatlicher Verhältnisse einher mit der Beendigung jeglicher Form von Selbstjustiz. Für THOMAS HOBBES war dieser Punkt derart entscheidend, daß er »Strafe« generell als »ein Übel« definierte, »welches dem Übertreter eines Gesetzes von seiten des Staates in der Absicht zugefügt wird, daß die Bürger abgeschreckt und zum Gehorsam bewogen werden«[30]. Diese Begriffsbestimmung will nicht nur den Zweck des Strafens erläutern, sie reserviert den Begriff der Strafe ausdrücklich für staatliches Handeln: der Staat erscheint damit als Grund und Quelle von Recht und Ordnung, – außerhalb seiner herrscht die Rechtlosigkeit des »Rechts« des Stärkeren. So die Theorie. Doch derart verhält es sich nicht in der Wirklichkeit. Gesehen haben wir soeben, daß selbst die Todesstrafe wegen Mords in einer staatenlosen Gesellschaft keinesfalls ungesetzlich ausgeübt wird, sondern sich in einem engen Rahmen von Wiedergutmachungs-Regeln bewegt; sie ist auch nicht, wie vielfach angenommen, eine triebhafte Reaktion individueller Revanche und Rache; im Gegenteil, sie hat ihren Platz ursprünglich offenbar in festen gruppenbezogenen Wertvorstellungen, deren Übertretung eine gesellschaftsbezogene (clangebundene) Wiederherstellung verlangt.

30 THOMAS HOBBES: Leviathan, 2. Teil, 28. Kap.: Von Strafen und Belohnungen, 258.

Wie wenig die Vendetta einem nur privaten Bedürfnis nach Vergeltung entstammt, sondern der Wahrung eines familiären Ehrencodex entstammt, hat PROSPER MÉRIMÉE in der Novelle »Colomba« noch im Jahre 1840 eindrucksvoll geschildert: Bei einer Überfahrt nach Korsika treffen der irische Oberst *Nevil* und seine Tochter *Lydia* auf Leutnant *Orso*, der in seine Heimat zurückkehrt, um den Mord an seinem Vater zu rächen. Doch bald schon verliebt er sich in die schöne *Lydia*, die ihm das Versprechen abnimmt, die Blutrache nicht zu vollziehen. Dagegen aber richtet sich das düstere Engagement seiner Schwester *Colomba*, die, einer alttestamentarischen Prophetin ähnlich, in leidenschaftlichen Klagegesängen die Wahrung der Familienehre und die Sühne des Tods ihres Vaters durch Rache an dem gegnerischen Clan der *Barricini* verlangt. In einem Hinterhalt erschießt *Orso* in Notwehr, nicht aus Rache, zwei Söhne des alten *Barricini*, der vor Leid über deren Tod den Verstand verliert; *Orso* aber heiratet *Lydia*, deren gegebenes Versprechen er nicht gebrochen hat.

In MÉRIMÉES Novelle ist das altertümliche System der korsischen Blutrache gerade dabei, den französischen Rechtsvorstellungen den Platz freizugeben, und es ist die Liebe zweier Personen, die den Weg dahin öffnet; doch auch *Colomba* ist fähig zu tiefen und leidenschaftlichen Gefühlen, mit denen sie für die tradierte Ordnung ihrer Familie und ihrer Kultur eintritt; – die Wahl steht nicht zwischen Ordnung und Chaos oder Maß und Maßlosigkeit, sie ist zu fällen zwischen einem staatlichen oder einem nichtstaatlichen Reglement, und beide haben ihre Vor- und Nachteile.

Ein schwerer Nachteil der Blutrache besteht zweifellos darin, daß sie eigentlich niemals aufhört, sofern sie nicht durch eine vertraglich festzusetzende Geldzahlung abgelöst wird; zudem ist es sehr schwer, fast unmöglich für einen einzelnen Betroffenen, sich aus dem Geflecht der Ehrverpflichtungen zu lösen.

Dieses Problem zeigt sich in der BRD derzeit zum Beispiel in den kulturellen Konflikten zwischen den kurdisch-syrischen Jesiden, die sich in die westliche Rechtsordnung zu integrieren suchen, und den – vor allem männlichen – Vertretern der hergebrachten Normen einer Gesellschaft, die in ihrer gesamten Geschichte niemals einen Staat erlebt hat, der sie beschützt oder unterstützt hätte; dafür dient die Blutrache dem Erhalt der kleinsten unmittelbar gegebenen sozialen Einheit: der Familie. Nur so ist es zu verstehen, daß die Ehescheidung einer Frau wie der Kurdin *Gülnaz Beyaz* die Ehre ihres Mannes und seiner Familie verletzt hat und ihr Bruder *Adil* deswegen auf offener Straße angeschossen wurde[31].

Vorfälle wie diese empören regelmäßig die Öffentlichkeit und nötigen zur Verschärfung der Strafjustiz sowie zur unnachsichtigen Ablehnung des gesamten Familiencodex von Zwangsehe, Ehrenmord und Blutrache; erneut glauben wir uns dabei des zivilisatorischen Fortschritts unserer rechtsstaatlichen Ordnung sicher. Doch wir übersehen den folgenschweren Nachteil, der mit dem staatlichen Strafregime einhergeht: es erweitert eine Strafform, die im Raum der Familie auf Einzelfälle beschränkt bleibt, in die Dimension eines ganzen Volkes; nicht mehr die Ehre einer Familie, sondern das Machtinteresse von Nationen steht jetzt auf dem Spiel.

Am 28. Juni 1914 zum Beispiel wird in Sarajewo der österreichisch-ungarische Thronfolger *Franz Ferdinand* mit seiner Gemahlin ermordet, weil er mit seinem Plan, einen großkroatischen Staat innerhalb der habsburgischen Doppelmonarchie zu gründen, die serbischen Expansionsbestrebungen gefährdete. »So muß Ich denn daran schreiten, mit Waffengewalt die unerläßlichen Bürgschaften zu schaffen, die Meinen Staaten die Ruhe im Inneren und den dauernden Frieden nach außen sichern sollen«, teilte Kaiser *Franz Joseph* am 29. Juli 1914 in der »Wiener Zeitung« seinen Untertanen mit[32]. Der Erste Weltkrieg brach aus. Um den Tod zweier Menschen zu sühnen, starben – man weiß es nicht – 10 bis 15 Millionen Menschen auf den Schlachtfeldern Europas und weitere Millionen an der spanischen Grippe, die von US-Soldaten eingeschleppt worden war[33]. Die Er-

31 Die Tragödie wird beschrieben von KATRIN ROHNSTOCK und RALF PASCH: Mein Leben im Schatten der Blutrache, 175–178: Schieß, Onkel!, 179–182: »Jetzt bist du ihn ganz los!« – Ähnliche Fälle ereignen sich immer wieder. CHRISTIAN ALTHOFF: Arzus Bruder Osman unter Verdacht, in: Westfalen-Blatt, 17. Jan. 2012, berichtet von dem Fall der 18jährigen Jesidin *Arzu Ösmen*, die sich in ihren Kollegen *Alexander K.* verliebt hatte – zur Mißbilligung ihrer Familie: am 1. Nov. 2011 entführten sie ihre fünf Brüder und brachten sie um; auch die ältere Schwester *Sirin* fügte sich dem Diktat der Familienehre. – Im März 2016 wurde die 21jährige kurdische Irakerin *Shilan* in Hannover während einer Hochzeit erschossen, weil sie sich weigerte, ihren 22jährigen Cousin *Sefin N.* zu heiraten. K. KEIM – E. WEDLER – K. CHAHROUR: Shilan (21) erschossen. Das Opfer der Bluthochzeit, Bild, 16. März 2016, S. 16.

32 BRIGITTE VACHA (Hg.): Die Habsburger, 459. Wie viele Möglichkeiten von den Serben angeboten wurden, um den Frieden zu wahren, schildert JEAN-PIERRE CARTIER: Der Erste Weltkrieg, 2. Kap.: Der lange Vorabend des Krieges, 37–59.

33 Vgl. BRUNO CABANES: Oktober 1918. Jahrhundertpandemie Spanische Grippe, in: Bruno Cabanes und Anne Duménil (Hg.): Der Erste Weltkrieg, 357–362. Die höchsten Schätzungen der Opfer der Spanischen Grippe gehen von 20 bis 30 Mil-

mordung des Thronfolgers betraf nicht einen Familienvater, sondern einen Landesvater, und für die Ehre des verletzten Nationalstolzes traten Monarchen, die untereinander verwandt waren, mitsamt ihren Völkern in Todfeindschaft gegeneinander an.

Wie also! Das Gewaltmonopol des Staates bedingt die Eindämmung der Gewalt? Das eben nicht. Der Staat nimmt die Gewaltausübung dem Einzelnen aus der Hand, nicht um sie abzuschaffen, sondern um sie in eigener Regie kollektiv zu organisieren, zu legitimieren und zu exekutieren. Der Faktor der Gewalt wird dadurch ausgedehnt, gegebenenfalls im Verhältnis von 2:15 Millionen. Den Grund dafür hat wiederum THOMAS HOBBES richtig gesehen, indem er hervorhob, »daß vor Errichtung des Staates jeder ein natürliches Recht hatte, alles zu tun, was ihm zu seiner Selbsterhaltung nötig schien. Und hierauf beruht eigentlich das Recht eines Staates zur Bestrafung eines Bürgers. Denn wie hätten die Bürger einem Staate ein solches Recht übertragen können, das ohnehin einem jeden von Natur zukommt. Dadurch aber, daß jeder Bürger sich seines Rechtes begab, erhielt der Staat eine solche Gewalt, daß er dies ihm von Natur zukommende Recht zum Schutz aller Bürger frei und ungehindert gebrauchen konnte.«[34] Nicht die Aufhebung, sondern die Ausdehnung der Strafgewalt ist mithin die Folge der Einrichtung des staatlichen Gewaltmonopols. Noch einmal in den Worten von THOMAS HOBBES: »Weil ... allen Verbrechen eine Ungerechtigkeit zugrunde liegt, worunter nicht bloß einzelne Bürger, sondern auch der ganze Staat leidet, so wird ein Verbrechen, wenn es von einem Bevollmächtigten des Staates angeklagt wird, ein öffentliches Verbrechen und die zur Untersuchung derselben bestimmten Gerichte öffentliche Gerichte oder bei uns *Klagen der Krone* genannt.«[35]

Jeder Verstoß gegen ein staatliches Gesetz richtet sich demnach gegen die Autorität der Staatsmacht, die bis zur Französischen Revolution im Souverain verkörpert war. Der Eindruck, den HOBBES (und auch ROUSSEAU) von der Einrichtung des Staates vermitteln, bietet ein durchaus friedliches und gewaltfreies Bild, so als hätten die

lionen Toten aus, »zwei- bis dreimal mehr, als Soldaten im Ersten Weltkrieg fielen. Allein in Europa zählte man 2,3 Millionen Todesfälle, davon 250 000 in Deutschland.« (357) »Die erste Welle (sc. der Krankheit, d.V.) gelangte im März/April 1918 über den Atlantik ... Die ... zweite Welle wütete ab Ende August.« (359).

34 THOMAS HOBBES: Leviathan, 2. Teil, 28. Kap.: Von Strafen und Belohnungen, 259.

35 A.a.O., 2. Teil, 27. Kap.: Von Verbrechen, Entschuldigungen und Strafmilderungen, 258.

Bewohner einer bestimmten Region sich freiwillig ihrer Selbstverfügung begeben, um in der entäußerten Staatsgewalt Schutz und Sicherheit zu finden. Was dabei entgegen der historischen Wirklichkeit völlig ausgeblendet wird, ist der Akt der Unterdrückung und Gewalt, der am Anfang jeder Staatengründung steht.

FRIEDRICH NIETZSCHE, als er 1883 den Staat beschrieb, meinte nicht nur das Kaiser-Deutschland, das 1871 mit Blut und Eisen aus dem Krieg gegen Frankreich hervorgegangen war, sondern den Typ des Nationalstaates überhaupt, in dem er zu Recht einen Absolutismus ohne Gott, einen modernen Götzendienst, erblickte und dem er die Vergewaltigung der unterjochten Völker zum Zwecke seiner Machtausdehnung zur Last legte (wie es 1866 im Deutschen Krieg zum Ausdruck kam), verbunden mit der ideologischen Einebnung der persönlichen Unterschiede. »Alles«, schrieb NIETZSCHE, »will er (sc. der Staat, d.V.) euch geben, wenn ihr ihn anbetet (sc. wie in der Versuchung Jesu durch den Teufel, Mt 4,8.9, d.V.), der neue Götze; also kauft er sich den Glanz eurer Tugend und den Blick eurer stolzen Augen. – Ködern will er mit euch die Viel-zu-vielen! Ja, ein Höllenkunststück ward da erfunden, ein Pferd des Todes (sc. wie in Apk 5,8, d.V.), klirrend im Putz göttlicher Ehren. – Ja, ein Sterben für viele ward da erfunden, das sich selber als Leben preist: wahrlich, ein Herzensdienst allen Predigern des Todes! – Staat nenne ich's, wo alle Gifttrinker sind, Gute und Schlimme: Staat, wo alle sich selber verlieren, Gute und Schlimme: Staat, wo der langsame Selbstmord aller – ›das Leben‹ heißt. – Seht mir doch diese Überflüssigen! Sie stehlen sich die Werke der Erfinder und die Schätze der Weisen: Bildung nennen sie ihren Diebstahl – und alles wird ihnen zu Krankheit und Ungemach! – Seht mir doch diese Überflüssigen! Krank sind sie immer, sie erbrechen ihre Galle und nennen es Zeitung. Sie verschlingen einander und können sich nicht einmal verdauen. – Seht nur diese Überflüssigen! Reichtümer erwerben sie und werden ärmer damit. Macht wollen sie und zuerst das Brecheisen der Macht, viel Geld – diese Unvermögenden! – Seht sie klettern, diese geschwinden Affen! Sie klettern übereinander hinweg und zerren sich also in den Schlamm und die Tiefe. – Hin zum Throne wollen sie alle: ihr Wahnsinn ist es, – als ob das Glück auf dem Throne säße! Oft sitzt der Schlamm auf dem Thron – und oft auch der Thron auf dem Schlamme. – Wahnsinnige sind sie mir alle und kletternde Affen und Überheiße. Übel riecht mir ihr Götze, das kalte Untier; übel riechen sie mir alle zusammen, diese Götzendiener. – … Dort, wo der Staat aufhört, da beginnt erst der Mensch, der nicht überflüssig ist: da beginnt das Lied des Notwendigen, die einmalige und unersetzliche Weise.« [36]

In dieser Betrachtung erscheint die staatliche Macht als Unterdrückungsinstrument, dazu bestimmt, den Menschen sich selbst zu entfremden, ja, ihn als Person zu beseitigen und in ein marionettengleiches, austauschbares Instrument für vielerlei Verwendungszwecke zu verwandeln. Doch selbst dieses kritische Bild ist nicht vollständig. Gewiß, es geht um Machtgewinn und Machtausübung, das ist klar, doch um zu herrschen, muß man positiv wissen, über was man herrschen will, und der Prozeß des Herrschens selbst erzeugt ein ständig sich vermehrendes Wissen über das Objekt der Herrschaft.

Schon in »Die fröhliche Wissenschaft« hatte NIETZSCHE eine Erkenntnistheorie begründet, die von der bisherigen Vorstellung einer Affinität von Erkennendem und Erkanntem entschieden abrückt. Für NIETZSCHE war »die Welt« oder »die Natur« nichts Organisches, ist doch alles Organische »das unsäglich Abgeleitete, Späte, Seltene, Zufällige, das wir nur auf der Kruste der Erde wahrnehmen«; sie ist noch nicht einmal etwas Maschinelles, denn dann müßte es so etwas wie Ziel, Zweck und Form in ihren Bewegungen geben. Statt dessen regiert der Zufall, – selbst das »Lebende ist nur eine Art des Toten und eine sehr seltene Art«.[37] Daß es unter diesen Umständen zu Erkenntnis kommt, liegt nicht daran, daß es ein Verlangen, einen Trieb zur Wahrheit gäbe; vielmehr stoßen die Triebe auf eine Wirklichkeit, die sie lächerlich oder bedauerlich finden mögen, die sie (am liebsten) verwünschen und verleugnen möchten und der sie sich möglichst fern halten; doch aus diesen widerstrebenden Erfahrungen tritt, wie bei einer Erschöpfung auf dem Schlachtfelde, als eine Art Kompromiß zwischen den Trieben tief aus dem Unbewußten mitunter jenes Etwas hervor, das vom Bewußtsein als Erkenntnis verstanden wird[38]. Der vermeintliche Gewinn solchen Erkennens liegt in dem Sicherheitsgefühl, das entsteht, wenn etwas bis dahin Unbekanntes und Fremdes auf etwas Bekanntes und Vertrautes zurückgeführt wird; doch läßt diese Vorliebe der Welterklärer leichthin vergessen, daß gerade das

36 FRIEDRICH NIETZSCHE: Also sprach Zarathustra, 1. Teil, Vom neuen Götzen, 52–53.
37 FRIEDRICH NIETZSCHE: Die Fröhliche Wissenschaft, 3. Buch, Nr. 109, S. 126–127.
38 A.a.O., 4. Buch, Nr. 353, S. 219–220.

scheinbar Gewohnte und Vertraute am schwersten zu erkennen ist: es muß erst fremd genug werden, um erkannt werden zu können[39].

»Für NIETZSCHE«, greift der klarsichtigste Analytiker der Macht, MICHEL FOUCAULT, diesen erkenntnistheoretischen Ansatz auf, »ist die Erkenntnis ... nicht von derselben Art wie die Triebe, sie stellt keine Verfeinerung der Triebe dar. Die Triebe sind Grundlage und Ausgangspunkt der Erkenntnis, aber die Erkenntnis ist nur das äußere Ergebnis ihrer Konfrontation ... Die Erkenntnis ist ein Effekt der Triebe, ein plötzlicher Glücksfall oder das Ergebnis eines langwierigen Kompromisses. Sie gleicht, wie NIETZSCHE es ausdrückt, dem Funken zwischen zwei Schwertern, der ... selbst nicht aus Eisen ist.«[40] Daraus folgt: »Die Erkenntnis ist letztlich kein Bestandteil der menschlichen Natur. Sie geht aus Kampf und Streit, aus dem Ergebnis des Streits, also aus riskanten Zufällen hervor. Sie ist kein Trieb, sondern richtet sich gegen die Triebe; sie ist nicht natürlich, sondern gleichsam widernatürlich.«[41]

In ähnlicher Weise muß man sich nun die Erzeugung von Wahrheit durch die herrschende Macht vorstellen: sie wird nicht einfach von oben nach unten per Dekret verfügt, sie stellt sich her in einem ständigen Kampf konkurrierender Interessen; darin zugleich liegt auch das Modell zum Verständnis der Gründung staatlicher Gewalt. – Gehen wir diesem Ansatz ein wenig historisch nach.

Vorstaatlich befinden wir uns – vor 7000 Jahren im Megalithikum, hernach vor 5000 Jahren in der Bronzezeit, – in einer Geschichtsepoche, in der zum ersten Mal der Austausch bestimmter Rohstoffe (Kupfer, Zinn, Feuerstein, Bernstein, Salz, Felle) und Waren (Kessel, Keramik, Figuren) kulturbestimmend wird. Weite Handelswege durchziehen ganz Europa, und an den Knotenpunkten der Handelsrouten bietet sich Gelegenheit, die Kontrolle über die Güterströme auszuüben. Wer es vermag, seine Hand auf eine solche Schlüsselstelle des Handelstransfers (und der Wasserstellen!) zu legen, kann in kurzer Zeit reich werden und seine Machtposition ausbauen. Allerdings wird die Anhäufung von Reichtümern in bis dahin nie gekannter Menge naturgemäß Begehrlichkeiten geweckt haben: mit Wallanlagen und Schutzmauern mußten die Wohnsitze gesichert werden; Waffenbesitz wurde unerläßlich, und es formte sich ein heroisches Männlichkeitsideal, wie es in den Grabbeigaben angesehener

39 A.a.O., 5. Buch, Nr. 355, S. 256–258.
40 MICHEL FOUCAULT: Die Wahrheit und die juristischen Formen, 18.
41 A.a.O., 18.

Männer (Dolche und Schwerter) zum Ausdruck kam[42], – die Schilderungen HOMERS, verschriftlicht um 700 v. Chr., aber durchsetzt mit Erinnerungen an die Zeit der mykenischen Palastgesellschaft um 1200 v. Chr., dokumentieren die Gedankenwelt dieser Zeit aufs eindrucksvollste[43]. Es ist eine Epoche der wachsenden Konzentration von Wohlstand und Macht und, desgleichen, von Krieg und Gewalt. Dabei dürften die Einflußzonen der stärkeren Lokalfürsten sich im Laufe der Zeit durch Unterwerfung potentieller oder wirklicher Gegenmächte nach und nach erweitert haben; es bildeten sich Territorialmächte unter der autoritären Herrschaft einzelner Machthaber. Und eben so: als das Ergebnis lang anhaltender Konkurrenzkämpfe um Macht und Reichtum wird man sich die Gründung staatlicher Gebilde vorzustellen haben. Keinesfalls kommt sie – wie HOBBES und ROUSSEAU es sich dachten –zustande durch ein quasi demokratisches Plebiszit, bei dem alle Bewohner einer bestimmten Region freiwillig auf ihre Freiheit verzichten; sie ist, wie allerorten festzustellen[44], das

42 Zur Darstellung der Bronzezeit vgl. UTA VON FREEDEN – SIEGMAR VON SCHNURBEIN (Hg.): Spuren der Jahrtausende, 158–189: Innovation und Beharrung, 185–188: Kriegerisches Zeitalter; E. DREWERMANN: Geld, Gesellschaft und Gewalt, 272–275; ERNST PROBST: Deutschland in der Bronzezeit, 258–288: Die Zeit der Unruhestifter. Die Urnenfelder-Kultur. HARALD MELLER – KAI MICHEL: Die Himmelsscheibe von Nebra, S. 219, stimmen – mit Blick auf die Aunjetitz-Kultur – der These zu, die frühen Staaten seien »eine Form der Räuberbande, der Schutzgelderpressung« gewesen, extreme Fälle »organisierten Verbrechens«, in dem mächtige Mafiosi den Einheimischen Ressourcen abpreßten und ihnen dafür Sicherheit gegenüber feindseligen Nachbarn anboten. Zwischen Kleptokraten und »weisen Herrschern« ist demnach ein Unterschied nur in der Höhe der Tribute erkennbar, die in den Taschen der Elite verschwinden. Der Übergang von der Stammesgesellschaft zum Häuptlingstum zum Staat ist nicht evolutiv als »Fortschritt« zu deuten. Im Gegenteil (S. 217): Je größer, um so komplexer und spezialisierter: »Überschüsse werden abgeschöpft und umverteilt, um die elitengestützte Zentralgewalt, eine Verwaltung und den ›Erzwingerstab‹, also Formen von Polizei oder Soldaten zu unterhalten. In Staaten emanzipiert sich das politische System von den alten Verwandtschaftsbeziehungen, Institutionen treten an die Stelle. Das ist der Kontext, in welchem ab dem 4. Jahrtausend vor Christus in Mesopotamien die ersten Staaten entstanden. Aber das bedeutet längst noch keine Verbesserung der Lebensbedinungen.«

43 Vgl. SUSAN LANGDON: »It's a Man's World«, in: Zeit der Helden, 101–118.

44 EUGEN DREWERMANN: Von Krieg zu Frieden, 299–302, 406–420. – Wie eine solche »Machtergreifung« durch Familienclans sich abspielt, läßt sich im Jahr 2018 in Berlin beobachten, wo kurdische und tschetschenische Familien ihre Macht gegeneinander ausspielen. »Sicherheitsbehörden gehen davon aus, dass die Clans in Deutschland insgesamt rund 200 000 Mitglieder haben ... Berlin mit 20 arabischen Großfamilien, die 9000 Angehörige hinter sich vereinigen, gilt als Hochburg der Clankriminalität ... ›Diese Straftäter gehören einer Parallelgesell-

brutale Werk der Machtergreifung eines Diktators, der sich in der Fülle seiner Gewaltanhäufung nicht nur als oberster Gesetzgeber, Heerführer und Versorgungsgarant präsentiert, sondern in seiner Rolle als absolutistischer Herrscher sich von seinen Untertanen immer mehr in Richtung gottgleicher Größe entfernt.

So heißt es in dem ältesten Epos der Menschheit von *Gilgamesch*, dem mythischen König von Uruk: »Der, der die Tiefe sah, die Grundfeste des Landes, / der das Verborgene kannte, der, dem alles bewußt – ... vertraut sind ihm die Göttersitze allesamt. / Allumfassende Weisheit erwarb er in jeglichen Dingen.« – »Wer ist denn der, der mit ihm sich an Königswürde messen könnte / und zu sagen vermag wie Gilgamesch: ›Ich, ja, ich bin der König!‹ – / ›Gilgamesch‹ ist er seit dem Tage, da er geboren, mit Namen genannt. / Zwei Drittel an ihm sind Gott, doch sein (drittes) Drittel, das ist Mensch.«[45] Einher geht mit der göttlichen Übergröße seines Geistes und seiner Körperkraft die Herrscherwillkür und Gewalt, die sich erst in der Kultivierung der Wildheit seines Gefährten *Enkidu* zu einem verantwortlichen Regierungsstil läutert.

Was der Mythos von *Gilgamesch* historisch wohl korrekt erinnert, ist eben das Moment der Machtausdehnung, das am Anfang aller Staatengründung steht. Selbst wo nur erst Stadtstaaten und nicht schon Großreiche sich bilden, geht mit der organisierten Intensivierung von Produktion und Handel zugleich die Konzentration von Kontrolle (»Weisheit in jeglichen Dingen«) und Befehlsgewalt (»Königswürde«) einher, und um diese zu erwerben und zu bewahren, ist ein geschickt gesponnenes Netz aus Beziehungen unter Günstlingen und Abhängigen unerläßlich, die Machtergreifung und -durchset-

schaft an. Sie verhalten sich quasi nach Stammesregeln. Deutsche Werte und Normen, vor allem Rechtsinstanzen und Behörden, werden einfach nicht anerkannt.‹« JAN STERNBERG – THORALF CLEVEN: Die neue Macht der Clans, in: Neue Westfälische, 1. Okt. 2018, S. 3. – In dieser Perspektive erscheint der Staat als Ordnungsmacht, doch aus solchen Clankriegen ist er selbst hervorgegangen, und der siegreiche Clan setzt als Staat alles daran, seine Interessen durch seine »Ordnung« zu schützen, die als unangreifbar zu gelten hat.

45 Das Gilgamesch-Epos, neu übers. u. komm. von Stefan M. Maul, I 1–2.5–6.45–48.46–47. – Dahinter zu sehen ist »eine zentripetale Bewegung«: Landbewohner suchten Schutz, die Städte suchten Arbeitskräfte. Die Neuankömmlinge brachten ihre Verwandschaftsorganisation mit, mehrere Familienverbände bildeten eine Territorialgemeinschaft. »Die Territorialgemeinschaften wurden von Ältestenräten geleitet, die wiederum spezielle Funktionsträger für die Erfüllung der administrativen, jurisdiktionellen, fiskalischen und polizeilichen Aufgaben bestellten.« STEFAN BREUER: Der charismatische Staat, 218–219.

zung aber stellt sich allemal als ein mehr oder minder brutaler Gewaltakt dar, der sich, wenn er gelingt, auf Dauer stellt. Alle Staatsgründung ist ein Staatsstreich, – die hernach erfolgenden Modifikationen und Korrekturen mögen den blutigen Ursprung kosmetisch überlagern, – gänzlich vertuschen können sie ihn nicht.

Zum Beleg dieser These ist nichts weiter vonnöten, als einen summarischen Blick auf die formative Phase der ersten Hochkulturen der Menschheit, beginnend im Alten Orient am Ende des 4. Jtsds. v. Chr., zu werfen. Den Leser kostet das ein wenig Zeit, doch *die* ist es wert zugunsten einer wesentlichen Einsicht in den Grund und die Gründung von Staaten und damit die Begründung von Staatlichkeit überhaupt. Erst wenn sich zeigt, daß jeder Staat sich gründet auf die immer gleichen Mechanismen von Machtgewinn und Machtverteilung, denen auch der Anspruch auf das Monopol der Strafgewalt mitsamt den Satzungen des Rechts, wonach zu strafen ist, gehorcht, begreift man Jesu Auflehnung gegen die »Ordnung« dieser »Welt« als wesentlich: als ebenso todwürdig für die Herrschenden wie lebensnotwendig zu unserer Vermenschlichung. – Beginnen wir mit:

Mesopotamien

Als um 3000 v. Chr. sich im Süden Mesopotamiens die bäuerliche Dorfkultur durch die *Sumerer* zu einer ersten Hochkultur entwickelte, mußten bereits in der Periode Frühdynastisch II die als Tempelstädte mit Hochterrassenheiligtum angelegten Ortschaften befestigt werden. Besonders auffällig ist die »Titulatur mancher Herrscher ... ›König von Kisch‹, die sich *nicht* darauf bezieht, daß der betreffende Herrscher in Kisch residiert. Der Titel ist allem Anschein nach politisches Programm, Anspruch auf die Herrschaft über ein Gebiet, das in der Vorzeit einmal (sc. unter *Mesalim*, um 2600, d.V.) ... Kontrolle von ganz Babylonien ... bedeutete.«[46] Mit anderen Worten: es war das Versprechen imperialer Machtausdehnung, über das sich ein sumerischer König definierte. »In der Akkadezeit (sc. um 2350–2150, unter ostsemitischen Nomaden) kommt als neuer, übersteigernder Titel ›König der vier (Welt-)Ufer‹ auf, der über Ur III (sc.

46 DIETZ OTTO EDZARD: Primäre Zentren der Hochkultur. Im Zweistromland, in: Weltgeschichte der Frühkulturen und der frühen Hochkulturen, 255.

um 2050–1950, d.V.) und die altbabylonische Zeit bis ins neuassyrische Reich perpetuiert wird.«[47]

Naturgemäß spielt bei der konkreten Ausführung derartiger staatspolitischer Konzepte die Beschaffenheit der landschaftlichen Voraussetzungen eine entscheidende Rolle. »Die Machtdauer mittel- oder südbabylonischer ›Königtümer von Kisch‹ war oft nur auf die Regierung eines Herrschers beschränkt. Dieser Mangel an Stabilität liegt in der Rivalität der Städte und ... dem Partikularismus durch die geographische Lage: Die Städte liegen an mehreren Wasserstraßen aufgereiht, wodurch eine nur nach zwei Seiten führende Verkehrsrichtung begünstigt wird. Die die einzelnen Städte umgebenden Fruchtlandzonen werden immer wieder durch Streifen unbebauten Landes unterbrochen. Uruk, Larsa, Badtibira, Umma und Zabalam liegen im Kranz um ein von der Bewässerung nicht erreichtes, höher gelegenes Steppengebiet, das ›Hoch-Eden‹ sumerischer Texte, das die Querverbindung erschwerte. An keiner Stelle bietet sich ein natürlicher Mittelpunkt als Metropole an. Einigung des Landes geschah bei solchem naturgeförderten Städteindividualismus nur auf dem Wege kriegerischer Unterwerfung. Freiwilliger loser Zusammenschluß erfolgte lediglich in Form der Koalition mit dem Zweck der Bekämpfung eines die Eigenständigkeit gefährdenden Dritten. Neben der lokalen Auseinandersetzung zwischen Nachbarstädten ist der Koalitionskrieg die typische Form der Kriegführung.«[48]

Wohlgemerkt: derartige Kriege um Machtgewinn und Beute, so moralisch zweifelhaft sie im Rückblick von heute erscheinen mögen, sind allemal heilige Kriege, geführt für die Stadtgottheiten durch ihren Sohn und Vertreter: den König der Stadt. »›Wie der Sonnengott Recht sprechen‹ ist Topos im Preis königlicher Gerechtigkeit ... ›Gott von Akkade‹, ›Gott seiner Stadt‹ oder ›Gott des Landes Sumer‹ sind denn auch die Titel des Herrschers.«[49] Dazu passend ist die Bedeutung des Tempelkomplexes für die Architektur, die Verwaltung und den Wirtschaftskreislauf des staatlichen Gemeinwesens im alten Sumer. »Der Stadtgott war eigentlicher Herr der Stadt, der seine Macht dem irdischen Herrscher übertragen hatte.«[50] Der Gott ist

47 A.a.O., 255.
48 A.a.O., 255–256.
49 A.a.O., 257.
50 A.a.O., 258. – 2330 v.Chr. stürzt der Semit *Sargon* den sumerischen König von Kisch, greift seinen Konkurrenten *Lugalzaggesi* im Süden des Machtbereichs der Sumerer an und formt daraus das Reich Akkad. Vgl. E. DREWERMANN: Von Krieg zu Frieden, 301.

Herr, und der Herrscher ist Gott, – es ist die Macht, die selber als eine Erscheinung des Göttlichen, als eine Hierophanie, begriffen wird und die jene betende Unterwerfung der Untertanen unter »ihren« König, der als Gott vor ihnen steht, verlangt; sie ist die Unterschrift unter die Gründungsurkunde des Staates, sie ist die Heiligsprechung aller Gewalt, die in Justiz und Militär von den Machthabern im Inneren wie im Äußeren ausgeübt werden wird.

Ägypten

Daß wir es hier mit einem Grundaspekt *aller* Staatengründung zu tun haben und keinesfalls mit einer Besonderheit etwa nur der mesopotamischen Geschichte, zeigt die in etwa gleichzeitige Entstehung des Pharaonenreiches am Nil. Den Übergang von Vorgeschichte zu Geschichte markiert nach ägyptischem Verständnis die »Vereinigung der beiden Länder« von Ober- und Unterägypten, die um 3000 v. Chr. von Oberägypten aus erfolgte. »Wir kennen drei Könige (*Skorpion*, *Narmer*, *Horus-Aha*), die aufgrund der von ihnen getragenen Insignien und nach dem Fundort ihrer Denkmäler Herrscher über Gesamtägypten gewesen sind.«[51]

Wie gewalttätig man sich diese Reichseinigung beziehungsweise Staatsgründung vorstellen muß, demonstriert die berühmte Schminkpalette des *Narmer*[52], die im oberen Regal den König bei der Besichtigung seiner gefesselten hingerichteten Gegner zeigt, denen man die abgeschlagenen Köpfe zwischen die Beine gelegt hat. Nach ägyptischem Dogma »gilt der Pharao als wesensgleich mit dem Falkengott *Horus*, dem Himmelsgott. Zugleich verkörpert er die Mächtigkeit der ober- und unterägyptischen Kronengöttinnen und trägt zwei Königstitel, die der Ägypter als ›König von Ober- und König von Unterägypten‹ versteht. Ferner ist in der Titulatur noch ein nachweisbar jüngeres Glied (seit der Mitte der 4. Dynastie um 2500 v. Chr.) enthalten, das den König zum Sohn des Sonnengottes Re erklärt, also

51 EBERHARD OTTO: Primäre Zentren der Hochkultur. Im Niltal: Ägypten, in: Weltgeschichte der Frühkulturen und der frühen Hochkulturen, 285–286.

52 Vgl. E. DREWERMANN: Von Krieg zu Frieden, 298–301, Tafel 1; 2. – STEFAN BREUER: Der charismatische Staat, 242, meint wohl zu Recht, daß »die Palette ... eher allgemeine Vorstellungen über die Rolle des Herrschers (zeigt), als dass sie bestimmte Ereignisse oder Prozesse wiedergibt. Gewaltsame Akte sind natürlich nicht auszuschließen, doch wäre es falsch, sich die Einigung als Ergebnis einer einzigen Schlacht oder einer in Intervallen erfolgten Eroberung vorzustellen.«

wohl einer Lehre entspricht, die den König nicht eigentlich als Gott, sondern als Gottessohn aufführt.«[53]

Dahinter steht die alte Tradition des vorgeschichtlichen Priesterhäuptlingstums, bei dem der Stammeshäuptling zugleich auch der Stammespriester war. »Ein Bruch in der Entwicklung des Königtums, auch in seiner Theorie, stellt die 21. Dynastie (um 1000 v. Chr.) dar. Hier entsteht die Lehre vom ›Gottesstaat‹. Es geschieht etwa folgendes: Die weltliche Herrschaft zerfällt in eine Teilherrschaft der Hohenpriester des *Amun* von Theben über die südliche Hälfte des Landes (Thebais) und in eine Teilherrschaft einer Familie unbekannter Herkunft in Tanis über Unterägypten. Die Herrschaftseinheit wird dadurch hergestellt, daß der Gott *Amun* als der eigentliche König gilt, in dessen Beauftragung und Vertretung die irdischen Regenten verwalten. Damit ist eine grundsätzliche Trennung zwischen göttlichem und irdischem Königtum vollzogen.« Im folgenden führt diese Entwicklung zu der »Überzeugung von der reinen Irdischkeit des Herrschers, dessen Funktion wohl die eines ersten der Menschen, keineswegs aber mehr die eines Wesens göttlicher Abstammung war«.[54] Dafür sucht »das Königtum ... jetzt durch die Übernahme führender Priesterämter die eigene Macht (und wohl nicht nur in wirtschaftlicher Hinsicht) zu stärken ... Die Kontinuität des Gottesstaates ... wird durch eine Adoptivdynastie weiblicher Priesterinnen (›Gottesgemahlinnen‹) über die Wechsel der weltlichen Dynastie hinweg gewährleistet.«[55]

Wenn von Königen, Priestern und einer entsprechenden Beamtenschaft die Rede geht, darf der Kriegerstand nicht unerwähnt bleiben. Unter den »Truppen«, die von der 1. Dynastie an aufgeboten werden, ist zunächst nicht eine militärische Armee zu verstehen, sondern ein Zwangskommando für bestimmte Zwecke wie Expeditionen (zur Erkundung des Geländes und zur Suche nach Bodenschätzen), Steinbrucharbeiten oder Überfälle und »Säuberungen«, doch die strukturelle Gewalt, die zum Staatsapparat gehört, artikuliert sich immer wieder auch in Einzelaktionen. So erfahren wir aus dem Anfang der 6. Dynastie durch eine Inschrift des *Unas* (ca. 2380–2350 v. Chr.), »wie sich eine solche Aushebung aus dem ganzen Lande zu einem ›Kriegszug‹ zusammensetzt. Alle Verwaltungsstellen des Landes,

53 EBERHARD OTTO: Primäre Zentren der Hochkultur. Im Niltal: Ägypten, in: Weltgeschichte der Frühkulturen und der frühen Hochkulturen, 288.
54 A. a. O., 290, 291.
55 A. a. O., 299–300.

auch die Tempel, die Vorsteher königlicher Domänen usw., erscheinen mit einem Teil ihrer Angehörigen ... und bilden das ›Heer‹.«[56] Machtausdehnung, Grenzbefestigung und Grenzverschiebung, Ausplünderung von Bodenschätzen, Versklavung fremder Bevölkerungsteile, – mit solchen Maßnahmen erweitert sich die Machtfülle auch des für altorientalische Verhältnisse relativ friedlichen Pharaonenstaates.

Induskulturen, minoische und mykenische Kultur

Daß es auch anders geht, indem man keinen Staat bildet, sondern die einzelnen Wohn- und Wirtschaftszentren in ihrer Selbständigkeit beläßt, scheint die *Induskultur* von Mohenjo-Daro und Harappa um 2500 v. Chr. zu beweisen, die eine Zivilisation von Händlern war – mit Beziehungen bis nach Mesopotamien, doch die damit ein hohes Risiko einging: bezeichnenderweise wurde sie von arischen Invasoren um 1500 mit Gewalt vernichtet[57].

Ein in etwa vergleichbares Bild ergibt sich bei der Betrachtung der minoischen und der mykenischen Kultur auf Kreta und auf der Peloponnes im 2. Jtsd. v. Chr. Die sogenannte Palastzeit, die sich auf Kreta von 2000–1400 v. Chr. erstreckt und ihre Schwerpunkte in Knossos, Phaistos und Mallia entfaltet, basiert auf der Beherrschung

56 A. a. O., 300. – STEFAN BREUER: Der charismatische Staat, 249, verweist auf die Grundfrage der altägyptischen Religion: auf die Erlösung aus der Vergänglichkeit, wobei »Fremderlösung und Selbsterlösung weitgehend ungeschieden sind. Ein Glaube an Fremderlösung liegt insofern vor, als Gott sich im König ›offenbart‹ und durch diesen Gnade und Heil bewirkt; an Selbsterlösung, insofern es der König ist, der durch seine Tätigkeit in der Menschenwelt die Bedingungen für seine eigene Vergöttlichung schafft.«

57 HELMUT HOFFMANN: Primäre Zentren der Hochkultur. Im Industal, in: Weltgeschichte der Frühkulturen und der frühen Hochkulturen, 330–331. »Die zivilisatorisch weit unterlegenen Arier ... drangen als Barbaren in die ihnen unverständliche und unsympathische Welt der Indusstädte ein ... Sie brachten den Streitwagen, den Reflexbogen und die eiserne Streitaxt nach Indien ... Die Arier verachteten die Indusleute wegen ihrer Körpergestalt (als dunkelhäutig und ›nasenlos‹) und wegen ihrer Religion. Man nannte sie schischnadeva, ›solche, deren Gott der Phallus ist‹ (vgl. die zahlreichen in der Harappa-Schicht gefundenen steinernen Lingas) ... Der Prototyp des arischen Kriegers, der Gott *Indra*, trägt den Ehrennamen ›Burgenbrecher‹ (purandara).« (331) Gewaltausübung ist keine staatliche Innovation, sie ist vielmehr die Grundlage der Staatenbildung und wird in den Händen staatlicher Organisationen zur unerläßlichen Voraussetzung der Machtbehauptung und Machtausdehnung.

des ägäischen Meeres (»Thalassokratie«) durch eine überlegene Kriegsflotte. Doch fehlen »der minoischen Kultur ... nicht nur die Burgmauern, sondern auch Tempelbau und monumentale Plastik. Zur Vergegenwärtigung des Göttlichen bedurften die Kreter solcher Hilfen nicht. Religion und Kult erlebten sie in der unmittelbaren Begegnung, in der Natur und in der zeremoniellen Epiphanie bei Opfer und Spiel«, in Verehrung der »Großen Göttin, die Erdmutter und Fruchtbarkeit zugleich ist, und der Urkraft des Stieres«.[58] Der Wohlstand ergibt sich aus den Handelsbeziehungen nach Ägypten über Zypern (die »Kupferinsel«), doch auch bis in den syrischen Bereich hinein. Als besonderes Kennzeichen dieser Kultur darf gelten, daß in der Nähe des Palastes, »das heißt in der Nähe des Göttlichen, ... das Weibliche bestimmend« ist, geprägt von »Musik, Gesang und Tanz«[59].

Diese (relativ) gewaltfreie Welt wird durch die (um 1900 v. Chr. einwandernden) Achäer um 1400 v. Chr. zum Einsturz gebracht. Die Achäer sind agrarisch-viehzüchtende Indogermanen, deren Durchsetzungsfähigkeit (nach dem Vorbild der Hethiter) wesentlich auf dem Streitwagen beruht; mit dessen Verwendung war offenbar die Ausbildung eines bronzezeitlichen Rittertums verbunden. Die Palastanlagen von Mykenai, Tiryns und Pylos (der »Palast des *Nestor*«) verweisen mit ihren Ummauerungen jedenfalls auf den durchaus kriegerischen Grundzug dieser aristokratischen Kultur, die insbesondere die Kupfersuche und -gewinnung vorantrieb. Auch die Besetzung Kretas durch die Achäer, die in Wellen mit dem katastrophenbedingten Niedergang der minoischen Kultur ab 1400 korreliert, dürfte durch solche wirtschaftlichen Interessen motiviert gewesen sein, so wie gleichermaßen der Angriff auf Troja VIIa unter der Vorherrschaft von Mykenai (dem *Agamemnon* HOMERS) dem Zugriff auf die Handelswege der Dardanellen ins mythische Goldland Kolchis gegolten haben wird. Die mykenische Kultur selbst endete ihrerseits um 1200 v. Chr. in der »Großen Wanderung«, der auch die Dorer zugehörten, – die sagenhafte Furcht des mykenischen *Eurystheus* in Tiryns vor seinem dorischen Knecht *Herakles* könnte die »Angst vor der geballten, angestauten Kraft ... von Norden her« historisch korrekt wiedergeben, so wie die Entführung der phönizi-

58 ERICH BAYER: Die Entstehung weltgeschichtlicher Berührungen. Die minoische Kultur, die Kykladen, Mykenai, in: Weltgeschichte der Frühkulturen und der frühen Hochkulturen, 540.
59 A. a. O., 544.

schen Königstochter *Europa* durch den als *Zeus* auftretenden Stier in mythischer Form den beherrschenden Einfluß der »Vorderasiatischen Kulturtrift« auf die Entwicklung in der Ägäis und speziell auf Kreta geschichtlich zutreffend überliefert[60]. Weder die Minoer noch die Achäer (noch späterhin auch die Dorer) kamen indessen über die Gründung von Palastzentren und Stadtstaaten, die ihr Umland dominierten, jemals hinaus; nur das griechische Sparta, das in drei Kriegen die vordorische Bevölkerung der Messenier im 8./7. Jh. unterwarf und versklavte, etablierte sich als ein Territorialstaat, dessen Gemeinschaft allein von den Spartiaten bestimmt wurde; einzige

60 A.a.O., 550. – TOBIAS MÜHLENBRUCH: Am Anfang war das Ende, in: Antike Welt, 4/2015, verweist auf HOMER: Ilias, II 559; IV 52, wo die Städte Mykene und Tiryns in der Argolis als »festgemauert« und »weitgebaut« geschildert werden; er hält aber das »Palastsystem« des 14./13. Jhs. v. Chr. für einen »Sonderweg in der mykenischen Zeit«. Die göttliche Verehrung der Herrscher ging im 12./11. Jh. zurück; Führungsansprüche beruhen in den homerischen Epen »auf persönlichen Leistungen ... im Wettbewerb mit anderen Anführern«. (S.21) – ELKE STEIN HÖLKESKAMP: Das archaische Griechenland, 19–31: Die mykenische Kultur und ihr Untergang, 25, bescheibt die gesellschaftliche Pyramide der mykenischen Palaststaaten so: »An der Spitze dieser Pyramide stand der *wanaka* (sc. altgr.: *ánax*, d.V.), der Herr des Palastes und des umliegenden Gebietes, also der mykenische ›König‹, der ein ruhmreicher Krieger war und über den größten Landbesitz verfügte ... Nach all dem, was wir wissen, waren die Herren der Paläste auch die Vermittler zwischen den Göttern und den Menschen. Sie ... überwachten die Tieropfer und richteten zeremonielle Bankette aus.« Der »König« ernannte auch den *lawagetas*, den Führer des Kriegsvolkes (altgr.: *laós*); auch dieser besaß ein Landgut, ein *témenos*, aber ein erheblich kleineres. Dann gab es den ranghohen Gefolgsmann *egeta* (vgl. altgr.: *híkein* – nahen, gebühren) und den Distriktfunktionär, den *korete* (altgr.: *kóros* – Junker vom herrschenden Stande). »Die Aufgaben des *korete* ... bestanden wohl darin, den regelmäßigen und vollständigen Eingang der Abgaben zu kontrollieren, die die einzelnen Bezirke in Form von Naturalien (Getreide, Wolle, Flachs, Öl etc.) an die Zentrale zu leisten hatten.« Die lokale Verwaltung lag beim *quasireu*, ein Wort, das mit dem altgiechischen *basileus* (König) verwand ist und einen Mann von hohem Rang bezeichnet. Da die Paläste Zentren eines ökonomischen Systems der Produktion und Distribution, aber auch des Kultes, der Verwaltung und des Krieges waren, sind sie als Keimzellen und Urformen staatlicher Organisation zu betrachten. – DIAMANTIS PANAGIOTOPOULOS: Das große Vorbild. Das minoische Kreta und die mykenische Welt, in: Mykene, 64–68, stellt für die Altpalastzeit Kretas fest, sie zeige »viele Merkmale von orientalischen höfischen Gesellschaften: die intensive Verwendung der Schrift und der Siegelpraxis, die Entwicklung des Kunsthandwerks und die Intensivierung der Handelskontakte mit ... der Ägäis und ... mit Zypern, den levantinischen Stadtstaaten und dem pharaonischen Ägypten«. (66) – Vgl. auch REINHARD JUNG: Inferno in der Bronzezeit, in: Mykene, 230–233, der das Ende der frühesten Staatsform im östlichen Mittelmeer um 1200 v. Chr.: eines Königtums mit Beamten und hierarchischen Beziehungen zu Provinzen und Gemeinden, auf Erdbeben, die »Seevölker« und soziale Unruhen zurückführt.

Aufgabe dieser Spartiaten war bezeichnenderweise der Kriegsdienst und, nach dem Gesetz des LYKURG, die Abwehr alles Fremden.

Der Zusammenhang von Staatsgründung und Gewaltausdehnung läßt sich, unabhängig voneinander, nicht zuletzt in der Kulturentwicklung Mittel- und Südamerikas sowie Ostasiens bestätigen.

China

Was *das Alte China* angeht, so erzählt bereits die Gründungssage der Shang-Dynastie (ca. 1500–1050 v. Chr.) davon, daß der letzte Herrscher der vorangehenden Asia-Dynastie, *Chieh* mit Namen, »ein grausamer Tyrann« gewesen sei, der, »betört von einer außergewöhnlich schönen Frau, *Mei Hsi*, ... die Regierungspflichten (vernachlässigte) und ... sich in perversen Vergnügungen« erging. Doch »die Laster *Chiehs*« entsprachen »fast genau denen des letzten Shang-Herrschers, *Chou Hsin*, der im Jahr 1025 v. Chr. ebenfalls durch eine Revolte gestürzt wurde«.[61] Dabei trat *T'ang*, der Kriegsführer der Thang im Kampf gegen *Chieh*, als ein Vertreter der Tugend, des Rechts und der Frömmigkeit auf; – immer legitimiert bekanntlich die staatliche Gewalt sich selber, indem sie, wie in jedem Kriegsfall, sich im Recht befindlich darstellt und den Gegner als Verkörperung des Bösen an und für sich hinstellt. Von 1050–227 v. Chr. datiert die Chou-Dynastie, die in einer Zeit der kämpfenden Staaten vom 5. Jh. an mehr und mehr zerfiel. »Die Kriege wurden geführt von Wagenkämpfern; die Heere waren noch nicht zahlreich, und die Kämpfe der Adelsherren trugen oft eher den Charakter von Duellen oder Gottesurteilen ... Fehden entsprangen aus Blutrache oder verletzter Ehre; persönliche Motive herrschten durchaus vor, und von einer kühl abwägenden Einstellung zu Politik und Krieg ist noch wenig zu spüren.«[62]

61 ARTHUR COTTERELL – YONG YAP: Das Reich der Mitte, 22–23.
62 HERBERT FRANKE: Primäre Zentren der Hochkultur. Im Tal des gelben Flusses, in: Weltgeschichte der Frühkulturen und der frühen Hochkulturen, 352. – Die Shang-Dynastie wird man sich als eine bronzezeitliche Kriegergesellschaft mit einem König an der Spitze vorzustellen haben, die sich über die Nordregion ausbreiten konnte. Menschenopfer von Gefangenen in großer Zahl legitimierten die Herrschaft; der Ahnenkult diente der Genese der Herrschaft. Schamanistische Züge, wie der Zugang zum Wissen der Götter und Ahnen, sowie divinatorische Praktiken bildeten eine wichtige Machtquelle des Regenten. STEFAN BREUER: Der charismatische Staat, 171–175.

Dieser Zustand änderte sich dramatisch, als in der Periode der Streitenden Reiche in der Schlacht von Ch'ang-p'ing im Jahre 259 v. Chr. das Heer der Chao geschlagen wurde und die Ch'in-Generale 400 000 Gefangene töten ließen. Als 246 Ch'in sich für den Endkampf rüstete und den Fürsten *Cheng* zum König krönte, ging bald einer der konkurrierenden Staaten nach dem anderen unter; als der »Tiger von Ch'in«, wie *Cheng* genannt wurde, rief dieser sich 221 v. Chr. zum *Shih Huang-ti*, zum »Ersten Kaiser« aus[63]. »Die rücksichtslose Entschlossenheit, die den ›Tiger von Ch'in‹ bei seinen Siegen über die Streitenden Reiche beseelt hatte, offenbarte sich alsbald auch in der Art und Weise, wie er das neu geschaffene Reich organisierte. Die Aufgabe, China zu einen, mußte ihn zwangsläufig zu einem der größten Zerstörer in der Geschichte der Menschheit machen.«[64] Insbesondere die feudalen Besitzrechte wurden aufgehoben und durch neue Verwaltungseinheiten in den Händen von Militärgouverneuren und zivilen Statthaltern ersetzt. Zwangsarbeiter begannen mit dem Bau der Großen Mauer. Doch die Strenge der Anordnungen schuf die Neigung zu Rebellion; schon 202 v. Chr. gelingt es *Liu Pang*, an der Spitze einer Truppe von Entflohenen, Arbeitsverweigerern und Deserteuren die Vorherrschaft zu erringen[65].

Es ist an dieser Stelle weder möglich noch nötig, die Systemeinheit von Staat und Gewalt durch geschichtliche Vollständigkeit in der Analyse sämtlicher antiker Hochkulturen unter Beweis zu stellen; doch schon daß die Geschichte in Sumer nicht wesentlich anders verläuft als in Ägypten, daß sie in Mohenjo-Daro ähnlich endet wie in Knossos, daß sie in China denselben Mechanismen folgt wie in der Machtergreifung der Akkader, führt zu einer Einsicht in das Wesen der staatlichen Inanspruchnahme des Gewaltmonopols und des Strafrechts, wie sie in der Selbstdarstellung verwalteter Herrschaft so gut wie ganz aus dem Bewußtsein verdrängt wird.

Die neue Welt: Süd- und Mittelamerika

In dieser Lage kann es hilfreich sein, den Blick noch kurz auf die Neue Welt zu werfen und die Staatengründungen in Mesoamerika (bei den Azteken und Maya) sowie im mittleren Andengebiet (bei den

63 ARTHUR COTTERELL – YONG YAP: Das Reich der Mitte, 45–46.
64 A. a. O., 85.
65 A. a. O., 88.

Inka-Peruanern) zu betrachten. Denn es zeigt sich – ohne jede historische Beeinflussung – einhellig das nämliche Bild:

Es ist auch in den lateinamerikanischen Indianerkulturen regelmäßig das »Erstarken der Häuptlingsmacht«, das durch räumliche »Ausweitung seines Machtbereichs« nicht nur die königliche Zentralmacht festigt und ihm das staatliche Strafmonopol zuspielt, es entfaltet das »Repräsentationsbedürfnis der Großen« zugleich »eine monumentale Gestaltung der Baukörper und Fassaden ... im Verein mit den religiösen Bedürfnissen ... Den staatlichen Amtsträgern entspricht eine Priesterkaste, in deren Händen die Leitung der Kulte liegt. Unter Zurückdrängung des profanen Kannibalismus (nicht aber menschlicher Trophäen) führt die Speisung der Götter mit Fleisch und Blut das Menschenopfer herauf ... die Priesterschaft ... entwickelt das Schreiben und Rechnen sowie die Himmelsbeobachtung als Grundlage des Kalenders. Und ebenso wird von der geistigen Elite die Dichtkunst gepflegt.«[66]

»Es verdient hervorgehoben zu werden, daß die in den Herrscherpersönlichkeiten verkörperte öffentliche Gewalt ... absolut war. Das heißt, daß es in keinem Falle eine Mitwirkung des Staatsvolkes bei der Gesetzgebung, Rechtsprechung und Verwaltung, etwa in Form einer parlamentarischen Kontrollinstanz, gab.«[67] Zu klären bleibt nur die Art, wie eine solche Machtkonzentration zustande kam.

Die Inka

Als die Spanier Mexiko und Peru im 16. Jh. für die habsburgische Krone eroberten, war das zentral geleitete Großreich der *Inka*s bereits aus einem Jahrhunderte langen Machtkampf der Unterwerfung verschiedener Kulturen, Völker und Gebiete hervorgegangen. Von 1000 bis 1476 währte das Reich der Chimú, die von Chan-Chan aus »ein nahezu tausend Kilometer langes Küstenreich« beherrschten; von ihren Vorgängern, den Mochica, hatten die Chimú das Straßennetz und Kuriersystem übernommen[68]. Zwischen 1000 und 1300 blühte zugleich die Tiahuanaco-Kultur im bolivianischen Hochland[69]. Das Reich der Inka »entwickelte sich im Tal von Cuzco und

66 HERMANN TRIMBORN: Primäre Zentren der Hochkultur. Die Hochkulturen des alten Amerikas, in: Weltgeschichte der Frühkulturen und der frühen Hochkulturen, 446–447.
67 A.a.O., 415.
68 VICTOR W. VON HAGEN: Sonnenkönigreiche, 248–249.
69 A.a.O., 246.

setzte offenbar die völlige Vernichtung der ursprünglichen Bewohner voraus. Was die Inka vor allen anderen Andenvölkern auszeichnete, war ihr Organisationstalent und eine gezielte Expansionspolitik. Für sie bedeuteten Krieg und Kampf keine pompöse Schau, den Feind zu erschrecken; ihre Eroberungszüge standen von vornherein im Zeichen geplanter Zweckmäßigkeit. – Die Inka entwickelten im Rahmen ihres streng organisierten Staatswesens ein Reich, dessen Menschen ihr Leben in nahezu uneingeschränktem Ausmaß in den Dienst des Staates und der Gesellschaft stellten. Dieser Prozeß erstreckte sich über Generationen – über jenen Zeitraum zwischen 1200 und 1438, in dem die Inka die engen Grenzen ihres Ursprungstales sprengten und weite Teile des Andengebietes unter ihrer Herrschaft vereinten.«[70]

Regiert wurde das riesige Imperium von *Sapa Inka*, dem Sonnenkönig, der göttlicher Abkunft war; »die Sonne (die bei den Inka ... als männlich galt), der Schöpfergott, war sein Stammvater. Land, Menschen, Gold (Schweißtropfen der Sonne) und Silber (Tränen des Mondes) gehörten ihm; seine Macht war uneingeschränkt. Er war der Gott, das Oberhaupt einer wahren Theokratie. Seine Entscheidungen waren unwiderruflich. Er brauchte nur die Hand zu heben, um einen verdienten General oder einen Blutsverwandten, der sein Mißfallen erregt hatte, in den Tod zu schicken.«[71]

Die Maya

Im Unterschied zu den Inka brachten es die *Maya* niemals dahin, ein geschlossenes Terrain zu einem Staatsterritorium zu vereinen; gleichwohl gilt das Gebiet von Tikal und Uaxactún im Petén um 300 n. Chr. als die Geburtsregion der Maya-Kultur, in deren Stadtkönigtümer die Herrscher in erblicher Abfolge ebenfalls als absolute Theokraten und Halbgötter galten. »Bei den Maya wurde das Königtum zur wichtigsten symbolischen Repräsentanz und Legitimation der Adelskaste ... Die Person des Königs war der Leiter heilig-mächtiger Energieströme, die Verbindung zwischen Diesseits und Jenseits, Mittler zwischen Lebenden und Toten und schließlich auch Helfer

70 A.a.O., 250.

71 A.a.O., 281. – Der König war Repräsentant (»Sohn«) der Sonne. »Diese Rolle des Herrschers strahlte auf seine Residenz Cuzco aus ... Cuzco war (sc.aber, d.V.) kein Stadtstaat, der aus regionalen, zentripetalen Prozessen hervorging. Es war der Sitz zunächst eines lokalen Häuptlingstums, dann eines konischen Klanstaates, dessen Herrscher ... ihren Wohnsitz zum ›Hyper-Oikos‹ ausbauten.« STEFAN BREUER: Der charismatische Staat, 98–99.

bei der Überwindung des Todes und Begleiter in das ewige Leben in den Reihen der Ahnen.«[72]

Gerade darin aber lag ein Problem. Die Kriege, die die Maya führten, dienten nicht dem Töten, sondern der Gefangennahme des Gegners. »Der besiegte Herrscher ... wurde ... in die Residenz des Siegers gebracht, wo er in einem öffentlichen Opferritual gefoltert und getötet wurde.«[73] »Die Jagd nach Menschenopfern für die Götter und die damit verbundene Erprobung des persönlichen Mutes waren Teil der akzeptierten Wertordnung, und Gefangene zu opfern gehörte mit zu den selbstverständlichen Aufgaben, die Könige und Würdenträger in ihrer Rolle als Kultpriester zu erfüllen hatten.«[74] Im Jahre 378 n. Chr. aber änderte sich diese Kriegsführung zum Zwecke des Menschenraubs für Götteropferfleisch: *Groß-Jaguar-Tatze*, der König von Tikal, führte einen Krieg gegen den Dauerrivalen Uaxactún, und diesmal ging es um Vernichtung und Eroberung, so daß »dem Sieger das Reich des Verlierers als Beute« zufiel.[75] Das war ein völlig neuer Kriegsstil, der im 9. Jh. n. Chr. die Hochkultur der Tieflandmaya in dem Dauerkonflikt zwischen Calakmul in Campeche sowie Tikal und Naranjo im Petén endgültig überforderte und zu Ende des 9. Jhs. zu der »Großen Wanderung« in den nördlichen Teil der Halbinsel Yucatan führte.

Dorthin wurde gegen Ende des 10. Jhs. (im Jahre 987) auch der Herrscher über das toltekische Tula (das von 900 bis 1116 bestand), der Gottmensch *Quetzalcoatl*, mit einem Heer von Anhängern nach Tabasco vertrieben; sie zogen nach Chichén Itzá, gründeten Uxmal und erbauten Mayapán, – eine neue 3-Städte-Liga[76], die »alle Provinzen beherrschte.« »Im Jahre 1194 trug Mayapán in einem Krieg mit Chichén Itzá den Sieg davon und errang damit die Vorherrschaft im nördlichen Yucatan«, wo die Cocom, die Nachfahren der Tolteken,

72 LINDA SCHELE – DAVID FREIDEL: Die unbekannte Welt der Maya, 93.
73 A. a. O., 147.
74 A. a. O., 151.
75 A. a. O., 151. – Zu beachten ist, daß in Tikal eine Zweiteilung der Funktionen vorlag: einer der Amtsträger war »für interne Angelegenheiten, wie z. B. Landnutzung oder die Regelung von Konflikten, zuständig ..., der andere für auswärtige Angelegenheiten, insbesondere die Kriegsführung.« STEFAN BREUER: Der charismatische Staat, 128. Ein solcher »Dualismus« findet sich auch in Uaxactun im 4. Jh. und in Copan im 8. Jh. »Fruchtbarkeit und Krieg« bilden die Herrschaftspole. – DerWechsel in Tikal dürfte auf die Machtergreifung von *Speerwerfer-Eule* aus dem mexikanischen Teotihuacan in jenem Jahr, 378 n. Chr., zurückgehen.
76 Vgl. VICTOR W. VON HAGEN: Sonnenkönigreiche, 137–138.

die Macht an sich rissen[77]; doch der Widerspruch zu den Tutul Xiu, die das Erbe der »Gefiederten Schlange« im Namen der Itzá anzutreten suchten, währte weiter und führte um 1440 zu dem »Ende der einzigen bekannten Hauptstadt der Maya«.[78] – Gewalt, Staatsmacht und Untergang – in diesen Zyklus unfreiwilliger Selbstsabotage sind offenbar alle politischen Gebilde der bisherigen Geschichte eingespannt.

Die Azteken

Einen letzten Beleg für diese These mag uns das sonderbare Staatswesen der mittelamerikanischen Azteken bieten. Die Mexika (von dem Nahuatl-Wort *meztli* – Mond)[79] stammen ab von »den nomadischen Chichimeken der nordmexikanischen Steppen«[80], entfernten Verwandten der Apachen, die ihre Glanzzeit zwischen 1200 und 1250 hatten[81] und die Reste von Teotihuacan sich aneigneten. Ihren Namen trugen die Azteken nach ihrem geheimnisvollen Herkunftsort Aztlan, von dem sie ungefähr 1111 aufbrachen[82] und durch das Gebiet der Tolteken mit der Hauptstadt Tula zogen. Das Toltekenreich, das seine Hochblüte von etwa 950 bis 1150 hatte[83], nahmen die Azteken sich zum Vorbild, als sie kurz vor 1300 in Chapultepec, einer toltekischen Hochburg, ankamen, wo sie sich gegen den Druck der Tepaneken zu behaupten wußten[84]. Etwa im Jahre 1325 (oder 1345) erfolgte die Gründung von Tenochtitlan (»Ort der

77 A.a.O., 177–178.

78 A.a.O., 178–179. – JARED DIAMOND: Kollaps, 199–224: Zusammenbrüche bei den Maya, sieht in Waldzerstörung, Bevölkerungswachstum und Dürreperioden die (klassischen) Hauptfaktoren für den Niedergang der Maya, nicht zu vergessen: der Krieg zwischen den Städten: »Im Jahre 562 n.Chr. wurde Tikal beispielsweise von seinen Konkurrenten Carakol und Calakmul erobert, der König wurde gefangenen genommen und getötet.« Doch 695 konnte Tikal wieder seine Gegner unterwerfen, ehe es um 869 selber zugrunde ging. (216) Daß nach 800 n.Chr. über 90% der Maya-Bevölkerung im Tiefland verschwanden, ist jedoch nicht allein mit den ständigen grausamen Kriegen zwischen den Städten zu erklären, sondern hat anscheinend mit den Dürreperioden einer Klimaveränderung zu tun – wie beim Zusammenbruch der Moche-Kultur an der peruanischen Küste um 600 n.Chr. oder der Tiahuanaco-Kultur in den Anden um 1100 n.Chr. (219).

79 NIGEL DAVIES: Die Azteken, 23.

80 WALTER KRICKEBERG: Altmexikanische Kulturen, 42.

81 NIGEL DAVIES: Die Azteken, 38.

82 A.a.O., 24.

83 A.a.O., 27.

84 A.a.O., 44–46.

Kaktusfrucht«)[85], das im Texcoco-See auf schwimmenden Gärten (Chinampas) angelegt wurde. 1358 wurde die Schwesterstadt Tlatelolco (»Erdhügel«) gegründet, wobei Tenochtitlan »die Befehlsgewalt in kriegerischen Auseinandersetzungen« innehatte, »während Tlatelolco im Handel führend war«.[86]

Von Anfang an standen die Azteken in militärischen Konflikten mit den Tepaneken von Azcapotzalco, deren Reich die Schöpfung eines einzigen Mannes, »*Tezozómoc*«, war[87], der seine Vasallen mit rabiaten Forderungen demütigte, doch gerade dadurch zu einer Art Lehrmeister der Azteken wurde. Ein Verbündeter im Kampf gegen sie wurde Texcoco am Südrand des gleichnamigen Sees, wo der geniale *Nezahualcóyotl* (»der fastende Kojote«) gegen den Widerstand der Tepaneken 1428 die Führung übernahm. Parallel dazu trat in Tenochtitlan mit König *Itzcóatl* (»Obsidianschlange«), der von 1425 bis 1437 (oder von 1427–1440) regierte[88], ein Partner auf, der gemeinsam mit Texcoco die Tepanekenherrschaft in Azcapotzalco im Westen des Texcoco-Sees beendete. Ein Dreibund entstand, indem *Itzcóatl* den Titel »Herrscher von Culhua« (nach dem toltekischen Culhuacan) annahm, *Nezahualcóyotl* »Herrscher der Acolhua« (einem Volke am östlichen Ufer des Texcoco-Sees), und der Herr von Tacuba (Tlacopan, im Westen des Sees) den Titel »Herrscher der Tepaneken«[89]. Damit wurde der »Grund für die Entstehung eines Kriegeradels gelegt …, der mit Landzuweisungen aus dem tepanekischen Gebiet bedacht wurde (1430). Der erste Schritt über das Hochtal hinaus bestand in einem Kriegszug in die südlichen Täler (Cuernavaca usw.), den *Itzcóatl* im Anschluß an den Tepanekenkrieg unternahm.«[90] Insbesondere unter dessen Nachfolger *Moctezuma* (mo-tecuh-zoma – »der aufbrausende, zürnende Fürst«, eigentlich ein Name des Feuergottes), »beginnt der steile politische Aufstieg der Azteken … Als Eroberer hat *Moctezuma I.* (1440 bis 1469) vor allem das Verdienst, das letzte Überbleibsel der Kleinstaaterei im Tal von Mexiko durch die Unterwerfung Chalcos (sc. im SO des Texcoco-Sees, d.V.) beseitigt und die Karawanenstraße (sc. vorbei an der Handelsstadt Cholula, d.V.) … nach der Golfküste … unter aztekische

85 A.a.O., 56.
86 A.a.O., 59.
87 A.a.O., 65.
88 WALTER KRICKEBERG: Altmexikanische Kulturen, 65.
89 NIGEL DAVIES: Die Azteken, 110–111.
90 WALTER KRICKEBERG: Altmexikanische Kulturen, 65.

Kontrolle gebracht zu haben.«[91] Sein Enkel *Axayácatl* (»Wassergesicht«, 1469–1483) beendete die Rivalität mit Tlatelolco, dessen letzten König *Moquihuix* er 1473 auf der Haupttempelpyramide mit eigener Hand tötete. Sein strategisches Ziel war, der Naturschätze wegen, die Golfküste; »unter ihm wurde die nördliche Handelsstraße nach dem Land der Huaxteken besetzt«.[92]

Sein Nachfolger *Ahuitzotl* (»Gespenstiges Wassertier«, 1486–1502), bei dessen Tempeleinweihung 1487 ungeheuere Zahlen an Menschenopfern dargebracht wurden[93], »sandte seine Heere zu neuen Eroberungen nach allen Himmelsrichtungen. Diesmal richteten sie sich vor allem gegen die Landschaften am Pazifischen Ozean. Nach Unterwerfung der Küste zwischen Colima und Acapulco drang eine kriegsmäßig ausgerüstet Expedition aztekischer Kaufleute vom Tal von Oaxaca ... durch zapotekisches Gebiet bis in die Gegend von Tehuantepec vor ... und brachte schließlich dem König kostbare Trophäen und reiche Beute heim. Im Zusammenhang damit stand wahrscheinlich ein Kriegszug nach Xoconochco (Soconusco), der an Kakaoplantagen reichen Küste des heutigen Staates Chiapas ... Im Bereich der Golfküste führte die Straße ins Land der Huaxteken, das die beste Baumwolle hervorbrachte. Nach diesen ruhmreichen Taten erlitt *Ahuitzotl*, einer der größten aztekischen Herrscher, einen frühen Tod bei einer der verheerenden Überschwemmungen Tenochtitlans.«[94] Ihm folgte *Moctezuma II.* (1502–1520). Unter dessen Regierung kam es 1515 zu einem offenen Bruch mit Texcoco; dafür gelang 1506 die Unterwerfung der Mixteken, und auch das zapotekische Bergland im Norden Oaxacas wurde unterworfen. Es war der letzte aztekische Sieg – bis zur Ankunft der Spanier (1519).

Und da nun zeigt sich das Paradox aller staatlichen Gewalt: sie geht zugrunde – letztlich an sich selbst. In der Geschichte hat es wohl keine zweite Kultur gegeben, die so sehr im Krieg und vom Krieg gelebt hat wie die aztekische. Doch gerade ihr Staatssystem hat nicht nur immerzu Feinde bekämpft, sondern, mehr noch, immer von neuem Feinde hervorgebracht, – ein Umstand, ohne den HERNANDO CORTÉS kaum eine Chance gehabt hätte. So aber lernten die Spanier schon »bei den Totonaken, deren Ortschaften Cempoala und Quia-

91 A.a.O., 65.
92 A.a.O., 66.
93 Vgl. NIGEL DAVIES: Die Azteken, 212–218: Vier Tage Menschenopferungen, S. 214–215.
94 WALTER KRICKEBERG: Altmexikanische Kulturen, 67.

huiztlan nur 35 Kilometer von ihrem Landungsplatz entfernt lagen, ... die rücksichtslose Eintreibung der Tribute durch selbstbewußt und hochmütig auftretende aztekische Beamte kennen und die lähmende Furcht der Indianer vor ihren Unterdrückern, die nicht nur hohe Abgaben von ihnen forderten, sondern auch Jünglinge als Opfer für ihre Götter und junge Mädchen für den Harem der aztekischen Großen«.[95] Das Reich der Azteken war gegründet auf Angst, Gewalt und Ausbeutung, und so hatte es bei den Unterworfenen, wie den Totonaken, aber auch bei den (noch) nicht Unterworfenen, wie in Tlaxcala im Hochland von Puebla, einen tiefen Haß und Willen zum Widerstand zur Folge, den die Spanier erfolgreich für sich zu nutzen wußten.

Im Grunde waren die Azteken die Gefangenen ihrer eigenen Staatsarchitektur: Um sich zu behaupten, mußten sie abschrecken und militärische Stärke gewinnen; um an die notwendigen Rohstoffe und Gebrauchsgüter zum Lebenserhalt und Kriegführen zu kommen, mußten sie immer weiter expandieren; doch anders als etwa die Inkas, integrierten sie die unterworfenen Stämme nicht in einem territorial geschlossenen Staatsgebilde, sondern sie mußten sich damit begnügen, Garnisonen anzulegen und den Unterworfenen Tributverpflichtungen als Preis zum Frieden aufzuerlegen. Die Bevölkerung von Tenochtitlan war schon zahlenmäßig viel zu klein, um das immer ausgedehntere Einflußgebiet aztekischer Machtentfaltung besetzt zu halten. So entstand ein Staat, der Krieg führen mußte, um sich mit den Abgaben der Besiegten zu erhalten, – ein Wirtschaftskreislauf von Gewalt und Ausbeutung bei ständig wachsender Expansionsrate.

Doch diese ökonomische Wahrheit der staatlichen Realität wurde überlagert durch die religiöse Ritualpraxis exzessiver Menschenopfer. »Das hervorstechende Merkmal der mexikanischen Kriegführung war diese Besessenheit, Gefangene zu machen«[96], und zwar nicht um sie als Arbeitssklaven zu halten, sondern um sie den Göttern zu opfern. Die Gefangenen wurden nicht durch Einkesselung gegnerischer Streitkräfte aufgebracht, sondern sie mußten einzeln von Einzelnen vom Schlachtfeld abgeführt werden. Nach der Häufigkeit solcher Leistungen richtete sich die gesellschaftliche Anerkennung. »Wer drei Gefangene gemacht hatte, konnte zusätzliche Auszeichnungen erwarten. Aber erst nach der vierten Beute bekam ein

95 A. a. O., 77.
96 NIGEL DAVIES: Die Azteken, 240.

Mann den Titel ›Krieger mit Fronterfahrung‹. Von da an konnte er ebenbürtig mit den großen Kommandanten verkehren. Diese fronterfahrenen Krieger ... bildeten eine Art von Offiziersklasse, die in einem Militärstaat (sc. wie dem aztekischen, d.V.) von außerordentlicher Bedeutung war.«[97] – Religiös wie wirtschaftlich lebten die Azteken auf diese Weise vom Krieg und für den Krieg, indem sie sich selbst opferten, um Menschen als Opfer einzufangen. – *In summa*: Staaten werden gegründet durch Gewalt, und es ist ihre Tragik, daß sie, wie die Azteken, nur in Gewalt sich zu erhalten vermögen.

97 A.a.O., 241. – Um den Staat der Azteken zu ordnen, mußte er ständig expandieren. Da der Adel »aufgrund seines Privilegs der Polygynie zahlenmäßig rasch zunahm ..., mußte das Zentrum immer größere Anstrengungen unternehmen, um den Nachschub an Prestigegütern zu sichern.« »Die aztekische Methode, die interne Hierarchie durch externe Eroberungen zu stabilisieren, funktionierte ausgezeichnet, solange Eroberungen großen Stils möglich waren ... Sie wurde problematisch, als die Expansion stockte.« STEFAN BREUER: Der charismatische Staat, 160–161.

3) Grenzmarken staatlichen Besitzanspruches

Wie sehr der Staat, statt Gewalt zu beseitigen, sie für sich selbst in Anspruch nimmt und den Urkunden seiner eigenen Gründung einschreibt, ist überdeutlich an einem Problem zu erkennen, das auf geradezu makabre Weise die derzeitige politische Wirklichkeit prägt: der Abgrenzungspolitik vieler Länder und ihrer militärisch organisierten »Außengrenzensicherung«. Auch und gerade bei diesem Konflikt zeigt sich alle staatliche »Ordnung« als ein atavistisches Relikt der Verhaltenspsychologie der Tiere.

Durchgängig nämlich läßt sich bereits in der Evolution der Tiere die Verhaltensstrategie des Territorialismus beobachten. Als »Revier« oder »Territorium« bezeichnen Ethologen einen »Bezirk, in dem die bloße Anwesenheit eines oder mehrerer Besitzer die gleichzeitige Anwesenheit von Rivalen ausschließt ... Als Besitzer gilt immer derjenige, dem ein anderer weicht. Der Streit um Reviere ist der häufigste Anlaß für aggressive Auseinandersetzungen.«[98] »Die Grenzen der Reviere sind oft durch natürliche Landmarken, einzeln stehende Bäume, Hecken, Wege, Senken, Flußläufe, Steine und ähnliches gekennzeichnet ... Tiere, die ihr gesamtes Revier übersehen können ..., verteidigen jeden Punkt innerhalb dieser Grenzen, wenn auch die Heftigkeit vom Zentrum zum Rand abnimmt. Bodenlebende Säugetiere sind dagegen ... an wenige gangbare Pfade gebunden ... Sie konzentrieren ihre Verteidigung auf dieses Wegenetz und auf die Punkte, die es miteinander verbindet. Das sind Schlaf- und Nahrungsplätze, ... Wasserlöcher ... und so weiter.«[99]

Diesen Hintergrund vor Augen, muß man, fast erschrocken, feststellen, wie genau sich die Gründung und das Gebaren eines Staates in dieses Muster der Durchsetzungsstrategie der Tiere einfügt. Gewiß, zur Gründung eines Staates braucht's Gewalt; doch worin besteht sie, und was, konkret, soll mit ihr erreicht werden? All die Kriege, die quer durch die Zeit die Geschichte staatlicher Gewalt prägen, mögen politisch auf historisch noch so unterschiedliche Weise begründet sein, – sie dienen ein und demselben Zweck: stets geht es um Revierstreitigkeiten, um Landbesitz, um die Verteidigung

98 HEINZ-ULRICH REYER: Formen, Ursachen und biologische Bedeutung innerartlicher Aggression bei Tieren, in: Klaus Immelmann (Hg.): Verhaltensforschung, 356.
99 A.a.O., 356.

oder Ausdehnung bestimmter Territorien. Das erste, was ein Staat, um sich zu konstituieren, tun muß, ist die Festlegung von Grenzen, in denen er seine Souveränität auszuüben gedenkt; wo immer ein solcher Schritt nicht erfolgt oder zu schwächlich ausfällt, wird ständiger Streit mit den Nachbarstaaten die Folge sein, indem diese ihrerseits das unerklärte Terrain sich selber anzueignen suchen. An Beispielen für diese Tatsache herrscht in der Gegenwart leider kein Mangel.

Das 17-Millionen-Volk der Kurden etwa, angesiedelt in Ostanatolien, dem Nordirak und dem Iran, wird trotz des UN-Grundsatzes vom Selbstbestimmungsrecht der Völker konsequent daran gehindert, einen eigenen Staat zu gründen, und all seine Autonomiebestrebungen werden als terroristisch diffamiert und gewaltsam niedergehalten. Ein ähnliches Bild bieten die zwei Kriege, die zwischen Rußland und den Tschetschenen 1994–2009 geführt wurden; die Stadt Grosny wurde in erbitterten Häuserkämpfen in Schutt und Asche gelegt[100]. Oder: Als Argentinien 1982 Anspruch auf die Falkland-Inseln erhob, ließ das Großbritannien *Margaret Thatcher*s seine Marineinfanterie eingreifen, um die 560 km entfernte Inselgruppe, die 1833 von Robbenjägern annektiert worden war, zu »befreien«, das heißt: als einen Teil Großbritanniens zu behaupten[101]. Oder: Zwischen 1983–2009 bricht zwischen Singhalesen und Tamilen auf Sri Lanka ein Bürgerkrieg aus, der erst im Mai 2009 mit dem Sieg der sri-lankanischen Armee endet und den Traum von einem eigenen Tamilenstaat zunichte macht[102]. Weiter: Zwischen Pakistan und Indien besteht seit der Teilung im Jahre 1947 ein steter Kriegszustand um die Zugehörigkeit von Kaschmir, die, wie 1989, jederzeit militärisch umkämpft werden kann[103]. Ferner: 1990 besetzt Irak Kuwait, um die willkürliche Grenzziehung der Briten und Franzosen aus dem Jahre 1915 zwischen *Mark Sykes* und *Charles Picot* zu revidieren; daraufhin erzwingen die USA aus Interesse an den Ölreserven des Scheichtums am Golf mit ihrer totalen Luftüberlegenheit um den Preis von 100000 toten Irakern die Wiederherstellung der alten Grenzen[104]. Und nicht zuletzt: 1967 führt Israel im sogenannten Sechstagekrieg einen Präventivschlag gegen drei arabische Staaten[105]

100 DUNCAN HILL (Hg.): Chronik der Kriege. 1914 bis heute, 282–283.
101 A.a.O., 248–253.
102 A.a.O., 156–257.
103 A.a.O., 261.
104 A.a.O., 166–171.
105 A.a.O., 218–219.

und beansprucht seither zugunsten seiner »Sicherheitspolitik« das Recht der Kontrolle über die Westbanks nebst Gaza und betreibt in den besetzten Gebieten eine Siedlungspolitik, die jede Aussicht auf eine Zwei-Staaten-Lösung zwischen Israelis und Palästinensern systematisch untergräbt; Israel ist der einzige Staat, der es innerhalb der letzten 50 Jahre zu vermeiden wußte, den Besatzungsstatus im Westjordanland aufzulösen, seine völkerrechtswidrige Mauer quer durch das Palästinensergebiet wieder abzureißen und sich auf Grenzziehungen zu verständigen, die von der UNO-Vollversammlung anerkannt würden. 1973 endete der Jom-Kippur-Krieg immerhin mit einem Friedensvertrag zwischen Israel und Ägypten und dem Rückzug Israels vom Sinai[106], und das Oslo-Abkommen von 1991, das von den Palästinensern angenommen worden war, hätte eine gute Agenda für den Frieden vorzeichnen können, wäre nicht *Jitzchak Rabin*, der es auf israelischer Seite hatte umsetzen wollen, 1995 von einem israelischen Ultra erschossen worden; damals wurde zugleich die menschlich unabdingbare und politisch durchaus mögliche Aussöhnung zwischen Juden und Arabern im Heiligen Lande zu Grabe getragen[107]. Die Liste willkürlich herausgegriffener Beispiele für Grenzstreitigkeiten aller Art unter Staaten könnte endlos fortgesetzt werden.

Grenzen und Krieg, Mauern und Unmenschlichkeit – derlei Manifestationen systemischer Gewalt bilden offenbar die Eintrittskarte zur Staatengründung in der menschlichen Geschichte. Wir sahen vorhin, daß bereits Schimpansen Krieg führen können, um zwischen verfeindeten Gruppen territoriale Rivalitäten auszutragen; ihre Aggressionsbereitschaft bei Verletzung der territorialen Integrität ihres Reviers entlang bestimmten Demarkationslinien im Gelände wirkt in der Tat wie die unsichtbare Mauer einer nach außen gerichteten Aversion und Aggression. Wir Menschen indessen können dieselben Handlungsbereitschaften mit einer unerbittlichen Konsequenz ins schier Unendliche steigern, und der Transformator, um die gespei-

106 A.a.O., 230–231.

107 NOAM CHOMSKY: Offene Wunde Nahost, 283–316: Washingtons »Friedensprozeß«, sieht in Oslo I, das 1993 von Israel akzeptiert wurde, und in Oslo II aus dem Jahre 1995 von vornherein ein »Abkommen«, das »explizit und unzweideutig die Position Israels und der USA« übernimmt (S. 287). Nach dem Jom Kippur-Krieg 1971 hatten die USA ihre Haltung nach 1967, mit der sie einen Rückzug Israels aus den besetzten Gebieten verlangt hatten, geändert und die Resolution 241 der UNO nicht mehr akzeptiert. »Die USA konnten in den Osloer Abkommen ihre Verweigerungshaltung gegenüber den Forderungen der Palästinenser durchsetzen.« (S. 304) Publiziert wurden die Abkommen freilich als »Friedensangebot«.

cherten Energien noch um ein Vielfaches zu steigern, heißt Staat. Zäune aus Draht und Beton, Zäune aus Paragraphen und Kontrollzentren, Gesetze und Abkommen, welche die »rasche Rückführung« von »nicht asylberechtigten Migranten« erleichtern, – das ist das unerträgliche und widerwärtige Bild der EU-Politik Brüssels in der Gegenwart.

Auch dafür bieten der Beispiele sich mehr an, als einem lieb sein kann. Ende August 2018 lag das Schiff der sizilianischen Küstenwache »Diciotti« im Hafen von Catania, mit 150 Bootsflüchtlingen an Bord, die nicht an Land durften. An Bord stellten die in weißen Kitteln mit Mundschutz agierenden Mitarbeiter der italienischen Behörden »verheerende Zustände« auf dem Schiff fest, doch *Matteo Salvini*, der italienische Innenminister, verlangte, daß andere europäische Länder die afrikanischen Flüchtlinge aufnähmen, sonst dürften sie das Land nicht betreten. Vor Wochen schon hatten sich die Bürgermeister von Köln, Düsseldorf und Bonn an Kanzlerin *Merkel* gewandt und angeboten, »in Not geratene Geflüchtete« in ihren Städten aufzunehmen, auch Bielefeld hatte sich dem inzwischen angeschlossen, doch die Regierung schweigt und schweigt sich aus; sie will »eine europäische Lösung«[108], wissend, daß diese in einer immer rigoroseren Abweisungs- und Ausweisungspolitik besteht. Selbst Spanien, wo der neue sozialdemokratische Premier *Pedro Sánchez* eine »Willkommenskultur« einzuläuten schien, hat »116 junge Afrikaner … am Tage, nachdem sie die Grenzanlagen (sc. in Ceuta, d.V.) überwunden hatten, nach Marokko abgeschoben. Spanien gesellt sich also zu den EU-Staaten, die massenhafte Migration entscheidend verringern wollen: Ungarn hat es vorgemacht.« Freilich selbst wenn die Schließung der Maghreb-Route durch Ausbau der Festung Ceuta mit Hilfe der Finanzierung aus Brüssel gelingen sollte, ist das Problem der Verhungernden und Ertrinkenden nur verschärft, nicht gelöst. Aber selbst wem es gelänge, spanischen Boden zu betreten, hätte ein armseliges Überleben zu gewärtigen: in einem Land mit der zweithöchsten Arbeitslosigkeit in der EU würde er wohl als Erntehelfer und Straßenhändler ausgebeutet werden oder vor den Einkaufszentren betteln müssen[109].

108 INGO KALISCHEK: Flüchtlingselend neben Luxusjachten, in: Neue Westfälische, 24. August 2018, S. 3; DERS: »Ihr könnt uns nicht einfach so vergessen«, in: A.a.O., 25./26. August 2018, S. 3.
109 THOMAS URBAN: Spanien. Ende der Willkommenskultur, in: Süddeutsche Zeitung, 25./26. Aug. 2018, Nr. 195, S. 4.

Wie sehr auch – und gerade – in diesem Punkte die Einstellung Jesu sich zentral gegen die staatliche Pragmatik und Programmatik richtet und schon von daher als staatsgefährdende Anarchie und als utopischer Internationalismus betrachtet werden wird, zeigt sich im Neuen Testament wohl nirgends deutlicher als in Mt 25,31–46, wo der zurückkehrende Menschensohn im Endgericht die Bilanz über den Wert unseres Lebens unmittelbar an die Frage knüpft, wie wir mit Menschen in Not umgegangen sind[110]: »Ich war fremd«, heißt es da, und wie jetzt? »Wir haben dich abgeschoben!« Soll das die Antwort sein? Dann wäre, so viel im »christlichen« Abendland von Christentum auch die Rede sein mag, das Hautanliegen Jesu endgültig verraten. So ist es im Moment: wer seinen Hund über die Reling eines Luxusliners ins Meer werden würde, müßte mit einer Strafanzeige wegen eines eklatanten Verstoßes gegen das Tierschutzgesetz rechnen; wenn aber europäische Staaten wie Malta und Italien Seenotrettungsschiffe nicht mehr auslaufen lassen und damit bewußt das Ertrinken von Hunderten und Tausenden von verzweifelten Menschen in Kauf nehmen, wird ihnen nicht international der Prozeß wegen Verstoßes gegen die Menschenrechte, wegen unterlassener und sogar behördlich untersagter Hilfeleistung, ja, wegen bewußt in Kauf genommener fahrlässiger Tötung gemacht; die Staaten, die mit der Dublin-Regelung sich erlauben, alle Neuankömmlinge in die Erstländer zurückzuschieben, aber nichts zu deren Unterstützung tun, ergehen sich in Phrasen einer »gesamteuropäischen Lösung«.

Und die Bischöfe? Hört man von ihnen aktive Hilfsangebote zugunsten syrischer oder irakischer Flüchtlinge, die nicht gerade Christen sind? Verteidigen sie die Institution des Kirchenasyls als einer Stätte, da notwendig Gnade vor Recht ergeht und sich dokumentiert, daß Gott und Staat nicht dasselbe sind? Es war eine der ersten Handlungen von Papst FRANZISKUS nach seiner Wahl, daß er Lampedusa besuchte, um auf das Schicksal der dortigen Flüchtlinge hinzuweisen und sie vor dem Vergessen zu bewahren; doch der großen Geste folgte kein erkennbarer Aufbruch der katholischen Kirche in einem der Länder, in denen sie stark vertreten ist. Das katholische Polen weigert sich, überhaupt Flüchtlinge aufzunehmen, Frankreich, das im August 2018 »nach langem Hin und Her einwilligte, dem Rettungsboot ›Aquarius‹ (sc. das vor Malta festlag, wo vormals der Apostel

110 E. DREWERMANN: Das Matthäus-Evangelium, III 222–244: Mt 25,31–46: Das große Weltgericht oder: Der einzig gültige Maßstab.

Paulus aus Seenot gerettet wurde, d.V.) 60 seiner 255 geretteten afrikanischen Passagiere abzunehmen, als handelte es sich um Kartoffeln, und sich dafür selbst lobte, schickte ein Kontingent strenger Bürokraten nach Malta, um die dort angelandeten Flüchtlinge zu inspizieren, bevor sie ins sogenannte Land der Menschenrechte zugelassen werden ... ‚Asylfähig' sind nach den Vorschriften des OFPRA (sc. Office français de protection des réfugiés et apatrides – des Französischen Büros zum Schutz von Flüchtlingen und Staatenlosen, d.V.) nur jene, die ‚eine ihnen drohende Gefahr' nachweisen können ... ›Hunger‹, so sieht es das Regelwerk der Inspektoren vor, ist nicht als ›Gefahr‹ zu bewerten. – In Deutschland ist man kreativ. Hier werden Flüchtlinge zu (sc. Asyl-, d.V.) ›Touristen‹ umgedeutet ... Überall in Europa werden sogenannte ›Missbrauchsfälle‹ gemeldet – in Belgien, in Frankreich und in Italien sowieso.«[111] Erwünscht hingegen sind Menschen, die als Wirtschaftsfaktor in Frage kommen: Facharbeiter, Akademiker der MINT-Fächer, Ärzte, Computerspezialisten ... Alle anderen sind »unrentable« Zureisende – eine Zumutung für die Einheimischen, über die in einer wirtschaftlichen Krise intern die gleiche Abschottungs- und Ausschließungsglocke niedergehen soll wie extern über die politisch oder sozial buchstäblich Gestrandeten.

Daß es auch anders geht, zeigte sich denn doch am 25. August 2018, als – nach 10 Tagen – die 150 Migranten der »Diciotti« von Bord gelassen wurden: 20 Migranten hat das nicht zur EU gehörende Albanien aufgenommen, 20 Island, und die restlichen 100 »sollen von der katholischen Kirche in Italien aufgenommen werden, kündigt(e) *Salvini* an. Das habe er persönlich ausgehandelt; auf den italienischen Steuerzahler kämen ›null Kosten‹ zu.« »Der Sprecher der italienischen Bischofskonferenz, *Ivan Maffeis*, sagte am Sonntag im italienischen Fernsehen, dass man eine ›unerträgliche‹ humanitäre Situation habe beenden müssen.« Wie wahr! In einem Kloster in Rocca di Papa sollen die Flüchtlinge untergebracht werden – über leerstehenden Wohnraum verfügt gerade die katholische Kirche auf Grund der rückläufigen Zahlen von Ordensberufen und Priesteramtskandidaten in großem Umfang, und richtig: welch ein Zeichen wäre das, als Startsignal zu einer neuen Wahrnehmung christlichen Auftrags! Sogar die Justiz könnte langsam wach werden, statt weiter servil sich gegenüber den Landesregierungen zu verhalten. Auch

111 HANSGEORG HERMANN: Vom unrentablen Menschen, in: junge Welt, 22. August 2018, Nr. 194, S. 13.

dafür gibt es Zeichen. »Die Staatsanwaltschaft Agrigent leitete Ermittlungen gegen ihn (sc. Innenminister *Matteo Salvini*, d.V.) ein. Die Vorwürfe: Freiheitsberaubung, unrechtmäßige Festnahme der Flüchtlinge sowie Amtsmißbrauch.«[112] Wenn ein solcher Antrag durchkäme, – was für Straftaten, begangen durch Unterlassung und durch immer neue Anordnungen zur »Rückkehr zur Ordnung an den Außengrenzen«, sind dann in Paris, Berlin und Brüssel bei der gesamten politischen Elite Europas anhängig?

Relativ unbemerkt bleibt neben diesen spektakulären Tragödien im Mittelmeer das alltägliche Leid an der 3000 km langen Grenze der USA zu Mexiko. Allein im Jahr 2017 wurden dort 700000 »Ausländer« verhaftet. Die Grenzschützer haben geschworen, daß sie »die Verfassung der Vereinigten Staaten gegen alle äußeren und inneren Feinde schützen und verteidigen« und »aufrichtige Treue und Loyalität« den USA entgegenbringen[113]; sie sind Staatsbeamte, sie tun ihre Pflicht. Doch in Wirklichkeit tun sie eben nicht ihre Pflicht. Die flüchtenden »Latinos« sind überhaupt keine »Feinde« der USA, ganz im Gegenteil: sie suchen eine neue Heimat in God's own country, und sie wären die treuesten Bürger der USA, wenn man sie nur dulden würde, entsprechend dem Spruch am Fuße der Freiheitsstatue. Man hat es zu tun mit Menschen, die vom Tode bedroht sind, unter anderem durch den Drogenkrieg, den die USA selbst, wo irgend sie können, von Afghanistan bis Kolumbien, nach Kräften anheizen. 2006 hatte in Mexiko *Felipe Calderón* den Drogenkartellen den Krieg erklärt, und in »seiner sechsjährigen Amtszeit wurden offiziell mehr als hunderttausend Drogenkriegstote gezählt ... *Molly Molloy* von der New Mexico State University, die sich mit der Gewalt in der Grenzregion beschäftigt, hält ... fest: ›Wenn Präsident *Calderón* oder andere Repräsentanten des Staates erklären, 90 Prozent der Toten seien Kriminelle, so muss darauf hingewiesen werden, dass in nicht einmal 5 Prozent der Fälle Ermittlungen aufgenommen wurden. Und wer die täglichen Berichte über Morde liest, wird sehen, dass es sich bei den allermeisten Opfern um einfache, meist arme Menschen handelt: Kinder, Teenager, alte Menschen, kleine Geschäftsleute, die sich weigerten, Schutzgelder zu zahlen, Mechaniker, Busfahrer, eine Burrito-Verkäuferin, ein Clown, der an einer Kreuzung auftrat, Zeitungsjungen ... und Dutzende von Leuten, die in Reha-Kliniken für

112 INGO KALISCHEK: Flüchtlingsdrama endet – Spuren bleiben, in: Neue Westfälische, 27.8.18, S. 3. Im Februar 2020 wird Klage erhoben.
113 FRANCISCO CANTÚ: No Man's Land, 32.

Drogenabhängige massakriert wurden.‹ – 2014 veröffentlichte die mexikanische Regierung neue Daten, womit sie offiziell anerkannte, dass seit 2007 mehr als 164 000 Personen ermordet worden waren. ... Nicht erfaßt sind die Vermißten und Verschwundenen, deren Zahl 2012 auf mehr als 25 000 geschätzt wurde ... – In diesen Zahlen sind ... all jene nicht enthalten, die bei dem Versuch, in die USA zu gelangen, gestorben oder verschwunden sind – oftmals Menschen, die vor der Gewalt in ihrer Heimat flohen. 2017 berichtet *Manny Fernandez* in der *New York Times*, dass der US-Grenzschutz zwischen 2000 und 2016 mehr als sechstausend Tote gezählt habe. Allein in Pima County (Arizona) wurden die sterblichen Überreste von mehr als zweitausend Migranten entdeckt. Der Sheriff eines ländlichen Countys in Texas erklärte, dass ›für jeden, den wir finden, uns wahrscheinlich fünf entgehen‹.«[114]

In der Geschichte der BRD gelten die 192 Todesopfer an dem 162 km langen Grenzzaun, den die DDR 1961 errichten ließ, um die West-Flucht zu stoppen, als völkerrechtswidriges Staatsverbrechen, und die Schützen an der »Mauer« wurden als kriminelle Straftäter abgeurteilt, weil sie den Befehlen »eines menschenverachtenden Unrechtsstaates« gefolgt seien, doch ist nicht jeder Staat ein menschenverachtender Unrechtsstaat, der vor seinen Grenzen Menschen zu Tausenden umkommen läßt? Und was wird aus den Menschen, die in Ausübung ihres Berufes an der Mechanik der Abwehr und Abkehr der Hilfesuchenden mitwirken?

Bekannt sind die »posttraumatischen Belastungsstörungen« bei Soldaten, die von den Schlachtfeldern ihrer internationalen »Friedensmissionen« zurückkehren. Kaum Beachtung finden indessen die moralischen Verwundungen, die sich nicht in »Flashbacks oder Panikattacken« äußern, sondern in »Kummer, Reue, Trauer, Scham, Bitterkeit und moralischer Verwirrung«. »Moralische Verwundung ist im Grunde genommen eine jähe Abkoppelung von dem Bild, das wir von uns haben, und von dem, was wir für moralisch beziehungsweise für unmoralisch halten ... Moralische Verwundung ist ein erlerntes Verhalten, man lernt, Dinge zu akzeptieren, von denen man weiß, dass sie falsch sind ... Im Krieg, der naturgemäß Tod und Zerstörung bringt, werden diese moralischen Wertvorstellungen (sc.

114 A.a.O., 107–108.

die wir schon als Kinder gelernt haben, d.V.) aufs Heftigste durcheinandergewirbelt.«[115]

Es ist genau so, wie FRANCISCO CANTÚ es nach vier Jahren beim Grenzschutz an sich selber erfahren hat: »Wir lernen Gewalt von anderen«, schreibt er, »wir sehen, dass sie in der Gesellschaft verankert ist. Und ohne dass es uns bewusst ist, wird sie zu etwas Normalem für uns, sie wird sogar ein Teil von uns ... Man kann nicht Teil eines Systems sein, ohne dass man früher oder später mitmacht und das Gift in sich aufnimmt. Das verschwindet nicht einfach mit der Zeit. Das gehört zu dir, zu deiner Geschichte. Im Grunde kannst du nur versuchen, einen Ort zu finden, wo du diese prägende Erfahrung hinpacken kannst, damit es nicht ganz umsonst war.«[116] Man hört im Abstrakten von Tausenden, genauer gesagt von Millionen von Fällen, da Menschen an der Grenze umkommen oder im Gefängnis eingekerkert werden, bis sie wieder »abgeschoben« werden; wie aber, wenn wir uns auch nur mit einem Einzigen verbunden fühlen? »Du weißt genau, was es heißt, jemanden zurückzuschicken. Du weißt, warum er nicht da ist, warum er nicht bei seiner Familie ist. Das alles ist dir vertraut, es ist ein Teil von dir geworden.«[117]

Doch man kann sich dagegen schützen durch Flucht ins Bürokratische, Gesetzliche, Paragraphenmäßige. Zu Gericht sitzen über Flüchtlinge, die in Abschiebehaft überstellt werden, Männer »in Anzug und schwarzer Robe ..., die nichts« wissen »von den finsteren Nächten in der Wüste oder der brennenden Sonne, von den endlos weiten Geröllebenen, von den Trampelpfaden, von Menschen, die den Elementen wehrlos ausgeliefert sind und vor Hitze, Kälte und Durst schlottern«.[118]

Man kann sich vor dem inneren Zwiespalt zwischen befohlener Gewalt und persönlichem Gewissen auch schützen durch Flucht in gefühllose Härte. Was etwa wird unter »pflichtbewußten« Grenzschützern aus jemandem, der versucht, unter den unmenschlichen Bedingungen seines Berufsauftrags menschlich zu bleiben? »Wenn die Richter in den Vereinigten Staaten wissen, wie die Realität aussieht, dann wissen sie, dass sie Menschen in den Tod schicken. Sie bringen sie dazu, sich das Leben zu nehmen.«[119] »Ich weiß, dass ich

115 A.a.O., 149, zitiert nach DAVID WOOD: That Have We Done.
116 A.a.O., 219.
117 A.a.O., 218.
118 A.a.O., 177.
119 A.a.O., 229.

illegal über die Grenze komme ... Ich weiß, dass ich gegen das Gesetz verstoße, aber es muss sein, denn ich will zu meiner Familie. Ich will dem Land keinen Schaden zufügen, aber ich muss gegen das Gesetz verstoßen. Es geht nicht anders. Für mich ist das eine Notwendigkeit. Das hat mit Liebe zu tun. Wer es hinnimmt, dass er von seiner Familie getrennt ist, weiß nicht, was Liebe ist.«[120]

So spricht jemand, der die Grenze zwischen Mexiko und den USA als ein Unrecht gegen die Menschlichkeit empfindet, weil sie Menschen, die zusammengehören, voneinander trennt; im gleichen erscheinen die Gesetze, die diese Grenzziehungen legalisieren, als illegitim, denn sie sprechen Menschen das Recht auf ihre Liebe und auf ihr Leben ab. Keinesfalls spricht dieser jemand nur für sich selber. Er spricht das aus, was alle fühlen, die nicht dort leben können, wo sie rechtlich leben dürfen, und rechtlich dort nicht leben dürfen, wo sie leben könnten. Alle Staatsgrenzen bringen diese Unmenschlichkeit mit sich, und jeder Staat besteht daraus, – er besteht nur innerhalb von Grenzen. Er definiert per Paß und Personalausweis, wer Bürger seines Landes, seines Staatsgebietes ist, er fragmentiert das Menschliche, er partikularisiert das Allgemeine und setzt alsdann den abgegrenzten eigenen Teil als absolut dem Ganzen gegenüber. Doch jeder weiß: ursprünglich war es anders.

Ursprünglich, als sie Sammler noch und Jäger waren, zogen die Menschen in kleinen Gruppen den Wanderbewegungen der Tiere nach; es existierten für sie keine Grenzen, außer daß eine Gruppe, die ein bestimmtes Areal zuvor bereits besetzt hatte, es für sich reklamierte, nicht als ein Eigentum, nur als Besitz, weil sie es brauchte. Erst als im Neolithikum, vor rund 10000 Jahren, die Menschen seßhaft wurden und den Ausfall des eiszeitlichen Großwilds durch Züchtung geeigneter Tierrassen (Schafe, Ziegen, Rinder) kompensieren mußten, entstanden die ersten dörflichen Gemeinschaften mit einem agrarischen Umland für Ackerbau und Weidewirtschaft; diese Flächen mußten eigens angelegt werden, um nutzbar zu sein, und die darin investierte Arbeit verlieh den Besitzern tatsächlich so etwas wie ein Eigentumsrecht auf das Terrain, auf dem sie lebten und von dem sie lebten[121] Doch in den Augen derer, die als Nicht-Seßhafte Nomaden blieben, galt dieser Anspruch selbst als Unrecht: sie brauchten für den Viehtrieb ihrer Herden freie Flächen, und der akkumulierte

120 A.a.O., 225–226.
121 Vgl. ARNOLD TOYNBEE: Menschheit und Mutter Erde, 44–54: Technische Revolutionen von 70000/40000 bis 3000 v.Chr.

Reichtum in den Städten kam ihnen vor wie Diebstahl. Spannungen zwischen dem Hirten und dem Städter waren unvermeidbar, obwohl beide auch voneinander zu profitieren wußten. Bei diesem Zustand hätte es bleiben können, wenn nicht die Anlage von Feldern im Schwemmland an Euphrat und Tigris eine ganz andere Organisation der Arbeit notwendig gemacht hätte. Nicht eine technische, eine soziale Revolution stand am Anfang der ersten Staatsgebilde, in dem begabte Führungspersönlichkeiten das Vertrauen größerer Menschengruppen gewannen und geeignete Bewässerungssysteme nebst Anbauflächenzuteilungen vornahmen. Zum ersten Mal lebten größere Menschengemeinschaften von der Gemeinschaftsleistung größerer Menschgruppen unter der Leitung Einzelner, und damit einher gingen gleich drei wichtige Veränderungen in der Gründungsphase der ersten staatlichen Gebilde: 1) religiös: ehemalige Naturgottheiten wurden jetzt (zugleich auch) Stadtgottheiten; 2) machtpolitisch: die Verbindung zwischen den Mächten der Natur und der menschlichen Arbeitsleistung lagen nunmehr in den Händen eines Herrschers, der das Walten der Götter vertrat und selber verkörperte; und 3) sozial: der Mehrertrag der Produktion blieb »einer privilegierten Minderheit vorbehalten, die auf diese Weise ihre Zeit und Kraft schonte; denn sie war von der Teilnahme an der Nahrungsmittelproduktion befreit, die immer noch das ganze Arbeitsleben der Mehrheit beanspruchte. Das war die ökonomische Basis der Klassendifferenzierung.«[122] Hinzu kam dann, daß aus der kriegerischen Konkurrenz einzelner Stadtstaaten durch Annexion und Unterwerfung ein einheitliches Staatsgebilde entstand, in dem die Faktoren der autoritären Leitung, der sozialen Ungleichheit und der Gewalt nach innen wie nach außen sich zu zwei vermeintlichen Rechtstiteln aufsummierten: zu dem Monopol des Strafrechts (der Staat wird Herr über Leben und Tod) und der Autorität der Grenzsicherung (beziehungsweise der Grenzerweiterung durch Krieg).

Im Grunde sind diese drei Vorgänge nur die drei Seiten ein und desselben Vorgangs am Anfang der Staatenbildung; in Sumer, in Ägypten, am Gelben Fluß, am Texcoco-See, in den Anden begann mit der Regulierung der Wasserversorgung und der Organisation des Getreideanbaus zugleich der Aufbau staatlicher Machtausübung.

Mit Recht wies ARNOLD TOYNBEE darauf hin, daß seit dem Neo-

122 A.a.O., 55–59: Die Erschließung des Schwemmlandes an Euphrat und Tigris und die Entstehung der sumerischen Zivilisation, S. 57.

lithikum die Menschheit sich damit vor die Frage gestellt sieht, was sie für wesentlich setzt: die Ausdehnung der Produktions- und Machtmittel, die Zugehörigkeit zur »Biosphäre«, in unserer Sprache: die Weiterentwicklung des Alten Menschen, oder die Vertiefung der Zusammengehörigkeit beziehungsweise die Öffnung wachsender Gemeinsamkeit, die Entfaltung von Kultur und Menschlichkeit in der »Noosphäre« (der Welt des Geistes)[123], mithin die Hervorbringung des Neuen Menschen. Solange ein Staat sich durch Gewalt begründet, die er im Innern auf seine Bürger ausübt und zusätzlich durch stete Kriegsbereitschaft nach außen drohend demonstriert, verdient er die generelle Kritik, die LEO TOLSTOI ihm entgegengestellt hat, als er ihm jede moralische Legitimation absprach[124]; solange bleibt er der Vergangenheit verhaftet und verfolgt die Ausdehnung von Strategien, die spätestens heute als global gefährlich erkennbar sind. Der Zustand heute ist so paradox, daß wir alle Grenzen öffnen für den Transfer von Kapital und Waren, während wir gleichzeitig alle Grenzen schließen vor den Opfern eben dieser Praxis. Es herrscht eine Unmenschlichkeit, die das gültige Rechtssystem von Staatlichkeit selber in Frage stellt.

Noch im 19. Jh. und in der ersten Hälfte des 20. Jhs. war es möglich und üblich, aus verarmten Regionen in ein fernes Land auszuwandern und eine neue Existenz zu gründen. Im Süden Brasiliens zum Beispiel, auf der Höhe von Porto Alegre, trifft man eine Vielzahl von Abkömmlingen deutscher Einwanderer, die um 1840 aus dem Hunsrück kamen, um auf einem Breitengrad, so tief im Süden wie das Herkunftsland im Norden, Neuland zu roden und unter den Pflug zu nehmen. Noch bis vor kurzem stand die Welt, trotz aller staatlichen Grenzziehungen, jedem, der auswandern wollte, als Fluchtraum zur Verfügung. Erst jetzt, in der Zeit der neoliberalen Wirtschaftsform des Kapitalismus, schotten die reichen Länder sich nach Art des römischen Limes gegenüber den ärmeren Ländern des Südens in ängstlicher Sorge um ihren Wohlstand hermetisch ab. Und sie begehen damit eine Schuld, auf die in der Antike bereits der griechische Philosoph *Karneades*, der 155 v.Chr. als Rhetor nach Rom kam, mittelbar, wenn auch ironisch, hinwies, indem er seine These, Gerechtigkeit sei »der Gipfel der Torheit«, mit dem Argument be-

123 A.a.O., 17–28: Die Biosphäre.

124 Vgl. E. DREWERMANN: Von Krieg zu Frieden, 406–409; LEO TOLSTOI: Rede gegen den Krieg, 84: »... jede Regierung ..., der die militärische Gewalt überlassen ist, (ist) ein furchtbares, ja das gefährlichste Institut der Welt.«

wies: »Alle Völker, die ein blühendes Land besäßen, und gerade auch die Römer, die sich des ganzen Erdkreises bemächtigten, müssten, wenn sie gerecht sein, das heißt: fremdes Gut zurückgeben wollten, in ihre Hütten zurückkehren und in Armut und Elend darniederliegen.«[125]

Das Grundübel, das dahinter steht, hat JEAN-JACQUES ROUSSEAU auf den Punkt gebracht, indem er schon vor rund 250 Jahren schrieb: »Der erste, der ein Stück Land eingezäunt hatte und es sich einfallen ließ zu sagen: *dies ist mein,* und der Leute fand, die einfältig genug waren, ihm zu glauben, war der wahre Gründer der bürgerlichen Gesellschaft. Wie viele Verbrechen, Kriege, Morde, wie viel Not und Elend und wie viele Schrecken hätte derjenige dem Menschengeschlecht erspart, der die Pfähle herausgerissen oder den Graben zugeschüttet und seinen Mitmenschen zugerufen hätte: ›Hütet euch, auf diesen Betrüger zu hören; ihr seid verloren, wenn ihr vergeßt, daß die Früchte allen gehören und die Erde niemandem.‹«[126]

Eine Erde ohne Grenzen ist der Anfang der Menschlichkeit und das Ende des Prinzips der Staatlichkeit in den Formen unmenschlicher »Außengrenzensicherungen« mit Hilfe militärischer Gewalt und von »Binnengrenzensicherungen« mit Hilfe des juristischen Instruments des Strafrechts. Was also meinen wir, wenn wir im Sinne Jesu und mit seinen Worten im Vater unser beten: »Dein Reich komme« (Mt 6,10)? Wir beten um die Ankunft einer Liebe und eines Verstehens ohne Grenzen; wie sich ein Staat, ein Staatsgebilde wie etwa die BRD, dazu verhält, stehe dahin, – der Konflikt ist, wie in den Tagen Jesu, absehbar, und er ist so unvermeidbar, wie in dem Beispiel Jesu vorgelebt.

Am Eingang der evangelischen St. Nicolai Kirche auf Helgoland finden sich zu der Bitte Jesu: »Dein Reich komme«, die bedenkenswerten Worte:

> Unsere Reiche werden mit Berechnung und Verordnungen,
> mit Mord und Ungerechtigkeit gebaut.
> Dein Reich ist deine überzeugende Liebe.
> Dein Reich ist die Kraft in uns.
> Dein Reich hat schon gestern begonnen.
> Zu uns komme dein Reich.

125 CICERO: De re publica – Vom Staat 12, S. 179.
126 JEAN-JACQUES ROUSSEAU: Diskurs über die Ungleichheit, 2. Teil, S. 173.

Die Neubegründung eines menschlichen Gemeinwesens, wie es Jesus vorschwebte, in Vertrauen, statt in Angst, stellt alle »Ordnung«, die nach außen wie nach innen auf Gewalt basiert, in Frage. Doch eben diese Infragestellung müssen wir weiter vorantreiben: Warum die Grausamkeit und Gräßlichkeit des Strafens und der Strafen? Warum die Kreuzigung? Auch sie ist nicht ein bloßer Zufall der Geschichte; sie zeigt, wozu staatliche »Ordnung« fähig ist und woran sie als in sich unmenschlich erkennbar wird.

III) Der Souverän als Urheber der Strafe

1) Crimen laesae maiestatis – Wer sich vergeht, beleidigt die Autorität

Was haben wir bisher? – Es wird gestraft nach dem archaischen Prinzip des Anstoßnehmens: die Übertretung der Gruppennorm wird in der Strafaktion geahndet und so die Geltung der gebrochenen Norm vor aller Augen wiederhergestellt. Es geht dabei nicht um »Gerechtigkeit«, die – nach dem Schuldprinzip – am Einzelnen als Übeltäter durch die Strafe ausgeübt würde; bestraft wird lediglich die Tat als Störung der bestehenden Ordnung, und stabilisiert wird durch den Strafvorgang der innere Zusammenhalt des Sozialverbandes. Der eigentliche Adressat der Strafe ist die Gruppe selbst; sie straft zur Selbstbestätigung. Im Anblick des Bestraften versichern sich die Mitglieder der Gruppe ihrer Zusammengehörigkeit, – sie bilden die Gemeinsamkeit aller in Ordnung sich Befindenden und die Ordnung Vertretenden. Und so gilt: in ihnen und mit ihrer Hilfe, durch sie hindurch, exekutiert die Strafe jener Eine, welcher Herr der Gruppe ist und sie kraft seines Amtes personifiziert: der Clanchef, der Schamane, der Stammeshäuptling oder eben jetzt: der König eines antiken Stadtstaates; und *der*, wie wir gerade sahen, verbindet nicht allein die Bürger seines Herrschaftsbezirkes miteinander, er vermittelt zugleich die soziale Organisation der Arbeit mit den Gegebenheiten der natürlichen Bedingungen von Produktion, Infrastruktur und Handel; er, als das Bindeglied zwischen den alten Göttern der Natur und jenen neuen Gottheiten der rechtlichen, moralischen, politischen und kulturellen Einrichtungen, die zunehmend das öffentliche Leben prägen und erhalten, ist zugleich auch Vertreter und Verkörperung des Göttlichen.

Das führt zu einer alles verändernden Folgerung: Wer fortan sich gegen die Ordnung der Gemeinschaft vergeht, wird schuldig nicht bloß gegenüber seinen Mitbürgern – das ließ sich durch Rache, Freikauf und Verbannung regeln; mit dem Aufkommen der frühen Stadtstaaten, im Süden des Zweistromlandes oder am Unterlauf des Nil, steht dem Straftäter nunmehr eine göttliche Ordnung gegenüber: er hat mit seinem frevelhaften Tun den Sohn Gottes beleidigt. Die staatliche Ordnung selbst verleiht seinem Vergehen daher eine schier unendliche Bedeutung, und dementsprechend ist das Strafmaß in der Hand des Herrschers potentiell und prinzipiell unendlich. Der Herrscher wäre nicht »Sohn Gottes«, besäße er nicht grundsätzlich die Macht, über Leben und Tod zu entscheiden.

Nicht nur im Quantum (in Zahl und Ausdehnung) der Machtausübung, sondern zugleich qualitativ (als ideologische Absolutsetzung) intensiviert die Einrichtung eines Staates mithin all die bisherigen Verfahren strafweiser Ausschließung. Alles Persönliche und Zwischenmenschliche betritt ab sofort die Bühne des Öffentlichen und des Allgemeinen. *Das* heute passiert mit dem Personalausweis, den der Staat dem Bürger in die Hand drückt, um ihn als zugehörig zu seinem Staatswesen identifizieren zu können: es wird ihm das Brandzeichen eingeprägt, das ihn zum Untertanen macht, indem es dem Oberherrn die absolute Verfügungsgewalt über Leib und Leben verleiht. Er ist ein Deutscher? Ein Franzose? Ein Brite oder Russe? Dann kann er, *muß* er nach Bedarf zum Militärdienst eingezogen werden können; dann hat er, in Treu und Gehorsam, unter Eid die Pflicht, dem »Vaterland« zu dienen. Kein Staat auf Erden, der nicht zumindest virtuell bis heute sich derartige »Optionen« offen hielte.

Zurückgedrängt beziehungsweise geschickter verhüllt wurde im Verlauf der letzten rund 5000 Jahre menschlicher Geschichte allein der individuelle Anteil der Herrscherwürde, mit der Möglichkeit, daß der gesamte Staatsapparat den Launen und der Willkür eines Einzelnen ausgeliefert blieb. Macht, absolut, vereinigt in den Händen eines Einzelnen – das ist im wörtlichen so viel wie »Monarchie« oder, negativ konnotiert, so viel wie Diktatur und Tyrannei. ARISTOTELES, als er die verschiedenen Staatsverfassungen einander gegenüberstellte, definierte nicht ganz zu Unrecht: »Die Tyrannis bedeutet … eine Alleinherrschaft mit Rücksicht auf den Nutzen des Alleinherrschers, die Oligarchie eine Herrschaft mit Rücksicht auf den Nutzen der Wohlhabenden, die Demokratie aber eine Herrschaft mit Rücksicht auf den Nutzen der Mittellosen.« Und er fügte hinzu: »Keine von ihnen … ist für den gemeinsamen Nutzen da.«[1] Alle sind sie in des ARISTOTELES Meinung deshalb »Abweichungen« (bezie-

1 ARISTOTELES: Politik, 1279b, 3. Buch, Kap. 7, S. 170.

hungsweise Fehlformen) von an sich vernünftigen Verfassungen: die Tyrannis von der Königsherrschaft, die Oligarchie von der Aristokratie und die Demokratie von der Politie (dem freiheitlichen Staat), und so überlegte der griechische Philosoph, welche Verfassung den Interessen aller wohl am besten entgegenkomme.

Das sind durchaus Gedanken, die im 4. Jh. v. Chr. im antiken Griechenland möglich waren; denn schon das »Blutgesetz« des *Drakon* aus dem Jahre 621/20 v. Chr. und das Gesetz des *Solon* aus dem Jahre 594/3 v. Chr. setzten ein gänzlich anderes Prozeßrecht voraus[2], als es in den Altorientalischen Reichen entwickelt wurde. Von diesen schrieb G. W. F. HEGEL entsprechend der gängigen Meinung seiner Zeit, in ihnen seien die »sittlichen Bestimmungen ... als Gesetze ausgesprochen, aber so, daß der subjektive Wille von den Gesetzen als von einer äußerlichen Macht regiert wird, daß alles Innerliche, Gesinnung, Gewissen, formelle Freiheit, nicht vorhanden ist und daß insofern die Gesetze nur auf eine äußerliche Weise ausgeübt werden und nur als Zwangsrecht bestehen«.[3]

Sätze wie diese nähren die Auffassung, daß Macht als etwas Äußeres, Verwaltbares und Instrumentelles den Beherrschten gegenüberstehe und sie veräußere, vermasse und verzwecke; ganz falsch ist diese Ansicht sicher nicht, jedoch wird sie den Herrschaftsverhältnissen etwa im Zweistromland am Anfang der Gründungen von Stadt und Staat nicht wirklich gerecht.

Psychologisch entspricht die Einrichtung des Königtums in archaischen Gesellschaften ungefähr dem, was H. W. ROBINSON in der Exegese des Alten Testamentes als eine »Korporativperson« bezeichnet hat[4]: es ist bei der Urzeitgeschichte von *Adam* (hebr.: Mensch) und *Eva* (hebr.: Leben) zum Beispiel die Rede nicht von einzelnen Personen, sondern von dem, was Menschsein wesentlich bedeutet; oder: beim »Ich«, mit dem der Beter in den Psalmen zu Gott redet, ist oftmals nicht zu unterscheiden, ob hier der König, das Volk Israel als ganzes oder ein Frommer in seiner persönlichen Not sich zu Wort meldet. Anders kann es auch kaum sein: der Einzelne lebt im Volk, und das Volk lebt im König – so in aufsteigender Linie; der König

2 GERHARD THÜR: Recht im antiken Griechenland, in: Ulrich Manthe (Hg.): Die Rechtskulturen der Antike, 206–207.

3 G. W. F. HEGEL: Philosophie der Geschichte, 177.

4 H. W. ROBINSON: The Hebrew Conception of Corporate Personality, BZAW 66, 1936, 49–62; das in der Bibel entdeckte Denkmuster dürfte seinen Ursprung in der Clanstruktur früher Gesellschaften haben und stellt gewiß keine Besonderheit der biblischen Tradition dar.

repräsentiert das Volk, und das Volk umfängt als Kollektiv maßgebend das Individual-Ich des Einzelnen – so in absteigender Linie. Von daher ist der König in seiner unumschränkten Macht nicht ein Entfremdend-Fremdes, das dem Volkskörper, wie die Eiserne Jungfrau in einer Hexenkammer, von außen schmerzhaft ins Fleisch gepreßt würde, sondern er ist die Aufgipfelung des Stammvaters oder des Clanchefs, in denen die zugehörige Gesellschaft ihre Einheit und ihren Ausdruck findet.

Am deutlichsten kommt diese Identität von »Groß-Ich« und »Einzel-Ich« im *hebräischen* Denken zur Erscheinung, so daß es kein Zufall ist, daß sie dort auch zuerst herausgearbeitet werden konnte. Alle Völker, die für die Gottheit ihres Königs in den Krieg ziehen, verschmelzen selber zu des Gottes eigenem Volk; Israel aber hat sich wie kein anderes Volk als »erwählt« von seinem Gott betrachtet und damit die Religionsform des »Gottes der Väter«[5] in den semitischen Stammeskulturen gewissermaßen auf die Spitze getrieben. Gewiß, ein solcher religiös verbrämter nationaler Egoismus gehört bis heute nach wie vor zu dem mehr oder minder unausgesprochenen Selbstverständnis auch der modernen Staaten der Neuzeit, – FRIEDRICH NIETZSCHE erblickte vollkommen zu Recht gerade hierin einen eklatanten Widerspruch zur Botschaft des Christentums[6], doch kein Volk entwickelte in seiner Ohnmacht wie Israel eine derart sehnsüchtige Hoffnung auf die Ankunft *seines* Königs, des Messias, durch den der ganzen Welt die Herrschaft Gottes auf Erden geschenkt werden würde; und kein anderes Volk auch rühmte sich wie das israelitische, seine Gesetze von Gott selber empfangen zu haben (vgl. Dtn 6,20–25). Es stellte sich damit – historisch in der Zeit des judäischen Königs *Josia* (639–609 v. Chr.) mit der Reformulierung des Gesetzes im Deuteronomium – bewußt der assyrischen Staatsideologie entgegen, wonach allein der Staat Gerechtigkeit und Frieden stiftet. Indem nicht »einem religiös überhöhten Repräsentanten des Staates, sondern allein JHWH … ungeteilte Loyalität geschuldet« werden sollte,

5 ALBRECHT ALT: Der Gott der Väter (1929), in: Kleine Schriften zur Geschichte des Volkes Israel, I 1–78.

6 FRIEDRICH NIETZSCHE: Der Antichrist, Nr. 38, in: Götzendämmerung. Wagner-Schriften. Der Antichrist. Ecce Homo. Gedichte, S. 236: »Wen verneint denn das Christentum? Was heißt es ›Welt‹? Daß man Soldat, daß man Richter, daß man Patriot ist; daß man sich wehrt; daß man auf seine Ehre hält; daß man seinen Vorteil will; daß man stolz ist.« Nr. 39, S. 237: » … das echte, das ursprüngliche Christentum wird zu allen Zeiten möglich sein … Nicht ein Glauben, sondern ein Tun, ein Vieles-nicht-tun vor allem, ein anderes Sein.«

wurde die »Loyalitätsforderung des Staates eingeschränkt. Dieser in der Auseinandersetzung mit der assyrischen Hegemonialmacht in Intellektuellenkreisen in Jerusalem gewonnene Gedanke, der Ursprung der Menschenrechte als Abwehrrechte gegen den Staat ist, wird in der Fortschreibungsgeschichte des *Deuteronomiums* weiter entfaltet«[7], bis die *Thora* unter *Esra* 398 v. Chr. als Einheit der Hauptwerke der Exiltheologie auch in Palästina durchgesetzt wurde.

Damit läßt sich jetzt schon erkennen: Der Aufbruch des Juden Jesus zu einer Menschlichkeit, die sich im Ursprung Gott und nicht einer vergotteten Menschenmacht und Staatsgewalt verdankt, findet tief im jüdischen Selbstverständnis seine Grundlage, und man ahnt hier bereits, mit welch einer Wucht in der Person des Mannes aus Nazareth das System des Staatsrechts, in seiner mythisch-religiös überhöhten Form ebenso wie in seinen säkularen Varianten, etwa der Rechtsauffassung Roms oder der Moderne, auf die Evidenz und die existentielle Verbindlichkeit eines absoluten Gottesrechts, einer gelebten Form von Theokratie, prallen wird. Es wird die Todesstrafe in ihrer gräßlichsten Form darauf stehen. – Doch verschaffen wir uns zunächst eine gewisse Übersicht über die Rechtssysteme des Alten Orients, die über die Bibel bis heute ihren Einfluß geltend machen, sowie der Alten Ägypter, die kulturell und religiös unser Denken mitbestimmen, und der antiken Griechen und Römer, deren Ordnungsvorstellungen die Jurisprudenz des Abendlandes maßgeblich geprägt haben. Beginnen wir mit dem »Keilschriftrecht« Mesopotamiens.

a) Rechtsvorstellungen im Zweistromland

Festzuhalten ist ganz allgemein, »daß es sich bei ›Recht‹ um eine *politische* Überbauerscheinung staatlich organisierter und sozial differenzierter Gesellschaften handelt«.[8]

»Politisch« bedeutet hier die Abgrenzung von den traditionell-gentil geübten Rechtspraktiken zwischen und innerhalb der verschiedenen Familien und Clangesellschaften der vorstaatlichen Zeit; mit dem Aufkommen der politischen Strukturen territorialstaatlicher

7 ECKART OTTO: Recht im antiken Israel, in: Ulrich Manthe (Hg): Die Rechtskulturen der Antike, 163.
8 HANS NEUMANN: Recht im antiken Mesopotamien, in: Ulrich Manthe (Hg.): Die Rechtskulturen der Antike, 61.

Ordnungen tritt alles Privatrecht in das Beziehungsgeflecht »gesellschaftlicher Regelungsmechanismen. Mit der Herausbildung und Entwicklung staatlicher Gewalt wurden Rechtsnormen – seien sie aus traditionell gewachsenen Normen hervorgegangen oder als positive Normen gesetzt – entsprechend staatlich sanktioniert.«[9]

Schon im 3. Jtsd. v.Chr. im sumerisch-akkadischen Weltbild ebenso wie später in den babylonisch-assyrischen Rechtsvorstellungen spielen zwei Begriffe eine zentrale Rolle: *kittu*, sumerisch nì-gi-na, »das, was feststeht«, Wahrheit, Recht, als statisches Prinzip, und *mišaru*, sumerisch nì-si-sá, »Akt des Geradewerdens« bzw. Gerechtigkeit als dynamisches Prinzip.[10] Beide Begriffe: Recht und Gerechtigkeit, werden die gesamte Geschichte von Jurisprudenz und Justiz durchziehen, und es ist wichtig zu sehen, wie unterschiedlich sie jeweils verstanden werden. Im Alten Mesopotamien sind sie, rein religiös, ein Ausdruck der kosmischen Ordnung, wie die Götter sie gewollt haben als Maßgabe auch für den menschlichen Willen. Von daher fällt dem König die entscheidende Aufgabe zu, die politisch-soziale Ordnung in Übereinstimmung mit der Ordnung des Kosmos zu halten, indem er die entsprechenden ordnungs- und rechtspolitischen Vorschriften proklamiert und durchsetzt. Eben dafür ist er durch den Titel der eigenen Göttlichkeit beziehungsweise Gotteskindschaft legitimiert. Deutlich erscheint der Herrscher »spätestens seit dem ausgehenden 3. Jtsd. v.Chr.« als Gesetzgeber und als Richter über Leben und Tod. Im altbabylonischen *Codex Ešnunna* in der ersten Hälfte des 2. Jtsds. v.Chr. wird in § 48 jedes Kapitaldelikt, als eine Rechtssache *awāt napištim* (auf Leben und Tod), der Entscheidungsvollmacht des Königs unterstellt, inklusive des Begnadigungsrechts; dieses Reglement durchzieht die altbabylonische Korrespondenz *Hammurapis* (1792–1750 v.Chr.) und findet sich selbst in spätbabylonischer Zeit (im 1. Jtsd. v.Chr.) noch wieder, wenn *Nebukadnezar II.* (605–562 v.Chr.) persönlich jemanden wegen Hochverrats hinrichten läßt.

In der Praxis freilich genügt es, in der Prozeßführung und Rechtsprechung die absolute richterliche Autorität des Königs anzuerkennen: alle Urteile ergehen in seinem Namen und Auftrag mit Berufung auf ihn, legitimiert durch ihn. Der König selbst ist es, der hinrichtet; in ihm ergeht der Rechtsspruch der Götter. Die staatliche Ordnung,

9 A.a.O., 61.
10 A.a.O., 62.

repräsentiert in der Majestät des Königs, ist Abbild und Darstellung der göttlichen Ordnung; daher kommen dem König naturgemäß das Recht und die Pflicht zu, über Leben und Tod zu entscheiden. Wer in einer wichtigen Angelegenheit gegen sein Recht verstößt, verwirkt das Existenzrecht in seinem Staat, er hat kein Recht mehr, überhaupt zu existieren.

Dabei ist es nicht immer einfach, im Alten Mesopotamien zwischen Straf- und Zivilrecht zu unterscheiden, denn die Grenzen zwischen Privatrecht und öffentlichem Recht sind so fließend wie die Übergänge von Land- und Stadtbevölkerung – nur die städtische Oberschicht hat uns ihr »Keilschriftrecht« hinterlassen. Klar ist, daß Kapitalverbrechen wie Mord, Raub u.a. nicht länger als private Delikte galten, die nach tribalen, in der vorstaatlichen Stammesherrschaft gültigen Verfahren abgehandelt wurden, sondern sie wurden als gesellschaftsbedrohend gewertet und staatlich sanktioniert. Strafandrohung und Strafvollzug orientierten sich am Talionsprinzip: ein zugefügtes Übel wurde mit einem gleichartigen Übel beantwortet. Eine Gefängnishaft in staatlichen Gebäuden existierte nicht als Strafform, sondern nur als Sicherungsmaßnahme während des Untersuchungszeitraums[11].

Wesentlich geprägt ist die *altakkadische* Zeit durch das militärische Geschick, mit dem *Sargon von Akkad* (2356–2300 v.Chr.) von Mittelmesopotamien aus die rivalisierenden Stadtstaaten zu dem ersten größeren Territorialstaat in Vorderasien einigte, der über 180 Jahre Bestand haben sollte und vom sumerischen Süden des Zweistromlandes bis nach Nordsyrien sich erstreckte[12]. In der Akkade-Zeit wurde im Sumerischen zum ersten Mal die Eidesleistung eines Versprechens (promissorisch) von einem bezeugenden (assertorischen) Eid terminologisch unterschieden; bei einem Versprechen unter Eid ist der König oder auch eine Gottheit anzurufen, eine Bezeugung unter Eid ist im Tempel und vor Göttersymbolen zu leisten und dient – bis heute – als Beweismittel vor Gericht. Prozeßentschei-

11 Vgl. a.a.O., 65–66.

12 Bezeichnenderweise ist es die »neue Kampftechnik und ein überragender kriegerischer Elan der jugendfrischen semitischen Eroberer«, die in einer Entscheidungsschlacht die Sumerer unter dem Usurpator *Lugalzaggesi* besiegten, indem sie den riesigen Schilden und Langspeeren der in Phalanx aufgestellten Sumerer ihre Jagdwaffen: Wurfspeere, Pfeile und Bogen, in aufgelöster Ordnung entgegensetzten. Vgl. HARTMUT SCHMÖKEL: Ur, Assur und Babylon, 40–42. Vgl. auch CHRISTOPH GUNKEL: Imperator aus dem Nichts, in: Spiegel Geschichte 2/2016: Mesopotamien, 64–71.

dend konnte auch – als Gottesbeweis – das sogenannte Flußordal in Fällen stattfinden, wo zwei Konfliktparteien mit ihren assertorischen Eiden sich gegenseitig blockierten[13]; die Praxis, Menschen ins Wasser zu werfen und dann zu sehen, ob die Gottheit sie oben hält oder untergehen läßt, spielt in den Hexenprozessen Europas noch bis weit in die Neuzeit hin eine erschreckend große Rolle.

Das Reich von Akkade zerfiel im 22. Jh. v. Chr. durch die Fremdherrschaft der Gutäer und durch die Wirren sich bekämpfender Stadtstaaten in Südbabylonien. Daraus hervor ging die straff organisierte Zentralregierung der *III. Dynastie von Ur*, die von *Ur-Nammu* (2112–2095 v. Chr.) gegründet wurde[14]. Er ist der Repräsentant des Stadtgottes *Nanna*, und von ihm stammt die bislang früheste (uns erhaltene) keilschriftliche Rechtssammlung. In deren Prolog schildert *Ur-Nammu*, wie er politisch und militärisch Ur zu seiner neuen Größe gebracht hat; und dann heißt es: er »... sorgte für die Rechtspflege im Land ... Er schaffte die Steuerabgaben ab, ... diejenigen, die sich durch Gewaltanwendung in den Besitz von Ochsen, Schafen und Eseln brachten«, und er verfügte, daß »das Waisenkind nicht den Reichen übergeben wurde, die Witwe nicht den Mächtigen, und der Mann, der nur einen Šekel besitzt, nicht demjenigen, der über eine Mine verfügt«.[15]

Leider ist der *Codex Ur-Nammu* nur fragmentarisch erhalten, doch hören wir von der Wahrheitsfindung durch das Flußordal und von der Kompensation für zugefügte Verletzungen, formuliert in cha-

13 HANS NEUMANN: Recht im antiken Mesopotamien, in: Ulrich Manthe (Hg.): Die Rechtskulturen der Antike, 72.

14 Vgl. H. W. F. SAGGS: Mesopotamien, 89–95. – ADAM FALKENSTEIN: Fluch über Akkade, in: Zeitschrift für Assyriologie und vorderasiatische Archäologie, 23/1965, 43–124, bietet in Transliteration und Übersetzung ein Preislied an *Inanna*, die Himmeldgöttin, dafür, daß Akkade vernichtet wurde, nachdem *Naramsin* von Akkade (2260–2223) das Heiligtum *Enlils*, des Gottes des Sturms und des Gerichtes, in Nippur geschändet hatte; historisch für die Zeit nicht zutreffend, doch mit dem Untergang Akkades in Verbindung stehend, holte *Enlil* vom Bergland die Gutäer herbei, die als Barbaren geschildert werden, »die nicht wie ein (rechtes) Volk Bindungen kennen, die zwar die Gestalt von Menschen (besitzen), deren Worte (aber) von der Beschaffenheit (der Stimme) eines Hundes sind«. (Vers 156–159, S.70) – Zu *Ur-Nammu* vgl. ELENA CASSIN – JEAN BOTTÉRO – JEAN VERCOUTTER (Hg.): Die Altorientalischen Reiche, I 132–137. Der »König von Sumer und Akkad« herrschte geographisch und ethnisch über Nord- und Südbabylonien; die Mondpyramide *Nannas* in Ur gewann unter ihm ihre Gestalt. Die Dichtung »Urnammus Höllenfahrt« schildert, wie der König in der Unterwelt die Götter, auch *Gilgamesch*, mit Geschenken begütigt (S. 136).

15 H. W. F. SAGGS: Mesopotamien, 300.

rakteristischen Konditionalformeln, etwa: »Hat ein Mann einem anderen Mann mit einer Waffe die Knochen gebrochen, dann muß er eine Mine Silber zahlen.«[16]

»Das Wichtigste an diesen Gesetzen ist die Tatsache, daß ... bereits im alten Sumer das Talionsrecht, das Prinzip des ›Auge um Auge‹, aufgehoben war ... Das in den Gesetzen von *Hammurabi*, von den Assyrern und den Hebräern zum Ausdruck kommende mehr barbarische Prinzip spiegelt die unveränderte Praxis der weniger zivilisierten Semiten wider.«[17] Das hindert nicht, daß auf die Tötung eines Menschen und auf Raub die Todesstrafe stand, ebenso wie auf die Vergewaltigung einer Ehefrau, die noch nicht entjungfert war, sowie auf Ehebruch; falls die angeklagte Ehefrau ihre Unschuld beteuerte, war das Ordal zur Entscheidung vorgesehen; die Vergewaltigung einer noch jungfräulichen Sklavin galt nicht als Kapitaldelikt. Bei falscher Beschuldigung war ein Drittel Mine an die Ehefrau zu zahlen.

Ein früher Gesetzestext aus *altbabylonischer Zeit* stammt aus Nippur und ist auf Sumerisch von König *Lipit-Eštar* von Isin (1870–1860 v. Chr.) ebenfalls in konditionaler Fassung formuliert; erstaunlich ist, daß sich im *Codex Lipit-Eštar* »kein Hinweis auf Delikte (findet), die strafrechtlich mit dem Tode bedroht worden wären«.[18]

16 A.a.O., 301.

17 A.a.O., 301. – S. N. KRAMER: Ur-Nammu Law Code, in: Orientalia: commentarii periodici de rebus Orientis antiqui, Jg. 1954, Heft 23, 40–48, bietet Transliteration und Übersetzung des Textes, in dem (S.46) *Ur-Nammu* eingeführt wird als »König von Sumer und Akkad«, der »Gerechtigkeit im Lande« durch die Macht *Nannas* (des Mond- und Stadtgottes) herstellte und das Böse und Gewalt zurückdrängte. § 10, S. 48, verordnet, daß jemand, der einen anderen der Zauberei beschuldigt, einem Flußordal unterzogen werden muß; wird er für unschuldig befunden, wird der falsche Ankläger bestraft. Für Körperverletzungen (§§ 16–18), selbst bei einer verletzten Nase, sind Geldzahlungen zu leisten (keine Talion-Strafe!). § 15 verordnet, daß die Rückgabe eines flüchtigen Sklaven zu entlohnen ist. (S.48)

18 HANS NEUMANN: Recht im antiken Mesopotamien, in: Ulrich Manthe (Hg.): Die Rechtskulturen der Antike, 83. Zum *Codex Lipit-Eštar* vgl. H. W. F. SAGGS: Mesopotamien, 301–303. – IRENE STRATENWERTH: Mord in Nippur, in: Geo Epoche, Nr. 87; 82–89, schildert den ersten überlieferten Mordprozeß der Geschichte, als 1900 v. Chr. ein Priester in der Tempelstadt Nippur getötet wird; die Richter entscheiden nach verbindlichen Gesetzen: Ermordet wurde *Luinanna*, und beschuldigt wird seine Gemahlin *Nindada* nebst drei Männern, die sie zu der Tat angestiftet haben soll. Alle vier werden vor dem Stuhl des Getöteten hingerichtet – wahrscheinlich durch öffentliche Pfählung. – ADAM FALKENSTEIN: Das Gesetzbuch Lipit-Ištars von Isin, in: Orientalia Heft 19, Jg. 1950, 106–107, schlägt für II 14, einen Passus, der »für die Gesamtbeurteilung des Gesetzwerkes charakteristisch«

Anders verhält es sich im *Codex Ešnunna* aus dem 19./18. Jh. v. Chr., wo die Todesstrafe, neben Vergewaltigung einer Verlobten und Ehebruch, vor allem auch für Vergehen gegen das Eigentum von »Palastabhängigen« angedroht wird, etwa wenn ein Gläubiger den Tod »von widerrechtlich gepfändeten Frauen und Kindern« eines »Palastabhängigen« verursacht hat. Solche Bestimmungen zeigen nicht nur das Interesse am Schutz des Eigentums und der Familie von »Palastabhängigen«, sondern auch deren besondere Stellung am Hof. Bestimmte Kapitaldelikte, wie Körperverletzung mit Todesfolge oder fahrlässige Tötung bei Einsturz einer baufälligen Mauer, mußten vor dem König verhandelt werden[19].

In all dem ist und bleibt erkennbar, worauf es uns in diesem Zusammenhang am meisten ankommt: daß das gesamte Verfahren der Straffestlegung nichts weiter darstellt als eine Sammlung kasuistischer Entscheidungen der Staatsmacht, die sich vereint darstellt in der Gestalt des Königs; dieser, als absoluter Souverän, gilt als Repräsentant und Beauftragter der Götter, so daß seine Entscheidungen mit höchster Autorität umkleidet sind; wer sie infrage stellt oder übertritt, versündigt sich an dem Ordnungsprinzip, das die Götter in der Institution des Königs verankert haben. Er hat mit Gewalt die Macht zu erobern gewußt, und nun setzt er die Ausübung seiner Macht den Untertanen als göttliches Recht gegenüber. Es gibt die Begriffe Recht und Gerechtigkeit, doch für ihre Inhalte muß man nehmen, was die im König vergöttlichte Staatsgewalt von Fall zu Fall verfügt.

Historisch gesehen, erscheinen die altbabylonischen Rechtssammlungen wie Vorarbeiten zu der bedeutendsten Codifizierung mesopotamischen Rechts im *Codex Hammurapi.* Der akkadisch verfaßte Text dürfte im 37. Regierungsjahr des Königs *Hammurapi* (1792–1750 v. Chr.) entstanden sein und wurde 1500 Jahre lang zu Lehrzwecken immer wieder abgeschrieben. In großem Stil führt der Prolog den König als tüchtigen, von dem Gott *Marduk* beauftragten

ist, die Übersetzung vor: »Die Söhne (und) Töchter von Sumer (und) Akkad, auf deren Nacken (man)(zu Unrecht) die Sklavenschaft gelegt hatte, habe ich ihre ›Freiheit‹ (*amargi,* d.V.) von mir aus als ihr Geschick fassen lassen.« Den Inhalt analysiert M. SAN NICOLÒ: Rechtsgeschichtliches zum Gesetzbuch, in: A.a.O., 111–118. Hervorzuheben sind § 12, die Verordnung gegen Sklavenhehlerei – wer einen flüchtigen Sklaven versteckt, muß Ersatz leisten (S. 114) – und § 27 die Erbberechtigung eines Kinds mit einer Dirne bei Unfruchtbarkeit der Ehefrau (S. 116).

19 HANS NEUMANN: A.a.O., 85. Zum *Codex Ešnunna* vgl. auch H. W. F. SAGGS: A.a.O., 307.

Gesetzgeber ein, der dem Land eine feste Ordnung gegeben hat[20]. Diese immer wieder unterlegte Vorstellung allen altorientalischen Gesetzesverständnisses führt jetzt allerdings zu drei bemerkenswerten Verschärfungen:

1) Es wird – im Vergleich zum sumerischen und früheren altbabylonischen Recht – auffallend oft die Todesstrafe angedroht. »Neben einer Reihe von Eigentums-, Gewalt- und Freiheitsdelikten gelten als Kapitalverbrechen z.B. auch die falsche Beschuldigung und falsches Zeugnis in Kapitalprozessen (§§ 1–3), die Verweigerung des Kriegsdienstes (§26), bestimmte Dienstvergehen militärischer Vorgesetzter (§34), Ehebruch und Vergewaltigung (§§ 129 f.), Inzest (§ 157) und anderes. Bei Delikten, die als Strafe Geldbußen zur Folge hatten, konnte bei Insolvenz des Verurteilten ersatzweise ebenfalls die Todesstrafe verfügt werden (§§ 8, 256). Mehrfach erwähnt werden ›spiegelnde‹ Strafen, die zur Verstümmelung des Täters führten.«[21]

2) Ein großes Thema stellen Rechtsfälle des sogenannten *ilku*-Systems dar, das Sachen und Personen betrifft, die unmittelbar im Dienstverhältnis zum König stehen: Diebstahl am Eigentum eines Gottes oder des Palastes wird mit dem Tode bestraft (§ 6), doch auch sonst steht auf Diebstahl und Betrug die Todesstrafe (§§ 7–11),

20 HANS NEUMANN: A.a.O., 86. Wörtlich heißt es im Prolog, es hätten *Anu* (der Himmelsgott) und *Enlil* (sein Sohn, sumerisch: Herr Windeshauch, Herr der Schicksalsbestimmung) dem Gott *Marduk* (sumerisch: *amar-utuk*: Jungrind des Sonnengottes, der Sohn des *Ea*, des Herrn der Erde) die »Enlil-Würde über alle Menschen« übertragen; »damals haben mich *Hammurapi*, den frommen Fürsten, den Verehrer der Götter, um Gerechtigkeit im Lande sichtbar zu machen, den Bösen und den Schlimmen zu vernichten, den Schwachen vom Starken nicht schädigen zu lassen, dem Sonnengott gleich den ›Schwarzköpfigen‹ (sc. den Sumerern, den Menschen, d.V.) aufzugehen und das Land zu erleuchten, *Anu* und *Enlil*, um für das Wohlergehen der Menschen Sorge zu tragen, mit meinem Namen genannt.« HEINZ-DIETER VIEL: Der Codex Hammurapi, Zeile 1–49, S. 363. Alle Strafaktionen des Königs sind nach diesem Verständnis göttliche Maßnahmen zur Vernichtung der Bösen; es sollen die Starken die Schwachen (in dem HOBBESschen »Krieg aller gegen alle«) nicht mehr schädigen, indem der König in göttlichem Auftrag alle Stärke in sich vereinigt und mit seinem absoluten Machtmonopol die Erde sonnengleich erleuchtet. – Wie *Hammurapi* mit wesentlich diplomatischen Mitteln die Kleinstaaterei seiner Zeit zum Aufbau einer machtpolitischen Förderation nutzte, beschreibt HARTMUT SCHMÖKEL: Ur, Assur und Babylon, 86–89; er urteilt: » ... mit gesetzgeberischen und landesväterlichen Fähigkeiten vereinigte dieser größte unter den westsemitischen Herrschern die Umsicht, Zähigkeit und Geduld eines blendenden Politikers.« (A.a.O.,86)

21 HANS NEUMANN: A.a.O., 87. Vgl. HEINZ-DIETER VIEL: Der Codex Hammurapi, S. 381: § 1–3; 8; S. 417: § 26; 34, S. 521: § 129–132; S. 559: § 157; S. 691: § 256.

ebenso auf Einbruch und Raub (§§ 20–23)[22]. Als Kapitaldelikt gilt ferner die Unterstützung der Flucht eines Sklaven aus dem Palast (§§ 15–20)[23]. »Die Aufnahme von Bestimmungen, die Rechtsfälle im Zusammenhang mit den Dienstpflichten von Soldaten und zivilen Dienstleuten sowie die Einschränkung ihrer Verfügungsgewalt über zugewiesene Felder, Häuser und Gärten zum Gegenstand haben, zeigt deutlich das Interesse des Gesetzgebers an einem reibungslosen Funktionieren des mit königlichen Landzuweisungen verbundenen Systems der Dienstverpflichtung.«[24] Daneben ist ein großer Teil der Rechtsfälle (§§ 42–282) dem privaten Lebensbereich des Einzelnen gewidmet; da geht es um das Vermögensrecht (§§ 42–126), um das Familien- und Erbrecht (§§ 128–193), um Strafen bei Körperverletzung und Sachbeschädigung (§§ 196–240), um das Thema der Anmietung von Vieh, Personen und Schiffen zum Zwecke der Arbeit (§§ 241–277) und schließlich um Fragen des Sklavenrechts[25]. Ein wichtiges Anliegen ist dabei die Eingrenzung von Kreditzinsen. Der Zinssatz betrug bei Silber 20 %, bei Gerste 33⅓ %. »Pfandstellung, Bürgschaft und Solidarhaftung bei Schuldnermehrheit dienten der Sicherung der eingegangenen Schuldverpflichtungen.«[26]

3) »Insgesamt durchzieht den Rechtscodex (sc. des *Hammurapi*, d.V.) der Gedanke einer rächenden Justiz, wie er später auch das Alte Testament prägte.«[27] Die *Talion*, das »Auge um Auge«, das jedem als schrecklich aus der Bibel bekannt ist (Ex 21,23–25; Lev 24,20; Dtn 19,21), wird im Strafrecht des *Codex Hammurapi* zum ersten Mal, statt der vordem üblichen Geldbußen, ausdrücklich angewandt, – so

22 HEINZ-DIETER VIEL: Der Codex Hammurapi, S. 381; 399.

23 A.a.O., S. 399. – CAY RADEMACHER: Hammurabi, in: Geo Epoche, Nr. 87, 106, resümiert: »Etwa jedes zehnte Gesetz verlangt die Todesstrafe. Viele weitere Bestimmungen dekretieren Augen blenden, Zunge herausschneiden, öffentliches Auspeitschen als Strafen.« Es gilt die Talion: »Wenn ein Baumeister für einen Mann ein Haus baut und sein Werk nicht auf solide Weise ausführt, sodass das Haus einstürzt und den Eigentümer tötet, dann wird der Baumeister getötet. Wenn er einen Sohn des Besitzers tötet, dann soll ein Sohn des Baumeisters getötet werden.« Vgl. HEINZ-DIETER VIEL: Der Codex Hammurapi, § 229–230, S. 659.

24 HANS NEUMANN: Recht im antiken Mesopotamien, in: Ulrich Manthe (Hg.): Die Rechtskulturen der Antike, 87. Zu den Verordnungen über Soldaten vgl. *Codex Hammurapi* § 26–36.

25 A.a.O. 87.

26 A.a.O., 96. Zu Krediten und Zinsen vgl. § 66–78; § 100–107; HEINZ-DIETER VIEL: Der Codex Hammurapi, S. 471–472; 489; zu Pfandnahme und Schuldverpflichtungen vgl. § 113–117; a.a.O., S. 505.

27 UWE KLUSSMANN: Der König, der gerecht sein wollte, in: Der Spiegel. Geschichte, 2/2016: Mesopotamien, 79.

in den Paragraphen zu Körperverletzungen (§§ 196–200)[28]. Freilich hing das *jus talionis*, das Wiedervergeltungsrecht: Gleiches für Gleiches, von der Gleichrangigkeit des Täters und des Verletzten ab; so heißt es in § 201: »Wenn ein Bürger einem Palastangehörigen einen Zahn ausschlägt, so soll er ein drittel Mine Silber zahlen.«[29]

Allgemein gerühmt werden in dem altbabylonischen Rechtssystem die *Gerechtigkeitserlasse*, die ebenfalls ihren späten Eingang in das mosaische Gesetz des Alten Testamentes gefunden haben. Auch im *Codex Hammurapi* werden Schuldverpflichtungen zeitlich begrenzt[30]. Nun aber verkünden in altbabylonischer Zeit »zu Beginn der Regierungszeit eines Königs« die Herrscher »Schulden- und Steuerbefreiung« sowie den »Erlaß von Steuer- und Abgabenrückständen« nebst der »Aufhebung von Schuldsklaverei«[31]. Der Grund für solchen Schuldennachlaß bestand wohl in der Abhängigkeit vieler Bauern von Darlehen für den Ankauf von Saatgetreide, – Mißernten, aber auch zu hohe Zinsenlasten konnten sie in die Schuldknechtschaft treiben, mit verheerenden Folgen für die Gesamtwirtschaft. Die Generalamnestie babylonischer Könige im Fall von Insolvenz hielt nicht nur den Zerfall der Gesellschaft auf, – das sumerische Wort *amargi* ist der erste Begriff von »Freiheit«, der uns überhaupt überliefert ist[32].

In der Zeit nach *Hammurapi* beginnt der Niedergang des altbaby-

28 HEINZ-DIETER VIEL: Der Codex Hammurapi, S. 632; 645.

29 A. a. O., 645; bei einem anderen Bürger gilt die Talion, § 200.

30 Vgl. § 117, a. a. O., 505, wo eine verkaufte Frau, Tochter oder der Sohn im 4. Jahr aus dem Gewaltverhältnis entlassen werden müssen.

31 HANS NEUMANN: Recht im antiken Mesopotamien, in: Ulrich Manthe (Hg.): Die Rechtskulturen der Antike, 89.

32 DAVID GRAEBER: Schulden, 85; vgl. E. DREWERMANN: Finanzkapitalismus, 60. – ELENA CASSIN – JEAN BOTTÉRO – JEAN VERCOUTTER (Hg.): Die Altorientalischen Reiche, I 134, betonen den Schlüsselsatz: »Gerechte Ordnung im Lande setzen«, eine Formel, die ein Edikt betreffs Schuldenerlaß bezeichnet, so besonders bei *Ammi-Ṣaduqa* von Babylon (1646–1626). Vgl. F. R. KRAUS: Ein Edikt des Königs *Ammi-Ṣaduqa*, § 18, S. 41: »Wenn einen freien Mann ... eine Schuldverpflichtung gebunden hatte und er (infolgedessen) sich selbst, seine Ehefrau oder seine (Kinder), für Silber, in ein Gewaltverhältnis oder als Pfand (gegeben hatte) – weil der König gerechte Ordnung dem Lande geschaffen hat, ist er freigelassen, seine Freiheit (wieder-) hergestellt.« – § 19, S. 37, verordnet den Erlaß der Feldabgaben, »aber wohl nur für die zur unmittelbaren Gewinnung des Hausverbrauches ihrer Besitzer bebauten Felder« (S. 190). Vgl. a. a. O., 238–247: Die königlichen Erlasse im altbabylonischen öffentlichen Leben. § 4, S. 29, setzt auf Zwangseintreibung von Schulden die Todesstrafe, ebenso § 16, S. 39, bei Übervorteilung von Kunden in der Schenke und beim Kauf.

lonischen Reiches – 1595 v.Chr. besetzen die Hethiter unter *Murschili I.* (ca. 1540–1530 v.Chr.) das antike Babylon, und hernach beherrschen in der zweiten Hälfte des 2. Jtsds. v.Chr. die Kassiten Mesopotamien. Auch in dieser *mittelbabylonischen Zeit* beziehen sich die – wenigen – Rechts- und Prozeßurkunden vor allem auf Kreditgeschäfte und Grundbesitzverhältnisse. Demgegenüber setzen die *neu- und spätbabylonischen* Rechtsurkunden mit dem 8. Jh. v.Chr. ein. Insbesondere *Nebukadnezar II.* (605–562), den der Bibelleser durch die Eroberung Jerusalems im Jahre 587 v.Chr. kennt, führte den Titel »König der Gerechtigkeit«, und auch der Chaldäerkönig *Nabonid* (556–539), der für die *spätbabylonische Zeit* steht – die mit der Krönung *Nabopolassars* (626–605 v.Chr.) zum König von Babylon beginnt –, war als Gesetzgeber aktiv. Von *Nebukadnezar II.* wissen wir sogar, daß er in einen Hochverratsprozeß selber eingriff, indem er in der Gerichtsverhandlung den Täter überführte und hinrichten ließ[33]. Die Todesstrafe wurde auch verhängt bei Ehebruch einer Ehefrau, – wieder eine (patriarchalische) Rechtsvorstellung, die wir aus der Bibel kennen (Lev 20,10; Joh 8,5). Im übrigen »sah das neu- und spätbabylonische Recht vor allem Buß- und Ersatzleistungen vor, die in der Folge verschiedener Delikte zu erbringen waren«[34], sehr in Anlehnung an den *Codex Hammurapi* im Abstand von jetzt ca. 1000 Jahren.

Die Schwäche der mittelbabylonischen Zeit geht historisch einher mit der Vorherrschaft der *Assyrer*, deren Siegeszug mit *Tukulti-Ninurta I.* (1233–1197) beginnt, doch bald von ihren grausam errungenen militärischen Erfolgen erstickt wird; es erwies sich als unmöglich, die Verluste in der Truppe vor allem im Kampf mit den Aramäern durch eigene Kräfte auszugleichen, und das eroberte Gebiet zu kontrollieren bedeutete eine chronische wirtschaftliche und militärische Überanstrengung. Als unter *Tiglat-Pileser I.* (1114–1076) nach einer Phase des Niedergangs die expansive Kriegspolitik wieder aufgenommen wird, ist es unmöglich, Soldaten aus den unterworfenen Völkern zwangszurekrutieren[35]. *Tiglat-Pileser III.* (745–727) tat schließlich, was *C. Marius* in Rom nach der Vernichtung der

33 HANS NEUMANN: Recht im antiken Mesopotamien, in: Ulrich Manthe (Hg.): Die Rechtskulturen der Antike, 103; 104.
34 A.a.O., 103.
35 ELENA CASSIN – JEAN BOTTÉRO – JEAN VERCOUTTER (Hg.): Die Altorientalischen Reiche, II 83–89: Tukulti-Ninurta I.; 93–101: Die Herrschaft Tiglat-Pilesers I.

Teutonen bei Aquae Sextiae im Jahre 102 v.Chr. getan hat und nach der Niederlage der Kimbern bei Vercellae im Jahre 101 tun wird: er bildete ein stehendes Heer aus Berufssoldaten, die, hier wie dort – und üblich bis heute – aus Besitzlosen angeworben wurden. ARNOLD J. TOYNBEE sah darin zu Recht »ein Symptom des fortgeschrittenen Stadiums eines gesellschaftlichen Verfalls«[36], wie er denn insgesamt die Idee einer *Pax oecumenica* mit dem Schwert für einen vielfach widerlegten Selbstbetrug hielt: »Nur im Märchenland zerhauen die Schwerter gordische Knoten ... Und der Glaube des Schwertträgers an einen endlichen Sieg ist eine Illusion«, schrieb er[37]; hinzu fügte er: »Unter der heiteren Maske einer mühelos ausgeübten Herrschaft kämpft der Weltfrieden eines Universalstaates die ganze Zeit seines Bestehens über einen verzweifelten und aussichtslosen Kampf gegen den unbeschworenen bösen Geist der Gewalt in seinem Inneren.«[38]

Gleichwohl war gerade *Tiglat-Pileser I.* nicht nur ein grausamer Kriegsherr, sondern wir verdanken ihm Gesetzessammlungen wie die »mittelassyrischen Gesetze« (MAG) und Sammlungen von Erlassen wie die »Haremsedikte«[39], Dokumente aus verschiedenen Zeiten zwischen dem 15. und dem 12. Jh. v.Chr. Auf der Tafel MAGA, die am besten erhalten und am jüngsten zu datieren ist, geht es vor allem um Delikte, die von Frauen begangen wurden und die unterschiedlich geahndet wurden, je nachdem, ob die Frauen sich im Stand der Freiheit befanden oder verheiratet waren: bei einer Bestrafung, deren Zuständigkeit bei einer Autorität außerhalb der Familie lag – etwa bei Gotteslästerung, Diebstahl im Tempel oder Verletzung eines Mannes, der nicht zur Familie gehörte –, trug die Betreffende als freie Frau allein die Verantwortung; bei einem Diebstahl in einem fremden Hause konnte bei einer verheirateten Frau der Mann in einen Vergleich einwilligen, indem er das Diebesgut zurückgab und Sühnegeld leistete, anderenfalls fiel die Frau unter den Strafanspruch des Opfers. Andere Paragraphen beziehen sich auf Strafen für Ehebruch und Vergewaltigung, aber auch auf Verleumdung und die Formalitäten der Eheschließung: man breitete in Gegenwart von fünf oder sechs Nachbarn einen Schleier über das Haupt der Frau und er-

36 ARNOLD TOYNBEE: Krieg und Kultur, 76.
37 A.a.O., 142.
38 A.a.O., 156.
39 ELENA CASSIN – JEAN BOTTÉRO – JEAN VERCOUTTER (Hg.): Die Altorientalischen Reiche, II 96.

klärte: »Sie ist meine Gattin.«[40] Bis zu diesem Ritus galt eine Frau an der Seite eines Mannes als Konkubine.

Da das Thema der Verschleierung in der Gegenwart heiß diskutiert wird und man dabei die Menschenrechte zugunsten der Frauen in die Waagschale wirft, lohnt ein Blick in die Rechtsgeschichte, um zu sehen, wie das Thema vor 3000 Jahren in der mittelassyrischen Gesellschaft geregelt wurde, denn es scheint »für die verheiratete Frau und die Witwe und im allgemeinen für alle Assyrerinnen« das »Tragen eines Schleiers ... Pflicht gewesen zu sein. Wenn eine Konkubine in der Öffentlichkeit die an erster Stelle stehende Ehegattin (sc. des Mannes, mit dem sie zusammenlebte, Anm. d. Übers.) begleitete, mußte auch sie ihr Haupt verschleiern. Dagegen konnten die Hierodulen (Tempelprostituierten) sich auf der Straße mit enthülltem Haupt frei bewegen. Den Prostituierten und den Sklavinnen war das Tragen des Schleiers in der Öffentlichkeit verboten. Das Gesetz verpflichtete jedermann, der einer verschleierten Prostituierten oder Sklavin begegnete, dieselbe festzunehmen. Nachdem Zeugen beigebracht worden waren, wurde sie zu fünfzig Stockhieben verurteilt. Dann goß man über ihr Haupt Pech aus. Der Ankläger erhielt mit Ausnahme des Schmucks ihre Kleider. Jeder wurde mit schweren Strafen bedroht, der sich dieser Anzeigepflicht entzog und eine solche Schuldige laufen ließ.«[41]

»Einige Paragraphen sahen sehr strenge Strafen – Leben um Leben – für denjenigen vor, der bei einer verheirateten Frau oder Prostituierten durch Schläge eine Fehlgeburt verursacht hatte. Wenn es sich um eine Frau handelte, die ihrem Mann noch kein Kind männlichen Geschlechtes geboren hatte, sollte der Schuldige mit dem Tode bestraft werden. Er mußte es ebenfalls mit seinem Leben sühnen, wenn die Frau an den Folgen einer Frühgeburt gestorben war. Eine Frau, die durch Eingriffe an sich selbst eine Abtreibung verursachte, sollte gepfählt und ihrem Leichnam das Begräbnis verweigert werden.«[42]

Insbesondere das Talionsprinzip war in Geltung, etwa bei Körperverletzung, die sogar von dem Verletzten selbst oder dessen Angehörigen geahndet werden konnte, aber auch bei unbewiesenen Anschuldigungen auf Gotteslästerung und Tempelraub, wo dem Beschuldiger eben die Strafe zuteil wurde, die seine Anklage bewirkt hätte: 40

40 A.a.O., II 97.
41 A.a.O., II 97–98.
42 A.a.O., 98.

Stockschläge und ein Monat Zwangsarbeit. Die Todesstrafe stand auf Ehebruch der Frau, – dann stand es dem Gatten frei, seine Ehefrau und den Liebhaber zu töten, er konnte an ihnen aber auch eine Verstümmelungsstrafe vollziehen oder sie straffrei lassen (MAGA § 15).

Zusammenfassend läßt sich sagen: »Als Kapitaldelikte galten (sc. im mittelassyrischen Gesetz, d.V.) unter anderem Mord, Vergewaltigung, Ehebruch, Kuppelei, Zauberei und Abtreibung. Neben der Todesstrafe sind auch Verstümmelungs-, Prügel- und Vermögensstrafen sowie die Zwangsarbeit als Sanktionen des Strafrechts bezeugt.«[43]

Und warum müssen wir das alles wissen? wird sich mancher Leser fragen – schließlich sind wir keine Altorientalisten oder Keilschriftkundler. Die Antwort liegt auf der Hand: Die Kultur Mesopotamiens zeigt uns exemplarisch, wie Staatenbildung sich vollzieht, wie Macht akkumuliert, wie sie sich monopolisiert und sich verabsolutiert und wie sie sich selber zum Abbild des Göttlichen mythologisiert. Die Gewalt, die sie ausübt, schafft eine Verbindlichkeit, die als Ordnung des Zusammenlebens sich das Recht nimmt, entlang den jeweils erlassenen Richtlinien im Strafrecht über Leben und Tod zu befinden, und die eben diese Entscheidungsvollmacht für Recht erklärt. Die Gewalt aus der Zeit der Vorstaatlichkeit nimmt durch die Staatsbildung mithin nicht ab, sie überhöht sich vielmehr ins Göttliche, ins Übermenschliche, ins Unmenschliche; sie schafft ein System, das im Inneren wie im Äußeren die Gewalt ausdehnt, statt abschwächt, und obwohl die einzelnen Gesetze, die da erlassen werden, sich immer wieder ändern, umgeben sie sich doch in der Stunde ihrer Entstehung bereits mit dem Glanz des absolut Göttlichen, des Unabänderlichen, des unbedingt Richtigen und Notwendigen, des schlechthin Unanfechtbaren. Man wird zum Bürger eines Staates nur, indem man ihm seinen Anspruch, das Absolute zu vertreten, glaubt.

Und hat sich diese Einstellung wesentlich gewandelt? – Zweifellos werden die meisten froh sein, nicht mehr unter den Bedingungen des Alten Orients leben zu müssen. Doch um so wichtiger ist es, sich die Analogien und Identitäten im staatspolitischen und staatsrechtlichen Denken damals wie heute bewußt zu machen. Wir werden gleich noch sehen, wie die Bibel von der Mythologie menschlicher Macht sich zu entfernen suchte, wie sie aber durch ihr eigenes juridisches Denken in gewisser Weise die Grundeinstellung fortsetzte und in

43 A.a.O., 98.

zahlreichen Verordnungen und Ordnungsvorstellungen an die Nachwelt, an uns, das christliche Abendland, weiterreichte. Erst vor diesem Hintergrund begreifen wir die Herausforderung der Person und der Botschaft des Juden aus Nazareth: wie überwinden wir das wie selbstverständlich erscheinende Strafrecht durch die Anstrengung des Verstehens, wie lernen wir eine Menschlichkeit des Nichtverurteilens, wie werden wir zu den Menschen, als welche Gott uns gemeint hat? Und: wie überwinden wir das, was heute noch Staat heißt, durch den Glauben an eben jenes Reich Gottes, das Jesus als Rettung verkündete?

b) Rechtsvorstellungen am Nil

Ein anderes Staatsgebilde, das in Gleichheit und Unterschied unser Denken bis in zentrale Vorstellungen des Christentums hinein mitgeformt hat, ist, zeitgleich zum Alten Sumer, Akkad, Assur und Babylon, das Reich der Pharaonen am Nil. Die dortigen politischen und juridischen Anschauungen weisen strukturell eine große Ähnlichkeit zu den Institutionen Mesopotamiens auf, zeigen aber auch charakteristische Eigenschaften, die in entscheidenden Punkten in der christlichen Glaubenslehre ihre Fortsetzung gefunden haben.

Wie im Zweistromland beginnt auch im Alten Ägypten die Staatsgründung mit einem Gewaltakt, der mit der Vergöttlichung des Herrschers einhergeht. Die Geburtsstunde des Alten Ägypten datiert auf die Zeit um 3100 v. Chr., als König *Narmer* (oder *Menes*, wie er in der Liste des ägyptischen Priesters und Geschichtsschreibers *Manetho* von Sebennytos im 3. Jh. v. Chr. geführt wird) von Oberägypten aus das Delta erobert und die zahlreichen Fehden unter den autokratischen Gauen und Stadtstaaten in Ober- und Unterägypten um die Vorherrschaft mit Gewalt niederringt[44]. Den Sieg *Narmer*s über den König von Buto dokumentiert die berühmte Schminktafel, die im oberen Regal zeigt, wie der König, mit der Krone Unterägyptens auf dem Haupte, zur Besichtigung der gefesselten hingerichteten Gegner hinzutritt, denen man die abgeschlagenen Köpfe zwischen die Beine gelegt hat; vor ihm her geht ein Beamter mit Schreibzeug, davor vier Standartenträger mit Stangen, auf denen sie die vier Symbole der Königsmacht hochhalten. In der unteren Zeile sieht man,

44 Vgl. GISELA GOTTSCHALK: Die großen Pharaonen, 12.

wie gewaltig und gewalttätig der König als Wildstier die Mauer einer befestigten Stadt zerstört, wobei er auf dem Arm eines am Boden liegenden Besiegten herumtrampelt, – derart wehrlos erweist sich jeder Gegner gegenüber der Übergewalt dieses Königs. Auf der Rückseite der Tafel ist der König mit der oberägyptischen Krone zu sehen, wie er einen in die Knie gesunkenen Feind am Schopf hält, um ihm mit der Keule den Kopf zu zertrümmern. Darüber erscheint der König als der Falkengott *Horus*, wie er an einem Lippenzügel den Kopf eines Gefangenen festhält, der aus dem Zeichen für »Land« herauswächst. Aus dem umkämpften Boden sprießen sechs Papyruspflanzen, die wohl 6000 Gefangene aus Unterägypten bedeuten[45]. (Vgl. *Tafel* 1 und 2.) Auf diese Weise wurde *Narmer* (*Menes*) der »Vereiniger der beiden Länder« von Ober- und Unterägypten.

Was dieser Titel in letzter Konsequenz bedeutete, demonstriert ein Denkstein, der, sehr viel später, unter *Ramses II.* (1279–1213 v. Chr.), am Weg zu den nubischen Goldminen errichtet wurde; dort sagen die Götter von dem König als dem »*Horus*«, der »von der Göttin des Rechts geliebt wird, von dem Sohn des *Re*«: »Wir haben ihn erzeugt!« Und die Göttinnen sagen: »Er ging aus uns hervor, um das Königtum des *Re* zu führen; *Amon* sprach: ich bin es, der ihn gemacht hat, ich setzte das Recht (dadurch wieder) an seine Stelle. Die Erde ist befestigt, der Himmel befriedigt.«[46] Titulaturen wie diese zeigen den König als Gott auf Erden. »Durch den Titel *Horus* wird er … diesem mächtigen Lichtgotte geradezu gleichgesetzt, und der letzte Teil *Sohn des Re* bezeichnet ihn als leiblichen Nachkommen des Sonnengottes.«[47] »Der König war also für die ägyptische Anschauung nicht ein Mensch wie andere Menschen, er war ein Gottessohn und damit selbst ein Gott.«[48] Noch errichtet man dem Pharao (dem »großen Haus«) keine Tempel – das geschieht erst im Neuen Reich und in Nubien –, aber er ist auch nicht nur, wie der absolutistisch regierende *Ludwig XIV.*, ein »Sonnenkönig«; er repräsentiert den Sonnengott selbst, er ist sein Sohn.

So richtet sich beispielsweise ein Gedicht an *Sethos II.* (1203–1196 v. Chr.):

45 KURT LANGE – MAX HIRMER: Ägypten, Abb. 4 und 5; Spezieller Teil, 47–48; vgl. EUGEN DREWERMANN: Von Krieg zu Frieden, 298–301; Tafel 2–3.

46 ADOLF ERMAN: Ägypten und ägyptisches Leben im Altertum, 59. *Horus* ist der falkenköpfige Herr des Himmels, *Re* der Sonnengott, *Amon* der Wind- und Geistgott; *Amon-Re* bildet eine Einheit als Schutzgottheit des Pharao.

47 A. a. O., 60.

48 A. a. O., 62.

Wende mir dein Antlitz zu, du aufgehende Sonne,
die die beiden Länder mit (ihrer) Schönheit erhellt.
Du Sonne für die Menschen,
die die Finsternis von den Menschen vertreibt.
Du hast eine Gestalt wie dein Vater Re,
der am Himmel aufgeht.
Deine Strahlen dringen bis in die Höhlen,
und kein Ort ermangelt deiner Schönheit.
Man sagt dir, wie es jedem Lande geht,
wenn du im Palast ruhst.
Du hörst die Worte aller Länder,
denn du hast Millionen Ohren.
Dein Auge ist heller als die Sterne des Himmels,
du kannst besser sehen als die Sonne.
Was einer spricht, und wenns der Mund in der Höhle ist (?),
das kommt doch in dein Ohr,
und wenn man etwas tut, was verborgen ist,
so wird doch dein Auge es sehen.
O *Sethos*, du Herr der Schönheit, der den Atem schafft[49].

Wodurch aber wird eigentlich eine Persönlichkeit wie *Narmer* oder *Sethos* zum Sohn der Sonne? Was macht ihn (wie die Sonne) allwissend, weil alles sehend, und mehr noch: weil alles hörend (wie der Windgott *Amun*)? Der entscheidende Faktor liegt – wie in den Staatenbildungen Mesopotamiens – darin, daß er durch seinen Machterwerb zum Ursprung und Gestalter der neuen sozialen, wirtschaftlichen und militärischen Ordnung geworden ist. Dieser Zusammenhang von menschlicher und göttlicher Macht, diese Absolutstellung des Königs als eines Gottessohnes auf Erden ist im Untergrund aller Staatenbildung der Antike nicht zu übersehen und wird doch in seiner Härte in den Geschichtsbüchern gern abgemildert. Der Grund: wir selber kommen uns als Bürger eines »demokratischen Staates« so ganz anders vor, obwohl wir doch eben diesen Grundlagen entstammen; zu Recht sagten schon die Alten Römer: alle Anfänge sind voller Scham (*initia pudenda*). Gleichwohl gilt: »Die Idee des Staates, die uns aus der geistigen Hinterlassenschaft der Griechen und Römer in Fleisch und Blut übergegangen ist, war den Völkern des alten Morgenlandes ebenso fremd, wie sie es noch jetzt den meisten Orien-

49 A.a.O., 72.

talen ist. Im Orient herrschte und herrscht noch vielfach die Anschauung, daß die ganze Staatsmaschine nur um des Herrschers willen arbeitet; die Steuern werden gezahlt, um seinen Schatz zu füllen, zu seinem Ruhme werden die Kriege geführt, und um seiner Ehre willen werden die großen Bauten unternommen. Alles Land und alles Gut ist sein Eigentum, und wenn er auch andern einen Anteil daran läßt, so ist das eigentlich nur ein geliehener Besitz, den er jeden Augenblick widerrufen kann. Auch die Untertanen selbst gehören ihm, und er kann mit ihrem Leben schalten, wie er will.«[50] Das bedeutet es, die Gestalt des Königs als göttlich zu betrachten.

Wichtig in unserem Zusammenhang ist die Trias von Staatengründung, Gewalt und göttlicher Vollmacht. Die Machtergreifung dessen, der da König wird, beseitigt nicht das Quantum der Gewalt, mit ihr beansprucht der Staat lediglich ein Monopol auf die Anwendung eben jener Gewalt, der er seine Existenz verdankt und mit der er in großem Stil all die Dinge zu tun sich erlaubt, die er seinen Bürgern untersagt, für die er aber unter Umständen seine Untertanen sogar ausdrücklich in Dienst stellt. Aus HOBBES' Kampf aller gegen alle wird jetzt ein permanenter Kampf des Königs gegen etwaige Konkurrenten im Land und gegen andere Staaten außerhalb.

Die Konsequenz allerdings ist unvermeidlich: Macht, die nur mit Gewalt errungen werden kann, kann auch durch Macht bezwungen werden. Das Ränkespiel hinter den Kulissen hört deshalb nie auf. Da sind die alten Weggenossen, die sich schwertun, sich unterzuordnen, da ist die Entourage aus der Zeit des Vorgängers, da sind die Militärs mit ihren einsatzbereiten Mannschaften, da sind die Priester mit ihren eigenen Prestige- und Pensionsansprüchen: – nominell ist der König ein Gott, doch *de facto* ist er bedroht und beengt von den Machenschaften seines eigenen Familienclans, seiner persönlichen Berater und Beamten. »Wer bei diesem Kampfe schließlich die Herrschaft erringen wird, ist im Grunde einerlei. Sicherlich wird er (sc. der Sieger, d.V.) seine Regierung mit einem Blutbad unter seinen Gegnern eröffnen und dann selbst einen stillen Kampf beginnen gegen die, die ihn auf den Thron gesetzt haben. Wenn er Glück hat und Tatkraft genug besitzt, so weiß er sie über kurz oder lang aus dem Weg zu räumen, sonst bleibt er ein willenloses Werkzeug seiner Umgebung. Bei dem ersten Zeichen eigenen Willens, das ›der große König der

50 A.a.O., 55.

Könige‹ geben würde, würden ihn seine Großen ermorden lassen, um einen gefügigen Herrscher auf den Thron zu setzen.«[51]

Mit einem Wort: die Verhältnisse sind, wie sie immer sind in staatlicher Verwaltung, – allerorten und zu allen Zeiten das übliche Gerangel um Posten, Vergünstigungen, Einfluß, Geld und Geltung, Macht und Ermächtigung. Wie sollte es auch anders sein? Die Menschen der vorstaatlichen Zeit sind nur schon dadurch, daß sie von den Beutegreifern der größten Gewalt in einen Staatsverband gezwungen wurden, noch keine anderen geworden; lediglich die Dimensionen, in denen jetzt agiert wird, sind in Anlage und Durchführung um ein Vielfaches vergrößert. Sonst ist das Bild sogar in ruhigen Zeiten stets das nämliche: »Die Steuern steigen und werden unregelmäßig eingezogen, um die Gier der Soldaten zu befriedigen (sc. der Wehrhaushalt muß angehoben werden, d.V.); die Beamten werden schamloser in ihren Erpressungen und in ihrer Willkür (sc. die Diäten steigen, die Beraterverträge wachsen ins Üppige, der Wechsel in die Vorstandsetagen der Privatwirtschaft läuft reibungslos, d.V.), und die öffentlichen Bauten, die Kanäle und Dämme geraten in Verfall (sc. und nebst der Infrastruktur natürlich auch die Sozialsysteme, d.V.). Nur der Adel (sc. das obere Percentil der Einkommens- und Vermögenspyramide, d.V.) und die Priesterschaft (sc. die Ideologen und Propagandisten des Systems, d.V.) gedeihen unter diesen Verhältnissen; jener wird bei dem Mangel an Zentralgewalt immer mächtiger und unabhängiger, dieser weiß von jedem Prätendenten neue Vergünstigungen und Geschenke (sc. Wahlversprechungen und Koalitionskompromisse, d.V.) zu erlangen. Lange wird ein künftiger ... König (sc. Präsident oder Kanzler, d.V.) zu tun haben, bis er das Land wieder in den alten Zustand versetzen kann; und er wird sich dabei nicht einmal der Hoffnung hingeben dürfen, daß sein Werk von langer Dauer sein werde, denn mit unerbittlicher Logik verfällt jedes Herrscherhaus des Orients demselben Verhängnis.«[52]

Das also ist die historische Wirklichkeit hinter der Prunkfassade der göttlichen Prärogative auch der Pharaonenherrschaft: statt Ewigkeitsdauer meist rascher Verfall, statt beständigen Friedens ständiger Kampf und kleinlicher Krampf, statt Sicherheit und Vertrauen Einschüchterung und Korruption, – so die Regierung des »leiblichen Sohnes des Sonnengottes«. Nicht einmal die – damals noch selbstver-

51 A.a.O., 56.
52 A.a.O., 56.

ständliche und an den Höfen Europas noch heute übliche Einrichtung der Erbmonarchie, der Bildung eines Blutadels also – verhindert die nicht selten mörderischen Rivalitätskämpfe um den Thron, wenn nicht gar, wie *Caesar* im antiken Rom, Söldnerführer und Militärs die Macht übernehmen. Und doch entsteht im Alten Ägypten eine politisch-religiöse Rechtskonstruktion, die der Idee und dem Ideal nach die Begriffe Verantwortung und Wahrheit auf einzigartige Weise zu vereinen vermocht hat.

Anders als im mesopotamischen »Keilschriftrecht« finden wir im Alten Ägypten wohl eine genaue auf Papyri festgehaltene Aktenführung über alle möglichen Entscheidungen der *Großen Qenbet*, des Kollegiums unter Vorsitz des Wesirs als des höchsten Verwaltungsbeamten, zu Fragen des Erbschaftsrechts oder des Besitzrechts, doch gibt es keine Gesetzessammlungen, die etwa mit dem *Codex Hammurapi* zu vergleichen wären. Dafür zeigt sich, »daß man schon damals das Strafrecht im strengen Sinne vom Privatrecht abzugrenzen begann«. »In privatrechtlichen Streitigkeiten pflegt nämlich die unterlegene Partei eidlich zu versprechen, der siegreichen Partei alsbald die geschuldete Leistung zu erbringen, sonst würde ihr obendrein eine Bastonade (Schläge) verabreicht. Bei Unrechtshandlungen aber muß sie beeiden, von ihrer Untat abzurücken; sonst droht ihr je nach Straftat eine viel härtere Strafe (Abschneiden von Nase/Ohren bei Verleumdung, dieselbe Strafe sowie Pfählung oder Bastonade und Zufügung von fünf Wunden bei Störung der Totenruhe, Verbannung nach Nubien in Verbindung mit Abschneiden von Nase/Ohren oder Zwangsarbeit bei Ehebruch usw.)«[53].

Über bestimmte Strafgesetze berichtet DIODOR VON SIZILIEN. So war die Todesstrafe speziell auf Meineid gesetzt, weil er, wie man meinte, »die Ehrfurcht gegen die Götter und die sicherste Bürgschaft unter den Menschen vernichtet«. Sterben mußte auch jemand, der tatenlos auf offener Straße einem Raubmord zugesehen hatte, den er hätte verhindern können; zeigte er die Tat nicht an, wurde er mit Geißelhieben und drei Tagen Essensentzug bestraft; wer fälschlich jemanden anklagte, wurde mit der Strafe belegt, die seine Verleumdung bewirkt hätte. Die Todesstrafe stand auch auf eine falsche Angabe über den Unterhaltserwerb oder auf das Betreiben eines unrechtmäßigen Gewerbes, – eine Bestimmung, die DIODOR auf die

53 SCHAFIK ALLAM: Pharaonisches Ägypten, in: Ulrich Manthe (Hg.): Die Rechtskulturen der Antike, 24.

Verordnung *Solons* in Athen zurückführt. Ferner bekundet er: Auf »absichtlichen Mord ..., sey es nun an einem Freien oder einem Sklaven«, war gleichermaßen die Todesstrafe gesetzt. Kinder, die ihre Eltern töteten, wurden gefoltert und lebendig verbrannt. Eine zum Tode verurteilte Schwangere sollte erst nach ihrer Niederkunft hingerichtet werden. Deserteure und Befehlsverweigerer im Krieg wurden nicht mit dem Tod, sondern mit Ehrlosigkeit gestraft, auf daß sie mit späteren rühmlichen Taten sich rehabilitieren und dem Staate denn doch noch von Nutzen sein konnten. Bei Geheimnisverrat wurde die Zunge herausgeschnitten, Falschmünzern und Urkundenfälschern wurden die Hände abgeschlagen: »Es sollte Jeder an dem Theil des Körpers gestraft werden, mit dem er gesündigt hätte, und während er sein Leben lang ein unheilbares Gebrechen behielte, sollte zugleich Anderen sein Unglück zur Warnung dienen ... Streng warn auch die Gesetze in Betreff des weiblichen Geschlechts. Wer einer freigeborenen Frau Gewalt antat, wurde entmannt ... Ließ sich ... die Frau zum Ehebruch verführen, so bekam der Mann tausend Stockschläge, und der Frau wurde die Nase abgeschnitten.«[54]

Ausdrücklich berichtet DIODOR von Gesetzen, die weise Könige erlassen haben[55], doch auf uns gekommen ist nur der Gedenkstein *Haremhabs* (1319–1292 v. Chr.) am Ende der 18. Dynastie, der leider stark beschädigt ist; unzweideutig lesbar ist dort immerhin die Festsetzung von Strafen gegen Beamte und Soldaten, die beim Einziehen der Abgaben von seiten der Bauern für den königlichen Hof gewisse Beträge in ihre eigenen Taschen umgeleitet hatten, – ihnen wurde die Nase abgeschnitten, und sie wurden in die Grenzstadt Zel im Nordosten Ägyptens verbannt[56].

»Die selbstverständliche Voraussetzung für dies alles ist die, daß der König der einzige und unumschränkte Herr im Land ist. Alle anderen Ägypter sind seine Knechte – soweit er nicht selbst sie zu Freien macht und dadurch seine eigene Allmacht freiwillig beschränkt ... schwere Strafe, ja Strafe bis über den Tod hinaus trifft den, der gegen den Willen des Königs handelt.«[57] Allerdings läßt sich

54 DIODOR: Historische Bibliothek, I 77–78; Bd. 1, S. 120–124.
55 A. a. O., I 94–95; Bd. 1, S. 145–148.
56 ADOLF ERMAN: Ägypten und ägyptisches Leben im Altertum, 159–160; vgl. aber S. 160–163, die Schilderung zweier Gerichtsverfahren: unter *Phiops I.* in der 6. Dynastie (um 2285–2235) und in der Haremsverschwörung unter *Ramses III.* (1184–1152).
57 A. a. O., 172.

eine freiwillige Delegation der königlichen Verantwortung vom Beginn der 5. Dynastie (2465–2325) an beobachten, zu Gunsten der Priester des *Re* in Heliopolis und zahlreicher privilegierter Untertanen.

Im Grab des *Rechmere*, des Wesirs unter *Thutmosis III.* (1479–1426 v.Chr.), sind beispielhaft die Worte aufgeführt, mit denen der König ihn in sein Amt berufen hat: »Wesir zu sein, das ist nicht süß, sondern bitter. Denn es gilt, nicht Rücksicht zu nehmen auf Fürsten und Behörden, nicht irgendwelche Menschen sich zu Sklaven zu machen. Was er zu tun hat, das ist, sich an das Gesetz zu halten ... (behandle) den, den du kennst, wie den, den du nicht kennst, den, der dem König nahe ist, wie den, der ihm fern steht ... Werde nur zornig über das, worüber man zornig werden muß! ... wer vor allen Menschen Gerechtigkeit üben soll, das ist der Wesir.«[58]

Entscheidend nach ägyptischem Selbstverständnis ist die Überzeugung, daß gerade dann, wenn ein König Gesetze erläßt, es im Grunde die Götter sind, die durch ihn reden[59]. Zu Recht betont DIODOR, daß die Gesetze »von *Hermes* (sc. äg.: *Thot*, d.V.) her« kommen[60]. Tatsächlich aber sind es nicht verschiedene Götter, es ist nur die Gottheit *Ma'at*, die sowohl die kosmische wie die soziale Ordnung umspannt; sie ist die »Göttin der Ordnung, der Wahrheit und der Gerechtigkeit *par excellence* ... Maat ist vom Schöpfergott gegeben, und der König – als Gottessohn, der die Befehle seines Vaters befolgen soll – hat die Maat in der Welt zur Geltung zu bringen. Somit ist er berufen, die Ordnung in der menschlichen Gesellschaft aufrechtzuerhalten und die Gerechtigkeit durchzusetzen; demgemäß hat er unter anderem Gesetze zu erlassen und originäres Recht zu schaffen ... Maat ist zugleich allen Menschen als Aufgabe gestellt ... Mehr noch! Da für den Altägypter zwischen der alltäglichen Arbeitswelt und dem mythologisch vorgestellten Jenseits ein enger Zusammenhalt besteht, setzt jedermann sein Leben in einer übernatürlichen Welt fort – vorausgesetzt, daß er die Prüfungen der Jenseitsrichter besteht. Auch vor dem Jenseitsgericht gilt das Prinzip des rechtmäßigen Handelns zu Lebzeiten auf Erden.«[61]

Den schönsten und klarsten Ausdruck findet diese Anschauung in

58 A.a.O., 172–173.
59 A.a.O., 159.
60 DIODOR: Historische Bibliothek, I 94; Bd. 1, S. 145.
61 SCHAFIK ALLAM: Pharaonisches Ägypten, in: Ulrich Manthe (Hg): Die Rechtskulturen der Antike, 21.

P. e.

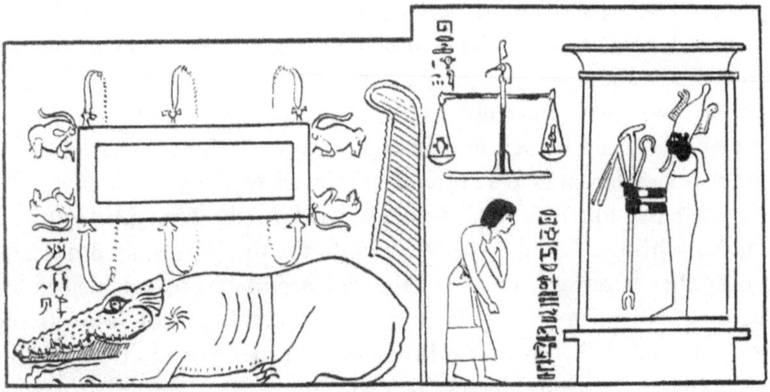

Abb. 1: Das Jenseitsgericht im Totenbuch.

Spruch 125 des Totenbuches[62], der in gewissem Sinne »die Umkehrung des ursprünglichen mythischen Modells« darstellt. »Hier tritt der Tote nicht als Kläger, sondern (sc. obwohl selbst als Pharao ein Gottessohn, d.V.) als Angeklagter auf und muß sich vor dem göttlichen Richter rechtfertigen, indem er eine lange Liste möglicher Verfehlungen vorträgt und beteuert, sie nicht begangen zu haben. Dabei wird sein Herz auf eine Waage gelegt und gegen das Symbol der Wahrheit – Gerechtigkeit – Ordnung, eine Feder, abgewogen ... Mit jeder Lüge würde die Waagschale mit dem Herzen sinken. Das als lügenhaft erwiesene Herz würde von einem Monstrum verschlungen. In diesem Monstrum haben wir die Personifikation des Zweiten Todes zu sehen. Dabei handelt es sich aber um ein Wesen, das nicht dem Bösen, sondern der Abwehr des Bösen dient. Es wirkt (sc. wie in dem Prozeß des *Horus* zugunsten seines ermordeten Vaters *Osiris* gegen den bösen Wüstengott *Seth*, d.V.) auf der Seite des *Osiris*, nicht des *Seth*. Wenn es den Toten verschlingen würde, so wäre der Tote selbst dadurch als ein Element des Bösen, als ein Gefolgsmann des *Seth* entlarvt worden.«[63]

Eine Darstellung im Totenbuch zeigt diese Gerichtsszene vor allem unter dem drohenden Strafaspekt (Abb. 1)[64]: Man sieht da lauernd

62 Das Totenbuch der Ägypter, eingel., übers. u. erl. von ERIK HORNUNG, 233–245.

63 JAN ASSMANN: Tod und Jenseits im Alten Ägypten, 103.

64 ÉDOUARD NAVILLE: Das ägyptische Totenbuch der XVIII. bis XX. Dynastie, Bd. 1, S. CXXXVI, Kapitel 125 (Psychostasie), P.a.; vgl. Einleitung, 101–103.

am Boden liegend die ᶜm.t mwt.w. – die »Fresserin der Toten«, ein riesiges Untier, das neben der Waage wartet, mit einem länglichen Krokodilskopf, einem Löwenleib, über dessen »Vorderbein die für Löwendarstellungen typische Rosette zu erkennen« ist, während der Körper »vor den Hinterbeinen ... in ein plumpes Nilpferdhinterteil mit säulenhaften Beinen und kurzem Stummelschwanz« übergeht[65]. »Mit der ›Erfindung‹ der Totenfresserin ... in der ausgehenden 18. Dynastie (sc. um 1330 v.Chr., nach der Amarna-Zeit, d.V.) wird ... das Verschlingen als die spezielle Strafe für die Verurteilten des Totengerichts herausgehoben.«[66] Aber auch andere Strafen bleiben in Geltung, vor allem der »Feuersee«, der als ein Rechteck (mit oft rot gezeichneten Wellenlinien im Inneren), umgeben von sechs Hieroglyphenzeichen für Feuer, in senkrechter Draufsicht darstellt ist. Umgeben ist der »See« an den Schmalseiten von je zwei Pavianen, die als die Vertreter des schreibekundigen Gottes *Thot* im Gefolge des Sonnengottes *Re* »als richtende Mächte« erscheinen, »deren Gunst der Tote erfleht«. Das »Wasser« des »Sees« »ist Feuer für die Verdammten, und selbst die Vögel fliegen vor seinem Gestank davon. Verschiedentlich werden in ihm die Körper von teils schon geköpften Sündern abgebildet, die zur Strafe hineingeworfen werden.«[67]

Das Zerstückelt-, Gefressen- oder im Feuer Verzehrtwerden sind Varianten des sogenannten Zweiten Todes, der strafweisen Vernichtung derer, die im Totengericht auf die Waage der *Ma'at* in der Halle des *Osiris*, des Herrn der Unterwelt, für schuldig befunden wurden.

Vorstellungen dieser Art haben nicht allein die Straferwartungen im Jenseits geformt, sie geben auch eine Anschauung von den Strafarten, denen die Verurteilten bereits in den irdischen Gerichtsverfahren ausgesetzt werden konnten. Da werden in der 45. Szene des *Pfortenbuches* die Verurteilten mit den Armen auf dem Rücken gefesselt oder an Marterpfähle gebunden, und sie sind dadurch hilflos den Schlächtern der Hinrichtungsstätte ausgeliefert, »daß sie nicht entkommen ..., daß sie nicht entschlüpfen,« da sie doch »dazu verdammt« sind, »geköpft zu werden, wie es *Re* ... befohlen hat«.[68]

Durch Feuer und Schwert also werden die Feinde der Ordnung

65 CHRISTINE SEEBER: Untersuchungen zur Darstellung des Totengerichts im Alten Ägypten, 163.
66 A.a.O., 175.
67 A.a.O., 185. Vgl. auch Das Pfortenbuch, 9. Szene, Dritte Stunde, Oberes Register, in: Ägyptische Unterweltsbücher, eingel., übers.u. erl. v. ERIK HORNUNG, S. 211; 46. Szene, Sechste Stunde, Unteres Register, S. 249–250.
68 A.a.O., Siebente Stunde, Mittleres Register, S. 254–255.

qualvoll vernichtet, der Höllenrachen der »Fresserin« hat sich für sie geöffnet; aus dem Sein werden sie ins Nichtsein gestoßen, in eine Sphäre, »die für den Ägypter kein Nichts sondern ein Seinsmodus außerhalb der Schöpfung ist. Dieser ewigen, chaotischen Nichtwelt gehört der Götterfeind *Apophis* (sc. die Schlange der Dunkelheit, d.V.) an, der in den Unterweltsbüchern als der große Gegenspieler des Sonnen-Gottes auftritt.«[69] Die »Schlange« als Verkörperung der gottfeindlichen »Finsternis«, der »Höllenrachen«, der sich in Gestalt der »Totenfresserin« für die »Verdammten« auftut, der »Feuersee«, in dem sie auf ewig gefangen bleiben, – all das sind offenkundig die Symbole, aus denen später auch die christliche Dogmatik sich ihre »Hölle« komponiert hat.

Es gibt sogar ein Märchen aus griechisch-römischer Zeit, das in dem Gleichnis Jesu von dem reichen Prasser und dem armen Lazarus (Lk 16,19–31) in der klischeehaften Schilderung der Feuerqualen eines Verurteilten weiterlebt[70], – die Erzählung, wie *Si-Osire* seinen Vater *Setom Chaemwese* in die Unterwelt führt[71]: Ehe in der Totenstadt Memphis die beiden die Unterwelt betreten, sehen sie, wie ein reicher Mann feierlich zu Grabe geleitet wird und ein armer ohne jedes Geleit bestattet wird. Doch beim Gang in die Unterwelt sah *Chaemwese* »auch allerlei Verdammte; die einen standen in der vierten Halle und über ihnen hing Brot und Wasser, und sie griffen danach, aber man grub die Erde vor ihren Füßen fort, und so konnten sie die Speise nicht erreichen. Und in der Tür zur fünften Halle war ein Mann, in dessen rechtem Auge drehte sich die Angel der Tür und er betete und jammerte.« *Si-Osire* »sagte seinem Vater, daß dieser Verdammte eben jener reiche Mann sei, dessen herrliche Bestattung sie gesehen hatten; seiner bösen Taten waren mehr gewesen als seiner guten. Am Throne des Osiris aber stand ein vornehmer Mann, der prächtig in Königsleinen gekleidet war; das war jener Arme, den man in einer Matte zu Grabe getragen hatte. Seine guten Taten waren zahlreicher gewesen als seine bösen; daher hatte man ihm die Ausstattung des Reichen gegeben ... (es) sind jetzt ... allein die Taten des Menschen, die über sein Schicksal entscheiden; wer ein Sünder ist,

69 ERIK HORNUNG: Einführung, in: Ägyptische Unterweltsbücher, S. 45. Zum Kampf mit der *Apophis*-Schlange, vgl. Das Pfortenbuch, 34. Szene, 6. Stunde, Oberes Register, in: Ägyptische Unterweltsbücher, S. 241–243.

70 Zur Deutung vgl. E. DREWERMANN: Das Lukas-Evangelium, II 311–336; Lk 16,19–31: Vom reichen Mann und vom armen Lazarus oder: Was geschieht im Tod mit uns?

71 Altägyptische Märchen, übers. u. bearb. v. E. BRUNNER-TRAUT, 192–198.

dem nützen alle Särge und Amulette und Uschebtis (sc. Helferstatuetten, d.V.) nichts; man nimmt sie ihm fort und gibt sie einem Armen, der ein guter Mann gewesen ist.«[72]

Diese Geschichte enthält nicht nur, wie nebenbei, das Strafmotiv, das in der griechischen Mythologie dem *Tantalos* zuteil wird[73], sondern es wird noch rund 1500 Jahre später der größte mittelalterliche Dichter, DANTE ALIGHIERI, in seiner »Göttlichen Komödie« die christlichen Jenseitsvorstellungen Stufe für Stufe in das altägyptische Schema einfügen[74]. Vor allem aber bereitet sich in diesem Märchen schon jene strikte Moralisierung vor, die den ursprünglich rituell-magisch konzipierten Gedanken einer weltjenseitigen Gerechtigkeit an die tatsächliche Praxis des irdischen Lebens zurückbindet und dadurch auch die christliche Neutralisierung des altägyptischen Grabeskultes einleitet. Angelegt war diese Entwicklung freilich wohl von jeher, indem »das Totengericht und die Gesetze der Gerichtshalle ... nicht nur über das zukünftige Geschick der Seele entschieden, sondern zu einem gewissen Teil auch die irdische Lebensführung des einzelnen bestimmten. Die Idee des Totengerichts warf einen langen Schatten auf das individuelle Leben.«[75] Denn was in der Perspektive der Ewigkeit, mit Blick auf eine weltjenseitige Wirklichkeit aus der Ordnung der *Ma'at* folgt, spricht zum ersten Mal die »Lehre für König *Meri-ka-re*« in der Hochblüte der Weisheitsliteratur in der 12. Dynastie (1991–1785 v.Chr.) offen aus: »Vertraue nicht auf die Länge der Jahre; sie (sc. die Totenrichter, d.V.) sehen die Lebenszeit als eine Stunde an. Der Mann bleibt nach dem Sterben übrig, und seine Taten werden haufenweise (sc. zur Überprüfung, d.V.) neben ihn gelegt. Die Ewigkeit aber währt es, daß man dort (sc. im Totenreich, d.V.) ist, und ein Tor ist, wer sie (sc. die Totenrichter, d.V.) verachtet; wer aber zu ihnen kommt, ohne daß er gesündigt hat, der wird dort wie ein Gott sein, freischreitend wie die Herren der Ewigkeit.«[76] Also kommt es darauf an, die etwa 80 »im negativen Sündenbekenntnis vorausgesetzten Verbote positiv zur Maxime der Lebensführung« zu machen.[77]

72 ADOLF ERMAN: Die Religion der Ägypter, 408–409.

73 Vgl. E. DREWERMANN: Grenzgänger, 175–213: Tantalos oder: vom Unglück eines maßlosen Strebens nach Glück.

74 Vgl. zum Beispiel DANTE ALIGHIERI: Göttliche Komödie. Die Hölle, XXII 16 ff, 93–97, die Schilderung des Pechsees.

75 JAN ASSMANN: Tod und Jenseits im Alten Ägypten, 109.

76 ADOLF ERMAN: Die Literatur der Ägypter, 112–113.

77 JAN ASSMANN: Tod und Jenseits im Alten Ägypten, 107.

So heißt es in dem soeben erwähnten Spruch 125 des »Totenbuchs«: »Ich habe kein Unrecht gegen Menschen begangen, und ich habe keine Tiere mißhandelt. Ich habe nichts ›Krummes‹ an Stelle von Recht getan ... Ich habe nicht am Beginn jedes Tages die vorgeschriebene Arbeitsleistung erhöht ... Ich habe keinen Gott beleidigt. Ich habe kein Waisenkind an seinem Eigentum geschädigt ... Ich habe keinen Diener bei seinem Vorgesetzten verleumdet. Ich habe nicht Schmerz zugefügt und (niemand) hungern lassen, ich habe keine Tränen verursacht. Ich habe nicht getötet, und ich habe (auch) nicht zu töten befohlen; niemandem habe ich ein Leid angetan ... Ich habe am Hohlmaß nichts hinzugefügt und nichts vermindert ... Ich habe die Milch nicht vom Mund des Säuglings fortgenommen, ich habe das Vieh nicht von seiner Weide verdrängt. Ich habe keine Vögel aus dem Sumpfdickicht der Götter gefangen und keine Fische aus ihren Lagunen. Ich habe das (Überschwemmungs)wasser nicht zurückgehalten in seiner Jahreszeit, ich habe dem fließenden Wasser keinen Damm entgegengestellt, und ich habe das Feuer nicht ausgelöscht, wenn es brennen sollte.«[78]

Die Liste dieser negativen Konfessionen läßt sich gewiß nicht einfach in einen positiven strafebewehrten Gesetzeskatalog transformieren; und doch spricht sich darin ein Ethos aus, das sich besonders durch sein Verantwortungsbewußtsein für Kinder und Tiere auszeichnet. Der Grund dafür liegt darin, daß die eigentlich »richtende« Kraft, die *Ma'at*, ein Ordnungsgefüge abbildet, das »zugleich politisch und kosmisch organisiert« ist. »Beides sind Aspekte derselben Ordnung. Der kosmische Aspekt verkörpert sich im Sonnengott, der politische im König. Sich in dieses Gefüge zu integrieren, ist daher Sache einer zugleich politischen und religiösen Gefolgschaft. Indem man die *Ma'at* tut und sagt, verwirklicht man Tugenden, die wir als ›zivile‹ und ›religiöse‹ bezeichnen und damit unterscheiden würden. Im Ma'at-Denken gehören sie ununterscheidbar zusammen. – *Ma'at* steht in der Mitte zwischen Moral und Religion. Der moralische Aspekt stammt von ihrer Herkunft aus der Gruppenmoral verwandtschaftlich integrierter Stammesverbände ... Der religiöse Aspekt wächst ihr durch die Ausweitung auf den Globalhorizont einer Schöpfungsordnung zu, die als solche göttlich ist.«[79]

Der kosmische Bezug zur Sonne und zur Sonnenbarke drückt sich

78 Das Totenbuch der Ägypter, Spruch 125, Vers 13–45, S. 234–235.
79 JAN ASSMANN: Ma'at, 243.

vor allem in der Verdoppelung aus, indem bereits in den Pyramiden- und Sargtexten die *Ma'at* zweigestaltig, als »die beiden Maatgöttinnen« (*m' ᶜ.tj*), auftritt: sie führt die Sonne am Tag über den Himmel und in der Nacht durch die Unterwelt, und für jede Zyklushälfte ist je eine der beiden *Ma'at*-Göttinnen zuständig[80]; Diesseits und Jenseits repräsentieren sich in ihrer Doppelgestalt, parallel zu der Dualität von *Re* und *Osiris* als den obersten Gerichtsherren; als deren Vertretung stehen die beiden *Ma'at* in ihrer Gerichtshalle selber vor dem Verstorbenen, die Straußenfeder im Haar, wie es *Tafel* 3 zeigt[81]: gemeinsam mit dem *Thot*-Affen verfolgen sie das Wiegen des Herzens auf einer Waage, deren Trägerstab noch einmal das Gesicht der *Ma'at* mit der Feder zeigt; die Anch-Kreuze in ihren Händen weisen sie zugleich als Schutz- und Lebensgöttinnen aus. Im »Pfortenbuch« heißt es in der 6. Szene: »Die, welche *Maat* gesprochen haben auf Erden, die sich nicht dem Unreinen genähert haben. Sie werden zu diesem Tor gerufen, sie leben von der *Maat*, ihre Erfrischung ist in ihrem Bezirk.«[82]

Deutlicher läßt sich nicht belegen, daß nach ägyptischer Auffassung ein rechtes Leben nach der sozialen wie kosmischen Ordnung der *Ma'at* über das gesamte Dasein in Zeit und Ewigkeit entscheidet; deutlicher läßt sich auch nicht zeigen, daß gerade dazu die Botschaft Jesu in diametralem Widerspruch steht.

Im Neuen Testament fragt einmal der reiche Jüngling den Christus: »Was muß ich tun, um ewiges Leben zu erben?« (Mk 10,17) Das ist genau die Einstellung, die das Alte Ägypten ebenso kennzeichnet wie das Denken der Frommen (der Pharisäer) in Israel. Die Antwort Jesu aber besteht in einer Haltung radikaler Armut: Was wir sind, verdanken wir nicht unserer Leistung, es ist ein Geschenk aus Gottes Hand[83]. Nach Jesu Meinung ist es unmöglich, sich vor Gott hinzustellen und sich seiner guten Taten zu rühmen, in der Erwartung, dafür nach Maßgabe der Gerechtigkeit belohnt zu werden,

80 CHRISTINE SEEBER: Untersuchungen zur Darstellung des Totengerichts im Alten Ägypten, 140–141.

81 Detail aus einem Totenbuch der 18. Dynastie um 1450 v. Chr.; vgl. ÉDOUARD NAVILLE: Das ägyptische Totenbuch der XVIII. bis XX. Dynastie, Bd. 1, CXXXVI, P.a., zu Kapitel 125.

82 Das Pfortenbuch, 6. Szene, 2. Stunde, Oberes Register, in: Ägyptische Unterweltbücher, eingel., übers. u. erl. v. ERIK HORNUNG, 202; vgl. JAN ASSMANN: Ma'at, 79.

83 Vgl. E. DREWERMANN: Das Markus-Evangelium, II 115–128: Mk 10,17–31: Von Armut und Reichtum.

so wie im Kontrast dazu die Missetäter ihre verdiente Strafe erhalten. In dem Gleichnis vom Pharisäer und Zöllner im Tempel (Lk 18,9–14) kehrt Jesus die gesamte Logik einer jeden Gesetzesreligion in ihr Gegenteil: »gerechtfertigt« geht in seiner Erzählung der Mann nach Hause, der Gott nur noch um Mitleid mit der Größe seiner Schuld zu bitten vermag, während der Pharisäer als Prototyp einer mustergültigen Gesetzeserfüllung von Jesus für »nicht gerechtfertigt« bei Gott erklärt wird[84]. Eine solche Aussage ist nicht nur provokant, sie fordert das System des Strafrechts insgesamt heraus und bringt es gegen sich in Stellung: solange es besteht, muß es denjenigen verurteilen, der es zu überwinden trachtet. Und das will Jesus mit seiner »größeren Gerechtigkeit«, von der er in der Bergpredigt spricht (Mt 5,20)[85], aus tiefster Überzeugung erreichen. Niemals hat der Mann aus Nazareth sich mit dem ägyptischen Recht auseinandergesetzt; doch aus seiner Stellungnahme zu der herrschenden Gesetzesauffassung seines eigenen Volkes läßt sich mühelos ableiten, warum er auch das Gericht der *Ma'at* für ein Unrecht an den Menschen gehalten hätte.

Zwei Gründe sind es, die sich immer wieder und immer klarer dabei herausschälen:

1) Zur Beurteilung stehen juristisch Handlungen und Verhaltensweisen, vor Gericht aber stehen einzelne Personen; abgehandelt werden bestimmte Fälle nach den Bestimmungen eines allgemein gültigen Normen- und Rechtssystems, die handelnden Menschen aber sind Individuen mit je eigenen Motiven und Persönlichkeiten, denen bei erwiesener Schuld im Prozeßverfahren indessen keine weitere Beachtung geschenkt wird; die Strafe selbst soll streng ausfallen, einmal um abzuschrecken, dann aber weil eine Straftat gegen die göttliche Ordnung verstößt: der schuldig Gewordene hat sich mit einem schweren Vergehen selber aus der Gemeinschaft der Lebenden ausgeschlossen, hier auf Erden im ersten Tod und drüben im Totengericht durch den zweiten Tod. – Gegen ein solches Denken setzt Jesus, daß Menschen zur Ordnung innerlich wie äußerlich nur gelangen durch Güte, nicht durch Grausamkeit, und daß sie zum Guten nur finden,

84 Vgl. E. DREWERMANN: Das Lukas-Evangelium, II 405–417: Lk 18,9–14: Das Gleichnis vom Pharisäer und vom Zöllner oder: Vom Ärgernis bedingungsloser Liebe.

85 Vgl. E. DREWERMANN: Das Matthäus-Evangelium, I 44–69: Von Zwang und Freiheit oder: Gesetz und Evangelium, 63–69: Ordnung, die aus innen wächst oder: Die eigentliche Herausforderung des Jesus von Nazareth; 441–447: Mt 5,17–20: Zwischen Gesetzlichkeit und Chaos oder: Die Verbindlichkeit der Freiheit.

wenn sie zu sich selber gefunden haben. Die *Ma'at*-Ordnung mag nach Gerechtigkeit wägen, zur Vergebung ist sie nicht fähig. Deshalb geht Jesus von einem gänzlich anderen Gottesverständnis aus, das nicht mit den Traditionen und Konventionen der Gesellschaft verschmilzt, sondern die Person Gottes als eine Güte begreift, die gerade den Schuldigen nicht verstößt, indem sie ihn, als einen Hilfsbedürftigen, um so mehr zu schützen und zu begleiten sucht. Und daraus folgt:

2) Es geht nicht an, die staatliche Ordnung als eine göttliche auszugeben. Dieser Standpunkt gilt als Vorbehalt gegen all die antiken Staatsgebilde, in denen der Herrscher als Sohn Gottes geglaubt wird. Statt die Staatsmacht als Gottesmacht zu interpretieren, wirkt Gott in Jesu Augen durch Gnade, nicht durch Gewalt, – er steht zum König nicht in Einheit, sondern in einem alternativen Widerspruch; die Staatsmacht befreit nicht die Menschen, im Gegenteil: der Glaube an Gott sollte sie von der Staatsmacht befreien. »Sohn Gottes« ist für Jesus kein Herrschaftstitel, sondern eine Verhältnisbestimmung kindlichen Vertrauens, und die Menschen zu einer solchen Welt ohne Angst zu führen ist identisch mit der Ankunft wahrer »Gottesherrschaft«. Strafen, Hinrichtungen und Quälereien aller Art sind da nicht hilfreich, sondern absolut schädlich. So die Überzeugung Jesu, welche die Kirche im übrigen dahin führen müßte, auch die altägyptische Vorstellung vom Jenseitsgericht zu korrigieren, statt sie selber mit ihrer dogmatisierten Höllenlehre fortzusetzen.

Es ist klar: keine Strafe wird schärfer ausfallen, als eine, die sich gegen jemanden richtet, der so denkt. Denn ein solcher stellt mit der Strafmacht die Staatsmacht selber infrage; er entkleidet sie ihrer göttlichen Autorität, und er tut das im Namen Gottes ebenso wie im Namen der Menschen. Um sich gegen einen Mann wie Jesus zu wehren, muß man ihn verurteilen – im Namen Gottes wie im Namen des Volkes, die in der alten Ordnung beide eins sind und zu bleiben haben. – Es gibt nur ein Staatssystem in den Tagen Jesu, in dem dieser Widerspruch noch krasser hervortreten konnte als im Alten Ägypten, – das war das Rom der Caesaren; doch auf dem Weg dahin liegen die Rechtsverfahren und -vorstellungen der Griechen in der Zeit von 700 bis etwa 400 v. Chr.

c) Rechtsvorstellungen im Alten Griechenland

Dem antiken Griechenland verdankt die westliche Kultur entscheidende Anregungen ihrer Geistesgeschichte, – nicht zuletzt führt die politische Organisationsform der Demokratie sich auf das Vorbild Athens zurück; doch eben daran liegt es, daß es in Hellas das nicht gibt, was dem altorientalischen oder altägyptischen Rechtssystem eigentümlich ist. »Im Orient spielte sich ... alles Neuwerden im Rahmen eines kaum je angetasteten monarchisch-religiösen Bindungssystems ab. Bei den Hellenen aber standen die Schöpfer weder in fürstlichen noch in priesterlichen Diensten.«[86] Insofern läßt sich bei den Griechen beobachten, wie sich ein gewissermaßen säkulares Rechtssystem bilden konnte, das nicht auf der staatlichen Einheit von göttlicher Macht und absoluter Autorität basierte.

Der Unterschied ergab sich bereits geographisch und wirtschaftlich daraus, daß die zerklüfteten Landschaften Griechenlands wohl die Bildung kleiner Städte, doch nicht die Entstehung mächtiger urbaner Zentren als Mittelpunkte großflächig beherrschbarer Territorien entlang gewaltigen Wasserströmen zuließen.

Dabei dürfte die staatliche Macht sich bei den Griechen ähnlich entfaltet haben, wie sie bei den Makedonen unter dem Druck der Balkanvölker noch bis in die Spätzeit hin erhalten blieb: An der Spitze stand ein König als Leiter von Krieg und Kultus und als Obereigentümer des gesamten Bodens; als seine Nutznießer und Helfer fungierten die Adligen, dann kam die Masse des freien Volkes, die nach uralten indoeuropäischen Vorstellungen in der Volksversammlung ihre politischen und richterlichen Entscheidungen traf. Im 8. Jh. v. Chr. gelang es allerdings in den meisten Stadtstaaten dem ritterlichen Adel, das Königtum abzuschütteln, – ein Vorgang, der vielleicht hinter der drohenden Entmachtung des *Odysseus* auf Ithaka durch die »Freier« steht, von welcher HOMER erzählt[87]. Jedoch

86 FRITZ SCHACHERMEYR: Griechische Geschichte, 100. – EBERHARD RUSCHENBUSCH: Die Polis und das Recht, in: Kleine Schriften zur griechischen Rechtsgeschichte, 147, zählt für die »Normalpolis ... 150 ... bzw. 500 bzw. 1000 Bürger und also 600 bzw. 2000 bzw. 4000 Einwohner.« Schon wegen der niedrigen Einwohnerzahl ist die Zahl der Straftaten gering. Da zudem das Identitätsbewußtsein hoch ist und »jeder jeden aus dem Alltag, von den Festen und von der Volksversammlung her kennt, ... ist der Kriminalitätsquotient relativ klein«.

87 FRITZ SCHACHERMEYR: Griechische Geschichte, 100 – JUSTUS HERMANN LIPSIUS: Das attische Recht und Rechtsverfahren, 6, meint, daß *Telemach* »in der früher von ihm berufenen Versammlung nur den Unwillen des Volks gegen die

die Auspressung der Kleinbauern durch die adligen Großgrundbesitzer führte die neue Oligarchie bald schon in eine Agrarkrise, die sich nur auf zwei Wegen beseitigen ließ: durch Gewalt und Recht.

Den ersteren Weg beschritten im 7./6. Jh. »Tyrannen« wie *Kypselos* und sein Sohn *Periander* in Korinth (ca. 640–560), *Peisistratos* und seine Söhne in Athen (von 560 bis 510) oder *Polykrates* auf Samos (bis 522); sie wurden getragen von der Volksversammlung, und ihr Ziel war ursprünglich die Beseitigung der sozialen Mißstände, doch mehr und mehr entfalteten sie ihre persönliche Machtstellung; zudem blieben sie insgesamt, wie die alten Adelsgeschlechter, ihrer eigenen Sippe verhaftet, so daß ihre Regentschaft in etwa der Herrschaft der Medici in Florenz zur Renaissance-Zeit ähnelte. Vor allem: sie entfremdeten sich vom Volk und wurden schließlich von diesem gestürzt; freilich, ihre Idee von einem repräsentativen Staat lebte fort und fand Eingang auch in die Vorstellungen der Reformer des Rechts und des Staatswesens[88].

Schon der »Tyrann« *Peisistratos* in Athen hatte eine wirksame Landaufteilung vorgenommen und eine entsprechende Beteiligung des Volkes am Staatsleben ermöglicht, doch erst die Reform des *Kleisthenes* 508 bis 506 beendete die Oligarchie der »Besten« (der *áristoi*) durch eine funktionierende »Demokratie«; dieser Schritt erfolgte allerdings nur staatsrechtlich, nicht auch sozial. Denn die alte »timokratische Ordnung« (von *timē* – Wert, Vermögen, Achtung) ließ *Kleisthenes* weiter bestehen in Gestalt einer Einteilung des Volkes in vier Klassen: »der Reichsten, der Reichen, der Leute von mäßigem Besitz und der Besitzlosen. (Doch immerhin, d.V.:) Die Angehörigen aller vier Gruppen trafen sich mit gleichem Stimmrecht in der souveränen Volksversammlung, welche allein die Befugnis hatte, zu wählen und Gesetze zu erlassen; allgemein zugänglich waren außerdem auch noch die Volksgerichte. Beamtenstellen durften dagegen nur die drei höheren Schätzungsklassen bekleiden.«[89]

Freier rege zu machen« sucht. Die Verfolgung eines Mords durch die Verwandten des Getöteten, die Blutrache, dient nicht einer strafenden Gerechtigkeit, »sondern einer Genugtuung für den Getöteten«. Bei HOMER ist das Motiv für die Blutrache nur noch die unerträgliche Schande. (S. 7)

88 FRITZ SCHACHERMEYR: Griechische Geschichte, 118–121. – Zu dem Tyrannen *Kypselos* in Korinth notiert lakonisch HERODOT: Historien, V 92, Bd. I 731: »Als *Kypselos* Tyrann geworden war, benahm er sich folgendermaßen: Er verbannte eine Menge Korinther, raubte vielen das Vermögen und den meisten das Leben. Nach dreißigjähriger Herrschaft starb er eines ruhigen Todes.«

89 FRITZ SCHACHERMEYR: Griechische Geschichte, 131. – ELKE STEIN-HÖLKES-

Entscheidend in diesem Umbau der gesamten Verfassungsgrundlage war die rein *territoriale* Phylenordnung, mit der *Kleisthenes* die alte jonische Gliederung nach angestammten Phylen (Geschlechtern) beseitigte und dadurch den Einfluß des Geschlechteradels beschränkte. Zu Beginn des 6. Jhs. herrschten in Athen 12 Phratrien (Sippen), je drei auf eine der vier Phylen, deren jede 30 *Genē* (Familien) enthielt; *Kleisthenes* nun erweiterte den Volksrat zum Rat von 500 Bürgern, die durch das Los gewählt wurden und die je 35 Tage lang zu je 50 Mann die öffentlichen Angelegenheiten verwalteten; vor allem ersetzte er die gentile Ordnung der vier Phylen durch zehn territoriale Phylen, die ihrerseits wieder in 30 Drittelbezirke und zunächst 90, schließlich 174 Demen (Landgemeinden) zerfielen. Mit dieser rein rechnerisch-schematischen Einteilung des Volkes nur nach der lokalen Herkunft wurde die Familienbindung des alten Adels durchbrochen; nicht zuletzt umfaßte jede Phyle nicht einen geschlossenen Bezirk, »sondern weit auseinanderliegende Teile, wie das Los sie zusammenfügte, so daß die Wählerschaft des Rats der Fünfhundert jeweils die verschiedensten landschaftlichen, politischen und so-

KAMP: Das archaische Griechenland, 140–142, stellt fest: »In *Ilias* und *Odyssee* erscheinen die Könige zwar bereits als Träger rudimentärer, protostaatlicher Führungsfunktionen, die durchaus schon unterscheidbar, aber faktisch noch ungeschieden in ihrer Person akkumuliert sind: die *basileĩs* (sc. Könige, d.V.) sind zugleich Heer- und Gefolgschaftsführer, Vermittler zwischen Göttern und Menschen, Wortführer in Rat und Versammlung, Schlichter und Schiedsrichter in den großen und kleinen Streitfällen innerhalb der Gemeinschaften ... In Athen entwickelte sich der *basileús* zu einem Magistrat mit konkreten Kompetenzen: Er behielt die sakralen Funktionen der alten Könige und blieb für die ältesten Kulte zuständig. Außerdem hatte der *basileus* eine ganz spezifische richterliche Funktion in Mordprozessen ... Der oberste Beamte in Athen war aber eben nicht der *basileús*, sondern der árchōn ..., dessen Name in eine Liste eingetragen wurde ... Der Oberbefehl des Heeres, also die Führungsfunktion des (homerischen) *basileús* im Krieg, ging auf einen weiteren Beamten, den *polémarchos* (sc. Kriegsminister, d.V.) über. Diese drei Beamten – und die sechs *thesmothétai*, die für die Rechtsprechung zuständig waren – bildeten in Athen schließlich das neunköpfige Kollegium des Archontats.« Vgl. a.a.O., 186–220: Die Welt der Aristokraten, mit dem Fazit: »Die typisch aristokratische Art der Demonstration individueller Vorzüglichkeit konnte ... weder zu einem Faktor der vertikalen Integration von Elite und Polisgemeinschaft werden, noch konnte sie die aristokratische Vorherrschaft auf Dauer stabilisieren.« (S. 220) Und vgl. a.a.O., 221–255: Die Welt der Tyrannen, mit dem Fazit: »Die konkreten Maßnahmen der Tyrannen ... dienten überall primär dem Erhalt und der Stabilisierung ihrer eigenen Machtposition ... Alle diese Aktivitäten zeigen darüber hinaus die starke Verhaftung der Tyrannen in den hergebrachten Wertvorstellungen und Verhaltensweisen der griechischen Aristokratie ... Sie demonstrierten mit hohem Aufwand Macht, Reichtum und die Fähigkeit zu seinem (sc. des Tyrannen, d. V.) statusadäquaten Konsum.« (S. 254)

zialen Gegensätze in sich begriff«.[90] Zudem stellte jede Phyle einen der 10 gewählten Strategen, die noch 490 v. Chr. in der Schlacht von Marathon unter dem Befehl des *árchōn polémarchos* standen, des »Kriegsministers«, des dritten der neun *Archónten*, der höchsten Staatsbeamten.

Man möchte glauben, daß ein derart kompliziertes, ganz und gar am Reißbrett erdachtes Ordnungssystem nie und nimmer hätte funktionieren können; doch das Gegenteil war richtig, nicht zuletzt deshalb, weil die Gesetzgebung *Solon*s (ca. 640–560 v. Chr.) mit ihren milden Bestimmungen aus dem Jahre 594 v. Chr. vorweg bereits nicht nur die sozialen Spannungen durch das Prinzip des Schuldenerlasses, der *seisáchtheia* (der Lastenabschüttelung), einschränkte, sondern auch die harten Gesetze *Drakon*s aus dem Jahre 621 abgemildert hatte.

Drakon, aus dessen Leben so gut wie nichts bekannt ist, hatte sich mit seinen Gesetzen (*desmoí*) vornehmlich gegen die in Form der Blutrache ausgetragenen Adelsfehden gewandt. Als ein Meilenstein der Rechtsgeschichte ist es zu betrachten, daß er als erster strafrechtlich zwischen vorsätzlicher und nichtvorsätzlicher Tathandlung unterschied: Die vorsätzliche Tötung sollte nach wie vor von den Angehörigen des Getöteten geahndet werden, doch durften diese »erst nach Ankündigung der Fehde und nach ergangenem Urteil zur Selbsthilfe greifen. Bei Flucht des Täters waren Repressalien gegen dessen Angehörige möglich. Bei nichtvorsätzlicher Tötung konnten die Angehörigen des Opfers einen Friedensvertrag schließen, blieb dies aus, wurde der Täter verbannt. Friedensschutz wurde ihm beim Verlassen des Landes gewährt.«[91]

90 VIKTOR ENGELHARDT: Die geistige Kultur der Antike, 202–203.
91 FRITZ SCHACHERMEYR: Griechische Geschichte, 506. – JUSTUS HERMANN LIPSIUS. Das attische Recht und Rechtsverfahren, 16–17, sieht in der drakontischen Gesetzgebung wesentlich eine »Kodifizierung des schon zuvor in Geltung stehenden Gewohnheitsrechts«. Dazu zählt auch, daß die Blutgerichtsbarkeit der *Basileus* »zusammen mit einem Kollegium von einundfünfzig Gliedern der Adelsgeschlechter, die den Namen *ephétai* (sc. Anweiser des Rechts, d.V.) führen«, ausübt (S.15). 409/8 wurde *Drakon*s Gesetz über Totschlag erneut aufgezeichnet. – GERHARD THÜR: Recht im antiken Griechenland, in: Ulrich Manthe (Hg.) Die Rechtskulturen der Antike, 223, verweist auf den Unterschied zwischen Straf- und Deliktsrecht, der sich aus der Klagebefugnis ergibt. »Aus einem privaten Rechtsverhältnis entsprang eine *díkē* (Klage), die ursprünglich als privates Zugriffsrecht des Verletzten auf die Person des Täters zum Vollzug der Rache gestaltet war ... Am deutlichsten ist das im Blutrecht *Drakon*s zu erkennen ... Nur die nächsten Verwandten des Getöteten sind berechtigt, den Täter als Rächer zu ver-

folgen. Sie müssen ihr Racherecht aber durch Erheben einer *díkē phonoū* (Klage wegen Tötung) gerichtlich bestätigen lassen. Vor dem Vollzug der Rache ist der Verurteilte jedoch durch Flucht in das Ausland geschützt; deshalb ist *pheúgein* (fliehen) im Gesetz *Drakon*s noch nicht als staatliche Strafe der Verbannung aufzufassen, sondern als Schutz des Täters ... Vermutlich hat erst *Solon* die staatlich zu vollziehende Todesstrafe für absichtliche Tötung eingeführt.« Der »ursprünglich private Charakter der vollstreckenden Blutrache blieb in der Bestimmung erhalten, daß der Kläger bei der Hinrichtung ›zusehen‹ dürfe«, – wie noch heute in Texas! Die Herleitung des Strafrechts als einer staatlich organisierten Form der Rache wird uns noch beschäftigen müssen. – ERIK WOLF: Platon, 265–269: Tötungsverbrechen, verweist darauf, daß auch PLATON »die Unterscheidung von freiwillig ... und unfreiwillig ... verübten Tötungen als Maßstab für strengere oder mildere Bestrafung« getroffen hat. »Außerdem berücksichtigt er im Fall der Freiwilligkeitsstrafen strafmildernde Motive, wenn der Täter aus Zorn ..., Übereifer oder ähnlichen Gründen gehandelt hat; strafverschärfend das Motiv der List oder Tücke.« (S. 265) Das klingt recht »modern«, darf aber nicht die Einteilung von Tätertypen »nach dem sozialen Status: Freie, Metoiken, Xenoi (sc. Fremde, d.V.), Sklaven« sowie auch nach dem »Stand des Opfers für die Art der Strafbarkeit« (S. 266) vergessen machen. »Freiwillige, unüberlegte Tötung (›Totschlag‹ im heutigen Sinne) zieht im Normalfall nur die Pflicht zur sakralen Reinigung nach sich, wenn sie von einem Freien an einem Freien verübt worden ist ... Hat der Freie einen Sklaven getötet, so ist er gleichfalls zur Entsühnung verpflichtet, außerdem zum Schadenersatz gegenüber dem Sklavenbesitzer. Tötet ein Metoike (sc. Insasse, der Handel treiben durfte, aber von den politischen Rechten ausgeschlossen ist, d.V.) einen Xenos (Fremden), so wird er auf ein Jahr verbannt. Totschlag durch einen Xenos wird ... mit lebenslanger Verbannung bestraft.« (S. 267) Ein Sklave, der seinen Herrn getötet hat, ist durch die Verwandten des Umgebrachten hinzurichten. – EBERHARD RUSCHENBUSCH: Phónos (sc. Mord, d.V.). Zum Recht Drakons, in: Kleine Schriften zur griechischen Rechtsgeschichte, 43, resümiert: »Die ganze Gesetzgebung des *Drakon* über die *unvorsätzliche* Tötung bestand ... darin, daß er den Täter vor der Blutrache der Angehörigen des Getöteten abschirmte, indem er ihn selbst im Schutze des Rechtsfriedens in das Ausland entkommen ließ, sein Eigentum aber dem Zugriff der Verfolger entzog und damit Repressalien unmöglich machte.« S. 51: »Bei dieser Regelung ging es ... *Drakon* nicht um die Frage, wie die Tat zu ahnden sei, als darum, wie derjenige, der ohne Vorsatz getötet hatte, der Blutrache entzogen und damit der Landfriede gesichert werden könne.« S. 45: Die Entscheidung treffen »die Epheten in freier Beweiswürdigung ... Erkennen die Epheten auf vorsätzliche Tötung, so wird der Täter dem sofortigen Zugriff der Verwandten des Getöteten ausgeliefert und ... sein Eigentum für rechtlos erklärt.« S. 43: »Im 5. Jh. kommt die unvorsätzliche Tötung vor die Epheten, die vorsätzliche dagegen vor den Aeropag.« Vgl. DERS.: Solon, in Kleine Schriften zur griechischen Rechtsgeschichte, 209–211: In der Entwicklung des Straf- und Prozeßrechts steht am Anfang »die *Selbsthilfe*, die Vergeltung. Derjenige, dem Unrecht geschehen ist, greift mit Hilfe seiner Verwanden und Nachbarn den Unrechtstäter und verfährt mit ihm nach Belieben: Man tötet ihn oder versklavt ihn oder läßt ihn gegen die Zahlung eines Lösegeldes laufen. – Weiterhin steht am Anfang die *Erfolgshaftung*. Ob jemand vorsätzlich, fahrlässig, infolge höherer Gewalt, in Notwehr oder zur Vergeltung einer Unrechtstat getötet hatte, ist gleichgültig. Er hat getötet, ist daher ein Unrechtstäter und verfällt der Rache der Familie ... In diesem Rechtssystem war eine dauernde Familienfehde, ein dauernder Krieg von

Das Problem war natürlich – und besteht bis heute –, wie ein geplanter Mord sich von einem »Unfall« nach objektiven Kriterien unterscheiden läßt. Die Verfahren der Wahrheitsfindung, auf die wir sogleich noch zu sprechen kommen, beruhten nicht, wie derzeit, auf Indizien, Zeugenaussagen und psychologischer Plausibilität, sondern auf Eidesleistungen (*diomosíai*), wie sie auch heute noch die Zeugen verpflichten sollen. »Die wesentliche prozessuale Neuerung ... *Drakon*s ... besteht (sc. diesbezüglich, d.V.) darin, daß nach Einsetzen der Eide ... durch den Jurisdiktionsmagistrat und nach den Schwurzeremonien in einem weiteren Verfahrensschritt ein Gremium von 51 Bürgern (den *Epheten*, sc. *ephétēs* – Rechtsanweiser, die 51 Kriminalrichter über Blutsachen, d.V.) darüber abstimmte, wessen Eid der bessere sei.«[92]

Mit dieser Regelung erfolgte offenbar ein wichtiger Schritt in Richtung einer Säkularisierung des Strafrechts, insofern das Urteil nicht länger mehr der Sanktion durch die Götter anheim gestellt ward, sondern der Mehrheit der geheim abgegebenen Stimmen der Epheten. Und diesen Gedanken griff *Solon* auf. »Generell dürfte *Solon* in seiner Reform im Jahre 594/93 v.Chr. die *éphesis* (das sich Hinwenden, sc. die Appellation, richtiger: die Überweisung auf Einspruch einer Partei hin, d.V.) an die Gerichtsversammlung gestattet haben, wenn eine Streitpartei mit einem *dikázeìn*-Spruch (sc. Urteilsspruch, d.V.) eines Amtsträgers nicht zufrieden war.«[93] Im übrigen beschränkte *Solon* die Macht des Epheten-Gerichts und setzte es dem von ihm eingerichteten Rat auf dem Areopag nach, der aus abgegangenen Archonten bestand.

Will man *Solon*s Gesetzgebung kennzeichnen, so darf man PLUTARCH folgen, der schreibt: »Zuerst hob er (sc. *Solon*, d.V.) alle Gesetze des *Drakon*, ausgenommen die, welche den Mord betrafen, wegen ihrer Härte und der Strenge der Strafen auf. Denn fast auf alle Vergehen war die Todesstrafe gesetzt, so daß schon der, welcher des Müßiggangs überführt wurde, sterben mußte, und wer Gemüse und Obst stahl, mit Tempelräubern und Mördern gleiche Strafe zu gewärtigen hatte ... *Drakon* selbst soll auf die Frage, warum er auf die

Familie gegen Familie unvermeidlich.« (S. 209) Dem setzte *Drakon* im 7. Jh. ein Ende, indem er in seinem Blutrecht die Erlaubnis zur Rächung einer Tötung an das Urteil eines Gerichts band und indem er an die Stelle der Erfolgshaftung die *Willenshaftung* setzte.

92 GERHARD THÜR: Recht im antiken Griechenland, in: Ulrich Manthe (Hg.): Die Rechtskulturen der Antike, 206–207.

93 A.a.O. 207.

meisten Vergehungen die Todesstrafe gesetzt hätte, geantwortet haben: ›Ich glaube, daß die kleinen Vergehungen schon diese Strafe verdienen, für die größeren Verbrechen wußte ich keine größere Strafe.‹«[94] So betrachtet, gebührt *Drakon* immerhin Dankbarkeit bereits dafür, daß er die »Größe« seiner Strafen nicht über die Hinrichtung hinaus durch besonders qualvolle Torturen noch zu steigern suchte, wie wir ihnen in grausiger Gräßlichkeit im nächsten Kapitel begegnen werden.

Sozialrechtlich reservierte indessen auch *Solon* alle obrigkeitlichen Ämter weiterhin den Begüterten, und er schloß die *Thētes*, die Lohnarbeiter (Handarbeiter und Tagelöhner), von den obrigkeitlichen Würden aus; gleichwohl ließ er sie »insofern an der Staatsverwaltung teilnehmen, als sie zu den Volksversammlungen und Gerichten zugelassen wurden. So unbedeutend dieser Umstand im Anfang zu sein schien, so wichtig ward er in der Folge, da die meisten Prozesse und Streitigkeiten vor die Richter gebracht wurden. Denn auch in solchen Sachen, deren Entscheidung für die Behörden bestimmt war, erlaubte er jedem, an das Volksgericht zu appellieren… Da man … die Streitigkeit nicht (sc. in jedem Einzelfall, d.V.) durch die Gesetze entscheiden konnte, so trat immer (sc. mal wieder, d.V.) der Fall ein, daß man Richter nötig hatte und diesen jeden strittigen Punkt vorlegte, wodurch sie gewissermaßen Herren der Gesetze wurden.«[95]

Wie in der Gegenwart, waren Gesetze auch damals bereits aus-

94 PLUTARCH: Solon, 17, in: Lebensbeschreibungen, I 194. Die *Todesstrafe* gab es zur Zeit *Drakon*s und *Solon*s noch nicht »und somit auch noch keinen staatlichen Strafvollzug … Folglich dürfte der Verurteilte auf der Stelle den Verwandten des Getöteten zum sofortigen Vollzug der Rache ausgeliefert worden sein.« EBERHARD RUSCHENBUSCH: Solon: Das Gesetzeswerk – Fragmente 19–20. »Die Differenzierung der Tat nach den Umständen war natürlich kein Selbstzweck, sondern nur ein Mittel zur Regelung der Tatfolgen: Bei vorsätzlicher und unvorsätzlicher Tötung blieb es … bei der althergebrachten Blutrache seitens der Verwandten des Getöteten, jedoch mit dem Unterschied, dass demjenigen, der unvorsätzlich getötet hatte, innerhalb einer bestimmten Frist auf festgelegtem Wege die Flucht ins Ausland gewährt und sein Eigentum vor Repressalien geschützt wurde … Für denjenigen, der einen Mitbürger entweder in Abwehr einer Unrechtstat oder versehentlich beim Wettkampf oder im Krieg getötet hatte, hatte Tötung keine Folgen … Eng verbunden mit der Blutrache war die Möglichkeit der außergerichtlichen Streitbeilegung durch die Zahlung eines Lösegelds seitens des Täters und durch den Verzicht auf die Blutrache seitens der Verwandten des Getöteten … Dieser Überblick zeigt, dass das athenische Blutrecht des 5. und 4. Jh. in seinen Grundzügen von *Drakon* stammte.« (S. 17–18) Vgl. Fragment 5; 9–12, a. a. O., S. 30–36; 38–40.
95 PLUTARCH: Solon, 18, in: Lebensbeschreibungen, I 195.

legungsfähig und -bedürftig, und erst das Urteil des Richters bestimmte, was sie im Einzelfall besagten.

Solon selber legte vor allem auf die Gleichstellung der Bürger besonderen Wert; PLUTARCH zitiert ihn diesbezüglich mit den Worten:

»Ich erteilte dem Volke so viele Gewalt, als ihm nützte;
Ehre raubt' ich ihm nicht, gab ihm auch keine dazu.
Aber den mächtigen Bürgern, die sich durch Reichtum erhoben,
Ließ ich nicht freie Gewalt, was sich nicht ziemet zu tun.
Und so schützt' ich denn beide mit starkem sicherem Schilde,
Daß nicht mit Unrecht ein Teil würde vom andern bedrückt.«[96]

Dieses Prinzip galt privatrechtlich ebenso wie finanzrechtlich. So gab *Solon* einem jeden »das Recht, für die Beleidigung, die einem anderen zugefügt worden, Genugtuung zu suchen. Wenn nämlich ein Bürger geschlagen, beschädigt oder sonst gemißhandelt wurde, so stand es jedem, der wollte oder konnte, frei, den Beleidiger gerichtlich zu belangen. Dadurch suchte der Gesetzgeber auf eine löbliche Art, die Bürger daran zu gewöhnen, daß sie, als Glieder eines einzigen Körpers, Empfindungen und Schmerzen miteinander teilen sollten.«[97] Dieser Grundsatz der Zusammengehörigkeit hätte letzt-

96 PLUTARCH: Solon, 18, in: Lebensbeschreibungen, I 195. Das Instrument dazu war *Solon*s Einsetzung des Volksgerichts, der *hēliaia*; vgl. EBERHARD RUSCHENBUSCH: Hēliaia, in: Kleine Schriften zur griechischen Rechtsgeschichte, 63–66, der sich (S.63) gegen die Ansicht wendet, das solonische Volksgericht sei ein Gericht zweiter Instanz gewesen, wie PLUTARCH es im Wortlaut der Kaiserzeit (miß)verstand. Vgl. DERS.: Untersuchungen zur Geschichte des athenischen Strafrechts, in: A.a.O., S. 121–123: Die solonische Heliaia; ders.: Solon, in: A.a.O., 214: »Im Athen der klassischen Zeit gibt es neben dem Rat auf dem Areopag den Rat der 500. Seine Hauptaufgabe ist es, die Volksversammlung durch Beratung und Formulierung der Anträge vorzubereiten. Diesen Rat dürfte – entgegen der Überlieferung – nicht schon *Solon* eingerichtet haben, sondern erst 100 Jahre später *Kleisthenes* nach der Beseitigung der Tyrannis. Denn damals bestand der Rat auf dem Areopag weitgehend aus Anhängern der vertriebenen Tyrannen. Wollte also *Kleisthenes* in der Volksversammlung seine Vorstellungen durchsetzen, so mußte er entweder alle Mitglieder des Areopags auswechseln oder aber einen zweiten Rat schaffen und diesem die Vorbereitung der Volksversammlung übertragen. – Hingegen hat *Solon* das Volksgericht, die sogenannte Heliaìa, geschaffen ... Das Volksgericht wurde tätig in Erbschaftsangelegenheiten und in Fragen, bei denen es auf eine freie Beweiswürdigung ankam.«

97 PLUTARCH: Solon, 18, in: Lebensbeschreibungen, I 195. – ERIK WOLF: Vorsokratiker und frühe Dichter, 189–217: Solon, S. 207, hebt besonders den Gedanken des politischen Maßes hervor. »*Dike* und *Eunomia* (sc. Gerechtigkeit und

lich das Ende des gesamten Strafrechts einläuten können, wenn *Solon* ihn nicht als ein neuerliches Instrument des Strafrechts formuliert hätte; gleichwohl wies er prinzipiell in die richtige Richtung und verlangte ein Umdenken im ganzen.

Wirklich konsequent erzeigte sich *Solon* nicht zuletzt in seinem Insolvenzrecht. Die erste Verordnung, die er erließ, bestand nach PLUTARCH darin, »daß alle gegenwärtigen Schulden erlassen seien und künftig niemand ein Pfandrecht am Leibe des Schuldners haben sollte«. Diese *seisáchtheia* (Lastenabschüttelung) war offenbar »eine wirkliche Aufhebung aller Schulden«; denn in gerade diesem Sinne rühmte sich *Solon,* daß er »die wegen Schulden verhafteten Bürger teils aus der Fremde, wo sie, von einem Ort zum anderen verkauft, schon die attische Mundart verlernt hatten, zurückgebracht, teils im Vaterlande selbst aus einer schimpflichen Sklaverei befreit habe«.[98]

Wie vorherzusehen, machte sich *Solon* mit solchen Gesetzen nicht nur Freunde. »Die Reichen waren unzufrieden über die Aufhebung der Schulden, noch mehr aber waren es die Armen, weil er nicht ihrem Wunsche gemäß eine neue Verteilung der Ländereien vorgenommen, noch, wie *Lykurg,* alle Bürger dem Vermögen nach gleich gemacht hatte.«[99] Das heißt: er beseitigte zwar die Schuldsklaverei

Gesetzlichkeit, d.V.) halten dieses Maß der Polis fest gegen die Maßlosigkeit der *Hybris* (sc. Übersteigerung, d.V.) und *Dysnomía* (sc. Gesetzlosigkeit, d.V.). Politisches Maß versteht *Solon* als ein Mittleres ... zwischen dem zu Viel und dem zu Wenig von dem, was einer Polis ... zukommt.«

98 PLUTARCH: Solon, 15, in: Lebensbeschreibungen, I 192. – Vgl. EBERHARD RUSCHENBUSCH: Solon: Das Gesetzeswerk – Fragmente, S. 134–137, Fragment 69 zum Verbot des Zugriffs auf die Person des Darlehensschuldners bei Zahlungsverzug, und Fragment 70 zur Amnestie zugunsten der dem Zugriff verfallenen Darlehensschuldner. DERS., Solon, in: Kleine Schriften zur griechischen Rechtsgeschichte, 204–230, S. 208, verweist auf die Agrarkrise und das Bauernlegen, dem *Solon* durch die *Seisachthie* entgegentrat. Im Hintergrund sieht er den Druck der Überbevölkerung, der (bei HESIOD) zur Einführung der Spätehe (ab 30 für die Männer), zur Tötung aller Sechzigjährigen mit dem Giftbecher zwecks Erhalt der Nahrung für die Jüngeren auf der Insel Keos (S. 205), doch auch in Athen und auf Sardinien zu einer Kolonisationswelle sowie zur Stellung von Söldnern im Heer der Ägypter führte. S. 205: »Das ganze Ausmaß der Überbevölkerung (sc. im letzten Drittel des 7. Jhs., d.V.) zeigt sich erst in aller Deutlichkeit, wenn man die damaligen Gesetze mit ihren Anordnungen und Verboten als eine Antwort auf die Krisenerscheinungen betrachtet: Um den Hof nicht mit unnützen Essern zu belasten, verweigert man den altersschwachen Eltern die Nahrung und verkauft Schwestern und Töchter, die man nicht an den Mann bringen kann, ins Bordell.« Oder man nimmt die eigene Schwester zur Frau. Die Spätehe führt zu Päderastie und Prostitution. Es ist das soziale Problem, das *Solon* angehen *muß.*

99 PLUTARCH: Solon, 16, in: Lebensbeschreibungen, I 193. – SEBASTIAN SCHMIDT-

(inklusive des Zinswuchers), aber er ließ das Unrecht der Eigentumsverhältnisse und der Produktionsbedingungen unangetastet, allenfalls daß er ein Höchstmaß des Grundbesitzes festlegte und die Macht des Adels dadurch einschränkte. In der Tat: *Solon* war kein *Lykurg*. Doch, bei Lichte besehen, zum Glück für Athen war er es nicht.

Lykurg war der legendäre Gesetzgeber Spartas. Möglicherweise wurde seine geschichtliche Gestalt geprägt nach dem Ephoren (*éphoros* – Aufseher) *Chilon*, der 556 v. Chr. im Amt war und sich den Ruf eines Weisen erwarb. »Vielleicht«, meinte ARNOLD J. TOYNBEE, »gehen wir nicht sehr fehl, wenn wir das ›lykurgische‹ System als das fortgesetzte Werk einer ganzen Reihe spartanischer Staatsmänner ansehen.«[100] Unstreitig jedenfalls ist, daß der »Kosmos«, der *Lykurg*s Namen trägt, eine Reaktion auf die beiden messenischen Kriege 736–728 und 650–620 darstellt, in denen die vordorische Bevölkerung der hellenischen Messenier unterworfen und als »Heloten« (*heilōtai* – Staatssklaven) zu hörigen Bauern erniedrigt worden war, welche »die Hälfte ihrer Ernte an die Herrscherschicht der Stadt (sc. Sparta, d.V.) abliefern« mußten. »Die Zahl der Heloten übertraf die der Kriegerspartiaten um das 7- bis 10fache ... Es gab nur ein Mittel, sie im Zaum zu halten – die Furcht. Der Kriegszustand gegen sie wurde verewigt. Jeder Helote konnte ohne Anklage, ohne Grund und ohne Prozeß hingerichtet werden. Jagd auf Heloten gehörte zu den

HOFNER: Das klassische Griechenland, 136, stellt fest: »Die schärfste Grenze zog man ..., wie in allen antiken Gesellschaften, zwischen Freien und Unfreien, den Sklaven. In Athen und Attika rechnet man in Spitzenzeiten mit bis zu 100000 Sklaven oder mehr, die in Haushalten, in Landwirtschaft und städtischem Gewerbe und in den Silberbergwerken von Laureìon beschäftigt waren ... Die Sklaverei wurde nie, auch von Intellektuellen nicht, ernsthaft in Frage gestellt, und es gab auch kaum Ansätze, die Willkür der Herrschenden in der Ausbeutung ihrer Sklaven als Arbeitskraft – und nicht zuletzt als Sexualobjekte – einzuschränken.« HANS KLEES: Herren und Sklaven, 3, rechnet mit einem Drittel der Gesamtbevölkerung an Sklaven, – bei 172000 Bürgern und 28500 Metoiken im Jahre 431 v. Chr. in Attika kommt man auf 115000 Sklaven. Der »Herr« galt als *despótēs* – ein negativer Begriff (S.22). »Der Herr konnte seinen Sklaven verkaufen, verschenken oder testamentarisch vermachen, wie es ihm beliebte.« (S.45) Unter bestimmten Bedingungen konnte der Herr die Freilassung seines Sklaven gewähren (S.55). Zu den ökonomischen Überlegungen in den politischen Schriften PLATONS und ARITSTOTELES' vgl. S. 141–227.

100 ARNOLD J. TOYNBEE: Krieg und Kultur, 37. – Zu *Lykurg* vgl. WILL DURANT: Der Ferne Osten und der Aufstieg Griechenlands, 354–364, der meint: »Wenn es eine Tugend ist, die Gesetze zu befolgen, waren die Spartaner tugendsamer als die meisten anderen Menschen.« (S. 362)

Übungen des spartanischen Jünglings. Oft wurden die besten dieser hörigen Bauern liquidiert. Im Kriege mußten sie als Leichtbewaffnete dienen. Lohn für besondere Tapferkeit sollte die Freilassung sein. Statt dieser wurde über die, welche sich ausgezeichnet hatten, vielfach der Tod verhängt, denn ihre Tüchtigkeit konnte sich gegebenenfalls gegen die Herrschenden wenden ... Um der Herrschaft willen wurden die Spartaner selber zu Sklaven, und zwar zu Sklaven ihres Gesetzes der Waffen ... Sparta hatte unmenschliche eugenische Vorschriften, die dem Brauchtum der Vorzeit entstammen. Schwächliche oder mit einem Mangel behaftete Kinder wurden auf Grund behördlicher Entscheidung von einem Felsen des *Taygetos* (sc. des Gebirges im Westen von Sparta, d.V.) in die Tiefe geschleudert. Die Paarung der Menschen strebte man, soweit als möglich, den Zuchterfahrungen der Gestüte anzupassen ... Der ganze Staat glich einer großen Kaserne oder, noch stärker, dem ... Bild eines Ineinander militärischer und vormilitärischer Zwangsverbände, die dem Alter nach abgestuft waren.«[101]

Was die Erziehung der Kinder anging, so setzten sich in ihr »die Überreste einer der Einrichtung der Familie voraufgehenden Organisation« fort. »In dieser lernte das Kind, wenn es der persönlichen Obhut der Mutter nicht mehr bedurfte, nicht in einem patriarchalischen Hauswesen den Beruf des Vaters, sondern wurde mit den Geschlechts- und Altersgenossen seines Stammes nacheinander in einer Reihe von Gruppen erzogen.«[102] In diesen Jugendgruppen kamen in

101 VIKTOR ENGELHARDT: Die geistige Kultur der Antike, 46–48. – ALEXANDER RUBEL: Die Griechen, 234, betont: Nach gemeinsamer griechischer Ansicht sind die Menschen »von Natur aus entweder Sklaven oder Freie, zwischen diesen beiden Polen bewegt sich die soziale Ordnung ... Sklaverei (war) in erster Linie eine rechtliche Kategorie.« S. 235: »Insgesamt galten Sklaven als minderwertig, nicht vertrauenswürdig und verschlagen ... Die Griechen bevorzugten nichtgriechische Sklaven, etwa aus Thrakien oder dem Schwarzmeergebiet; es waren üblicherweise Kaufsklaven. Dabei waren die Quellen für die Kaufsklaven in erster Linie Kriegsgefangene (die in innergriechischen Konflikten versklavten Menschen wurden gewöhnlich auswärtig verkauft) oder anderweitige Formen von Menschenraub oder Menschenhandel (Seeräuber etc. ...) ... besonders die Insel Chios war ein Umschlagplatz für Sklaven, später auch Delos.« S. 235–236: »Nach allerdings sehr unsicheren Schätzungen sollen rund 80–120000 Sklaven in klassischer Zeit in Athen gelebt haben, die somit mindestens ein Drittel der Gesamtbevölkerung stellten ... In Sparta ... bildeten die Heloten, die an die Scholle gebundenen Landwirtschaftssklaven, die große Mehrheit der Bevölkerung ..., weil die Heloten die unterdrückte Urbevölkerung der Regionen Lakonien und Messnien waren.« Der *heilōs* ist der Staatssklave der Spartaner.

102 ARNOLD J. TOYNBEE: Krieg und Kultur, 40–41.

Sparta die 40 »Altersklassen« vom 21. bis zum 60. Lebensjahr in der Ertüchtigung zum Wehrdienst zusammen. »Die Hauptmerkmale des spartanischen Systems sind: Beaufsichtigung, Auslese und Spezialisierung; ein Geist des Wetteifers und die gleichzeitige Anwendung von Belohnung und Bestrafung ... Von dem Augenblick an, da der Spartiat als Siebenjähriger von seiner Mutter weggeholt wurde, war er ununterbrochen der Disziplin unterworfen, bis ihm die Vollendung des 60. Lebensjahres Befreiung vom Wehrdienst brachte.«[103]

Ein Privatleben war in dem Kosmos der Spartiaten per Gesetz ausgeschlossen. Zwar waren die Mitglieder dieser militärischen Männerbünde gezwungen, eine Ehe einzugehen, doch mußte der spartiatische Bräutigam sogar seine Hochzeitsnacht in der Kaserne verbringen, und es war ihm »strengstens verboten, zu Hause zu essen«.[104] Parallel dazu bildete sich ein »Frauentypus ... heraus, der auf seine Selbständigkeit stolz war, sich sportlich gab und mütterlichen Pflichten gern aus dem Weg ging. So sanken die Kinderzahlen erschreckend ab. Wohl beabsichtigte der Kosmos die Aufzucht eines gleichförmig verläßlichen und hochwertigen Kämpfertypus, doch bewirkte die Abwertung der Familie einen unaufhaltsamen Rückgang des Nachwuchses.«[105] Mit einem Wort: die totale Militarisierung des Lebens zugunsten des Selbsterhalts einer reinrassigen dorischen Herrenschicht führte biologisch, ökonomisch und kulturell zunehmend in eine Sackgasse, deren Ende auch durch die auf Ausgleich bedachte Strenge der »lykurgischen« Verfassung nicht aufzuhalten war, bildete diese doch lediglich die Zwänge ab, die das eigene Verhalten verursachte.

Jede Gruppe steht vor der Frage, wie sie unter gegebenen Bedingungen überlebt; die Bedingungen Spartas freilich waren die selbstgeschaffenen: eine in zwei Kriegen unterworfene Bevölkerung, etwa 35 000 Heloten, von deren Hand- und Feldarbeit die Versorgung der etwa 8000 Spartiaten mit ihren ca. 4000 Kriegern abhing, mußte durch ständige Einschüchterung in Schach gehalten werden, und dieses System wechselseitiger Furcht und Gewalt erzeugte einen enormen Binnendruck zu absoluter Gemeinsamkeit, Gleichheit und schicksalhafter Solidarität. Das permanente Gefühl der Bedrohtheit durch Widerstand und Aufruhr der eigenen Bevölkerung »zwang die Spartiaten in Eisen, in das Elend, nie ausspannen zu dürfen, nie die

103 A.a.O., 41.
104 A.a.O., 42.
105 FRITZ SCHACHERMEYR: Griechische Geschichte, 127.

Waffen aus der Hand legen zu können ... Die Verfassung selbst ist ... entstanden aus der ... Notwendigkeit, die Überzahl der Dienenden (sc. der zu Staatssklaven erniedrigten Heloten, d.V.) im Zaum zu halten.«[106]

Näherhin bestand die Verfassung *Lykurg*s aus einer »Mischung aus Monarchie, Aristokratie und Demokratie. Die Monarchie war eigentlich eine Duarchie, denn zwei Könige repräsentierten nebeneinander. Sie standen den Opfern und den Gerichten vor und führten im Krieg den Oberbefehl.«[107]

Nominell aber lag die Souveränität beim Volke, konkret bei der *apellá*, der Versammlung der über 30 Jahre alten freien Bürger. »Diese Volksversammlung wählte auf Lebenszeit 28 *Geronten* (*gérontes* – Greise) aus der Zahl der über 60jährigen ›nach Tüchtigkeit‹ (*aretē*). Die *Gerusía* (der Rat der Alten, Senat), das Ratskollegium dieser Tüchtigen (*áristoi*), stellte das aristokratische Element der spartanischen Verfassung dar. Die Geronten hatten die Könige zu beraten und mit ihnen die Gesetzesvorlagen vorzubereiten, die vor die Volksversammlung gebracht werden sollten. ... Die *apellá* hatte kein Recht zu Änderungsvorschlägen. Sie konnte nur ja sagen oder nein.«[108] Und das tat sie durch die Lautstärke von Zustimmung oder Ablehnung. – Soweit das *aristokratische* Element der spartiatischen Verfassung.

Das »*demokratische*« Moment lag in der Wahl von fünf Ephóren (*éphoroi*); ursprünglich waren das die jährlich wechselnden »Aufseher« der fünf Dorfgemeinschaften (*phylaí*). Doch es gelang ihnen, ihre Macht ständig zu erweitern. »Sie kontrollierten die Könige, die Sitten, das Brauchtum, die Disziplin. Ohne Einberufung durch sie konnten weder die Mitglieder der Volksversammlung noch die der Gerusía zusammentreten. Die Ephoren ... vervollständigten das spartanische System gegenseitiger Kontrolle der politischen Körperschaften.«[109] Es war, wie alle Kontrollsysteme, freilich ein Regime des Mißtrauens und der Angst.

106 VIKTOR ENGELHARDT: Die geistige Kultur der Antike, 44.
107 A.a.O., 44–45.
108 A.a.O., 45.
109 A.a.O., 45. – ALEXANDER RUBEL: Die Griechen, 99, schreibt: »Die für ein Jahr bestimmten fünf Ephoren waren, wie ihr Name sagt, Kontrollbeamte, die das Funktionieren der spartanischen Lebensordnung zu gewährleisten hatten. Ihre Aufgaben betrafen in später Zeit alle Lebensbereiche von der Kontrolle der Barttracht der Spartiaten, ihrer Ernährung und Gesundheit (alle zehn Tage mussten die jungen Männer nackt vor ihnen antreten) bis zur polizeilichen Überwachung der

Um so wichtiger erschien es der Gesetzgebung *Lykurgs*, den inneren Zusammenhalt zu gewährleisten, und das geschah einerseits durch die rigorose Betonung des Unterschiedes zwischen Spartiaten und *Heloten* und andererseits durch Beseitigung aller Unterschiede der Spartiaten untereinander. »Gleichheit des Besitzes gab es zwar nicht; aber jeder spartiatische ›Gleiche‹ erhielt vom Staat eins der Lehen oder Landlose von gleicher Größe oder Ertragsfähigkeit, in die das Ackerland Messeniens nach dem Zweiten Messenischen Kriege aufgeteilt worden war. Und jedes dieser Landlose, die von messenischen Leibeigenen bestellt wurden, war so berechnet, daß es einen ›Gleichen‹ und seine Familie bei einem Lebensstandard von ›spartanischer‹ Einfachheit ernährte, ohne daß diese selbst zu arbeiten brauchten. Infolgedessen war jeder ›Gleiche‹, so arm er auch sein mochte, wirtschaftlich in der Lage, seine ganze Zeit und Kraft dem Kriegshandwerk zu widmen. Und da jeder ›Gleiche‹ zu dauernden kriegerischen Übungen und Dienstleistungen verpflichtet war, wie reich er auch sein mochte, wirkte sich in Sparta die Ungleichheit des Besitzes nicht in einem wesentlichen Unterschied in der Lebensführung aus.«[110] Um die Unterschiede zwischen adeligen und gemeinfreien Sippen ohne Rücksicht auf Geburt oder Besitz einzuebnen, »wurden die alten Sippenverbände, die dorischen Phylen, abgeschafft und durch eine schematische Zweckeinteilung der Bürgerschaft nach Truppenkörpern ersetzt. Unterschiede zwischen Spartiaten gab es jetzt nur noch nach dem Lebensalter.«[111]

Zu Recht sah von daher PLUTARCH in der Landverteilung »die gewagteste Einrichtung« des *Lykurg*, dazu bestimmt, »Neid, Betrug und Schwelgerei ... gänzlich zu verbannen«.[112] Ja, um »alle Ungleichheit vollends auszurotten, ... schaffte er (sc. *Lykurg*, d.V.) alle Gold- und Silbermünzen ab und führte an deren Statt den Gebrauch der eisernen Münze ein, der er bei der großen Schwere und Masse einen

Periöken und Heloten. Als Sittenwächter waren sie mit weit reichenden Befugnissen und Rechten ausgestattet. Bei Prozessen vor der Gerusie (sc. Rat der Alten, Senat, d.V.) konnten sie als Ankläger auftreten, ferner oblag ihnen die Zivilgerichtsbarkeit. – Ihre politisch bedeutsamste Rolle war aber zweifellos ihre Kontrolle über die Amtsträger, besonders über die mit enormer Machtfülle ausgestatteten Könige. Einige meinen deshalb, dass gerade diese Wächterfunktion gegenüber den Königen, die durch ihre Allmacht im militärischen Bereich die Verfassungsordnung am meisten bedrohten, der Grund für die Einführung des Amtes gewesen sei.«

110 ARNOLD J. TOYNBEE: Krieg und Kultur, 37.

111 FRITZ SCHACHERMEYR: Griechische Geschichte, 127.

112 PLUTARCH: Lykurgos, 8, in: Lebensbeschreibungen, I 112.

so geringen Wert gab«, daß sie in großen Beträgen weder aufzubewahren noch zu transportieren war. Und auch anderenorts sollte das Münzeisen nicht brauchbar sein. »Denn *Lykurg* tauchte das Eisen glühend in Essig und benahm ihm dadurch die Härte, so daß es zu jeder anderen Verwendung untauglich wurde.«[113]

Diese Maßnahmen führten dazu, daß das spartiatische Geld in anderen griechischen Ländern als Zahlungsmittel nicht eingesetzt werden konnte. »Daher war auch in Sparta kein Handel mit fremden Modewaren, kein Handelsschiff kam in die spartanischen Häfen; ebensowenig betrat die Grenzen Lakoniens ein Sophist, ein herumziehender Wahrsager, ein Mädchenhändler oder ein Hersteller goldener oder silberner Schmuckstücke, weil da kein Geld zu holen war.«[114] Aller Luxus und alles Prunken mit Reichtum entfielen dadurch; und zusätzlich sorgte die Einrichtung der gemeinsamen Mahlzeiten dafür, daß auch mit üppigen Gelagen keine Zurschaustellung persönlicher Geltung möglich war[115].

Insbesondere in der Ehe sollte es keine Eifersucht geben, indem *Lykurg* »es zwar für ratsam (hielt), Frechheit und Ausschweifung (sc. dem notorischen Fremdgehen, d.V.) ... zu steuern, auf der anderen Seite aber fand er es dem Staat zuträglich, wenn unter den würdigen Männern eine Gemeinschaft der Kinder und deren Erzeugung stattfände, und lachte deshalb diejenigen aus, welche bei solchen Dingen durchaus keine Teilhabe gestatten und sich deshalb durch Krieg und Blutvergießen rächen. Es war also einem bejahrten Manne, der eine junge Frau hatte, vergönnt, einen jungen wackeren Mann, der ihm gefiel, den er für tüchtig hielt, bei seiner Frau einzuführen und das von ihnen aus edlem Samen erzeugte Kind für das seinige zu erkennen. Auf der anderen Seite stand es auch einem rechtschaffenen Manne frei, wenn er die Frau eines anderen wegen ihrer Fruchtbarkeit und Tugend schätzte, deren Gatten um Erlaubnis zu bitten, daß er ihr beiwohne ... und gute Kinder erzeugen dürfe, die mit anderen guten Kindern verwandt und verschwistert wären. Denn ... *Lykurg* (glaubte), daß die Kinder nicht den Vätern zu eigen (seien), sondern dem Staat gehörten.«[116]

Selbst im Tode herrschte äußerste Schlicht- und Gleichheit: *Lykurg* »verordnete ..., den Toten nichts mit ins Grab zu geben, sondern sie

113 PLUTARCH: Lykurgos, 9, in: Lebensbeschreibungen, I 113.
114 PLUTARCH: Lykurgos, 9, in: Lebensbeschreibungen, I 113–114.
115 PLUTARCH: Lykurgos, 10, in: Lebensbeschreibungen, I 114,
116 PLUTARCH: Lykurgos, 15, in: Lebensbeschreibungen, I 121.

nur in ein rotes Tuch zu wickeln, mit Ölblättern zu bedecken und auf diese Weise zu begraben. Der Name der Verstorbenen durfte nicht auf das Grabmal gesetzt werden, außer bei einem Mann, der im Kriege gefallen, und bei einer Frau, die im Wochenbett gestorben war. Die Zeit der Trauer schränkte er sehr ein und bestimmte dazu nicht mehr als elf Tage; am zwölften wurde der *Demeter* (sc. der Erdmutter, d.V.) geopfert, und damit hatte die Trauer ein Ende.«[117]

Fragt man sich nach dem Sinn dieses spartanischen Kosmos, so gab *Lykurg* selber die beste Antwort. »Wie können wir die Einfälle der Feinde abwarten?« erkundigte man sich bei ihm, und er erwiderte, lakonisch genug: »Wenn ihr arm bleibt, und keiner mehr als der andere zu besitzen strebt.«[118] Die gesamte Staatsverfassung des *Lykurg* war ein kasernierter Kriegskommunismus, der die Spartiaten als eine Herrscherelite auf das engste aneinander band, um ihre gemeinsame Gewaltausübung gegenüber den unterworfenen Heloten desto effektiver ausfallen zu lassen.

Welch einen Zynismus die im Umgang miteinander so tugendbemühten Spartiaten der versklavten Bevölkerung der Messenier entgegenbrachten, erzeigt sich nirgends so deutlich als in der Institution der *Kryptia*, die so unglaublich anmutet, daß PLUTARCH selbst sie für eine spätere Degeneration erklärt, die er *Lykurg* gar nicht erst zutrauen möchte. Denn: »Mit dieser Kryptia verhielt sich's so: Die Obern schickten von Zeit zu Zeit die verständigsten und kühnsten unter den Jünglingen, die sonst nichts als einen Dolch und die notwendigsten Lebensmittel bei sich hatten, ohne besondere Ursachen an, das Land zu durchstreifen. Diese zerstreuten sich überall, hielten sich den Tag über in Schlupfwinkeln verborgen und ruhten aus; des Nachts aber gingen sie auf die Landstraßen und töteten alle Heloten, die ihnen in die Hände fielen. Zuweilen durchstrichen sie sogar die Felder und machten da die stärksten und ansehnlichsten unter den Heloten nieder ... ARISTOTELES besonders sagt, die Ephoren hätten beim Antritt ihres Amtes als erstes den Heloten den Krieg angekündigt, damit deren Ermordung rechtmäßig und ohne Verbrechen geschehen könnte.«[119]

Diese Darstellung der spartanischen Rechtsordnung bei PLUTARCH ist kostbar ihres Kontrastes wegen. Anders als in den altorientalischen Reichen ist die herrschende Gewalt hier nicht das Kennzeichen

117 PLUTARCH: Lykurgos, 27, in: Lebensbeschreibungen, I 134.
118 PLUTARCH: Lykurgos, 19, in: Lebensbeschreibungen, I 126.
119 PLUTARCH: Lykurgos, 27, in: Lebensbeschreibungen, I 135.

einer absolutistischen Monarchie, die im Auftrag und in Stellvertretung der Götter auf Erden regiert; selbst wenn *Lykurg*s Gesetze in der Tradition auf die Spruchweisungen (*rhḗtrai*) des delphischen *Apoll* zurückgeführt wurden, zeigt sich in Sparta, nicht anders als in Athen, der griechische Wille zur Herrschaft des Volkes, zur Demokratie; selbst das Doppelkönigtum der Spartaner sollte ja beraten werden von den *áristoi*, begrenzt werden von der *apellá* und beaufsichtigt werden von den *éphoroí*; wohl betraten die Könige mit ihren Funktionen bei Opfer und Krieg die Sphäre des Göttlichen – bei diesen Handlungen waren auch sie für Tier und Mensch die Herren über Leben und Tod –, doch sie verblieben in Amt und Person in der Gleichheit der Menschen. Nur um so deutlicher zeigt sich allerdings gerade in Sparta, wie die strafrechtlichen Vorstellungen eines Staatswesens ausfallen werden, das auf der Basis von Angst und Gewalt die Überlegenheit des eigenen Volkskörpers gegen die angrenzenden Nachbarvölker durchzusetzen und zu verwalten sucht: es gehört zur Jugenderziehung, durch praktische Übung zu lernen, wie man Menschen aus einer anderen Gruppe tötet, die sich ihrerseits durchaus nicht feindlich verhalten. – Und so hat sich's erhalten bis heute. *Unsere* Rekruten lernen das Töten mit weitreichenden Waffen bei Schießübungen auf »Pappkameraden« oder im Nahkampf mit dem Bajonettstoß in den Unterleib von Strohpuppen; und die Grundeinstellung ist dieselbe: in jedem Falle gibt man sich ein absolutes Recht zum Töten; denn selbst der nicht als gefährlich oder feindselig erkennbare Andere verdient in Angst aus »Sicherheitsgründen« den Tod, – er *könnte* gefährlich werden, das genügt, um sich das Recht zu seiner Beseitigung zu geben. In Kolonialreichen und Apartheitsregimen ist die Praxis bis heute so rassistisch wie damals in Sparta.

Ein besonders arges Beispiel für die Skrupelosigkeit des Vorgehens der Spartaner überliefert THUKYDIDES in seiner »Geschichte des Peloponnesischen Krieges«: Als im Sommer 424 v. Chr. die Athener sich bei Pylos an der Westküste Messeniens auf der Peloponnes festgesetzt hatten, befürchteten die Spartaner, die Heloten könnten zu ihnen überlaufen, und um das zu verhindern, boten sie denen, die für sie zu kämpfen bereit waren, die Freiheit an; doch das taten sie nur, um die tapfersten und selbstbewußtesten unter ihren potentiellen Gegnern herauszufinden »in der Meinung, diejenigen, die zuerst die Freiheit beanspruchten, würden in ihrem Stolz auch die ersten sein, sich zu erheben. Und als sie gegen Zweitausend ausgewählt, bekränzten sich die und zogen bei allen Tempeln umher als Befreite, nicht viel später aber schafften die Spartaner sie beiseite, und es wußte niemand zu sagen, auf welche Weise jeder umkam.«[120]

Warum das? Selbst bei der Bekämpfung von sogenannten »Partisanen« oder »Terroristen« gilt die exemplarische Liquidierung willkürlich herausgegriffener Sollzahlen von Einheimischen in Besatzungsgebieten heute als Kriegsverbrechen. Doch ist anders ein Krieg zu führen? Messenien war damals ein spartanisches Besatzungsgebiet, das die Okkupanten nur durch Einschüchterung und Kontrolle im Griff halten konnten. Unter solchen Umständen sind die Tüchtigsten unter den Gegnern die Gefährlichsten für die eigenen Leute, – man muß sie ausschalten, bevor es zu spät ist. Also gebietet es zu allen Zeiten die Angst, heutigentags am einfachsten durch gezielte Tötungen mittels Drohnen und »smart bombs«.

Wir geben uns heute in der *political correctness* als sicher, daß die Staatsform der Demokratie identisch sei mit Freiheit, Wohlstand und kultureller Blüte; doch das Bild, das wir bereits im antiken Griechenland als dem Stammland der Demokratie gewinnen, ist, wie zu sehen, ein ganz anderes. Daß ein Volk an die Macht gelangt, ist keinesfalls gleichbedeutend mit rechtspolitischer Weisheit und humanitärer Größe; die Durchsetzung der eigenen Gruppeninteressen hört in staatlicher Organisation nicht etwa auf, sie nimmt vielmehr an Gewalt und Grausamkeit quantitativ wie qualitativ erheblich zu, und zwar, wie sich zeigt, nicht etwa nur unter der Herrschaft gottgleicher Autokraten, sondern nicht minder auch und gerade in einer Staatsform der »Volksherrschaft«. Ein ganzes Volk kann, wie das spartanische, nach innen eine sogar extreme Form der Gleichheit und der Anspruchslosigkeit pflegen und dennoch durch und durch von Angst und Gewalt geprägt sein, die es nach außen in dem Autostereotyp der Anspruchsrechte eines Herrenvolkes in größter Rücksichtslosigkeit auftreten läßt, – rassistische Überlegenheit, religiöse Auserwähltheit oder einfach politisch-wirtschaftlicher Opportunismus kann

120 THUKYDIDES: Geschichte des Peloponnesischen Krieges, IV 80, S. 188; vgl. PLUTARCH: Lykurgos, 28, in: Lebensbeschreibungen, I 135. SEBASTIAN SCHMIDT-HOFNER: Das klassische Griechenland, 195, erinnert »an die Kapitulation der Plataier 427 ..., die sich den Spartanern auf Treu und Glauben ergaben, um dann mit Rücksicht auf Theben exekutiert zu werden«. THUKYDIDES: A.a.O., II 53, S. 84, schildert die Auflösung der Sitten im Krieg und nach Ausbruch der Pest mit den Worten: »Alle Lust im Augenblick und was, gleichviel woher, dafür Gewinn versprach, das hieß nun ehrenvoll und brauchbar. Da war keine Schranke mehr, nicht Götterfurcht, nicht Menschengesetz; für jenes kamen sie zum Schluß, es sei gleich, fromm zu sein oder nicht, nachdem sie alle ohne Unterschied hinsterben sahen.«

dabei maßgebend sein. Militarismus als Ordnungsprinzip, Kommunismus als Verteilungsform aller Güter, Totalitarismus des Staates als Zwangskontrolle und eine Anpassungsdiktatur aller Bürger – das alles vereinbart sich durchaus mit einer »Volksherrschaft« in Angst. Das ganze Rechtssystem eines solchen Volkes fußt unter Umständen, wie im Falle Sparta, auf gerade dem Unrecht von ständiger Ausbeutung, Versklavung und Gewalt, dessen Folgen die nur allzu verständlichen Gründe der Angst bilden, die das Rechtssystem eines solchen Volkes zu einer unentrinnbar scheinenden Obsession macht. Wer in der Gegenwart nach Parallelen sucht, findet sie, gigantisch erweitert, in der Kolonialzeit westlicher Demokratien des 19./20. Jhs. wieder sowie in dem Neokolonialismus des wirtschaftsliberalen Kapitalismus im Umgang mit den Ländern der Dritten Welt. Wie sehr die Ideologie und Praktik des sogenannten Dritten Reiches sich auf das Beispiel Spartas zu berufen wußte, ist allgemein bekannt.

Aber Athen! Dort, nicht in Sparta, glaubt man den Beleg für die Umformung von Unrecht in Recht in staatlicher Obhut in Händen zu halten. Doch auch und gerade hier sah die Wirklichkeit anders aus. »Die attische Bürgerschaft«, schrieb FRITZ SCHACHERMEYR, »war eine bis ins Extrem eigensüchtige Gesellschaft, die ihren Verein rücksichtslos auf Kosten der Bündner (sc. in dem 478 v.Chr. gegründeten attisch-delischen Seebund, der Athen zur Großmacht aufsteigen ließ, d.V.) ausgestaltete. Wohl begünstigte sie in den Bundesstädten die Abschaffung oligarchischer Sonderrechte und damit die Einführung einer Demokratie, sie beutete diese demokratischen Gemeinden aber kaum weniger aus als die oligarchischen. So bedeutete attische Demokratie kein Bekenntnis zu einer über Geld und Geburt stehenden generellen Menschenwürde, sondern nur die Gleichberechtigung der attischen Bürger in ihrem nach außen völlig egoistischen Bürgerverein ... Athen dachte zuerst immer nur an sich selbst und an seine eigene Demokratie, für den demokratischen Gedanken im allgemeinen brachte es kaum jemals wesentliche Opfer. Dabei mag es begreiflich erscheinen, daß die ärmeren Volksschichten, die *Theten* (sc. Handwerker, d.V.), auf die sich die radikale Demokratie insonderheit stützte, nicht so leicht großzügig ... zu denken vermochten.«[121]

Aber gerade die Adeligen und Begüterten standen der Staatsidee der radikalen Demokratie durchaus positiv gegenüber. Athen wie Sparta strebten nach einer weitgehenden »Aufhebung aller Vorrechte

121 FRITZ SCHACHERMEYR: Griechische Geschichte, 167.

und Unterschiede innerhalb des Bürgerverbandes zugunsten völliger Gleichberechtigung«.[122] Und was die Spartaner zugunsten ihrer Hingabe an den Staat den Heloten an Arbeit auferlegten, kassierte Athen durch Tributzahlungen der Gemeinden des Attischen Seebundes. Der wesentliche Unterschied zwischen den beiden Staatsverfassungen bestand in der Kasernenzucht Spartas und in der relativen Freiheit des Privatlebens in Athen.

Doch der Preis gerade dafür bestand rechtspolitisch in einer »zweifelhaften Gerechtigkeit«. »Athen ... liebte schwere, pathetische gerichtliche Strafen, wie es auch andere Poleis taten. Alle Billigkeit und Objektivität des Strafmaßes, alle Richtigkeit des Verhältnisses zwischen Vergehen und Strafe ... wurden ... durch die Idee getrübt, welche sich die Polis von sich selbst machte. Jedes Vergehen wurde hier ... als Bedrohung des Staates, als Minderung seiner Sicherheit betrachtet; demnach hatte jeder Prozeß die Neigung, in das Politische überzuschlagen, und die Strafen erhielten so, weil die Polis die eigentliche Religion der Griechen war oder sein sollte, völlig das Ansehen einer Rache wegen Verletzung eines Heiligsten.«[123]

Wie man sieht, galt auch im Strafrecht Athens die Vorstellung, daß jedes Vergehen sich gegen den Staat als eine gewissermaßen göttliche Instanz richte und entsprechend zu ahnden sei, – auch ohne die Vergöttlichung des Herrschers trat der Staat seinen Bürgern als eine göttliche Institution gegenüber, und es ist klar, daß, wenn es so steht, selbst geringfügige Vergehen auf das härteste bestraft werden mußten, – mit der Todesstrafe als einer Art Allzweckwaffe der Verbrechensbekämpfung; daneben wurden vor allem Geldstrafen verhängt und in verschiedenen Graden und Zeiträumen insbesondere die *atimía* (griech. – Unehre, Entziehung der bürgerlichen Ehrenrechte bis hin zur Ächtung) ausgesprochen; wer die *timía* (die Ehre) verloren hatte, durfte nach Lust und Laune in der Öffentlichkeit von jedem, der wollte, hergenommen werden. Oft fielen sogar die Kinder, eheliche wie uneheliche, der Entehrung der Eltern mit anheim. Dabei lag im 4. Jh. v. Chr. die Rechtsprechung so gut wie ganz in den Händen von Geschworenengerichten, – einzig Tötungsdelikte waren dem Areopag vorbehalten. Das »Demokratische« dieser Geschworenengerichte zeigte sich besonders in der Vielzahl der Geschworenen, – jährlich wurden 6000 mögliche Richter durch Los bestimmt, und die

122 A. a. O., 164.
123 JACOB BURCKHARDT: Griechische Kulturgeschichte, I 80.

großen Klagefälle konnten mit 201, 501 oder 1501 Laienrichtern verhandelt werden.

Eine erhebliche Rolle spielten in diesem Zusammenhang die Sykophanten (*sykophántēs* – der Feigenanzeiger; eigentlich jemand, der Verstöße gegen das attische Exportverbot von Feigen anzeigt; dann: ein Denunziant, Schwindler, politischer Erpresser, falscher Ankläger), deren Umtriebigkeit ungestraft hingenommen wurde, während sie mit ihren zweifelhaften Anschuldigungen viele in die Ehrlosigkeit trieben. Unbedeutende Tatbestände konnten als Verrat (*prodosía* – Verrat, Hochverrat) aufgebauscht werden. »Auch der Asebieprozeß (sc. *asébeia* – Gottlosigkeit, d.V.) nimmt denselben Charakter der unsinnigen Heftigkeit an, weil es eben auch die Polis ist, welche ihn erhebt. Nie und nirgends hat ein so lächerliches Mißverhältnis existiert zwischen der Rache für beleidigte und bezweifelte Götter und der ethischen und theologischen Geringfügigkeit eben dieser Götter. Auch das Furchtbarste, das Unbegrabenbleiben, durfte in den Strafparagraphen dieses Staatswesens für den Staatsverbrecher unmöglich fehlen ... dabei mag man sich gegenwärtig halten, wie schon als Mittel des Prozesses die Folter gegen Bürger nichts Unerhörtes war. Sie war die psychologische Konsequenz und Parallele der Sklavenfolter, im Grunde aber auch schon eine Konsequenz der Idee der Polis als solcher; da ihr gar alles erlaubt ist, so darf sie auch die Tatbestände, die sie interessieren, mit allen Mitteln ans Licht ziehen.«[124]

Da also haben wir ihn wieder: den innigen Zusammenhang von Macht und »Recht«: die Staatenbildung erhebt nicht allein den Anspruch auf das Gewaltmonopol, sondern zugleich auch auf das Monopol der Rechtsfestsetzung und der Rechtsprechung (der Legislative und der Judikative) sowie der Rechtsausübung (Exekutive) vornehmlich im Strafrecht. Dabei scheint es in der Praxis nahezu irrelevant, ob der Staat mit seinen Einrichtungen sich als von den Göttern gegeben und beauftragt betrachtet, oder ob er umgekehrt seine selbstgeschaffenen Satzungen für göttlich, das ist: für unhinterfragbar und

124 A.a.O., I 80. – ERIK WOLF: Platon, 272–276: Gottlosigkeit und Kultfrevel, 275, betont die Generalklausel: » ›Wenn jemand sich in Wort und Tat als gottlos erweist‹, wird er mit Einsperrung bestraft. – Das gibt den Anlaß zur Erwähnung von drei verschiedenen Arten der Gefängnisse. Eins dient dem Zweck der Sicherung, eins der Besserung und eins der Abschreckung: das erste befindet sich auf dem öffentlichen Platz der Stadt; das zweite, *sōphronistērion* genannt, ist am Versammlungsort des nächtlichen Rats; das dritte inmitten des Landes, an einem wüsten Ort.« Das ist (PLATON: Nomoi 908 a/b, Werke VI 269–270) eine Neuerung, der heute in etwa die »Schuldhaft« und »Verwahrungshaft« entspricht.

unangreifbar erklärt. Ideologisch überhöht wird so oder so die simple Tatsache, daß es die Macht selbst ist, die regiert und sich zum Regieren die notwendigen Mittel beschafft.

An dieser Zwischengrenze von Menschlichem und Göttlichem tritt nun juristisch der *Eid* beziehungsweise die konditionale Verfluchung als ein nicht unwesentliches Instrument des Machterhalts in Erscheinung. Noch heute kommt kein Gerichtsprozeß im Zweifelsfalle ohne die Vereidigung der Zeugenaussage als ein Mittel der Wahrheitsfindung aus, – drei Monate bis fünf Jahre Haft stehen als Strafe schon auf eine uneidliche Falschaussage (StGB § 153), und nicht unter einem Jahre Haft ist auf Meineid vor Gericht vorgesehen (StGB § 154), wobei schon der große zeitliche Ermessensspielraum der Straffestsetzung den Umfang der persönlichen Entscheidungsvollmacht des Richters nach bestimmten Grundsätzen der Strafzumessung (StGB § 46,1 – 3) umschreibt. In Athen war es die Polis selber, die Verfluchungen aussprach, »wobei der im tiefsten Grunde laienhafte Staat sich kirchlich gebärdet, sobald er in Wut gerät ... Diese Flüche ... sollten zur künstlichen Hervorhebung eines Schreckens dienen; der Staat erlaubte sich, solchen in Vorrat zu fluchen, die einem bestimmten Beschluß jemals zuwider handeln würden ... abgesehen von diesen konditionellen Flüchen, welche übrigens ihre Parallele in der konditionellen Selbstverfluchung bei Beteuerung von Unschuld haben, suchte man die Zukunft durch drohende Psephismen (sc. *psēphisma* – Volksbeschluß, d.V.) zu binden, welche gegen jeden Atimie oder Todesstrafe festsetzten, der je das Gegenteil von irgend etwas für gut Befundenem beantragen würde.«[125]

125 JACOB BURCKHARDT: Griechische Kulturgeschichte, I 80–81. – Fairerweise muß man sagen, daß Unrechtstaten gegen die Allgemeinheit mit öffentlichen Klagen verfolgt wurden – mit einer *graphē* (im Gegensatz zur privatrechtlichen *díkē*); daneben gab es die *Eisangelie*, die »Meldeklage«, z.B. wegen Hochverrats (*prodosía)* oder Religionsfrevels (*asébeia*). Aus diesen Anzeigen und Anklagen erwuchs das Geschäft der Sykophanten; um diesen das Handwerk zu legen, »wurde eine Strafe von 1000 Drachmen über diejenigen verhängt, die eine öffentliche Klage nach Anhängigkeit fallen ließen«. GERHARD THÜR: Recht im antiken Griechenland, in: Ulrich Manthe (Hg.): Die Rechtskulturen der Antike, 224. Da die besonders gefährlichen Vorwürfe wie Hochverrat und Religionsfrevel nicht fest definiert waren, ergab sich für die Geschworenen ein weiter Ermessensspielraum – und eine riesige Chance für die Rhetoren, sich selbst zu profilieren und das Urteil zu manipulieren. (A.a.O., 225) – An sich begann jede Verhandlung »mit einer Eidesleistung, der *Diomosia.* Mit ihr stellte der *Àrchōn Basileús* in einem formalen Beweisverfahren fest, ob der Beschuldigte getötet hatte oder nicht: Barfuß auf den Eingeweiden eines unter Beachtung aller religiöser Vorschriften geschlachteten Ebers, Widders und Stieres stehend ... beschworen der Kläger und – in der Funk-

Natürlich führte diese Praxis zu einer erheblichen Rechtsunsicherheit, – ähnlich der Rolle eines Familienvaters, der sich das Recht nimmt, im Zorn alle möglichen Verwünschungen gegen seine Ehefrau und gegen seine Kinder auszusprechen. Doch es mußte beim Verwünschen nicht bleiben, wenn es darum ging, jemanden durch »Abschiebung« loszuwerden. Das Verfahren dazu war der *ostrakismós* – das »Scherbengericht«, bei dem man »allzu hervorragende Männer durch eine Volksabstimmung (mit 6000 Stimmen) auf 10, später 5 Jahre aus Athen und dessen nächster Umgebung verwies«.[126] Eigentlich zielte der *Ostrakismós* darauf ab, »die Macht der Volksversammlung, des Volksrats und der Gerichte« zu stärken. »Immer schon, seit indo-europäischer Urzeit, hatte die öffentliche Meinung ihre hohe Bedeutung besessen und war meist stärker gewesen als Könige und einzelne Männer.« Doch erst *Kleisthenes*, um sich der Tyrannei einzelner Persönlichkeiten mit ihrem Charme und Charisma zu erwehren, »schmiedete der öffentlichen Meinung eine scharfe Waffe der Mißgunst: Mit Hilfe des Scherbengerichts konnte jeder beliebige Mitbürger, auch wenn er sich nichts zuschulden kommen ließ, ja gerade wenn er durch seine Verdienste hervorragte, für zehn Jahre außer Landes verwiesen werden, bloß weil ihm ein größerer Teil der Bürger mißtraute. Hiergegen gab es keine Rechtsmittel, keine Verteidigung. Der Spruch des Volkes war inappellabel.«[127]

tion von Eideshelfern – seine Zeugen mit einem Überführungseid die Schuld des Angeklagten ... Die Feststellung durch einen Überführungseid gehörte ... in eine Zeit, in der man noch an die Strafe der Schwurgötter für den Fall eines Meineids glaubte.« EBERHARD RUSCHENBUSCH: Solon: Das Gesetzeswerk – Fragmente, 18. »Schwierigkeiten ergaben sich erst dann, als auch bei nicht offenkundiger Tat geklagt wurde und der Beschuldigte wegen des Fehlens von Tatzeugen die Tat mit einem Reinigungseid bestreiten konnte. Es stand dann Eid gegen Eid ... *Solon* selbst war noch fest davon überzeugt, dass die Götter jedes Unrecht, darunter auch den Meineid, bestrafen.« (S.19) Zum Beweisrecht vgl. Fragmente 41–44, S. 79–82.

126 Benselers Griechisch-Deutsches Schulwörterbuch, 649. PLUTARCH: Aristeides 7, in: Lebensbeschreibungen, II 250, gibt von dem Verfahren der Verbannung diese Beschreibung: »Jeder Bürger nahm eine Scherbe (*óstrakon*), schrieb darauf den Namen des Mannes, den er aus der Stadt entfernen wollte, und trug sie an einen mit Schranken umschlossen Platz auf dem Markt. Die Archonten zählten nun erst die Menge der abgegebenen Scherben zusammen; denn wenn der Stimmen weniger als sechstausend waren, konnte der Ostrakismos nicht vollzogen werden. Hierauf legten sie jeden Namen besonders und machten durch öffentlichen Ausruf denjenigen bekannt, der durch die meisten Stimmen auf zehn Jahre, jedoch mit freier Verfügung über sein Vermögen, verbannt wurde.«

127 FRITZ SCHACHERMEYR: Griechische Geschichte, 132.

Hier also haben wir den (seltenen) Fall einer wörtlich genommenen »Demokratie« (Volksherrschaft); und das Ergebnis? »Alle ausgezeichneten Athener des V. Jahrhunderts haben einmal diesen Weg (sc. der Verbannung durch Volksentscheid, d.V.) gehen müssen oder es hat ihnen dies wenigstens gedroht ... Hier äußert sich der ewige Haß«, meinte JACOB BURCKHARDT, »– nicht des Pöbels; denn die Volksmasse denkt oder fühlt eher für den Großstreber, wenn man sie nicht künstlich aufhetzt –, sondern der impotenten Eitelkeiten gegen das Seltene und Einzige, der *Ostrakismos* ist eine Erfindung der Strebermasse. Das athenische Volk ist töricht genug gewesen, die Verantwortung für deren Treiben auf seinen breiten Rücken zu nehmen.«[128] Es vertrieb in seinem Haß auf alles Hohe, das es nicht selbst war, die Besten und Verdienstvollsten aus seiner Mitte.

Aristeides zum Beispiel, Stratege in der Schlacht von Marathon 490 v.Chr. und Anhänger des siegreichen *Miltiades*, wandte sich gegen die Seemachtspläne des *Themistokles*, weil diese das Heer der Hopliten zurückgedrängt hätten; als aber *Themistokles* sich durchzusetzen begann, fiel *Aristeides* in Ungnade beim Volk, – man stimmte für seine Verbannung. Wie es dabei zuging, schildert PLUTARCH: »Als damals über *Aristeides* gestimmt wurde«, schreibt er, »reichte ... ein ganz unwissender Landmann, der nicht einmal die Buchstaben konnte, dem *Aristeides*, den er für einen gemeinen Bürger ansah, seine Scherbe hin und bat ihn, den Namen des *Aristeides* darauf zu schreiben. Dieser fragte ihn voll Verwunderung, ob ihm denn *Aristeides* etwas zuleide getan hätte? ›Gar nichts‹, antwortete er, ›ich kenne den Mann nicht einmal, aber es ärgert mich, daß ich ihn überall den Gerechten nennen höre.‹ So schrieb nun *Aristeides*, ohne ein Wort zu erwidern, seinen Namen auf die Scherbe und gab sie ihm. Als er die Stadt verließ, hob er die Hände gen Himmel und betete ...: die Athener möchten nie in eine Lage kommen, welche das Volk zwänge, sich des *Aristeides* zu erinnern.«[129] Doch es kam schließlich versöhnlicher: bald schon gewann *Aristeides* seinen politischen Einfluß zurück und wurde 479 erneut Stratege, als welcher er die athenische Streitmacht in der Schlacht von Platäa unter dem Kommando des Spartaners *Pausanias* gegen die abziehenden Perser leitete[130].

128 JACOB BURCKHARDT: Griechische Kulturgeschichte, I 72.
129 PLUTARCH: Aristeides 7, in: Lebensbeschreibungen, II 251.
130 Vgl. a.a.O., Aristeides 11–19, in: Lebensbeschreibungen, II 255–266. PLATON: Gorgias 526 b, Kap. 81, in: Sämtliche Werke, I 281–281, läßt *Sokrates* als

Schlimmer indessen traf es seinen Kontrahenten *Themistokles*, dessen äußerst riskante Seeschlachtstrategie bei Salamis im Jahre 480 v. Chr. Athen vor dem Untergang gerettet hatte. Sehr früh sah er voraus, daß der untergründig schwelende Konflikt zwischen Athen und Sparta um die Vormachtsstellung in naher Zukunft schon offen ausbrechen würde. 464 v. Chr. erschütterte ein Erdbeben die Stadt Sparta, die Messenier erhoben sich, und gerade in dieser Lage suchte *Themistokles* die Stärkung Athens voranzutreiben, ohne auf die Schwäche der Lakedämonier Rücksicht zu nehmen; damit aber scheiterte er an den Kräften, die den Waffengenossen von einst unter *Kimon* die Treue halten wollten; er wurde ausgestoßen und geächtet, schlug sich als Flüchtling durch Kleinasien durch und erlangte zum Glück Aufnahme bei dem persischen Großkönig *Artaxerxes I.* (465–424). Dort verbrachte er seinen Lebensabend in dessen Diensten[131], er, der Sieger über seinen Vorgänger *Xerxes* (486–465).

Auf solche Weise nahm das Rechtssystem Athens – man kann es nicht anders sagen – einen Zustand willkürlichen Unrechts an. Vor allem das Sykophantentum führte zu geheimer Absprache, Erpressung und Korruption. »Was die Polis erreichte, war: Einschüchterung der Schuldlosen, Händel und Abfindung zwischen Schuldigen, Demagogen und Sykophanten hinter ihrem Rücken, und ein übler Duft, der das ganze öffentliche Leben durchzog und zur heimlichen und sichtbaren Abwendung vieler der besten Bürger von demselben gewiß das meiste beitrug.«[132]

Und wie im Inneren, so im Äußeren: Gerade auf dem Höhepunkt seiner Macht, im Sommer 430, als im Peloponnesischen Krieg in

»vorzüglich berühmt ... unter den anderen Hellenen« wegen seiner Gerechtigkeit *Aristeides* nennen.

131 FRITZ SCHACHERMEYR: Griechische Kulturgeschichte, 150. – PLUTARCH: Themistokles, 22, in: Lebensbeschreibungen, I 262, spricht ausführlich von »dem Neide der Bürger«, die allen »Verleumdungen gegen *Themistokles* willig Gehör gaben«, bis daß sie »auch gegen ihn Gebrauch von dem Ostrakismos« machten, »so wie sie gegen alle Männer vorzugehen pflegten, deren Macht ihnen zu groß und außer Verhältnis mit der demokratischen Gleichheit zu stehen schien«. – »Auch *Miltiades* ..., den Sieger bei Marathon, hatten sie (sc. die Bürger von Athen, d.V.) schon beschlossen, in der Grube umkommen zu lassen«, sagt *Sokrates* im Gespräch mit dem Sophisten *Kallikles*; PLATON: Gorgias 516 d – e, Kap. 72, in: Sämtliche Werke, I 273.

132 JACOB BURCKHARDT: Griechische Kulturgeschichte, I 79. – EBERHARD RUSCHENBUSCH: Die Grenze im athenischen Recht, in: Kleine Schriften zur griechischen Rechtsgeschichte, 199, verweist darauf, »daß der Geltungsbereich des athenischen Blutrechts nicht an der Staatsgrenze endet, sondern soweit reicht, wie es auf der Welt athenische Bürger gibt«. Ein gleiches gilt für die Verstoßenen.

Athen die Pest ausbricht, an welcher ein Drittel des Volkes stirbt, hält *Perikles* seine zweite Rede, deren Hauptargument JACOB BURCKHARDT sinngemäß so wiedergibt: »Ja, wir sind verhaßt wie alle, die sich unterfangen haben über andere zu herrschen, und (sc. doch, d.V.) um großer Ziele willen muß man sich entschließen können, beneidet zu sein; unsere Herrschaft ist tatsächlich eine Tyrannis, aber wenn es unrecht scheint, eine solche ergriffen zu haben, so steht es jetzt gar nicht mehr bei euch, darauf zu verzichten, denn dann käme über euch die Rache.«[133]

Was zeigt sich hier? Wenn am Ende aller staatliche Anspruch auf Recht zurückfällt in die bloße Behauptung der Macht, diskreditiert er sich selbst als Unrecht, indem das Wesen des Staates als eines Gebildes organisierter Gewalt sich selber damit entlarvt. Alles wartet unter diesen Umständen auf die »Aufklärung« der griechischen Sophisten, wie einer von ihnen, *Kallikles*, sie in PLATONS Dialog »Gorgias« *Sokrates* entgegenhielt, indem er auf die Ordnung der Natur als die Wahrheit hinter dem kulturellen Überbau zurückgriff: »Die Natur selber«, sprach er, »beweist ..., daß es gerecht ist, daß der Edlere (sc. der Stärkere, d.V.) mehr habe als der Schlechtere (sc. Schwächere, d.V.). Sie zeigt aber (sc. sogar, d.V.) vielfältig, daß sich dieses so verhält, sowohl an den übrigen Tieren als auch an ganzen Staaten und Geschlechtern der Menschen, daß das Gerechte so bestimmt ist, daß der Bessere über den Schlechteren herrsche und mehr habe. Denn nach welchem Recht führte *Xerxes* (sc. 486–465, d.V.) Krieg gegen Hellas oder dessen Vater (sc. *Dareios I.*, 522–486 v.Chr., d.V.) gegen die Skythen? Und tausend anderes der Art könnte man anfüh-

133 JAKOB BURCHKARDT: Griechische Kulturgeschichte, I 79. Vgl. THUKYDIDES: Geschichte des Peloponnesischen Krieges, II 64, S. 89. – Im 5. Jh. v.Chr., unter *Perikles*, wurden »nicht weniger als sechstausend Athener durch das Los zum Richteramt berufen, und so viele, also die Gesamtheit der Geschworenen, haben ... das Urteil zu fällen.« JUSTUS HERMANN LIPSIUS: Das attische Recht und Rechtsverfahren, 135. – Ein solches Verfahren, zweifellos, ist »demokratisch«, schließt aber juristischen Sachverstand und juridische Weisheit nahezu aus. – ERBERHARD RUSCHENBUSCH: *dikastērion pántōn kýrion* (sc. das allmächtige Volksgericht, d.V.), in: Kleine Schriften zur griechischen Rechtsgeschichte, 25, stellt fest, daß »durch die Gesetzeskritik der Sophisten« die Urteilsfindung »dem ›gesunden Volksempfinden‹, d.h. der Geschicklichkeit der jeweiligen Advokaten und der Neigung der 200, 500 oder 1000 Richter anheimgestellt« war. »An die Stelle des Gesetzes trat somit als höchste Rechtsnorm die willkürliche Entscheidung der Richterschaft.«

ren. Also, meine ich, tun sie dieses der Natur gemäß, und, beim *Zeus*, auch dem Gesetz gemäß, nämlich dem der Natur.«[134]

Mit diesen Worten erfaßt *Kallikles* nicht allein die politische Wirklichkeit Athens, das in der Praxis sich nicht anders aufführt als die verhaßten Perser, er sieht auch das Schicksal des *Sokrates* inmitten des Rechtsterrors der Sykophanten völlig realistisch voraus; denn so fährt er fort: » ... wenn jetzt jemand dich ... ergriffe und ins Gefängnis schleppte, behauptend, du habest etwas verbrochen, da du doch nichts verbrochen hättest: so weißt du wohl, daß du nicht wissen würdest, was du anfangen solltest mit dir selbst, sondern dir würde schwindlig werden, und du würdest mit offenem Munde stehn und nicht wissen, was du sagen solltest. Und wenn du dann vor Gericht kämest und auch nur einen ganz gemeinen und erbärmlichen Menschen zum Ankläger hättest: so würdest du sterben müssen, wenn es ihm einfiele, auf die Todesstrafe anzutragen.«[135]

Tatsächlich wird es mit *Sokrates* genau so kommen. Angesichts seiner eigenen drohenden Verurteilung wegen Leugnung der Götter und wegen Verführung der Jugend konnte und wollte dieser wahrhaft Weise sich nicht im mindesten gegen das Unrecht der organisierten Gewalt seiner Richter zur Wehr setzen, er vermochte lediglich zu betonen, daß, wenn sie ihn hinrichten würden, sie ihm »nicht größeren Schaden zufügen« könnten als sich selber, sei er doch »von dem (sc. delphischen, d.V.) Gott der Stadt beigegeben ... wie (sc. ein stechendes Insekt, d.V.) einem Rosse, das ... seiner Größe wegen zur Trägheit neigt und der Anreizung durch einen Sporn bedarf«.[136] Die Stimme des Gottes habe mit ihrem Auftrag ihn von Jugend an gehindert, »die Staatsgeschäfte zu betreiben. Und sehr mit Recht«, ergänzte er, »scheint es mir, sich dem zu widersetzen. Denn wißt nur, ihr Athener, wenn ich schon vor langer Zeit unternommen hätte, Staatsgeschäfte zu betreiben: so wäre ich auch schon längst umgekommen und hätte weder euch etwas genutzt noch mir selbst. Werdet mir nur nicht böse, wenn ich die Wahrheit rede. Denn kein Mensch kann sich erhalten, der sich, sei es nun euch oder einer anderen Volksmenge, tapfer widersetzt und viel Ungerechtes und Gesetzwidriges im Staate zu verhindern sucht: sondern notwendig muß, wer in der Tat für die Gerechtigkeit streiten will, auch wenn er sich nur

134 PLATON; Gorgias 484 d, in: Sämtliche Werke, I 239.
135 A. a. O., 486 a – b, in: Sämtliche Werke, I 241.
136 PLATON: Apologie, 1. Rede., 30 d – e, Kap. 18, in: Sämtliche Werke, I 21.

kurze Zeit erhalten soll, ein zurückgezogenes Leben führen, nicht ein öffentliches.«[137]

Man merke: Wer in einem Staat wie der athenischen Polis öffentlich auftritt und eine eigene Meinung vertritt gegenüber der Öffentlichkeit, der wird, sogar als ein im Auftrag *Apoll*s Auftretender, der Asebie (*asébeia* – Gottlosigkeit) beschuldigt, und als ein die Wahrheitsliebe aus Überzeugung Lehrender wird er auf Verderbnis der Jugend verklagt, und als ein die Strafjustiz für überflüssig Erklärender wird er mit dem Tode bestraft werden.

»Eines«, resümierte JACOB BURCKHARDT, »scheint in Athen ganz unmöglich gewesen zu sein, nämlich die Einführung eines Systems, das Regierung durch Wenige mit Freiheit für alle verband, einer die Gleichberechtigung der Regierten voraussetzenden Oligarchie. Denn der Mißbrauch der Gewalt wäre zu unvermeidlich gewesen, und THUKYDIDES selber sagt: es bedürfe des demokratischen Regiments, damit die Armen eine Zuflucht und die Reichen einen Zügel hätten.«[138]

Doch stattdessen fußte auch die athenische Polis, nicht anders als die spartanische, nur eine Weile lang prunkvoller strahlend, auf den Prinzipien von Angst und Gewalt, so daß es zurückblickend in absolutem Sinne zwischen *Kallikles* und *Sokrates* zu wählen gilt: entweder man erkennt in den Grausamkeiten der menschlichen Geschichte die Gesetze der Natur unverändert weiter am Werke und versucht, sie möglichst erfolgreich zum eigenen Vorteil in Dienst zu nehmen, oder man setzt dagegen das innere Wissen um Wahrheit und riskiert dafür sogar das eigene Leben; entweder alles Recht ist nichts weiter als eine Verteilungsform von Macht oder es ist vor allem Machtgebrauch zu fragen nach der Legitimation durch das Recht; entweder – in der Sprache des Neuen Testamentes – man fährt fort, in den Gleisen des »alten Menschen« zu existieren, oder man lebt als ein »neuer Mensch« jenseits von Angst und Gewalt in einem ruhigen Vertrauen.

Nur: wer bestimmt, was »Wahrheit« ist? Man kann sie als existentielle Wahrhaftigkeit finden im eigenen Leben, indem man, wie *Sokrates*, auf die Stimme des Gottes im eigenen Inneren, auf sein *daimónion*, hört; doch ein anderes ist es, wenn man urteilen soll bei Menschen, die inmitten einer Welt voller Angst und Gewalt die Wahrheit als zu gefährlich erachten und es vorziehen, sich nach Syko-

137 A.a.O., 31 d – e, 32 a, Kap. 19, in: Sämtliche Werke, I 22.
138 JACOB BURCKHARDT: Griechische Kulturgeschichte, II 72.

phantenart mit einer Fülle von Unwahrhaftigkeiten und Lügen hindurchzumogeln. Was ist, wenn in einem Strafprozeß Aussage gegen Aussage steht? In unseren Tagen kann das Sykophantentum in schier unendlicher Steigerung seinen Wiederauftritt in gewissen Pressekampagnen feiern, die der öffentlichen Meinung durch einseitige Streuung von (Fehl)Informationen, Vorverurteilungen und emotionalen Manipulationen (Stimmungsmache) eine bestimmte politische, juristische, wirtschaftliche oder moralische »Option« als Pflicht jedes Vernünftigen vorgaukeln. In einem solchen Fall aber geht es nicht um das Herausfinden von Wahrheit, sondern um die Durchsetzung einer Wahrheitsbehauptung die sich jeder Nachprüfung entzieht. Gleichwohl kommt es immer wieder zu gerichtsnotorischen Streitigkeiten, in denen Aussage gegen Aussage steht und das Problem sich stellt, nach welchen Kriterien eine Entscheidung über Recht und Unrecht, richtig und falsch gefällt werden kann.

Im antiken Griechenland reicht diese Frage zurück bis in die Gerichtspraxis der »Ilias«, die in zwei Szenen das Rechtsleben der frühgeschichtlichen Polis im 8. Jh. v. Chr. wiedergibt.

Zum einen: Auf dem Schild, den *Thetis* für ihren Sohn *Achill* bei dem göttlichen Kunstschmied *Hephaistos* in Auftrag gibt, ist dargestellt, wie auf dem Marktplatz das Volk sich versammelt, um einem Streit zwischen zwei Männern um ein geleistetes oder nicht geleistetes Wergeld für einen Erschlagenen beizuwohnen. Der eine gelobt (*eúchesthai*), alles bezahlt zu haben, der andere bestreitet, etwas erhalten zu haben; im Volk hält man laut schreiend zu dem einen wie zu dem anderen. Die Ältesten (*gérontes*) schließlich geben abwechselnd ihren Spruch ab (*dikázein*). Zwei Talente Gold sollen dem gegeben werden, der unter ihnen den »geradesten« Spruch erteile. Das Ende des Streites soll ein »Wissender« (*ístōr*) herbeiführen[139]. »Es läge nun nahe, in diesem *ístōr* jenen Geronten zu erblicken, der den Wettkampf um den besten Spruch gewinnt ... (Aber: d.V.) Wie kann man ... in der einfachen Frage, ob das Wergeld bezahlt worden sei oder nicht, ein Wettrichten unter einem Gremium von Amtsträgern veranstalten? Der von den Geronten abgegebene Spruch müßte über ein bloßes ›ja‹ oder ›nein‹ hinausgegangen sein.«[140]

Wie ein solches *dikázein* (Recht sprechen, Urteil fällen) in Worten geklungen haben mag, zeigt eine zweite Begebenheit der »Ilias«. Bei

139 HOMER: Ilias, XVIII 497–508, S. 393.
140 GERHARD THÜR: Recht im antiken Griechenland, in: Ulrich Manthe (Hg.): Die Rechtskulturen der Antike, 203.

den Wettkampfspielen zu Ehren des gefallenen *Patroklos* wird ein Wagenrennen abgehalten, bei dem eine Wendemarke den Parcours in zwei gegenläufige Richtungen teilt; an dieser Stelle ist ein Kampfrichter postiert, der auf die Einhaltung der Regeln achtet, eben ein *ístōr*, ein Schiedsrichter, »ein zum Sehen Bestellter« (von *vid* – wissen, sehen). Bei dem Rennen liegen an der Wendemarke *Antilochos*, der Sohn des *Nestor* (des Königs von Pylos), und *Menelaos*, der Sohn des *Atreus* und König in Sparta, an der Spitze; doch als *Antilochos* aus dem Rennen als Sieger hervorgeht, protestiert *Menelaos* bei dem Schiedsrichter, *Antilochos* habe ihn an der Wendemarke unfair überholt. Was stimmt nun? – Sonderbarerweise befragt man nicht den Posten an der Wendemarke, sondern der Streit wird allein zwischen den beiden Kontrahenten ausgetragen. *Menelaos* erklärt: »Du hast gegen die Regeln verstoßen«, und *Antilochos* erwidert: »Ich habe nicht gegen die Regeln verstoßen.« Daraufhin will *Menelaos* den Fall selber entscheiden, indem er seinen Gegner zum Schwur auffordert, mit den Worten:

> Komm, Antilochos, zeusgenährter, her, wie es Brauch ist,
> Stelle dich hin vor Pferde und Wagen, aber die Geißel
> Halte in Händen, die schwanke, mit der zuvor du getrieben,
> Und berühre die Pferde und schwöre beim Erderschütterer
> (sc. *Poseidon*, d.V.),
> Daß du den Wagen mir nicht mit Absicht und Arglist
> geschädigt.[141]

»Angesichts dieser Herausforderung, die eine Probe verlangte, verzichtet *Antilochos* darauf, die Probe abzulegen; er verzichtet auf den Schwur und räumt somit ein, gegen die Regeln verstoßen zu haben. Hier haben wir«, meinte MICHEL FOUCAULT, »eine einzigartige Form gerichtlicher Wahrheitsfindung. Nicht durch Zeugen, sondern durch eine Probe, die der eine vom anderen verlangt. Einer fordert einen anderen heraus, und der muss die Herausforderung annehmen oder verzichten. Wenn er die Herausforderung annimmt und tatsächlich

141 HOMER: Ilias, XXIII 581–585, S. 490. – EBERHARD RUSCHENBUSCH: Untersuchungen zur Geschichte des athenischen Strafrechts, in: Kleine Schriften zur griechischen Rechtsgeschichte, 118–120, S. 118, unterscheidet: »Bei dem Eid des Klägers handelt es sich um den in Eidesform gekleideten Tatvorwurf, um einen Überführungseid, während der Eid des Beschuldigten, ein Reinigungseid, die Bestreitung dieses Vorwurfs zum Inhalt hat. Verbunden ist mit dem Eid eine Selbstverfluchung für den Fall der Unwahrheit.«

schwört, fällt die Verantwortung für das Kommende, nämlich die endgültige Entdeckung der Wahrheit, unmittelbar den Göttern zu. Und wenn es ein Meineid wäre, müsste *Zeus* den Meineid strafen und mit seinem Blitz die Wahrheit enthüllen. – Das ist die alte, sehr archaische Wahrheitsprobe, in der die Wahrheit nicht durch Feststellung von Tatsachen, durch Zeugenaussagen, durch Ermittlungen oder Befragungen ermittelt wird, sondern durch eine Probe. Die Probe ist typisch für die archaische griechische Gesellschaft. Im Mittelalter werden wir sie wieder finden.«[142]

Wohlgemerkt durften in Griechenland nur Streitigkeiten zwischen den Sippen vor die große Versammlung der Polis kommen. »Daß diese Versammlung nicht in der Sache selbst entschied, sondern durch den Reinigungseid die Entscheidung letztlich einer göttlichen Autorität zuschob ..., ist bezeichnend dafür, wie die Machtverhältnisse in der frühen Polis ... kontrolliert wurden.«[143]

142 MICHEL FOUCAULT: Die Wahrheit und die juristischen Formen, 32–33.
143 GERHARD THÜR: Recht im antiken Griechenland, in Ulrich Manthe (Hg.): Die Rechtskulturen der Antike, 204. – Zum Prozeßgang vgl. JUSTUS HERMANN LIPSIUS: Das attische Recht und Rechtsverfahren, 804–828: Einleitung der Klagen. Die *Vorladung* (*prosklēsis*) erfolgte mit einer Ladefrist von vier Tagen. »Bürger behielten selbst dann, wenn sie des Mordes angeklagt waren, ihre völlige Freiheit und durften sich noch nach der ersten Verteidigungsrede der Verurteilung durch freiwilliges Exil entziehen«, außer bei Vatermord. (S. 811) Die Hauptaufgabe des Gerichtsvorstands war es, »die von ihm angenommene Klage durch Verhandlung mit den Parteien für die richterliche Entscheidung vorzubereiten.« (S. 829) Die *Vorprüfung* (*anákrisis*) trug die sachdienlichen Erklärungen zusammen. Eine *Einrede* gegen die Zulässigkeit einer Klage konnte durch *paragraphē* erfolgen, durch die Erklärung der Unzulässigkeit der Klage in der Klagebeantwortung (*antigraphē*), oder durch *diamartyría*, durch die Beibringung eines Zeugnisses, daß die Klage unzulässig ist. (S. 846) »Die größte Bedeutung unter den *Beweismitteln* beanspruchte das Zeugnis, je mehr der Grieche gewohnt ist, für alle Rechtsgeschäfte, auch wenn sie in schriftlicher Form erfolgen, Zeugen beizuziehen, sogenannte Solennitätszeugen (sc. *solennitas* – feierliche Bestätigung, d.V.), die im Beweisfall als Beweiszeugen Verwendung finden können.« (S. 871) »Von den Zeugnissen geschieden werden die Aussagen der Sklaven, weil sie ihnen auf der Folter (*básanos*) abgenommen sein mußten, um als Beweismittel dienen zu können.« (S. 888) Ohne peinliche Befragung galt eine Sklavenaussage nicht als glaubwürdig. Die *Hauptverhandlung* wurde eingeleitet mit Rauchopfer und Gebet (S. 904). Im 4. Jh. »hatte der leitende Beamte aus der Zahl der ihm zugelosten Richter zehn, aus jeder Phyle einen, durch das Los auszuheben.« (S. 904) Dann wurde die Klageschrift und die Klagebeantwortung verlesen. Jeder hatte vor Gericht seine Sache selbst zu führen. »Um das Mitleid der Richter zu erregen, war das beliebteste Mittel, sich mit Bitten an sie zu wenden, was namentlich im Epilog der Verteidigungsreden kaum jemals unterblieb.« (S. 919) Der *Vollzug des Urteils* lag bei Privatklagen in der Hand des Klägers, bei öffentlichen Klagen in der Hand des Staates. »Für Voll-

Doch auch in der entwickelten Form der Polis war der Eid im Prozeßrecht nach wie vor in Brauch. Erkennen läßt sich das in der Tragödie des »König Ödipus«, die SOPHOKLES etwa zwischen 436–433 v. Chr. auf die Bühne brachte und die, wie kein anderes Drama, das Problem der Wahrheitsfindung in den Mittelpunkt der Handlung rückt. Da wirft *Ödipus* seinem Schwager *Kreon* vor, er habe sich mit dem Seher *Teiresias* gegen ihn zu der Aussage verschworen, er, *Ödipus,* habe *Laïos* getötet, und so denkt er daran, ihn des Landes zu verbannen oder ihn hinzurichten; *Kreon* indessen rechtfertigt sich nicht etwa durch Beibringung von Zeugen, sondern durch einen Schwur:

> Nicht wohl ergehe mir's, verflucht zugrunde gehen
> will ich, wenn ich getan, was du zur Last mir legst[144].

»Das sagt er (sc. *Kreon*, d.V.) im Beisein von *Jokaste* (sc. seiner Schwester, der Mutter und Frau des *Ödipus*, d.V.), die das Spiel akzeptiert und gleichsam über die Einhaltung der Regeln wacht. *Kreons* Antwort an *Ödipus* folgt der alten Streitformel zwischen Kriegern.«[145] Das Motiv der Probe bildet in gewissem Sinne sogar den Hintergrund der ganzen Tragödie, indem *Ödipus*, als er vom delphischen Orakel erfährt, die Pest hätten die Götter zur Strafe eines Mordes über Theben verhängt, den Täter, wer immer er sei, verbannt[146], ganz nach Art der Verwünschungsschwüre archaischer Kontrahenten.

ziehung von Todes- und Haftstrafen hat ... die Behörde der Elfmänner zu sorgen.« (S. 942) Die Todesstrafe konnte (bei Hochverrätern und Religionsfrevlern) durch Aufzeichnung auf Steinsäulen als bleibende Entehrung verschärft werden. Bei lebenslänglicher Verbannung (*aei-phygía*) machte sich der gleichen Bestrafung schuldig, wer einen Exulanten bei sich aufnahm. (S. 943) Bei Bestrafung mit der *atimía*, der Suspension der bürgerlichen Ehrenrechte, genügte die öffentliche Bekanntmachung. Mit der Einziehung des Vermögens wurden die *pōlētaí*, die »Verkäufer«, die athenischen Finanzbehörden, beauftragt. »Den Verkauf in die Sklaverei, der immer mit Einziehung des Vermögens verbunden ist, haben die Poleten zugleich mit dessen Versteigerung zu besorgen.« (S. 944) »Geldstrafen einzuziehen, war Sache der Praktores (sc. *práktōr* ist der Geldeintreiber, bes. von Blutgeld, d.V.).« (S. 944) »Kam der ... Beklagte dem Urteil nicht bis zur bestimmten Zeit nach, so war er *hyperēmeros* (sc. säumig gegenüber dem Zahltermin, woraufhin die Auspfändung erfolgte, d.V.), und es konnten nunmehr Zwangsmittel gegen ihn gebraucht werden.« (S. 949)

144 SOPHOKLES: König Ödipus, 644–645, in: Dramen, 303.
145 MICHEL FOUCAULT: Die Wahrheit und die juristischen Formen, 33.
146 SOPHOKLES: König Ödipus, 229; 236–253, in: Dramen, 279.

Wie aber läßt der Täter sich finden? Den Mechanismus der Wahrheitsfindung hat MICHEL FOUCAULT als »das Gesetz der Hälften« herausgearbeitet[147]: *Apoll* sagt in einer zweiteiligen Antwort, das Land sei befleckt worden, und zwar durch Mord. Wer aber ist ermordet worden? Das war *Laïos*, erklärt der Gott; dieser Aussage aber fehlt die zweite Hälfte: der Name des Täters. Um den herauszufinden, muß man zurückgreifen auf den menschlichen Doppelgänger *Apolls*, auf den blinden Seher *Teiresias*; der aber, »den der Lichtgott wie einen Schatten auf die Erdoberfläche wirft«,[148], enthüllt dem verwirrten *Ödipus* unumwunden, daß »du des Landes frevelnder Beflecker bist«. Auf Nachfrage wiederholt er sogar seine furchtbare Behauptung:

> Den Mörder des Mannes nenn' ich dich, nach dem du forschst[149].

Damit ist die ganze Wahrheit vollständig enthüllt, aber nur erst in der Form einer Anweisung und einer Prophetie, wie sie für das Orakel als Spruch des Göttlichen typisch ist. *Apoll* sagt nicht: Die Stadt wird von der Pest einer Befleckung wegen heimgesucht, sondern er sagt, wenn ihr die Pest enden wollt, müßt ihr die Befleckung sühnen; und *Teiresias* sagt *Ödipus* nicht, er sei der Mörder, den er suche, sondern er solle seinen Schwur einhalten und sich selbst verbannen. Nicht auf die Gegenwart bezieht sich die Rede des Gottes und des Sehers, sondern auf das, was in Zukunft geschehen soll. Die zweite, zu der Voraussage passende Hälfte besteht in dem Zeugnis der Gegenwart.

Zu diesem Zeugnis kommt es durch die Erinnerung *Jokastes*, ihr Gatte *Laïos* sei von fremden Räubern an einem Dreiwege getötet worden, sowie durch die erschrockene Erinnerung des *Ödipus*, er selber habe einen Mann auf dem Wege nach Theben just an einem Dreiweg getötet[150]. Erneut treten hier zwei Hälften von Aussagen zusammen, und zu klären bleibt nur noch die Frage, ob mehrere Täter oder ein einzelner den Tod des *Laïos* verursacht haben.

Ödipus freilich sollte nicht nur seinen Vater erschlagen, er war zudem dazu verflucht, seine eigene Mutter zu heiraten, und noch ist

147 MICHEL FOUCAULT: Die Wahrheit und die juristischen Formen, 34.
148 A.a.O., 35.
149 SOPHOKLES: König Ödipus, 353; 362, in: Dramen, 287.
150 A.a.O., 715–716; 729–739, in: Dramen, 309.

weder der eine noch der andere Teil der göttlichen Weissagung als erfüllt bestätigt, – *Jokaste* und *Ödipus* schöpfen sogar ihre Hoffnung aus dieser Ungewißheit. Zeigen müßte sich, daß *Ödipus* des *Laïos* Kind sei; und auch hier, in dieser Frage, verknüpfen sich zwei Zeugenaussagen: Ein Bote aus Korinth bringt *Ödipus* die Nachricht vom Tod des *Polybos*, den *Ödipus* für seinen Vater hält, – er hat ihn also nicht ermordet! Doch die Erleichterung des Königs schwindet, als der Bote hinzufügt, *Polybos* sei gar nicht sein Vater, sondern er selber habe ihn als ein Findelkind mit durchbohrten Füßen dem kinderlosen *Polybos* übergeben, ausgehändigt worden aber sei ihm das Kind von einem Schafhirten des *Laïos* im Kithairon[151]; diesen Hirten läßt *Ödipus* augenblicklich gegen alle Warnungen *Jokaste*s herbeirufen, und der Hirte bestätigt tatsächlich die Aussage des Boten[152]. Damit ist »alles klar heraus«[153], und es fehlt nur noch das Zeugnis *Jokaste*s; sie wird der furchtbaren Wahrheit die letzte Bestätigung nicht mehr mit Worten, nur durch ihren Selbstmord geben[154]. »Es bedurfte des Zusammentreffens zwischen dem Gott und seinem Propheten, *Jokaste* und *Ödipus*, dem Boten aus Korinth und dem Knecht aus Kithairon, damit diese Hälften ... sich aneinander fügten.«[155]

Doch was in dieser Handlungsabfolge geschieht, ist höchst beachtenswert: Deutlich gehören die drei Hälften drei verschiedenen Ebenen zu: einer göttlichen (*Apoll* und *Teiresia*s), einer königlichen (*Jokaste* und *Ödipus*) und einer der Knechte und Sklaven (der Bote und der Hirte); von dem magisch-religiösen Blick zu Beginn schreitet die Wahrheitssuche mithin zur menschlichen Augenzeugenschaft am Ende fort; die göttlichen Prophezeiungen und die Erinnerungen der Menschen stimmen überein und erschaffen eine symbolische Welt; zwischen diesen beiden Ebenen aber findet sich die Ebene der Könige beziehungsweise des Königs, des »Tyrannen« *Ödipus*, und diese Tatsache bietet einen zweiten wichtigen Schwerpunkt.

Unübersehbar geht es in dem *Ödipus*-Drama nicht um die Schuld oder Unschuld des Königs, sondern um seine Macht. Erst in dem Drama »Ödipus auf Kolonos« läßt SOPHOKLES seinen unglücklichen Helden sagen: »Die Taten sind / ja mehr von mir erlitten als verübt«[156];

151 A.a.O., 958–959; 1016–1046, in: Dramen, 323; 325; 327.
152 A.a.O., 1123–1181, in: Dramen, 333; 335.
153 A.a.O., 1181, in: Dramen, 337.
154 A.a.O., 1234–1296, in: Dramen, 339; 341; 342.
155 MICHEL FOUCAULT: Die Wahrheit und die juristischen Formen, 37.
156 SOPHOKLES: Ödipus auf Kolonos, 266–267, in: Dramen, 565.

in »König Ödipus« geht es – neben der Frage der Wahrheit – zentral um den Erhalt der Macht. Denn dem *Teiresias* unterstellt *Ödipus* bei seinem »göttlichen« Zeugnis nur »Mißgunst ... dieser Herrschaft wegen, welche mir die Stadt / als unbegehrte Gabe in die Hand gelegt«[157], und auch dem *Kreon* wirft er vor, »der leibhaftige Räuber« der »Herrschaft« (*tyránnis*) sein zu wollen[158]; auch als der Bote ihm sagt, er sei gar nicht der Sohn des *Polybos*, sieht er nicht etwa *Jokaste* und, an ihrer Seite, auch sich selbst »entehrt«[159]; seine Gedanken gelten vielmehr einzig seiner königlichen Stellung; nur *Jokaste* ahnt längst schon, daß das geweissagte Verhängnis sich an *Ödipus* vollzogen hat; wo dieser weiter forscht, um seine Position nicht zu gefährden, da sucht sie ihn vergebens, vor der verderblichen Bewußtwerdung des Unheils zu bewahren. Selbst noch am Ende wird der Chor *Ödipus* als seinen »König«, »in des mächtigen Thebens Stadt / als Herrscher gebietend«, anreden[160], und es sind seine letzten Worte, ihn als einen »Mann ... reich an Macht«, als *krátistos*, zu rühmen[161].

Was SOPHOKLES schildert, ist in »König Ödipus« daher erkennbar (noch) nicht die Frage nach Schuld und Unschuld, sondern die Verbindung von Macht und Wissen. Nur durch sein Wissen rettete *Ödipus* die Stadt von der Sphinx, und nur durch sein Wissen, das er sich durch das Zeugnis von Göttern und Menschen erwarb, befreite er Theben vom Fluch der Pest; doch insofern er selber die Ursache der Verunreinigung ist, welche die Seuche heraufbeschwor, verliert er mit seinem neuerlichen Wissen auch wieder alle Macht.

Dieser Tatbestand ist höchst beachtlich. Denn: Eigentlich haben wir in der »Tyrannis« noch jene Einheit von Wissen und Macht vor uns, wie sie im Alten Orient bestand, eine magisch-religiöse Macht, welche nur der König und seine Umgebung besaßen; jetzt, im 5. Jh. in Griechenland, aber zerbricht diese Einheit von Wissen und Macht: der Mächtige weiß nicht, und der Wissende zeigt sich als ohnmächtig. Ja, »seither ist der Westen von dem großen Mythos beherrscht, die Wahrheit gehöre niemals der politischen Macht, die politische Macht sei blind, und wirkliches Wissen besitze man nur, wenn man mit den Göttern in Verbindung stehe oder sich an etwas erinnere, wenn man die große ewige Sonne anschaue oder den Blick in die

157 SOPHOKLES: König Ödipus, 382–383, in: Dramen, 287.
158 A. a. O., 535, in: Dramen, 297.
159 A. a. O., 1081, in: Dramen, 329.
160 A. a. O., 1204–1205, in: Dramen, 337.
161 A. a. O., 1525, in: Dramen 357.

Vergangenheit richte. Mit PLATON beginnt ein großer abendländischer Mythos, wonach es einen unüberbrückbaren Gegensatz zwischen Wissen und Macht gibt. Wissen setze voraus, dass man auf Macht verzichtet. Wo Wissen und Wissenschaft zur reinen Wahrheit finden, da könne es politische Macht nicht geben.«[162]

Sein ganzes Bemühen nun hat MICHEL FOUCAULT aufgewandt, um genau diesen Standpunkt als irrig zu erweisen, indem er das stete Zusammenspiel von Wissen und Macht im Raum der Gesellschaft vor allem im Umgang mit Abweichlern: Delinquenten, Kriminellen und psychisch Kranken, demonstrierte. Grundsätzlich hielt er nichts von *platon*ischen Ideen und ewigen Wahrheiten; ihn interessierte, unter welchen Voraussetzungen bestimmte Anschauungen sich als »Wahrheiten« durchsetzen. Darüber wäre an anderer Stelle zu diskutieren; hier genügt es, das Strafrecht insgesamt als einen Ausdruck der herrschenden Staatsmacht zu betrachten, und da ist klar: *Ödipus* sucht die oder den Mörder des *Laïos* aufzuspüren, um als König sie oder ihn verbannen oder hinrichten zu können; daß er am Ende selber sich verbannen muß, ist tragisch zu nennen, ändert aber an der Zuordnung von Macht, Wissen und Strafen im Grunde nichts: Es ist der Staat, die Polis, die in Amtsgewalt den Rat der Götter einholt und ihr Wissen sich zunutze macht; sie ist es auch, die Nachforschungen anstellt und ermittelt und die vorweg bereits das Strafmaß festsetzt. Im Strafrecht formt die Macht des Staats ihr eigenes Portrait; sie schafft nicht Recht, sie setzt in Form des Rechts als Macht sich durch; an dieser Stelle lernen wir, wenn wir's dabei belassen, durch M. FOUCAULT nichts wirklich Neues.

Wie aber, wir nähmen die Tragödie des SOPHOKLES beim Wort? Dann änderte sich alles. Menschen suchen nach Schuldigen, doch stets erst zu spät entdecken sie, daß der, nach dem sie forschen, letztendlich sie selber sind. Sie verurteilen im voraus bereits den noch unbekannten Täter, bis daß sie geständig sein müssen, selber der Täter zu sein; der Fluch über ihn fällt auf sie selber zurück; indem sie ihn verwarfen, wurden sie selber zu Verworfenen.

Mit einer solchen Deutung rückten wir ab von der politisch-gesellschaftlichen Ebene der Interpretation FOUCAULTS und träten ein in den Raum einer existentiell wesentlichen Betrachtungsweise, die hell hinüberweist ins Religiöse. Wenn jetzt von Göttern und Göttlichem noch weiterhin die Rede geht, meinen wir nicht länger mehr die Bewohner

162 MICHEL FOUCAULT: Die Wahrheit und die juristischen Formen, 51.

des altgriechischen Olymp, sondern eine personale Macht, die, im Sinne Jesu, gerade dies uns lehren möchte: einander nicht zu richten, da jede Verurteilung vervielfacht den Verurteilenden selber trifft. »Richtet nicht«, sagt der Jesus der Bergpredigt, »damit ihr nicht (von Gott) gerichtet werdet« (Mt 7,1). »Denn: Nach welchem Recht ihr richtet, werdet ihr (von Gott) gerichtet werden, und mit welchem Maß ihr meßt, wird euch zugemessen werden« (Mt 7,2; vgl. Mk 4,34).

So zu denken bildete den besten und eindringlichsten Kommentar auf das griechische Rechtssystem: eine Läuterung in humanistisch-religiösem Sinne, eine Transformation der »Volksherrschaft« in Gleichheit, wie sie die Griechen, so unvollkommen und unterschiedlich auch immer, in Athen wie in Sparta erstrebten, zu einem Wissen um die Einheit aller Menschen und zu einer Umwandlung der Staatsmacht von einem System strafender Ausgrenzung in Leben (Verbannung) und Tod (Hinrichtung) in eine Schutzmacht der Ohnmächtigen und der am Boden Liegenden. Nicht nach begangener Schuld ist dann zu fragen, sondern nach der Not, die sie hervorgebracht: welch ein Verhängnis, welch ein Fluch zum Beispiel lastet auf dem Königshaus des *Kadmos*, und wie befreit man Menschen von der Art des *Ödipus* aus der Verstrickung ihres Schicksals, daß sich die Fessel ihrer inneren Gefangenschaft nur immer enger um den Hals zusammenzieht, je mehr sie ihr entkommen möchten?

Als *ístōr* an der Wendemarke eignet niemand besser sich als *Sokrates*. Er wußte und er lebte die Wahrheit seiner Überzeugung, daß das Richteramt des Staates, wo nicht eine Anmaßung, im letzten unmaßgeblich sei: wer jemand ist und wie sich das bewertet, was er tut, bestimmen nicht die Richter in Athen – sie sind nicht kompetent, sie folgen Vorurteilen, sie sind manipulierbar durch die öffentliche Meinung, und vor allem: sie lassen sich betören durch die Redekunst der Ankläger oder, wenn möglich, auch der Angeklagten; maßgebend ist allein der Gott, wird doch die »Auswanderung von hinnen«, die wir den Tod nennen, »alle Verstorbenen« ihren wahren Richtern gegenüberstellen, »dieser (sc. irdischen, d.V.) sich so nennenden Richter entledigt«.[163] Das staatliche Rechtssystem, wenn dies gilt, ist

163 PLATON: Apologie 40 e – 41 a, Kap. 32, in: Sämtliche Werke, I 30; vgl. Phaidon 114 d – 115 a, Kap. 63, in: Sämtliche Werke, III 63. Vgl. ERIK WOLF: Platon, 13–27: »Das Recht selbst« (*tò díkaion autó*) bleibt unvergänglich: »Phaidon«, S. 22–23: »Die einzig wahre *pólis* ist ... Gemeinschaft philosophisch erzogener Seelen, vereint mit der vollkommen guten und weisen Gottheit – gemäß dem *parádeigma*, das für sie ›im Himmel vielleicht aufgestellt ist‹.« PLATON: Politeía 592 b, Werke, III 287: »auf der Erde glaube ich nicht, daß er (sc. der Staat, wie er

nicht länger mehr die Manifestation und Realisation göttlicher Macht und Weisheit, es hat im Gegenteil sich selbst zu messen an dem Richtspruch jener wahren Richter, die schon ihren kretischen Namen nach: *Minos* und *Rhadamanthys*, sich als ursprünglicher erweisen, denn das Gerichtswesen der Griechen.

Allein dieser Glaube befähigte *Sokrates* zu sprechen, wie XENOPHON es überliefert: »Sollte ich ... durch ungerechtes Urteil (sc. der Athener Richter, d.V.) sterben müssen, so wird diejenigen, die mich ungerechterweise töten, Schande treffen; denn wenn Ungerechtigkeit schändlich ist, wie sollte nicht auch jede ungerechte Handlung schändlich sein. Aber wie sollte mich Schande treffen, wenn andere unfähig sind, gerecht zu erkennen und zu handeln?«[164] Dieses absolute Vertrauen in die Gerechtigkeit des Göttlichen verwässert XENOPHON, indem er es als Erwartung eines gerechten Urteils der Nachwelt versteht; doch das ist es nicht, was *Sokrates* meinte: Was Menschen, ob in Gegenwart oder in Zukunft, von ihm denken, ist unerheblich für die Lebensführung; was richtig oder falsch ist, sagt jedem Einzelnen die Stimme Gottes, das *daimónion*, der warnende Spruch des eigenen Gewissens. Ihm unbedingt zu folgen, ist die Verbindung zwischen dem Richterspruch im eigenen Herzen und jenem Spruch der Totenrichter, denen die Seele, sich im Tod von allem Irdischen befreiend, gegenübertritt.

Niemand im Alten Griechenland stand nach dem Urteil schon der Kirchenväter der Gestalt des Christus so nahe wie *Sokrates*; nach JUSTIN hat der griechische Philosoph kraft des Logos, welcher Christus selber ist und der in einem jeden wohnt, »teilweise« ihn bereits »erkannt«[165]. Und in der Tat: in philosophischem Betracht hat *Sokrates* seine Vernunft dazu verwandt, nach Wahrheit zu suchen und in Wahrhaftigkeit zu leben, und er gelangte im Vertrauen auf das richtende Urteil der Götter dahin, im Glauben an ein ewiges Leben den Tod nicht länger zu fürchten. Diese Haltung vor allem: mit Blick auf die jenseitige Welt alle Angst vor der Meinung der Menge, vor Verleumdung und Verachtung, zu überwinden und auch die Endlich-

sein sollte, d.V.) irgendwo zu finden sei. – Aber, sprach ich, im Himmel ist doch vielleicht ein Muster aufgestellt für den, der sehen will, und nach dem, was er sieht, sich selbst ein(zu)richten.« 612 b – 613 e, Werke, III 302–304, stellt PLATON den »Preis und Lohn der Gerechtigkeit bei Göttern und Menschen während des Lebens« dar; 614 a – 615, III 304–305, beschreibt er den »Weg der abgeschiedenen Seelen und die Größe der verhängten Strafen«.

164 XENOPHON: Memorabilien, 4. Buch, 8. Kap., S. 165–166.

165 JUSTIN: 2. Apologie, 10, in: Frühchristliche Apologeten, I 150–151.

keit des Daseins weder zu fürchten noch zu fliehen, vereint den Griechen *Sokrates* mit dem Juden Jesus. Das Gericht, das in Wahrheit über jeden Menschen ergeht, führt sich nicht in staatlichen Behörden auf, es vollzieht sich innerlich, in den Entscheidungsaugenblicken hier auf Erden schon, dem Leben Richtung gebend und ihm Halt gewährend, und dann, als Hoffnung eines Reifens ins Unendliche, im Jenseits in den Händen Gottes. Alles, was sich in staatlichen Behörden als »Rechtsprechung« aufführt, hat daran sein Richtmaß zu nehmen.

Dazu gehört bei allem Reden von der Wahrheit die Frage, die in den Rechtsordnungen der Völker offensichtlich keine Rolle spielt: Wie werden Menschen zur Wahrheit fähig? Sie sollen vor Gericht die Wahrheit sagen, doch weil man unterstellt, daß sie ihre Schuld kaum zugeben werden, macht man sie heute in einem Strafprozeß darauf aufmerksam, daß sie als Angeklagte nichts sagen müssen, mit dem sie sich selbst belasten würden; im Zeugenstand aber können sie vereidigt und damit zur Wahrheit unter Strafandrohung gezwungen werden. Dieses Verfahren ist zwar ungleich milder als die Folterverhöre des Mittelalters und der – außergerichtlich wirkenden – Geheimdienste der Gegenwart, doch unterstellt wird auch hier, daß die Unwahrhaftigkeit von Menschen im Umgang miteinander eigentlich der Normalfall sei; eben deshalb scheint es nötig, ausnahmsweise vor Gericht unter Eid sich der Wahrheitspflicht einer Aussage zu versichern. In den Prozessen der Antike stand, wie gerade gezeigt, nicht selten Eid gegen Eid, und es sollten dann die Götter, die man als Wahrheitszeugen anrief, selber sein, welche den Meineid ahndeten. Gerade dieses Verfahren aber: die Furcht vor den Strafen der Götter als Wahrheitsmittel einzusetzen, ist religiös widersinnig. *Sokrates* schwor am liebsten »beim Hund«, statt bei den Göttern; Jesus aber untersagte die Eidesleistung insgesamt. »Euere Rede sei: das Ja ein Ja, das Nein ein Nein, alles andere ist vom Teufel« (Mt 5,37). Nicht die Angst vor Gott, nur das Vertrauen auf Gott ermöglicht es, die Angst um sich selbst und die Angst vor anderen Menschen zu überwinden und bei der Wahrheit zu bleiben beziehungsweise allererst zu ihr hinzufinden. Wie hört man Menschen so zu, daß sie ihrer eigenen Wahrheit wiederbegegnen und zu ihr stehen? Auch und gerade an dieser Stelle befindet die Haltung Jesu sich im Gegensatz zu jeder Strafprozeßordnung der Welt. Als *Kaiphas* ihn verhörte, verweigerte er schlicht die Aussage (Mk 14,60–61).

d) *Rechtsvorstellungen im Alten Rom*

Princeps legibus solutus est.
(Digesta 1,3.31)

Recht und Wahrhaftigkeit können nur Einzug halten in eine Welt der Angstfreiheit und des Vertrauens, nicht der Gewalt und Rache. Wie aber soll, wenn schon ein Staat besteht, ein solcher Wandel möglich sein? – In der abendländischen Geschichtsüberlieferung gibt es, anders als in der chinesischen Kulturtradition des Taoismus, nur einen einzigen Versuch solchen Bemühens in der nahezu legendären Gestalt des zweiten Königs Roms: *Numa Pompilius* (716–673 v.Chr.). Sein Vorgänger *Romulus*, dessen Geburtsmythus an die Geschichte des großen *Sargon* von Akkad (und des biblischen *Mose*) erinnert[166], wurde in Verbindung gebracht mit Brudermord und Frauenraub, – der Legende nach war er ein Kind der vergewaltigten Vestalin *Rhea Silvia* und des Kriegsgottes *Mars*[167]; gleichwohl erließ er »auch einige Gesetze«: er untersagte es »der Frau ..., ihren Mann zu verlassen«, hingegen gestattete er es »dem Manne ..., seine Frau wegen Giftmischerei, wegen Unterschiebung fremder Kinder, wegen Nachahmung der Schlüssel und wegen Ehebruch zu verstoßen«; erfolgte eine Scheidung aus anderen Gründen, so sollte »ein Teil seines (sc. des Mannes, d.V.) Vermögens der Frau zufallen, der andere der *Ceres* (sc. der Erdgöttin, d.V.) geweiht werden ...; wer aber seine Frau verkauft, solle den Göttern der Unterwelt geopfert werden.«[168] So die Gesetze des *Romulus*.

Numa demgegenüber war ein Mann der »Duldsamkeit und Liebe«, der sich »von der bei rohen Völkern für rühmlich geltenden Gewalttätigkeit und Habsucht gänzlich freigemacht« hatte[169]. Bei seiner Wahl zum König warnte er geradezu vor seiner Friedfertigkeit, wo doch manche von *Romulus* »ohne Überlegung angefangene Kriege

166 PLUTARCH: Romulus 3–4, in: Lebensbeschreibungen, I 64–65.
167 LIVIUS: Römische Geschichte, I 4,2, S. 19. – WOLFGANG KUNKEL: Zum römischen Königtum, in: Kleine Schriften, 352–354, verweist darauf, daß die Königswahl durch das Volk mit Zeichen der Götter (Vogelflug und Eingeweideschau, durch Auspikation) bestätigt werden mußte. So schon in der Legende des *Romulus*. Vgl. CICERO: Von der Weissagung, I 107–108, S. 73–74. Vgl. bes. LIVIUS: Römische Geschichte, I 18, 6–10, S. 59; 61, zur Amtseinführung von *Numa*.
168 PLUTARCH: Romulus 22, in: Lebensbeschreibungen, I 88.
169 PLUTARCH: Numa 3, in: Lebensbeschreibungen, I 144.

… einen noch jungen feurigen König nötig« hätten[170]. Dennoch, zum König gewählt, entließ er als erstes die Leibgarde des *Romulus*; dann ging er daran, »den gleichsam harten, kriegerischen Staat wie Eisen zu erweichen und in einen gerechteren und friedlicheren umzuschaffen«.[171] Vor sich hatte er Rom als »eine aufgeschwemmte Stadt«[172], die durch »die vielen Feldzüge und ununterbrochenen Kriege« sich gemästet hatte[173]. Um »ein so unruhiges, verwildertes Volk ganz umzubilden, so nahm er dabei die Religion zu Hilfe«[174], indem er durch kultische Feierlichkeit und Respekt vor den Göttern »die Gemüter der Menschen, die durch eifrige kriegerische Betätigung schon roh und wild geworden waren, wieder zu Menschlichkeit und Sanftmut« zu führen suchte[175].

39 Jahre lang regierte er so »in vollkommenem Frieden und höchster Eintracht«[176], wobei neben den Saliern die von ihm eingesetzte Kultgenossenschaft der Fetialen als »Friedenswächter« anzusehen war, indem sie »Streitigkeiten, ohne Gewalt zu brauchen, in Güte« schlichteten[177]. Im Sinne seiner Friedenspolitik erbaute *Numa* der Schwurgöttin *Fides* (Treue) und dem *Terminus* (dem Gott der Grenze) »zuerst einen Tempel«, »in der Erwägung, daß die Erhaltung der Grenze eine Beschränkung der Macht, die Verrückung derselben aber ein Beweis von Ungerechtigkeit sei«.[178] Vor allem förderte *Numa* den Ackerbau, »um seinen Bürgern die Liebe zum Frieden einzuflößen«, und verteilte »Ländereien … unter die dürftigen Bürger«.[179]

170 A.a.O., I 147.
171 A.a.O., 8, I 150.
172 PLATON: Politeia, 372 e, 2. Buch, Kap. 13, in: Sämtliche Werke, III 110.
173 PLUTARCH: Numa 8, in: Lebensbeschreibungen, I 150.
174 A.a.O., I 150.
175 CICERO: Vom Staat, 2. Buch, 14 (27), S. 115; 116.
176 POLYBIOS: Historien, VI 11 a, S. 20.
177 PLUTARCH: Numa 12, in: Lebensbeschreibungen, I 156. – Die *Fetiales* hatten die Aufgabe, Bündnisse zu schließen, und waren befugt, Kriege zu erklären; ihr Kreis »bestand aus 20 lebenslänglich bestellten Mitgliedern.« WERNER EISENHUT: Fetiales, in: Der Kleine Pauly, Bd. 2, Sp. 541–542. Die *Salier* waren eine altrömische Kultgenossenschaft des Kriegsgottes *Mars* oder *Quirinus*; ihr Name leitet sich von ihren Waffentänzen zu Ehren des *Mars* ab.
178 PLUTARCH: Numa 16, in: Lebensbeschreibungen, I 162.
179 A.a.O. – MARIO BRETONE: Geschichte des römischen Rechts, 35, verweist darauf, daß die Autonomie des Rechts »ein Charistikum der europäischen und westlichen Zivilisation« darstellt, »die auf der griechisch-römischen basiert«. Vor allem im antiken China ist das Recht nur ein bedauerlicher Notbehelf. S. 37: »Letztendlich ist es (sc. dort, d.V.) der Zweck des Rechts, überflüssig zu werden.

Alles in allem galt *Numa* für PLUTARCH »als deutliches Zeugnis ... für die Meinung, die PLATON lange Zeit danach über die Staatsregierung zu äußern wagte, daß dieses für die Menschen die einzige Rettung und Erlösung vom Bösen sei, wenn die höchste Gewalt mit einer echt philosophischen Gesinnung in einer Person zusammentreffe«.[180]

Strenge Strafen indessen sah *Numa* bezeichnenderweise für Vestalinnen vor, die sich gegen die Keuschheit vergangen hatten; sie wurden – nach älteren Vorbildern – lebendig begraben, und dies auf folgende Weise: In einem unterirdischen Gemach, »in welches man von oben hinuntersteigen muß, ... stehen ... ein breites Bett, eine brennende Lampe und einige wenige Lebensbedürfnisse, wie Brot, Wasser, eine Flasche Milch und Öl ... Die verurteilte Vestalin selbst setzt man in eine zugedeckte und mit Riemen fest verschnürte Sänfte, damit niemand ihr Schreien hören soll, und trägt sie über den Markt. Alle, die ihr begegnen, gehen schweigend aus dem Wege und begleiten sie, ohne ein Wort zu sprechen, in tiefster Erschütterung ... Wenn die Sänfte an den bestimmten Ort gekommen ist, machen die Gerichtsdiener die Bande los; unterdessen verrichtet der Oberpriester vor Vollziehung der Strafe mit gen Himmel gehobenen Händen ein geheimes Gebet, führt dann die Unglückliche ganz verhüllt aus der Sänfte und stellt sie auf die ins Gewölbe hinunterführende Leiter. Hierauf wendet er sowie die übrigen Priester das Gesicht weg, und sobald sie hinabgestiegen ist, wird die Leiter herausgezogen und das Gewölbe mit Erde überschüttet, bis der Boden wieder gleich und eben ist.«[181] Da die Vestalinnen als Priesterinnen der *Vesta* eigentlich als Hüterinnen des ewigen Feuers dienten[182], ist ihr Lebendbegräbnis wohl als eine symbolisch »spiegelnde« Talionstrafe zu deuten: sie haben am Licht sich versündigt und sind deshalb zum Sterben im Dunklen verurteilt.

Andererseits besaßen die Vestalinnen bedeutende Vorrechte: sie durften noch zu Lebzeiten des Vaters ihr Testament machen und konnten (wie Frauen mit drei Kindern) ohne Vormund ihre geschäftlichen Angelegenheiten regeln. Begegneten »sie zufälligerweise einem zu Tode geführten Missetäter, so wird diesem das Leben geschenkt;

Nach dem Codex der T'ang ... ist es der Zweck der Strafe, die Strafe abzuschaffen.«

180 PLUTARCH: Numa, 20; I 167; PLATON: Politeia, 487 e, VI, Kap. 3, in: Sämtliche Werke; III 203; Ders.: Nomoi 711; 712 a, IV, Kap. 3, in: Sämtliche Werke, VI 91–92.

181 PLUTARCH: Numa 10, in: Lebensbeschreibungen, I 155.

182 Vgl. STEWART PEROWNE: Römische Mythologie, 31–32.

doch muß die Vestalin es beschwören, daß die Begegnung ohne ihr Wissen und zufällig, nicht absichtlich geschehen ist. Wer unter die Sänfte tritt, wenn sie sich austragen lassen, wird mit der Todesstrafe belegt.«[183]

Rechtsgeschichtlich von großer Bedeutung ist die Tatsache, daß, ebenso wie *Drakon*, auch *Numa* zwischen vorsätzlicher und fahrlässiger Tötung unterschied. In den *Leges Numae* 16–17 heißt es: »Wenn jemand vorsätzlich und wissentlich einen freien Menschen dem Tod gegeben hat, soll er (sc. wie, d.V.) ein Verwandtenmörder sein. Wenn jemand fahrlässig einen Menschen getötet hat, soll er für das Leben des Getöteten dessen Verwandten in der Volksversammlung einen Widder opfern.«[184]

Die Regel vom »Verwandtenmörder« besagte, daß, anders als bei einem Mord an dem Angehörigen einer fremden Sippe, keine Blutrache möglich war, – die Sippe sollte sich nicht selbst bekämpfen; also blieb nur die Ausstoßung aus der Sippe übrig; wurde der Täter dann als ein »Friedloser« getötet, so wurde kein Sippenblut vergossen, – die sozialrechtliche Bindung war in diesem Falle wichtiger als die blutsmäßige. *Numa* hob in seinem Gesetz mithin den Unterschied zwischen der Tötung eines Sippenfremden und eines Sippengenossen bei vorsätzlichem Mord auf: in beiden Fällen sollte Friedlosigkeit (Ausschluß) eintreten; die Blutrache wurde damit verboten. – Freilich ist dieses Reglement gewiß nicht durch eine formelle Gesetzgebung entstanden; erst eine späte Legende, nicht eine historische Kunde berichtet, solch ein Gesetz habe es schon im 7. Jh., in den Anfangstagen Roms, unter *Numa* gegeben.

Der eigentliche Eintritt Roms in die Rechtsgeschichte erfolgt überhaupt erst in den Jahrhunderten nach der Vertreibung der Könige (angeblich 510 v. Chr.), als die Sippenführer alteingesessener Adelsgeschlechter, die Patrizier (von *patres* – Väter), große Ländereien sich angeeignet hatten und über eine beachtliche Anhängerschaft, die »Klienten« (von *cluere* – hören), die »Hörigen« also, verfügten. Zwischen den so gegensätzlichen Ständen der aristokratischen Patrizier und den mittellosen Plebejern (von *plebs* – Volk, Bürgerklasse niederen Rangs) kam es im 5. Jh. v. Chr. zu erheblichen Spannungen; die römische Militärmaschinerie brauchte mehr und mehr Truppen zum Auffüllen der Phalanx; jährlich fand auf dem Kapitol eine Rekrutie-

183 PLUTARCH: Numa 10, in: Lebensbeschreibungen, I 154–155.
184 ÉVA JAKOB und ULRICH MANTHE: Recht in der römischen Antike, in: Ulrich Manthe (Hg.): Die Rechtskulturen der Antike, 244.

rung der Bürger (der Plebejer) statt, und so war es nur logisch, daß diese auch nach mehr Rechten und politischer Teilhabe verlangten. Um die Kampfkraft Roms zu erhalten, mußten die Patrizier Zugeständnisse machen[185]. Ein Zehnmännerkollegium wurde eingesetzt, das um 450 v.Chr. zwölf Tafeln mit Gesetzen schuf, in denen der Adel zwar dem Grundsatz zustimmte, daß jeder Bürger vor Gericht geladen werden konnte und daß jeder ein Recht auf einen Verteidiger hatte, doch blieb eine Eheschließung zwischen Angehörigen der beiden Stände weiterhin verboten; zudem sollte die Schuldknechtschaft weiter bestehen, durch die ein Gläubiger, wenn zahlungsunfähig, mit seinem Körper haften und sich als *mancipium*, als Eigentum, zur Verfügung stellen mußte. Erst nach und nach setzten die Plebejer durch, daß sie an der Wahl des obersten Beamten, der auch Befehlshaber der Armee war, in den *comitia centuriàta*, der Zenturienversammlung, die von den Magistraten für die Wahl in 193 Centurionen (Hundertschaften) einberufen wurden, Stimmrecht bekamen, obwohl dort die reichsten Zenturien weiter das größere Stimmrecht behielten. Seit 367 v.Chr. durften sie sogar für das höchste Staatsamt

185 Vgl. MARTIN PAETSCH: Geburt einer Weltmacht, in: Geo Epoche Nr. 50: Rom. Die Geschichte der Republik, 20–38, hier 29–34. WOLFGANG KUNKEL – MARTIN SCHERMAIER: Römische Rechtsgeschichte, 27–31: Der Ständekampf und seine Folgen, führen den Unterschied zwischen dem patrizischen Adel und dem weitgehend besitzlosen Volk von Handwerkern und Kleinbauern auf die Frühzeit zurück. »Die Einführung der Hoplitentaktik ... band sie (sc. die Plebejer, d.V.) aber bereits Ende des 6. Jahrhunderts verantwortlich in die Kriegsführung ein, was zweifellos ihr Selbstbewußtsein und – nach der Vertreibung der Könige – ihr Verlangen stärkte, an der politischen Macht teilzuhaben.« (S.27) MARIO BRETONE: Geschichte des römischen Rechts, 74–80: Das Zwölftafelgesetz – ein Codex für eine bäuerliche Gesellschaft?, betont die herausragende Stellung des Vaters in der Familie: »Der Vater ist zugleich Priester und Richter; das Recht über ›Leben und Tod‹, das er über die Kinder ausüben kann, behält lange Zeit wenigstens seinen symbolischen Wert und wird erst sehr spät grundsätzlich verneint. Die *patria potestas* ist eine singuläre Einrichtung, die anderswo kaum eine Entsprechung hat.« (75) Feststellbar ist ein »Primitivismus« im Zwölftafelgesetz, in dem die Strafregelungen überwiegen: »Grundlegend ist die Vorstellung einer privaten Rache des Geschädigten. In einigen Straftaten und in den dafür festgesetzten Strafen erkennt man den Aberglauben und die Ängste einer archaischen Zeit.« (77) Eine öffentliche Bestrafung fand statt »im Fall von Hochverrat, bei Angriffen auf die Bürgerfreiheit (... *perduellio*) und ... bei gewissen ... sakralen Delikten ... Bei Mord hingegen trifft es den Einzelnen, und das staatliche Eingreifen erscheint lediglich indirekt. Der vorsätzliche Mörder ist der Rache des Familienclans des Ermordeten ausgesetzt. Die öffentliche Hand muß die Schuld feststellen, wenn der Verbrecher nicht in flagranti ertappt wurde oder geständig ist.« (78) Der Rache oder Todesstrafe konnte man sich durch Flucht ins Exil entziehen. Töten durfte man auch den ertappten Dieb.

selber kandidieren, und hernach auch für andere Ämter wie *Aedil* (Sicherheitsbeamter), *Censor* (Vermögensschätzer und Sittenrichter) und *Praetor* (Vorsitzender in Gerichtskommissionen). Im Jahre 300 v. Chr. wurden durch die *Lex Ogulnia* auch die Priesterkollegien der *pontifices* (Priester) und *augures* (Vorzeichendeuter) den Plebejern zugänglich. Um 308 v. Chr. gestand die *Lex Valeria* jedem römischen Bürger, der von einem Magistrat verurteilt worden war, das Recht zu, die Volksversammlung anzurufen (*provocare*). 287 v. Chr. verfügte schließlich die *Lex Hortensia*, daß Beschlüsse der Plebsverfassung (*plebiscita*) für die Gesamtbevölkerung Gesetzeskraft erhielten. Die Schuldknechtschaft war durch die *Lex Poetelia Papiria de nexis* bereits 326 v. Chr. untersagt worden, während die *Lex Genucia* schon 342 v. Chr. die Zinsnahme verboten hatte[186].

Sozialgeschichtlich dokumentieren die XII-Tafeln die Umstellung »von der bäuerlichen Naturalwirtschaft zur Warenwirtschaft« bei Zulassung eines freieren Güterverkehrs[187], geistesgeschichtlich aber

186 Vgl. THEODOR KISSEL: Sieg der Verweigerer, in: Spektrum Spezial: Das frühe Rom, 14–19. *Quintus Ogulnius Gallus* war der berühmteste aus dem Geschlecht des *Ogulnius*; er ließ die Plebejer zu den Priesterämtern zu, ging gegen die Wucherer vor und sorgte für die Übertragung des *Asklepios*-Kultes von Epidauros nach Rom. – *Poetelius* war als Mann der Plebs dreimal Consul; ihm wird auch das Gesetz über die Aufhebung des *nexum* – der Schuldhörigkeit – zugeschrieben. – *Papirius Curso* war der angesehenste aus dem Geschlecht des *Papirius*; zwischen 326–313 war er fünfmal Consul. – *Lucius Genucius* war als Volkstribun Urheber eines Zinsverbotsgesetzes, das aber bald wirkungslos blieb. – *Marcus Valerius Maximus* soll 300 und 299 v. Chr. Consul gewesen sein. – *Quintus Hortensius* war 287 Dictator (höchste obrigkeitliche Person) und beendete eine *secessio* der Plebs auf das Ianiculum, indem er die Beschlüsse der Plebs auf das ganze Volk ausdehnte. Ferner verfügte er, daß an Markttagen Gerichtsverhandlungen stattfanden. Vgl. MARIO BRETONE: Geschichte des römischen Rechts, 111: »Seit dem Ende des 4. Jahrhunderts v. Chr. hatte sich in Rom ein von Laien betriebener Zweig der Rechtsgelehrsamkeit herausgebildet. Die ersten Beispiele dafür sind *Appius Claudius Caecus* und sein Sekretär *Cn. Flavius*, der später Ädil wurde.« »Priesteramt und juristische Bestätigung werden nun zwei unterschiedliche Dinge: sie können von derselben Person wahrgenommen werden, ohne ineinander überzugehen.«

187 ÉVA JAKOB und ULRICH MANTHE: Recht in der römischen Antike, in: Ulrich Manthe (Hg.): Die Rechtskulturen der Antike, 246. Besonders im *Strafrecht* wird dieser Übergang deutlich. FRANZ WIEACKER: Römische Rechtsgeschichte (Handbuch der Altertumswissenschaft, Abt. 10, Teil 3, Bd. 1, Abschnitt 1), § 14: Die Zwölf Tafeln, S. 287–309, stellt fest: »Die XII Tafeln sind bis auf *Justinian* (sc. 527–565) Roms erste und letzte umfassende und allgemeine Gesetzgebung.« (S. 295) – Was die Strafbestimmungen angeht, so schreibt CICERO: Vom Staat, IV 10, 12, S. 237, die Zwölf Tafeln hätten »nur sehr Weniges mit der Todesstrafe« belegt, darunter freilich, daß »jemand ein Spottlied gesungen oder ein Gedicht

lösten jetzt die Pontifices (Priester) das Kollegium der Auguren ab, das als Träger des archaischen Rechtes der Königszeit und der frühen Republik gelten muß. Die Staatspriester suchten den Kontakt zu den Göttern durch Opferkult und Verträge herzustellen; die Auslegung und Anwendung des XII-Tafel-Rechts lag in ihren Händen, und sie ließen mit ihrer starren Interpretation des Gesetzeswortlauts keine Abweichungen zu; die gesamte Epoche vom 5. bis 2. Jh. v. Chr. ist die einer solchen »pontifikalen Jurisprudenz«[188].

verfaßt habe, das einem anderen Schmach oder Schande bringe«. PLINIUS: Die Naturgeschichte, XVIII 3, 12, S. 803, zitiert: »Wer heimlich des Nachts Feldfrüchte, die mit dem Pfluge bestellt waren, abweidete oder abschnitt, wurde, falls er schon erwachsen war, nach den 12 Tafeln mit dem Tode bestraft, und zwar sollte er (an einem heiligen Baum) der *Ceres* aufgehängt werden, erlitt also eine schwerere Strafe wie Einer, der einen Mord begangen hatte. Ein Unmündiger dagegen sollte nach dem Gutbefinden des Prätors gegeißelt und in die doppelte Schadenserstattung verurteilt werden.« Vgl. RUDOLF DÜLL: Das Zwölftafelgesetz, S. 49, Tafel VIII 9. – S. 51, Tafel VIII 14 verfügt, daß auf frischer Tat ergriffene Diebe, »wenn sie Freie waren, gegeißelt und dem Bestohlenen als Sklaven zugesprochen wurden, (aber) wenn sie Sklaven waren, nach Geißelung vom (tarpeischen) Felsen gestürzt wurden; waren die Täter aber nicht mannbar, ... daß nach Ermessen des Prätors eine Geißelung stattfinde und der Schaden wieder gutgemacht werde«. S. 51, Tafel VIII 10 setzt fest: »Wer ein Gebäude in Brand gesetzt hat oder einen Haufen Getreide, der nahe dem Hause aufgeschichtet war, soll ... gefesselt und gegeißelt werden und dann den Feuertod erleiden, wenn er mit Wissen und absichtlich (sc. *sciens prudensque*, d.V.) die Tat beging. Geschah sie aber mehr zufällig, d. h. infolge Fahrlässigkeit (sc. *casu, id est negligentia*, d.V.), so wird dem Täter befohlen, entweder den Schaden wiedergutzumachen, oder, wenn er weniger leistungsfähig ist, so wird er leichter bestraft.« Sonst gilt die Talion, S. 47, Tafel VIII 2: »Wenn jemand (einem anderen) ein Glied verstümmelt, soll (der Täter) das Gleiche erleiden, wenn er sich nicht (mit dem Verletzten) gütlich einigt.«

188 ÉVA JAKOB und ULRICH MANTHE: Recht in der römischen Antike, in: Ulrich Manthe (Hg.): Die Rechtskulturen der Antike, 247. Zum Recht der Zwölf Tafeln vgl. PETER G. STEIN: Römisches Recht und Europa, 14–19. – Die Aufzeichnung des Gewohnheitsrechts, die 451 v. Chr. von den Decemvirn (der Zehnmännerkommission) vorgenommen wurde, ermöglichte den Plebejern die Kenntnis der Rechtslage, »ohne die Pontifices um Rat fragen zu müssen.« (S.15) – WOLFGANG KUNKEL – MARTIN SCHERMAIER: Römische Rechtsgeschichte, 33–44: Das Zwölftafelrecht, verweisen darauf, daß im Strafrecht »in weitestem Umfang noch vom Gedanken der privaten Rache des Verletzten« ausgegangen wurde. »Eine Bestrafung von Staatswegen gab es wohl nur im Falle des Hochverrats ... und allenfalls bei gewissen schweren sakralen Delikten.« (41) WOLFGANG KUNKEL: Gesetzrecht und Gewohnheitsrecht in der Römischen Republik, in: Kleine Schriften, 369, betont, daß »die Zwölftafeln ... kaum staatsrechtliche Normen enthalten«. Auch die Volksbeschlüsse von den Anfängen der Republik (510 v. Chr.) bis zum Beginn der gracchischen Gesetzgebung (133 v. Chr.) enthalten mit ihren etwa 300 Gesetzen und *rogationes* (Anträgen) zwar »Kriegserklärungen, Friedensbeschlüsse, Bündnisse, Bürgerrechtsverleihungen, Ackerzuteilungen und Koloniegründungen, auch Befrei-

Wenn sich bis dahin schon zeigt, wie das bestehende Recht bestimmte Machtstrukturen festzuschreiben sucht »um der Ordnung willen«, so führen Machtverschiebungen regelmäßig neue Gesetze und Gesetzgebungsverfahren herbei. Im Jahre 167 v.Chr. erobert der General *Lucius Aemilius Paullus* Makedonien und dehnt damit den Herrschaftsanspruch Roms bis an das östliche Mittelmeer aus[189]. »Die Eroberung Griechenlands führte eine große Zahl gefangener Griechen nach Rom, von denen die Gebildeten Einfluß auf ihre neuen Herren errangen ... Der Einfluß der griechischen Philosophie auf die spätrepublikanische Jurisprudenz kann nicht hoch genug eingeschätzt werden ... Die Pontifices hatten ihre juristische Tätigkeit auf die Auslegung und Anwendung der Gesetze beschränkt, ohne danach zu fragen, ob dadurch Gerechtigkeit verwirklicht wurde; die ›hellenistische‹ Epoche der römischen Jurisprudenz (sc. die jetzt begann, d.V.) erkannte, daß hinter dem positiven Recht eine Idee der Gerechtigkeit stand ... Gegen Ende der Republik, in der 2. Hälfte des 1. Jhs. v.Chr., war das römische Recht im wesentlichen durchgebildet. Sein Kernbereich war durch die XII-Tafeln, einige Gesetze und die Interpretationen der Juristen geschaffen worden: das *ius civile* (›Recht der Bürger‹), welches nur für römische Bürger galt. Daneben hatte der Oberbeamte für die Gerichtsbarkeit, der Prätor, ein Amtsrecht (*ius honorarium*) geschaffen, welches für alle Rechtssuchenden, auch Nichtbürger, galt und das *ius civile* in vielen Bereichen überlagerte. ›Aus Billigkeitserwägungen‹ (*aequitate motūs*) gewährte der Prätor Rechtsschutz für jedermann, wo die Starrheit und Lückenhaftigkeit des ius civile offenbar wurde.«[190] Das betraf vor allem

ungen von gesetzlichen Vorschriften«, doch sind sie »für die römische Verfassungsgeschichte ohne Bedeutung«.

189 Vgl. MARITA SLAVULJICA: Die Stunde des Siegers, in: Geo Epoche Nr. 50, 82–99.

190 ÉVA JAKOB und ULRICH MANTHE: Recht in der römischen Antike, in: Ulrich Manthe (Hg.): Die Rechtskulturen der Antike, 248. MARIO BRETONE: Geschichte des römischen Rechts, 81, vergleicht die *pontifices* in Rom mit den Astronomen und Meteorologen in Mesopotamien, Ägypten, China und Mittelamerika und hebt hervor: »Der Götterkult, die Art und Weise, wie man die Manen besänftigte, sowie die Sühne-Riten, die letzten Ehren für die Toten, mit einem Wort, jedwede private oder öffentlich religiöse Zeremonie unterstand ihrer Aufsicht. Im *pontifex maximus*, dem Vorsteher des Priesterkollegiums, sah man ›Richter und Schiedsrichter der göttlichen und menschlichen Dinge‹. Diese Vorrangstellung gilt unabhängig von der Hierarchie.« Von daher zählt das Richteramt bis heute zu den »heiligen« Berufen. Daher gilt (S.82): »Die Priester handeln nicht wie Menschen, die mit charismatischen Gaben ausgestattet sind, also wie Magier, Weissager oder Propheten, sie sind vielmehr Experten (sc. etwa in Fragen des Kalenders und der

Fragen des Erbrechts: nach dem XII-Tafel-Gesetz wurde die Erbschaft nur über die männliche Linie geregelt, jetzt betrifft sie den jeweils gradnächsten Blutsverwandten, gleich, ob männlich oder weiblich; wenn jemand einen Sklaven freiläßt, fällt, anders als bis dahin, die Hälfte des Nachlasses des Freigelassenen an seinen ehemaligen Herrn zurück.

Gerade an dem Umgang mit den Sklaven zeigt sich allerdings in erschreckender Deutlichkeit ein weiteres Grundproblem aller staatlichen »Recht«sprechung: entstanden aus Macht- und Gewinninteressen, tut sie sich schwer, ja, ist es ihr nicht selten ganz unmöglich, die simpelsten menschlichen Evidenzen anzuerkennen. Selbst Affen bereits haben ein Empfinden für Gerechtigkeit, und sie verweigern sich erbost, wenn sie – etwa in einem Laborversuch – bei gleicher Leistung unterschiedlich belohnt werden[191]. Ganz entsprechend darf

Festtage, d.V.) und Techniker (sc. heiliger Handlungen, wie bei Entscheidungen in Ehe- und Erbrecht, die mit komplizierten Ritualen einhergingen, d.V.). Sie sind die ersten Juristen im menschlichen und göttlichen Bereich. Zwischen beiden Sphären bestehen engste Beziehungen.« S. 83: »Der juristische Technizismus der priesterlichen *interpretatio* ist die andere Seite des Formalismus, der einzig dasteht. Weder in der islamischen noch auch in der jüdischen Kultur (sc. in Gestalt des Mufti oder Hohen Priesters, d.V.) gibt es etwas Vergleichbares zu den römischen Priester-Juristen.« FRANZ WIEACKER: Römische Rechtsgeschichte (Handbuch der Altertumswissenschaft, Abt. 10, Teil 3, Bd. 1, Abschn. 1) § 15: Die Pontifikaljurisprudenz, 310–340, hebt hervor: »Die Pontifices verfügten, als vornehmliche Träger des Schriftwissens, mit der Obhut über aufgezeichnete Kult- und Staatsüberlieferungen, mit der Aufzeichnung der denkwürdigen Jahresereignisse (*annales*), der Archivierung der Staatsverträge und der Gesetze ... auch über alles juristische Sonderwissen ... Durch dieses Informationsmonopol wuchs den Pontifices auch die praktische Anwendung dieses Wissensschatzes zu: die Auslegung der Gesetze und die konkrete Fassung der Spruchformeln und Geschäftsrituale, die unverkennbar vom Stil der Opfer- und Gebetsformeln geprägt sind.« (S. 310) »Nicht begründet war dagegen die Schlüsselstellung der Pontifices für das Rechtsgutachten in einer fortdauernden religiösen Legitimation allen Rechts; eine solche hätte die frühe Profanisierung des *ius civile* .... nicht lange überlebt.« (311) »Die Pontifices waren lebenslange Sakralfunktionäre. Jurisdiktionsmagistrate oder Judices waren sie dagegen, wenn überhaupt, nur zeitweise und sozusagen zufällig.« (314) »Wenn in der entwickelten Rechtsordnung ... Verschränkungen zwischen der Sakraldisziplin und dem *ius civile* fortbestanden, so beruhte dies eher auf der Routine als auf einem gemeinsamen Ursprung von Kult und Rechtsgebot.« (317)

191 Affen haben einen Sinn für Gerechtigkeit, in: Weser Kurier, 27.9.03 (dpa): »SARAH BROSNAN und FRANS DE WAAL (trainierten) ... Kapuzineraffen darauf, Spielsteine gegen ein Stückchen Gurke einzutauschen. Um den Gerechtigkeitssinn der Affen auf die Probe zu stellen, erhielt einer von zwei Affen dann für einen Spielstein statt der Gurke eine viel begehrtere Weintraube. Beobachtete der andere Affe diese ungerechte Behandlung, weigerte er sich danach, seinen eigenen Spielstein einzutauschen, oder verschmähte nach dem Tausch trotzig die kulinarische

man die *secessio* (den Auszug) der Plebs 494 v. Chr. auf den Aventin verstehen, mit dem sie das Volkstribunat durchsetzte: als einen Streik, durch den sie die Mitarbeit bei anhaltender Ungerechtigkeit in der Republik verweigerte. Doch nicht die manifeste Ungleichheit der Lebensbedingungen von Patriziern und Plebejern führte zu einer Änderung; erst als die Schwierigkeiten bei der Einberufung zum Militär empfindlich zunahmen, kam es im Verlauf von 200 Jahren zu den genannten Reformgesetzen. Wofür aber führte man Kriege? – Wie bis heute: zur Ausdehnung des Staatsgebietes und zur Beschaffung billiger Arbeitskräfte. Und da beginnt der Widerspruch.

An sich hätten die philosophisch entwickelten Rechtsvorstellungen der Griechen die hergebrachten Einteilungen in Hellenen und Barbaren zugunsten einer Allgemeinheit der Menschenrechte beiseite räumen müssen, und erst recht hätten sie die Praktik, Kriegsgefangene in die Sklaverei zu führen, als ein doppeltes Verbrechen bewußt machen können: der alljährliche Krieg selbst war nichts weiter als ein staatlich organisierter krimineller Akt, und die totale Entrechtung der Kriegsgefangenen stellte ohne Zweifel das schon begangene Unrecht in der Pose des Siegers auf Dauer; nichts ist so geeignet, die staatliche Rechtsprechung als ein reines Gewaltdiktat zu denunzieren, wie die Versklavung von Menschen in Auftrag und Aufsicht staatlicher Reglements während der fast 1000 Jahre der griechisch-römischen Antike. Selbst die nachgeholte juristische Rechtfertigung dieser Praktik offenbart das logische Absurdum und das moralisch Verbrecherische des Vorgehens: Der Krieg wird geführt, unter anderem, um Menschen gefangen zu nehmen und zu versklaven; daraus wird im Rahmen der staatlichen Selbstrechtfertigung als erstes das Recht, überhaupt Kriege zu führen; dann wird juridisch und praktisch ein jeder zum Tode verurteilt, der sich dem Angreifer widersetzt; wenn man ihn nicht umbringt, sondern in einem Akt übergroßer Gnade am Leben läßt, befindet er sich demnach in einer lebenslangen Schuld gegenüber denen, die ihm das Leben gelassen haben, und diese seine Schuld arbeitet er ab, indem er den auf dem Schlachtfelde Siegreichen als seinen neuen Herren in alle Zukunft als ein instrumentelles Befehlsobjekt in völliger Abhängigkeit gegenüber-

Belohnung. Diese Verweigerungshaltung wurde noch ausgeprägter, wenn der Versuchsleiter dem einen Affen eine Weintraube gab, ohne dass dieser irgendetwas dafür tun musste. Die Empörung der benachteiligten Affen ging soweit, dass sie gelegentlich sogar den Spielstein oder die Belohnung aus der Versuchskammer schmissen.«

tritt[192]. Ein Staat, der wirtschaftlich auf die Arbeitsleistung von Sklaven nicht verzichten kann, *wird* darauf auch nicht verzichten; er wird sich weigern, sein »Gewohnheitsrecht« je infrage zu stellen, und seine atavistischen Denkvorgaben nötigen regelmäßig selbst die besten Geister dazu, ihm die erwünschte Legitimation zu konstruieren.

Kaum ein Philosoph des antiken Griechenlands war so hoch geachtet wie ARISTOTELES, der Lehrer *Alexanders »des Großen«*, – bis heute beeinflußt er über die mittelalterliche Scholastik die Theologie der katholischen Kirche. In seiner »Politik« äußerte der große Grieche sich ausführlich auch zur Sklaverei, und da »bewies« er, daß überall in der Natur ein Verhältnis von Herrschern und Beherrschten angetroffen werde, indem stets der bessere, höhere Teil dem geringeren, niedrigen Teil seine Befehle erteile: die Seele dem Körper, der Edle dem Tieferrangigen, der Mann der Frau, der Mensch dem Tier, der Freie dem Unfreien; selbst daß Kriegsgefangene als Sklaven verkauft werden, fand er »gerecht«. Und wen wundert's? – Am 4. Juli 1776 wurde die Unabhängigkeitserklärung der (damals erst) dreizehn vereinigten Staaten von Amerika verkündet und im gleichen die Erklärung der Menschenrechte – die Freiheit und Gleichheit aller Menschen als ein Naturrecht; natürlich konnte jeder »Amerikaner« oder sonstige Angehörige der westlichen Kultur unschwer erkennen, daß auch »Rothäute« und »Neger« Menschen sind, doch das hinderte nicht, sie in Reservate zu stecken beziehungsweise sie als sprechende Arbeitstiere einzufangen und auszubeuten; der Kolonialismus wurde zur tragenden Säule der Wirtschaft, und der kapitalistische Neokolonialismus der Gegenwart hat die Brutalität der Ausbeutung menschlicher Arbeitskraft eher noch gesteigert als verringert. Wer von staatlicher »Ordnung« spricht, darf nie vergessen: Wissen ist eines, doch Wirtschaften ein anderes, und in jedem Konfliktfall wird die staatliche Verwaltung die Interessen des Geldes gegen die Interdiktionen des Gesetzes durchsetzen, um hernach zu verkünden, daß man gar kein Gesetz gebrochen, sondern nur das bestehende Recht zum Wohle aller den Verhältnissen angepaßt habe; »alle« sind stets die Wohlhabenden, die »Edlen« (*áristoi*) des ARISTOTELES, die anderen stehen in der Pflicht, sich widerspruchsfrei den Gegebenheiten zu fügen.

Zu Sklaven (*servi*) konnten (neben den Kriegsgefangenen und

192 Zum Problem der Sklaverei vgl. EUGEN DREWERMANN: Geld, Gesellschaft und Gewalt, 188–208: Sklaverei in der Antike und Leibeigenschaft im Feudalismus.

Schuldabhängigen) im römischen Strafrecht auch Kriegsdienstverweigerer, angebliche Hochverräter und Banditen (Mitglieder des organisierten Verbrechens) erklärt werden; sie besaßen dann keinerlei Rechte mehr, – sie standen dem Staat im Wege und hatten damit jeglichen Rechtsanspruch gegenüber dem Staate verwirkt; als Personen hatten sie aufgehört zu existieren; nur als Waren noch waren sie existent, handelbar als *rēs*, als Besitztümer und Dinge, nicht anders als Tiere; ihr Marktwert maß sich an ihren körperlichen und geistigen Fähigkeiten, soweit diese von den *mangones*, den Sklavenhändlern, glaubhaft dargestellt wurden. All das philosophisch begründet[193].

Man muß sich nur ein paar Zahlen vor Augen halten, um die Bedeutung des Sklavenerbeutens als eines ökonomischen Kriegsmotivs richtig einzuschätzen: 167 v. Chr. geraten beim Vormarsch des *Aemilius Paullus* auf dem Balkan 150 000 Molosser in Gefangenschaft; bei dem Sieg des *Cajus Marius* über die Teutonen bei Aquae Sextiae 102 v. Chr. und über die Kimbern bei Vercellae im Jahre 101 geriet wohl eine ähnlich große Schar in die Sklaverei; *Caesar*s Sieg über *Vercingetorix* im Jahre 52 v. Chr. bei Alesia brachte etwa 60 000 Gefangene ein; *Titus*, als er im Jahre 70 n. Chr. Jerusalem eroberte, führte etwa 100 000 jüdische Zeloten in die Gefangenschaft[194]. Auf den Verkauf solcher Mengen menschlicher Ware war die römische Armee von vornherein ein- und ausgerichtet, indem sie in ihrem Troß viele Sklavenhändler mitführte und die Soldaten am Gewinn des Versteigerungserlöses der Gefangenen beteiligte.

In Rom selbst und in anderen Großstädten war der Sklavenhandel auf bestimmte Angebote spezialisiert: auf Kinder, junge Leute, Homosexuelle, die auf dem Marsfeld »umgeschlagen« wurden. Eingesetzt wurden die Sklaven vor allem in der Landwirtschaft (Oliven,

193 ARISTOTELES: Politik 1254 a – 1255 b, 1. Buch, Kap. 5–6, S. 82–87: »Alle die freilich, die so weit voneinander entfernt sind wie die Seele vom Körper und der Mensch vom wilden Tier – in dieser Situation befinden sich die alle, deren Arbeit im Umgang mit dem Körper besteht ... Es ist nämlich von Natur aus der ein Sklave, der einem anderen gehören kann ... und der nur soweit Anteil an der Vernunft hat, als er sie wahrnimmt, ohne aber über sie zu verfügen.« (Kap. 5, S.84) »Das Gesetz bedeutet nämlich eine Übereinkunft, wonach das im Kriege siegreich Überwundene dem Sieger gehört.« (Kap. 6, S.85) »Man muß nämlich die Behauptung vertreten, daß es Menschen gibt, die in jeder Hinsicht Sklaven sind, und Menschen, die es in keiner sind.« (Kap. 6, S.86) Da diese »Ordnung« der Gemeinschaft diene, gebe es auch »eine gegenseitige Freundschaft zwischen Sklaven und Herren.« (Kap. 6, S.87)

194 Vgl. LEONHARD SCHUMACHER: Handelsware Mensch, in: Geo Epoche, Nr. 5: Das römische Imperium, 68–81, S. 72.

Weinbau), bei der Viehzucht, in den Steinbrüchen und in den Bergwerken; aber auch in der Keramik- und Ziegelherstellung, bei Bauarbeiten als Architekten, Steinmetze und Zimmerleute, in der Textilproduktion, in der Lederherstellung und Metallverarbeitung. Unentbehrlich machten sich gebildete Sklaven vor allem bei Geldgeschäften, in der Verwaltung, beim Militär und in der Erziehung der Kinder. In den Erntezeiten warb man über reguläre Leihfirmen, die mit wandernden Sklaventrupps umherzogen, wie in unseren Tagen, billige »Kurzarbeiter« an. Daß man Sklaven als Gladiatoren in die Arena schickte, um sich vor einem sensationsgierigen Publikum gegenseitig abzuschlachten, war unter anderem auch die Folge eines Überangebots auf dem Markt.

»Schätzungen des Sklavenbestandes (sc. im Römischen Imperium, d.V.) um die Zeitenwende mögen mit rund 15 – 20 % der Gesamtbevölkerung ... zutreffen, was einer hypothetischen Zahl von etwa 10 Millionen entspräche ... zwei wesentliche Quellen zur Ergänzung der Sklavenschaft (waren): Importe aus dem Ausland (›Kaufsklaven‹) und Versklavungen innerhalb des Römischen Reiches, sei es durch Menschenraub, Aufnahme von Findelkindern oder (sc. bei Verschuldung, d.V.) durch Selbst- bzw. Kinderverkauf.«[195] Generell konnten Sklaven auch zur sexuellen Verwöhnung ihrer Herrschaften abgestellt werden[196]. Wenn eine freie Frau sich auf einen Sklaven einließ, so waren die Kinder, die daraus hervorgingen, *ingenui*, Freigeborene. MARTIAL etwa erzählt von *Marulla*, die »auf Pritschen und auf Matten« mit ihren Eheeskapaden von verschiedenen Sklaven eine Reihe von Kindern empfing, die alle eines gemein hatten: sie sahen ihrem Ehemann als rechtmäßigem Vater absolut nicht ähnlich[197]. Solche Kinder einer Freien kamen als Freie zur Welt. Die Kinder einer Unfreien aber blieben unfreie, und auch so konnte der Stand der Sklaven sich vermehren und etwaige Lücken im Wirtschaftsbetrieb schließen. Solche ge-

195 LEONHARD SCHUMACHER: Sklaverei in der Antike, 42. MARIO BRETONE: Geschichte des römischen Rechts, 93, betont: »Bei den Unterschichten nimmt die Zahl der Sklaven nach dem 2. Punischen Krieg (sc. nach 218–202, d.V.) beträchtlich zu. Die Plebs besteht zunehmend weniger aus kleinen Händlern, Handwerkern und Bauern, die noch ihren eigenen Boden bestellen. Sie ist eine proletarisierte Masse, die von Besitzlosen und verarmten Bauern Zulauf erhält.«

196 PETRA KLEINAU: Die Parallelgesellschaft, in: Der Spiegel Geschichte 5: Rom. Aufstieg und Fall der Republik, 2015, 69–71, S. 70–71.

197 MARTIAL: Epigramme, Nr. 39, S. 61–62: Ganz der Papa! »Der mit dem Spitzkopf und den langen Ohren, / mit denen er so wie ein Esel wackelt, / ist deutlich deines Narren *Cyrta* Kind.«

Abb. 2: Mit einer Sandale geschlagener Sklave

borenen Sklaven (*oikogeneîs, vernae)* galten als willfährig und »weniger aufsässig ... Bei Kaufsklaven – *argyrōnētoi, emptici* – fiel diese Einbindung nicht so leicht«. [198]

Da Sklaven das Eigentum, das Kapital, ihrer »Herren« bildeten, stand es diesen frei, *Strafen* aller Art bis hin zu Folter und Hinrichtung zu verhängen. »Körperliche Züchtigungen von Sklaven dürften im häuslichen und gewerblichen Bereich zwar keine Ausnahme gewesen sein, hielten sich aber aus wirtschaftlichen Motiven doch in Grenzen, sofern kein abschreckendes Exempel statuiert werden sollte. Als Mittel wurde neben dem Stock vorzugsweise die Sandale eingesetzt.«[199] – So zeigt eine Hydría (Wasserkrug) aus Vulci im Martin-von-Wagner-Museum in Würzburg »eine nackte Hetäre, die demütig vor einem jungen Mann kniet, um ihm die Hand zu küssen. Links von ihr bietet ein weinender Knabe seine mit den Malen einer Sandale gezeichnete Rückenansicht. Vom Bildkontext kann es sich nur um einen Sklaven handeln« (Abb. 2).[200] Andere Strafen, wie Fesseln, Rädern oder Kastrieren, sind bildlich kaum belegt; sie dienten aber mit Sicherheit der Disziplinierung und der Ahndung von Delikten.

Die *Folter* wurde im Sklavenverhör als Mittel der Wahrheitsfin-

198 LEON SCHUMACHER: Sklaverei in der Antike, 265.
199 A. a. O., 277.
200 A. a. O., 278. Abb. 2.

dung bei Prozessen eingesetzt und spielte überwiegend bei privatrechtlichen Gerichtsverfahren eine Rolle: es war möglich, die Aushändigung der Sklaven eines Prozeßgegners zu fordern, um sie hochnotpeinlich zu verhören, entweder durch Geißelung (*mastígōsis*) oder durch Ausrenken der Gliedmaße (*stréblōsis*) auf dem Rad oder auf der Streckbank, – alle die Verfahren, die von der Inquisition bei Häresie- und Hexenprozessen noch im Mittelalter eingesetzt wurden, hatten sich anderthalbtausend Jahre zuvor schon beim Verhör von Sklaven »bewährt«. Gegen die Interessen des Herrn durfte nach römischer Rechtsordnung die Sklavenfolter im Verhör freilich nicht eingesetzt werden. Durch die Ehegesetzgebung des *Augustus* im Jahre 18 v. Chr. aber wurde schon bei Verdacht auf Ehebruch (*adulterium*) das Folterverhör der Sklaven der Frau oder ihres Liebhabers möglich, »sofern ihr Ehemann oder ihr Vater Anklage erhob. Im Falle einer Verurteilung fielen die gefolterten Sklaven an den Staat, wurden also *servi publici*, bei Freispruch erfolgte eine Entschädigung der Angeklagten.«[201]

Kastration war als Strafmaßnahme selten; üblich war sie im Kindesalter, um den Marktwert eines Sklaven als Eunuchen zu erhöhen, – die Unfreien waren halt eine Kapitalanlage ihres Besitzers. Brachte ein Sklave, etwa aus Angst vor Bestrafung und Folter, sich selbst um, so hatte er damit seinem Herrn, rechtlich gesehen, einen Teil seines Besitzes geraubt, genauso, wenn er zu fliehen suchte. Um Fluchtversuche zu verhindern, fiel die Bestrafung wieder aufgegriffener Sklaven abschreckend brutal aus; andererseits riskierte man damit eine Wertminderung seines Eigentums. *Nolens volens* mußte man maßhalten.

Zur Niederschlagung von Sklavenaufständen kam es 138 v. Chr.

201 A.a.O., 281. – WALTER EDER: Servitus publica, 32, zählt zu den Möglichkeiten des Erwerbs von Sklaven: Kriegsgefangenschaft, Kauf, Schenkung und Erbschaft sowie Konfiskation. S. 27: »Die Versklavung eines Bürgers konnte im Zuge privater Rechtsverfolgung – Schuldsklaverei, Verkauf des *fur manifestus* (sc. überführten Diebs, d.V.) – oder als Strafmaßnahme des Staates erfolgen. Hier wiederum ist zu unterscheiden zwischen den im Zusammenhang mit der Erhaltung der Wehrkraft erfolgten Maßnahmen gegen nicht zum Census Erschienene Wehrdienstverweigerer einerseits und der Verurteilung zur *servitus poenae* (sc. Strafe der Versklavung, d.V.), die aufgrund krimineller Delikte ausgesprochen wurde, andererseits.« S. 107: »Die konkreten Bedingungen, unter denen die *servi publici* (sc. Staatssklaven, d.V.) lebten …, verschafften ihnen … eine gewisse Unabhängigkeit.« – An sich galt der Rechtsgrundsatz des CALLISTRATUS in: Digesta Iustiniani, XI 1,1, p 274: »Niemand wird gezwungen, vor Gericht über seine Rechtssache etwas zu antworten.« Doch Sklaven waren keine Rechtsträger.

auf Sizilien und beim *Spartacus*-Aufstand 73–71 v. Chr., der von *Licinius Crassus* grausam gerächt wurde; zwischen 38–36 v. Chr. führte *Augustus* den »Sizilischen Krieg«, weil *Sextus Pompeius* (der Sohn des großen *Gnaeus Pompeius*, 106–48 v. Chr.) mit einer starken Flotte die Getreidezufuhr nach Rom sperrte, – selbst stellt *Augustus* den Sieg, den sein General *Marcus Vipsanius Agrippa* in zwei Seeschlachten bei Mylae und Naulichos errang, so dar, daß er »dem Meer ... Ruhe vor den Seeräubern verschafft ... (und) von den Sklaven, die ihren Herren entlaufen waren und Waffen gegen den Staat ergriffen hatten, fast 30 000 gefangen genommen und ihren Herren zur Bestrafung übergeben« habe[202]; unerwähnt läßt er, daß er selber rund 20 000 Sklaven auf den Ruderbänken den mechanischen Antrieb seiner Galeeren besorgen ließ.

»Bei individuellen Fluchtversuchen wird die Bestrafung in Auspeitschung, Fesselung oder Brandmarkung bestanden haben, evtl. auch im Verkauf an eine Getreidemühle (*pistrinium*), deren Arbeitsverhältnisse ... als Inbegriff eines elenden Sklavenlebens gewertet wurden.«[203] Mit Halsringen und Plaketten, die ein entlaufener und eingefangener Sklave tragen mußte, um allen seine Schuld anzuzeigen, suchte man davor abzuschrecken, durch Flucht die Freiheit erwerben zu wollen. Dem gleichen Zweck dienten auch Brandmarkierungen, – erst *Konstantin* verbot 315 n. Chr., daß sie wie bisher ins Gesicht geprägt werden konnten.

Für Sklaven, die ihren Herrn getötet hatten oder als Bandenführer aufgegriffen wurden, war automatisch die Todesstrafe vorgesehen. Allgemein bekannt ist die Massenhinrichtung der 6000 Sklaven, die 71 v. Chr. von jenem *Licinius Crassus*, dem reichsten Mann Roms, entlang der Via Appia von Capua bis Rom gekreuzigt wurden; auch über die 30 000 Gefangenen des *Augustus* am Ende des »Sizilischen

202 AUGUSTUS: Res gestae – Tatsachenbericht, Kap. 25, S. 29. – Zum Sizilianischen Krieg vgl. SUETON: Augustus 16, in: Leben der Caesaren, 62–64.
203 LEONHARD SCHUMACHER: Sklaverei in der Antike, 286. – APULEIUS: Der goldene Esel, IX, S. 157–158, schildert die Zustände der Arbeiter an den Mühlen und Backöfen aus der Sicht seines verwandelten »Esels«: »Wie viele Menschen gab es da, über und über mit Blutstriemen bezeichnet, den Rücken zerbläut, mit Lumpen mehr beschattet als bedeckt. Einige hatten noch einen geringen Fetzen um die Scham geworfen; die meisten aber waren so bekleidet, daß sie darum nicht weniger als nackend gingen. – Was für Gebrandmarkte, Halbgeschorene, Geschlossene sah ich da nicht! Fahl zogen sie einher wie Schatten. Die Augenwimpern waren ihnen vom Rauch und Dampf des Backofens abgesengt; sie konnten kaum aus den Augen sehen. Und wie im Kampfe die Fechter mit Staub, so waren sie von Kopf bis zu den Füßen mit Mehl und Asche gepudert und unkenntlich vor Schmutz.«

Krieges« dürfte das Todesurteil gesprochen worden sein[204]. – Überhaupt stellte die Kreuzigung die typische Form der Sklavenexekution dar, – auf ihren historischen Ursprung und die Art ihrer Durchführung werden wir im nächsten Kapitel noch genauer zu sprechen kommen. Durch vorangehende Folter und Auspeitschung konnte die Kreuzigung womöglich verschärft werden. »Die Auspeitschung erfolgte ... meist unter der ›Sklavengabel‹ (*sub furca*). Dabei handelte es sich ursprünglich um eine Astgabel, in deren Dreieck der Nacken gelegt war, um die Arme an den Enden der Gabel festzubinden.«[205] In jedem Falle war unter *Augustus* die Kreuzigung für Sklaven vorgesehen, die einen Anschlag auf das Leben ihres Herrn verübt hatten; ein Senatsbeschluß im Jahre 10 n. Chr. verfügte »sogar die Kreuzigung aller Sklaven, die sich zum Zeitpunkt des Mordanschlages in demselben Hause (*sub eodem tecto*) aufgehalten hatten wie der Herr.«[206] Als zum Beispiel 61 n. Chr. der Stadtpräfekt *Lucius Pedanius Secundus* von einem Unfreien ermordet wurde, kostete das 400 Sklaven das Leben.

Mit der Kreuzigung berühren wir natürlich unmittelbar auch die Hinrichtung Jesu und erhalten auf unsere Frage nach dem Warum jetzt eine weitere wichtige Antwort, sehen wir doch gerade im Strafrecht Roms, mit welch einer Brutalität die staatliche Gesetzgebung jederzeit bereit ist, die Interessen der Reichen gegenüber den Armen, der Sieger gegenüber den Besiegten, der Herrschenden gegenüber den Beherrschten als einen Rechtsanspruch juristisch zu legitimieren und mit drakonischen Strafen den unteren Teil der Bevölkerung buchstäblich auf den Leib zu schreiben. Es ist dieses gesamte »Rechtssystem«, das Jesus mit seiner Botschaft als Unrecht entlarvte, und es ist dieses gesamte Staatswesen, das er mit seiner Hoffnung auf die Ankunft der Gottesherrschaft aus den Angeln hob. Nicht physisch, wohl aber geistig war alles, was er tat und sagte, ein Anschlag auf das Leben der Herrschaften in Geld und Geltung, und natürlich mußten sie sich verwahren gegen seine Wahrheit. Doch wenn sogar die Kulturen des antiken Griechenlands und Roms als der zentralen Quellen des »Abendlandes« sich das Recht nahmen, so offenkundig zugunsten der Besitzenden Recht zu sprechen, wie soll man dann anders über die staatliche Gesetzgebung denken, als daß sie wesentlich darauf abzielt, die bestehenden sozialen Unterschiede zwischen

204 LEONHARD SCHUMACHER: Sklaverei in der Antike, 287–288.
205 A. a. O., 288.
206 A. a. O., 288–289.

oben und unten mit eben *der* Gewalt auf Dauer zu stellen, mit der diese entstanden sind? Nicht der Gerechtigkeit dient der Staat, sondern der Unantastbarkeit des Unrechts, aus dem er selber hervorgegangen ist. Die Selbstverständlichkeit der Sklaverei in der Antike mitsamt ihrer rechtlichen Absicherung inklusive eines grausamen Strafrechts zeigt unzweideutig, was ein Staat unter »Ordnung«, »Frieden« und »Rechtssicherheit« versteht: es bleibt alles, wie es ist, solange es den Interessen der *áristoi* oder *patricii* entspricht, und es wird und darf sich erst ändern, wenn es deren Vorteil erfordert.

Gleichwohl wäre es nicht richtig, die allmähliche Überwindung des Sklaventums ursächlich der Jesus-Bewegung der ersten Jahrhunderte zuzuschreiben, – sie hat andere, wirtschaftlich-militärische Gründe. Zur Zeit des *Augustus* darf man bei einer Bevölkerung in Italien von 8 Millionen Menschen von etwa drei Millionen Sklaven ausgehen, die wesentlich aus besiegten Fremdvölkern (Afrikanern, Griechen, Germanen, Kelten) stammten; mit dem Höhepunkt des augusteischen Zeitalters aber ist die expansive Phase des römischen Imperiums abgeschlossen, es geht jetzt um die Bestandssicherung und Verwaltung dieses gigantischen Machtgebildes; mit den Kriegen indessen geht auch die Zahl der Kriegsgefangenen zurück. Zudem erwies es sich durch den Rückgang der Armee von Sklaven als kostengünstiger für einen Gutsbesitzer, auf seinen Feldern nicht Sklaven arbeiten zu lassen, die er lebenslänglich miternähren mußte, sondern Kleinpächter (*coloni*) anzustellen, die an den Boden gebunden blieben und auch mit ihm veräußert werden konnten, die aber, jenseits ihrer Abgaben und Dienstleistungen, für den eigenen Haushalt arbeiteten. Als Institution erhielt sich die Sklaverei gleichwohl bis in die christliche Spätantike, nur daß ab 391, als das Christentum unter *Theodosius I.* (379–395) zur Staatsreligion wurde, christliche Sklaven nunmehr ihre traditionell heidnischen Herren wegen Asebie (Gottlosigkeit) anzeigen konnten[207]. In gewissem Sinne hörte die Sklaverei denn auch gar nicht auf; sie setzte sich vielmehr in den *Coloni* und in den Leibeigenen der feudalistischen Wirtschaftsform fort[208].

An sich lag die Freilassung eines Sklaven (die *áphesis, manumissio*) in der absoluten Vollmacht des Herren, allerdings blieben die

207 LEONHARD SCHUMACHER: Handelsware Mensch, in: Geo Epoche 5: Das römische Imperium, 81.
208 E. DREWERMANN: Geld, Gesellschaft und Gewalt, 188–208: Sklaverei in der Antike und Leibeigenschaft im Feudalismus.

Freigelassenen (*ap-eleútheroi, libertini*) »vertraglich auch weiterhin zu Dienstleistungen ... verpflichtet ... Mit Beendigung ihrer Sklavenstellung erlangten sie nach *griechischem* Recht den Status eines ›Mitbewohners‹ (*mét-oikos*) ohne politische Rechte«. Anders in diesem Punkte verhielten sich die *Römer*: sie nahmen Sklaven, wenn sie freigelassen waren, »in den Bürgerverband (*políteuma*) auf und gewährten ihnen Zugang zu den Staatsämtern«.[209] Entsprechend dankbar erwiesen sich die *Libertini* und ehrten ihren *Patronus* sogar über dessen Tod hinaus, wie Grabinschriften bezeugen[210]. – Ehrenwert ist ein Mensch, der befreit, unehrenhaft ein Mensch, der andere Menschen versklavt; gerade die Dankbarkeit der *Liberti* erzeigt diese Evidenz der Menschlichkeit.

Im Grunde war das römische Recht am Ende der *hellenistischen Epoche* in den Tagen CICEROS in seinen Prinzipien und Institutionen bereits fertig ausgebildet; die staatliche Ordnung freilich änderte sich erheblich, als nach der Ermordung *Caesar*s am 15. März 44 v. Chr. sein Adoptivsohn *Octavian* (»*Augustus*«) nach blutigen Bürgerkriegen im Jahre 31 v. Chr. zum Alleinherrscher wurde. Mit ihm beginnt *die Klassische Zeit*, die politisch als Prinzipat eingerichtet ist: formell besteht die Republik weiter, tatsächlich aber nimmt *Augustus* den Titel *princeps cìvium* (»Erster Bürger«) an, und all seine Nachfolger bis zum Ende der severischen Dynastie (nach *Lucius Septīmius Severus*, 193–211) 235 n. Chr. behalten den Verfassungszustand des *Prinzipat*s bei; der Senat verliert seine politische Entscheidungsfunktion, obwohl er mehr und mehr die Rolle des Gesetzgebers übernimmt, wobei die Anregung zu entsprechenden Beschlüssen oft vom Kaiser ausgeht. Zuständig bleibt der Senat vor allem in der Verwaltung der Provinzen, die 27. v. Chr. in senatorische und kaiserliche aufgeteilt wurden: in die ersteren entsendet der Senat Beamte »an Stelle eines Konsuls« (*proconsules*), in letztere entsendet der Kaiser »kaiserliche Statthalter an Stelle eines Praetors« (*legati Augusti pro praetore*); da das Militär nur in den kaiserlichen Provinzen stationiert war, stärkt auch dieser Umstand die Stellung des Prinzeps[211].

209 LEONHARD SCHUMACHER: Sklaverei in der Antike, 291.

210 A. a. O., 298–300. – Zu den Freigelassenen vgl. THEODOR MOMMSEN: Römisches Staatsrecht, III 420–457.

211 ÉVA JAKOB und ULRICH MANTHE: Recht in der römischen Antike, in: Ulrich Manthe (Hg.): Die Rechtskulturen der Antike, 261. – WOLFGANG KUNKEL: Über das Wesen des augusteischen Prinzipats, in: Kleine Schriften, 404, anerkennt, daß »die Herrschaft des *Augustus* ... mit Waffengewalt erkämpft« war und sich stützte »auf die ausschließliche Verfügungsmacht des Princeps über das Heer«. Gleich-

Mit der Verschiebung der Macht im Prinzipat ging natürlich ein entscheidender Wandel im Verhältnis von Staat und Person einher.

»Die beiden ersten Jahrhunderte n. Chr. waren durch den Zwiespalt der politischen Entmachtung des Volkes einerseits und einer beachtlichen Liberalität im privatrechtlichen Bereich andererseits geprägt ... Das römische Bürgerrecht, welches bei einer Gesamtbevölkerung des Reiches von 60 bis 80 Millionen nur etwa 6 bis 8 Millionen besaßen, garantierte nahezu vollkommenen Rechtsschutz ... Der Unterschied zwischen Bürgern und Nichtbürgern wurde (sc. aber, d.V.) immer geringer, je bedeutungsloser die Rechte der Bürger wurden. So war die Änderung kaum spürbar, als Kaiser *Caracalla* 212 n. Chr. allen freien Einwohnern des Reiches (mit wenigen Ausnahmen) (sc. in der *Constitutio Antoniniana*, d.V.) das römische Bürgerrecht verlieh. Jetzt war im privatrechtlichen Bereich der Unterschied zwischen dem Recht der römischen Bürger (*ius civile*) und dem *ius gentium* (sc. Völkerrecht, das für alle Menschen gelten sollte, d.V.) unerheblich.«[212]

Bezeichnenderweise galt diese Regelung allerdings nicht für die mehr als 20 % der Bevölkerung, die als Sklaven nach wie vor nicht als Menschen betrachtet wurden, weil man es im Namen des Gesetzes sich erlaubt hatte, ihnen ihre Freiheit und ihre persönliche Würde

wohl sei die Prinzipatsideologie nicht nur eine »wohltätige Lüge« gewesen; die Ideale der Republik seien »der Maßstab für die Ausübung der angemessenen Macht« geblieben. – REYMER KLÜVER: Im Zentrum der Macht, in: Geo Epoche Nr. 54, 2012: Rom – die Geschichte des Kaiserreichs, 31–33, fragt zu Recht, wie der »Vater des Vaterlandes« mit seinen 300 000 Soldaten die 55 Millionen Menschen des Imperiums verwalten kann, wo allein die Nachrichtenübertragungen enorme Zeit in Anspruch nehmen? Er schreibt: »Die Lösung ist einfach: Roms Herrscher treffen nur die wichtigsten Entscheidungen persönlich, die Hauptlast ihrer Aufgaben delegieren sie. So überlassen die Kaiser die Verwaltung weitgehend ihren Untertanen selbst, vor allem den wohlhabenden Bürgern in den vielleicht 2000 Städten des Imperiums. Die Kommunen bilden die unterste administrative Ebene des Römischen Reiches, und deren Magistrate übernehmen die elementarste staatliche Ordnung. Sie ... treiben Steuern ... ein, erheben Zölle, sprechen Recht ... Die Magistrate werden vielerorts vom Rat der Stadt meist auf ein Jahr gewählt ... Beaufsichtigt werden die Städte von den Stadthaltern der Provinzen ... Die Stellvertreter Roms sind die Herren über Leben und Tod; nur sie ... dürfen Todesurteile sprechen ... der Herrscher ist die letzte Instanz ... Der Kaiser ist oberster Richter und Priester, Finanzchef des Imperiums und Oberbefehlshaber der Streitkräfte.« Zu den Funktionen von Consul und Präfekt vgl. Digesta Iustiniani, I 10: De officiis consulis; I 11: De officio praefecti praetorio; I 12: De officio praefecti urbi, p. 48–49.

212 ÉVA JAKOB und ULRICH MANTHE: Recht in der römischen Antike, in: Ulrich Manthe (Hg.): Die Rechtskulturen der Antike, 251–252.

mit kriegerischer Gewalt zu nehmen. In der Hoffnung auf Freilassung versuchte die Mehrzahl der Sklaven, sich in ihr Los zu fügen, und trug damit sogar zur politischen Stabilität bei. Erste Ansätze zum Schutz der Sklaven vor Mißhandlung durch die *Patroni* kamen erst im 2. Jh. n.Chr. auf. Kaiser *Antoninus Pius* (138–161 n.Chr.) zum Beispiel verfügte, daß Sklaven, die sich an die Säule des Kaisers geflüchtet hatten, verkauft werden mußten und dadurch der Bestrafung von seiten ihrer bisherigen, offenbar grausamen Herren entzogen blieben, – diese selbst freilich wurden für ihre Missetaten gerichtlich weder verklagt noch belangt. »Das Christentum führte diese Bestrebungen weiter, ohne jedoch das Institut der Sklaverei jemals in Frage zu stellen.«[213]

Insgesamt entfaltete sich die römische Rechtspflege im Prinzipat in den Händen privater Richter zu »der wohl höchstentwickelten Rechtswissenschaft, die die Weltgeschichte des Rechts kennt. Zu Beginn des 3. Jhs. n.Chr. waren die großen Ediktskommentare und die Bücher der Problemata-Literatur geschrieben, und nahezu alle denkbaren juristischen Probleme waren bereits irgendwo schriftlich bearbeitet.«[214] Die Namen GAIUS, PAPINIAN, ULPIAN, PAULUS und MODESTIN stehen dafür[215].

213 A.a.O., 252.
214 A.a.O., 252.
215 A.a.O., 250; 252; 255; 256. Vgl. Digesta I 5, 1–27, p. 39–41: De statu hominum, zu: GAIUS, HERMOGIANUS, FLORENTINUS, MARCIANUS, PAULUS, PAPINIANUS, ULPIANUS, TRYPHONINUS, CELSUS, MODESTINUS, IULIANUS. Zu POMPONIUS vgl. a.a.O., I 6, 9, p. 42. Zu nennen sind insbesondere die Sammlung der Lösung von Einzelfällen durch PAPINIAN, die *Institutiones* des GAIUS um 161 n.Chr., des DOMITIUS ULPIANUS: »Einzelbuch der Regeln« vor allem zum Erbrecht, und JULIUS PAULUS: »Ansichten« (*sententiae*) zu Beginn des 3. nachchristlichen Jahrhunderts; mit HERENNIUS MODESTINUS um 230 n.Chr. endet die Vielzahl der großen Juristen des Alten Rom. Vgl. H. L. W. NELSON: Überlieferung, Aufbau und Stil von GAI Institutiones, 371, der »einen Kreis von Rechtsschulen« in der 2. Hälfte des 2. Jhs./Anfang 3. Jhs., vermutet. Vgl. FRANZ WIEACKER: Römische Rechtsgeschichte, 2. Abschnitt, § 56: Papinian, Ulpian und Paulus, S. 128–143. – *Aemilius Papinianus* war unter *Septimius Severus* (193–211) Leiter der Reskriptenkanzlei; 212 wurde er von *Caracalla* (211–217) hingerichtet. Die 37 Bücher der *Quaestiones* entstanden zwischen 193–198, die 19 Bücher seiner *Responsa* um 206. – *Domitius Ulpianus* war, zusammen mit *Paulus*, *assessor Papinians*; unter *Elagabal* (218–222) wurde er des Amtes enthoben, nach dessen Ermordung aber vertrauter Berater des *Alexander Severus* (222–235) und dessen Mutter; in dieser Stellung wurde er bei einem Aufruhr der Prätorianer vor den Augen des Kaisers ermordet. Seine 81 *libri ad edictum* wurden unter *Serverus* begonnen und unter *Caracalla* vollendet. Seine 51 *libri ad Sabinum* bieten Erörterungen einzelner Sätze des *Sabinus*. Seine »Institutiones« waren (neben des *Gaius* Institutionen) das verbreitetste

Die Blütezeit der *Klassischen Epoche* endete mit der severischen Dynastie (193–235), nach der das Imperium für etwa 50 Jahre in Anarchie versank. Das *Prinzipat* war eine rechtliche Konstruktion, mit der die faktisch bestehende Monarchie formell mit den Prinzipien der überlebten Republik verbunden werden sollte. Die Neuordnung des Reiches, die *Diokletian* (284–305) jetzt vornimmt, ist von THEODOR MOMMSEN[216] mit Recht nicht mehr als »Prinzipat«, son-

klassische Lehrbuch. – *Julius Paulus* wurde unter *Elagabal* verbannt, wurde aber unter *Alexander Severus* wieder Konziliar. Er schrieb die 78 Bücher des »Ediktkommentars« vielleicht noch unter *Commodus* (180–192), dem entarteten Sohn *Marc Aurel*s (161–180); in 26 Büchern erschienen seine »Quaestiones«, die 23 Bücher seiner »Responsa« waren im ganzen Reich beliebt. – Zu SABINUS: *Tres libri iuris civilis* und *Ulpians* Kommentar vgl. FRANZ WIEACKER: Textstufen klassischer Juristen, § 9: Sabinuskommentare, 278–331, 283–326: Ulpians *libri ad Sabinum*; zu PAPINIANS *Responsa*, vgl. a. a. O., 340–373.

216 THEODOR MOMMSEN: Römisches Staatsrecht, II 761–763: »selbst ein Fürst wie *Traian* (sc. 98–117, d.V.), der auf das bestimmteste, eben im Gegensatz zu *Domitian* (sc. 81–96, d.V.), nur *princeps* sein wollte, wurde nichts desto weniger in der Anrede gewöhnlich *dominus* tituliert ... erst mit *Severus* (sc. 193–211, d.V.), dessen Regiment überhaupt einen wesentlichen Abschnitt in der Entwicklung des Principats zur Monarchie bildet, dringt *dominus* in die Ehrendenkmäler der Gemeinden ... ein. Den Abschluß machte auch hier *Aurelianus* (sc. 270–275, d.V.); auf seinen Münzen erscheint zuerst wie der Kaiser Gott, so auch der Kaiser Herr. *Diokletian* (sc. 284–305, d.V.) schrieb dann diese Anrede förmlich vor; aber erst im Laufe des vierten Jahrh. haben die Kaiser angefangen sich selber also zu nennen ... Wenn die Identifikation des Kaisers mit der Gottheit in Folge des Einflusses der christlichen Anschauung in der byzantinischen Epoche zurücktritt, so ist dagegen der kaiserliche Dominat materiell wie formell der Grundbegriff der neueren Monarchie.« S. AURELIUS VICTOR: Die römischen Kaiser, XXXIX, 4, S. 113, schreibt von *Diokletian*: »Er ließ sich als allererster nach *Caligula* (sc. 37–41, d.V.) und *Domitian* (sc. 81–96, d.V.) ›Herr‹ nennen und anbeten und anrufen wie einen Gott.« FRANZ WIEACKER: Römische Rechtsgeschichte, 2. Abschnitt, § 41: Das Ende der *res publica* und die Begründung des Prinzipats, S. 3–14, betont: »Auch auf seinem eigensten Gebiet, in den Senatsprovinzen, wurde er (sc. der senatorische Ordo, d.V.) durch die zweckmäßigere und effizientere kaiserliche Verwaltung mehr und mehr überflügelt. Die Zukunft gehörte einem dem Princeps persönlich verpflichteten Funktionärsstab, der sich mehr und mehr aus dem Ritterstand ergänzte.« (S.13) § 63: Die Gesellschaft des frühen Dominats, S. 184–192, führt den Verfassungs- und Verwaltungsumbau unter *Diokletian* (284–305) und *Konstantin* (306–337) wesentlich auf »die Vernichtung des Wohlstandes vieler Regionen, durch die Reichs- und Bürgerkriege, durch die Einschnürung des Warenaustausches und durch den Rückgang der Bevölkerung und der Arbeitskraft« zurück (S. 185). S. 186–187, hebt hervor »die Abstufung von Rechten und Pflichten nach der Klassenzugehörigkeit. Die schon im mittleren Prinzipat sich ausbildende Unterscheidung der Strafen, z. T. auch der Strafvoraussetzungen, ... gewann mit dem Vordringen und mit der Barbarisierung des öffentlichen Strafrechts im Dominat einen immer mehr herausfordernden Charakter.«

dern als *Dominat* bezeichnet worden, indem der Kaiser selbst sich nicht mehr *princeps* (Erster), sondern *dominus* (Herr) nennt. Das Imperium wird nunmehr in vier Präfekturen mit zwölf Diözesen und etwa 100 Provinzen aufgeteilt, es zeichnet sich jedoch immer stärker die Tendenz zur Trennung des Ostens (Griechenland und Vorderasien) vom Westen (Frankreich, Spanien und Nordafrika) ab, die 395 mit der Reichsteilung denn auch vollzogen wird; der Westen, auch Italien 476, gerät in die Hände der Germanen.

Erst Kaiser *Justinian* (527–565) konnte die Reichseinheit noch einmal wiederherstellen[217]. Er war es vor allem, der den unschätzbaren Wert der juristischen Regelungen und Erfahrungen in den Lehrbüchern, Kommentaren und Traktaten der Klassiker des römischen Rechtes erkannte und die tradierten Rechtsbestimmungen in den Pandekten (griech.: *pandéchesthai* – ordnen) bzw. Digesten (lat. *digerere*) unter dem Vorsitz von *Tribonian* in 50 Büchern sammeln und am Neujahrstag 533 als Gesetz in Kraft treten ließ, – umfassend und endgültig brauchte das Riesenreich eine einheitliche Ordnung. Überarbeitet erschien ein Jahr später das Werk als *Codex Justinianus repetitae praelectionis*, und nur diese 2. Auflage ist uns erhalten; vermehrt durch 168 Gesetzesnovellen zwischen 535 bis 575 trägt das Gesamtwerk seit dem Mittelalter den Namen *Corpus Juris Civilis*. Obwohl es erst um 900 auf Griechisch unter dem Titel »Basilika« erschien, war es bis zum Untergang Ostroms (1453) in Geltung; im Westen setzte die Eroberung Italiens durch die Langobarden bereits im Jahre 568 den Codex außer Kraft. Erst im 11. Jh. entdeckten Juristen in Bologna eine Abschrift der Digesten wieder und entwickelten alsbald ihre Stadt zu der bedeutendsten Rechtsschule des Abendlandes; in allen mitteleuropäischen Ländern, schließlich in ganz Kontinentaleuropa wurde römisches Recht maßgebend; nur England entwickelte sein eigenes Recht weiter. Das *ius commune*, das Gemeine Recht, wie es die Juristen Bolognas aus dem Codex *Justinianus* entwickelt hatten, wurde in der Reichskammergerichtsordnung von 1495 verbindlich für alle Entscheidungen, die nicht durch partikulares Recht festgelegt waren. Nur langsam löste man sich in der Neuzeit von den altrömischen Rechtsbestimmungen. Aber selbst der *Code Civil des Français* von 1804 und das *Bürgerliche Gesetzbuch*

217 ÉVA JAKOB und ULRICH MANTHE: Recht in der römischen Antike, in: Ulrich Manthe (Hg.): Die Rechtskulturen der Antike, 262.

für das Deutsche Reich von 1900 wären ohne die Grundlagen von *Justinians* Pandekten nicht denkbar[218].

Schaut man sich unter diesen Rahmenbedingungen die Entwicklung speziell des römischen *Straf*rechts an, so wird die zwar zu erwartende, doch auch zutiefst erschreckende Zeit- und Interessenabhängigkeit so vieler Urteile deutlich, mit der in Jahrhunderten, sogar innerhalb der Kontinuität derselben Rechtskultur, Menschen über Menschen zu Gericht saßen. Die Vorstellung einer in sich ruhenden »Gerechtigkeit« tritt zurück hinter dem schmerzlichen Eindruck der Widersprüchlichkeit, ja, Willkürlichkeit, mit der hier Menschen verurteilt, das heißt: enteignet, verbannt, versklavt, gefoltert und hingerichtet werden konnten; nicht der notvollen Situation der als »Delinquenten« Angeklagten, sondern dem wechselnden »Ordnungs«-verlangen des Staates folgten erkennbar all diese Erlasse, Gesetze und Gesetzesänderungen. Bei allem, was die römischen Rechtsgelehrten von ihren griechischen Vorbildern lernen konnten, entging ihnen auf eklatante Weise die skeptische Trauer im Hintergrund all solcher Juristerei, der Mythos, den diese sich von *Dikē* erzählten: die Göttin der Gerechtigkeit sei mit all den guten Gaben in der Büchse der *Pandōra* (der Erdmutter »Allgabe«), als der Titan *Epimétheus* (»Nachbedacht«) sie aus Neugier öffnete, von der Erde in den Himmel entwichen und weigere sich seither, auf die Erde zurückzukehren[219].

Was bleibt in einer solchen Welt der Macht und der Gewalt anderes, als mit Macht und Gewalt eine Regelung zu erzwingen, die – nach HOBBES – das Zusammenleben der Bewohner eines als Staatsgebiet eingerichteten Territoriums durch eine einheitliche Verwaltung erträglich macht? Der daraus resultierende Rechtspositivismus staatlicher Justiz, wonach Recht ist, was die Dezision der Macht zu ihrer

218 A.a.O., 253–255. Zur Zusammenstellung der *Digesten* vgl. FRANZ WIEACKER: Römische Rechtsgeschichte, 2. Abschnitt, § 81: Die Herstellung der Digesten I: Äußerer Hergang, S. 294–300; § 82: Die Herstellung der Digesten II: Die Arbeit der Kompilatoren, S. 301–302.

219 Vgl. E. DREWERMANN: Grenzgänger, 21–125: Prometheus oder: Der Streit um Gott, S. 59–70: Das Geheimnis der Pandora oder: So ist das Leben. HESIOD: Erga 256–285, in: Sämtliche Gedichte, 318–319, betont die Bedeutung der *Díkē* (des Rechtes): »Denn schlimm, als Gerechter zu leben, / Wenn das größere Recht den Ungerechten zuteil wird.« (Erga 271–272, S. 319) Von *Díkē* »wurde erzählt, sie hätte sich schon in die Berge zurückgezogen, als die Menschen die ... Gerechtigkeit nicht mehr achteten. Als es dann noch schlimmer wurde, verließ *Díkē* die Erde und ist am Himmel sichtbar als das Sternbild der Jungfrau.« KARL KERÉNYI: Die Mythologie der Griechen, I 83.

Zeit dafür erklärt, verlangt förmlich nach einer vertieften philosophischen Begründung des Rechts in klaren Prämissen der Gerechtigkeit, wofern man nicht, wie im Alten Orient, die gegebene Gesetzeslage als die nicht weiter erforschbare Willensbekundung des Reichsgottes selber interpretieren möchte. Die Frage bleibt in jedem Falle, wie es möglich ist, daß Juristen, die gebunden sind an die Verfügungen der jeweils herrschenden Macht, in analogen Problemfällen zu durchaus konträren Entscheidungen sich genötigt sehen können, ohne sich selbst in ihrem Tun dadurch in Frage gestellt zu fühlen, ja, der Illegitimität ihres eigenen formalen Legalismus geständig zu sein. Sie machen weiter, gewiß, wie immer, doch was erzeigen sie damit anderes als den Glauben an das Recht der Macht, das sie mit endlosen Rechtfertigungen zur Stabilisierung der staatlichen Autorität als die vorgebliche Macht des Rechts erscheinen lassen müssen, damit das Ungefüge ins Fügliche biegend? – Menschenrechte! Gleichheit vor dem Gesetz! Geordnete Verfahren der Straftatbestandsfeststellung! Auch das war schon im Alten Rom und im antiken Griechenland bekannt, nur um ohne jedes Gespür für den absurden Zynismus der gesamten Gesellschaftsordnung Krieg und Sklaverei, mithin Gewalt nach innen wie nach außen, *unisono* für »rechtens« zu erklären und später dann, nach dem Untergang Roms, in neuer Kostümierung mit dem System der Coloni und Leibeigenen weiterzuführen.

Auch und gerade in diesem Punkte finden wir uns im Erbe des Alten Roms. Es hilft nicht, von G. W. F. HEGEL sich bescheinigen zu lassen, in Rom sei das Recht halt nur als Begriff abstrakt »gewußt« worden, um im Konkreten die Willkür der Gewalt (zum Beispiel in den Schauspielen der Menschenschlächterei der Gladiatorenkämpfe) gegen sich zu haben, – ein Widerspruch, der, als die Zeit reif war, die »Menschwerdung Gottes« in der Gestalt des Christus habe auf den Plan rufen müssen[220]. HEGEL betrachtete – nach »Aufhebung« der

220 G. W. F. HEGEL: Vorlesungen über die Philosophie der Religion, 2. Bd., 2. Theil, 2. Abschnitt, III. Die Religion der Zweckmäßigkeit oder des Verstandes, B. Diese Religion als die römische, in: Sämtliche Werke, XVI 170: »Wir sehen so einer Seits diese allgemeine Macht, die das Herrschen ist: in dieser sind die Individuen aufgeopfert, nicht als solche geltende; die andere Seite, das Bestimmte, fällt, weil jene Einheit, der Gott, das Abstracte ist, außerhalb desselben und das Menschliche ist wesentlich Zweck.« DERS.: Philosophie der Geschichte, 427: »Das römische Prinzip stellt sich ... als die kalte Abstraktion der Herrschaft und Gewalt heraus, als die reine Selbstsucht des Willens gegen andere, welche keine sittliche Erfüllung in sich hat, sondern nur durch die partikularen Interessen Inhalt gewinnt ... Der römische Staat, auf Raub seine Mittel gründend, hat daher auch um den Anteil an der Beute sich entzweit.« S. 437–438: »Solcher Zustand ist jetzt das römische

Religion des Christentums in die »Vernunft« – gerade die staatliche Verfassung Preußens als die objektive Gestalt der ihrer selbst bewußt gewordenen Idee des Geistes, statt mit den Augen Jesu den Staat selbst als eine unendliche Quelle von Rechthaberei statt Recht, Gewalt anstelle von Gerechtigkeit und einer steten Unterdrückung der Armen durch die Reichen anstelle der Befreiung des Menschen zu sich selber zu begreifen. – Ein paar Hinweise auf die Bestimmungen und Verfahrensweisen des römischen Strafrechts können diesbezüglich zu weiterer Klarheit verhelfen.

In der Zeit der frühen Republik und des XII-Tafel-Rechts beschränkten sich die Straftaten, die vom Staat verfolgt wurden, auf Hoch- und Landesverrat sowie auf Straftaten gegen das Sakralwesen: »So wurden Landesverrat und zauberische Versingung von Feldfrucht (XII-Tafeln 9,5; 8,1; 8,8) mit dem Tode bestraft, Untreue eines Patrons gegenüber einem Klienten mit Ausstoßung aus der Gemeinschaft (XII-Tafeln 8,21).«[221] Wie man sieht, griff der Staat durch sein Strafrecht wesentlich dort ein, wo er sich selber »verraten« oder auf mysteriöse Weise wirtschaftlich bedroht fühlte. Dabei wurde zwischen der Verletzung privater oder öffentlicher Rechtsgüter wohl unterschieden. Fälle, die sich gegen die Rechtsgüter von Privatpersonen richteten, mußten dem Prätor in Form von Privatklagen vorgetragen werden; alsdann konnte der Straftäter an das Opfer der Rechtsverletzung ausgeliefert werden; er konnte getötet oder, etwa bei offenkundigem Diebstahl, versklavt werden, oder es wurde ihm eine Bußzahlung auferlegt, – so bei nichtoffenkundigem Diebstahl, bei Körperverletzung, Beleidigung und Sachbeschädigung[222].

Leben: auf der einen Seite das Fatum und die abstrakte Allgemeinheit der Herrschaft, auf der anderen die individuelle Abstraktion, die Person, welche die Bestimmung enthält, daß das Individuum an sich etwas sei, nicht nach seiner Lebendigkeit, nach einer erfüllten Individualität, sondern als abstraktes Individuum.«

221 ÉVA JAKOB und ULRICH MANTHE: Recht in der römischen Antike, in: Ulrich Manthe (Hg.): Die Rechtskulturen der Antike, 262. Zur »Criminaljudication« vgl. THEODOR MOMMSEN: Römisches Staatsrecht, I 162–169.

222 A.a.O., 263. – WOLFGANG KUNKEL – MARTIN SCHERMAIER: Römische Rechtsgeschichte, 84–85, verweisen darauf, daß es schon am Ende des 2. Jhs. ständige Gerichtshöfe gab, und zwar für Hochverrat und Ungehorsam gegen die vorgesetzten Staatsorgane (*quaestio maiestatis*). *Maiestas* ist »Höhersein«, ein *crimen (laesae) maiestatis* also eine Hoheitsverletzung. »Im Laufe des 1. Jh. der Kaiserzeit trat ... der Angriff auf die Person des Princeps als Gegenstand des Majestätsverbrechens mehr und mehr in den Vordergrund.« (S.84) Ein Verfahren vor dem Schwurgericht wurde nicht von Amts wegen eingeleitet, »sondern setzte stets die ›Anzeige‹ (*nominis delatio* ...) eines Privatmannes voraus. Diese Anzeige war jetzt in Wahrheit eine Anklage ... Zur Anklageerhebung war (abgesehen vom Ver-

Im 2. Jh. v. Chr. änderte sich die Verfahrensordnung. Zur Verfolgung von Staatsverbrechen setzte der römische Senat jetzt in besonderen Fällen außerordentliche Schwurgerichte, *quaestiones extraordinariae*, ein, neben denen in der 2. Hälfte des 2. Jhs. ständige Schwurgerichte, *quaestiones perpetuae*, eingerichtet wurden. Diese Maßnahmen wurden nötig, weil der Kreis der öffentlichen Straftaten, deren Ahndung der Staat selbst in die Hand nahm, sich erheblich ausweitete: »Auch für Mord, Testaments- und Münzfälschung und Gewaltverbrechen übernahm der Staat den Strafanspruch.«[223] Damit ging die Zahl der Privatklagen und der Privatvollstreckungen deutlich zurück zugunsten der Ausdehnung des staatlichen Gewaltmonopols. Allerdings wurde die Anklage noch nicht von einem »Staatsanwalt« erhoben; vielmehr war bei »öffentlichen Straftaten« jeder, nicht nur das Opfer des Vergehens, klageberechtigt; die Voll-

fahren vor der *quaestio de iniuriìs*) grundsätzlich jeder unbescholtene Bürger befugt (Popularklage). Eben hierin zeigt sich die Besonderheit des öffentlichen Strafverfahrens gegenüber der Privatklage des Zwölftafelrechts, die nur dem Verletzten oder (im Falle der Tötung) seiner Sippe zugestanden hatte. Natürlich waren die Motive der Ankläger sehr mannigfaltig. Neben dem Rachedurst der Geschädigten, der im *iudicium publicum* ebenso wie in der Privatklage seine Befriedigung finden konnte, spielten Feindschaften ... eine große Rolle, daneben politischer Ehrgeiz und namentlich auch Geldgier. Denn für den siegreichen Ankläger waren in den Kriminalgesetzen Prämien von erheblicher Höhe ausgesetzt. Bei kapitaler Verurteilung des Angeklagten fiel dem Ankläger sogar ein Bruchteil des beschlagnahmten Vermögens zu. Ohne Zweifel gab es viele Leute, die das Geschäft des Anklägers gewerbsmäßig betrieben, und verhältnismäßig wenige, die bei der Anklage nur an das öffentliche Interesse dachten.« Insofern führte das System der Popularklage zu schweren Mißständen, und man sah sich genötigt, einen grundlosen Ankläger in einem »anschließenden Verfahren wegen ›Verleumdung‹ (*calumnia*)« anzuklagen; ein solcher galt als bescholten (*infamis*), und er durfte nicht mehr als Ankläger auftreten. (85) – WOLFGANG KUNKEL: Quaestio, in: Kleine Schriften, 33–34, versteht unter *quaestio* »in der Sprache der jüngeren Republik und der Prinzipatszeit ... das Strafverfahren vor einem unter magistratischer ... Leitung stehenden Kollegium von Geschworenen«. Daraus erklärt sich, warum das Wort als technischer Begriff des Strafverfahrens in der Kaiserzeit verschwindet und *cognitio* als Ermittlung eines Sachverhaltes durch den Magistrat »vor administrativen oder koerzitiven Maßnahmen« sich durchsetzt (35); der Begriff *quaestio* verschwindet mit den ordentlichen Geschworenengerichten (*consilia iudicum*).

223 In den Provinzen »allerdings stand dem Statthalter allerzeit während der republikanischen Periode und auch noch unter *Augustus* ... Nichtbürgern gegenüber das Recht der kapitalen Koerzition (sc. Bestrafung, d.V.) zu. Er war also an und für sich befugt, sie ohne Schuldspruch hinrichten zu lassen. Es wurde aber offensichtlich seit alters von ihm erwartet, daß er von dieser Befugnis nur in besonderen Fällen (etwa bei Verschwörungen und Aufständen) Gebrauch machte.« WOLFGANG KUNKEL: Quaestio, in Kleine Schriften, 107. So im Falle Jesu.

streckung einer erfolgreichen Popularklage übernahm dann der Staat, mit einer bemerkenswerten Konsequenz: Im 1. Jh. v. Chr. wurde anscheinend kein Todesurteil eines Geschworenengerichtes vollstreckt, sondern man gab dem Angeklagten Gelegenheit zur Flucht. *Prima vista* könnte man versucht sein, darin einen Akt der Humanisierung des römischen Strafrechts zu erblicken, doch in Wirklichkeit ging es um etwas ganz anderes: in den Schwurgerichten wurden nur die *honestiores*, die Angehörigen der Oberschicht, abgeurteilt; die Niedriggestellten, die *humiliores*, wurden dem Polizeigericht der »Dreimänner für Kapitalverbrechen«, den *tresviri capitales*, zugeführt und im Falle der Verurteilung hingerichtet[224].

224 ÉVA JAKOB und ULRICH MANTHE: Recht der römischen Antike, in: Ulrich Manthe (Hg.): Die Rechtskulturen der Antike, 263. Die Begriffe der »Niedrigeren« und »Höheren« sind indessen problematisch. ROLF RILINGER: Humiliores – Honestiores, 67–75, ordnet entsprechend den »Sentenzen« des Pseudo-PAULUS (PS) nach der Relation *humiliores / honestiores* die Strafen in einem Zweierschema (*humiliores / honestiores*), nach einem Dreieerschema (*servi / humiliores / honestiores*) und nach einem Einerschema für bestimmte Gruppen (z. B. *milites*-Soldaten) oder einer Gesamtheit; im Ergebnis zeigt sich, daß z. B. »regelmäßig die Sklaven schwerer als *honestiores* bestraft werden« (76), etwa durch eine geschärfte Hinrichtungsart (statt Enthauptung z. B. Kreuzigung oder Tierkampf), oder statt Deportation bei den Honestiores Kreuzigung oder Bergwerk oder statt Relegation Bergwerk oder gemeinnützige Zwangsarbeit (*opus publicum*). Für das Dreierschema findet er: »1) Sklaven werden immer schwerer bestraft als *honestiores*, aber gleich oder schwerer als *humiliores*. 2) *Humiliores* werden gleich oder schwerer bestraft als *honestiores*, aber gleich oder leichter als Sklaven. 3) *Honestiores* werden immer leichter bestraft als Sklaven, aber gleich oder leichter als *humiliores*.« (69–70) – Aus der Zeit des *Antoninus Pius* (138–161) sind 12 Rescripte überliefert, die auf die Frage antworten, wer *gefoltert* werden darf und wer nicht: »Unfreie Wächter dürfen nach einem Speichereinbruch in einem obrigkeitlichen Verfahren ohne weiteres gefoltert werden. Der *libertus* (sc. Freigelassene, d.V.) ... kann, wenn auch nicht gegen seinen Herrn, auf der Folter befragt werden ... Überhaupt nicht zur Aussage auf der Folter zugelassen sind der auf eine Insel Deportierte, Minderjährige unter 14 Jahren, der *decurio damnatus* (sc. verurteilter Wachtmeister, d.V.) ... Eine öffentliche Folter des Sklaven (im Gegensatz zur privaten Aufsicht des Herrn) wird gefordert, wenn der Sklave Ehebruch mit der Frau seines Herrn begangen hat. Auch in fiskalischen Angelegenheiten, d. h. bei Steuerhinterziehung, kann der Sklave *contra dominum* (sc. als Zeuge gegen seinen Herrn, d.V.) ausnahmsweise, und zwar im Falle akuter Beweisnot, gefoltert werden.« (123) Insgesamt aber ist die »*humiliores / honestiores* – Dichotomie ... im Strafrecht nicht ... die zentrale kategoriale Unterscheidung«. (271) Ein unterschiedlicher Rechtsstatus gilt indessen für »Herr, Sklave, Patron, Klient, Vater, Kind, Ehemann, Ehefrau, Vormund, Mündel, Magistrat, Senator, Ritter, Dekurio, Soldat, Halbbürger, Bundesgenosse, Fremder, Infamer ... Sozialer Rang hing u. a. von Geburt, Familie, ... Reichtum, ... Leistungen, Ämtern und Ehrungen ab«. (276) – Auch der Begriff der »Kapitalstrafe« bedarf der Klärung. ERNST LEVY: Die

Wir sehen also in aller Deutlichkeit ein Zweiklassenrecht am Werke, durch welches die Reichen sich selber schützen konnten und die Kluft zu den Armen so groß machten wie den Abstand zwischen Leben und Tod. Auch unter *Augustus* blieben diese Zustände unverändert erhalten, nur daß er die Polizeigerichtsbarkeit der *tresviri capitales* dem Stadtpräfekten (*praefectus urbi*) übertrug. Damit ging ein weiterer Schritt zur Ausbildung des staatlichen Gewaltmonopols einher, indem die Strafgerichtsbarkeit durch Staatsbeamte Zug um Zug die ordentliche Gerichtsbarkeit der Schwurgerichte verdrängte. Darüber erhob sich nur noch die Strafgerichtsbarkeit des *princeps*, der außerhalb der Stadt seine prokonsularische Machtbefugnis ausübte und innerhalb der Stadt als Tribun höchste Gewalt (die *potestas tribunicia*) besaß.

Durch diese außerordentliche Gerichtsbarkeit der Stadtpräfekten und des Prinzeps ließen sich Prozesse rasch und wirksam und, bei entsprechender Gesetzeslage, sogar »gerecht« abwickeln; doch erneut: um welchen Preis! »Während die Angehörigen der Oberschicht ... eher Deportation oder Verweisung aus der Stadt zu gewärtigen hatten, drohte den niederen Ständen (*humiliores*) die Todesstrafe in verschiedenen Formen, Verurteilung zu Tierkämpfen und zur Arbeit im Bergwerk.«[225] Es ist klar, daß je nach den wirtschaftlichen Inter-

römische Kapitalstrafe, 75, betont, daß in der Zeit des Dominats der Begriff Kapitalstrafe (*poena capitalis*) die Todesstrafe, und sie allein, bedeutete. »Daß bisher auch andere Strafen zu den *capitales* rechneten, war Ausdruck einer Zeit gewesen, die Hinrichtungen zu vermeiden strebte und an ihrer Stelle den Verlust von Freiheit oder Zivität als die ›Haupt‹strafe empfand – nicht so sehr aus Motiven allgemeiner Humanität wie aus dem Verlangen, den auserwählten *civis Romanus* von der Masse der *gentes* (sc. Völker, d.V.) auch in diesem Betracht gebührend abzuheben. Das Hochgefühl überdauerte aber die Republik nicht lange, der *civis* verblaßte in dem Untertan. Die Kognition (sc. richterliche Untersuchung, d.V.) machte auch vor der Enthauptung des Bürgers nicht halt. Die Differenzierung schwand vollends mit der antoninischen (sc. nach *Antoninus Pius*, 138–161, d.V.) Verallgemeinerung des Bürgerrechts, die im Strafrecht naturgemäß nicht auf eine Hinaufstufung des *peregrinus* (sc. Nichtbürger, d.V.), sondern auf die Deklassierung des *civis* hinauslief. Seitdem es von *Konstantin* ab in immer zahlreicheren Fällen wirklich um den Kopf auch des Bürgers ging, fand sich dafür wie von selbst der Terminus *capitalis* wieder, der dem Nichtbürger niemals aufgehört hatte die Todesstrafe zu sein.« S. 50: »Erwachsen war der weite Sprachgebrauch (sc. der den Verlust des Lebens, aber auch der Freiheit oder des Bürgerrechtes umfaßte, d.V.) aus der strafrechtlichen Lage der ausgehenden Republik, die für den Bürger weder ein Verbrechen kannte, auf dem nur der Tod stand, noch ein Verfahren, das nur zum Tod führen konnte.«

225 ÉVA JAKOB und ULRICH MANTHE: Recht in der römischen Antike, in: Ulrich Manthe (Hg.): Die Rechtskulturen der Antike, 263.

essen und Gewinnerwartungen die entsprechenden Urteile gefällt wurden. Das deutsche Sprichwort: Die Kleinen hängt man, und die Großen läßt man laufen, klingt wie die Quintessenz schon der Rechtsprechung des antiken Roms. Die einen haben einen Zweitwohnsitz in Monaco oder eine steuerbegünstigende Scheinfirma auf den Jungferninseln, anderen streicht man zur Strafe die Sozialhilfe ...

Auch die Gerichtsverfahren selber, die Strafprozeßordnung, war so ausgerichtet, daß dieser Endzweck staatlicher Rechtsprechung: die Vermögensbildung und Vermögenssicherung, im Durchschnitt ungefährdet blieb. Schon vom 7. Jh. v.Chr. an bis zur Reform des Zivilprozeßrechts durch *Augustus* 17 v.Chr. war ein Verfahren in Gültigkeit, bei dem der Eigentümer einer Sache diese von einem nicht berechtigten Besitzer herausverlangen konnte. So schildert GAIUS (*Institutiones* 4,16) den Streit um einen Sklaven, den zwei Prozeßgegner vor Gericht herausverlangten (»vindizierten«): »Beide Seiten behaupteten ihr Eigentum an dem streitigen Sklaven mit denselben Worten und machten in einer symbolischen Handlung (sc. in der Berührung des Sklaven mit einem Stab zum Zeichen der Züchtigung, d.V.) ihr behauptetes Eigentum deutlich ... Nachdem der Richter (sc. später der Prätor, d.V.) ... beiden befohlen hatte, den Sklaven loszulassen, zieh der Kläger im rituellen Dialog den Beklagten einer unrechtmäßigen Handlung; danach forderten sich beide mit einem Prozeßeinsatz (*sacramentum*, ursprünglich ein Eid) heraus. Nach Hinterlegung der Prozeßeinsätze (der Vorstufe unserer Gerichtskosten) in Höhe von 500 As (eine damals große Summe von etwa 130 kg Kupfer) prüfte der Richter an Hand der Beweise, ob der Beklagte durch die symbolische Züchtigung Unrecht begangen hatte, und entschied. Das archaische Verfahren trug den Namen *legis actio sacramento in rem* (Spruchformelklage zur Herausgabe einer Sache, sc. eines Sklaven, d.V.) mittels Prozeßeinsatzes.«[226] Außerdem gab es ein

226 A.a.O., 264–265. – MARIO BRETONE: Geschichte des römischen Rechts, 73–74, stellt heraus: «Im Decemviralrecht finden sich nebeneinander zwei Vorgehensweisen, die sich ... tiefgehend unterscheiden, nämlich die *legisactio sacramento* und die *legisactio per iudicis arbitrive postulationem*. Das erste Verfahren, faßbar in zwei unterschiedlichen Spielarten, und zwar für Sachen (Erb- oder Familienverhältnisse) und für Schuldverhältnisse, wird nach dem *sacramentum* benannt. In seiner jüngeren Version ist das *sacramentum* eine Wette. Die Parteien fordern sich vor dem Magistrat dazu heraus, im Fall, daß sie unterliegen, dem Ärarium (sc. der Staatskasse, d.V.) eine bestimmte Summe zu zahlen ... (Aber:) Es ist ...möglich, daß das *sacramentum* vor den Zwölftafeln nicht die Funktion hatte, den Prozeß in eine entscheidende Phase zu bringen, sondern unmittelbar den Streit beizulegen, indem es ein Beweismittel bereitstellte, entsprechend der Vorstellung eines ›Sakral-

gleiches Verfahren *in personam* bei Diebstahl, bei Sachbeschädigung und Personenverletzung.

Daneben hatten schon die XII-Tafeln eine weitere Klageform ein-

rechts‹.« In dem zweiten Verfahren erging die Forderung nach einem Geschworenen oder Schiedsmann für eine Leistungsklage oder Erbschaftsregelung. – FRANZ WIEACKER: Römische Rechtsgeschichte (Handbuch der Altertumswissenschaft, Abt. 10, Teil 3, Bd. 1, Abschnitt 1) § 12: Anfänge des ius civile, 236–267, anerkennt: »Rechtsausübung und Rechtsverfolgung der Frühzeit stellten sich ... noch weithin als einseitige Machtbetätigung dar; nämlich als Zugriff auf Personen oder Sachen, welcher erst in uns noch wahrnehmbaren Entwicklungsschritten an die Rechtmäßigkeitsprüfung und die ausdrückliche Zulassung der Vollstreckung durch den öffentlichen Gerichtsherrn gebunden wurde und auch dann noch Spuren einer schonenden Mediatisierung der präurbanen Rechtsverfolgung bewahrte. Indessen darf auch diese älteste eigenmächtige Rechtsbestätigung nicht als Ausdruck ›rechtloser‹ (oder doch ›vorrechtlicher‹) ›Selbsthilfe‹ mißverstanden werden, die erst die Ausbildung einer gesamtstädtischen Gerichtsbarkeit in eine befriedete Rechtsordnung überführt hätte.« (S. 251) Damit verwahrt er sich gegen den »Naturalismus« und »Sozialdarwinismus« des 19. Jhs. – WOLFGANG KUNKEL – MARTIN SCHERMAIER: Römische Rechtsgeschichte, 39–40, verweisen auf die sakralen Vorstellungen im Prozeßrecht des XII-Tafelgesetzes: »Bei der Streiteinsetzung bedienten sich Kläger und Beklagter bestimmter Spruchformeln (*leges*), die ihnen zuvor ein beratender *pontifex* mitgeteilt hatte. Dieses *lege agere* (›mit Spruchformeln klagen‹) war der Grund dafür, warum diese Prozeßart später, um sie vom Verfahren nach Schriftformeln zu unterscheiden, *legis actio* genannt wurde. In der ältesten uns übermittelten Form ist sie als *legis actio sacramento* ausgestaltet, wohl schon ursprünglich mit unterschiedlichen Formeln für sachverfolgende (*in rem*) und schuldrechtliche (*in personam*) Ansprüche. Die Prozeßparteien mußten, nachdem sie nach einem genau festgelegten Formular ihre Rechtbehauptungen aufgestellt hatten, eine Prozeßwette eingehen: In vermögensrechtlichen Streitigkeiten hatte jede Partei eine Geldsumme bei den *pontifices* zu hinterlegen. Sie verfiel dem Staat (und diente dem Aufwand für den Kult der Staatsgötter), wenn der Deponent den Prozeß verlor. Handelte es sich um die Anklage wegen eines todwürdigen Verbrechens ..., so trat an die Stelle des Geldeinsatzes wahrscheinlich ein feierlicher Eid. Sowohl der Geldeinsatz wie der Eid hieß *sacramentum* (= Weihung an die Gottheit.) – Über das klageweise geltend gemachte Recht entschied nicht der Gerichtsherr (sc. der Praetor, d.V.), sondern ein von diesem eingesetztes Gericht (*iudicium),* das mit mehreren Privatrichtern oder – wie zumeist beim privaten Rechtsstreit – auch nur mit einem Privatrichter (*iudex*) besetzt war. Im alten Sakramentsprozeß hatten der oder die Richter nicht über die Berechtigung der Klage, sondern nur darüber zu befinden, wessen *sacramentum* zu Recht geleistet (*iustum*) und wessen *sacramentum* verfallen (*iniustum*) war. Damit wurde auch, allerdings mittelbar, festgestellt, ob das behauptete Recht tatsächlich bestand ... das weitergehende Urteil über die Sachfrage und die sich daran knüpfende Anordnung exekutiver Zwangsmaßnahmen war Sache des Gerichtsherrn. Erst in einem vereinfachten, jüngeren Verfahren, der *legis actio per iudicis arbitrive postulationem*, kam dem Privatrichter Urteilskompetenz zu ... In der Rollenteilung zwischen dem Gerichtsherrn (*praetor*), der den Rechtsstreit einsetzt, und dem Richter (*iudex*), der den Rechtsstreit entscheidet, entspricht dieses Verfahren schon dem späteren Formularprozeß.«

geführt – die »Spruchformelklage durch Anforderung eines Richters oder Gangrichters« (die *legis actio per iudicis arbitrive postulationem*), die ein Verfahren in zwei Schritten: vor dem Prätor und vor einem Richter, vorsah, ohne aber vorweg einen Prozeßeinsatz zu verlangen. Das Verfahren ging folgendermaßen vonstatten: Der Prätor eröffnete den Prozeß und setzte einen *arbiter* (Gangrichter) ein, der das zu teilende Vermögen, zum Beispiel bei Erbschaftsstreitigkeiten oder Miteigentum, besichtigte; der *arbiter* schätzte dann den Geldwert der versprochenen Handlung; die Entscheidung auf Zahlung einer Summe aber traf der »Richter« (*iudex*, der Recht-Sprecher, von *ius dicere*). Da, wie gesagt, hier auf Prozeßeinsatz verzichtet wurde, bot dieses Verfahren auch den »*humiliores*« eine Chance, gerichtlich vorzugehen, zum Beispiel eine Zahlungsforderung abzulehnen. Die Zweiteilung des Verfahrens: *in iure* (vor Gericht, vor dem Prätor) und *apud iudicem* (vor dem Richter), blieb für alle weiteren Verfahren gültig und wurde zu einem spezifischen Merkmal des römischen Zivilverfahrensrechtes.

Nun diente dieses *Legisaktionenverfahren* nur erst der Erkenntnisgewinnung: stand dem Gläubiger der geforderte Betrag gegenüber dem Schuldner zu oder nicht, und in welcher angesagten Frist (*condictio* – sc.: Verabredung, d.V.) und Höhe war der strittige Betrag zu zahlen, – das war zu klären. Der Beklagte wurde von dem Kläger vor Gericht geladen (es erging eine *in ius vocatio*), er wurde durch Handanlegung (*manūs iniectio*) verhaftet und dem Prätor vorgeführt; für 60 Tage konnte der nicht zahlende Schuldner in Privathaft genommen werden, und wenn niemand ihn auslöste, war der Gläubiger sogar berechtigt, den Schuldner zu töten oder ins Ausland (*trans Tiberim*, jenseits des Tibers), ins heutige Trastevere, zu verkaufen[227]. Man sieht, wie rigoros das römische Recht die Besitzstandswahrung der Reichen schützte und unterstützte. Freilich, die sozialen Spannungen, um nicht zu eskalieren, erzwangen von Zeit zu Zeit gewisse Milderungen.

Auf *Poetelius*, jenen Mann der Plebs im 4. Jh. v. Chr., wird die *Lex Poetelia* aus dem Jahre 326 v. Chr. zurückgeführt, welche die Fesselung des Schuldners (die *manūs injectio*) untersagte, doch drohte damit das Vollstreckungsverfahren an Schärfe zu verlieren; zudem erwiesen sich die Legisaktionen für zahlreiche neue Klagever-

227 ÉVA JAKOB und ULRICH MANTHE: Recht in der römischen Antike, in: Ulrich Manthe (Hg.): Die Rechtskulturen der Antike, 266.

fahren als zu starr und waren im übrigen nur römischen Bürgern zugänglich. All das mußte geändert werden. 242 v. Chr. wurde ein eigener Prätor für Prozesse mit Nicht-Römern eingeführt, und bald schon konnten auch römische Kläger ihre Ansprüche ohne rituelle Formalien vor dem Fremdenprätor verhandeln; ab etwa 200 v. Chr. ließen sich die neuen Verfahren auch vor dem Stadtprätor durchführen. Unter *Augustus* (17 v. Chr.) wurde das Legisaktionenverfahren schließlich ganz abgeschafft[228].

228 A. a. O., 267. – MARIO BRETONE: Geschichte des römischen Rechts, 72, führt aus: »Für das archaische Rom stellt sich der Privatprozeß als ein Bündel von entweder der Erkenntnis oder der Vollstreckung dienenden *legis actiones* dar ... Die *legis actiones* hießen so, weil sie entweder ›von Gesetzen eingeführt‹, oder ›den Worten des Gesetzes nachgebildet‹ und damit ›unveränderlich‹ waren. In ... weiter zurückliegender Zeit scheint dies anders gewesen zu sein. *Lege agere* bedeutet ›vermittels eines verbalen oder rituellen Gefüges handeln‹, und dasselbe meint *legis actio* ... *Lex* steht für ›Ritus‹ ... Der Prozeß, wie auch die Akte privater Autonomie, erfordern ... in archaischer Zeit das Zitieren von Spruchformeln und das Ausführen bestimmter Handlungen und Gesten. Die Prozeßparteien müssen anwesend sein. Zumindest im Normalfall leitet der Magistrat den Prozeß. In den Klagen des Erkenntnisverfahrens erfolgt der Austausch von Spruchformeln vor Zeugen, daher auch die Bezeichnung *litis contestatio* (sc. Ingangsetzung des Prozesses durch Aufruf von Zeugen, d.V.). Mit der *litis contestatio* kommt der erste Teil des Prozesses zum Abschluß. Darauf folgt ein zweiter Teil, indem ein privater Richter (*iudex*) die Stelle des Magistrats einnimmt. Dieser Richter (ein Einzelrichter oder eine Richterbank) fällt das Urteil.« S. 73: »Wer einen Prozeß anstrengen will, muß den Beklagten ›vor Gericht rufen‹. Er befiehlt ihm, vor dem Magistrat zu erscheinen. Er übt hierbei auch Zwang aus ... Wenn er (der Kläger) vor Gericht lädt, und wenn er (s.c. der Beklagte, d. V.) nicht geht, soll er Zeugen anrufen. Wenn er Ausflüchte macht oder sich sträubt, soll er (der Kläger) Hand an ihn legen ... der richterliche Bescheid, der gegen den Schuldner, der nicht zahlt, gegeben wird, legitimiert den Gläubiger zu einer Vollstreckung, der *manūs iniectio* (sc. gewaltsamen Besitzergreifung, d.V.), die bis zur Tötung des Schuldners oder seines Verkaufs als Sklave ins Ausland gehen kann.« FRANZ WIEACKER: Römische Rechtsgeschichte (Handbuch der Altertumswissenschaft, Abt. 10, Teil 3, Bd. 1, Abschnitt 1), § 24: Der Formularprozeß, 447–461, betont: »Ausgangspunkt für die Bildung eines *römischen* Amtsrechts wurde die Einführung der *formulae* in den Bürgerprozeß. Dadurch wurde zur Wachstumsspitze der römischen Rechtsordnung für lange Zeit die Jurisdiktion des Stadtprätors ...Die maßgebliche Neuerung des Formularprozesses lag ... in der Ersetzung der *verba solemnia* (sc. der feierlichen Erklärungen, d.V.) der Parteien durch deren formlosen Sachvortrag und in der Ergänzung der bisherigen Richterbestellung des Magistrats – durch ein genauer redigiertes Urteilsprogramm.« (447) WOLFGANG KUNKEL – MARTIN SCHERMAIER: Römische Rechtsgeschichte, 112–113, meinen, daß »die ältesten Prozeßformeln schon im jüngeren Legisaktionenverfahren ... gebräuchlich gewesen« seien. »Nicht das Aufkommen der Prozeßformeln, sondern die Befreiung des Verfahrens *in iure* von der Bindung an die gesetzlich fundierten Spruchformulare der Legisaktionen ist die eigentliche, überaus folgenreiche Neuerung, die der Formularprozeß brachte ...

In dem neuen *Formularverfahren* trugen die klagenden Parteien in freier Rede dem Prätor ihren Streitfall vor, und der Prätor legte in einer schriftlich ausgestellten Klageformel (*formula*) die Klageart (*actio*) fest; dann überwies er die streitenden Parteien an den Richter (*iudex*), der entsprechend der Formel die Beweisaufnahme durchführte, um dann, je nachdem, auf Verurteilung oder Freispruch zu entscheiden. Im Unterschied zum Legisaktionenverfahren war im Formularverfahren der Wortlaut der Klageformel nicht festgelegt, und auch in der Bestimmung der Klagearten war der Prätor relativ frei, so daß die Verfahren weit flexibler ablaufen konnten. Kein Wunder daher, daß das Formularverfahren vom 2. Jh. v. Chr. sich zum Standardverfahren römischer Zivilprozesse entwickelte.

Damit gegeben aber war eine folgenschwere Änderung, indem die Rechtsprechung nach und nach ganz in die Hände kaiserlicher Staatsbeamter gelegt wurde, – ein Prozeß, der um 300 n. Chr. abgeschlossen war. Vor allem die Art der Vollstreckung änderte sich jetzt dramatisch: »Das Legisaktionenverfahren hatte nur die Personalvollstreckung gekannt; im Formularverfahren wurde hingegen ins Vermögen vollstreckt. Wenn der Beklagte die Urteilsschuld nicht erfüllte, konnte der Kläger nunmehr das gesamte Vermögen (!) des Beklagten in Besitz nehmen; binnen kürzester Fristen wurde ein ›Insolvenzverwalter‹ bestellt, der das Gesamtvermögen versteigerte und aus dem Erlös den die Zwangsvollstreckung betreibenden Kläger

Möglicherweise entwickelte sich diese Form des Verfahrens in Prozessen mit Nichtrömern, denen das *lege agere* verwehrt war. Man wird vermuten dürfen, daß die formfreie Verhandlung *in iure* zwischen Römern zuerst in solchen Fällen zugelassen worden ist, in denen ein Anspruch Rechtsschutz erhalten sollte, für den eine passende *legis actio* nicht existierte.« Es ging also um eine »Ausdehnung des Klageschutzes über den Kreis der vom alten *ius civile* anerkannten Rechtsverhältnisse hinaus.« Dazu gehörten vor allem »die Ansprüche aus formlos abgeschlossenen Verträgen, Verträgen also, deren Verbindlichkeit auf der ›Verläßlichkeit‹ (*fides*) der Parteien baute. ... die sogenannten *bonae fidei iudicia*, also die Klageformel mit *bona-fides*-Klausel (ist) die bedeutendste Frucht der prätorischen Rechtsschöpfung.« – WOLFGANG KUNKEL: Quaestio, in: Kleine Schriften, 100, meint, das ordentliche Strafverfahren vor den Quaestionen sei vom außerordentlichen Prozeß vor dem *praefectus urbi* verdrängt worden nicht durch die »absolutistischen Tendenzen des Prinzipats«, sondern seiner Umständlichkeit wegen; Mitte des 1. Jhs. habe dieser Prozeß begonnen. Doch auch er sagt (106): »In republikanischer Zeit hat man sich vielleicht damit begnügt, von Fall zu Fall Kommissare zur Veranstaltung von *quaestiones extraordinariae* zu entsenden ... *Augustus* hat dann Italien mit Militärposten überzogen, die dem Bandenwesen entgegentraten. Es ist anzunehmen, daß die Leiter dieser Polizeistationen schon damals gewisse Strafbefugnisse zum mindesten gegen Sklaven und Kriminelle besaßen.«

sowie weitere Gläubiger, die sich dem Verfahren angeschlossen hatten, befriedigte. So konnte theoretisch wegen 1000 Sesterzen ein Vermögen von vielen Millionen versteigert werden.«[229] Und zu diesem Vermögen gehörten natürlich auch alle Sklaven; sie wurden mitgepfändet.

Mit einem Wort: was man wollte, war nicht die Bestrafung zahlungsunfähiger Schuldner, sondern die Sicherung und Vergrößerung des eigenen investierten Geldes; und die Staatsmacht selber war es, die so vorging. Konsequenterweise ging sie noch einen Schritt weiter. In späterer Zeit nämlich ersetzte eine dritte Verfahrensart auch das Formularverfahren. Das neue sogenannte *Kognitionsverfahren* wurde nicht mehr von dem Prätor und auf der Basis seiner Verfahrensordnung (seines *edictum*) durchgeführt, sondern von kaiserlichen Gerichtsbeamten nach kaiserlichem Verwaltungsrecht; 342 n.Chr. wurde das Formularverfahren per Gesetz aufgehoben[230]; die Verstaatlichung des Rechts war damit vollständig.

229 ÉVA JAKOB und ULRICH MANTHE: Recht in der römischen Antike, in: Ulrich Manthe (Hg.): Die Rechtskulturen der Antike, 268–269.

230 A.a.O., 269. – Zur Rolle des Prätors vgl. MARIO BRETONE: Geschichte des römischen Rechts, 102: »In archaischer Zeit und bis weit ins 3. Jahrhundert v.Chr. hinein richtete sich die Rechtsprechung der Magistrate oder der Prätoren nach den streng formalistischen Kriterien, die alle Bereiche des Rechts beherrschten.« Doch die juristische Praxis zerstörte diese alte Ordnung und schuf eine neue. »Sowohl dem *praetor urbanus* als auch dem *praetor peregrinus* gestand man eine normative Funktion zu.« S. 103: »Der Prätor legte zu Beginn seines Amtsjahres die Leitlinien seiner Rechtsprechung fest.« In seinem Edikt, das er mündlich von einer Tribüne verkündete, stellte er seine Amtsführung vor. PETER G. STEIN: Römisches Recht und Europa, 22–23, begründet das Amt und die Aufgabe des Prätors: »Die Magistrate, ursprünglich die jeweils für ein Jahr gewählten beiden Konsuln, die als Staatsoberhäupter an die Stelle des Königs getreten waren, waren verantwortlich für alle Maßnahmen der Regierung ... Im Zuge der Ausdehnung der römischen Herrschaft wurde im Jahre 367 v.Chr. ein besonderes Amt eingerichtet, das Amt des ebenfalls jährlich gewählten Prätors, der ausschließlich für die Rechtspflege zuständig war. Der Prätor hatte keine spezielle Ausbildung, doch erwartete man von ihm die Überwachung der förmlichen Einleitungsphase eines jeden Prozesses.« Er hatte zu entscheiden, ob es für den Anspruch des Klägers überhaupt Rechtsschutz gab. »In der Zeit der mittleren Republik wurde eine bedeutende Änderung im Prozeßrecht eingeführt. Der Prätor gestattete den vor ihm erscheinenden Parteien, ohne Einhaltung fester Formen mit eigenen Worten ihr Begehren vorzutragen.« Dann »formulierte er den Streitpunkt in hypothetischen Sätzen in einer schriftlich aufgesetzten Urkunde, die als *formula* bezeichnet wurde.« Darin wurde der Richter angewiesen, den Beklagten zu verurteilen oder freizusprechen, je nachdem, ob bestimmte Behauptungen sich als richtig oder falsch erwiesen. »Die Aufgabe des Prätors war es, den einschlägigen Rechtssatz festzustellen (*ius dicere*) und ihm durch Gewährung der entsprechenden Rechtsbehelfe auch Wirksamkeit zu

Was noch verblieb, war die Kontrolle der Familien, wie schon *Augustus* sie sich vorgenommen hatte. – Eigentlich, sollte man meinen, ist der Raum der Familie das am meisten Private; doch wer eine Familie gründet, braucht Eigentum, und wer Eigentum hat, wird es im Fall seines Ablebens vererben, – schon das sind zwei Tatsachen, an deren Steuerung der Staat jederzeit höchstes Interesse zeigt; schon bei der Wahl der Partner kommt ein Güteraustausch zustande, und auch der muß »geordnet« werden; nur wie?

In der altrömischen Gesellschaft bildete die Familie nicht nur eine wirtschaftliche, sondern auch eine rechtliche und sakrale Einheit. Alle Familienmitglieder, Freie wie Unfreie (Ehefrau, Kinder, Sklaven), unterstanden der Hausgewalt (*potestas*) des Familienvaters (*pater familias*); nur von ihr, in männlicher Linie, ging die Verwandtschaft (die *agnatio*) aus und damit auch die Erbfolge. Die Gewalt des *pater familias* erstreckte sich bei allen Abhängigen auf Entscheidungen über Leben und Tod, über strafweise Züchtigung, über Verkauf oder Entlassung. Auch zum Heiraten war die Einwilligung des Familienoberhauptes erforderlich. Eine Ehe konnte sakral geschlossen werden (als *confarreatio*, das war die feierlichste Form der Eheschließung unter Opferung eines Schafes und eines Speltkuchens, lat. *far*) oder durch Übertragung der Hausgewalt (*coëmtio* – Kaufehe): unter fünf Zeugen ging die Frau für einen Kaufpreis in den Besitz des Mannes über oder durch Ersitzung (*usus*), indem die Frau jedes Jahr drei Nächte in Folge außerhalb des Elternhauses verbrachte; in diesem Falle entstand eine gewaltfreie Ehe, in der die Frau von ihrem

verleihen.« Der zweite Teil des Prozesses galt dann der Durchführung der Verhandlung mit Beweiserhebung und Urteilsverkündung. S. 24: »Ein Beklagter, der die Behauptung des Klägers bestritt, erlitt keinen Nachteil dadurch, daß dem Kläger eine Klageformel ausgestellt wurde.« S. 25: Schon die Zwölf Tafeln kannten den formgebundenen Vertrag der *stipulatio*. »Dies war ein förmlicher mündlicher Austausch von Frage und Antwort ... In der späteren Republik ... gestattete der Prätor dem Beklagten, sich zum Zwecke der Verteidigung ... sowohl auf Betrug als auch auf Drohung zu berufen. Und falls der Schuldner seine Behauptung beweisen konnte, wurde die Klage abgewiesen.« – WOLFGANG KUNKEL: Prinzipien des römischen Strafverfahrens, in: Kleine Schriften, 17–18, hebt hervor, daß das römische Strafverfahren allein der Schuldfeststellung diente; wo die Schuld feststand, weil die Tat offensichtlich oder der Täter geständig war, bedurfte es keines Strafverfahrens. Der manifeste Täter konnte ohne Verurteilung bestraft werden. SALLUST: Die Verschwörung des Catilina, 52, 36, S. 52, referiert, wie 62 v. Chr. der jüngere *Cato* seinen Antrag auf Hinrichtung der Anhänger *Catilinas* ohne Prozeß damit begründet, daß sie geständige und manifeste Täter seien. Für Christen, die sich zu ihrem Glauben bekannten, genügte deshalb ihr Geständnis zur Hinrichtung. WOLFGANG KUNKEL: A. a. O., 21.

Mann durch Gütertrennung unabhängig blieb. Die Mitgift, die man einer Frau mitgab, ging zwar in das Eigentum des Mannes über, mußte aber bei Ehescheidung der Frau wieder zurückgegeben werden. Auf diese Weise vermochte eine Scheidung den Ehemann – bei Verletzung seiner Treuepflicht – in den wirtschaftlichen Ruin zu treiben, so daß schon die Scheidungsdrohung einen gehörigen Druck erzeugte. Nur: was ist das für eine Lebensgemeinschaft, die sich wesentlich als eine Wirtschaftsgemeinschaft (»Vernunftehe«) darstellt? Die Ehescheidung selbst freilich ging formlos vonstatten, – sie ging nicht, wie bei uns heute, mit jahrelangen Verhandlungen vor dem Familienrichter und mit gigantischen Summen für Anwaltskosten einher. Wie pekuniär interessiert die römische Eheordnung sich allerdings darstellte, zeigt sich an dem *Verbot*, einander als Verheiratete Geschenke zu machen; erst wenn die Ehe getrennt war, kam ein freier Umgang mit Gütern in Frage[231]; das Erbe in der Linie des *pater familias* erschien sonst als gefährdet.

Nirgends freilich trat das Feilschen um Menschen für Geld peinlicher in Erscheinung als auf den Sklavenmärkten. Die Ware Mensch wurde von einem Marktschreier (*praeco*) ausgerufen, und der mögliche Käufer konnte sie nackt begutachten und auf Tauglichkeit prüfen; eine Tafel um den Hals bot die nötigen Informationen (Name, Alter, Herkunft, Bildung). Wenn ein Käufer bestimmte offensichtli-

231 ÉVA JAKOB und ULRICH MANTHE: Recht in der römischen Antike, in: Ulrich Manthe (Hg.): Die Rechtskulturen der Antike, 270–271. – Speziell *Augustus* erließ 18 v. Chr. eine eigene Sitten- und Ehegesetzgebung. Vgl. CHRISTINA SCHNEIDER: Drei-Kind-Politik, in: Die Zeit. Geschichte, Nr. 2, 2014: Augustus, 78–82: »Das Fundament der oberen Stände Roms war immer die Ehe. Jene Netze, welche die wohlhabenden Adelsfamilien durch Verheiratungen über Jahrhunderte zwischen sich gesponnen haben, sicherten Roms Größe. Nun scheint es an der Zeit, diese Netze wieder dichter zu weben. Ein wichtiger Bestandteil der neuen Gesetzgebung ist daher das Ehegebot: Männer zwischen 25 und 60, Frauen von 20 bis 50 Jahren müssen verheiratet sein. Stirbt ein Partner oder lassen sich die Eheleute scheiden, müssen sie sich innerhalb eines festgelegten Zeitraums neu verheiraten. Männer haben zunächst 100 Tage Zeit dafür, Frauen bei Scheidung sechs Monate und bei Tod ein Jahr ... Uneheliche Kinder ... gefährden den Zusammenhalt des Familienvermögens.« »Vollständiges Erbrecht erhält nur, wer verheiratet ist und Kinder hat.« (80–81) – PIERRE GRIMAL: Liebe im Alten Rom, 72–97: Ehe und Sitten im goldenen Zeitalter, 72–73, stellt fest: »Der *pater familias*, der ursprünglich bei seinem Sohn über Leben und Tod entscheiden und ihn als Sklaven verkaufen konnte, hielt es für sein Recht und, mehr noch für seine Pflicht, ihm eine Gattin zum Wohl des ›Hauses‹ ... selbst auszusuchen. Eine Heirat war vor allem das Mittel, um Bindungen zwischen den Familien zu schaffen ... Bei der von den Vätern getroffenen Wahl eines Schwiegersohns oder einer Schwiegertochter spielten ohne Zweifel Vermögenserwägungen eine Rolle.«

che Mängel bei seiner Ware übersah, hatte er später keine Möglichkeit, einen Erstattungsantrag geltend zu machen; gleichwohl konnte in einem Zeitraum von sechs Monaten die Rücknahme eines Sklaven (*redhibitio*) erzwungen werden, wenn Mängel vorlagen, die vom Verkäufer hätten mitgeteilt werden müssen (Krankheiten, Vorstrafen, charakterliche Eigenarten etc.); es war auch möglich, innerhalb eines Jahres eine Kaufminderung einzuklagen, die sich angesichts der inzwischen offenbar gewordenen Mängel des gekauften Sklaven wie von selbst ergab. Die rechtlichen Verwicklungen bei solchen Kaufklagen (*actiones empti*) und umgekehrt bei den Garantieerklärungen des Verkäufers waren leicht abzusehen, doch ließen sie sich nur schwer schlichten[232]. Es ging zu wie noch heute auf einem Viehmarkt, waren die Sklaven doch nichts anderes als sprechende Tiere.

Und eben dieser staatserhaltende und staatlich abgesicherte Ausverkauf des Menschlichen macht den prinzipiellen Protest gegen die römische Rechtsordnung und ihr Staatswesen für jeden zur Pflicht, dem die Botschaft Jesu am Herzen liegt. Es ist die Frage schon des Lukas-Evangeliums, an welch eine Art von »Größe« wir glauben: an die des *Augustus* oder die des *Christus*[233]. Mit *Augustus* verbindet sich ein »Friede«, wie er durch den Sieg in den *bella civilia* (den Bürgerkriegen) nach *Caesar*s Ermordung und durch eine expansive Außenpolitik in den *bella externa*, mit Gewalt also nach innen wie nach außen, geschaffen worden war[234]. Offenbar strebte *Augustus*entsprechend dem Vorbild *Alexander*s *des Großen*, nach Weltherrschaft, und genüßlich spricht er von den »Gesandtschaften der Könige Indiens, ... die man noch niemals zuvor bei einem anderen römischen

232 ÉVA JAKOB und ULRICH MANTHE: Recht in der römischen Antike, in: Ulrich Manthe (Hg.): Die Rechtskulturen der Antike, 286–287. Weil sie »im Eigentum ihres Gewalthabers (*dominus*)« sich befanden, waren Sklaven »Sachen« (*res*). Als *res mancipii* (Eigentumsgegenstände) standen die Sklaven rechtens auf derselben Stufe wie das Großvieh (Rinder, Pferde, Esel, Maultiere).« Vgl. PETER APATHY – GEORG KLINGENBERG – HERWIG STIEGLER: Einführung in das römische Recht, 74–75. – LEONHARD SCHUMACHER: Servus iudex, 211, faßt zusammen, wie die Sklavenfolter zum Aussagezwang bei einem Prozeß gegen den Herrn als Beweismittel üblich war: bei *adulterium* (Ehebruch), *fraus census* (Steuerbetrug) und *maiestas* (Hochverrat). Diese drei Vergehen rechtfertigten die Sklavenfolter selbst in dem Rescript des *Antoninus Pius* vom 1. Jan. 196 n. Chr., das grundsätzlich die Sklavenfolter zur Aussage gegen den Herrn verbot.

233 E. DREWERMANN: Das Lukas-Evangelium, II 774–781; Lk 22,21–30: Wie man als Jünger Jesus verraten kann oder: Die Rangordnung Gottes.

234 TIMO STICKLER: Griff nach der Weltmacht, in: Die Zeit. Geschichte, Nr. 2, 2014: Augustus, 56.

Feldherrn erblickt hatte«.[235] Als er 9 v. Chr. die *ara pacis* einweihte, den Altar des Friedens, ward der Mythos von dem weltumspannenden Friedensreich des *Augustus* geboren, das sein Hofdichter VERGIL in der 4. Ekloge mit den Worten besingt, er, *Augustus*, mache als Gotteskind »ein Ende der eisernen Zeit; eine goldene Menschheit / wird die Erde dann füllen«[236]. Genau diese Hoffnung verbindet *Lukas* in seiner Kindheitsgeschichte mit der Geburt Jesu, der Frieden bringen werde allen Menschen, die Gottes Güte glauben können[237]. Zwischen beiden Erwartungen muß man wählen wie zwischen Feuer und Wasser: entweder glaubt man an den Siegfrieden der Macht oder an den Sieg der Güte über die Gewalt in einem Frieden, anders als die Welt ihn bringt (Joh 14,27)[238]. Der Friede der Welt basiert auf einem Gleichgewicht des Schreckens, den der Stand der militärischen Tötungskapazität jeweils um sich her verbreitet; der Friede des Christus kommt aus dem Herzen von Menschen, die es an seiner Seite lernen, die Einschüchterung der Angst in einem vertieften Vertrauen zu überwinden. Der römische Kaiser erklärt und verklärt sich in der Rolle des Weltherrschers selber als Gott[239]; die Botschaft Jesu ist es, allein Gott als absolutes Richtmaß des Lebens zu betrachten; weil Gott ist, dürfen wir *Menschen* werden und bleiben!

Eine solche Botschaft mußte sich unzweifelhaft gegen die geistigen Grundhaltungen richten, auf denen Rom basierte: Weltherrschaft mit allen Mitteln und um jeden Preis zu erringen. Also Gewalt, immer

235 AUGUSTUS: Res gestae / Tatenbericht, Kap. 31, S. 35.

236 VERGIL: Hirtengedichte (Eklogen), Nr. 4, V. 8–10, S. 16.

237 E. DREWERMANN: Das Lukas-Evangelium, I 116–136: Lk 2,1–10: Die Geburt Jesu und die Anbetung der Hirten oder: Vom Frieden der Gnade.

238 E. DREWERMANN: Das Johannes-Evangelium, II 134–149: Joh 14,15–31: Von Liebe und Treue oder: Vom »Trost«, der Jesus bleiben wird.

239 SUETON: Augustus, 94, in: Leben der Caesaren, 111–114, beschreibt, wie schon die Geburt des späteren Kaisers von Vorzeichen und Weissagungen, dem Traum seiner Mutter, von einer Schlange das Kind *Apoll*s empfangen zu haben, und frühen Wundern begleitet wurde; DERS.: A.a.O., 100, S. 118–119, erzählt beim Tod des *Augustus* von einem Prätor, der »das Bild des Verbrannten zum Himmel aufsteigen« sah. AURELIUS VICTOR: Die römischen Kaiser, I 6, S. 11, berichtet, daß *Augustus* als »Vater des Vaterlandes galt« und »unbefristet der tribunizischen Amtsgewalt für würdig befunden (wurde). Demgemäß weihte man ihm wie einem Gott in Rom und in allen Provinzen, in den volkreichsten Städten, zu Lebzeiten und nach seinem Tode Tempel, Priester und Priesterkollegien.« Da es seither üblich wurde, alle römischen Kaiser, wie im Alten Ägypten, unter die Götter zu erheben, schreibt DERS. schließlich resigniert, a.a.O., XXX 25, S. 97: »Ja es wird sogar manch einer (sc. der Kaiser, d.V.) mit der gleichen Willkür in die Zahl der Himmlischen aufgenommen, der kaum ein Begräbnis verdient hat.«

mehr Gewalt; also Geld, immer mehr Geld; also immer mehr Reiche und immer mehr Arme; also ein immer ausgeklügelteres Straf- und Verwaltungsrecht. So befreit man die Welt nicht, so versklavt man sie, – die Einrichtung der Knechtschaft als des wichtigsten Wirtschaftsfaktors manifestiert nur die politische Zwangsstruktur des Gesamtsystems Rom. Dagegen mußte sich alles richten, was Jesus tat und sagte. Als der römische Prokurator *Pontius Pilatus* ihm zuhörte, konnte er wohl wirklich nur glauben, es wolle hier jemand »König« sein, ohne König zu sein, – eine Rebellion gegen den Kaiser (Joh 18,33 –38)[240]. Er ließ den vermeintlichen Aufrührer kreuzigen zum Machterhalt des römischen Imperiums in Judäa, in der Provinz Syrien, überall auf Erden.

Nun hat sich Jesus niemals mit »Rom« auseinandergesetzt; man solle dem Kaiser geben, was des Kaisers ist, – das Münzgeld mit seinem Portrait (Mk 12,13–17)[241] zur Bezahlung der Kaisersteuer gehöre ihm. Das ist das einzige Wort Jesu über das römische Imperium in den Evangelien. Der Widerspruch, den seine Botschaft von Gott in sich enthielt, richtete sich nicht gegen ein einzelnes Staatsgebilde,

240 E. DREWERMANN: Das Johannes-Evangelium, II 254–265: Joh 18,28–40 (19,4–16): Pilatus oder: Zwischen Macht und Wahrheit.

241 E. DREWERMANN: Das Markus-Evangelium, II 247–261: Mk 12,13–12: Das Gespräch über die Steuermünze oder: Der religiöse Realismus Jesu; 261–270: Noch einmal Mk 12,13–17: Ist es erlaubt, dem Kaiser Steuern zu zahlen oder: Von der Freiheit eines Christenmenschen. – FRANZ WIEACKER: Römische Rechtsgeschichte, 2. Abschnitt, § 58: Die Krise des 3. Jahrhunderts, S. 149–159, betont (S. 152), daß »das obligatorische Kaiseropfer – ohnedies beschränkt auf das Heer und die öffentlichen Funktionäre ...– der nichtrömischen Religiosität kein *sacrificium fidei* (sc. Glaubensaufopferung, d.V.)« zumutete. »Anders stand es nur mit dem jüdischen Monotheismus.« Gleichwohl »hat Rom das Judentum eher bevorzugt als benachteiligt. Die Republik war schon mt den Makkabäern im Bündnis gewesen; das julisch-claudische Haus unterhielt freundschaftliche Beziehungen zu den hellenisierten, aber angestammten Hasmonäerfürsten ... Die Zerstörung Jerusalems durch *Titus* (70 n.Chr.) und die Niederwerfung des Aufstandes des *Bar Kochba* durch *Hadrian* (131 n.Chr.) waren furchtbare Katastrophen nationaler Bewegungen im jüdischen Mutterland; auf den Status der Judengemeinden im Imperium blieben sie offenbar ohne Einfluß. So scheint auch die Lage des frühen Christentums gerade erst durch die Trennung von der jüdischen Glaubensgemeinschaft prekär geworden zu sein.« § 63: Die Gesellschaft des frühen Dominats, S. 184–192, sieht (S. 188) Kirche und Staat im 4. Jh. in Wechselwirkung: »Die Wirkungen des Christentums und der Kirche auf die profane Rechtsordnung des Dominats ... sind außerordentlich, aber ... verwickelt. Denn in einem eigentümlichen Paradox fiel die staatliche Anerkennung des Christentums (seit 312) und seine Erhebung zur Staatsreligion (387) mit dem vollen Ausbau des byzantinischen Absolutismus zusammen.«

sondern gegen die Absolutsetzung der Verfügung von Menschen über Menschen schlechthin. Nur Gott sollte über das Schicksal, den Wert und die Würde und auch über die Schuld eines Menschen entscheiden, nicht andere Menschen, die, um als Richter auftreten zu können, sich an die Stelle Gottes setzen. Die Vergöttlichung menschlicher Macht ist die zentrale Versuchung der menschlichen Geschichte, – es ist eine teuflische Verführung, Weltherrschaft anzustreben, wie, laut Legende, Jesus es noch vor seinem öffentlichen Auftreten am eigenen Leibe erfuhr (Lk 4,5–7). Zum Herrschen gehört es, Menschen auszurichten, abzurichten, hinzurichten, ihnen also die Bedingungen zu stellen, unter denen sie berechtigt sind, zu sein oder für nicht länger akzeptabel zu gelten, und nicht zuletzt: Ruhm zu erwerben in der Geschichte, am besten mit militärischen Erfolgen. Dieses ganze Gebäude aus Angst und Gewalt, in dem alle Staaten der Welt sich eingerichtet haben, betrachtete Jesus als ein Gefängnis der Menschen und als eine Todeszelle der Menschlichkeit, – dagegen mußte seine Botschaft von der unbedingten Güte Gottes sich wenden. »Gekreuzigt unter *Pontius Pilatus*« – dieser Satz des christlichen Glaubensbekenntnisses spricht beides zugleich aus: die mörderische Macht des staatlichen Strafrechts und die Notwendigkeit, sich davon zu befreien.

Seither steht es alternativ einander zur Wahl gegenüber: die Suche nach dem Frieden, wie die Welt ihn gibt, modellartig geformt in der *Pax Romana* des *Augustus*, oder der Glaube an den Frieden Christi mit der Botschaft von der Gottesherrschaft in einem Reich der Güte, des Vertrauens und des Nicht-Verurteilens. Entweder – Oder. Der Verlauf der Geschichte seither zeigt, daß die Gestalt des *Augustus* als eines Heilsbringers, als eines Monarchen von Gottes Gnaden, als eines Leitsterns in der Nacht weit heller leuchtet als der Stern, der über den Fluren von Bethlehem erstrahlte. Insbesondere die »christlichen« Kaiser Europas folgten nicht der Botschaft Jesu, sondern dem praktisch scheinenden Erfolgsrezept des römischen Imperiums. »Karl der Große, der das Frankenreich im 8./9. Jahrhundert zur größten Machtentfaltung brachte, steht mit beiden Beinen auf dem römischen Kaisertum – mit dem einen auf *Augustus*, mit dem anderen auf *Konstantin*, der das Kaisertum (sc. ideologisch, d.V.) christianisiert hat. Zuvor hatten aber auch schon andere Herrscher einzelne Elemente des Kaisertums übernommen. Es gibt merowingische Inschriften, in denen der Augustus-Titel vorkommt. Rom bleibt das prägende Herrschaftsmodell. Besonders deutlich zu sehen ist das bei dem berühmten Stauferkönig *Friedrich II.*, der im 13. Jahrhundert Goldmünzen mit dem Konterfei prägen ließ, die er die Augustalen nannte. Oder nehmen wir *Philipp II.* (sc. »le Régent«, 1180–1223, d.V.) von Frankreich: Der nannte sich sogar Augustus.«[242] Auch die Herrscher des Absolutismus, *Ludwig XIV.*, der Sonnenkönig (1643–1715) zum Beispiel, oder später *Napoleon* stehen in dieser Tradition. Nicht zu vergessen ist *Mussolini* mit seinem Marsch auf Rom im Jahre 1922: der italienische Faschismus zelebrierte sich bewußt in der Nachfolge des augusteischen Imperialismus. Paradoxer- oder bezeichnenderweise war es gerade *Mussolini*, der die *ara pacis*, den Friedensaltar des *Augustus*, wiederherstellte und sie am 2000. Geburtstag des Imperators, am 23. September 1938, feierlich einweihte[243]. Das war nicht bloße Propaganda, es war der Ausdruck der allgegenwärtigen Überzeugung, daß Macht und Militär nebst einem strengen Strafrecht für ein effizient agierendes Staatswesen unerläßlich sind. Frieden als Resultat richtiger Gewaltausübung – daran glaubt nach wie vor die ganze Welt, und es gilt zu zeigen, wie sehr sie sich damit selber unrecht tut. Wie überwindet man das Unrecht, das der Staat mit seinem Strafrecht darstellt?

Gewiß ist es kein Zufall, daß diese Frage in einer Person entstand, die als Jude mit dem römischen Kaiser so gut wie nichts, dagegen mit dem Glauben Israels an ein »Reich Gottes« alles zu tun hatte. Im Unterschied zu den Sikariern (den aufständischen »Dolchmännern«) in den Bergen Galiläas glaubte Jesus absolut nicht an die Strategie, mit bewaffneter Gewalt die Ankunft des Messias herbeimorden zu können; auch das moralische und juridische Be- und Verurteilen von Menschen, worauf alle staatliche Gewalt zum Machterhalt sich gründet, vereinbarte sich in keiner Weise mit seiner Botschaft von der absolut verzeihenden, heilenden, alle Schuld in ihrer Not umfangenden Güte Gottes. Mit dem römischen Recht, das bis heute weiterwirkt, mußte Jesus sich formal nicht auseinandersetzen; mit der Thora Israels aber stand er in ständigem innerem Gespräch. Diesem Disput müssen wir zum Verständnis des befreiend Neuen in der Botschaft Jesu noch nachgehen, indem wir als letztes das Gesetz des *Moses*, insbesondere in den Teilen seines Strafrechts, uns vergegenwärtigen.

242 ALEXANDER DEMANDT: Das große Vorbild, in: Die Zeit. Geschichte, Nr. 2, 2014: Augustus, 101.
243 A.a.O., 103.

e) *Rechtsvorstellungen im Alten Israel*

α) *Geschichtlicher Werdegang*

Die Rechtsgeschichte der Hebräer ist in gewissem Sinne singulär, und zwar durch gerade das Moment, das in Identität und in Kontrast entscheidend die Gestalt und Botschaft Jesu mitbestimmt. – Alle großen Reiche der Antike besaßen ein Rechtssystem, das an die Zentralmacht des Gottkönigs oder des Kaisers gebunden war; allein die Justiz relativ kleiner Stadtstaaten erlaubte die Beibehaltung gentiler Strafverfahren, in denen die Familie oder die Sippe als eigenständiges Rechtssubjekt auftrat oder Ortsgerichte eingeschaltet wurden, wie es in praestaatlichen Zuständen üblich war. Durch ihre geographische und geschichtspolitische Lage gelangte die »Tochter Zion« niemals dahin, ihren altorientalischen Traum von einem Großreich zu verwirklichen; gleichwohl waren die Gesetze des »Keilschriftrechts« für die hebräischen Vorstellungen von Recht und Gerechtigkeit prägendes Vorbild und gültiger Maßstab, – bis auf den einen wesentlichen Unterschied: die entscheidende Ausgestaltung der biblischen Thora erfolgte in einer Zeit, da es nicht länger möglich war, die göttliche Macht in der politischen Größe des Königs als Herrschers und Gesetzgebers zu erblicken; im Exil mußte das Volk der Hebräer lernen, seinen Gott *Jahwe* als einzigen Gott und als Grund aller Gesetze zu glauben, auch und gerade im Status politischer Ohnmacht, auch und vor allem sogar unabhängig von staatlichen Institutionen. Ein Rechtssystem zur Ordnung des menschlichen Lebens ohne Staat, ja, notfalls sogar gegen den Staat wuchs da heran, eine Idee, zu welcher allein das Volk *Jahwes* in seiner Geschichte hinerzogen wurde.

Freilich muß, wer das Zustandekommen der Thora historisch verstehen will, sich von dem mythischen Bild lösen, das die Bibel ihm malt: wie Gott selber am Sinai unter Wolkendräuen und Blitzezucken seine Gebote erläßt und auf Stein gemeißelt durch *Moses* dem Volk als bleibendes Heiligtum in der Bundeslade übergibt. Es ist hier wie stets in der Bibel (und bei aller religiösen Rede): das menschliche Dasein sucht seinen Grund in Gott, doch die Angabe des Wesensgrundes von etwas ist nicht zu verwechseln mit einer materiellen oder historischen Ursachenbegründung, sonst riskiert man eine Umwandlung von Glauben in Aberglauben und wenig später, bei fortschreitender Vernunft, in Unglauben. – Um es bildlich zu sagen: anders als andere Bäume, vermehren sich Mangroven durch Luftwurzeln, die im Sandboden eines tropischen Meeresufers Halt finden; der Boden bringt sie nicht hervor, er nimmt sie auf, sie verwurzeln sich in ihm, und so leben sie von ihm; analog dazu läßt sich das menschliche Dasein nur dann von Gott her begründen, wenn man begreift, daß es – jenseits aller naturwissenschaftlichen Erklärungen seines Entstehens – allein auf Gott hin existiert. Doch nun: was sagt uns die historische Forschung (derzeit!) über die Entstehung und Geltung des mosaischen Gesetzes, außer daß es sicher nicht von *Moses* stammt, wer immer dieser gewesen sein mag, – wenn er denn je eine geschichtliche Persönlichkeit war[244]?

Um die Rechtsgeschichte Israels zu würdigen, muß man sich die Kleinheit der Ursprungsverhältnisse nur erst recht klar machen. »In der gesamten Bronzezeit, vom dritten bis zum späten zweiten Jahrtausend formierten sich in diesem Raum (sc. von Palästina, d.V.) keine Territorialstaaten, vielmehr war Palästina von den ersten Stadt- und Staatsgründungen in der Frühbronzezeit des dritten Jahrtausends an bis zur ausgehenden Spätbronze im 13. Jh. v. Chr. geographischer Raum einer Kultur von Stadtstaaten« in den fruchtbaren Zentren; als im frühen 2. Jtsd. die Versorgung der Städte durch das agrarische Umland nicht mehr zu gewährleisten war, gingen zahlreiche frühbronzezeitliche Stadtstaaten zugrunde, und Hirtennomaden breiteten sich aus[245]. Im 2. Jtsd. dehnte Ägypten unter *Thutmosis I.* (1504–1491) und, noch expansiver, unter *Thutmosis III.* (1479–1426) sein Terrain auf Palästina und Syrien aus, um den Handel sowie den Gewinn von Rohstoffen (Holz und Erze) zu verbessern. »Das Gebiet war seit jeher ein Transitland zwischen Ägypten, Mesopotamien und Kleinasien. Wer es kontrollierte, profitierte vom Han-

244 Vgl. JAN ASSMANN: Exodus, 5. Kap.: Namensoffenbarung: Mose am brennenden Dornbuch, S. 151–174; 6. Kap.: Zeichen und Wunder, S. 175–220; 7. Kap.: Die Berufung des Volkes, S. 223–247; 8. Kap.: Vertrag und Gesetz, S. 249–304; 9. Kap.: Widerstand – Mose und das gewaltsame Geschick der Propheten. Die Frage nach der historischen Gestalt des *Moses* tritt hier – zu Recht – zurück hinter der Frage nach dem Sinn und Zusammenhang der Exodus-Tradition der Bibel und der Bedeutung der Entdeckung des Einen Gottes. BARBARA SCHMIDT: Geschichte Israels, 134–135, stellt fest, daß die Erzählungen (sc. vom Exodus, d.V.) »nicht von einem Geschehen des 13. oder 12. Jhs. v. Chr. berichten ... Interessanterweise finden sich die wahrscheinlich ältesten literarischen Belege ... im Zwölfprophetenbuch (Hos 8,11–13; 9,3–4; 11,1–6; 12,8–14, vgl. Am 2,10; 3,1; 9,7) ... Zugleich fällt auf, dass in diesen Texten ›Ägypten‹ oftmals in Parallele zu ›Assur‹ steht. Daraus ist zu schließen, dass nicht Erfahrungen aus Ägypten, sondern solche aus der Zeit *Hosea*s mit den Assyrern ... Anstoß und Motor waren.«

245 ECKART OTTO: Recht im antiken Israel, in: Ulrich Manthe (Hg.): Die Rechtskulturen der Antike, 155–156.

del … Stadtstaaten in Palästina beherrschten jeweils Gebiete von fünf bis zehn Kilometer Radius. Ägypten installierte zwar Beamte, um seine Interessen zu wahren, beließ den Stadtfürsten aber erhebliche Eigenständigkeit. Im Ergebnis sorgte das Pharaonenreich so für Stabilität in der Region.«[246]

Nicht zuletzt aber ging es den Pharaonen um die Abwehr der nicht-seßhaften Händler, Hirten, Handwerker und Söldner, die in den ägyptischen und mesopotamischen Texten *Habiru* (*ʿapiru* oder *ḫabiru*) genannt werden; dieses Wort bezeichnet ursprünglich keine Volksgruppe (die »Hebräer«), sondern eine Lebensform – als »Landstreicher«, »Nomaden« oder »Banditen«[247].

Insbesondere als die Hethiter in Nordsyrien eindrangen, nahm der Handel empfindlich ab und damit auch die wirtschaftliche Stärke der Stadtstaaten. Als dann im 13. Jh. v. Chr. eine dramatische Trockenheit den östlichen Mittelmeerraum heimsuchte, gingen nicht nur die Ernten zurück, die Dürre zwang viele Bewohner in Griechenland und in der Türkei dazu, sich eine neue Heimat zu suchen. Die »Seevölker«, wie die ägyptischen Annalen diese Wanderwelle nennen, brachten die mykenische Palast-Kultur und wohl auch das Reich der Hethiter zum Einsturz. Zypern wurde um 1200 v. Chr. verwüstet, Ugarit wurde um 1175 ausgelöscht; einzig die Ägypter vermochten unter *Ramses III.* (1184 – 1152) den Angriff der »Seevölker« abzuwehren und siedelten die Besiegten am Westrand in das Gebiet um, das bis heute noch nach einem ihrer Stämme den Namen Palästina trägt. Diese Philister (*peleset*), die über Kreta nach Palästina gekommen waren, bildeten eine politisch-wirtschaftliche Allianz in Form einer Pentapolis, eines Fünf-Städte-Bundes, bestehend aus Aschdod, Aschkelon, Gaza, Ekron und Gath[248]. Andere Namen im Zentrum des Mittelmeeres verbinden sich mit weiteren Gruppen der »Seevölker«; so geht Sizilien auf die *Šekeleš* zurück, Sardinien auf die Šardana, die Tyrrhenier und Etrusker auf die *Turša,* die Achäer auf die *Ekweš* und die Lykier auf die *Lukka*[249].

Unter solchen Umständen hatten die Einheimischen im Raum Palästina zwei Möglichkeiten: sie konnten zum einen als Handwerker

246 WOLFGANG ZWICKEL: Wie entstand Israel? in: Spektrum der Wissenschaft Spezial: Archäologie – Geschichte – Kultur 4/15: Juda und Israel, 8.
247 JAN ASSMANN: Exodus, 66.
248 ELISABETH YEHUDA: Verkanntes Kulturvolk, in: Spektrum der Wissenschaft Spezial: Archäologie 4/15: Juda und Israel, 20–21.
249 Vgl. JAN ASSMANN: Exodus, 68.

und Facharbeiter in das fruchtbare Nildelta ziehen, wo Arbeitskräfte für die Palastbauten unter *Ramses II.* (1279–1213 v.Chr.) dringend gebraucht wurden, – dieses Ereignis steht wohl hinter den biblischen Erzählungen vom Aufenthalt der Kinder Israels in Ägypten (vgl. Ex 2,11, wo die Mitarbeit am Bau der neuen Ramsesstadt erwähnt wird)[250]; buchstäblich näher aber lag zum zweiten die Möglichkeit, in das palästinensische Bergland zu ziehen, das »während der Spätbronzezeit (1550–1150) nahezu unbesiedelt« war; der »Grund dafür liegt auf der Hand: Das Bergland lag abseits der Fernverbindungen und war daher unattraktiv, solange der Handel eine Rolle spielte. Aber nun fanden Siedler dort gutes Land für Kleinvieh, denn in den Höhenlagen regnete es auch mehr als in den Ebenen, so dass es genug Nahrung für Schafe und Ziegen gab.«[251] Rodete man zudem die Büsche, erhielt man auch brauchbares Ackerland.

Diese Zeitrafferdarstellung der Frühgeschichte Israels ergibt eine deutlich andere Sicht auf die Entstehung des »Volkes Gottes«, als die Bibel selbst sie erzählt. Denn wenn die vor allem von Archäologen, wie ISRAEL FINKELSTEIN, aber auch schon von Alttestamentlern wie ALBRECHT ALT[252] vorgetragene Konzeption zutrifft, »wanderte das frühe Volk Israel nicht aus Ägypten ein, sondern wurzelte in den kanaanäischen Stadtstaaten; das Gleiche galt für die Bewohner der späteren Nachbarstaaten Juda, Edom, Moab und Ammon sowie für die Aramäer. All diese Stammesgesellschaften entwickelten sich zum größten Teil aus der erodierenden Kultur der Spätbronzezeit.«[253] »Im

250 Vgl. a.a.O., 123–138: Die ägyptische Fron: »Klar wird ..., dass kein Hebräer nach Ägypten wandern musste, um die bittere Erfahrung des Frondienstes zu machen: so etwas hatte man in der Königszeit im eigenen Lande zur Genüge erlebt (sc. vgl. 1 Kön 5,27–30: die Fronarbeit unter *Salomo*, d.V.). In der Erinnerung aber ist es Ägypten, mit dem sich der Begriff eines (ungerechten, zu Zwangsarbeit verschärften) Frondienstes untrennbar verbunden hat. Dadurch ist dessen Bild, so günstig auch immer es in der unmittelbar vorhergehenden *Joseph*sgeschichte gezeichnet worden war, bis heute eingeschwärzt worden.« (S. 128) »Die ägyptische Zwangsarbeit ... ist ... für die Israeliten zu einem zentralen Element sowohl ihres Selbst- als auch ihres Gottesbildes geworden. Gott ist der Befreier«, und aus Sklaven der Ägypter sind die Diener des Gottes *Jahwe* geworden (vgl. Lev 26,13). (S. 130)

251 WOLFGANG ZWICKEL: Wie entstand Israel? in: Spektrum der Wissenschaft Spezial: Archäologie – Geschichte – Kultur 4/15: Juda und Israel, 10.

252 ALBRECHT ALT: Die Landnahme der Israeliten in Palästina, Leipzig 1930; ISRAEL FINKELSTEIN – NEIL A. SILBERMAN: Keine Posaunen vor Jericho, München 2002.

253 WOLFGANG ZWICKEL: Wie entstand Israel? in: Spektrum der Wissenschaft Spezial: Archäologie – Geschichte – Kultur 4/15: Juda und Israel, 10.

Bergland festigten sich allmählich die Strukturen, ein regionaler Handel entstand. Ortschaften verbündeten sich in Krisenzeiten, schlossen sich zu Klans zusammen, mehrere Klans wiederum zu Stämmen ... Die Gruppierungen, die sich im Laufe der Zeit formierten, bildeten die Grundlage für die zwölf Stämme Israels ... – die Zahl hatte religiös-kultische Bedeutung.«[254] Wie üblich in mythischen Geschichtsdarstellungen, führt die Bibel die verschiedenen Stämme auf *einen* Stammvater Jakob zurück, der in Gen 32,29 den Namen Israel erhält. »Tatsächlich entstand das neue Volk allmählich aus den Siedlern im Bergland und den Bewohnern der verbliebenen kanaanäischen Städte in den Ebenen.«[255]

Aber auch ein Teil der Bevölkerungsgruppen, die in der Zeit der Dürre nach Ägypten gegangen waren, kehrte zurück. Die Ägypter verloren damit wertvolle Arbeitskräfte, die sie zu halten suchten, und eine Gruppe der »Rückkehrer« brachte anscheinend die Erzählung von der Rettung am Schilfmeer mit (Ex 14,21), die den Kern des israelitischen Glaubensbekenntnisses bildet: wie Gott die Fliehenden vor der Verfolgung der Ägypter rettete, indem sie bei günstigem Wind durch die flachen Seen waten konnten, während die Streitwagen des Pharaos im Schlick stecken blieben. »So entstand einer der ältesten Texte des Alten Testaments, das so genannte *Miriam*-Lied: ›Singt Jahwe, denn hocherhaben ist er. Ross und Reiter warf er ins Meer!‹« (Ex 15,21)[256] Bemerkenswert ist dabei der *Jahwe*-Name. Unter den zahlreichen Göttern, die im 2. Jtsd. v.Chr. in Syrien und Palästina verehrt werden, findet ein Gott *Jahwe* sich nicht. Er war wohl ein Wüstengott, der im Süden des Ostjordanlandes, im Südosten des Toten Meeres, zuhause war, und auch die Nomaden dieser Region werden in jener Dürrekatastrophe im 13. Jh. Zuflucht in Ägypten gesucht haben. Eine Gruppe, die diesen Gott verehrte, erlebte offenbar das »Wunder« an den Bitterseen und brachte diesen ihren Gott in den Kreis der 12 Stämme mit.

Es waren also die Flüchtlinge der Dürre im 13. Jh. v.Chr., aus denen das spätere Israel hervorging: teils aus den Flüchtlingen der

254 A.a.O., 11.
255 A.a.O., 11.
256 A.a.O., 11. – JAN ASSMANN: Exodus, 71, Anm. 37, verweist darauf, daß die altorientalische Kriegstechnik Pferde nicht als Reittiere, sondern als Zugtiere vor den Streitwagen nutzte, so daß es nicht »Reiter«, sondern »Wagenlenker« heißen muß. »Dafür gehören aber in der Eisenzeit II C (letztes Drittel des 8. Jahrhunderts bis zum Beginn des 6. Jahrhunderts) Reiterfiguren zu den beliebtesten Bildmotiven der israelitisch-jüdischen Kleinkunst.«

Küstenstädte, die im dünnbesiedelten mittelpalästinensischen Gebirge sich eine neue Heimat schufen, teils aus den zurückkehrenden ägyptischen Emigranten. Nicht zufällig wird gerade um diese Zeit auf einer Granitstele des Pharao *Merenptah* (1213–1203) im Jahre 1207 v.Chr. in Theben-West der Name Israel schriftlich erwähnt[257]. »Die Wurzeln Israels sind also im bronzezeitlichen Kanaan und nicht in Ägypten oder in der Wüste zu suchen ... Entsprechend ist auch die Rechtsgeschichte Israels und Judas in der unter mesopotamisch-syrischem und ägyptischem Einfluß stehenden Rechtskultur des vorisraelitischen Palästina verankert.«[258] Es waren die 200 Jahre zwischen der Katastrophe der spätbronzezeitlichen Stadtstaaten bis zur Neuentstehung von Staaten um die Wende vom 2. zum 1. Jtsd., in denen im »mittelpalästinensischen Gebirgsland ein lockerer Verband von gentil integrierten Stämmen bäuerlicher Dorfsiedlungen ... sich als ›Israel‹ bezeichnete.«[259]

Schaut man sich auf der Landkarte die geographische Lage und die Siedlungsgebiete der hebräischen Stämme an (Abb. 3; 4)[260], so sieht man an den zahlreichen nicht-eroberten kanaanäischen Städten, wie sie in Ri 1,1–36 neben den »eroberten« Städten denn auch aufgeführt werden, daß von einer militärisch organisierten »Landnahme« im Sinne der bibeltheologischen Darstellung keine Rede sein kann. Die Städte waren mit Mauern befestigt, »deren Wälle bis zum Himmel stiegen« (Dtn 1,28), also uneinnehmbar für Neuankömmlinge waren und ihnen wie von Riesen bewohnt erschienen (Num 13,34). Das Problem der Neu-Ansiedler spricht Jos 17,16 offen aus: »Das Bergland reicht für uns nicht aus. Die Kanaanäer aber, die in der Ebene wohnen, besitzen eiserne Streitwagen.« Zudem bedrängten die umliegenden Völker, neben den Philistern insbesondere die Kamelreiter der Midianiter, Jahr um Jahr zur Erntezeit die bäuerische Bevölkerung, um sie auszuplündern. Sogenannte Richter wie *Gideon* (Ri 7,16–21) traten von Fall zu Fall als »Retter« gegen sie auf. Der letzte dieser »Retter« war *Saul* (1012–1004), der als erster zum König ausgerufen wurde; aber die Hoffnung, sich gegen die Amelekiter und

257 WOLFGANG ZWICKEL: Wie entstand Israel? in: Spektrum der Wissenschaft Spezial: Archäologie – Geschichte – Kultur 4/15: Juda und Jerusalem, 7.
258 ECKART OTTO: Recht im antiken Israel, in: Ulrich Manthe (Hg.): Die Rechtskulturen der Antike, 156.
259 A.a.O., 156.
260 MANFRED CLAUSS: Das Alte Israel, 18; 32.

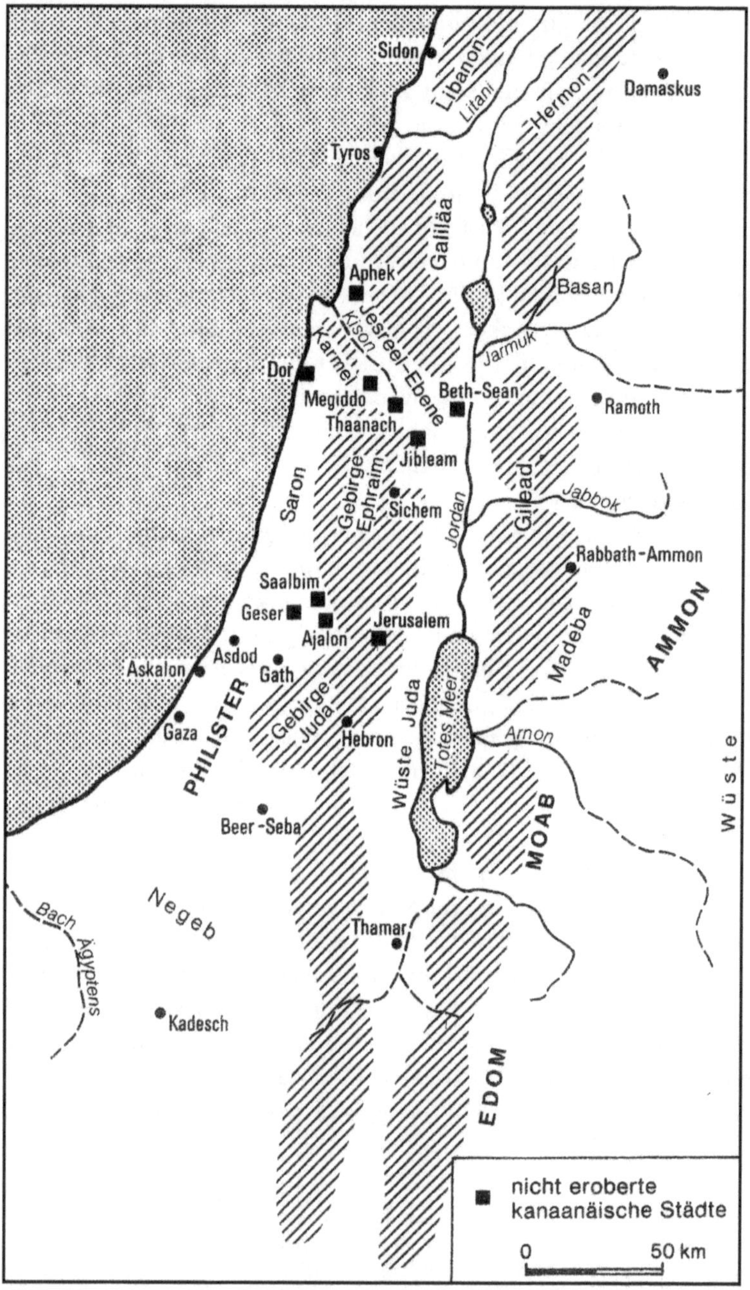

Abb. 3: Geographische Lage ›Israels‹

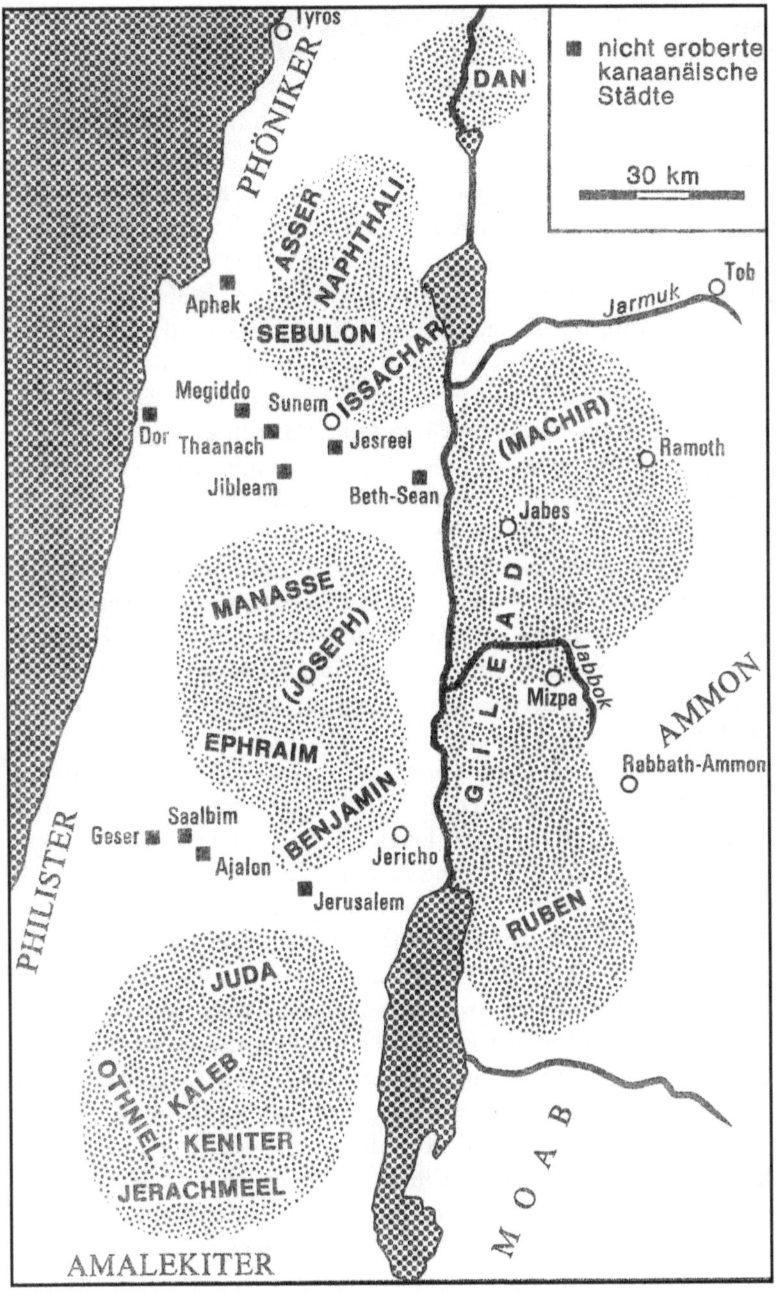

Abb. 4: Siedlungsgebiete der israelitischen Stämme

gegen die Philister durchzusetzen, ging nicht in Erfüllung: in der Schlacht von Aphek kam *Saul* ums Leben[261].

Doch der Schritt zum Königtum ließ sich in der Auseinandersetzung mit der Pentapolis der Philister sowie mit den Edomitern, Moabitern und Ammonitern auf die Dauer nicht mehr aufhalten. Allerdings war die Lebensweise in der vorstaatlichen Zeit von einer ausgesprochen herrschaftsfeindlichen Haltung entsprechend dem Nomadenideal geprägt. »Dazu gehört vor allem die Bedeutung der Familie und des Familienvaters; auf seine Person war gleichsam die gesamte Institution Familie zugeschnitten. Dies wird vor allem an der unbegrenzt scheinenden Macht des Familienvaters deutlich, eine Macht, die sich auch auf Leben und Tod erstreckte«, wie es in Gen 22,1–19, im Opfer *Isaak*s, sich darstellt. Allerdings ist zu bedenken, »daß die Aktionen des Familienoberhauptes lange tradierten, ungeschriebenen Gesetzen unterworfen waren, die ihn zwangen, bei seinem Tun stets das Allgemeinwohl zu bedenken. – Immer wieder betonen die biblischen Erzähler die Notwendigkeit des Zusammenhalts der Großfamilie, die aus dem Familienoberhaupt, seinen Frauen, seinen Söhnen mit ihren Frauen und Kindern und seinen unverheirateten Töchtern bestand. Die Familie garantierte den Schutz, dessen man bedurfte, um nicht belästigt, beraubt, erniedrigt oder getötet zu werden.«[262]

Unter diesen Umständen stand zu erwarten, daß auch die verheirateten Söhne bei ihrem Vater blieben, also die Frauen zu ihren Männern ziehen mußten (eine patrilokale Heiratsordnung – im Gegensatz zu der paradiesischen Ordnung in Gen 2,24!). Die wichtigste Funktion der Frauen war die Fruchtbarkeit; ein Volk zu zeugen, so zahlreich wie die Sterne am Himmel oder der Sand am Meer, – das, immer wieder, gilt als der Segen und die Verheißung Gottes. Auch die Vielehe ist in diesem Zusammenhang zu verstehen: sie erlaubte es, daß das Familienoberhaupt Ehen vorwiegend zwischen Vettern und Cousinen einfädelte und mit dem Wachsen der Großfamilie zugleich seine gesellschaftliche Stellung und Macht erweiterte.

Auf den Zweck, viele Kinder in die Welt zu setzen, war insbesondere die Sexualmoral ausgerichtet. Wie noch heute in der katholischen Kirche, war Homosexualität völlig inakzeptabel – darauf stand die Todesstrafe (Lev 18,22; 20,13); alle sexuelle Aktivität hatte

261 Vgl. a.a.O., 19–23.
262 A.a.O., 24.

der Vermehrung der Sippe zu dienen; Ehebruch galt als todwürdiges Verbrechen (Lev 20,10). Wie paradox ein solches Reglement wirken konnte, zeigt sich in Gen 26,10: Da hat *Isaak* (wie vormals *Abraham* seine Frau *Sarai* in Ägypten, Gen 12,10–20, sowie in Gerar, Gen 20,1–9) seine Frau *Rebekka* (ebenfalls) in Gerar als seine Schwester ausgegeben, damit nicht jemand, der sie begehrt, ihn als ihren vermeintlichen Ehemann umbringt; der Stadtkönig in Gerar *Abimelech* aber wirft ihm das vor: hätte jemand mit seiner Frau – widerrechtlich, aber aus Unwissenheit – geschlafen, so hätte er große Schuld über die ganze Stadt gebracht! Man merke: jemanden töten, um seine Frau zu besitzen, trägt in sich nur das Risiko einer Privatrache; Ehebruch aber ist etwas, das die gesellschaftliche Ordnung der Gemeinschaft zentral gefährdet.

Zustände dieser Art bilden den Hintergrund der israelitischen Rechtstradition und werden später als Gesetze festgeschrieben werden. Auch nach »der Seßhaftwerdung siedelten Familien und Sippenverbände in räumlicher Nähe, so daß der Zusammenhalt bestehen blieb. Aus den Familienoberhäuptern, den Patriarchen, wurden die Ältesten, die Konflikte und Entscheidungen der Sippen in gemeinsamen Beratungen lösten. Eine derartige Gesellschaftsordnung konnte auch nach der Seßhaftwerdung lange Zeit stabil bleiben.«[263] Und sie war schwer integrierbar in ein System zentraler staatlicher Verwaltung in den Händen von Königen; eine solche freilich schien unvermeidbar unter dem Druck der Bedrohung von seiten der Philister mit ihrem Monopol auf die Herstellung von Eisenwaffen. Zwei Königtümer und zwei Territorialstaaten entstanden in der Folgezeit parallel: Im mittelpalästinensischen Bergland hatte ein »Verband von gentil integrierten Stämmen bäuerlicher Dorfsiedlungen« sich als »*Israel*« bezeichnet, und an seiner Spitze bildete jetzt der soeben erwähnte Benjaminit *Saul* den ersten Territorialstaat auf dem nördlichen Gebirgszug; auf dem südlichen Gebirgszug hingegen entstand unter Führung *David*s der Staat »*Juda*«[264].

Die Art dieser Staatengründungen zeigt *en miniature* noch einmal, was wir bereits generell als Entstehungsbedingung aller staatlichen Organisationsformen herausgestellt haben: den Faktor brutaler Gewalt sowie rigoroser Interessendurchsetzung. *Saul*s Machtergreifung geschah noch nach Art der Richter – aus »Zorn« über die Ammoni-

263 A.a.O., 27.
264 ECKART OTTO: Recht im antiken Israel, in: Ulrich Manthe (Hg.): Die Rechtskulturen der Antike, 156.

ter: »er nahm ein paar Rinder und zerstückelte sie und sandte davon in das ganze Gebiet Israels durch die Boten und ließ sagen: Wer nicht mit *Saul* ... auszieht, mit dessen Rindern soll man ebenso tun. Da fiel der Schrecken des Herrn auf das Volk, so daß sie auszogen wie *ein* Mann« (1 Sam 11,7; vgl. Ri 19,29). Der gesamte Heerbann also wird aufgeboten mit Hilfe der Drohung einer existenzgefährdenden Zerstörung des Viehbesitzes, und zugleich wird damit angedeutet, wie mit den Gegnern selbst zu verfahren ist, – in klassischer Weise wird die Aggression, die den Zusammenhalt der Gruppe gefährdet, auf den Gegner gelenkt, und der Staat, der dabei sich bildet, stellt beide Momente: Einigkeit und Stärke, auf Dauer.

Noch gewalttätiger verläuft der Weg *David*s an die Macht. Derselbe Mann, der in der Bibel untrennbar mit der Hoffnung auf seine Wiederkehr als Retter in den Tagen der Endzeit, als Messias, verbunden ist (vgl. Mi 5,1–3), begann seine Karriere zum Gründer eines gottgesegneten Großreiches als Leiter einer ordinären Räuberbande von *Apiru* (Sozialbanditen, Outlaws), die sich mit Überfällen, zum Beispiel auf die Midianiter, »nützlich« machte und sich dafür höchlichst entlohnen ließ; daß dieser »Privatarmee« nicht gerade am Wohl der Bevölkerung gelegen war, zeigt sich an der skrupellosen Methode der Schutzgelderpressung, von der – mit äußerst freundlichen Worten – die Geschichte von *David* und *Nabal* erzählt (1 Sam 25,1 – 13.34). Eine Zeitlang verdingte *David* sich sogar als Söldner bei dem philistäischen Stadtkönig von Gath; doch als ein bewährter und äußerst grausamer Heerführer (vgl. 1 Sam 27,2–9!) wurde er von den Ältesten in Hebron um 990 v.Chr. zum Schutz vor den Philistern zum König von Juda ausgerufen[265]. Damit wurde er zwangsläufig zum Rivalen *Saul*s. Als erstes vergrößerte er seine Machtbasis, indem er die für uneinnehmbar geltende Jebusiterfestung Jerusalem eroberte und sie von 997 v.Chr. an als seine Residenz einrichtete[266].

265 Vgl. ISRAEL FINKELSTEIN – NEIL A. SILBERMAN: David und Salomo, 31–56: Banditengeschichten: Der Aufstieg Davids im Bergland von Juda (10. Jahrhundert v.Chr.).

266 A.a.O., 62–63, verweisen darauf, »daß gegen Ende der Eisenzeit I – im ausgehenden 11. und 10. Jahrhundert v.Chr. – der Landstrich, in dem die Bibel *Saul*s Territorium lokalisiert, im Verlauf mehrerer Besiedlungswellen relativ dicht bevölkert war. Die Anzahl und Verteilung der Siedlungsstätten und ihre zunehmende Größe zeugen von einem dramatischen Bevölkerungsanstieg. Die Anzahl der Ortschaften im Gebiet zwischen Jerusalem und der Jesreel-Ebene stieg von nur rund fünfundzwanzig in der späten Bronzezeit auf mehr als zweihundertdreißig am Ende der Eisenzeit I. Die Bevölkerungszahl lag schätzungsweise bei 40000 gegenüber knapp 5000 im gesamten Bergland von Juda.« Der Grund: »Anders als das

Angeblich beherrschte *David* damit das gesamte Gebiet »von Dan bis Beerscheba« (2 Sam 17,11), doch seine nach dem babylonischen Exil traumhaft-traumatisch vergrößerte Machtentfaltung ist archäologisch schwer greifbar. Immerhin wurde bei Grabungen im Tell Dan 1993 von GILA COOK eine Triumphstele aus dem 9. Jh., vermutlich von *Hasaël,* dem König von Aram-Damaskus, freigelegt, auf der dieser sich rühmt, den König von Israel und seinen Verbündeten, den König des »Hauses David«, getötet zu haben. »Es ist dies die erste Erwähnung des Namens *David* in einer außerbiblischen Quelle, in diesem Falle nur rund hundert Jahre nach *David*s Lebzeiten. Die Inschrift bezieht sich wahrscheinlich auf den Tod *Joram*s, des Königs von Israel (sc. 852–841, d.V.), und *Ahasja*s (sc. 843–841, d.V.) aus dem ›Hause *Davids*‹.«[267] In 2 Kön 9,14–27 sterben die beiden als Opfer des Umsturzes *Jehu*s (841–815) in dem Bestreben, die Dynastie *Omri*s auszurotten; doch an der Existenz einer Dynastie *David*s scheint historisch kein Zweifel mehr möglich.

So sehnsuchtsvoll die Gestalt *David*s in nachexilischer Zeit aber auch im Rückblick verklärt werden mochte, so überliefert die Bibel doch auch das Wissen um die Schattenseiten einer jeden Monarchie. Da ist die *Jotam*-Fabel (Ri 9,7–15), die unumwunden erklärt, daß einzig das minderwertigste Gestrüpp, der »Dornenstrauch«, machtgierig genug sei, um »König« zu werden; da ergeht die Warnung *Samuel*s (1 Sam 8,11–17), ein König werde die Söhne der Ältesten zum Militär- und Arbeitsdienst einsetzen und ihnen sogar die Sklaven und Tiere wegnehmen. So wenig prunkvoll die Residenz *David*s in Jerusalem historisch auch eingerichtet gewesen sein mag, die Eingriffe seiner Expansions-Politik bedeuteten in jedem Falle tiefe Einschnitte in den Wohlstand der Begüterten – und reizten diese zum

schroffe, halbtrockene Juda verfügen große Teile des Berglands nördlich von Jerusalem über fruchtbares Ackerland.« Es scheint, daß der Pharao *Scheschonk I.* (945–924) ins nördliche Bergland mit der Absicht zog, das dortige Gemeinwesen mit den wichtigen Handelsrouten durch die Jesreel-Ebene wieder unter Kontrolle zu bringen. Die Überlegenheit des Nordens hätte dazu geführt, das südliche Bergland zu dominieren oder zu annektieren (S.75), doch die Geschichte verlief umgekehrt: als *David* vom Volk von Hebron zum König gekrönt wurde, begann die systematische Ausrottung der Angehörigen des Hauses *Saul*s (S.83).

267 PETER VAN DER VEEN: König David erobert Jerusalem, in: Spektrum Wissenschaft Spezial: Archäologie – Geschichte – Kultur 4/15: Juda und Israel, 30–32, setzt die Einnahme Jerusalems auf das Jahr 1004 v. Chr. an. Archäologen (RONNY REICH und ELI SCHUKRON) haben Schächte zur Wasserversorgung entdeckt, die *David* und seinen Kriegern vermutlich den Zugang ermöglichten. Vgl. auch ISRAEL FINKELSTEIN – NEIL A. SILBERMAN: David und Salomo, 237.

Widerstand. Auch der riesige Harem, den *David* sich zur Mehrung seiner Macht zulegte, schützte ihn nicht. Unter den möglichen Thronfolgern setzte letztlich *Salomo* (965–938) sich durch, der statt neuer Eroberungen eine Konsolidierungspolitik betrieb: er sicherte die strategisch wichtigen Orte im Lande und baute sie zu Garnisonen aus, er errichtete in Jerusalem mit Hilfe der phönizischen Architekten von König *Hiram* (938–936) eine Palastanlage nebst Tempel, die in 1 Kön 6; 7,13–51 verwirrend genau beschrieben wird[268], und er unterhielt eine diplomatisch vielseitige Heiratspolitik. Die theologische Kritik nahm ihm gerade das sehr übel (1 Kön 11,1–13), und in der Tat zerbrach die künstliche Doppelmonarchie von Juda und Israel unmittelbar nach seinem Tod; doch auf phantastische Weise »gewann dieser König um so mehr an Größe, je weiter die beiden Monarchien Juda und Israel verfielen. Das steigerte sich noch, als die Hebräer auch das Land verloren und nur noch träumen konnten von vergangenen Zeiten, als sie einmal ein vergangenes Reich bevölkerten.« Leider wurde die Tatsache, daß *Salomo* »keinen Staat überfallen, keine Beute gemacht, keine Menschenmassen getötet hat«,[269] als Kern einer verdienten Lobpreisung für diesen im Alten Orient in der Tat ungewöhnlichen König kaum je begriffen. Stattdessen stilisierte man in der Zeit der Unterwerfung Judas durch die Assyrer und Babylonier (7./6. Jh.) *Salomo* zu einem imperialen Herrscher, dessen Reich sich vom Nil bis zum Euphrat erstreckt habe, – von einem Jerusalem aus, das damals ganze 2000 Einwohner zählte.

Ein Hauptproblem durchzieht unter diesen Umständen von den Anfangstagen der hebräischen Königszeit bis an ihr Ende die gesamte

268 ISRAEL FINKELSTEIN – NEIL A. SILBERMAN: David und Salomo, 233.

269 A.a.O., 238–239, wird festgestellt, daß von Jerusalem als einer blühenden Residenz »zumindest einige Relikte erhalten sein« müßten; doch das ist nicht der Fall. »In der mittleren Bronzezeit, sechs- bis siebenhundert Jahre *vor* der mutmaßlichen Lebenszeit *David*s, wurden am Osthang der Davidsstadt massive Mauern und Türme einer eindrucksvollen Stadtbefestigung errichtet. Und erst im späten 8. und im 7. Jahrhundert v.Chr., also zwei- bis dreihundert Jahre *nach* David, expandierte die Stadt erneut; es entstanden Befestigungen, Wohnhäuser und Einrichtungen, die auf Fernhandel hindeuten ... Aus der Zeit zwischen dem 16. und dem 8. Jahrhundert v.Chr. gibt es in Jerusalem keine archäologischen Belege für die Existenz einer bedeutenden Stadt oder gar Hauptstadt eines großen Königreichs.« – BARBARA SCHMITZ: Geschichte Israels, 150, verweist auf die Idealisierung der Gestalt *David*s »schon in der frühen Rezeption ... Er wird zum idealtypischen Musiker, zum Dichter der Psalmen und vollkommenen König. Mit ihm werden auch messianische Hoffnungen verbunden, der künftige messianische Herrscher stammt aus dem Hause Davids.« Ähnliches gilt auch für *Salomo* (S. 151). Zur Ausdehnung des davidischen Reiches vgl. S. 152–154.

Rechtsgeschichte Israels: es war der jeweiligen Zentralregierung, abweichend von der mesopotamischen, ägyptischen oder römischen Gesetzgebung, niemals möglich, die relativ autonomen lokalen Gerichtspraktiken durch eine zentrale Verwaltung zu kontrollieren. Alles lief darauf hinaus, das Recht nicht aus des Königs, sondern aus Gottes Hand zu empfangen, doch aus der Hand welchen Gottes?

Gleich nach *Salomo*s Tod brach der Staat 932 v. Chr. auseinander, und seine Teile fielen erbittert übereinander her; *Rehabeam* (932–916) ergriff sofort die Gelegenheit, in Juda endlich selber an die Macht zu kommen; doch die Verhandlungen mit den Ältesten in Israel scheiterten, weil diese das harte Regime *Salomo*s mit Abgaben und Arbeitsleistungen nicht weiter mittragen wollten (1 Kön 12,4) und umgekehrt *Rehabeam* nicht nachgeben mochte (1 Kön 12,14); die frühe Doppelmonarchie zerfiel, und *Jerobeam* (932–911), der frühere Fronminister in Israel unter *Salomo*, bildete in Israel eine eigene Monarchie, deren Kultzentren in Bethel und Dan an der Süd- und Nordgrenze des eigenen neuen Territorialstaates eingerichtet wurden.[270] In den Tempeln dieser beiden Kultzentren standen goldene Stierstatuen, wie sie als Götterbilder in Kanaan verehrt wurden; dieser »Frevel« ist politisch verständlich, denn von Anfang an mußte es das Bemühen eines eigenen neuen Staates im Gebiet des »fruchtbaren Halbmondes« sein, die hebräische und die kanaanäische Bevölkerung zusammenzuhalten; auf dem Rücken des Stieres vorstellen müßte man sich eine Statue des Gottes des Sturms oder des Wetters, wie er als *Baal-Hadad* in Kanaan verehrt wurde[271]; Abb. 5 zeigt diesen Wettergott mit Blitzgerät auf einem Stier stehend mit einem Glückssymbol in der rechten Hand[272]. Auch die weibliche Fruchtbarkeitsgöttin *Astarte* konnte auf einem Stier stehend dargestellt

270 MANFRED CLAUSS: Das Alte Israel, 42–45.

271 Vgl. MARVIN H. POPE – WOLFGANG RÖLLIG: Syrien, in: Hans Wilhelm Haussig (Hg.): Wörterbuch der Mythologie, Bd. I 253–264. *Baal-Hadad* wurde als Sturm- und Wettergott in Syrien wohl auf Grund des Mangels an großen Flüssen wie in Mesopotamien und Ägypten verehrt; er »ist westsemitischen oder amoritischen Ursprungs, denn erstmals erscheint er mit der Ersten Dynastie in Babylon und war im sumerisch-akkadischen Pantheon ursprünglich nicht beheimatet.« (S. 253–254) »Das hauptsächlichste Fruchtbarkeitssymbol ist der Stier, und der akkadische Wettergott *(H)adad* wird *rīmu qarnu* ›gehörnter Wildstier‹ ... ›großer Wildstier von Himmel und Erde‹ genannt und als Stier oder auf einem solchen stehend darstellt.« (S. 255) Der Titel Stier ist allerdings dem *El* vorbehalten.

272 ANTON JIRKU: Die Welt der Bibel, Tafel 95: Stele aus Dschekke, im NO von Aleppo. Die hethitischen Hieroglyphen besagen, daß der Stifter ein »Diener«, das heißt ein Gefolgsmann *Sardurs II.* von Urartu ist.

Abb. 5: Kanaanäischer Wettergott mit Blitzgerät auf einem Stier stehend

Abb. 6: Astarte auf einem Stier stehend

werden, wie man auf einem Rollsiegel aus Nordsyrien sieht (Abb. 6).[273] Die Anhänger der Jahwe-Religion sahen in der Einrichtung solcher Kultzentren die »Sünde *Jerobeams*« (1 Kön 16,19), die innere Zerrissenheit wuchs; nach *Jerobeams* Tod kam es zu einem gnadenlosen Bürgerkrieg; *Baësa* (910–887) aus dem Stamm Issachar rottete das Haus *Jerobeams* aus und machte sich selber zum König. Nach seiner langen Regierungszeit kam der Feldhauptmann *Omri* (886–871) an die Macht; mit ihm begann die erste Dynastie Israels, die ihre Hauptstadt in dem neugegründeten Schomeron (»Samaria«) fand, – »eine prächtige Krone über einem fetten Tal« heißt sie in Jes 28,1.

Religionspolitisch gelang es *Omri*, zwischen Baal und Jahwe, zwischen der Religion der Kanaanäer und der Hebräer, »auf beiden Seiten zu hinken« (1 Kön 18,21). Doch unter seinem Nachfolger *Ahab* (871–853) und seiner Frau *Isebel*, einer phönizischen Prinzessin, nahmen die Spannungen weiter zu. Dabei machte die Gefahr des aufstrebenden neuassyrischen Reiches eine tolerante Innenpolitik sowie ein kluges Bündnissystem mit den Nachbarstaaten geradezu unausweichlich. Tatsächlich gelang es 853 in der Schlacht von Karkar, den Vormarsch der Assyrer zum Stillstand zu bringen; doch gerade die Internationalität und religionspolitische Ausgewogenheit der omridischen Staatsführung galt den »Verlierern im Modernisierungsprozeß als Anlaß, unter Führung derwischartiger Charismatiker wie *Elia* und *Elisa* einen Putsch konservativer Militärs zu unterstützen, die Omriden vom Thron zu jagen und einen General namens *Jehu* als neuen Machthaber auszurufen. Schlachtruf des Aufstandes und des neuen Regimes war die Einzigkeit des ...‚*Jahwe*' ... von Samaria, der andere Götter für illegitim und die sie verehrenden Menschen für der Vernichtung anheimzugeben deklarierte.«[274] *Jehu* (841–815) »trat als

273 JOHN GRAY: Mythologie des Nahen Ostens, 33: Die Fruchtbarkeitsgöttin steht nackt auf einem Stier, »dem Kulttier ihres Gefährten, des Fruchbarkeitsgottes *Adad*. Der Anbetende zur Linken trägt einen Falken, während die offensichtlich weibliche Adorantin rechts einen Kopfschmuck trägt, der der Kobrahaube der ägyptischen Pharaonen gleicht. Der Gegenstand vor dieser Gestalt könnte eine abgewandelte Form des ägyptischen *djet*, des Symbols für die Erneuerung und Dauer der Dynastie sein. Die starke Mischung der verschiedenen Motive erinnert an die Darstellungen auf den Siegeln der Mitanni.« Vgl. OSWALD LORETZ: Ugarit und die Bibel, 83–88: *Atiratu*, die Gattin *Els – Aschera*. Sie ist die Gebärerin der Götter, die Himmelskönigin. S. 88: »Dieser Kult der Himmelskönigin hat sich auch im Christentum erhalten und konnte nur dadurch unschädlich gemacht werden, daß er auf *Maria* übertragen wurde.«

274 ECKART OTTO: Recht im antiken Israel, in: Ulrich Manthe (Hg.): Die Rechtskulturen der Antike, 158.

Verfechter des reinen *Jahwe*-Kultes auf. Dieser Gott verlangte das Blut seiner Feinde, ein Rausch sondergleichen hatte die neue Führungsschicht ergriffen, und so ging die Dynastie *Omri*s in einem Blutbad unter. Israel erhielt einen Vorgeschmack darauf, welches Ausmaß an Fanatisierung sich aus derartigem religiösen Eifer entwickeln konnte. Wenngleich *Jehu* nicht den gesamten *Baal*-Kult vernichten konnte, so war die Weichenstellung für den *Jahwe*-Kult dennoch entscheidend und folgenreich. Zumindest als theoretisches Postulat sollte Israel später die ausschließliche *Jahwe*-Verehrung an Juda vererben.«[275]

In dieser Sicht des radikalisierten *Jahwe*-Kultes erschien die Existenz des Nordreichs (Israels) als ein ganz und gar gotteslästerliches Projekt, das *Jahwe* ahnden mußte. Als in Assyrien *Tiglat-Pileser III.* (745–727) sich an die Macht putschte, deutete der Prophet *Amos*, in Verbindung mit einer heftigen Sozialkritik, diese Tatsache denn auch als ein sicheres Zeichen des baldigen Strafgerichts Gottes; so kam es: als *Tiglat-Pileser III.* starb, nutzte König *Hosea* (730–722) die Gelegenheit zu einem Aufstand, nur um zu erleben, wie *Sargon II.* (722–705) zur Strafaktion ausholte und schlimmer zuschlug, als selbst *Amos* es sich hatte vorstellen können; die furchtbare Durchschlagskraft der assyrischen Armee schildert in ergreifenden Worten *Jesaja* (5,26–29), – sie beruhte, wie wir noch sehen werden, auf einer nicht endenden Folge schrecklich-abschreckender Gräueltaten sowie auf dem perfekten Killertraining der ersten stehenden Kriegsmaschinerie in der Geschichte. Als im Jahre 721 v.Chr. Samaria dem Ansturm der Assyrer zum Opfer fiel, war dies allerdings eine Folge auch der inneren Zerrissenheit, in welche die Unversöhnlichkeit der *Jahwe*-Religion das Nordreich getrieben hatte; weit weniger als der »Abfall« von *Jahwe* war es die rigorose Durchsetzung *Jahwe*s, die zum Untergang Israels führte. Wie üblich deportierte *Sargon II.* große Teile der Oberschicht und siedelte dafür arabische Bauern an[276]. Der Staat Israel hatte aufgehört zu existieren, und seine Rolle als Träger der

275 MANFRED CLAUSS: Das Alte Israel, 50–51.

276 A.a.O., 57, zitiert den Siegesbericht des Königs: »Die Samarier, die gegen meinen königlichen Vorgänger (sc. *Salmanassar V.*, 727–722, d.V.) Groll hegten und, um keine Untertänigkeit zu bezeugen und keinen Tribut zu liefern, ... Krieg führten – in der Kraft der großen Götter, meiner Herren, kämpfte ich mit ihnen. 27280 Einwohner nebst Streitwagen und den Göttern, auf die sie vertrauten, rechnete ich als Beute. 200 Streitwagen für mein königliches Heer hob ich unter ihnen aus, und ihre Reste siedelte ich in Assyrien an. Samaria wandelte ich um und machte es größer als zuvor. Leute aus Ländern, die ich mit meiner Hand erobert

Jahwe-Religion ging jetzt in Ausschließlichkeit auf das rückständige Juda über. Was als Mischbevölkerung, als »Samaritaner«, überlebte, wurde vom »orthodoxen« Judentum um 400 v. Chr. unter *Esra* für alle Zeiten ausgegrenzt.

Doch auch Juda sollte bald schon in den Strudel der mesopotamischen Machtgelüste geraten. *Ahas* (734–715) hatte schon 733 die Assyrer unter *Tiglat-Pileser III.* zur Hilfe gerufen, um einer Aufstandsallianz des israelitischen Königs *Pekach* (741–730) und des Königs *Rezin* von Damaskus gegen die Assyrer *nicht* beitreten zu müssen: »Ich bin dein Diener und dein Sohn«, hatte er geschrieben; damit war er der Dominanz des Nordreichs ledig, doch dafür in die Abhängigkeit Assurs geraten. Gleichwohl nutzte im Südreich *Hiskia* (725–696) die Gelegenheit, Juda wirtschaftlich weiterzuentwickeln, und um sich von den Assyrern abzugrenzen, verschriftlichten Kreise aus zadokidischen Priestern und Gebildeten wichtige Teile der judäischen Tradition. »Hier nahm die Literaturgeschichte der Hebräischen Bibel einen entscheidenden Aufschwung.«[277].

Die Assyrer hatten ihre imperiale Militärpolitik religiös in entsprechenden Schriften legitimiert; auf diese Herausforderung galt es im Rahmen der *Jahwe*-Religion geistig zu antworten. Dabei dehnte Assur sich immer weiter aus. *Sanherib* (705–681) belagerte 701 v. Chr. (vergeblich) Jerusalem[278], nachdem *Hiskia* es gewagt hatte, die Tributzahlungen einzustellen und mit dem Siloa-Tunnel die Wasserversorgung zu sichern. 689 zerstörte *Sanherib* Babylon und richtete Ninive als Hauptstadt Assyriens ein. Wenn man in Juda – trotz aller Warnungen des Propheten *Jesaja* – auf Hilfe von seiten Ägyptens gehofft hatte, mußte man erleben, daß 664 die Assyrer unter *Assurbanipal* ihre Macht bis ins oberägyptische Theben ausdehnten, und der König von Juda, *Manasse* (697–642), leistete als Vasall der Assyrer sogar militärisch seinen Beitrag dazu. Als eine »übervolle Schale bis an den Rand mit Blut gefüllt« (2 Kön 21,16) betrachteten die jahwetreuen Kreise diese Politik der »internationalen Verantwortung«, wie es heute heißen würde, und sie nahmen dem König beson-

hatte, ließ ich darin einziehen. Einen General stellte ich als Statthalter über sie ein, und ich zählte sie zu den Einwohnern Assyriens.«

277 ECKART OTTO: Recht im antiken Israel, in: Ulrich Manthe (Hg.): Die Rechtskulturen der Antike, 159. Vgl. MANFRED CLAUSS: Das Alte Israel, 66–75: Juda als Provinz Assurs.

278 Besonders die Eroberung von Lachis und anderen Städten im Jahre 701 ist auf den assyrischen Reliefs und Texten in grausam-stolzer Detailgenauigkeit geschildert. Vgl. MANFRED CLAUSS: Das Alte Israel, 68–72.

ders die Durchsetzung kultischer Vielfalt unter den Vorgaben der Assyrer übel.

War es da nicht erneut ein Machterweis des hebräischen Gottes, daß Assur seinen Höhepunkt überschritten hatte? Es konnte die militärpolitische Überdehnung seiner Kräfte nicht länger mehr aufrecht erhalten; 655 ging Ägypten verloren; 625 löste Babylonien sich durch den Chaldäer *Nabupolassar* (626–605) aus dem assyrischen Imperium heraus und bildete das neubabylonische Reich; 612 wurden Assur und Ninive zerstört. Damit endete das assyrische Reich, es wurde aufgeteilt zwischen Neubabylonien (626–539) und Medien unter den Achämeniden. Für den judäischen König *Josia* (640–609), der als Achtjähriger auf den Thron gesetzt worden war, schien jetzt (endlich!) die Zeit gekommen, politisch und religiös Juda wieder zu *Jahwe* zurückzuführen. Er entfernte den assyrischen Staatsgott *Assur* aus dem Tempel, er verweigerte die Tributzahlungen, und er sann darauf, in dem entstandenen Machtvakuum das davidische Großreich wiederherzustellen: das Heiligtum in Bethel zerstörte er und eroberte Gilead und Megiddo; alle Hebräer wollte er in der Verehrung *Jahwe*s einen; die anderen *Jahwe*-Heiligtümer und Opferstätten wurden demgemäß beseitigt, um einzig den Tempel von Jerusalem als Zentralheiligtum einzurichten. Dabei zu Hilfe kam ihm 622 v.Chr. bei Restaurationsarbeiten im Tempel die Auffindung eines Gesetzbuches (2 Kön 22,1–20), das reformuliert als »Bundesbuch« in Dtn 12–26 eingearbeitet ist; es ist der Kern des deuteronomistischen Gesetzbuches Dtn 4,44–28,68. Der Jahwe-Kult wurde damit eine nationale Angelegenheit. So wie die Assyrer den Kult ihres Reichsgottes in Assur zentriert hatten, so übernahm *Josia* die gleiche Idee für Juda, um sie gegen Assyrien und all seine Nachfolger zu richten. Allerdings war diesem anspruchvollen theologisch-politischen Programm keine große Zukunft beschieden. Als der Pharao *Necho II.* (610–595) zu einem Krieg gegen die Babylonier und Meder auszog, suchte *Josia* ihm in der Jesreel-Ebene bei Megiddo den Weg zu versperren; der aber »tötete ihn ..., sobald er ihn sah« (2 Kön 23,29; 2 Chron 35,20–27). An die Stelle eines neuen davidischen Großreichs trat der steile Weg in den Abgrund, und das Stufe für Stufe.

*Josia*s Nachfolger *Joahas* wurde 609 von *Necho* nach Ägypten deportiert; statt seiner wurde *Jojakim* (609–598) als gefügiger Lieferant der geforderten Steuergelder an die Ägypter eingesetzt; andere Mittel flossen nach Babylon; als aber *Jojakim* die Zahlungen dorthin einstellen wollte, bekam er es mit dem neuen babylonischen Imperium zu tun, das *Nebukadnezar II.* (604–562) ins Leben gerufen hatte. *Jojakims* Sohn, *Jojachin* (598–597), konnte 597 v.Chr. nur noch durch Kapitulation Jerusalem vor der Zerstörung bewahren. Mit ihm selbst verfuhren die Babylonier wie gewohnt: mitsamt seiner Familie und seinem Hofstaat wurde er nebst der waffenfähigen Oberschicht und den Handwerkern nach Babylon deportiert (2 Kön 24,14). Als ihren neuen Vasallen setzten die Babylonier *Zedekia* (597–587) auf den Thron.

In dieser Situation nun stellte sich eine bis heute nicht klar beantwortete Grundsatzfrage biblischer Theologie: wie sollte man den *Jahwe*-Glauben interpretieren? Durfte *Jahwe* als Gestalter des Laufs der Geschichte seines Volkes auch als Kriegsgott für mächtiger gelten denn die Götter der Völker – als *Amun-Re*, als *Marduk*, als *Baal-Hadad*? Dann stünde das baldige Ende Babylons bevor; und gerade so verkündete es denn auch der Prophet *Hananja* (Jer 28,2–4): *Jojachin* und alle aus Juda Deportierten würden in naher Zukunft bereits zurückgeholt werden. *Oder* hatte der Prophet *Jeremia* recht, wenn er verlangte, im Vertrauen auf *Jahwe* sich dem Joch des Königs von Babel zu beugen, um am Leben zu bleiben (Jer 27,12)?

Im Jahre 589 rief *Zedekia* den Aufstand gegen Babylon aus; *Jeremia* warf man Defätismus und Wehrkraftzersetzung vor, und er wäre dafür beinahe umgebracht worden; hätte ihn nicht der Kuschiter *Ebed-Melech* aus einer Zisterne gerettet, man hätte ihn elend im Morast verenden lassen (Jer 38,1–13). Doch nach 18 Monaten Belagerung, im August 587, drang *Nebukadnezar II.*, wie *Jeremia* es kommen sah, in die Stadt ein, plünderte und brannte alles nieder, deportierte jetzt auch die ländliche Oberschicht und rächte sich insbesondere an *Zedekia* persönlich: seine Söhne ließ er vor den Augen des Königs abschlachten, ihn selbst aber blenden und in Ketten nach Babel abführen (2 Kön 25,7). Das Klagelied des *Jeremia* hallt durch die Jahrhunderte: »Ach, wie sind wir verwüstet! Wie sind wir in Schande geraten! Wir müssen die Heimat verlassen, unsere Wohnungen sind zerstört! ... Der Tod ist uns durchs Fenster gestiegen, ist eingedrungen in unsere Paläste. Er rafft das spielende Kind von der Straße weg, den jungen Mann vom Markt. Und es liegen die Leichen der Menschen wie Mist auf dem Feld, wie Garben hinter dem Schnitter, die niemand sammelt« (Jer 9,18–21).[279]

Eine Katastrophe war damit eingetreten, die den gesamten *Jahwe-*

279 Vgl. a.a.O., 76–79: Die Propheten und der Untergang.

Glauben Judas in der bisherigen Form zum Einsturz brachte. Auch zuvor schon gab es Propheten wie *Amos*, der im Nordreich unter *Jerobeam II.* (784–753) den sicheren Untergang Israels als eine verdiente Strafe für die Unterdrückung des Volkes (Am 5,4–17.18–20; 6,1–14) und den Abfall vom *Jahwe*-Glauben in Bethel (Am 3,9–15) ansah. Im Südreich war der Prophet *Micha* zu der Zeit aufgetreten, als *Sanherib* (705–681) zur größten Gefahr für Jerusalem zu werden drohte; auch er sah die baldige Vernichtung von Jerusalem als Stadt und Stadtstaat als von Gott gewollt an; die gesamte Sozialordnung mit ihrer Beamtenschaft und ihrer verlogenen Rechtspraxis mußte seiner Meinung nach zum Einsturz kommen, damit »die ursprüngliche kleinbäuerliche Ordnung wieder in Kraft treten« konnte, »an deren einstige Funktionsfähigkeit – ohne König und Beamte – man sich noch erinnerte«.[280] Korruption bei Fürsten und Richtern, Macht- und Ämtermißbrauch, Zerrüttung der Familien, Angst und Mißtrauen – das alles hatte einen Zustand geschaffen, der als nicht mehr von innen heraus reformierbar erschien (vgl. Am 7,1–7); die einzige Hoffnung lag darin, auf den totalen Zusammenbruch der staatlichen und rechtlichen »Ordnung« zu hoffen, indem *Jahwe* selbst sie, und sei es durch den Schrecken des ganzen Alten Orients: durch die Assyrer, beseitige. Damals, im Jahre 701, blieb Jerusalem noch wie durch ein Wunder verschont; jetzt aber, da die heilige Stadt, als der Wohnsitz Gottes, in der Hand der Babylonier zerstört dalag, wie *Jeremia* es vorausgesehen hatte (Jer 4,5–31), sollte man da nicht erst recht die richtende Hand *Jahwe*s am Werke sehen? Schon *Jesaja* unter König *Ahas* (734–715) hatte so gedacht: Gott werde über das Unrecht der Herrschenden und Besitzenden in Jerusalem und Juda Gericht halten (Jes 3,26; 4,1), und der Prophet wußte, wie die Assyrer das tun würden: durch Enteignung und Deportation; doch eben das betrachtete er als ein Zeichen der Hoffnung: nur so würde ein Neuanfang möglich sein.

Was indessen einen Mann wie *Jeremia* von diesen seinen Vorgängern im Geiste absolut unterschied, ist die Radikalität der Konsequenz, die er aus der Katastrophe zog. Nicht ein neuer König, ein neuer Staat und ein neues Rechtsbuch beziehungsweise der Wiederaufbau von Stadt und Tempel und damit die Wiederherstellung der alten Ordnung konnten in seinen Augen die Antwort auf das Desaster sein. Nicht dieses und jenes, – *alles* hatte sich als falsch erwiesen:

280 A.a.O., 81.

Die Intellektuellen und Priester, die durch Wort und Ritual das Volk auf Gott hin ausrichten wollten, hatten es offensichtlich in den Untergang geführt (Jer 8.4–7.8–13), – Gott sei Dank gab es sie nicht mehr; der Tempel als Garant des Beistands *Jahwe*s lag in Trümmern, – er hatte ohnedies nur ein selbstbetrügerisches Alibi für die alltägliche Rücksichtslosigkeit im Umgang miteinander geboten; die tradierte Theologie vom Gerichtshandeln Gottes, wie das deuteronomistische Geschichtswerk sie konstruierte, hob im Endeffekt sich selber auf: Wenn eine Strafe mit der Vernichtung des zu Bestrafenden endet, steht nicht nur ihr erzieherischer Wert infrage, sie ist in alle Zukunft überflüssig, mehr noch: sie hat sich mit dem Prinzip von Lohn und Strafe selber widerlegt. Ein wirklicher Neubeginn konnte daher nicht in der Rückkehr zum Alten bestehen; er konnte nur bestehen in einer Verinnerlichung der gesamten Frömmigkeitshaltung – ohne Priester, ohne Kult, ohne Schriftgelehrte, ohne Staatsbeamte, ohne ein göttlich beglaubigtes Königtum.

Der einzige Halt, der noch blieb, war Gott selbst, doch nicht als ein Gott, wie er in allen Religionen sonst geglaubt wird, – als ein Gott nationalstaatlicher Institution und Administration; eine solche Konzeption schien angelegt in dem Alten Bund vom Sinai, doch eben deshalb war dieser Bund mit dem Untergang des Königtums in Juda selber zugrunde gegangen. Der Glaube an *Jahwe* selber mußte transformiert werden: von außen nach innen, von Angst und Strafe in Vertrauen und Vergebung, von juristischer, theologischer und kultischer Vermittlung in die Gottunmittelbarkeit einer gelebten Menschlichkeit und glaubhaften Güte. Es war die Vision des *Jeremia* von einem Neuen Bund, in dem die fragwürdige »Gerechtigkeit« göttlicher Völkergerichte (Jer 31,29–30; Ez 18,2) sich von alleine aufhob. Denn so sprach *Jahwe* jetzt im Mund seines Propheten: »Siehe, es kommt die Zeit, da will ich mit dem Hause Israel und mit dem Hause Juda einen neuen Bund schließen, nicht wie der Bund gewesen ist, den ich mit den Vätern schloß, als ich sie bei der Hand nahm, um sie aus Ägyptenland zu führen, ein Bund, den sie nicht gehalten haben, ob ich gleich ihr Herr war (Dtn 6,4–7), sondern das soll der Bund sein, den ich mit dem Hause Israel schließen will nach dieser Zeit: Ich will mein Gesetz in ihr Herz geben und in ihren Sinn schreiben, und sie sollen mein Volk sein, und ich will ihr Gott sein. Und es wird keiner den andern noch ein Bruder den andern lehren und sagen: ›Erkenne den Herrn‹, sondern sie sollen mich alle erkennen, klein und groß, spricht *Jahwe*; denn ich will ihnen ihre Missetaten vergeben und ihrer Sünde nimmermehr gedenken« (Jer 31,31–34). Bemerkenswert ist an diesem »Bund«, daß er Israel und Juda, alle Anhänger der *Jahwe*-Religion gemeinsam, umfaßt, unerachtet der zwischen Nord- und Südreich erfolgten theologischen Anfeindungen und politischen Auseinandersetzungen; zugleich aber geht dieser »Bund« alle Menschen an, ganz einfach weil sie Menschen sind: sie alle leben nicht von der Korrektheit äußerer Gesetze und einer staatlich verordneten Strafjustiz, sie können überhaupt nur leben im Vertrauen auf Vergebung dessen, was sie sind.

Ein solcher neuer Bund stellt eine absolute Demarkationslinie in der Religionsgeschichte dar. Zum ersten Mal geschieht es, daß sich die Religion prinzipiell als wesentlicher tragender Grund der menschlichen Existenz von der Staatsmacht löst; Gott ist nicht länger der legitimierende Hintergrund des Königs, er ist im Gegenteil der entscheidende Grund zum Widerspruch gegen die Macht der Herrschenden und der Wohlhabenden; in einem für den Alten Orient und für all seine Nachfolgekulturen spektakulären Bruch mit der üblichen Einheit von göttlicher und menschlicher Größe im Amt der Staatenlenker als der »Söhne« Gottes wird der *Jahwe* Israels in der Verheißung des *Jeremia* zum Halt und Trost eines jeden, in dessen Herz er Worte der Versöhnung spricht. Alle Religion ist in diesem Sinne innerlich, – nichts Äußeres ist für sie nützlich oder nötig; sie ist der Ausdruck eines nicht endenden Gesprächs zwischen Gott und Mensch; alles, was dazwischen tritt, ist nicht vermittelnd, sondern hinderlich, ja, schädlich und zerstörerisch. – In allem weiteren werden wir auf diesen Gedanken des Neuen Bundes immer wieder zurückkommen müssen, denn die gesamte Botschaft Jesu läßt sich als die Verwirklichung eben dieser Vision begreifen; nicht umsonst wurde er selber betrachtet als der zurückgekehrte *Jeremia* (Mt 16,14), und auf das engste ist mit seinem Tod der Gedanke des Neuen Testaments des *Jeremia* verbunden (vgl. Mk 14,24; 1 Kor 11,25).

Umso bemerkenswerter ist der Weg, den vom babylonischen Exil an das Denken der Bibel genommen hat. Anders als die Assyrer, verteilten die Babylonier ihre Deportierten nicht zur Homogenisierung der Bevölkerung weiträumig an die verschiedensten Orte ihrer Verwendbarkeit, sondern sie siedelten die Kriegsgefangenen in geschlossenen Wohngebieten an; dieses Vorgehen erlaubte »ein weitgehend ungestörtes Eigenleben«[281], und das war die Bedingung für eine

281 A.a.O., 80.

Entwicklung, die wohl eine neue Gemeinschaft im *Jahwe*-Glauben ermöglichte, doch den Neuen Bund des *Jeremia* definitiv ausschloß zugunsten eines erneuten Rückgriffs auf die tradierten Vorgaben aus Ritual, Gesetz und Geschichte.

Als die Hauptaufgabe erschien es im Exil, die Einheit des Volkes zu wahren und abseits jeder staatlichen Ordnung und priestergebundenen Frömmigkeit den *Jahwe*-Glauben als inneres Band jüdischer Identität zu festigen. Damit einher ging inmitten der Fremde eine Art Selbsteinschluß, der das göttliche Gesetz als das einzig Verbliebene und Verbleibende, als absolute Lebensregel auslegte, in der jede Frage des Verhaltens vorweg beantwortet war. Die religiösen Verheißungen politischer Größe, in welcher *Jahwe* seine Macht erzeigen werde, gab man auch jetzt nicht auf, sondern verstärkte sie sogar noch bis hin zu weltumspannenden apokalyptischen Heilserwartungen. Bislang hatten Israel wie Juda als Territorialstaaten mit einer bunten Schar kanaanäischer, philistäischer, phönizischer, mesopotamischer und ägyptischer Gottheiten paktieren müssen; jetzt fanden sich die *Jahwe*-Anhänger allein unter sich im Gegensatz und Widerspruch zu einer fremden, feindlichen Welt. »Nun erst, und nun erst recht, bekannten sich die Deportierten zu ihrem Gott als dem einzigen Gott und dem Schöpfer und Herrn der Welt. Nun setzten sie der Herausforderung durch jede politisch überlegene Macht die Antwort ihres Bekenntnisses entgegen.«[282]

Mit der Einzigkeit ihres Gottes ging einher auch die Betonung der Einzigartigkeit, ja, der Erwähltheit der Exulanten, die ihr Selbstbewußtsein und ihr Selbstverständnis gänzlich auf die religiöse Verschiedenheit von allem Babylonischen und allem Heidnischen gründete. All die Zeit zuvor hatten die Könige vom Hause *David*s sich *religiös* legitimiert gegenüber den Omriden des Nordreichs; jetzt rückte Gott selbst in ihre Position, mit einer zwiespältigen Wirkung. Die Verehrung *Jahwe*s ermöglichte *auf der einen Seite* Eigenständigkeit, Einheit und Freiheit jenseits der politischen Machtgebilde des eigenen wie des fremden Volkes. Die ehedem politische Erwählung durch *Jahwe* konzentrierte sich nunmehr auf das Kultisch-Rituelle. Die Beschneidung, die Sabbatvorschriften, die Speisegebote, die Reinheitsgesetze bekamen jetzt die Bedeutung, das Volk *Jahwe*s abzugrenzen gegen die »Völker« mit all ihren so ganz anderen fremden Satzungen und Gesetzen. In den Synagogen-Gottesdiensten verge-

282 A.a.O., 82.

genwärtigte und aktualisierte man die als göttliches Wirken interpretierten Geschichtsüberlieferungen, sammelte und erweiterte sie, akzentuierte sie neu und gab ihnen Bedeutungen, die den Erfahrungen des Exils entsprachen. Die Erinnerungen der Rückkehrer aus Ägypten wurden in den Geschichten vom Exodus verherrlicht, aus dem Gastland der Ägypter wurde jetzt ein Ort der Unterdrückung und der Fron[283], mit einer Botschaft der Ermutigung: wenn man schon damals von Jahwe aus dem Haus der Knechtschaft herausgeführt worden war, konnte man ein Gleiches gewiß auch jetzt erhoffen. »Das Ende aller politischen Hoffnungen bot die Möglichkeit einer neuen Anschauung vom Exodus, eines neuen Bundesbegriffs ... Immer mehr rückten die zentralen Stationen der glorreichen Vergangenheit ins Zentrum: der Auszug aus Ägypten, die Eroberung Kanaans und die staatliche Macht und Größe unter der Doppelmonarchie. – Diese Vergangenheit speiste eine Endzeiterwartung ... Die politische Macht war zwar dahin, aber es blieb die Hoffnung auf die Einlösung des einmal gegebenen Versprechens Gottes ... In ... ferner ... Zukunft werde Jahwe sein Volk rehabilitieren und die ›gottlosen‹ Völker züchtigen, die bislang noch triumphierten. In dem Maße, in dem die Juden das tatsächliche Schicksal traf, verfiel der Realitätssinn, wuchs dagegen jene Hoffnung. – Die Rache an den Bedrückern der Juden, das Weltende, stellte man sich so blutig vor wie das Ende, das sie am eigenen Leibe erfahren hatten.«[284]

So verständlich psychologisch eine solche Reaktion in einem Feld

283 Vgl. JAN ASSMANN: Exodus, 137: »Das mythische Motiv der ägyptischen Knechtschaft bringt die nur allzu realen Leiden unter der assyrischen und babylonischen Unterdrückung auf den Begriff und bildet ein Muster, in dessen Licht später die Leiden unter der seleukidischen und römischen Unterdrückung sowie der Diaspora erfahren und ertragen wurden.« S. 134: »Die Ausmahlung der Leiden der Kinder Israels unter der ägyptischen Zwangsarbeit erfüllt ... zwei Funktionen: eine (befreiungs-)theologische Funktion als Hintergrundsfolie und Begründung der Bundesgesetze und eine narratologische Funktion als Ausgangssituation einer Erzählung, die zu ihrer Aufhebung und Umkehrung führt.« Auch die Betonung der fremden Herkunft (der Allochthonie) und der gewaltsamen Eroberung des gelobten Landes dürfte auf Vorstellungen zurückgehen, die in der erfahrenen Gewalt in der Fremde Babylons geboren wurden.

284 MANFRED CLAUSS: Das Alte Israel, 83–84. – Zu Recht verwies MAX WEBER: Gesammelte Aufsätze zur Religionssoziologie, 3. Bd.: Das antike Judentum, 137–138, darauf, daß *Jahwe*, »für Israel wenigstens, zunächst und vor allem ein Kriegsgott ist ... Nach Blut, dem Blut der Feinde, der Ungehorsamen, der Opfer lechzt er. Über alle Maßen gewaltig ist seine Leidenschaft.« »Noch bei den Propheten ist die Furchtbarkeit seines Zorns und seiner Kriegsmacht der hervorstechende Zug ... Alle Kriegspropheten und -prophetinnen treten in Jahwes Namen auf.«

der Ohnmacht und der Erniedrigung, der Enttäuschung und des drohenden Identitätsverlustes auch sein mag, so sehr muß man *auf der anderen Seite* doch feststellen, daß in der Entwicklung, die in den gebildeten Kreisen der Exulanten in Babylon eingeleitet und richtungsweisend ausgeformt wurde, die Hoffnung des *Jeremia* auf einen Neuen Bund der Innerlichkeit und der persönlichen Unmittelbarkeit zwischen Gott und Mensch keine Fortsetzung mehr fand. Statt die alles verändernde Bedeutung dieser Vision zu begreifen, verlegte man die Frömmigkeit Israels mehr denn je ins Äußere. Da war der Sabbat, – er wurde zum Erkennungszeichen der *Jahwe*-Religion; der fehlende Tempel wurde ersetzt durch die Synagoge, wo man die heiligen Texte las und lernte; zwar waren in der Fremde die Priester funktionslos, doch die Gesetzeslehrer wurden dafür um so bedeutsamer, und was sie lehrten, legte den Hauptakzent auf die Eigenheiten der Tradition; insbesondere die Beschneidung, die viele Völker, aber nicht die Babylonier praktizierten, wurde jetzt als ein göttliches Alleinstellungsmerkmal des auserwählten Volkes interpretiert; die Speise- und Reinheitsvorschriften wurden immer detaillierter und pedantischer, mit einer folgenschweren Konsequenz: »Die Juden glaubten, sich als Reine in einem unreinen Land zu befinden. Das halbe Jahrhundert der Exilszeit hat genügt, derartige Vorstellungen so zu verfestigen, daß man solche Denkmuster auch nach der Rückkehr in das ›zugelobte Land‹ nicht ablegte. Die Juden entdeckten die eigene Fremdheit als Unterscheidungsmerkmal und malten zugleich jene Erzählungen immer weiter aus, die sie schon immer als Fremde – sei es in Ägypten, sei es in Kanaan – charakterisiert hatten. In dieser Fremde schweißte der gemeinsame Glaube zusammen und gab Halt – Halt, den man auch in einem immer stärker werdenden Bedürfnis nach Regelungen, nach einem Gesetz fand.«[285]

Was wir bis dahin aus der groben Skizze der Geschichte Israels zur Frage von Gesetz und Rechtsprechung zu lernen vermögen, ist etwas äußerst Wichtiges: Ein jedes Staatsgebilde, sahen wir, konstituiert sich auf der Basis einer Wechselwirkung von Gewalt und Angst, und sämtliche Gesetze, die ein Staat erläßt und anordnet, dienen im letzten seinem Selbsterhalt in eben dem Gefüge von Gewalt und Angst. Doch die Geschichte Israels beweist, daß man sich von der Staatsherrschaft auch lösen kann, indem man sie ersetzt durch das Verlangen nach der Herrschaft Gottes. Es ist gerade dies der entscheidende Beitrag der

285 MANFRED CLAUSS: Das Alte Israel, 85.

Bibel zur Kulturgeschichte aller drei monotheistischen Religionsformen: Einzig Gott ist. Als Jesus seine Jünger beten lehrte, war dies das Hauptanliegen auch seines Hoffens: »Dein Reich komme« (Mt 6,10). Was in den Verfassungen der »Völker« (der »Gojim«) als Politik sich allerorten etabliert hatte, hob sich in Israel auf in Religion, und – Gott sei Dank – gerade nicht im Sinne HEGELS, daß die Vorstellung der Wahrheit in der Religion sich in die Vernünftigkeit staatlichen Handelns übersetzte, sondern umgekehrt in der Weise, daß an die Stelle eines Königs als des Souveräns (oder »demokratisch«, wie in Griechenland, des *Volkes* als des Subjekts des Staates) Gott selbst als absoluter Herr (Gesetzgeber) und Richter (Belohnender und Strafender) trat. – Dieser Ansatz ist verpflichtend bis heute. Jeder, der an der Seite Jesu sich auf den Gott der Bibel einläßt, kann die vollkommene Entmachtung aller staatlichen Macht nur von ganzem Herzen als einen entscheidenden Schritt zur Freiheit begrüßen.

Allerdings tritt dabei auch die Kehrseite dieser Wandlung des religiösen Bewußtseins nur um so deutlicher hervor. Die »Befreiung« Israels vollzog sich in der Geschichte nicht »freiwillig«, als ein Akt aus Überzeugung, sondern unter Zwang und Gewalt, als Deportation nach Babylon und (rückwärtsinterpretiert) als »Flucht« aus Ägypten. Nicht in einem ruhigen Vertrauen gründete diese neu gewonnene »Freiheit« von der Macht der Herrschenden, sondern in einer äußersten Unfreiheit inmitten der politischen Realität, die ihre Zuflucht nahm in exzessiven religiösen Revanche- und Gewaltphantasien. Wie ist das zu bewerten?

Kritik und Zorn gegen die Regierenden äußerten wohlgemerkt auch Propheten wie *Amos*, *Hosea*, *Jesaja* oder *Jeremia*; auch in ihren Stimmen artikulierten sich die Klagen der Unterdrückten des Volkes als Stimmen des Gottes Israels im Gegenüber der eigenen Oberschicht und im Gegenüber der Machenschaften der Mächtigen im eigenen Staatswesen; in Verlängerung dieser Sichtweise erscheint der Gott *Jahwe* wirklich so, wie er sich *Mose* am brennenden Dornbusch kundgetan haben soll: als Retter aus Unterdrückung und Ausbeutung (Ex 3,3.17). Doch zu dieser tradierten Sicht tritt jetzt in Babylon etwas ganz Anderes, Neues: Hier, im Exil, wird Gott, wenn schon als Retter, vor allem als Rächer gesehen, der in den Tagen der Endzeit ein für allemal mit dem Spuk der Völkerwelt aufräumen wird; diese Freiheit, die sich so bildete, war durch und durch eine Bindung an Gott, doch ineins mit der Verewigung des Gefühls von Ohnmacht und Erwählung in bezug zu allen anderen Staaten der

Erde. Dieses Grundgefühl diktierte fortan die Sammlung, Neubearbeitung, Erweiterung und Aktualisierung der Gesetzesüberlieferungen, die unter den verschiedensten historischen Bedingungen entstanden und überliefert worden waren. Der Sinn dieser Reformulierung von Gesetz und Überlieferung bestand, wie gesagt, in der Stabilisierung des Judentums in dem halben Jahrhundert des babylonischen Exils, doch von da an wurde ihre Ausrichtung prägend für das Selbstverständnis des »Volkes Gottes« und man machte sie verbindlich für alle Zeit bis ans Ende der Tage.

Das Gesetz (die Thora) enthält mithin zwei zusammengehörige Tendenzen: einerseits den Zusammenhalt nach innen und andererseits die Abgrenzung nach außen. Das Selbstsein vor dem Gott Israels ist identisch mit der Betonung des Andersseins vor allen Völkern. Die Resultante aus diesem Verhältnis gegensätzlicher Kräfte ist eine Freiheit in Unfreiheit, eine Reaktionsbildung in Gefangenschaft, die, selbst wenn sie äußerlich endet, sich innerlich fortsetzt in ängstlicher Enge und pedantischer Strenge. Ehe Gott die ersehnte Rache nimmt an den »Heiden«, um sich ein für allemal als Herr aller Völker und aller Welt zu erweisen, muß Israel sich in treuer Gesetzesbefolgung als »rein« genug erweisen, um Gottes Beistand zu verdienen.

Es ist dieser Punkt, der förmlich danach ruft, die Freiheit in Gott, an die Israel glaubt, aus den Fesseln der Gewalt und der Angst ihrer geschichtlichen Entstehensbedingungen herauszulösen und zu sich selber zu befreien. Das, wirklich, wäre die Tat jenes ersehnten »Messias«, der freilich kommen müßte in eben der Verinnerlichung des Gottesverhältnisses, wie *Jeremia* sie als einen Neuen Bund erhoffte. Auch außerhalb, ja, sogar im Gegensatz zu jedweder staatlichen »Ordnung« begegnen wir mithin auch in der Religion dem Problem der Gesetzlichkeit, dem der Jude aus Nazareth sich gegenüber sah: wie läßt das Gottesbild Israels selber sich soweit aus dem Gefüge von Angst und Gewalt befreien, daß sein »Gesetz« sich zu den Menschen hin öffnet, als erstes in Israel, doch dann zu den Menschen aller Zeiten und aller Orten? Erst die Befreiung des Menschen von jeglicher Zwangsbindung an Staat und Gesellschaft durch ein absolutes Vertrauen in Gott erlaubt die dringend nötige Vermenschlichung von Gesetz und Moral; im Schatten von Macht und Gewalt sind beide bloße Instrumente in den Händen der Herrschenden. Um Freiheit zu wirken, müssen sie entspringen dem menschlichen Herzen; nur dort schreibt Gott *sein* »Gesetz« der Erneuerung des Daseins in Vergebung und Güte.

Gebunden ist diese Erfahrung der Entmachtung aller Machtgebilde und der absoluten Ermächtigung des Göttlichen an die wesentliche Entdeckung der Zeit des Exils: des Durchbruchs des Monotheismus. Bis dahin war *Jahwe* der Gott Israels, so wie *Assur* der Gott der Assyrer und *Marduk* der Gott der Babylonier war; es gab das Gebot, nur ihn anzubeten, doch die Verehrung nur eines Gottes (die Monolatrie) ist etwas anderes als der Glaube, daß nur ein einziger Gott sei, wie es das Bekenntnis des Monotheismus besagt. Dieser Schritt, der eine absolute Schwelle in der Geschichte des menschlichen Bewußtseins übersteigt, kam nicht zustande durch philosophische Reflexionen, wie in Griechenland etwa die Idee des Seins bei den Eleaten oder des Einen bei *Platon* sich bildete; der Ein-Gott-Glaube Israels wurde geboren aus einer absoluten existentiellen Infragestellung, die nach einer absoluten Antwort verlangte, und diese Antwort erweist ihre Gültigkeit in jeder Angefochtenheit vergleichbarer Tiefe: Wem die gesamte Erde zerbirst, kann seinen Halt nur finden in dem, der nicht Welt ist, sondern der Grund aller Welt; »in der Welt habt ihr Angst, ich aber habe die Welt überwunden« (Joh 16,33), – dieser Satz aus dem Munde Jesu ist die tiefste Bestätigung jüdischen Glaubens. Doch gerade an dieser entscheidenden Stelle bleibt es die Aufgabe, die Daseinsbegründung des Religiösen nicht zu verderben durch das immer noch weitere Mitlaufen innerweltlicher Heils- und Machterwartungen. Gott ist nur Gott als eine innerseelische Kraft, – alle Gottesreichsphantasien in politischer Form fallen zurück in die gerade überwundene Vorstellung absoluter gesetzlicher Gewalt. Ein Gott, der kämpfen muß, besiegt sich selbst. Ein Gott, der Menschen niedermacht, ist kein Gott der Freiheit. Ein Gott, der Siege braucht gegen seine Widersacher, hat sich selber widerlegt.

Was also ist in Babylon geschehen? »Aus dem Landstädtchen Jerusalem wurden sie verschleppt in die funkelnde Metropole Babylon – und dort geschah es, dass ein paar Tausend Judäer tollkühn ihren scheinbar besiegten Stammesgott zum Herrn der Welt ausriefen und ihre Religion tauglich machten für die Weltgeschichte. Niemals sonst haben so wenige so viel bewirkt, niemals aus Leid und Unrecht so viel Kraft, ja Macht gewonnen.«[286] Dieser Satz stimmt ganz und gar – *religiös*; politisch veräußerlicht gerät er zur Gefahr, und zweideutig zwischen Religion und Politik bedarf er einer stets neuen Klä-

286 WOLF SCHNEIDER: 587–538 v.Chr. Verbannung. Das babylonische Exil, in: Geo Epoche, Nr. 45: Das Heilige Land, 50.

rung. Der Gott aller Menschen kann nicht der Nationalgott eines einzelnen Volkes bleiben; umgekehrt: die Menschheit als ganze dankt Israel kulturgeschichtlich die Entdeckung, religiös die *Offenbarung* seines Gottes, und Israel als Volk und die Menschheit als ganze sollten im Sinne des *Jeremia* niemals mehr den Neuen Bund Gottes im Herzen der Menschen und im Wort der Vergebung verraten an die Durchsetzung machtpolitischer Ziele. Aus der Volksreligion Israels in der Identität von Abstammung (biologischer Herkunft) und Zustimmung (persönlichem Glauben) könnte und müßte eine Entscheidungsreligion in der Identität mit sich selbst werden: in Überwindung der Angst, die dazugehört, ein Einzelner zu sein, und im Durcharbeiten der Angstberuhigung und Angstbindung in Staat und Gesellschaft.

Historisch indessen ging es mit Israel so ambivalent weiter, wie es in Babylon grundgelegt war. Politisch kamen die Wechselfälle der Geschichte, das heißt: die Machtspiele der Herrschenden und der Herrschenwollenden, den Exulanten entgegen. *Kyros* (559–528) hatte als Nachfolger seines Vaters den Thron der Perser bestiegen – als Vasall der Meder; neun Jahre später (550) brach er die Macht der Meder und brachte die Perser in die Position der Potentaten eines gewaltigen Vielvölkerstaates. Dieser Umstand nötigte *Kyros* zu einer geradezu revolutionär neuen Strategie innenpolitischer Stabilisierung: Um die ethnischen Gegensätze auszugleichen, entwickelte man in Persien zum ersten Mal so etwas wie ein Völkerrecht. Als *Kyros* 539 Babylon eroberte, erlaubte er den deportierten Bevölkerungsgruppen die Rückkehr in ihre Heimat, darunter auch den jüdischen Exulanten; ja, er gab ihnen die Möglichkeit, ihren Tempel wiederaufzubauen. Für die Betroffenen freilich erschien das als ein Beweis der Macht ihres Gottes über die Völkerwelt, in den Worten des Deutero-Jesaja: »Israel wird erlöst durch Jahwe mit einer ewigen Erlösung … Denn so spricht *Jahwe*, der den Himmel geschaffen hat …: Versammelt euch und kommt miteinander herzu, ihr Entronnenen der Heiden … Wendet euch zu mir, so werdet ihr gerettet, aller Welt Enden; denn ich bin Gott und sonst keiner mehr … Mir sollen sich alle Knie beugen und alle Zeugen schwören und sagen: In *Jahwe* habe ich Gerechtigkeit und Stärke« (Jes 45,17.18. 20.22–24).

Die Toleranz der Perser gegenüber den Göttern anderer Völker interpretierten die jüdischen Theologen in Babylon mithin als Machterweis ihres einen und einzigen Gottes über die Götter der Heiden, – als Sieg des Monotheismus Israels über die Religionen der Welt und damit zugleich als Herrschaftsanspruch des Volks der Erwählung über die Völker der Erde. Der Gott, der »sein« Volk aus den Händen der Heiden zu befreien vermochte, erzeigte in ihren Augen damit grundsätzlich auch seine Stärke zugunsten der jetzt und für immer »Geretteten«. *Kyros* selber erschien als der gottgesandte Retter (Jes 44,24–28; 45,1–4). Ja, der Perserkönig galt als der Gesalbte *Jahwes*, den Gott bei der Hand genommen hatte, um ihm die Völker zu unterwerfen, und das, um Jakobs, seines Knechtes, willen[287]. Dieser kosmische Monotheismus war gleichzeitig auch ein universalisierter Nationalismus; Weite und Enge, Aufbruch und Beharrung, Zukunft und Vergangenheit gingen ineinander und schufen eine stete Zerreißprobe bis in die Gegenwart.

Wie ein Triumphlied klingt es, wenn die Bibel den Erlaß des Perserkönigs zum Wiederaufbau des Tempels gleich im ersten Jahr seines Herrschaftsantritts nach dem Sieg über Babylon (539 v. Chr.)

287 Die Legende von der Herkunft und Machtübernahme des *Kyros* erzählt HERODOT: Historien, I 107–130; Bd. 1, S. 103–127. Danach hatte *Astyages* nach einem schlechten Traum seine Tochter, statt an einen vornehmen Meder, der ihn hätte entthronen können, an den Perser *Kambyses* verheiratet; doch ein weiterer Traum warnte ihn vor dem Kind aus dieser Ehe: vor *Kyros*, und so befahl er seinem Ratgeber *Harpagos*, das Kind zu töten; der aber übergab es einem Hirten, dessen Frau *Spako* (medisch: Hund) ein totes Kind zur Welt gebracht hatte. Als dann *Kyros*, erwachsen geworden, sich gegen *Astyages* erhob, mußte *Harpagos* ein Heer gegen ihn ins Feld führen, dessen Truppenteile aber entweder zu *Kyros* überliefen oder flohen. Wenig später wurde *Astyages* besiegt und gefangengenommen. – »Die Erzählung HERODOTS hat nicht nur anderswo ihre Parallelen – siehe die Aussetzung *Moses*' im Schilfkorb und ein ähnliches Motiv aus der Kindheit des *Sargon* von Akkad im 3. Jahrtausend v. Chr. –, sondern ist auch die erste in einer Reihe von ›Dynastiegründer‹-Legenden der persischen Geschichte ... Das Motiv, daß der Gründer einer Dynastie von Hirten oder armen Leuten aufgezogen wird, die das königliche Geblüt des Kindes nicht kennen oder verheimlichen, wird ein inhärenter Bestandteil des Charismas persischer Könige und wiederholt sich unter den Safawiden und anderen Herrschern in der Geschichte Persiens. Ich bezeichne das als westiranische ›nationale‹ oder ›königliche‹ Epik im Gegensatz zu dem ostiranischen ›religiösen‹ oder ›heldischen‹ Epenkreis.« RICHARD FRYE: Persien, 158–159. – Das Motiv selber wird auch von *Romulus* und *Remus* am Anfang Roms, von *Ödipus*, dem unglücklichen König von Theben, von *Perseus*, dem Helden der griechischen Mythologie, und vielen anderen überliefert. – In historischem Zusammenhang stellen Geschichten dieser Art Legitimationsbegründungen dar. *Sargon I.* von Akkad zum Beispiel (um 2356 – 2300 v. Chr.) »war unbekannter, nichtdynastischer Herkunft«; sein Name *šarrukēn* bereits heißt auf akkadisch: der König ist legitim. »Viele Jahrhunderte später ist diese Legende von *Sargon II.* (722–705) zu seiner eigenen Legitimierung aufgegriffen worden und scheint von dort in die Kindheitsgeschichte des *Moses* übernommen worden zu sein.« BARBARA SCHMITZ: Geschichte Israels, 135. Zu der Geschichte selbst s. u. S. 330.

aufgreift (Esra 6,3–5) und mit Stolz vermeldet, daß all das Beutegut der Babylonier an die Stätte des Heiligtums *Jahwe*s wieder zurückgebracht werden muß. Um 537 v. Chr., 50 Jahre nach der Deportation, dürfte die Repatriierung der Exulanten erfolgt sein, allerdings auf freiwilliger Basis. Etwa die Hälfte von ihnen zogen es vor, in Mesopotamien zu bleiben, – in ihren Kreisen wurde das Gesetz quer durch die Jahrhunderte immer nuancierter ausgelegt und der Grundstock zum »babylonischen Talmud« geschaffen. Die Rückkehrer indessen hatten wirtschaftlich und religiös zwei neue Probleme zu lösen.

Die Wiederbesiedlung Judäas organisierten persische Verwaltungsbeamte; sie fügten Judäa in den Verwaltungsbezirk Syrien (nach Assyrien) ein und bestimmten 10 % der Rückkehrer per Losentscheid zu Stadtbewohnern und 90 % zur Landbevölkerung. Auf dem Lande aber wurden die verlassenen Höhen längst von anderen bewohnt, und die wirtschaftlichen Spannungen zwischen den wenig und den gar nichts Besitzenden wuchsen sich aus zu bürgerkriegsähnlichen Zuständen. Rund 20 Jahre dauerte es daher, bis die zurückgekehrte geistige Elite Israels sich mit ihren religiösen und rechtlichen Vorstellungen durchsetzen konnte. 515 endlich, nach einer Bauzeit von fünf Jahren, konnte unter dem Statthalter *Serubbabel* (Hag 2,20–23) der Tempel eingeweiht werden, wobei die Verwaltung des Tempels und des Kultes ganz in die Hände des Hohenpriesters *Jeschua* (Sach 6,9–15) gelegt ward; der Hohepriester, nicht mehr der König, vertrat nunmehr Gott gegenüber dem Volk, dessen eigentlicher Regent er damit war.

Zuzüglich zu den wirtschaftlichen Fragen drohte ein Konflikt die Gemeinschaft zu zerspalten, der die jüdische Frömmigkeit nie mehr loslassen sollte: das Problem des Gegensatzes von rein und unrein. Der Prophet *Haggai* richtete die folgenschwere Frage an die Priester, ob »heiliges Fleisch« im Zipfel eines Gewandes irgendeine andere Speise, die ein solcher Gewandzipfel berührt, zu heiligen vermöchte. Nein, sagten die Priester. Aber »wenn jemand durch Berührung eines Toten unrein wäre und dann etwas anrührte, würde es auch unrein sein? Die Priester antworteten und sprachen: Es würde unrein (Lev 5,2; Num 19,22). Da antwortete *Haggai* und sprach: ›Ebenso ist es mit diesem Volk und mit diesen Leuten vor mir, spricht *Jahwe,* und auch mit allem Werk ihrer Hände; und was sie dort opfern, ist unrein‹« (Hag 2,10–14). Dieser Entscheid führt dazu, daß alle, »die nicht aus dem Exil gekommen waren, ... damit vom Tempelbau ausgeschlossen« waren. »Das altbewährte Feindschema hatte eine neue

Komponente erhalten: Die reinen Juden ragten nun als Fels aus der Brandung der Unreinheit«[288] (vgl. Esra 4,1–3)!

Besonders betroffen waren davon die Samaritaner, – sie wurden als Mischbevölkerung von den Rückkehrern nicht als vollwertige Israeliten anerkannt und blieben für immer von der Jerusalemer Kultgemeinschaft ausgeschlossen. Die Hoffnung des *Jeremia* von einem Neuen Bund Gottes »mit dem Hause Israel und mit dem Hause Juda« (Jer 31,31) wurde damit Lügen gestraft; genau 100 Jahre danach wurde die Hoffnung des *Ezechiel* auf eine Wiedervereinigung Israels durch das Haus David (Ez 37,15–28) auf schriftgelehrte Weise zum Gesetzesverstoß erklärt.

Die Lage beruhigte sich erst, als zwischen 445–433 v.Chr. der Mundschenk des Perserkönigs *Artaxerxes* (465–424), *Nehemia,* den Auftrag erhielt, Jerusalem zur Festung auszubauen, um gegen Ägypten besser gewappnet zu sein. Der Perser siedelte als erstes, erneut durch das Los, 10 % der Landbevölkerung in die Hauptstadt um; dann aber widmete er sich der überfälligen Schuldenkrise der verarmten Bevölkerung, die ihre eigenen Kinder und ihr Land verpfänden mußten und sich selbst in die Sklaverei verkauften. Der Grund für dieses Elend war – ähnlich wie in Griechenland in den Tagen *Solon*s – der Bevölkerungszuwachs und die damit verbundene Zersplitterung des Landes durch die Erbteilung; die reichen Bauern konnten die Verluste der Erbteilung dadurch ausgleichen, daß sie die verschuldeten Höfe von Kleinbauern aufkauften; insbesondere die Grundsteuer, errechnet je nach Größe des Grundstücks, trieb manchen der bäuerlichen Familienbetriebe in den Ruin. In dieser Situation verfügte *Nehemia* einen Schuldenerlaß (Dtn 15,1–11), so daß aus den gepfändeten Häusern und Ländereien kein Gewinn mehr herauszupressen war. »Noch heute«

288 FLAVIUS JOSEPHUS: Jüdische Altertümer, XII 3; 2. Bd., S. 80–81, zitiert noch 200 Jahre später einen Brief des Königs *Antiochus III.*(223–187) an *Ptolemäus V.* (205–181): »Vorläufig habe ich beschlossen, ihnen um ihrer Gottesfurcht willen den Bedarf für die Opfer zu liefern ...; im gleichen sollen auch die Arbeiten am Tempel ... in Angriff genommen werden ... Allen Angehörigen des Volkes soll gestattet sein, nach den Gesetzen ihrer Väter zu leben.« Die Ältesten und die Priester befreite er von allen Steuerabgaben; die aus der Stadt in die Sklaverei Verschleppten waren samt ihren Kindern in die Freiheit zu entlassen, und ihr gepfändetes Eigentum mußte ihnen zurückgegeben werden. Auch *Antiochus IV.* (175–164) war ganz sicher nicht der religiöse Fanatiker, als den ihn die Makkabäer sahen und beschrieben, indem sie ihre eigene Motivation auch dem König unterstellten. Der Seleukiden-König war ein politischer Pragmatiker, der seine Einstellung zur jüdischen Bevölkerung erst bei der Unterdrückung der ständigen Unruhen änderte.

sollten die gepfändeten Güter zurückgegeben werden; die Schuldsklaverei sollte ein Ende haben (Neh 5,1–13). Darüber hinaus verbot *Nehemia* die Ehe mit ausländischen Frauen (Neh 13,23–27). Doch kam es in diesem Punkte noch weit rigoroser.

Nach Weisung des *Artaxerxes* (465–424) nämlich kam an der Spitze einer neuen Rückkehrerbewegung von etwa 5000 Leuten der Schriftgelehrte und Priester *Esra* von Babel aus nach Jerusalem (Esra 2,64), und »er richtete sein Herz darauf, das Gesetz *Jahwe*s (sc. die fertiggestellte Thora, d.V.) zu erforschen und danach zu tun und Gebote und Rechte in Israel zu lehren« (Esra 7,10). Das Hauptproblem, vor dem er stand, war eine Folge der Einwanderung selbst: Schon in der ersten Welle hatten dreimal so viele Männer wie Frauen die beschwerliche Rückkehr nach Judäa auf sich genommen, und sie hatten, aus Mangel an hebräischen Frauen, Einheimische geheiratet – Unreine also! *Esra* wußte für dieses Problem nur eine Lösung: »So laßt uns nun«, sprach er, »mit unserem Gott einen Bund schließen, daß wir alle fremden Frauen und die Kinder, die von ihnen geboren sind, hinaustun nach dem Rat meines Herrn und derer, die die Gebote unseres Gottes fürchten, daß man tue nach dem Gesetz« (Esra 10,3). Das also war jetzt der neue Bund des *Esra*, von dem er sprach: »die Freude am Herrn ist eure Stärke« (Neh 8,10). In greller Beleuchtung zeigt sich zudem die Doppelwirkung (und damit die Widersprüchlichkeit) des Gesetzlichen: auf Ehebruch steht die Todesstrafe, ist doch der Zusammenhalt der Familie die Grundlage des Staates, andererseits schützt derselbe Staat sich durch Ausweisung alles Fremden, wobei in diesem Falle das »Fremde« sich zugleich religiös und rassisch definiert; der Sinn solcher Gesetze sind nicht »die Menschen«, ist nicht »die Menschlichkeit« oder »das Menschenrecht«, er liegt, wie stets, in dem Interesse des Selbsterhalts der staatlich organisierten Gemeinschaft unter bestimmten Bedingungen und in der Einhaltung bestimmter Normen.

Mit dem Wirken *Esra*s war die eigentliche Rechtsgeschichte Israels, also die Bildung des Pentateuchs (der fünf Bücher *Moses*), abgeschlossen; was danach kam, war der stete Kampf um das rechte Verständnis und um die rechte Anwendung des Gotteswortes, war die Verschiedenheit der Reaktionen auf die Fremdherrschaft unter den Nachfolgern *Alexanders des Großen*: den Ptolemäern (312–198) und den Seleukiden. Letztere übernahmen nach der Schlacht bei Paneas gegen *Ptolemäus V.* (205–180) im Jahre 198 endgültig unter *Antiochos III.* (223–187) die Herrschaft über Palästina und übten sie zunächst durchaus wohlwollend aus[289]. Unter *Antiochos IV.* (Epiphanes) (175–164) bemühte sich der liberal gesonnene Hohepriester *Jason* (175–172) sogar um die Umwandlung Jerusalems in eine hellenistische Großstadt; das entsprach den panhellenistischen Machtvorstellungen des Seleukiden-Herrschers durchaus, es setzte dafür aber praktisch die Thora als Verfassungsgrundlage außer Kraft. Entsprechend groß wuchsen die innerjüdischen Widerstände an; im Jahre 172 setzte *Antiochos IV.* den Hohenpriester *Jason* deshalb ab und setzte den gefügigen *Menelaos* (172–162) an seine Stelle, doch Ruhe schuf auch das nicht, im Gegenteil. Als der König 169 von einem Feldzug gegen die Ägypter zurückkehrte und bei seinem Aufenthalt in Jerusalem zur Auffüllung seiner leeren Kassen den Tempelschatz plünderte, kam es zu wütenden Aufständen, die *Antiochos IV.* streng nach Kriegsrecht bestrafte; den Tempel verwandelte er in eine Kultstätte des *Zeus* beziehungsweise des syrischen Himmelsgottes *Baal*; unter Todesstrafe verbot er zudem die jüdischen Feste, die Beschneidung, den Sabbat, den Besitz von Thorarollen, ja, er zwang die Juden überall im Lande zum Opfer an den heidnischen Altären. All das brachte das Maß zum Überlaufen.

Im Jahre 166 rief der Priester *Mattathias* aus dem Geschlecht der Hasmonäer in Modeï zum Widerstand gegen die von *Antiochos IV.* und dem Hohenpriester *Menelaos* erlassene Opferpraxis auf, nicht zuletzt auch deshalb, weil sie den Priesterfamilien in Jerusalem die finanzielle Grundlage entzog. *Mattathias* und seine Söhne scharten eine Gruppe von Widerstandskämpfern um sich, denen insbesondere die thorastrengen Frommen, die Chasidim, sich anschlossen. Im politischen Neusprech unserer Tage müßte man diese Bewegung als einen Kampfverband von religiös-fundamentalistischen Terroristen bezeichnen; unter *Judas*, mit dem ehrenvollen Beinamen *Makkabi* (der Hammer), führte diese Widerstandsgruppe zwischen 166–161 gegen die Syrer einen schwer zu kontrollierenden Guerilla-Krieg, der den Reichsverweser *Lysias* im Jahre 165 zu einem Friedensschluß nötigte[290]; das Fest der Wiedereinrichtung der Opfer im Tempel wurde als »Fest der Lichter« gefeiert, weil, wie JOSEPHUS schreibt, »die freie Ausübung

289 FLAVIUS JOSEPHUS: Jüd. Altertümer, XII 6,1–8,7; 2. Bd., S. 100–109.

290 So fordert *Judas Makkabäus* in 2 Makk 13,14–15 sein Heer auf »zu tapferem Kampfe bis in den Tod für Gesetz, Tempel, Stadt, Vaterland, Verfassung« mit der Losung »Gott siegt!« In: ADOLF KAMPHAUSEN (Übers. u. Hg.): Das zweite Buch der Makkabäer, in: Emil Kautzsch (Hg.): Die Apokryphen und Pseudepigraphen des Alten Testaments, 1. Bd., S. 113.

unserer Religion uns unerwartet wie ein Lichtstrahl aufgegangen ist«[291]; als Chanukka ist es, ähnlich der christlichen Weihnacht, zu einem festen Bestandteil der jüdischen Feiertage geworden.

Die Makkabäer führten Krieg für einen Gott, der ihre nationale Identität garantierte, und umgekehrt führten sie Krieg für das wiedererstandene Israel im Glauben, daß *Jahwe* durch einen Sieg seines Volkes allen anderen Völkern seine Macht als des Einen und Einzigen Gottes erwiese. Gewiß, so ähnlich dachten die heidnischen Völker im Dienst ihrer vielen Götter wohl auch; doch was *sie* konnten, konnte Israel offenbar auch, und, wie zu glauben war, wußte es viel besser noch, glaubte es doch an den Gott, der mit all den anderen Göttern endgültig aufräumen würde. Aus einem »Bund« zwischen Mensch und Gott, der Israel, wie in der Verheißung an *Abram*, zu einem Segen für »alle Geschlechter auf Erden« machen sollte (Gen 12,3), wurde unter den Makkabäern ein konzeptionell weltumspannendes Programm zur Unterwerfung aller Völker.

Gleichwohl schien nach dem Tod von *Antiochos IV.* unter seinem Sohn und Nachfolger *Antiochos V.* (Eupator) (164–162) ein dauerhafter Friede durchaus möglich, wie das Schreiben des neuen Königs beweist, in dem dieser erklärte, das Heiligtum wiederherstellen zu wollen; ja, er gestattete den Juden ein Leben »nach der Weise ihrer Vorväter«, wenn diese »dem von unserem Vater angeordneten Übertritt zum griechischem Wesen (sc. zur hellenistischen Lebensweise, d.V.) ihre Zustimmung versagen« (2 Makk 11,24.25). Doch wer den angebotenen Frieden nicht wollte, weil er in ihm nur eine Etappe auf seinem Siegeszug gegen die Syrer (und alle anderen Gegner) erblickte, war *Judas Makkabäus.* Er und die Chasidim griffen die verbliebene seleukidische Garnison in Jerusalem an, und erst als die Syrer den Tempelberg einschlossen, war unter militärischem Druck ein neuer Friede möglich: der Hohepriester *Menelaos* wurde den Makkabäern zuliebe hingerichtet und das Heiligtum restauriert, allerdings wurde die Befestigung des Tempelbergs geschliffen. Als *Judas Makkabäus* 160 in einer Schlacht ums Leben kam, übernahm sein Bruder *Jonathan* die Leitung des Kampfes; 153 wurde er Hohepriester, und 151 wurde er sogar von den Seleukiden als selbständiger Teilherrscher durch *Alexander Balas* (150–145) anerkannt; in den folgenden Machtkämpfen zwischen *Demetrios II. Nikator* (146–139) und *Tryphon*,

291 Vgl. 1 Makk 4,36–59; FLAVIUS JOSEPHUS: Jüdische Altertümer, XII 7; 2. Bd., S. 109.

dem Vormund von *Antiochos VI.*, wurde *Jonathan* aber im Jahre 143 von *Tryphon* hingerichtet. 142 wurde daraufhin *Simon*, der jüngste Sohn des *Mattathias*, von *Demetrios II.* als Hoherpriester und Herrscher von Jerusalem anerkannt. Durch Volksbeschluß wurde *Simon* erblicher Hoherpriester, Feldherr und Fürst: – Religion, Militär und Macht lagen jetzt in der Hand der makkabäischen beziehungsweise hasmonäischen Dynastie, und das mit verblüffendem Erfolg.

Als 135 *Simon* ermordet wurde, rückte sein dritter Sohn *Johannes Hyrkanos* (135–105) nach, der ab 129 v. Chr. Zug um Zug das judäische Territorium zu vergrößern suchte; im Süden unterwarf er Idumäa, im Norden besetzte er Samaria, wo er bewußt den samaritanischen Tempel niederreißen ließ. Man merke: *Jahwe* ist Gott nur des Zion, nicht des Garizim. Und genau so unnachsichtig verfuhr der Makkabäer mit allem, was »Hellenismus« war; ganze Stadtgemeinden wurden vernichtet und ihre Bevölkerung zwangsbeschnitten, um sie zu Juden zu machen. Tod oder Beschneidung, Hellenist oder Jude – dazwischen mußte man nach makkabäischer Gesetzesauslegung wählen.

Und weiter so: Als *Aristobulos I.* (104–103), der Sohn des *Johannes Hyrkanos*, im Jahre 104 auf den Thron kam, besetzte er Galiläa und nahm für sich den Königstitel in Anspruch. Sein Bruder *Alexander Jannäus* (103–76) dann erklomm machtpolitisch den Gipfel der makkabäischen Zielsetzungen; er offenbarte damit aber zugleich auch deren Widersprüchlichkeit. Einerseits führte er erfolgreich Krieg gegen die Ptolemäer, gegen die Seleukiden und gegen die Nabatäer im Osten und Süden des Toten Meeres, und es gelang ihm tatsächlich, den Traum von einem davidischen Großreich zu realisieren. Andererseits provozierte sein Regierungsstil, der sich die legendäre Prachtentfaltung *Salomo*s zum Vorbild nahm, den heftigsten Widerspruch der Pharisäer, die religiös den Part der Chasidim übernommen hatten und eben deshalb jetzt mehrere Jahre lang einen Aufstand gegen *Alexander Jannäus* ins Leben riefen. Was unterschied ihn noch von einem hellenistischen Herrscher? – Berichtet wird zum Beispiel, daß der König, während er »mit seinen Buhldirnen an einem in die Augen fallenden Ort schmauste, ... gegen achthundert dieser Gefangenen (sc. von den Widerständlern, d.V.) kreuzigen (ließ) und, während sie noch lebten, ihre Frauen und Kinder vor ihren Augen niedermetzeln« ließ[292]. – Wir werden gleich noch näher

292 FLAVIUS JOSEPHUS: Jüdische Altertümer, XIII 14, 2; 2. Bd., S. 192–193.

dokumentieren, daß gerade die Grausamkeit der Strafpraxis dem Zweck folgt, die angefochtene Autorität des Souveräns wiederherzustellen.

Nach dem Tod des *Alexander Jannäus* regierte zehn Jahre lang seine und des *Aristobul*s Witwe *Salome Alexandra* (76–67); sie setzte ihren Sohn *Hyrkan II.* zum Hohenpriester ein und versuchte, die Pharisäer in die Macht einzubinden. Nach ihrem Tode aber brach zwischen *Hyrkan II.* und seinem Bruder *Aristobulos II.* (67–63) ein Kampf um den Thron in Jerusalem aus, »der letzten Endes Judäa 40 Jahre lang in Atem halten sollte«.[293] Auch das hat seine Logik: Wenn der Hohepriester Gott vermittelt, warum soll er dann nicht auch selber König sein? Die Grenzen zwischen Religion und Politik sind offenbar fließend, – wenn es in der Antike solche überhaupt gab.

Nur so erklärt sich jetzt das Paradox, daß ausgerechnet das Volk, das sich als von Gott erwählt verstand, in den unlösbaren Machtrangeleien zwischen seinem Hohenpriester und dessen Bruder sich zur Entscheidung an die heidnischen *Römer* wandte. Bereits im Jahre 190 v.Chr. war *Antiochos III.* in der Schlacht bei Magnesia den Römern unterlegen gewesen; und seither spielten diese im Nahen Osten anstelle der *Seleukiden* und der *Ptolemäer* die entscheidende Rolle in allen politisch relevanten Angelegenheiten. So kann es nicht wundernehmen, daß im Jahre 63 v.Chr. in Damaskus die beiden verfeindeten Königssöhne nebst den Abgesandten des Volkes sich an *Pompejus* wandten, der ein Jahr zuvor den syrischen Reststaat zur römischen Provinz Syria erklärt hatte; man trug diesem im Osten starken Mann Roms an, in eigener Regie die politische Herrschaft über Jerusalem zu übernehmen, daneben aber einen Hohenpriester einzusetzen, der einzig und allein für kultische Angelegenheiten zuständig sei. Endlich also sollte das Doppelspiel zwischen Gottesmacht und Menschenmacht enden, indem die Menschenmacht in die Hände des mächtigsten Menschen der Zeit gegeben würde, während die Macht Gottes allein in Seinen Händen verblieb. Doch so zwiespältig das Selbstverständnis Israels zwischen Gottesvolk und Staatsvolk war, so widersprüchlich fiel auch die Reaktion auf diesen Vorschlag bei den Kontrahenten selbst aus: *Hyrkanos II.*, der Hohepriester (63–40), Sohn des *Alexander Jannäus* und der *Salome Alexandra*, die nach ihm von 76–67 regierte, stimmte dem Ansinnen zu und übergab Jerusalem dem Römer *Pompejus*; *Aristobulos II.* aber verschanzte sich drei

293 MANFRED CLAUSS: Das Alte Israel, 105.

Monate lang auf dem Tempelberg, dann mußte auch er sich der römischen Überlegenheit ergeben.

Da hatte also Israel rund 100 Jahre lang seine Chance gehabt, in relativer Autonomie sein Selbstverständnis zwischen göttlicher und menschlicher Macht zu klären, und dabei herausgekommen war – *Alexander Jannäus* (103–76), der gerade bei den religiös Ernsthaften, bei den Pharisäern, leidenschaftlichen Protest erregte, – sie waren in den Tagen von *Salome Alexandra* zur führenden geistigen Kraft in Israel aufgestiegen. In der Ablehnung der sadduzäischen Priesterschaft organisierte sich neben ihnen die Sekte der noch strengeren, noch gesetzestreueren Essener, die in ihrer Klostereinsamkeit am Toten Meer das Heil im Eingreifen Gottes am Ende der Tage erwarteten, während die Sadduzäer, benannt nach einem Priester *David*s (2 Sam 15,24), unter römischer Herrschaft den Tempeldienst verwalteten.

Jetzt, im Jahre 63 v. Chr., verbündete sich *Hyrkan II.* zugunsten der Nabatäer mit dem Idumäer *Antipater*, dem Vater des *Herodes*, der nach 48 v. Chr. auch das Wohlwollen *Caesar*s (100–44) besaß, der ihn gewissermaßen als Stadthalter über Judäa einsetzte; *Caesar* gewährte den Juden auch das Privileg eigener Gerichte bezüglich all den Delikten, die sich nicht gegen die römische Vormacht richteten; die römischen Truppen zog er ab, und Wehrdienst mußten die Juden nicht leisten.

Das alles hätte die Region durchaus befrieden können; doch 44 v. Chr. wurde *Caesar* ermordet; zudem griffen die Parther im Zuge ihrer Westausdehnung auch nach Palästina, das sie von 40 bis 37 v. Chr. kontrollierten; den Hohepriester *Hyrkanos II.* deportierten sie nach Babylon; *Phasaël*, der Sohn des *Antipater*, beging Selbstmord, sein Bruder *Herodes* indessen flüchtete nach Rom und wurde dort zum künftigen König aufgebaut. Derweilen regierte in Jerusalem *Antigonos Mattathias* (40–37), der Sohn des *Aristobulos*, im Auftrag der Parther. Erst 37 v. Chr. gelang *Herodes* mit Hilfe der Römer die Eroberung Jerusalems, wo er, zu Ehren seines Gönners *Marc Anton*, die Burg Antonia als seine Festung einrichtete. *Antigonos*, der letzte Nachkomme der Makkabäer, wurde hingerichtet.

Die Regierungszeit *Herodes des Großen* (37–4 v. Chr.) erweckt auf Grund ihrer Dauer den Eindruck von Stabilität, doch so war es nicht. *Herodes* war als Idumäer nichtjüdischer Herkunft, und er war Herrscher in Palästina nur als Bürger Roms; so konnte er seinen Status nur durch eine Serie gewaltsamer Hinrichtungen behaupten. Selbst

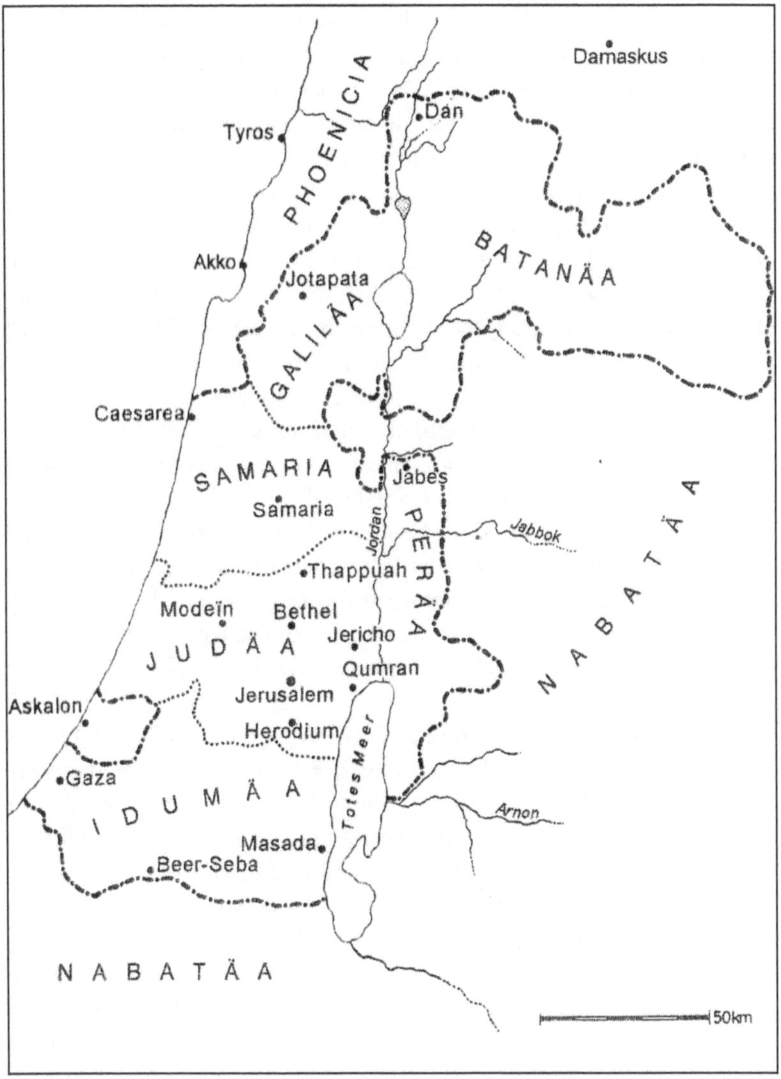

Abb. 7: Herrschaftsgebiet Herodes' des Großen

der Hohepriester *Hyrkanos II.*, der im Alter von 80 Jahren aus Babylon zurückkehrte, erschien ihm als zu gefährlich[294],– der Kindermord in Bethlehem, von dem Mt 2,16–18 berichtet, hat historisch sich gewiß nicht ereignet, darf aber als ein fernes Echo des notfalls mörderischen Regierungsstils des Königs gelten.

Im Grunde war *Herodes* der letzte hellenistische König in Israel, dessen Herrschaftsgebiet in etwa der Größe des davidischen Reiches entsprach (vgl. Abb. 7). Auch seine zehn Ehen mit zahlreichen Nachkommen bewiesen davidsches Format; allerdings wurden die möglichen Thronprätendenten der Reihe nach hingerichtet. Innenpolitisch entfaltete *Herodes* eine reiche Bautätigkeit, – die Schönheit des neuerrichteten Tempels lobt FLAVIUS JOSEPHUS in den höchsten Tönen[295]. Als *Herodes* 4. v. Chr. schließlich unter entsetzlichen Qualen verstarb[296], wurde er in einem angemessenen Staatsbegräbnis in Herodium im Süden von Jerusalem beigesetzt[297].

Das Herrschaftsgebiet des *Herodes* teilten die Römer unter seinen vier Söhnen: *Archelaos* wurde Herrscher in Judäa, Samaria und Idumäa (Mt 2,22); 6 n. Chr. schickte Kaiser *Augustus* ihn in die Verbannung und unterstellte das Gebiet dem römischen Präfekten *Coponius*, der in Caesarea residierte; *Herodes Antipas* regierte in Galiläa und Peräa (Mk 6,14–29), er ist der »Herodes«, der nach Lk 23,6–12 über die Hinrichtung Jesu mitentschied; er regierte bis 39 n. Chr., als Kaiser *Caligula* (37–41) ihn absetzte; der Dritte, *Philippus*, betreute das Gebiet von Batanäa bis zu seinem Tode 37 n. Chr.; als Vierter erhielt *Lysanias* das Gebiet im Antilibanon (Lk 3,1). Als *Philippus* starb, setzte *Caligula* einen Enkel des *Herodes*, *Herodes Agrippa I.*, als Nachfolger über dessen Gebiet ein; 40 n. Chr. erhielt er zudem das Gebiet des *Herodes Antipas*; dem Titel nach durfte er sich König nennen; als er ein Jahr später Judäa, Samaria und Idumäa zugesprochen bekam, verwaltete er das gesamte Gebiet, über das einst sein Großvater *Herodes der Große* geherrscht hatte. Als er 44 n. Chr. starb, wurde Palästina unter *Claudius* (41–54) den römischen Provinzen eingefügt.

294 Vgl. FLAVIUS JOSEPHUS: Jüdische Altertümer, XV 6,1; 2. Bd., S. 318.
295 A. a. O., XV 11,1–7; 2. Bd., S. 356–364; ders.: Der Jüdische Krieg, V 6; 2. Bd., S. 116: »Das Äußere des Tempels wies auf, was Herz und Augen staunen läßt. Denn über und über war der Tempel mit dicken Goldplatten umhüllt, und wenn die Sonne aufging, dann gab er einen Glanz wie Feuer von sich.«
296 FLAVIUS JOSEPHUS: Jüdische Altertümer, XVII 6,5; 2. Bd., S. 467, versteht die Krankheit des Königs als Gottes Züchtigung »für seine Frevelthaten.«
297 A. a. O., XVII 8, 3; 2. Bd., S. 472.

Die Gegensätze zwischen den Römern und den gesetzestreuen Juden wuchsen indessen ständig weiter. 49 n.Chr. wurden Juden erstmals aus Rom verwiesen; im gleichen Jahr kamen 10000 Gläubige in Jerusalem beim Passahfest ums Leben, weil ein Soldat, der sein nacktes Hinterteil herausstreckte, einen Aufruhr auslöste[298]. Es waren die Zeloten, die Eiferer, beziehungsweise die Sikarier, die Dolchmänner, die 66 n.Chr. Masada besetzten und in Jerusalem die Einstellung des Kaiserkultes durchsetzten, und zwar gegen den Willen der Pharisäer, die bei aller Gesetzestreue mit den heidnischen Römern zu leben versuchten. 67 n.Chr. rückte der spätere Kaiser *Vespasian* (69–79) mit 60000 Mann in Galiläa ein. Sein Sohn *Titus* eroberte am 3. September des Jahres 70 Jerusalem als den Kern des Widerstandes; der Jüdische Krieg war damit beendet, die heilige Stadt existierte nicht mehr.

Noch ehe wir uns jetzt den einzelnen Bestimmungen der Thora und deren Zustandekommen zuwenden, müssen wir uns für den Augenblick nur einmal vorstellen, unter welchen Bedingungen Jesus die Botschaft Gottes, wie er sie verstand, in diese Welt zu tragen versuchte. Alle in Israel glauben an *Jahwe* als den Schöpfer von Erde und Himmel, als den Herrn der Geschichte, als den Herrscher der Welt; alle halten das Gesetz des *Moses* für gottgegeben und letztverbindlich; und doch sind sie alle zerstritten im Verständnis Gottes, im Verständnis seiner Worte und im Verständnis des eigenen Auftrags.

»Die Macht Gottes erzeigt sich, indem er den für ihn Kämpfenden Sieg verleiht«, so glauben die Zeloten in den Bergen Galiläas, – »Gott ist mit den Standhaften«, sagen in unseren Tagen die islamistischen Dschihadisten in gleichem Sinne. Und war es denn nicht auch so bei *Moses*, als er Amalek besiegte (Ex 17,8–15), und bei *Josua*, als er Jericho eroberte (Jos 6,1–27)?

»Nein, ein Kampf gegen Rom ist sinnlos und aussichtslos; wer ihn beginnt, hat schon verloren. Wir können den Gottesdienst in einem Heiligtum feiern und Frieden haben«, so lautet die Meinung des sadduzäischen Priesteradels im Tempel zu Jerusalem.

»Nein, die Hasmonäer haben das Heiligtum Gottes entweiht, und der goldene Tempel eines Idumäers macht die Verderbtheit der sakralen Oberschicht nur erst recht sichtbar. Mit der Korruption darf man nicht kooperieren. Besser ist es, sich abzukehren, sich makellos nach dem Buchstaben des Gesetzes zu halten und zu warten auf den Tag

298 FLAVIUS JOSEPHUS: Der Jüdische Krieg, II 12,1; 1. Bd., 189.

Jahwes, an dem er kommen wird, Gericht zu halten«, so denken die Essener im Wüstenkloster von Qumran.

»Aber es steht doch im Gesetz, daß und wie wir die Festtage halten und die Opfer verrichten sollen«, sagen die Pharisäer[299]. »Man kann doch nicht seinen Willen tun, indem man die Erfüllung seines Willens unter den gegebenen Bedingungen für undurchführbar erklärt. Man muß tun, was im Gesetz steht, – *alles*, was im Gesetz steht, ohne eine willkürliche Ausnahme zu treffen; dann wird von innen her Israel sich von selber erneuern.«

Jesus selbst kam – allem Anschein nach – aus den Kreisen der Pharisäer, doch er hatte sich taufen lassen von *Johannes dem Täufer*, der den Essenern nahestand. Fern stand er dem ritualisierten und renditeträchtigen Tempelkult der Sadduzäer und ihrer hellenistisch geprägten Einstellung gegenüber den Römern; ganz fern aber stand er der Gewalt-Strategie der Sikarier. Gott herbeimeucheln – unmöglich! Und doch hinderte das Jesus nicht, einen der Zeloten, *Simon Kananäus* (der Eiferer, Zelot) mit Namen, in den Kreis seiner Jünger aufzunehmen (Mk 3,18), so wenig er Scheu trug, einen Zöllner, Levi-

299 Vgl. MAX WEBER: Gesammelte Aufsätze zur Religionssoziologie, 3. Bd.: Das antike Judentum, 401–442: Nachtrag die Pharisäer, S. 402: » *Peruscha* ... heißt jemand, der sich ›fernhält‹ – von unreinen Personen und Sachen natürlich. Dies war der Sinn auch der alten Chasidim-Bewegung. Aber die Pharisäer gaben der Bewegung die Form eines *Ordens*, einer ›Bruderschaft‹, *chaburah*, in den nur aufgenommen wurde, wer sich vor drei Mitgliedern förmlich zur strengsten levitischen Reinheit verpflichtete. Nicht jeder freilich, der als ›Pharisäer‹ tatsächlich lebte, trat auch, als chaber, in den Orden. Aber der Orden bildete den Kern der Bewegung ... Das Charisma des Priesters als solchen wurde entwertet zugunsten der persönlichen durch den Lebenswandel bewährten religiösen Qualifikation.« S. 403: »Das für das Judentum Entscheidende an der Bruderschaftsbewegung war: nicht nur von den Hellenen, sondern auch und gerade von den nicht heilig lebenden Juden sondern sie sich ab ... keine Tischgemeinschaft mit Heiden oder mit *ᶜam ha-aretz* (sc. den ›Landleuten‹, den Unwissenden, die das Gesetz nicht kennen, d.V.) (durfte man) halten ... Wohl nicht überall, aber ... sehr oft war die Entstehung furchtbaren Hasses zwischen den *Chaberim* und dem *ᶜam ha-aretz* die Folge (sc. vgl. Esra 9,1; Neh 10,31, d.V.): die zornsprühenden Reden von Jesus von Nazareth gegen die Pharisäer geben davon Zeugnis genug. Hier also haben wir: die Sekte. Und zwar die interlokale Sekte, die Sekte, welche dem *chaber*, der in einen fremden Ort kam, mit Empfehlungsschreiben seiner Bruderschaft versehen, sofort Heimatrecht in einer Gemeinschaft Gleichgesinnter verschaffte.« S. 404: » Der Gegner der Pharisäer war die jüdische Blutsaristokratie der großen patrizischen Geschlechter und vor allem: der Priesteradel der Zadokiden (›Sadduzäer‹).« S. 405: »Die philosophische Spekulation wurde naturgemäß als gefährlich, und vor allem als hellenistisch, abgelehnt. Man sollte nicht über die Gründe der Ritualvorschriften grübeln, sondern sie einfach erfüllen.«

Matthäus (Mt 9,9–13), zu sich zu rufen und damit das völlige Unverständnis der Pharisäer herauszufordern. Was ihm vorschwebte, war eine dringend nötige Einigung der verlorenen Schafe des Hauses Israel. »Meine Herde weidet der Wind; sie sind zerstreut (über die Hügel), wie Schafe, die keinen Hirten haben« (Mt 9,36). Dieser Eindruck schon des *Ezechiel* in der Zeit des Exils (Ez 34,5–6) bestätigte sich in seinen Tagen und verlangte eine Antwort im Sinne des Gotteswortes, und eine solche mußte all die Widersprüche nicht nur zwischen den gegensätzlichen Gruppierungen überwinden, sondern sie mußte sie in die Herzen der Menschen selbst zusammenführen. Wie? – Ganz einfach!

Im Kern all der mit fanatischer Rechthaberei geführten Streitigkeiten stand eine tiefe religiöse Angst, schuldig zu sein und dafür von Gott bestraft zu werden. Genau diese Angst hatte der Täufer gepredigt im Namen der Gerechtigkeit Gottes, doch genau das Gegenteil brauchten die Menschen, nicht indem sie die Drohung des göttlichen Gerichtes vergleichgültigten wie die Sadduzäer, die eine künftige, jenseitige Welt kategorisch leugneten, sondern indem sie ein Vertrauen in die absolute, voraussetzungslose Güte Gottes gewannen. Diese Haltung allein würde auch die Verkrampfungen der peinlich genauen und peinigend grausamen Gesetzesauslegung der Pharisäer lockern und lösen. Jeder, der sich in einer seelischen oder sozialen Notlage befindet, aus der er mit eigenen Mitteln sich nicht zu befreien vermag, weiß, daß er nur leben kann durch eine Hand, die sich ausstreckt, um ihm zu helfen, ohne daß er es verdient hätte oder ein Anspruchsrecht darauf besäße. Allein in der grenzenlosen Güte eines Gottes, der seine Sonne aufgehen läßt über Gute und Böse und der es regnen läßt über Gerechte und Ungerechte (Mt 5,45), würden die trennenden Grenzziehungen zwischen den religiös und politisch verfeindeten Parteien in Israel ihre scheinbar alles entscheidende Bedeutung verlieren; sie würden überflüssig; sie würden erkennbar als Hindernisse nicht nur auf dem Weg zueinander, sondern vor allem auf dem Wege zu Gott. Von nichts anderem als von dieser stets größeren Güte Gottes redete Jesus. Nur sie bildete den Inhalt und das Anliegen seiner Botschaft.

Man darf sicher sein, daß Jesus von der historischen Entstehung der jüdischen Gesetze keinerlei Kenntnis besaß, – die Thora, die *Esra* aus Babylon mitgebracht hatte, war Gottes Wort, nicht Menschenwerk. Wir Heutigen aber, um mit Jesu Augen die Texte von Gott her zu lesen, müssen das Menschliche, das oft genug Allzumenschliche in ihnen herausarbeiten, auf daß durch die Gitter des Zeitbedingten das helle Licht des bleibend Gültigen als das eigentlich Gemeinte desto heller erstrahle.

ß) Die literarischen Quellen

Selbst die Thora, das hat die Betrachtung der Geschichte Israels gezeigt, ist nicht das, was zu sein sie vorgibt: eine Sammlung von Gesetzen, die Gott dem *Moses* beim Bundesschluß am Sinai gegeben hätte; der Pentateuch (die fünf Bücher *Moses*) ist eine Sammlung von Gesetzen aus ganz verschiedenen Zeiten unter ganz verschiedenen sozialen und kulturellen Bedingungen, beginnend mit dem Gentilrecht bis hin zum Königsrecht oder, weit richtiger, bis hin zum Gottesrecht, und umfaßt ganz verschiedene Bereiche vom Familienrecht über das Blutrecht bis hin zu den Bestimmungen der Talion.

Als das älteste Rechtskorpus der Thora darf das sogenannte *Bundesbuch* (Ex 21–23 und 34) gelten, das wohl in die Königszeit des 9.–8. Jhs, also noch vor die Zeit des *Josia* (640–609), zu datieren ist[300]. In ihm sind kleinere ursprünglich selbständige Sammlungen redaktionell zusammengetragen, »die einen dreifachen Ursprung der Gesetze im antiken Israel widerspiegeln«. Da sind 1) *die kasuistischen Gesetze*, die ihren Ursprung in der Konfliktregelung von Familien am Ortsgericht haben dürften; formuliert sind sie mit einem Vordersatz (der Protasis), der den Fall angibt, und einem Nachsatz (der Apodosis), der die Rechtsfolge angibt, wie zum Beispiel in Ex 21,18.19: »Wenn Männer miteinander streiten und einer schlägt den anderen mit einem Stein oder mit der Faust, daß er nicht stirbt, sondern zu Bett liegen muß und wieder aufkommt und ausgehen kann mit seinem Stock, so soll der, der ihn schlug, nicht bestraft werden; er soll ihm aber bezahlen, was er versäumt hat, und das Arztgeld geben.« Oder Ex 21,22: »Wenn Männer miteinander streiten und stoßen dabei eine schwangere Frau, so daß ihr die Frucht abgeht, ihr aber sonst kein Schaden widerfährt, so soll man ihn um Geld strafen,

300 Vgl. ECKART OTTO: Recht im antiken Israel, in: Ulrich Manthe (Hg.): Die Rechtskulturen der Antike, 160: »Die literarische Geschichte des biblischen Rechts beginnt mit dem sogenannten Bundesbuch als ältestem, in die mittlere bis spätere, aber vorjosianische Königszeit des 9. – 8. Jhs. v. Chr. zu datierendem Rechtskorpus.« – Noch in den 60er Jahren des 20. Jhs. konnte man sagen: »Allgemein anerkannt ist heute, daß das Bundesbuch ... ins 12. bis 11. Jhdt. v. Chr. zu datieren ist.« GAALYAHU CONRNFELD und G. JOHANNES BOTTERWECK (Hg.): Gesetz Israels, in: Die Bibel und ihre Welt, III 555.

wieviel ihr Ehemann ihm auferlegt, und er soll's geben durch die Hand der Richter.«[301]

Davon unterschieden sind 2) *die apodiktischen Gesetze*, die durch Sanktionen *in der Familie* bestimmte Normen sichern, deren Bruch den Bestand der Familie zerstört; sie sind als einfache Verbotssätze (Prohibitive) formuliert, wie sie aus dem Dekalog bekannt sind, aber auch in Form von Todesrechtssätzen, Fluchrechtssätzen und Inzestverboten vorliegen. So heißt es als Todesrechtssatz in Ex 21,15: »Wer Vater oder Mutter schlägt, soll des Todes sterben.« Oder in Ex 22,18: »Wer einem Vieh beiwohnt, der soll des Todes sterben.«[302]

3) gibt es *kultische Rechtssätze* wie den Fluchrechtssatz in Ex 22,19: »Wer den (anderen) Göttern opfert und nicht Jahwe allein, der soll dem Bann verfallen« (vgl. Ex 20,3.5).

Diese Gesetze, die ihre Funktion im Ortsgericht, in der Familie und im Kult besaßen, werden in der Königszeit (in der 1. Hälfte des 1. Jts. v. Chr.) »verschriftlicht in der Sammlung des gentilen Tötungsrechts (Ex 21,12–17) ..., in der Sammlung zum Körperverletzungsrecht (Ex 21,18–32) ... sowie in der Sammlung der Fälle des Ersatzes materieller Schäden und Verluste (Ex 21,33 – 22,14).«[303] Die Sammlung des gentilen Tötungsrechts umfaßt die Tötungsdelikte, Gewalt gegen Eltern und Menschendiebstahl; das Körperverletzungsrecht basiert auf der Talion; die Sammlung der Fälle des Ersatzes materieller Schäden enthält Entscheidungen der Ortsgerichtsbarkeit. Diese Sammlungen hatten ihren Ort in der Rechtsausbildung der Schreiber in den Anfängen der Rechtsgelehrsamkeit, ganz analog zu dem »Keilschriftrecht« der mesopotamischen Gesetzessammlungen. »Diese Sammlungen aus der judäischen Schreiberausbildung der Königszeit wurden in einer ersten priesterlich-theologischen Redaktion in Ex 20,24 – 22,26 unter dem solaren ... Aspekt des Königsgottes JHWH als Rechtsquelle und gnädigen Rechtshelfers der Armen zusammengefügt zum Programm eines von Gott gegebenen Rechts,

301 ECKART OTTO: Recht im antiken Israel, in: A. a. O., 160.

302 »Apodiktische Gesetze sind in den Gesetzbüchern des alten Orients ungewöhnlich ... Andererseits gebrauchen die hethitischen Verträge mit Vasallenstaaten, die aus der zweiten Hälfte des 2. Jahrtausends v. Chr. stammen, oft Imperativgesetze, z. B.: ›Du sollst das Land, das ich dir gab, bewahren und sollst nach keinem Gebiet des Hattireiches begehren‹.« Das steht der Ausdrucksweise des Dekalogs sehr nahe. GAALYAHU CORNFELD – G. JOHANNES BOTTERWECK (Hg.): Gesetz Israels, in: Die Bibel und ihre Welt, III 554.

303 ECKART OTTO: Recht im antiken Israel, in: Ulrich Manthe (Hg.): Die Rechtskulturen der Antike, 161.

wobei das Schutzethos für die Sklaven (Ex 21,2–11) sowie für die Fremden und Armen (Ex 22,22–26) einen Rahmen bildete und das Gesetz zu Bau und Unterhalt der Altäre an den Lokalheiligtümern (Ex 20,24–26) vorantrat.«[304] Die drei Bereiche: Ortsgericht, Familie und Kult wurden damit als Gottesgericht vereinigt.

Zeitgleich wurde in Ex 22,28b – 23,12 eine andere Rechtssammlung redigiert, welche die Aussonderung von Erstlingen und Erstgeburten sowie die Ordnung von Ruhetag und Ruhejahr als Privilegrecht *Jahwes* (Ex 22,28f; 23,10–12) auffaßt und damit eine Sammlung von Rechtssätzen des Prozeßrechts (Ex 23,1–3.6–8) umrahmt; ihren ethischen Höhepunkt erreicht dieses göttliche (jahwistische) Privileg in dem Gebot der Solidarität mit dem Feind (Ex 23,4.5): »Wenn du dem Rind oder Esel deines Freundes begegnest, die sich verirrt haben, so sollst du sie ihm wieder zuführen. Wenn du den Esel deines Widersachers unter seiner Last liegen siehst, so laß ihn ja nicht im Stich, sondern hilf mit ihm zusammen dem Tiere auf.« Die verschiedenen Gesetzesarten wurden hier nicht länger vom Diktat des Königsgottes abgeleitet, sondern aus dem Privileg Gottes entwickelt. »Beide Sammlungen antworteten auf den wirtschaftlichen Differenzierungsprozeß von armen und reichen Schichten in der Königszeit mit einem priesterlichen Ethos der Solidarität«[305], wie es in etwa der prophetischen Sozialkritik des *Amos* im Nordreich entspricht. Deutlich »setzte sich bei der Redaktion des *Bundesbuches* (Ex 20,22 – 23,13) die genuin judäische Privilegrechtstheorie durch«, indem das Sklavenrecht der Freilassung im siebten Jahr (Ex 21,1–11) und die Privilegrechtssätze vom Sabbat in Ex 23,10–12 die Gesetze des *Bundesbuches* privilegrechtlich einrahmten und damit als Gottesrecht interpretierten. Auf diese Weise setzte man sich von Tendenzen der neuassyrischen Religion ab, die den Sonnengott *Schamasch* als Gott der Gerechtigkeit verstanden, – *Jahwe* sollte nicht als solare Naturgottheit verstanden werden.

Unter *Josia* dann wurde das *Bundesbuch* im Gesetz des *Deuteronomium* reformuliert; im Zentrum stand der Loyalitätseid auf *Jahwe* in Form von Geboten und Flüchen (Dtn 13,2–10; 28,15.20–44). Selbst Propheten, Familienangehörige und Freunde sollen im Sinne dieser Loyalitätsverpflichtung auf der Stelle hingerichtet, das heißt gesteinigt werden (Dtn 13,11), wenn sie zum Abfall von *Jahwe* auf-

304 A.a.O., 161–162.
305 A.a.O., 162.

fordern. Die literarische Grundlage dafür bildet »der Loyalitätseid für den neuassyrischen König *Asarhaddon* aus dem Jahre 672 v. Chr.«[306], allerdings gilt die Loyalität jetzt eben nicht mehr dem assyrischen König, sondern *Jahwe* allein. Nicht der Staat also gewährleistet nunmehr Gerechtigkeit und Frieden, sondern Gott. Darin enthalten ist der entscheidende Gedanke, der in Jerusalem aus der Abwehr der assyrischen Staatsideologie entwickelt wurde, daß man Menschenrechte nur etablieren kann in Einschränkung und sogar in Abwehr gegen den Staat.

In den Loyalitätseid wurde um 600 v. Chr. die Reformulierung *des Bundesbuches* in Dtn 12–26 eingearbeitet. Dabei wurde das Gebot der Kultzentralisation in Dtn 12,13–27 (welches das Altargesetz des Bundesbuches in Ex 20,14–26 reformuliert) dem Gesetzeskorpus des *Deuteronomiums* (Dtn 14 –26) vorangestellt, und dementsprechend wurden die Gesetze des Bundesbuches reformuliert; aufgenommen wurden auch die Gebote, die im Bundesbuch die Hilfe für die Armen regeln (Dtn 14,28–29; 15,1–18). Im Bundesbuch folgte (auf das Altargesetz in Ex 21,2–11; 23,10–12) ein Rahmen aus privatrechtlichen Geboten der Aussonderung für *Jahwe,* der die materielle Rechtsordnung in Ex 21,12 - 22,29 und die Gerichtsordnung in Ex 23,1–8 umschließt; im *Deuteronomium* umschließen die Privilegsrechtsgebote von 14,22 - 15,23; 26,2–13 die Festordnung in Dtn 16,1–17, die Gerichtsordnung in Dtn 16,18 - 18,5 und die materiale Rechtsordnung in Dtn 19,2 - 25,12, die, im Unterschied zum Bundesbuch, die Kultzentralisation in den Mittelpunkt stellt.

Diese Reformulierung des Bundesbuches will dessen Vorlage nicht ersetzen, sondern seine Interpretation erschießen. Nicht aufgenommen wird in das *Deuteronomium* das Körperverletzungsrecht und das Sachenrecht in Ex 21,13 - 22,14, da diese Anordnungen keine Beziehung zur Kultzentralisation besitzen; statt dessen wird eine eigenständige Sammlung des Familienrechts eingefügt und damit der Rechtssatz von Ex 22,15–16 über die Verführung eines unverheirateten Mädchens ausgeweitet mit familienrechtlichen Anordnungen über das Recht des Erstgeborenen (Dtn 21,15–27) sowie der Verhängung der Todesstrafe für ungeratene Söhne (Dtn 21,18–21), ferner mit Gesetzen zum Schutz von Verleumdeten und Vergewaltigten (Dtn 22,13–29), mit Bestimmungen zur Ehescheidung (Dtn 24,1–4) sowie mit Schutzbestimmungen für Witwen durch die Verpflichtung

306 A. a. O., 162–163.

ihres Schwagers zur Ehe (Dtn 25,5–10). Was dadurch erreicht wird, ist von großer Bedeutung. »Das Ethos des *Bundesbuches* der Solidarität mit den Armen wird zu einem Programm des geschwisterlichen Ethos der Solidarität mit jedem Judäer unter Einschluß der Frauen ausgebaut, in dessen Mitte mit dem Zinsverbot in Dtn 23,20f. (sc. nicht 23,10 f., d.V.), der Begrenzung des Pfandrechts des Gläubigers in Dtn 24,6.10–13.17 f., dem Schuldenerlaß in Dtn 15,1–10 und mit der Freilassung der Schuldsklaven in Dtn 15,12–18 Gebote stehen, die den sozialen Schaden des Kreditwesens begrenzen wollen.«[307].

Vorbild für dieses Konzept waren erneut die assyrischen Restitutionsakte, in denen der König Verbrauchsgüterdarlehen erließ, Schuldsklaven freiließ und Immobilienbesitz restituieren ließ; doch in dem deuteronomischen Reformprogramm war der Gedanke der Gerechtigkeit nicht länger mit dem Staat verbunden, sondern er gründete in der Gemeinschaft der Festteilnehmer am Zentralheiligtum *Jahwes,* inklusive der Landlosen und Armen. Sozialgeschichtlich stellte die deuteronomische Reform damit eine Antwort auf die Krise des 8. und 7. Jh. dar, als König *Hiskia* (725–696) die Agrarbevölkerung zum Schutz vor den anrückenden Assyrern in die festungsähnlich ausgebauten Städte hatte bringen lassen, um eine offene Feldschlacht zu vermeiden; doch die Assyrer eroberten Stadt um Stadt, bis 701 v.Chr. auch Jerusalem kapitulierte. Ein Großteil der Bevölkerung wurde damals deportiert, und das brach liegende Land mußte von Jerusalem aus rückbesiedelt werden. Damit aber war der Zusammenhang der Familien mit ihrem Grund und Boden, auch mit den Gräbern für die Ahnenverehrung, verloren gegangen, das gentile Solidarethos in den Familien und Sippen existierte nicht mehr und mußte durch die Idee der Bruderliebe und einer geschwisterlichen Solidarität ersetzt werden.

Eingeleitet wurde das Reformprogramm bezeichnenderweise mit dem »*Schema Jisrael*« (Höre Israel) in Dtn 6,4, womit das Bekenntnis zu *Jahwe* und die Einrichtung der Festgemeinde am Zentralheiligtum unüberhörbar zu den Grundpfeilern von Gesetzesgehorsam und solidarischem Ethos erklärt wurden. So entsprach es im *Bundesbuch* wie im *Deuteronomium* der durch und durch priesterlichen Programmatik, daß all die verschiedenen Rechtsbereiche gemeinsam als Gottesrecht zu verstehen seien und so die tragende Ordnung des Zusammenlebens bilden könnten. Insbesondere auf die sozialen Kon-

307 A.a.O., 163–164.

flikte der Königszeit antwortete das *Deuteronomium* mit einer Theologisierung des Rechts, verbunden mit der Verpflichtung zu einer solidarischen Wirtschaftsform, die Zinsnahme auf Leihgeld untersagte und einen Schuldenerlaß im siebten Jahr vorschrieb. – Freilich muß man bedenken, daß es sich hier um priesterliche Idealprogramme handelte, die in dieser Form nie eingehalten wurden. So wurde etwa das Gesetz der Ackerbrache aus dem 8. Jh. in Ex 23,10f. zum ersten Mal im Jahre 164 – 163 v. Chr. belegbar eingehalten, und insbesondere in der jüdischen Diaspora in Ägypten, in Elephantine, besaß das *Deuteronomium* selbst Ende des 5. Jhs. v. Chr. noch keine Gesetzesgeltung.

Gleichwohl läßt sich in Kenntnis der Geschichte Israels bereits vorhersehen, wie das Verständnis des *Deuteronomium* sich in der Zeit nach *Josia* weiterentwickelte: In der Zeit des babylonischen Exils im 6. Jh. v. Chr. erblickte man im *Deuteronomium* die Rechtsgrundlage eines Israels *nach* der Verbannung; jetzt wurde *Moses* zu der Person, die dem Volk das göttliche Gesetz am Sinai beziehungsweise, in einer anderen Version, östlich des Jordan in den Steppen von Moab übergeben hatte; das *Deuteronomium* verband sich mit dem Buch *Josua*, dessen Landnahmegeschichten als vorweg erfüllte Verheißungen der Gesetzesverkündigung für die Zeit nach dem Exil gelesen werden wollten.

Von daher war es unvermeidlich, daß in Dtn 5 auch eine neu redigierte Fassung des *Dekalog* in das *Deuteronomium* eingearbeitet wurde, bestehend aus ursprünglich selbständigen Teilen, wie sich an dem Wechsel einer Ich-Rede Gottes zu einer Rede von Gott in der dritten Person in Dtn 5,22 zeigt, wo es heißt: »Diese Worte sprach Jahwe.« Die apodiktischen todesrechtlichen Verbote (Prohibitive in Dtn 5,17–19, par. Ex 20,13–16) von Mord (Ex 21,12), Ehebruch (Dtn 22,22; Lev 20,10) und Menschendiebstahl (Ex 21,16) bildeten einmal eine eigenständige Reihe, die der Rechtsbelehrung in der Familie durch den *pater familias* entstammen dürfte, erweitert noch durch das Verbot des Diebstahls von Sachwerten; zu dem ehemaligen Gentilrecht gehörte auch das Gebot, die Eltern zu ehren. Diese vier Ge- bzw. Verbote, die dem Gentilrecht entstammen, bilden den ältesten Teil des *Dekalogs*. Angeschlossen wurde das Verbot des Falschzeugnisses (Dtn 5,20, par. Ex 20,16), das dem Prozeßrecht zugehört. Durch diese Verbindung mit dem Prozeßrecht wurde bereits im *Bundesbuch* das soziale Schutzrecht ausgebildet, das auf die Krise der Königszeit und einer Epoche ohne professionelle Richter bei den

Lokalgerichten antwortete; die rechtlichen Verbote wurden dadurch zu moralischen Ermahnungen zum Schutz der sozial Schwachen (Ex 22,21–24).

Insgesamt zeigt sich ein Übergang vom rechtsgültigen Verbot zum ethischen Appell, etwa wenn das ältere Begehrensverbot von Ex 20,17, das der Sicherung des bäuerlichen Besitzes in den Wirren der Königszeit diente, mit dem Ehebruchsverbot gekoppelt wurde und damit den zweiten Teil des Dekalogs von einer Sammlung strafrechtlich zu verfolgender Verbote in eine Liste ethischer Gebote umformte, die allerdings nun vor Gott unbedingt, apodiktisch, ohne Wenn und Aber, einzuhalten sind. Die Angst vor Strafe erscheint hier als Muster der Moral.

Demgegenüber haben die Gebote auf der ersten Tafel des *Dekalogs* ihren Ursprung im Kultrecht, – auch das Verbot der Verehrung fremder Götter und der Herstellung von Bildern dient der Reinerhaltung des Kultes; das Verbot des Mißbrauchs des Gottesnamens (Dtn 5,11, par. Ex 20,7) entstammt dem kultischen Prozeß (bei Eidesleistungen z.B.), während das Gebot der Sabbatheiligung (Dtn 5,12–15, par. Ex 20,8–11) dem Privilegrecht des Bundesbuches entspricht. Auf diese Weise bildet der *Dekalog* im Rahmen des *Deuteronomiums* das Grundgesetz für alle *Jahwe*-Gläubigen, auch und gerade für diejenigen, die in Exil oder Diaspora leben; die Gesetze in Dtn 12 – 25 hingegen formulieren das Leben aus, wie es sich nach der Rückkehr aus Babylon in Palästina gestalten sollte (Dtn 12,1).

Im geschichtlichen Rückblick lassen sich sogar noch die literarischen Gruppen erschließen, von denen diese Gesetze stammen. »*Bundesbuch*, *Dekalog* und *Deuteronomium* wurden von den zadokidischen Priestern verfaßt, die sich auf den Oberpriester *Zadok* zur Zeit *Davids* und *Salomos* und die salomonische Tempelgründung im 10. Jh. v.Chr. zurückführten. Mit der Zerstörung des Tempels und dem Ende der davidischen Königsdynastie in der babylonischen Exilszeit (6. Jh. v.Chr.) verlor diese Legitimation an Gewicht, so daß eine Gruppe von zadokidischen Priestern sich abspaltete und sich auf *Aaron*, den Bruder *Moses,* zurückführte.«[308] Eine Reaktion darauf liegt offenbar in der Rahmung des *Deuteronomiums* vor, die betont *Moses*, nicht *Aaron*, zum Ursprung der göttlichen Gesetze erklärt.

Auf die Aaroniden geht indessen die *Priesterschrift* zurück, die, beginnend mit der Erschaffung der Welt in Gen 1, eine Universalge-

308 A.a.O., 166.

schichte entwirft, die darauf hinausläuft, daß *Jahwe* in der Wüste am Sinai Wohnung genommen habe im »Zelt der Begegnung« (Ex 29,42–46), an dem die Aaroniden als Priester tätig sind. Anfang des 5. Jhs., in der persischen Zeit unter *Nehemia*, wurde das *Deuteronomium* und das *Josua*-Buch mit der *Priesterschrift* zum »Sechs-Buch«, zum *Hexateuch*, verschmolzen; damit erscheint als das Ziel der Schöpfung wie der Weltgeschichte die Absicht *Jahwes*, daß Israel Wohnung nehme in dem ihm zugelobten Lande, einschließlich der Samaritaner; dies, nicht die Thora, gilt als die entscheidende Tat *Jahwes* an seinem Volke. Im Gegensatz dazu stellt die *Pentateuch*-Redaktion unter *Esra* um 440 v. Chr. in der Perspektive der Diaspora nicht die »Landnahme«, sondern die Thora als die wesentliche Heilstat Gottes heraus; die großisraelitische Konzeption des *Hexateuch* wird aufgegeben, die Samaritaner bleiben ausgeschlossen, während die Offenbarung *Jahwes* am Sinai durch Einführung des *Dekalogs* und des *Bundesbuchs* jetzt einen großen Raum gewinnt. Zum Ausgleich zwischen *Dekalog*, *Bundesbuch*, *Deuteronomium* und *Priesterschrift*, wird in die Sinaierzählung eine Gesetzessammlung eingefügt, die als das *Heiligkeitsgesetz* (Lev 17 –26) bezeichnet wird, weil in Lev 17 – 22 wiederholt die Formel auftaucht: »Ihr sollt heilig sein, denn ich, Jahwe, euer Gott, bin heilig« (Lev 19,2). Das verheißene Land werde all diejenigen ausspeien, die an der Heiligung durch *Jahwe* nicht Teil haben.

Wie diese Heiligung vorzustellen ist, zeigt die *Laienthora* in Lev 18 – 20. In dieser rahmt das Sexualstrafrecht (Lev 18,20: Ehebruch) das geschwisterliche Ethos in Lev 19 ein, das mit Sätzen des *Dekalogs* das Gebot der Nächstenliebe, verstanden als Fremden- und Feindesliebe, in den Mittelpunkt stellt (Lev 19,18.34). Auf diese Laienthora folgt in Lev 21,1 – 22,16 die *Priesterthora;* beide werden eingerahmt von der *Opferthora* in Lev 17,1–15,22,17–30; wie es dem *Deuteronomium* in der Konzeption der *Priesterschrift* entspricht, wird das *Heiligkeitsgesetz* eröffnet mit dem Gesetz der Kultzentralisation (Dtn 12). Daran angeschlossen ist die *Sabbatthora* in Lev 23,3 – 25,55 (Lev 24 ist ein späterer Zusatz), die in Lev 23 die Feste ordnet und in Lev 25 eine Beendigung der Personal- und Sachhaftung im Jubeljahr vorschreibt; Lev 26 schließt mit Segen und Fluch, wie in Dtn 28, das *Heiligkeitsgesetz* ab; die Sinaierzählung der Pentateuch-Redaktion gegen Ende des 5. Jhs. findet damit ihr Ende. Das *Heiligkeitsgesetz* fügt in der *Laienthora* der Kultgesetzgebung der *Priesterschrift* Gesetze aus dem *Bundesbuch* und dem *Deuterono-*

mium hinzu und ergänzt umgekehrt das *Deuteronomium* durch kultische Verordnungen aus der *Priesterschrift;* es vermittelt dadurch zwischen den verschiedenen Gesetzeswerken des *Pentateuch.* Auf jeden Fall konnte und sollte es nicht sein, daß die divergierenden Überlieferungen und Verordnungen der unterschiedlichen Quellenschriften und Bearbeitungen unausgeglichen nebeneinander stehen blieben, als wenn die Offenbarung Gottes Widersprüche aufwiese.

Eine beachtenswerte Akzentsetzung erlaubte sich die Endredaktion des *Pentateuch* unter *Esra*, wenn sie es so darstellt, als habe *Moses* noch vor seinem Tode die Gesetze schriftlich aufgezeichnet (Dtn 31,9); nicht *Moses* selber (Dtn 34), wohl aber die Thora in schriftlicher Fassung soll somit über den Jordan in das verheißene Land gezogen sein. Die Gesetzesoffenbarung ist demnach abgeschlossen; was folgt, kann nur noch eine Auslegung des festliegenden Korpus der Thora sein. Die Stellung, die in Ägypten und Mesopotamien dem König als Repräsentanten Gottes und des Staates in der Funktion eines obersten Gesetzgebers zukam, vertrat in Israel seither – mit oder ohne König und Staat – die Thora. – Erneut besitzt dieser Vorgang eine gewisse Vergleichbarkeit mit der Entwicklung in Griechenland, wo um 520 v.Chr. PINDAR formuliert: »Das Gesetz ist aller König.«[309] In beiden Fällen emanzipierte sich das Recht von der Staatsmacht, doch in Israel nicht demokratisch wie in Griechenland, wo das Gesetz an den Volkswillen gebunden blieb, sondern theokratisch: der Gotteswille allein legitimierte das Recht. Die Gesetzesoffenbarung am Sinai aber war damit Teil einer Vergangenheit geworden, die ihre unbedingte und unveränderliche Gültigkeit nunmehr für alle Zeiten behauptete. Wie auch immer die Lebensbedingungen sich wandeln würden, – das Gesetz konnte sich nicht mehr wandeln, es konnte allenfalls durch schriftgelehrte Auslegung an die jeweiligen Umstände angepaßt werden. Formalistische Strenge und buchstabengetreue Erstarrung zeichneten sich ab als die unvermeidbaren Gefahren dieses Gesetzesverständnisses.

Was dieser Prozeß für die Frömmigkeitsgeschichte Israels bedeutete, zeigt sich noch einmal besonders im Vergleich zu der Verkündigung eines Neuen Bundes durch den Propheten *Jeremia.* Das gesamte Gottesverhältnis beruht fortan nicht auf der Innerlichkeit einer personalen Verbundenheit, in der Gott selber im Herzen eines jeden seinen Willen mitteilt, sondern es gestaltet sich in einem Gesetzesge-

309 PINDAR: Fragment 169, zit. in A.a.O., 168.

horsam, der den – im Exil und in einer relativ kurzen Zeitspanne danach – verschriftlichten Korpus von Bestimmungen als ein für allemal ergangenes, unumstößliches Gotteswort interpretiert und auslegt. Aus einer Theokratie im Inneren des Menschen wird damit eine vergöttlichte Nomokratie, die zwar der Äußerlichkeit von Königs- und Staatsmacht entrinnt, dafür aber eine vollendete Äußerlichkeit durch die absolute Bindung an den schriftlich fixierten Gesetzeswortlaut mit sich bringt. Kein Neuer Bund des Vertrauens in die unbedingte Vergebungsbereitschaft Gottes gegenüber den fehlbaren Menschen kommt so zustande, sondern der Alte Bund ersteht neu aus den zerstreuten Fragmenten verschiedener Gesetzesüberlieferungen und deren redaktionellen Bearbeitungen, die den Gedanken eines gerecht richtenden und strafenden Gottes in den tradieren Verbots- und Strafbestimmungen bestätigt finden und damit identisch setzen. Es ist genau dies der Punkt, an dem die Botschaft Jesu von der Ankunft der Gottesherrschaft – einer wahren Theokratie – Jahrhunderte später auf ihren heftigsten Widerstand stoßen sollte.

γ) Gerichtswesen und Prozeßrecht

Denn wir haben jetzt ein System von Verhaltensnormen, dessen Begründung nicht in einer begreifbaren Rationalität liegt, sondern in der Dezision einer absoluten Macht: Gott hat es so gewollt; sein »Offenbarungswort« und seine »Heilstaten« in der Geschichte bilden die Grundlage des Zusammenlebens, und sie bieten zugleich auch die Argumentationsbasis all der rechtsgelehrten Ableitungen, die den Wortlaut der Thora auf die Einzelfälle des Alltags mit ihren Unvorhersehbarkeiten applizieren sollen. Im wesentlichen besteht dabei kein Unterschied in der Gewichtigkeit des Inhalts der Gebote; gleichgültig, welcher Rechtssphäre sie entstammen, ob dem Gentilrecht der Familie, dem gesellschaftlichen Prozeßrecht oder dem Kultrecht, sie alle unterliegen der absoluten Autorität des »Allerhöchsten« (des *el äljon*), und mit dem Tode bestraft werden muß der Mörder nicht anders als der Sabbatbrecher oder Götzendiener. Justiz, Moral und Religion bilden eine untrennbare Einheit, die gänzlich in den Händen Gottes liegt und der kein König und kein Staat etwas anzuhaben vermag. Alles Recht geht in diesem Konzept nicht vom Volke aus, es gibt vielmehr ein Volk nur insoweit, als es von Gott ausgeht. Wie aber soll ein solches Rechtssystem funktionieren – ohne einen obrigkeitlichen Verwaltungsapparat?

Wir haben in Ägypten die *Qenbet* als Urteilsinstanz des Königsrechts kennengelernt und daneben die Tempelgerichtsbarkeit als Instanz des Gottesurteils. Anders verlief die Entwicklung in Mesopotamien. In Assyrien ließ sich beobachten, wie um 1300 v. Chr. das Familienrecht (die Gentilgerichtsbarkeit) nach und nach durch eine öffentliche weitgehend profane Gerichtsbarkeit ersetzt wurde; 500 Jahre später tritt die Königsideologie sogar ganz zurück, die kultischen ebenso wie die königlichen Rechtsentscheide verlieren damit an Bedeutung, und insbesondere die Zivilprozesse wandeln sich zu Verfahren der Streitschlichtung. Ein ähnliches zeigt sich in Israel in den Ordnungen des *Bundesbuches* zeitgleich zum neuassyrischen Reich um 1000 v. Chr. Der König ist fern, weder er noch seine Beamten spielen im Prozeßrecht eine Rolle; statt dessen weist das Prozeßrecht auf eine reine Laiengerichtsbarkeit hin, etwa wenn in Ex 23,1–3.6–8 vor dem Falschzeugnis als einer Gefahr für die Rechtsfindung gewarnt wird und desgleichen die Bevorzugung der Reichen im Urteil sowie die Bestechlichkeit und Korruption von Zeugen als Fehlverhalten bei Gericht hingestellt werden: »Bestechung macht die Sehenden blind und verdreht die Sache derjenigen, die im Recht sind«, heißt es, Ex 23,8, und: »Du sollst kein Lügenzeugnis verbreiten« (Ex 23,1).

Hinter solchen Verordnungen steht zweierlei: Zum einen das Auseinanderdriften von Arm und Reich in der Königszeit und zum anderen das Prozeßverfahren der Ortsgerichte, die als Beweismittel wesentlich auf Zeugenaussagen angewiesen waren. Leicht muß es deshalb möglich gewesen sein, durch eine entsprechende Mehrheit Druck auf die Entscheidungsfindung, auf Zeuge wie Richter, auszuüben. Deshalb die dringliche Anweisung: »Du sollst der Mehrheit nicht zum Bösen folgen und vor Gericht nicht so antworten, daß du der Menge folgend vom Recht abweichst« (Ex 23,2). Der Dauerkonflikt des Einzelnen als Zeuge wie als Richter im Gegenüber einer rasch zu organisierenden Mehrheit aus Sippenmitgliedern und wirtschaftlich Abhängigen ließ sich auf die Dauer nur lösen durch die Einführung eines professionellen Richteramtes, wie es in Dtn 16,18–20 (in Anknüpfung an Ex 23,1–3.6–8) noch für die Zeit vor dem Exil mit den Worten angeordnet wird: »Richter und Amtsleute sollst du dir bestellen in allen Toren deiner Städte, die dir *Jahwe*, dein Gott, geben wird, in jedem deiner Stämme, daß sie das Volk richten mit gerechtem Gericht. Du sollst das Recht nicht beugen und sollst auch die Person nicht ansehen und keine Geschenke nehmen, denn Geschenke machen die Weisen blind und verdrehen die Sache der Gerechten. Was recht ist, dem sollst du nachjagen, damit du leben und das Land einnehmen kannst, das dir *Jahwe,* dein Gott, geben wird.«

Die im 8./7. Jh. anzusetzende Institutionalisierung eines professionellen örtlichen Richteramtes wird in diesen Worten – zur Beglaubigung seiner göttlichen Gültigkeit und vermeintlichen Altehrwürdigkeit – in die Zeit vor der fiktiven »Landnahme« (um 1200 v. Chr.?) zurückverlegt. Das Problem, das damit gelöst werden sollte, ergab sich aber nicht aus dem Gegensatz von »Israeliten« und »Kanaanäern«, sondern aus der Divergenz der sozialen Schichten; *die* wiederum hatte ihre Ursache in dem Wirtschaftswandel, der sich in der Königszeit seit dem 8. Jh. v. Chr. von autarken, sich selbst versorgenden Kleinbauern hin zu einer Mehrproduktion vollzog, die sich in Form von Steuern und Fronarbeit zugunsten der Mächtigen im Lande abschöpfen ließ; gegen derlei Praktiken richtete sich die Kritik der Propheten, und dagegen wenden sich gleichermaßen die Kautelen des Prozeßrechts, unter Einbeziehung weisheitlicher Gedanken.

So trägt die eben zitierte Begründung des Bestechungsverbots (Ex 23,8) bereits in der Diktion weisheitliche Züge (vgl. Spr 17,23); die Weisheitsliteratur selbst aber verweist auf die ägyptische Weisheitslehre, etwa des AMENOPE, die um circa 1100 v. Chr. entstanden ist und in der es heißt: »Mindere nicht einen Menschen vor Gericht und dränge nicht den, der im Recht ist, beiseite. Begünstige nicht einen Gutgekleideten, bevorzuge aber auch nicht den, der in Lumpen geht. Nimm keine Bestechung von einem Mächtigen an und bedränge seinetwegen nicht einen Schwachen.«[310] – Leider ist in die israelitische Rechtstradition ein Gedanke nicht eingedrungen, der, wenn er erst einmal einen Ort in der Bibel gefunden hätte, nicht nur die beste Interpretation des Neuen Bundes des *Jeremia* dargestellt haben würde, sondern auch die gesamte Jurisprudenz im sogenannten »christlichen« Abendland in gerade dem Sinne zu gestalten vermocht hätte, den wir mit der Botschaft Jesu auf das engste verbinden: das ist die Fürbitte für die Irregehenden (Delinquenten) und »Gottlosen« (Kriminellen): »Steure«, heißt es da, »daß wir den Bösen übersetzen, wir wollen nicht handeln wie seinesgleichen. Richte ihn auf, reiche ihm deine Hand, setze ihn in die Arme Gottes, fülle seinen Leib mit Brot von dir, daß er satt werde und sich schäme.«[311] Und weiter als Regel für gerichtliche Auseinandersetzungen: »Reize nicht deinen Streitgeg-

310 HELLMUT BRUNNER: Altägyptische Weisheit, 20, 20; V. 404–409; S. 251.
311 A. a. O., 4,3; V 77–82; S. 240.

ner und laß ihn nicht seine innersten Gedanken sagen. Übereile dich nicht, vor ihn zu treten, wenn du nicht siehst, was er tut. Verstehe vielmehr zunächst seine Antwort und bleibe dann ruhig – dann wirst du dein Ziel erreichen … Ergreife seine Füße, tu ihm keinen Schaden an, erweise ihm Achtung, wende dich nicht von ihm ab. Du kennst ja nicht die Pläne Gottes, und morgen sollst du dich nicht schämen müssen. Setze dich in die Arme Gottes, dann wird dein Schweigen sie (die Gegner) schon zu Fall bringen.«[312] Bei solchen Worten stellt sich nicht länger mehr die Frage nach dem Gewaltmonopol des Staates bei der Festlegung und Ausführung der Strafen, die über einen Schuldigen zu verhängen sind, man lernt vielmehr, die gesamte Strafjustiz durch Verständnis und Güte in ruhiger Gelassenheit von innen her zu überwinden.

Dem steht entgegen die Neigung, in Anklageerhebung und Zeugenaussage in einem Prozeß, der ganz und gar auf der Glaubwürdigkeit eidlicher Mitteilungen basiert, vor allem wirtschaftliche Vorteile in einem Ortsgericht sich zu verschaffen, und so versteht man das Verbot des Falschzeugnisses im *Bundesbuch*, das aufs engste mit dem Dekalog zusammenhängt (Dtn 5,20, par Ex 20,16). Als Strafe für eine Falschaussage ist die Talion vorgesehen, wie sie in Dtn 19,18–19 formuliert ist: »Wenn der falsche Zeuge ein falsches Zeugnis wider seinen Bruder gegeben hat, so sollt ihr mit ihm tun, wie er gedachte, seinem Bruder zu tun, damit du das Böse aus deiner Mitte wegtust.« Dieses Strafprinzip weist nicht nach Ägypten, sondern nach Mesopotamien, von woher es in das *Deuteronomium* aufgenommen wurde. Im *Codex Hammurapi* beispielsweise verordnet § 1: »Wenn ein Bürger einen (anderen) Bürger bezichtigt und ihm Mord vorwirft, ihn jedoch nicht überführt, so wird derjenige, der ihn bezichtigt hat, getötet.«[313] Dahinter steht eine lange Rechtstradition, die sich schon in der Gesetzessammlung des *Lipit-Eštar* und des *Schulgi* findet; es ist dieses mesopotamische Taliongesetz, das bei der Reformulierung des *Deuteronomiums* in Verbindung mit der Regel von mindestens zwei oder drei Zeugen (Dtn 19,15) in die israelitische Rechtsprechung aufgenommen wurde (Dtn 19,16–20).

Eine vordeuteronomische Sammlung des Familienrechts liegt vor in Dtn 21,15–21 (vom Erbrecht des Erstgeborenen), 22,13–29 (vom Schutz der Verleumdeten und Vergewaltigten), 25,1–4a (vom Schei-

312 A.a.O., 22, 20; V. 446–451. 454–459; S. 253.
313 HEINZ-DIETER VIEL: Der Codex Hammurapi, V 26–32; S. 381.

debrief wegen etwas Schändlichem und der Unmöglichkeit, daß der Mann die Frau nach einer weiteren Heirat zurücknimmt) und 25,5–10 (von der Pflicht des Schwagers, die Frau seines kinderlos verstorbenen Bruders zu heiraten), und auch hier zeigt sich, »daß die Lokalgerichtsbarkeit ursprünglich eine Laienrechtsprechung« war[314].

Es ist klar, daß diese Form der Rechtsprechung fast ganz von der Korrektheit der Zeugenaussagen abhing. Wenn aber mit ihrer Hilfe ein Fall nicht zu entscheiden war, wurde er an das Lokalheiligtum und damit an das *kultische Prozeßrecht* überwiesen. Ein solcher Fall wird in Ex 22,8 aufgeführt: wenn jemand einen anderen der Veruntreuung (eines Rindes, Esels, Schafs, Kleids oder wessen sonst) beschuldigt, soll die Sache vor Gott kommen, und wen Gott für schuldig erklärt, der soll's seinem Nächsten zweifach erstatten. Ein Streitfall kann auch durch eine Selbstverfluchung vor dem Altar im Tempel entschieden werden, indem Gott den Frevler dadurch erkennbar macht, daß er den Fluch auf sein eigenes Haupt kommen läßt (1 Kön 8,31–32).

In diesem kultischen Prozeßrecht spielt der Mißbrauch des Namens *Jahwes* eine so große Rolle, daß er nicht nur im Dekalog (Ex 20,17), sondern auch im Kultrecht verboten wird (Dtn 5,11). Desgleichen wird (in Ps 24,3–4) nicht nur ein Mißbrauch der »Lebenskraft« *Jahwes* zu magischen Praktiken untersagt, sondern es wird auch der Meineid, also ein falscher Schwur beim Namen *Jahwes,* untersagt. Wenn ein Fall durch Zeugenaussagen nicht zu klären ist, greift die kultische Aufklärung, indem der Beschuldigte einen *Reinigungseid* leistet; wenn dieser sein Schwur ein Meineid ist, erwartet man, daß *Jahwe* die Selbstverfluchung auf den Betreffenden zurückfallen läßt. Auch im Falle, daß ein Täter unentdeckt bleibt und ein Verfahren deshalb nicht eingeleitet werden kann, tritt das *Fluchrecht* in Kraft; so, wenn es Dtn 27,24 heißt: »Verflucht sei, wer seinen Nächsten heimlich erschlägt.« Man weiß nicht, wer der Täter ist, doch man übergibt ihn der Wirkung des Fluches in der Kraft *Jahwes.*

Daß die Laiengerichte bereits in der Mitte des 7. Jhs., in der Zeit vor *Josia*, in professionelle Hände übergingen, ist in Jes 1,21–26 zu ersehen, wo gegenüber der Bestechlichkeit der Fürsten die Einsetzung von Richtern in Jerusalem verheißen wird, »wie sie vormals waren, und Ratsherren wie im Anfang.« Zunehmend werden in der späten

314 ECKART OTTO: Recht im antiken Israel, in: Ulrich Manthe (Hg): Die Rechtskulturen der Antike, 172.

Königszeit die Gerichte der königlichen Verwaltung unterstellt; doch erst durch die Kultzentralisation unter *Josia* setzt sich die königliche Administration auch in den Ortsgerichten durch, denen jetzt Beamte beigeordnet werden. Verfügt wird diese Regelung in Dtn 16,18–19: »Richter und Amtsleute (Schreiber) sollst du dir bestellen in allen Toren deiner Städte, die dir *Jahwe,* dein Gott, geben wird in jedem deiner Stämme, daß sie das Volk richten mit gerechtem Gericht. Du sollst das Recht nicht beugen und sollst auch die Person nicht ansehen und keine Geschenke annehmen, denn Geschenke machen die Weisen blind und verdrehen die Sache der Gerechten.« Bemerkenswert ist, daß hier nicht weiter mit Strafen gedroht, sondern – erneut weisheitlich – an die Einsicht appelliert wird, welch ein Krebsschaden durch die Bestechlichkeit von Richtern und Verwaltungsbeamten für die Rechtsgemeinschaft aller entstehen muß; aus dem Prozeßrecht entsteht so etwas wie ein Berufsethos. Dabei wird die Prozeßordnung des *Bundesbuches* von Ex 23,1–3.6–8 in das *Deuteronomium* eingebaut und die Funktion der Laienrichter auf Berufsrichter übertragen. Da mit der Kultzentralisation die Lokalheiligtümer weggefallen sind, wird der kultische Rechtsentscheid (in den Fällen, die durch Zeugenbeweis nicht zu klären sind) an ein Zentralgericht am Tempel zu Jerusalem übertragen, das seinerseits von den Zuständigkeiten der örtlichen Berufsrichter deutlich abgegrenzt wird: Die lokale Gerichtsbarkeit ist nur in den Fällen zuständig, die durch Zeugenbeweis aufzuklären sind; – auf die Aussage von zwei oder drei Zeugen hin darf zum Beispiel auch ein Apostat (ein Götzendiener) durch Steinigung am Ort getötet werden, wobei die Zeugen als erste die Hand gegen ihn erheben müssen (Dtn 17,2–7). Nur in den (nicht seltenen) Fällen, wo die Zweizeugenregelung nicht zur Klarheit führt, muß der Casus an das Zentralgericht am Zentralheiligtum in Jerusalem übertragen werden, wie es in Dtn 17,8–9 verordnet wird: »Wenn eine Sache vor Gericht dir zu schwer (zu entscheiden) sein wird, es gehe um Blutschuld, um Schaden, um Gewalttat oder was sonst Streitsachen sind in deinen Toren, so sollst du dich aufmachen und hinaufgehen zu der Stätte, die *Jahwe,* dein Gott, erwählen wird, und zu den levitischen Priestern kommen und zu dem Richter, der zu der Zeit sein wird, und sie befragen. Die sollen dir das Urteil sagen.«

Wie man sieht, ist das *Zentralgericht* nicht etwa eine Berufungsinstanz oder so etwas wie eine oberste Entscheidungsbehörde, es ist allein zuständig für kultische Rechtsentscheide in Fällen, die im Lokalgericht – bei widersprüchlichen Zeugenaussagen – nicht geklärt werden können. Insofern sind die im *Zentralgericht* gefällten Urteile, einschließlich der Todesstrafe, endgültig. Ausgenommen von dieser Neuregelung des *Deuteronomiums* ist das Familiengericht, das nach wie vor bei den Ältesten des Ortsgerichtes verbleibt, offenbar weil man sie für kundiger erachtete als die eingesetzten Berufsrichter. Während und nach dem Exil allerdings, als die Berufsrichter entweder deportiert oder ohne staatliche Beauftragung waren, blieb nichts anderes übrig, als daß die Familienältesten die Gerichtsbarkeit übernahmen. Unter persischer Duldung, nach 520 v. Chr., wird in Jerusalem ein Gericht aus den Oberhäuptern der vornehmsten Familien eingesetzt, das die Ältestengerichtsbarkeit auf lokaler Ebene übernimmt. – Esra 10,16 berichtet davon, wie der Priester *Esra* Männer auswählt, die Häupter ihrer Sippen, um vor allem die Mischehenfrage zu klären: die fremdstämmigen Frauen müssen entlassen werden. Todesurteile (die Blutgerichtsbarkeit) indessen obliegen einer Volksversammlung der Familienverbände, wie Num 35,24–25 es verfügt: bei versehentlichem Totschlag soll »die Gemeinde« richten zwischen dem Totschläger und dem Bluträcher und »den Totschläger erretten aus der Hand des Bluträchers«.

Wie das vor sich geht, erläutert Jos 20,4–6 mit der Einrichtung von Freistädten: »Wer zu einer dieser Städte flieht, soll draußen vor dem Stadttor stehenbleiben und vor den Ältesten der Stadt seine Sache vorbringen; dann sollen sie ihn zu sich in die Stadt nehmen und ihm Raum geben, bei ihnen zu wohnen. Und wenn der Bluträcher ihm nachjagt, sollen sie den Totschläger nicht in seine Hände übergeben, weil er ohne Vorsatz seinen Nächsten erschlagen hat und ihm vorher nicht feind gewesen ist. So soll er in der Stadt wohnen, bis er vor der Gemeinde vor Gericht gestanden hat und bis der Hohepriester gestorben ist, der zu jener Zeit im Amt sein wird. Dann darf der Totschläger zurückkommen in seine Stadt und in sein Haus, zur Stadt, aus der er geflohen ist.«

Diese Regelung ist in doppeltem Sinne bemerkenswert: zum einen weil sie inhaltlich von der bloßen Tatstrafe des Talionprinzips abrückt und die Frage nach der Absicht des Täters stellt, und zum anderen, weil sie rechtspolitisch die Zuständigkeiten neu verteilt. Die Zentralgerichtsbarkeit soll jetzt von der zadokidischen Priesterschaft in Jerusalem auf jede »zu schwere« (unentscheidbare) Rechtsfrage ausgedehnt werden. Ja, in Ez 24,44 »sollen sie (sc. die Priester, d.V.) Richter sein und nach meinem Recht das Urteil sprechen.« Mit diesem Anspruch drangen die Zadokiden freilich nicht durch; vielmehr bildete sich in hellenistischer Zeit der Ältestenrat (die *Gerusìa*) als verbindliches Institut der Rechtsauslegung heraus, zusammengesetzt aus Laien, Priestern und Schriftgelehrten; daraus entwickelte sich der Sanhedrin (das *Synhedrium*). Freilich überlagerten im 3.–1. Jh. v. Chr. die jeweiligen nichtjüdischen Machthaber (die Seleukiden, die Römer) die Kompetenzen der jüdischen Gerichtsbarkeit. *Herodes der Große* (37–4 v. Chr.) gar entzog dem Sanhedrin das Blutrecht (*ius gladii*), um ungehindert in eigener Regie Revolten niederschlagen zu können, – das »Recht« orientierte sich in seinen Tagen, wie zu allen Zeiten, an den Anliegen der »Sicherheit«, wie die Regierenden sie verstehen; nach des *Herodes* Tod beanspruchte bekanntlich der römische Prokurator die Blutgerichtsbarkeit, aus dem gleichen Grunde, für sich, eine »Rechts«lage, die im Prozeß Jesu ihre furchtbare Dramaturgie entfalten sollte, indem die römische Praxis der *Kreuzigung* mit ihrem grausigen Spektakel längst auch in Israel Einzug gehalten hatte.

δ) Einzelentscheidungen

Wir wissen jetzt, wie die Rechtsauffassungen Israels sich unter wechselnden sozialen und politischen Umständen entwickelt haben und in welchen Gremien und Institutionen die Zuständigkeit bestimmter Rechtsentscheidungen gelegen war; was noch aussteht, ist ein (notgedrungen kurzer) Einblick in die Verfahren des *Zivilrechts*, Konflikte durch Ersatzleistungen zu regeln, und des *Strafrechts*, die geltenden Normen durch entsprechende Sanktionen zu sichern. Obwohl unser eigentliches Interesse dem Strafrecht gilt, ist es doch zum Verständnis der Rechtsvorstellungen und -praktiken insgesamt von Belang, im Zivilrecht vor allem das *Familienrecht* ein Stück weit näher kennenzulernen, nicht zuletzt, weil gerade hier der Zusammenhang von Autoritätsbehauptung und Todesrecht im Ursprung seiner Entstehung besonders gut zu betrachten ist.

Soeben noch sahen wir, daß die Wahrung der Autorität in der Familie Ausgangspunkt auch des Todes(straf)rechts sein dürfte. So verordnet denn Ex 21,15.17, daß jeder, der seinen Vater oder seine Mutter schlägt oder schmäht, also an Körper oder Seele verletzt, unbedingt getötet werden muß. Das ist weit rigoroser noch als das »Keilschriftrecht« des *Codex Hammurapi*, der in § 195 festlegt: »Wenn ein Sohn seinen Vater schlägt, soll man ihm die Hand abschneiden.«[315] Da wird gewissermaßen »nur« das Instrument der

315 HEINZ-DIETER VIEL: Der Codex Hammurapi, XL 41–44; S. 631.

Straftat zerstört, nicht der Straftäter selber. Wie sehr aber auch hier die Wahrung der Autorität die Form und das Ausmaß der Strafe bestimmt, zeigt sich in § 202, wo es heißt: »Wenn ein Bürger die Wange eines Bürgers, der höher gestellt ist als er, schlägt, so bekommt er in der Versammlung sechzig Schläge mit dem Ochsenziemer.«[316] In Israel wird familienrechtlich der *pater familias*, die Familienautorität, so hoch gestellt, daß sie bis zur Verhängung des Todesurteils geht; ganz so will auch das Gebot der Elternehrung im Dekalog in Dtn 5,16, par. Ex 20,12 verstanden werden.

Gleichwohl zeigt sich in der Sammlung des Familienrechts im *Deuteronomium* auch, wie in der Spätzeit des Königtums die Zuständigkeit zur Verhängung von Strafen im Familienrecht an die lokale Gerichtsbarkeit übergeht. So wird in Dtn 21,18–21 verordnet, daß ein widerspenstiger Sohn von den Eltern zu den Ältesten gebracht werden soll, auf daß alle Leute der Stadt ihn steinigen und so das Böse in ihrer Mitte wegtun.

Die Dominanz der lokalen Gerichtsbarkeit tritt auch im *Eherecht* zutage. Dtn 27,20.22–23 verflucht denjenigen, der mit der Frau seines Vaters zusammenliegt oder mit seiner leiblichen Schwester oder mit seiner Schwiegermutter; die Inzestverbote in Lev 18,7–18 ergänzen das *Fluchrecht* noch durch eine Belehrung über den Grund der Verbote im Familienrecht; die Reihe der Inzestverbote geht vom Vater über den Sohn bis zu Enkel und Enkelin und soll die verheiratete Frau in einer Großfamilie von vier Generationen schützen durch einen Rechtssatz des *gentilen Todesrechts*, wie es in Dtn 22,22 ausgesprochen wird: »Wenn jemand dabei ergriffen wird, daß er einer Frau beiwohnt, die einen Ehemann hat, so sollen sie beide sterben.« In Lev 20,10 wird dieses intrafamiliäre Todesrecht ausgeweitet zu einem interfamiliären Verbot des Ehebruchs: »Wenn jemand die Ehe bricht mit der Frau seines Nächsten, so sollen beide des Todes sterben, Ehebrecher und Ehebrecherin.« »Ehebruch« bedeutet hier, daß der Mann die fremde Ehe, die Frau die eigene Ehe bricht. Ein solcher Ehebruch wird nicht mehr in der gentilen Ordnung des Familiengerichts, sondern vom Lokalgericht abgeurteilt, wobei – erneut – der Zeugenbeweis zugrunde gelegt wird (vgl. Dtn 22,22). Im vordeuteronomischen Familienrecht wird der Casus des Ehebruchs auch auf die noch nicht verheiratete Frau, auf das »unberührte Mädchen« ausgedehnt (Dtn 22,28), doch steht auf eine solche Tat nicht die Todes-

316 A.a.O., XL 66–70; S. 645.

strafe, sondern eine Art Zwangsverheiratung: der Mann muß dem Vater des Mädchens, mit dem er zusammen war, als Brautgeld 50 Silberstücke zahlen und das Mädchen selber zur Frau nehmen. Damit wird im Ortsgericht der Fall des Ehebruchs (Todesstrafe!) von der Verführung einer Unverheirateten abgegrenzt. Im Fall einer Vergewaltigung indessen droht dem Mann die Todesstrafe; das vergewaltigte Mädchen hingegen, wenn es um Hilfe geschrien hat, gilt als unschuldig und geht straffrei aus (Dtn 22,25–27).

Natürlich besteht im Lokalgericht gerade bei Ehebruchsvorwürfen oder Vergewaltigungsklagen eine erhebliche Schwierigkeit des Zeugenbeweises: die Tat, wenn geschehen, wird am liebsten clandestin verübt worden sein, schon um die Chance der Wiederholung zu wahren; und wo kein Zeuge, da kein beglaubigter Kläger, also auch kein Richter. Und das nun ist der Fall, bei dem die Causa an den *Kultentscheid des Gottesrechts* übergeben werden muß, wie es Num 5,11–31 verordnet wird: der Mann muß die Frau vor den Priester bringen und ein »Eifersuchtsopfer« (als Speiseopfer) verrichten, während die Frau heiliges Wasser, in das Staub vom Boden der Stiftshütte gemischt wurde, mit gelöstem Haupthaar trinken muß; der Priester legt einen Fluch auf sie, der sie nicht schädigt, wenn sie unschuldig ist; anderenfalls aber wird der Name der Frau zum Fluch im Volk werden, und ihre Hüfte wird schwinden und ihr Bauch anschwellen. Wird die Frau solcherweise für schuldig befunden, kann der Mann sie ohne Rückgabe der Mitgift entlassen, – nur bei einem Ehebruch, der im Zeugenbeweis aufgeklärt worden ist, gilt das Todesrecht.

Daraus entwickelt hat sich das *Scheidungsrecht*, wie es in Dtn 24,1–4 formuliert wird, und es ist erkennbar patriarchalisch: nur der Mann, nicht die Frau, kann seine Frau entlassen, wenn er »etwas Schändliches« an ihr findet; dann kann er ihr eine Scheidungsurkunde ausstellen, auf der simpel steht (wie in Hos 2,4): »Sie ist nicht meine Frau, und ich bin nicht ihr Mann.« Die Frage der Thorajuristen blieb es natürlich, was »etwas Schändliches« an einer Frau sein kann. Das war ursprünglich wohl der Ehebruch, wie es in den Tagen Jesu Rabbi *Schammai* lehrte, während der für gütig (männerfreundlich) geltende Rabbi *Hillel* darunter alles verstanden wissen wollte, was das Mißfallen eines Mannes erregen mochte; im Neuen Testament folgt Mt 5,32 der strengeren Meinung *Schammai*s, und man kann auch verstehen, warum: wäre die »unehrbare Sache« (ein *ᶜärwat dabar*) buchstäblich alles, was der Mann dafür erklärt, so wäre eine Frau in der Ehe gänzlich der Willkür der Männer ausgeliefert; im Prinzip könnte dann ein

Mann mit ihr verfahren wie mit einer Kriegsgefangenen, die, wenn sie ihm gefällt, nach einem Monat der Trauer des Abschieds von ihren Angehörigen zur Ehe genommen werden kann, doch die, wenn sie »kein Gefallen« mehr findet, auch wieder entlassen werden kann, freilich ohne sie als Sklavin zu verkaufen (Dtn 21,10–14); eine einmal geschiedene Frau darf der Mann nicht wieder heiraten, – sie ist völlig rechtlos und hat als sozialen Schutz allenfalls ihre Familie (und den Zorn ihres Vaters) auf ihrer Seite.

Ein gewisses Licht auf den Sinn der israelitischen Ehegesetze wirft die Regelung der *Leviratsehe*, die festlegt, daß im Fall ein Ehemann kinderlos stirbt, sein Bruder die verwitwete Frau heiraten und mit ihr Kinder zeugen muß, um die Familie vor dem Aussterben zu bewahren; geht ihr Schwager nicht auf diese Pflicht ein, kann die Frau ihn verklagen, weil er nicht seinem Bruder »den Namen in Israel zu erhalten« sich bemüht; weigert er sich auch vor den Ältesten, soll die verwitwete Schwägerin vor ihn treten, »ihm den Schuh vom Fuß ziehen und ihm ins Gesicht speien und soll ... sprechen: So soll man tun einem jeden Mann, der seines Bruders Haus nicht bauen will! Und sein Name soll in Israel heißen ›des Barfüßers Haus‹« (Dtn 25,9–10). Der Erstgeborene einer Leviratsehe gilt rechtlich als Sohn seines Vaters und trägt dessen Namen in der Genealogie weiter, er verhindert damit das endgültige Absterben der Familie und sorgt zugleich dafür, daß das *Erbland* in Familienbesitz bleibt. Wenn eine Familie ihr Erbland verpfändet hat und verliert, ist durch das Levirat der nächste Verwandte verpflichtet, den Besitz zurückzukaufen und als »Löser« aufzutreten (Lev 25,25). Findet sich kein solcher »Löser« und ist eine Rückzählung der Schuld nicht möglich, soll die Habe bis zum Erlaßjahr in der Hand des Käufers bleiben; erst dann kann der ursprüngliche Besitzer wieder zu seiner Habe kommen (Lev 25,26–28).

Mit den Augen eines Biologen betrachtet, geht es in diesen Gesetzen ziemlich klar erkennbar um den »Egoismus« der Gene[317], um Fortpflanzung und Revieranspruch, ja, man kann sogar sagen, das Levirat sei eine »Institution der gentilen Solidaritätsverpflichtung«[318]; auf deren Verletzung freilich konnte die örtliche Rechtsgemeinschaft

317 WOLFGANG WICKLER – UTA SEIBT: Das Prinzip Eigennutz, 78–79: »Es geht ... im Prinzip um ... den Eigennutz, nur muß man beachten, auf welche Einheit sich das Eigeninteresse bezieht ... Diese Einheit ist nämlich nicht das Individuum ... noch die Art ..., sondern das Gen.« Vgl. E. DREWERMANN: ... und es geschah so, 357–408: Aufopferungsvoller Eigennutz oder: Vom Egoismus der Gene.
318 ECKART OTTO: Recht im antiken Israel, in: Ulrich Manthe (Hg): Die Rechtskulturen der Antike, 183.

offenbar nur mit öffentlicher Beschämung reagieren; sie konnte das Levirat nicht erzwingen, und es war vor allem auch kein Gesetz, das die Versorgung der Witwe in einem eigenen Erbrecht hätte sichern wollen.

Wie fundamental das Institut der *Familie* für das altisraelitische Rechtsdenken ist, zeigt sich besonders an dem *Blutrecht*, das auf Tötungsdelikte stand. Ursprünglich wurden auch Tötungsfälle innerhalb der Familie geregelt, während Tötungsfälle zwischen den Familien durch die Blutrache geahndet wurden. Ex 21,12 formuliert den allgemein gültigen Grundsatz: »Wer einen Menschen schlägt, daß er stirbt, der soll des Todes sterben« (vgl. Gen 9,6). Dieser Grundsatz wird in Dtn 5,17, par Ex 20,13 in den Dekalog aufgenommen, wo als Prohibitiv (Verbotssatz) formuliert ist: »Du sollst nicht töten.« Das hebräische Wort für »töten« (*ratzach*) bedeutet eigentlich »morden« und orientiert sich einfach am Effekt einer Handlung; die Strafe, die dafür verhängt wird, verlangt zum Schutz des Lebens in der Familie eine *Erfolgshaftung*, die dem Ziel dient, das Zusammenleben nicht durch die Folgen der Bluttat weiter aufs Spiel zu setzen. Der Satz: »Wer getötet hat, soll des Todes sterben«, stellt mithin eine Art Generalprävention dar, die jede Bluttat in der gentilen Rechtsgemeinschaft verhindern soll. Die *Blutrache* indessen stellt die Reaktion der durch eine Tötung geschädigten Familie auf den Konflikt mit einer anderen Familie dar. Das gewaltsam vergossene Blut lastet nicht nur auf dem Täter, sondern kollektiv auf seinem ganzen Haus. So erklärt *Jahwe* auf Nachfrage *David*s, daß »auf *Saul* und seinem Hause eine Blutschuld liegt, weil er die Gibeoniter getötet hat« (2 Sam 21,1). Und nicht nur die Familie eines Mörders, – das gesamte Land wird durch eine Bluttat geschändet, wie es nach der Tat *Kain*s an seinem Bruder *Abel* sichtbar wurde (Gen 4,10). So heißt es in Num 35,33: »Schändet das Land nicht, darin ihr wohnt; denn der des Blutes schuldig ist, der schändet das Land, und das Land kann nicht entsühnt werden vom Blut, das darin vergossen wird, außer durch das Blut dessen, der es vergossen hat.«

Vollstreckt wird die Blutrache von dem nächsten männlichen Verwandten des Getöteten, etwa von seinem Bruder oder vom ältesten Sohn der Familie. Damit soll vermieden werden, daß in einer Zeit, in der es noch kein ordentliches Gerichtsverfahren zwischen streitenden Familien gibt, sich ein rechtsfreier Raum bildet, in dem es möglich wäre, einen Menschen in einer anderen Familie zu töten, ohne eine Strafe fürchten zu müssen; wer so etwas tut, soll wissen, daß er damit sein eigenes Leben verwirkt. Insofern stellt die Blutrache bei aller Grausamkeit so etwas dar wie einen außergerichtlichen Rechtsschutz menschlichen Lebens. Allerdings handelt es sich um eine reine *Erfolgshaftung*, die ausschließlich am Ergebnis eines Geschehens orientiert ist: jemand ist zu Tode gekommen, das genügt als Straftatbestand, – ob mit Absicht oder versehentlich, muß nicht geprüft werden und kann es wohl auch nicht, solange es keine Ortsgerichte gibt, die den Tatbestand auf seine Ursachen hin überprüfen könnten; zudem ist, wie wir anfangs schon sahen, das individual- und sozialpsychologische Bedürfnis zu strafen, gewissermaßen subjektlos; wer und warum jemand von einer Verhaltensnorm abweicht, spielt keine Rolle, – daß er es tut, gibt den Ausschlag.

Insofern bedeutete es einen entscheidenden Fortschritt in der altisraelitischen Rechtsgeschichte, daß in Ex 21,13–14 zwischen einer vorsätzlichen Tötung und einer Verletzung mit Todesfolge unterschieden wird, – eine Differenzierung, die in Griechenland bereits auf die Gesetzgebung *Drakon*s zurückgeführt wurde, sich hier aber mit der merkwürdigen Klausel von der »Hand Gottes« (dem »Schicksal«) verbindet. Es gilt nach wie vor Ex 21,12: »Wer einen Menschen schlägt, daß er stirbt, der soll des Todes sterben«; doch wird dieser Satz jetzt ergänzt: »Hat er ihm aber nicht nachgestellt, sondern hat Gott es seiner Hand widerfahren lassen, so will ich dir einen Ort bestimmen, wohin er fliehen kann. Wenn aber jemand an seinem Nächsten frevelt und ihn mit Hinterlist umbringt, so sollst du ihn von meinem Altar wegreißen, daß man ihn töte.« Fortan kommt es also darauf an, wie die Tötung zustande kam: in Verfolgung der Absicht, zu töten, oder unabsichtlich. Dieser Unterschied entscheidet jetzt über Leben und Tod; ein Täter haftet nicht mehr automatisch für das Ergebnis seines Tuns, sondern nur für sein persönliches Verschulden. Mord ist damit anders zu beurteilen als etwa eine unbeabsichtigte Körperverletzung mit Todesfolge, – für letzteres gilt nunmehr Gott selbst als der Urheber. Es ist etwas geschehen, das man zwar bewirkt, aber nicht gewollt hat, und da nichts geschieht ohne den Willen des Herrn (Am 3,6b), muß denn wohl Gott den tödlichen Ausgang eines Unglücksfalles herbeigeführt haben. Um den Unterschied zwischen Absicht und Ergebnis, zwischen Affekt und Effekt einer Handlung festzustellen, bedarf es allerdings eines geregelten Gerichtsverfahrens bei einem Ortsgericht, wie es Num 35,24 angeordnet wird; nur ein solches konnte überparteilich einen intergentilen Rechtsstreit mit einer entsprechenden Falldifferenzierung schlichten.

Das Todesrecht wird daher von den Sippen weg in die Hände der Ortsgerichte gelegt. Aber auch dieses kann den *Racheschrei des Bluts des Getöteten* (Gen 4,10) nicht überhören. Wenn es in einem Rechtsstreit zu dem Urteil kommt, es liege eine unabsichtliche Tötung vor, so ist das Leben des Täters nur auf dem Wege des Kultrechts zu retten: nur am Heiligtum Gottes als des eigentlichen Täters bei einer unabsichtlichen Tötung ist der Tötende vor dem Bluträcher sicher. Ein solches Asyl in drei ausgesonderten Städten, in denen der Täter Zuflucht finden kann, verhindert vor allem, daß der Bluträcher in Haß und Jähzorn das Gericht umgeht und Selbstjustiz übt (Dtn 19,6). Freilich ist das Asylrecht zeitlich und örtlich begrenzt (Num 35,26–28); letztlich bleibt die Blutrache als Ausführung des Gerichtsurteils also bestehen, wenngleich in einer der bloßen Willkür entzogenen Form.

Was aber ist, wenn das Ortsgericht einen Tötungsfall nicht aufklären kann? Dann muß erneut *das kultische Fluchrecht* weiterhelfen, wie es in Dtn 27,24 unter den zwölf Fluchworten angeordnet ist: »Verflucht sei, wer seinen Nächsten heimlich erschlägt. Und alles Volk soll sagen: Amen.« Aber auch wenn der Fluch den unbekannten bzw. wirklichen Täter treffen sollte, bleibt doch der Schuldvorwurf an die Gemeinschaft, in deren Mitte die Tat geschah, als ein Ruf nach Sühne bestehen. Man kann in einer solchen Regelung den Ausdruck eines magischen Denkens erblicken, in welchem das Gefühl des Unheimlichen und Bedrohlichen in einer Mordtat, um sich zu beruhigen, nach einer Art Gegenzauber verlangt; fest steht in jedem Falle, daß darin sich eine Problemstellung zu Wort meldet, die nicht länger auf juristischem Wege zu erledigen ist, sondern auf einer ganz anderen, religiösen, gottesrechtlichen Ebene beantwortet werden muß.

Noch aus der Zeit vor dem *Deuteronomium* stammt ein Verfahren, das vor den Fluchfolgen einer Mordtat schützen soll. In Dtn 21,1–9 wird beschrieben, was zu tun ist, wenn man auf offenem Felde einen Erschlagenen findet und nicht weiß, wer ihn erschlagen hat: die Ältesten und Richter sollen die Stadt abmessen, die dem Fundort am nächsten liegt; diese Stadt soll eine junge Kuh nehmen, die noch kein Joch getragen hat, und ihr in einem noch unbearbeiteten Talgrund das Genick brechen; und die Ältesten der Stadt sollen ihre Hände waschen und beteuern, daß ihre Hände kein Blut vergossen und ihre Augen keine Mordtat gesehen haben. So soll das Volk Israel entsühnt werden, indem nicht das unschuldig vergossene Blut sich auf es lege. Die unschuldig getötete Kuh tritt hier als ein kultisches Opferäquivalent für einen unschuldig Getöteten in Erscheinung. Und diese Opferleistung soll Gott versöhnen, um seinen Fluch sich nicht zuzuziehen. Der Gedanke wird unvermeidlich, daß hier im Kultrecht ein magisches Grauen theologisiert wird, so wie im Strafrecht das Unheimliche einer Tat moralisiert wird.

Die Unterscheidung der Ortsgerichte zwischen vorsätzlich begangenen Taten (*Verschuldungshaftung*) und unbeabsichtigten Tatfolgen (*Erfolgshaftung*) wird beibehalten auch in den Fällen der *Körperverletzung*. Schon daß bei Streitfällen ein Gericht angerufen werden muß, trägt dazu bei, daß der Kreislauf von Gewalt und Gegengewalt unterbrochen werden kann und die Streitparteien in aller Öffentlichkeit über Ersatzleistungen des Schadensverursachers für eingetretene Verletzungen ins Vernehmen kommen. Das Ortsgericht verhängt nicht autoritativ die Strafe, es spricht auch nicht schuldig, es moderiert vielmehr die Streitbeendigung zwischen den Parteien und gibt dem Geschädigten das Recht, seine Vorstellungen von einer Wiedergutmachung argumentativ zu vertreten und nach Möglichkeit durchzubringen. Es kann das Gericht aber auch selber Vorschläge einbringen, wie es – offenbar in jenem schon genannten konkreten Fall – in Ex 21,18–19 geschieht: »Wenn Männer miteinander streiten und einer schlägt den anderen mit einem Stein oder mit der Faust, daß er nicht stirbt, sondern zu Bett liegen muß und wieder aufkommt und ausgehen kann an einem Stock, so soll der, der ihn schlug, nicht bestraft werden; er soll ihm aber bezahlen, was er versäumt hat, und das Arztgeld geben.« Zugrunde gelegt ist hier, entsprechend dem Prinzip der Verschuldungshaftung, eine unvorsätzliche Körperverletzung, die nicht durch den Gebrauch einer Waffe herbeigeführt wurde, sondern die selber, spontan, Schmach und Schmerz zugefügt hat; erwartet ist nicht, daß die Körperverletzung voll ausheilt, es genügt die Rückkehr des Verwundeten in die Ortsgemeinschaft, um als Ausgleichszahlung so etwas wie ein Krankengeld festzusetzen.

Ein vergleichbarer Rechtsentscheid liegt in der bereits zitierten Stelle Ex 21,22 vor, wo es heißt: »Wenn Männer miteinander streiten und stoßen dabei eine schwangere Frau, so daß ihr die Frucht abgeht, ihr aber sonst kein Schaden widerfährt, so soll man ihn um Geld strafen, wieviel ihr Ehemann ihm auferlegt, und er soll's geben durch die Hand der Richter.« Auch hier wird eine spontane Blutracheaktion durch eine Ersatzleistung vermieden, die vor dem Ortsgericht ausgehandelt wird. Anders verhält es sich in den Fällen, in denen es zu einer Tötung kommt; dann gilt das *Tötungsrecht*, das an der *Tali-*

onformel orientiert ist, so daß die Bestimmungen über das *Körperverletzungsrecht* sich in den Worten von Ex 21,23–25 fortsetzen: »Entsteht ein dauernder Schaden, so sollst du (sc. bei einem tödlichen Vorfall, d.V.) geben Leben um Leben, Auge um Auge, Zahn um Zahn (vgl. Lev 24,20), Hand um Hand, Fuß um Fuß (Dtn 19,21), Brandmal um Brandmal, Beule um Beule, Wunde um Wunde.«

Zum Verständnis dieser Stelle ist der Kontext zu beachten, in den sie eingefügt ist: die Talion wird auf den Tötungsfall eingeschränkt und damit das Prinzip der Vergeltung von Gewalt mit Gewalt allein auf den Schutz des Lebens bezogen. Diese Tendenz der Begrenzung der Talion, die schon im Bundesbuch zu beobachten ist, löst sich von den Vorstellungen, die etwa im *Codex Hammurapi* (§ 196–199) herrschten, wo festgesetzt wurde: »Wenn ein Bürger ein Auge eines Bürgers zerstört, so soll man ihm ein Auge zerstören. Wenn er einen Knochen eines Bürgers bricht, so soll man ihm einen Knochen brechen. Wenn er ein Auge eines Palasthörigen zerstört oder einen Knochen eines Palasthörigen bricht, so soll er eine Mine Silber zahlen. Wenn er ein Auge eines Sklaven eines Bürgers zerstört oder einen Knochen eines Sklaven eines Bürgers bricht, so soll er die Hälfte seines Kaufpreises zahlen.«[319] Hier geht es deutlich um die »Sicherung der Bürgerschicht vor Körperverletzungen«, um eine »Generalprävention ... zugunsten einer privilegierten Schicht«[320]; hier jetzt im Alten Israel wird demgegenüber die Talion nur bei Mord in Anspruch genommen. Ein solcher Fall liegt zum Beispiel vor in Lev 24,20, wo die Talion als Todesurteil ausgesprochen wird bei Verletzungen, die das Opfer, der erlittenen Verstümmelungen wegen, vom Kult ausschließen und es dadurch rituell-religiös von der Gemeinschaft der (vor Gott) Lebenden trennen. In dieser Form dient die Talion als eine Maßnahme zur Sicherung des Zusammenlebens der Kultgemeinde und damit überhaupt des Volkes. Denselben Zweck verfolgt auch die schon erwähnte Talionverordung bei Falschaussagen vor Gericht, – sie wird in Dtn 19,21 nur erwähnt, um die tödliche Gefahr zu markieren, die von einem Meineid ausgeht.

Nicht zu übersehen ist allerdings die Ursprungseinheit der *Talion* und der *Blutrache*. Im Falle einer Tötung, die sich zwischen zwei Familien (»intergentil«) ereignet, legitimiert das Talionprinzip die Blutrache von seiten der Familie des Opfers: Indem die Ortsgerichte

319 HEINZ-DIETER VIEL: Der Codex Hammurapi, XXXIX 45–65; S. 632.
320 ECKART OTTO: Recht im antiken Israel, in: Ulrich Manthe (Hg): Die Rechtskulturen der Antike, 189.

die Blutrache integrieren, machen sie den Bluträcher zu einem Exekutiv-Organ lokaler Gerichtsbarkeit; und indem sie die Talion in die Kasuistik des Körperverletzungsrechts einbinden, schaffen sie einen Übergang zu einem Ersatzleistungsrecht, das den mechanischen Automatismus der Talion im Prinzip überwindet. Gleichwohl kann kein kasuistisches Recht alle Fälle des Lebens umfassen, und so bleibt die Rachefunktion der Talion an all den Stellen erhalten, in denen sonst rechtsfreie Räume entstünden. Das Prinzip der Korrespondenz von Gewalt und Gegengewalt zerstört auf die Dauer jede Gemeinschaft, und so wird es zu einem Interesse der Ortsgerichte, die Talion nur noch zum Schutz des Lebens zuzulassen und im übrigen zur Befriedung des Zusammenlebens den Gedanken der Talion in eine Festlegung von Ersatzleistungen umzuformen.

Dabei wäre es, ethnologisch betrachtet, freilich ein Fehler, Geldersatzleistungen oder bestimmte Ersatzverpflichtungen zum Loskauf von der Drohung der Blutrache im Fall eines Mordes ohne weiteres als einen speziell altisraelitischen Kultur-Fortschritt zur Humanisierung oder Pazifizierung des Rechtssystems zu betrachten. Auf einem erweiterten Hintergrund scheint es vielmehr so, daß hier eine paradoxe Logik zum Tragen kommt: »Bei einer *Blutfehde*«, schreibt DAVID GRAEBER, »werden beide Parteien ... begreifen, dass eine Tötung aus Rache zwar dem Grundsatz ›Leben gegen Leben‹ entspricht, aber keine wirkliche Entschädigung für den Kummer und Schmerz der Angehörigen des Opfers ist. Dieses Wissen eröffnet die Möglichkeit, die Angelegenheit ohne Gewalt beizulegen.«[321] Diese Möglichkeit besteht eben in der Zahlung von Wergeld (oder Manngeld oder Blutgeld): »Geld, das die Familie eines Mordopfers erhält, um eine Blutfehde zu verhindern oder zu beenden.«[322] In solchen Fällen dient Geld scheinbar als Ersatz für das Leben, doch wie das gemeint ist, zeigt sich am anderen Ende des sozialen Lebens an den Verfahren der Brautablöse: »Mit der Brautablöse soll nicht eine Schuld bezahlt werden, sondern sie ist eine Form anzuerkennen, dass eine Schuld besteht, die gerade nicht mit Geld beglichen werden kann.«[323] Ja, man muß sagen, daß Geld sich überhaupt erst als eine Rückzahlung für die Schuld entwickelt hat, die es bedeutet, auf der Welt zu sein[324].

321 DAVID GRAEBER: Schulden 169–170.
322 A.a.o., 169.
323 A.a.O.
324 E. DREWERMANN: Finanzkapitalismus, 71–99: Von Schuld und Opfer oder: Geld als säkularisierte Religion.

Der Ersatz der Blutrache durch die Zahlung von Geld zeigt im Grunde, wie unbezahlbar wertvoll jedes Leben ist.

Und an gerade dieser Stelle treffen wir auf das Zentralanliegen Jesu, auf den Kern seiner erlösenden Botschaft von der Vergebung aller Schuld, und verstehen die tödliche Reaktion von Staat und Religion auf seine Aufhebung des Strafrechts[325]. In Jesu Augen ist unser Dasein nichts, das sich als Rechtstitel einklagen ließe; es ist kein Eigentum, das wir uns irgendwie erworben oder durch eigene Leistung verdient hätten; es ist ein reines unverdienbares Geschenk aus Gottes Hand. Das ganze Strafrecht rekurriert auf die Voraussetzung, daß Rechte, die wir selbst besäßen: Gesundheit, Leben, Glück, Besitz etc., von anderen verletzt, streitig gemacht, uns weggenommen werden könnten; jedes Vergehen und Verbrechen ist die Verletzung derartiger Rechte, und alles Strafen dient der Wiederherstellung derartiger vermeintlicher Rechtsansprüche. Wie aber, wenn es stimmt, wie eingangs schon gezeigt: die sogenannten »Rechtstitel« sind bereits unter Tieren nichts anderes als Selbstdurchsetzungsformen, die aus gewissen Machtverhältnissen sich herleiten? Die Grundlage des Zusammenlebens bilden nach Jesu Meinung nicht derlei Rechtstitel, die sich gegeneinander erstreiten ließen; was Menschen verbindet, ist die absolute Geschenkhaftigkeit des Daseins und die Dankbarkeit, die sich daraus ergibt. Und hat er nicht recht? Alle Rechtsbegriffe verbinden nicht die Menschen, sie setzen vielmehr eine Angst voraus, die sie gegeneinander stellt: in einer Welt, in der ein jeder die Existenz des anderen bedrohen kann, sucht man sich durch sanktionierbare Rechtsansprüche voreinander zu sichern. Doch zu dieser »Sicherung« bedarf es immer von neuem des Einsatzes von Gewalt. Überall auf Erden, in allen Staaten der Welt, scheint dieser Kreislauf von Angstbekämpfung durch staatlich verordnete Strafexekution zur Ordnung des Zusammenlebens absolut notwendig. Die Angst aber nimmt dabei nicht ab, sie nimmt zu, und alle Begriffe von Recht und Strafe verbleiben in den Händen des Staates im Umfeld des Versuchs der bloßen Existenzsicherung des einen vor dem anderen.

Man muß deshalb beinahe von Glück sprechen, daß der Jude Jesus in einer Rechtstradition aufwuchs, die – anders als im ganzen Alten Orient – sich im wesentlichen nicht auf die Macht einer staatlichen Zentrale hat berufen können. Was anderen ihr Pharao, ihr Gott-

325 E. DREWERMANN: Von Krieg und Frieden, 421–434: Vertrauen in eine unbedingte Zuwendung – eine alles ändernde Entdeckung; 434–455: »und vergib uns unsere Schuld, wie auch wir vergeben unsren Schuldnern.«

könig, war für das Alte Israel *Jahwe,* der Gott der Väter. Auf ihn im letzten ging alles »Recht« zurück, und von ihm her allein ließen die Ungewißheiten menschlicher Rechtsfindungsverfahren sich lösen: man legte sie, rechtlich fixiert, in Form von Fluch und Selbstverfluchung zurück in seine Hände. Wenn aber Gott gar nicht der ist, der straft und flucht und aburteilt? Wenn er im Gegenteil vergibt und segnet und begütigt? Dann ändert sich alles, nicht nur in Israel, sondern überall auf Erden, wo Menschen dieser Einsicht inne werden: Sie existieren einzig aus Gnade, und einzig ein Vertrauen, das dadurch sich bildet, ermöglicht die Geborgenheit und Sicherheit, die nötig ist, um miteinander in Gemeinschaft zusammenzufinden, ohne sich wechselseitig mit Strafandrohungen und mit Gewalt in Schach zu halten. Die Staatsmacht allerdings wird damit überflüssig; sie wird ersetzt durch das, was Jesus als die Herrschaft Gottes in seiner Nähe für gekommen hielt. Retten statt richten, – wenn *das* für die Art Gottes gilt, läßt alle Angst in Ihm sich lösen, und alle Instrumente und Institutionen systematisierter Angstverbreitung verlieren ihren Sinn.

Es ist nicht anders möglich: indem der Mann aus Nazareth den Glauben Israels so konsequent zu leben suchte, wie ihn *Jeremia* in den Tagen der Katastrophe Jerusalems in Aussicht stellte: daß da ein Gott ist, der im Herzen eines jeden das Wort der Vergebung, nicht länger mehr der Strafe spricht, nahm er im Grunde alle Menschen bei der Hand, um sie zurückzuführen in die Sphäre angstfreien Vertrauens. Was dann noch bleibt, jenseits der Strafreflexe, ist ein Durcharbeiten auch und gerade der Verfehlungen des Miteinanders im Glauben an die ursprüngliche Güte im Dasein eines jeden. Die größte Schwierigkeit dabei sind nicht die Menschen – sie wissen allesamt, daß sie nicht leben können ohne eine solche unbedingte Zuversicht verzeihenden Gewährens und Bewahrens –, es sind im wesentlichen die überkommenen Ordnungssysteme in Staat und Gesellschaft, die aus Angst geboren wurden und in Gewalt bestehen. Sie werden angesichts der Botschaft Jesu geradezu grell in ihrer Wirklichkeit enthüllt. Indem wir eben noch, entlang der Rechtsgeschichte Israels, in der Gestalt der Botschaft Jesu einen Ausweg – einen einzigen – aus dem Getto der grausamen Erbarmungslosigkeit der menschlichen Geschichte sich vor unseren Augen öffnen sahen, tritt uns um so unerbittlicher der absolute Widerspruch entgegen: die Angstverfestigung durch Angstverbreitung, aus der jede Staatsmacht ihre Ordnungsgewalt schöpft.

Somit begreifen wir, auf welchen Widerspruch Jesus, buchstäblich um Gottes willen, sich einlassen mußte, um die Angst der Menschen durch Vertrauen aufzulösen; doch wieso gerade auf dieses Bemühen die Todesstrafe in der Gräßlichkeit der *Kreuzigung* stand, läßt sich erst begreifen, wenn wir einen Blick werfen auf die Praktiken, in denen das Strafrecht in den Händen der staatlichen Autorität seit eh und je ausgeübt wurde. Nicht etwas, *alles* steht da auf dem Spiel, wie es nicht anders sein kann, wenn es, wie in Jesu Botschaft, um Gott geht und um den Menschen, der allein im Vertrauen zu der Macht, der er sich selbst verdankt, zu seiner Menschlichkeit, ahnbar sonst nur in den seltenen Augenblicken der Weisheit, zurückzukehren imstande ist.

f) Das Kreuz – ein Mahnmal Jesu gegen die Gewalt nach innen wie nach außen

Das Schicksal Jesu ist historisch glaubwürdig bezeugt allein in dieser einen Tatsache: »Er ward gekreuzigt unter *Pontius Pilatus*«, unter jenem Schuldtitel, den er auf dem Weg zur Hinrichtungsstätte, auf einer Tafel um den Hals gehängt, für alle sichtbar zu tragen hatte: »König der Juden«, geschrieben in Aramäisch, Griechisch und Lateinisch, auf daß es jeder lesen konnte (Joh 19,19–20). So sehr ist Jesu Botschaft und Gestalt konzentriert in dem tödlichen Kontrast der Kreuzigung, daß das Hinrichtungswerkzeug der Römer zum Symbol des Christentums überhaupt werden konnte; das Schreckensbild einer grausamen Strafe für ein gravierendes Verbrechen gegen die Staatsmacht Roms wandelte sich in ein apotropäisches (unheilabwehrendes) Segens- und Heilszeichen, und mit der behaupteten Einzigartigkeit und Heilsnotwendigkeit der christlichen Religionsform entstand zugleich der Eindruck auch der Einzigartigkeit und Unvergleichlichkeit all der Ereignisse, die von der Kirche kultisch am Karfreitag in Erinnerung gerufen werden.

Dabei begreift man die tatsächliche Einmaligkeit des Kreuzestodes Jesu erst, wenn man sich immer neu den Grund vergegenwärtigt, weswegen Jesus hingerichtet wurde: Er wurde mit dem Tod bestraft, weil er das Leben von dem Bann der Strafjustiz befreien wollte, indem er das Gerechtigkeitsprinzip von Lohn und Strafe insgesamt im Namen Gottes als ein Unrecht an den Menschen geißelte; er wurde auf das grausamste zu Tode gequält, weil er aus dem menschlichen Dasein generell die Praktik der Gewalt entfernen wollte, indem er die Mechanik der Angstverarbeitung durch autoritäre Angstverbreitung durch ein vertieftes Vertrauen in Gott für immer zu erübrigen gedachte; er wurde als ein staatsfeindlicher Aufrührer und Revolutionär zur Form der Hinrichtung eines ebenso schädlichen wie schändlichen Verbrechers abgeurteilt, weil er die pragmatisch und programmatisch absolutistische Grundlage jedweder Staatsmacht untergrub, indem er einzig Gott als legitimen Herrscher im Herzen der Menschen anerkannte.

Einzigartig war historisch nicht die gräßliche Hinrichtungsart der Kreuzigung an sich, vollkommen singulär allein ist die Begründung, mit der sie an dem Mann aus Nazareth vollzogen wurde: Der absolute Widerspruch gegen gerade das, was die herrschende Staatsmacht zum Zeichen ihrer Gerechtigkeit und zu ihrem Selbsterhalt als Strafe über ihn verfügte, macht die wirkliche Einzigartigkeit der Kreuzigung Jesu aus. Mit seinem prinzipiellen Protest gegen das Strafprinzip als solches provozierte Jesus förmlich den Kreuzestod als Reaktion des von ihm im Namen Gottes zu beseitigenden staatlichen Strafrechts.

Erst in dieser Zuspitzung begreift man die Herausforderung, welche die Botschaft Jesu bis heute darstellt. Denn statt entsetzt vor den Bildern des Kreuzwegs zu verweilen und anbetend den unbegreifbaren Weg zu beklagen, den Jesus gehen mußte, um im Gehorsam zum Willen des Vaters die Menschen von den Strafen ihrer Sünden zu erlösen, ist in Wahrheit alles daran gelegen, den Widerspruch selbst aufzugreifen, den Jesus gegen das Strafprinzip im ganzen eingelegt hat; statt dessen aber verlegte die verfaßte Christenheit sich lieber darauf, diesen zentralen Auftrag Jesu aus dem tödlichen Spannungsfeld von Gottesglauben und Menschenmacht herauszulösen und als einen Gegensatz von Güte und Gerechtigkeit in Gott selbst hineinzuprojizieren, ihn in dieser Form zu dogmatisieren und zu ritualisieren und es sich damit zu ersparen, ihn zu existentialisieren. Die Wirklichkeit der Befreiung Jesu von Angst, Gewalt und Außenlenkung wurde damit vertan, doch schuf man sich dadurch die Möglichkeit, die Verkündigung Jesu von Gottes unendlicher Bereitschaft zur Vergebung im Himmel zu verpaaren mit der Rechtfertigung einer verewigten Strafgewalt auf Erden: Gott zwar vergibt, doch nicht vergeben darf der Staat, – schizophrener und antichristlicher kann es nicht kommen. Es war der Mann, der sich als »Antichrist« bezeichnete, um wenigstens in Teilen die Botschaft des Christus aus ihren priestertheologischen Verfälschungen zurückzugewinnen, FRIEDRICH NIETZSCHE, der, ganz im Sinn des Nazareners, den Kerneinwand gegen die allerorten wie ein selbstverständliches Recht exekutierte Strafpraxis und Strafgewalt des Staates zumindest als Wunsch und Postulat auf seine Art erneuerte, indem er seinen »Zarathustra« sagen ließ: »Ich mag eure kalte Gerechtigkeit nicht; und aus dem Auge eurer Richter blickt mir immer der Henker und sein kaltes Eisen. Sagt, wo findet sich die Gerechtigkeit, welche Liebe mit sehenden Augen ist? So erfindet mir doch die Liebe, welche nicht nur alle Strafe, sondern auch alle Schuld trägt! So erfindet mir doch die Gerechtigkeit, die jeden freispricht, ausgenommen den Richtenden!«[326]

Daß mit Worten wie diesen wirklich aller Staatsgewalt die Grundlage entzogen wird, erzeigt sich an der unübersehbaren Scheußlichkeit der Strafpraktiken, die in der gesamten Kulturgeschichte der Menschheit durch all die Zeit bis heute geübt wurden, – das Kreuzigen, so schrecklich es in seiner Realität auch war, bildet nur eine der schier unbegrenzten Möglichkeiten des organisierten Sadismus, der in den staatlichen Formen des Strafens seinen Ausdruck gefunden hat..

Bisher haben wir zu zeigen versucht, daß jedes Staatsgebilde auf Gewalt basiert; es bleibt, in einem zweiten Durchgang nunmehr nachzuweisen, daß Grausamkeit und Gräßlichkeit zu eben diesen Praktiken gehören, mit denen jeder Staat sein oberstes Strafziel, durch Abschreckung seine angefochtene Autorität wiederherzustellen, unter allen Umständen verfolgt. Die Darstellung der Scheußlichkeiten, deren die verschiedenen Staaten schon in der Antike sich bei ihren Strafurteilen bedienten, stellt für jeden Leser im folgenden gewiß eine kaum erträgliche Zumutung dar, doch kann und soll gerade sie in aller Heftigkeit den Abscheu neu erregen, der es unvermeidbar macht, dem Protest des Jesus von Nazareth recht zu geben und sich sein Anliegen der Straffreiheit als ein Wesentliches und

326 FRIEDRICH NIETZSCHE: Also sprach Zarathustra, 1. Teil, Vom Biß der Natter, S. 73. – Ganz richtig schreibt ROBERT KNAPP: Pilger, Priester und Propheten, 155: »Die große Popularität der eschatologischen Botschaft Jesu in Kombination mit der von ihm behaupteten direkten Beziehung zu Jahwe und mit seiner Fähigkeit, dieser Botschaft durch Wunder Glaubwürdigkeit zu verschaffen, sind Erklärungen dafür, warum er mit den Führern der Elite Probleme bekam.« Nur: welch ein Gottesbild und welch eine Botschaft vermittelte das Auftreten Jesu? Nicht die »Popularität«, sondern die Inhalte machten Jesu Wirken zu einem todeswürdigen Skandal.

Verbindliches zu eigen zu machen, und zwar so eindeutig und grundsätzlich, wie es als eine Frage auf Leben und Tod in seiner Botschaft angelegt ist.

In gewisser Weise ähnelt unser Vorgehen an dieser Stelle dem Bemühen von KARL KRAUS in seinen »letzten Tagen der Menschheit«, in denen der österreichische Kulturkritiker vor jetzt schon 100 Jahren die Ungeheuerlichkeiten des sogenannten Ersten Weltkrieges auf eine Weise schilderte, die all die politischen und propagandistischen Rechtfertigungen des zur Normalität gewordenen massenhaften Mordens mit den Mitteln einer hochtechnisierten Tötungsmaschinerie ein für allemal als Zwecklügen entlarven und ab sofort es jedem Staat der Welt verwehren sollte, je wieder derart unmenschlich mit Menschen in Kriegsrecht wie in Strafrecht zu verfahren. Um nichts Geringeres geht es dabei als um die Wiederherstellung der eigentlichen Botschaft Jesu im Widerspruch zur bestehenden bürgerlich staatserhaltenden Christenheit.

In einer protestantischen Kirche verkündet bei KARL KRAUS zum Beispiel – stellvertretend für alle seine Amtsbrüder (um 1915) – der Superintendent *Falke* von der Kanzel herab: »Dieser Krieg ist eine von Gott über die Sünden der Völker verhängte Strafe, und wir Deutschen sind zusammen mit unseren Verbündeten die Vollstrecker des göttlichen Strafgerichts. Es ist zweifellos, daß das Reich Gottes durch diesen Krieg gewaltig gefördert und vertieft werden wird. Und man muß hier klar und bestimmt eingestehen: Jesus hat das Gebot ›Liebet eure Feinde!‹ nur für den Verkehr zwischen den einzelnen Menschen gegeben, aber nicht für das Verhältnis der Völker zueinander. Im Streit der Nationen untereinander hat die Feindesliebe ein Ende. Hierbei hat der einzelne Soldat sich gar keine Gewissensbisse zu machen! Solange die Schlacht tobt, ist das Liebesgebot Jesu völlig aufgehoben! Es gilt nicht für die Stunde des Gefechts. Das Gebot der Feindesliebe hat für uns auf dem Schlachtfelde gar keine Bedeutung mehr. Das Töten ist in diesem Falle keine Sünde, sondern Dienst am Vaterlande, eine christliche Pflicht, ja ein Gottesdienst! Es ist ein Gottesdienst und eine heilige Pflicht, alle unsere Gegner mit furchtbarer Gewalt zu strafen, und wenn es sein muß, zu vernichten! Und so wiederhole ich euch, solange in diesem Weltkriege die Kanonen donnern, hat das Gebot Jesu: ›Liebt eure Feinde!‹ keine Geltung mehr! Fort mit allen Gewissensbedenken! Aber saget mir: Warum wurden so viele tausend Männer zu Krüppeln geschossen? Warum wurden so viele hundert Soldaten blind? Weil Gott dadurch ihre Seelen retten wollte! Schauet euch um und betet im Angesicht der Wunder des Herrn: Bring uns, Herr, ins Paradies!«[327]

Wer gegen eine Gotteslästerung wie diese nicht mit aller Energie seines religiös-moralischen Bewußtseins zum Erhalt seiner Menschlichkeit sowie zur Bewahrung seiner Persönlichkeit auf Sein oder Nichtsein instantan und spontan protestiert, verliert nicht etwas, er verliert sich selbst. Da wird die Botschaft vom »Frieden auf Erden bei Menschen, die Gottes Güte glauben können« (Lk 2,14, frei übersetzt), pervertiert in ihr genaues Gegenteil; umideologisiert wird sie zu einer Pflicht des skrupellosen Mordens, zu einem Diebstahl des persönlichen Gewissens, zu einer Ausschaltung des letzten Rests menschlichen Mitgefühls, befohlenermaßen, unter Dienstpflicht, in Gehorsam. Wenn Jesus mahnte, dem Kaiser (nur) zu geben, was des Kaisers ist, doch dafür Gott alles, was Gottes ist (Mk 12,17), so wird daraus im Munde dieser Falschmünzer in Staatsauftrag die Inschrift ihrer Kirchenglocken, die sie inzwischen zu Kanonen umgegossen haben: »Wir geben Gott, was des Kaisers, und dem Kaiser, was Gottes ist.«[328] Wenn alle »Sünde« darin liegt, sich absolut zum Relativen und relativ

327 KARL KRAUS: Die letzten Tage der Menschheit, 3. Akt, 17. Szene, S. 355–356. – Im Ersten wie im Zweiten Weltkrieg waren solche frommen Ertüchtigungen der soldatischen Moral keinesfalls bedauerliche Ausnahmen, sondern aufgetragene Pflicht der staatsbeamteten Militärbischöfe, die es unverändert noch heute gibt, und der Priester im Lande. In München predigte seinerzeit der später im Dritten Reich als Führer des Katholizismus auftretende Kardinal MICHAEL FAULHABER: Die Waffen des Lichtes, 131–153: Das Schwert auf der Waage des Evangeliums, S. 153 folgendermaßen: »Das Evangelium hat ... dem Krieg einen Waffenpaß ausgestellt ... Wir gehen noch einen Schritt weiter: Das Evangelium hat für den Krieg nicht nur einen Waffenpaß, es hat für ihn sogar einen Waffensegen.« S. 154–166: Der Waffensegen des Menschensohnes, S. 160–161: »Das Kreuz ist die Kaiserstandarte weltüberwindender Gotteskraft und sittlicher Heldenkraft ... Das Kreuz ist nicht eine Schlachtbank der Ohnmacht und des Unterlegenseins, das Kreuz ist ein Denkmal des unendlichen Sieges und jener Tatkraft, die ... auch die schwersten Aufgaben anpackt, und ginge es um Blut und Leben.« S. 167–181: Die Ernte auf dem Blutacker, S. 178: »Eine Edelfrucht auf dem Blutacker ist auch jene nationale Begeisterung, die für den erlauchten Träger der Krone durchs Feuer geht und in diesem Krieg ein Alleluja singt.« S. 176–177: »Angesichts dieser Riesenaufgaben des Krieges sind die großen Verheißungen des Evangeliums im Verein mit den kirchlichen Gnadenmitteln wohl geeignet, die sittliche Kraft der gläubigen Soldaten ins Heldenhafte zu erheben. Sie leben an manchen Tagen von einer Granate zur anderen, aber sie wissen: ›Bei Gott ist alles möglich‹ (Mt 19,26), und er wird alles zum Besten lenken, und seine Gnade ist auch auf den Feldern des Todes am Werke ... sie wissen: ›Wer sein Leben um meinetwillen verliert, wird es gewinnen‹« (Mt 10,39; 16,25. Joh 12,25).

328 KARL KRAUS: Die letzten Tage der Menschheit, 3. Akt, 18. Szene, S. 359.

zum Absoluten zu verhalten, dann ist ein Staat, der Menschen in den Krieg treibt, und eine Kirche, die ihm dabei dienstbar ist, an sich selbst Sünde, – nichts kann da noch richtig sein; der Widerspruch dagegen muß deshalb total und radikal ausfallen, ohne Wenn und Aber. Ein Staat, der immer noch sich eine Soldateska hält, um sich den Krieg als »Option« des politischen Handelns offen zu lassen, erweist sich selber als die universale Form des organisierten Verbrechens, als ein Gebilde des Teufels, biblisch geredet (Mt 4,8–9; Lk 4,5–8), und eine Kirche, die ihm dabei Jahrhundert für Jahrhundert assistiert, führt nur durch Etikettenschwindel noch das Abzeichen des Christlichen. Vor allem die Aufspaltung des Sittlich-Religiösen in eine Pflichtmoral des Allgemeinen und in eine Privatmoral des Individuellen leitet über zur vollkommenen Enteignung der Person in die Verfügbarkeit des »Menschenmaterials« in Staatsraison, und diese gänzliche Umwandlung sämtlicher moralischer Begriffe in die Opportunität der reinen Machtwillkür gibt sich als höhere Moral.

Wir haben all die Zeit bereits betont, daß im System des Aufbaus und Erhalts der Staatsgebilde dieser Erde Kriegsrecht und Strafrecht als die zwei Formen der Aggression nach außen wie nach innen unauflösbar eine Einheit bilden; daraus ergibt sich jedoch wie von selbst jene barbarische Bizarrerie, daß kein staatlich vom Zaun gebrochener Krieg je etwas anderes sein wird denn eine moralisch-rechtlich notwendige Strafaktion, als eine Erziehungs- und Besserungsmaßnahme gegenüber einem Gegner, dessen »Schuld« allein darin besteht, nicht prompte Botmäßigkeit an den Tag gelegt zu haben; die jeweilige Kriegspartei ist deshalb stets zu stilisieren als das Züchtigungswerkzeug einer dem Widersacher auf den Tod zürnenden Gottheit. Krieg ist die Rechtsprechung der Macht, die selber sich ihr Recht gibt. Es kann deshalb nicht anders sein, als daß im Krieg der Staat sich nimmt, was Gottes ist, ein Gottesdienst im Darbringen von Hekatomben an Brandopfern von Menschen wie von Tieren.

Der Weltkrieg, ließ KRAUS seinen »Nörgler« konsequenterweise deshalb sagen, verwandle »die Welt in ein großes Hinterland des Betrugs, der Hinfälligkeit und des unmenschlichen Gottesverrats ... Hier tappen sie (sc. die Kriegsopfer, d.V.) durchs Leben, Krüppel und Gelähmte, zitternde Bettler, altersgraue Kinder, irrsinnige Mütter, die von Offensiven geträumt hatten, Heldensöhne mit den Flackeraugen der Todesangst, und alle, die keinen Tag mehr haben und keinen Schlaf und nichts mehr sind als die Trümmer einer zerbrochenen Schöpfung. Und dort lachen jene, die sich des Eingriffs vermessen haben, des Richters über den Sternen, der zu hoch thront, als daß sein Arm sie erreiche ... Keine Narbe bleibt einer Seele, die nie verwundet ward von dem, was sie getan, gewußt, geduldet.« Man kann, dies Bild vor Augen, nur von Herzen wünschen und sich selbst befehlen: »Weg von diesem lachenden Grauen! Weg ... von dem unendlichen Behagen dieser Blutlache.«[329]

Statt, wie jener gottunselige, menschenunsägliche Superintendent, die an Seele und Körper zu Krüppeln Geschossenen auf ein weltjenseitiges Paradies zu vertrösten, mit dessen Verheißung es vereinbar, ja, geboten wäre, diese Welt in eine Hölle zu verwandeln, bestünde vielmehr ein unbedingtes Gebot zu jeder Zeit, zu jeder Stunde gerade darin, »diesen ganzen tragischen Karneval«[330] von Rekrutenvereidigungen, Ordensverleihungen und ehrenvollen Begräbnissen mit Mahnwachen und mit Volkstrauertagen ein für allemal zu enden und »die stets überlebenden Rädelsführer des Weltverbrechens ... in ihre Kirchen zu sperren ... und also anzureden: Was, ihr wußtet nicht, ihr Buben, ahntet nicht, daß die Folgen einer Kriegserklärung unter Millionen Möglichkeiten des Schauders und der Schmach auch die wären, daß die Kinder keine Milch, die Pferde keinen Hafer haben ...? Wie, ihr ermaßet nicht das Unglück einer Stunde vieljährigen Gefangenenleids? Eines Seufzers der Sehnsucht und der beschmutzten, zerrissenen, hingemordeten Liebe? Wart nicht einmal fähig der Vorstellung, welche Höllen aufgetan sind einer Qualminute mütterlichen Hinaushorchens durch Nächte und Tage, dieses jahrelangen Wartens auf den Heldentod? ... Und ließet nicht ab von dem Zeitvertreib eurer zum Niederbruch verurteilten und dennoch die Welt fortschröpfenden Glorie? Wie, und ihr dort, ihr Gemordeten, standet nicht auf gegen diese Ordnung? Gegen dieses System von Mord und einer Ökonomie, die das Leben für alle Zukunft zum Durchhalten verurteilen mußte, alle Aussicht verhängt und das kleinste Glücksbedürfnis dem Haß der Nationen preisgegeben hat? Sinnlos im Krieg gewütet und grundlos gewütet gegen jeden, weil Krieg war! Armut, Hunger und Schmach gehäuft über Flüchtlingen und Seßhaften und alle Menschheit innen und außen konfiniert (sc. abgeschafft, d.V.) ... ihr Geopferten standet nicht auf gegen diesen Plan? Wehrtet euch nicht gegen den Zwang zu sterben, und gegen die letzte Freiheit: Mordbrenner zu sein? Gegen die Teufelei, die die Aufopferung für

329 A.a.O., 5. Akt, 42. Szene, S. 644–645.
330 A.a.O., 5. Akt, 54. Szene, S. 674.

Tafel 1: Siegestafel des Königs Narmer. Vorderseite: Der König besichtigt Gefallene auf dem Schlachtfeld. Ägyptische Schminkpalette, Schiefer, ca. 3100 v. Chr. (S. 129f.)

Tafel 2: Siegestafel des Königs Narmer. Rückseite: Der König erschlägt einen Feind. Ägyptische Schminkpalette, Schiefer, ca. 3100 v. Chr. (S. 129f.)

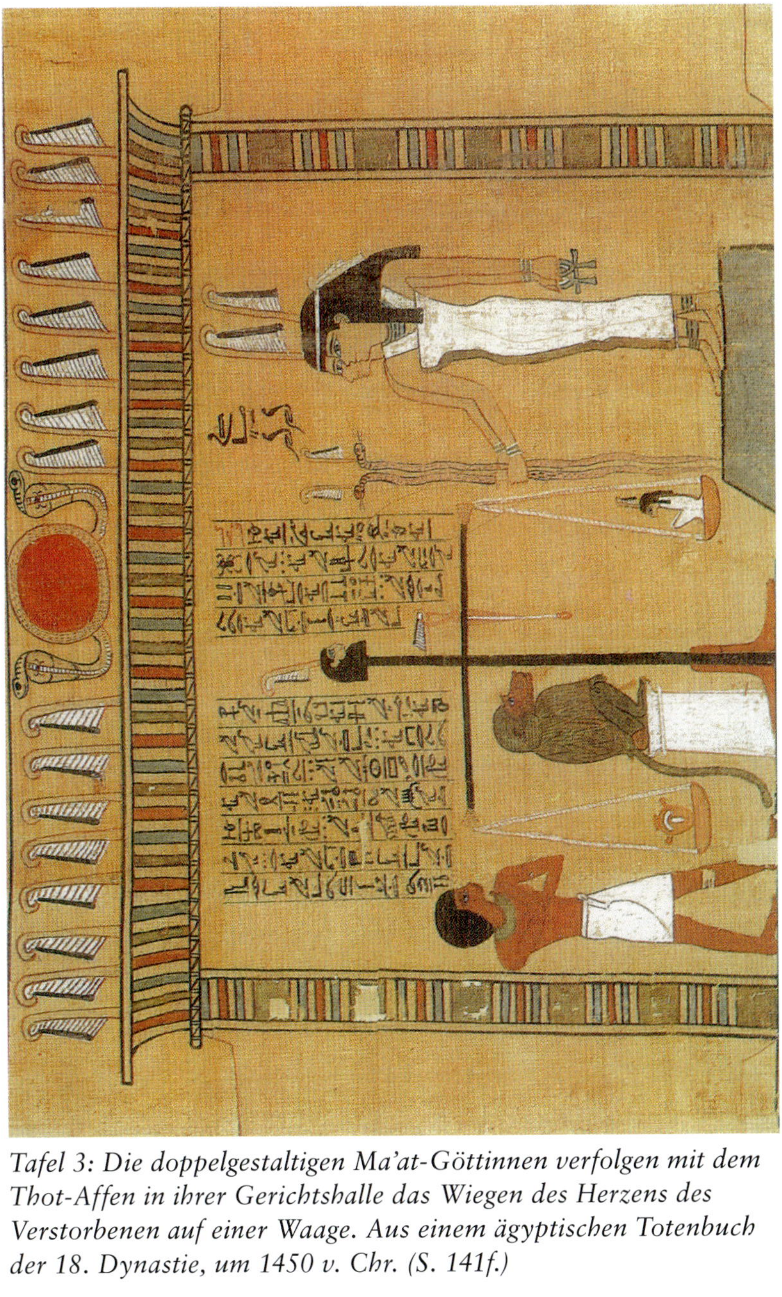

Tafel 3: Die doppelgestaltigen Ma'at-Göttinnen verfolgen mit dem Thot-Affen in ihrer Gerichtshalle das Wiegen des Herzens des Verstorbenen auf einer Waage. Aus einem ägyptischen Totenbuch der 18. Dynastie, um 1450 v. Chr. (S. 141f.)

Tafel 4: Assyrische Soldaten unter Assurbanipal (668-632/27 v. Chr.) ziehen in der Öffentlichkeit Verurteilten bei lebendigem Leibe die Haut ab. Relief im Saal I des Nordpalastes in Ninive. (S. 318f.)

den Wollmarkt gar unter den Fahnen des sittlichen Pathos vollziehen hieß! Die sich an Gott vergreift, um seine Zeugenschaft für den blutigen Wechsel zu erlangen! Alle Hoheitsrechte und Lebenswerte an die Idee der Materie verschachert. Das Kind im Mutterleib dem Imperativ des Hasses verpflichtet und das Bild dieser kämpfenden Mannheit, ja selbst dieser pflegenden Frauenschaft, gepanzerte Leiber mit Gasmasken, als das einer Horde von Fabeltieren dem Grausen der Nachwelt überliefert hat. Mit Kirchenglocken auf Gläubige geschossen und vor Altären aus Schrapnells nicht bereut! Und in all dem Glorie und Vaterland? ... So stehet doch auf und tretet ihnen als Heldentod entgegen – damit die gebietende Feigheit des Lebens endlich seine Züge kennen lerne, ihm ins Auge schaue ein Leben lang! Weckt ihren Schlaf durch euern Todesschrei! Stört ihre Wollust durch die Erscheinung eurer Leiden! ... Rettet uns vor dem Unglück, heimgekehrten Auditoren (sc. Hörigen, Befehlsempfängern, d.V.) die Hand zu reichen und Henkern im Zivilberuf zu begegnen. Denn das Gewissen dieser niedrigen Grausamkeit, der die Hemmung der Phantasie nicht durch Leidenschaft, nur durch Mechanik genommen war, wird sich so rasch zum Tagwerk erholen, wie es sich aus der Banalität der Vergangenheit ins Morden geschickt hatte. Zu Hilfe, ihr Ermordeten! Steht mir bei, daß ich nicht zwischen Menschen leben muß, die aus Ehrsucht oder Selbsterhaltungstrieb Befehl gaben, daß Herzen zu schlagen aufhören und Mütter weiße Haare bekommen! ... du dort, mit dem Gesicht, zu dem du in deiner letzten Minute verurteilt warst, als die kommandierte Bestie, Schaum vor dem Mund, ehedem vielleicht ein Mensch wie du, in deinen Graben stürzte – tritt hervor! Nicht daß du sterben – nein, daß du *das* erleben mußtest, macht künftig allen Schlaf und allen Tod im Bett zur Sünde.«[331]

Alles, was noch lebendig ist auf Erden, alles, was in den Gräbern ruht, um einst als Opfer seinen Henkern entgegenzutreten, wenn Gott Gericht hält über diese Welt, kann nur der Wirklichkeit des Staats in seiner angemaßten Herrschaft über Tod und Leben in Kriegsrecht wie in Strafjustiz so eindeutig, wie Jesus es getan hat, sich in Entschiedenheit verweigern.

Bei KRAUS endet die Welt, in der die völlige Zerstörung von Gottes Ebenbild im Menschen fundamental als Staatsgewalt nach innen wie nach außen zur bürgerlichen Existenzvoraussetzung gehört, mit

331 A.a.O., 5. Akt, 54. Szene, S. 675–680.

einem klaren Nein, indem Gott selber sein Gerichtswort über die entmenschte Wirklichkeit des kollektiven Wahns ausspricht: »*Ich habe es nicht gewollt.*«[332] Dieses Nein, für welches Jesus selbst verurteilt ward zum Tode, um inmitten dieser Welt von Gott für alle Zeiten Zeugnis abzulegen, gilt es, als unumstößliche Bejahung einer Evidenz der Menschlichkeit, wie sie im Herzen eines jeden lebt, entgegen dem Bestehenden als Hoffnung und Befreiung aus dem Teufelskreis von Angst, Macht und Gewalt Stufe um Stufe frei- und durchzusetzen.

Um das zu tun, muß man an dieser Stelle nur einmal durchmustern, in welcher Form der Krieg nach innen, den die staatliche Justiz mit ihrem Strafrecht selbst für sich in Anspruch nimmt, quer durch die menschliche Geschichte durchgeführt wurde, und es wird seine Gräßlichkeit sich von allein zu dem Appell ausformen, dem Zustand dieser Welt ein Ende zu bereiten und an die Stelle der Staatsherrschaft die Herrschaft Gottes in den Herzen der Menschen zu setzen. Genug ist genug. Mehr braucht es nicht.

332 A.a.O., Epilog. Die letzte Nacht, S. 770.

IV) Strafen in staatlicher Gewalt als inszenierte Grausamkeit

Gegen den Versuch einer Änderung der überkommenen Praktik staatlicher Politik bereits, erst recht dann gegen die »vermessene« Idee einer Verwandlung, ja, Erlösung dieser Welt von ihren düsteren Zwängen im Kreislauf von Gewalt und Schrecken, richtet sich von alters her der Defätismus aller »Realisten«: die Menschen, sagen sie, sind halt so. Tatsächlich ist eine solche Ansicht schlichtweg falsch, wollte man sie genetisch mit einem angeborenen Aggressionstrieb begründen; sozialpsychologisch indessen sprechen eine Menge von Beobachtungen tatsächlich dafür, daß bestimmte Grundkonflikte im menschlichen Zusammenleben, wie gezeigt, schon in den Homologien der Verhaltensweisen höherer Säugetiere angelegt sind und immer wieder in den Mechanismen von Angst und Angstverbreitung, von Verschüchterung und Einschüchterung »gelöst« zu werden pflegen.

In unserem Zusammenhang entscheidend ist die Feststellung, daß im Verlaufe der Kulturgeschichte der Einsatz von Gewalt keinesfalls abgenommen hat, sondern in immer größeren Gruppen organisiert wurde und dadurch an Umfang und Intensität sogar stetig zugenommen hat. Insbesondere die Staatengründung hat die Ausübung von Gewalt nicht aus der menschlichen Geschichte verbannt, sondern sie hat allenfalls einen Monopolanspruch des Machtbesitzes auf sie erhoben. Ganz richtig betont deshalb WOLFGANG SOFSKY, daß der Staat als »das Zentralorgan der sozialen Kultur ... kein Hort des Friedens« ist, sondern selber »eine Stätte der Gewalt«.[1] Die Erwartung, die kulturelle Verfeinerung des moralischen und ästhetischen Empfindens führe wie von selbst zu einer Gewalthemmung, ja, Gewaltentwöhnung, wird widerlegt, wenn man betrachtet, wie regelmäßig moralische Motive zur (Schein)Begründung von Krieg und Gewalt mobilisiert werden, indem das entsetzliche Leid, das den Gegnern oder Delinquenten zugefügt wird, als eine sittlich gerechtfertigte und gesetzlich notwendige *Strafe* hingestellt wird.

1 WOLFGANG SOFSKY: Traktat über die Gewalt, 219.

Nicht übersehen läßt sich zudem die ästhetisch-künstlerische Inszenierung von Gewaltzufügung durch ritualisierte Theatralik, dramatisch publikumswirksame Aufführungen sowie durch hymnische Lobpreisungen in rühmenden Gedichten und symbolisch verdichteten Reliefdarstellungen. Kein Zweifel: es gibt so etwas wie einen Genuß beim Anblick von Gewalt, wie der Hamburger Soziologe TRUTZ VON TROTHA zu Recht betont[2], indem er die »Lust der Freiheit der Macht« hervorhebt; fraglich freilich bleibt, ob diese Machtlust, wie er meint, als männliche »Antithese zu Weiblichkeit, Kindheit und Alter« interpretiert werden muß, – es erscheint als zu einseitig: winkte nicht bereits in der Psychologie von Tieren dem Sieger in einem Kommentkampf als Prämie die Gunst des umworbenen Weibchens, so hätte, was als »männlich« bezeichnet wird, wohl kaum in Gestalt und Gebaren sein heutiges Erscheinungsbild annehmen können; nur komplementär zu einander vermochte die Dichotomie von Mann und Frau sich evolutiv zu entfalten.

Um die Gewaltlust selbst zu begründen, genügt indessen bereits das Triumphgefühl, das nach Einsatz aller Kräfte und überstandener Gefahr den Überlegenen erfüllt; er genießt nach gewonnenem Zweikampf sich selbst, seine gewachsene Macht, das erhöhte Ansehen unter seinesgleichen, – Ruhm, Anerkennung und ein gehobener Status im Sozialverband stehen als Belohnung auf den siegreichen Einsatz von Gewalt, und diese selbst ist es daher anscheinend wert, sogar tödliche Risiken im Zweikampf einzugehen. Am Ende winkt dem erfolgreichsten und listigsten Gewalttäter der Thron, und von da an dient die eingesetzte Gewalt vornehmlich der Stabilisierung der jeweils errungenen Position. Sie ist *erkämpft* worden; schon deshalb bleibt sie nach wie vor umkämpft und muß mit stets vergrößerter Gewalt verteidigt werden. Die exzessive Grausamkeit der Strafmaßnahmen gegen die möglichen wie wirklichen Gegner innerhalb wie außerhalb des errungenen Herrschaftsbereichs dient wesentlich der Wahrung einer solchen stets bedrohten Autorität, und entsprechend muß sie unter den wechselnden historischen Bedingungen der jeweiligen Kultur als ein in vielen Manifestationen gleichbleibendes Phänomen begriffen werden.

Zweierlei ist daher in unserem Themenzusammenhang zu beschreiben: 1) in welch einem Kontext strafender Grausamkeit speziell

2 TRUTZ VON TROTHA: Zur Soziologie der Gewalt, in: DERS.: (Hg.): Soziologie der Gewalt, 9–58.

die Kreuzigung Jesu zu verstehen ist, und 2) wieso die Rebellion des Mannes aus Nazareth, die seine Hinrichtung zur Folge hatte, in den Strafpraktiken der allerchristlichsten Herrscher des Abendlandes nicht aufgegriffen, sondern im Gegenteil immer von neuem in wechselnder Weise zum Tode verurteilt wurde. Um das Trugbild unseres modernen Selbstverständnisses vorweg schon ein Stück weit auszuräumen, sei hier bereits vermerkt, daß auch der vermeintliche Wendepunkt in der politischen Kultur Europas, der Einzug der Demokratie seit der Französischen Revolution von 1789, dem Faktor der Gewalt im Strafrecht zwar ein milderes Aussehen, doch keine menschlichere Wirklichkeit verliehen hat. Noch bis vor kurzem hatten wir die Todesstrafe; in God's own country, in den USA, ist sie bis heute nicht verschwunden. Und wie steht es mit Folter und Gefängnis? Das alles bleibt zu untersuchen.

1) *Strafende Gewalt in der Antike*

a) *Mesopotamien in neuassyrischer Zeit*

Die Geschichte des »Keilschriftrechts«, das auch die Bibel zutiefst geprägt hat, haben wir bereits ausführlich genug dargestellt, um die Verknüpfung von staatlicher Strafautorität und demonstrativer Grausamkeit in der Exekution der unterschiedlichen Strafformen hinreichend zu begreifen, – als eine »Ordnung des Terrors« hat WOLFGANG SOFSKY treffend diesen Zusammenhang bezeichnet[3]. Was hingegen dringend nachgetragen werden muß, um die Entstehungsgeschichte speziell der Kreuzigungspraxis zu begreifen, ist ein Blick in die Strafgeschichte insbesondere des *Neuassyrischen Reiches* (935–609 v. Chr.), die in ihrer Gräßlichkeit das Entsetzen um so greller malt, als sie zwar deutlicher als andernorts dokumentiert, was eine Staatsmacht Menschen zuzufügen fähig ist, doch dabei keinesfalls als Ausnahme begriffen werden darf.

Der Weg von der Gesetzesstele des *Hammurapi* im Jahre 1754 v. Chr. zu dem Gewaltimperium der Assyrer Anfang des 1. Jtsds. v. Chr. ist durch den Machtzerfall der altbabylonischen Herrschaft (1792–1595) gekennzeichnet. Es beginnt damit, daß der Hethiterkönig *Murschili I.* im Jahre 1595 Babylon erobert und damit ein Machtvakuum schafft, in welchem neben den Hethitern auch die Ägypter und, ab 1500, in Nordmesopotamien und Nordsyrien die für ihre Pferdezucht berühmten Mitanni ihre Interessen geltend machen. In Babylon regiert das ehemalige Nomadenvolk der Kassiten; ab 1350 löst sich Assur von der Mitanni-Herrschaft, deren Erbe es nach und nach antritt, während östlich des Tigris sich das Reich von Elam stabilisiert. Das kassitische Babylon unter König *Karaindasch* trifft sich um 1440 mit dem ägyptischen Pharao *Thutmosis III.* (1479–1426), der als der machtvollste Eroberer in der Geschichte des Nillandes gilt. Als um 1325 v. Chr. die Mitanni in den Machtbereich der Hethiter geraten, nutzt der assyrische König *Assuruballit I.* (1353–1338) die Schwäche des Nachbarstaates dazu aus, sich die ehemaligen Mitanni-Gebiete einzuverleiben. Und dieser Machtwille Assurs bleibt über lange Zeit bestehen.

100 Jahre später, um 1215 v. Chr., wendet sich der Assyrerkönig

3 WOLFGANG SOFSKY: Ordnung des Terrors, in: Kritische Justiz 27/1994, 385.

Tukulti-Ninurta I. (1233–1197) nach Süden und erobert Babylon, dessen König er in seine Hauptstadt verschleppt. Unter ihm erlangt das assyrische Reich eine bis dahin nie gekannte Ausdehnung; er selbst aber wird 1197, wie bei Eroberern und Gewaltherrschern nicht selten, ermordet; erhebliche Gebietsverluste Assurs sind die Folge. Als aus unbekannten Gründen – die »Seevölker« nimmt man als Ursache an – um 1200 das Hethiterreich kollabiert, nutzen 1165 die Elamiter die Gunst der Stunde, Babylon zu plündern; um 1110 aber besiegt seinerseits der babylonische König *Nebukadnezar I.* (1124–1103) das Reich von Elam und bringt das geraubte Kultbild des *Marduk* wieder nach Babylon zurück. Im Norden regiert seit 1114 v. Chr. der Assyrerkönig *Tiglat-Pileser I.* (1114–1076); als dieser 1076 v. Chr. stirbt, dringen die nomadisierenden Aramäer in Assyrien ein und reduzieren dessen Größe auf die Ausmaße eines bloßen Stadtstaates. Auch die Könige von Babylon verlieren ihre Macht, und über 100 Jahre befinden Assur wie Babylon sich gemeinsam in einem Zustand des Niedergangs. So ist das übliche Bild der Geschichte: ein endloses Hin und Her in dem grausamen Machtverteilungskampf staatlicher Gewalt.

Die Lage für Assur ändert sich erst, als 935 v. Chr. *Assurdan II.* (935–912) einen Teil der aramäisch besetzten Städte zurückerobert und damit den Wiederaufstieg Assyriens im *Neuassyrischen Reich* einleitet. 865 v. Chr. verlegt *Assurnasirpal II.* (883–859) die Hauptstadt seines Reiches von Assur nach Kalchu (dem heutigen Tel Nimrud) und vergrößert in äußerst grausam geführten jährlichen Kriegszügen systematisch seinen Herrschaftsbereich. *Salmanassar III.* (858–824 v. Chr.) dehnt seine Feldzüge bald schon bis nach Syrien und ins Zagros-Gebirge aus. Erst in der Schlacht von Karkar am Orontes gelingt es im Jahre 853 v. Chr. einer Koalition von Aramäern, Phöniziern, Israeliten, Ägyptern und Arabern, die Expansion der Assyrer in Syrien zu stoppen, doch nur vorübergehend, denn die Ausdehnung Assyriens zu einer Weltmacht geht bis 627 v. Chr. weiter, und sie ist gebunden an vier Namen: Um 730 v. Chr. erobert *Tiglat-Pileser III.* (744–727) Babylon, das er, bei einer relativen Selbständigkeit, als Doppelkönig von Assyrien und Babylonien in Personalunion regiert; er ist der erste Herrscher, der ein stehendes Heer unterhält[4]. Die ständigen Unruhen in dem unterworfenen, doch

4 ARNOLD TOYNBEE: Krieg und Kultur, 60–80: Assyrien, der starke Mann in Waffen, S. 76: » ... wenn er (sc. *Tiglat-Pileser III.*, d.V.) der assyrische *Marius* war, läßt diese Analogie zu den Römern darauf schließen, daß die Schaffung eines

nicht besetzten Babylon veranlassen 689 den Assyrerkönig *Sanherib* (705–681) dazu, die Stadt nach anderthalbjähriger Belagerung dem Erdboden gleichzumachen und den größten Teil ihrer Bevölkerung als Rebellen hinzurichten. Krieg als Todesstrafe, verhängt über den widersetzlichen Gegner – krasser läßt sich dieses Denken nicht demonstrieren als in dem brutalen Exempel, das *Sanherib* beim Fall Babylons gegeben hat.

Indessen geht die Expansion des assyrischen Imperiums weiter. 667 dringt *Assurbanipal* (669–631) bis nach Theben zur Hauptstadt von Oberägypten vor und erreicht dadurch die größte territoriale Ausdehnung des Reiches. Doch als er 631 v. Chr. stirbt, beginnt unaufhaltsam der Niedergang seines Gewaltimperiums.

Unter *Nabopolassar* (625–605) bereits befreit sich Babylon von den Assyrern; die Zeit des *Neubabylonischen Reiches* (626–539 v. Chr.) hebt an. *Nabopolassar*s Sohn, der Kronprinz *Nebukadnezar II.* (König 604–562) besiegt 605 v. Chr. bei Karkemisch eine Streitmacht des ägyptischen Pharaos *Necho II.* (609–594); um 600 v. Chr. errichtet dieser bedeutendste neubabylonische König den Tempelturm (»Etemenanki«) des Gottes *Marduk*, der mit einer Höhe von 90 m als das größte Gebäude seiner Zeit gilt; mit etwa 200 000 Einwohnern macht *Nebukadnezar II.* Babylon zu der größten Stadt der Welt, die er zudem mit prachtvollen Baumaßnahmen ausstattet. Aus der Bibel wissen wir von seinen zwei Eroberungen Jerusalems im Jahre 597 und 587 v. Chr.

Gleichwohl ist der Untergang auch seines Reiches unvermeidlich, und er ist verbunden mit dem Namen des babylonischen Königs *Nabonid* (555–539); denn dieser, statt zu regieren, verbringt untätig zehn Jahre in einer arabischen Oase und weiht zum Ärger der babylonischen Untertanen sein Leben dem Mondgott *Sin*. In dieser Situation gelingt es dem Achämeniden-Herrscher *Kyros II.* (558 König von Persien, seit 553 König von Medien), das Perserreich zu einer Großmacht auszudehnen; widerstandslos besetzt er im Jahre 539 v. Chr. das große Babylon[5]; in der Bibel wird er wegen der Freilas-

stehenden Heeres von Berufssoldaten ein Symptom … gesellschaftlichen Verfalls war.« Vgl. ELENA CASSIN – JEAN BOTTÉRO – JUAN VERCOUTTER (Hg.: Die Altorientalischen Reiche, III 56–57.

5 Vgl. ANDREAS SEDLMAIER: Die Geschichte Mesopotamiens, in: Mythos Babylon, Geo Epoche Nr. 87, 152–159. – Zum Vertrag zwischen *Karaindasch* und *Thutmosis III.* vg. ELENA CASSIN – JEAN BOTTÉRO – JUAN VERCOUTTER (Hg.): Die Altorientalischen Reiche, II 19. Zur Beziehung der Assyrer zu den Elamitern vgl. ELENA CASSIN – JEAN BOTTÉRO – JEAN VERCOUTTER (Hg.): Die Altorientalischen

sung der jüdischen Exulanten mit dem Edikt von 538 gefeiert als der verheißene Messias (Jes 44,24 – 45,7); doch auch das persische Strafsystem kennt Züge, die, wie wir noch sehen werden, mit den Praktiken der Assyrer und Babylonier auf schlimme Weise vergleichbar sind.

Alles in allem zeigt diese knappe Übersicht der Geschichte Mesopotamiens in der Zeit des Neuassyrischen und Neubabylonischen Reiches eine Abfolge unablässiger Kriege und Machtverschiebungen, indem die militärische Schwäche des einen augenblicklich die aggressiven Expansionsgelüste des anderen auf den Plan ruft. Was uns an dieser Stelle aber am meisten beschäftigt, ist die unglaublich scheinende Brutalität, mit der diese Kriege zur Machtverschiebung als Eroberungs- und Strafexpeditionen durchgeführt werden. Das methodische System, das darin zum Ausdruck kommt, ist nicht anders denn als purer Staatsterror zu bezeichnen. – Als die Amerikaner 1991 unter BUSH sen. Bagdad angriffen, nannten sie die Einleitung ihres wochenlangen Bombardements *aw and terror*, Furcht und Schrecken; doch genau nach diesem Prinzip agierten und regierten bereits vor 3000 Jahren die Herrscher des Alten Orients.

Waren die Assyrer *besonders* grausam? Wenn man sich (in Bagdad im Nationalmuseum und im British Museum in London) die Bilder mit den Beschreibungen ihrer Eroberungen und Hinrichtungen anschaut, möchte man's glauben. Besonders die beiden Könige, die das *Neuassyrische Reich* groß gemacht haben, *Assurnasirpal* und *Assurbanipal,* rühmten sich extensiv und exzessiv ihrer zur Schau getragenen Schrecklichkeit: die von ihnen Unterworfenen sollten sie fürchten und hassen, auf daß sie gefügige Untertanen würden und blieben[6], ja, auf daß sie am besten sich gleich widerstandslos in den »Schutz« ihrer Zwingherren begäben, um einem widrigenfalls mit Sicherheit zu erwartenden furchtbaren Schicksal zu entgehen.

Wohlgemerkt bildete der systematisch betriebene Staatsterror nicht etwa eine Randerscheinung des assyrischen Militarismus und

Reiche, III 86–87. – Zu der Niederwerfung Babylons durch *Sanherib* vgl. ECKART FRAHM: Zerstörer, Bauherr, Reformer, in: Damals, 10/2003, 24–29, S. 29. Auf den Zusammenhang von militärischer Eroberung, wirtschaftlicher Ausbeutung und der Einrichtung von Handelswegen verweist KAREN RADNER: Handel im Wandel, in: Damals, 10/2003, 32–37.

6 Dieses Prinzip wurde zum Sprichwort rechter Regierungskunst durch den Ausspruch des römischen Tragödiendichters LUCIUS ACCIUS um 130 v. Chr. in seiner Tragödie »Atreus«: »Sie mögen mich ruhig hassen, solange sie mich fürchten (*Oderint dum metuant*).«

Imperialismus, er war auch nicht einfach der Ausdruck einer immer mal wieder ausbrechenden persönlichen Perversion der jeweiligen Herrscher zu sadistischem Lustgewinn, er stellte vielmehr das strategisch konsequent gehandhabte Mittel zur Brechung jedweder Widersetzlichkeit innen- wie außenpolitisch dar. Das beabsichtigte Grauen war identisch mit der beanspruchten Machtfülle Assurs.

Nur so ist ein Text zu verstehen, den *Assurnasirpal II.* (wörtlich: Assur ist Wächter meines Erbsohnes) auf den Relieftafeln in einem Tempel der Stadt Kalchu am Tigris ausgestellt hat[7]: »Vor seinem Stadttor schichtete ich einen (Schädel)haufen auf. Alle Großen, die gegen mich rebelliert hatten, ließ ich schinden und überzog mit ihren Häuten den (Schädel)haufen. Einige ...-te (?) ich im Schädelhaufen, andere pfählte ich vor dem (Schädel)haufen, mit wieder anderen Gepfählten umgab ich den (Schädel)haufen ringsherum. Viele (andere) ließ ich in allen Teilen meines Reiches schinden und bezog mit ihren Häuten die Stadtmauern. Die Eunuchen und die königlichen Eunuchen, allesamt Verbrecher, zerstückelte ich. (Den feindlichen Herrscher) *Ahi-iababa* brachte ich nach Ninive, ließ ihn dort schinden und bezog mit seiner Haut die Stadtmauer von Ninive.«[8]

Was wir in diesem ungewöhnlich ausführlichen Text dargeboten finden, ist eine nahezu vollständige Auflistung der häufigsten Hinrichtungsarten im Neuassyrischen Reich. Obenan das *Abschneiden der Köpfe*, die offenbar als Trophäen aufgehäuft und ausgestellt wurden. Die Prozedur selbst bereits »muss ... eine scheußliche Sache gewesen sein, denn die assyrischen Soldaten verwendeten keine Waffen, die einen schnellen Hieb gestattet hätten, sondern kurze, verhältnismäßig leichte Schwerter, die nur ein umständliches Schneiden erlaubten.«[9] Doch gerade die Länge solcher Qual war beabsichtigt um des abschreckenden Schauspiels wegen, und die Kopftrophäe selbst, vor allem wenn sie, selten genug, von dem König einer besiegten Stadt kam, wurde gehütet zur Zelebration eines pompös zu feiernden Sieges.

Assurbanipal beispielsweise, der zweite große Mehrer des Neuassyrischen Reiches, der freilich auf dem Schlachtfeld persönlich kaum in Erscheinung trat und statt dessen im Tempel die Götter um ein

7 MATHIAS MESENHÖLLER: Der Kriegerkönig vom Tigris, in: Mythos Babylon, Geo Epoche Nr. 87, S. 110.
8 Zit. n. ANDREAS FUCHS: Waren die Assyrer grausam? in: Martin Zimmermann (Hg.) Extreme Formen von Gewalt in Bild und Text des Altertums, 67.
9 A.a.O., 73.

Eingreifen bat, sah sich im Jahre 653 genötigt, den König der Elamiter *Teᶜumman* in Susa anzugreifen; auch dessen Tod ist in allen Einzelheiten auf Reliefdarstellungen festgehalten; sie »zeigen, wie im Chaos von Niederlage und Flucht der bereits verwundete *Teᶜumman* aus seinem zerbrochenen Wagen geschleudert wird. Von Schmerzen gebeugt, lässt er sich von seinem Sohn wegführen, der ihn noch verteidigen will, doch schließlich werden beide von den nachdrängenden Assyrern niedergemacht. Assyrische Krieger schneiden *Teᶜumman* den Kopf ab, heben die am Boden liegende elamische Krone auf und tragen den Kopf des Königs und seines Sohnes zurück ins assyrische Feldlager, zur Trophäensammelstelle, wo sich die Leichen und abgeschlagenen Schädel zu häufen beginnen. Sicherheitshalber lässt man sich dort die Identität des königlichen Hauptes durch gefangene Elamer bestätigen, anschließend wird es auf einem erbeuteten elamischen Wagen per Eilexpress nach Assyrien überstellt.«[10]

Dort, am Südtor von Ninive, nimmt *Assurbanipal*, der zum Kriegsverlauf bislang einzig durch üppige Mahlzeiten und Tempelbesuche beigetragen hatte, in großer Geste auf seinem Kriegswagen den Kopf seines Gegners in Empfang, schneidet, als hätte er selbst ihn getötet, mit dem Messer daran herum und bespuckt ihn verächtlich. Dann zieht er »mit seiner Beute als siegreicher Held in die Stadt ein ... durch die sicherlich jubelnde Bevölkerung bis zum Tor der Zitadelle, auf der die wichtigsten Tempel und die Königspaläste gen Himmel ragten. Vor dieser majestätischen Kulisse führte *Assurbanipal* eine feierliche Opferzeremonie durch, in deren Verlauf er in Siegerpose seinen Bogen auf den Schädel des *Teᶜumman* stellte und ein Trankopfer über ihm ausgoß. Wie unendlich kostbar ihm seine Trophäe war, lässt sich daran ersehen, dass man *Assurbanipal* selbst während seiner Mahlzeiten nicht dazu bewegen konnte, sich von ihr zu trennen. Während er mit seiner Gemahlin speiste, hing der Kopf an einem Baum ganz in der Nähe.«[11] Schließlich, fünf Monate nach dem Tode des Elamiterkönigs, zum Akitu-Fest im Februar/März 652, machte sich *Assurbanipal* mit seiner Kopftrophäe nach Arbela auf, um dort der Göttin *Ischtar* für seinen Sieg zu danken.

Dort, in Arbela, wiederholten sich die Zeremonien von Ninive, nur daß sie jetzt noch ausgedehnter ausfielen, indem die assyrischen Truppen auf ihrem Rückweg von Elam in Babylonien eingefallen

10 A.a.O., 97.
11 A.a.O., 98–99.

waren und von dort etliche lokale Verbündete der Elamiter gefangengenommen hatten. An ihnen ließ sich durch blutige Folterhinrichtungen die ganze Majestät des assyrischen Königs vor großem Publikum erzeigen. Den Höhepunkt der triumphalen Feierlichkeiten bildete die Hinrichtung zweier Untergebener des *Dunanu*, des Anführers des Aramäerstammes der Gambulu; ihn selbst und seinen jüngeren Bruder *Samgunu* hatte man in Ketten gefesselt und ihnen den Kopf des *Teᶜumman* sowie des elamischen Vizekönigs *Ischtarnandi* um den Hals gebunden; man hatte sie verprügelt und bespuckt und machte sie hernach zu Zeugen der Hinrichtung ihrer beiden Mithäftlinge, ein Akt, der erneut im Detail auf den Reliefs im Saal I des Nordpalastes in Ninive festgehalten ist: Man ließ den Gefangenen die Zungen herausreißen, weil sie sich angeblich despektierlich über die Götter geäußert hatten, und alsdann fing man an, ihnen nach Metzgerart die Haut abzuziehen. Auf dem Relief ist zu sehen, wie einer der beiden Delinquenten einen Hieb mit dem Streitkolben erhält und zu Boden geworfen wird, »am Gesicht des anderen, der bereits gefesselt auf dem Rücken liegt und von je einem Schergen am Kopf und an den Füßen festgehalten wird, ist der Henker schon am Werk. In der Folgeszene liegen beide Opfer nackt auf dem Bauch, ihre ausgestreckten Arme und Beine sind an Pflöcken festgebunden, die im Boden stecken. Zu beiden beugt sich geschäftig ein Henker herab, der sich mit einem Messer anschickt, die Haut vom Rücken her zu lösen.«[12] Danach begab sich *Assurbanipal* voller Genugtuung vom Hinrichtungsplatz weg, im Prunkwagen stehend, in einem Prozessionszug durch die Stadt zurück zu seiner Zitadelle.

Aus heutiger Sicht scheint es geradewegs geboten, derartige barbarisch und primitiv anmutende Hinrichtungspraktiken ihrer Grausamkeit wegen rundum zu verurteilen. Allerdings muß man erneut bedenken, daß der Umgang mit besiegten Feinden oder Aufrührern sich, wie der Krieg insgesamt, offenbar aus den Techniken der Jagd entwickelt hat. Es ist kein Zufall, sondern bedeutet in gewissem Sinne einen Fingerzeig des eigenen Ursprungs, wenn der gleiche König, der siegreich über seine Feinde hergeht, in gleicher Manier seine Kraft in der Jagd auf gefährliche Raubtiere unter Beweis stellt. Auch erlegten Tieren zieht man die Haut ab, und es sind offenbar dieselben Schnitte, die man am menschlichen Körper vornehmen muß, um ihn zu schinden, wie man sie auch bei einem Tier vor-

12 A.a.O., 103.

nimmt; auch daß man die Haut des getöteten Tieres als Trophäe ausstellt, dürfte die Praxis vorbereitet haben, gleichermaßen die Haut eines Feindes oder eines Delinquenten am Stadttor oder an einem anderen weithin sichtbaren Ort auszustellen, – ein Brauch, der sich ohne Einschränkung im »christlichen Mittelalter« und sogar noch in der Neuzeit erhalten hat[13]. Aus der Jagd herleiten dürfte sich gleichermaßen die übergroße Wertschätzung des Kopfes eines erlegten Tieres oder Feindes: bereits bei Schimpansen, wenn sie erfolgreich Jagd auf die roten Stummelaffen machen, läßt sich beobachten, wie sie beim Verteilen ihrer Beute geradezu andächtig den Inhalt des Kopfes ihres Jagdopfers verzehren[14], und auch die ethnologisch weitverbreitete Kopfjagd dürfte eine Brücke zu derartigen Verfahren heroischer Selbstdarstellung bilden.

Allerdings sind hier drei Unterschiede festzustellen. Am wichtigsten ist *zum ersten* die Tatsache, daß speziell das »*Häuten*« nicht an einem schon Getöteten, sondern absichtlich an einem Lebenden vorgenommen wurde. Als zum Beispiel im Herbst 883 v. Chr. *Assurnasirpal* erfährt, daß in der Stadt Suru am Habur, einem Zufluß des Euphrat, Rebellen »den assyrischen Gouverneur erschlagen und einen eigenen König ausgerufen haben, eilt (er) voller Ingrimm mit dem Heer dorthin. Um sich selbst zu retten, liefert die Bevölkerung den Usurpator und dessen Gefolgsleute aus. *Assurnasirpal* lässt sie bei lebendigem Leibe häuten. Die bestialische Quälerei dauert wahrscheinlich gut eine Stunde; immer wieder fallen die Gemarterten in eine gnädige Ohnmacht – und werden unbarmherzig geweckt. Die Glücklicheren sterben am Schmerzschock, andere erst binnen Stunden oder gar Tagen an Blut- und Flüssigkeitsverlust, Auskühlung, Infektionen. Ihre abgezogenen Häute stellt der König im ganzen Reich aus, lässt sie an Stadttoren und Mauern aufspannen, um Schausäulen winden ... Immer wieder lässt *Assurnasirpal* mitleidlos

13 In Paderborn z. B. wird im Jahre 1604 der Bürgermeister *Liborius Wichard* gevierteilt und stückweise an den Stadttoren ausgestellt. Er war ein Protestant, der als ein vielfach angeklagter Despot regierte. Als er ein Ermächtigungsgesetz erläßt, setzt der Bischof seine Soldaten in Marsch. »Abtrünnige ergreifen ihn am 26. April 1604 im Rathaus, fesseln ihn an eine Säule und öffnen den katholischen Truppen das Westerntor. Die *Wichard*'sche Schreckensherrschaft endet vier Tage später mit einem unbarmherzigen Urteil: der Vierteilung. Auf dem Jahrmarktsplatz vor dem Westerntor wird *Wichard* hingerichtet. Sein Kopf und Teile des Rumpfes werden ... an den fünf Stadttoren ausgestellt.« MANFRED STIENECKE: Ein Despot stürmt das Rathaus, in: Westfalen Blatt, 22/23.8.2009.

14 Vgl. E. DREWERMANN: Die Spirale der Angst, 50, Anm. 9.

Abtrünnigen, Meuterern, Feinden öffentlich die Haut abziehen, sie pfählen oder lebendig ausweiden.«[15] *Tafel* 4 zeigt, wie assyrische Soldaten Verurteilten bei lebendigem Leibe die Haut abziehen[16].

Zum zweiten liegt der Sinn einer solchen Hinrichtungsart offenbar gerade in der Zurschaustellung des langsam eintretenden qualvollen Sterbens: möglichst viele sollen die Unbarmherzigkeit der gräßlichen Prozeduren mit den Schmerz- und Hilfeschreien der Opfer, so lang es sich hinzieht, sehen und hören, um desto mehr jenen Herrscher zu fürchten und zu respektieren, der derlei Strafen zu verhängen vermag. Zugleich sollen die *Zuschauer* sich angstvoll um ihren König scharen, der auf diese Weise durch seine Macht Recht und Ordnung in seinem Herrschaftsbereich wiederherstellt. Jeder soll lernen: wer es mit der regierenden Macht hält, steht auf der sicheren Seite, er gehört selbst zu den Richtigen und Ordentlichen, bei den Abweichlern aber soll der Schauder bei der Wahrnehmung solch entsetzlicher Pein jeden Widerstandswillen im Keim ersticken. Mit der Strafe soll ein Exempel statuiert werden, das möglichst viele erreicht, das sich herumspricht, davon weithin die Ohren gellen.

Und ist das wirklich uns Heutigen so gänzlich fern? Nur zur Erinnerung: Auch in unseren Tagen gibt es nach wie vor solch triumphal aufgezogene Militärparaden wie zum Beispiel 1991 in den USA, als nach der Zerschlagung des Irak in dem Unternehmen »Desert Storm« sechs Wochen lang der Sieg über ein Dritte-Welt-Land mit den Konfetti-Paraden der heimkehrenden Soldaten zwischen New York und Los Angeles gefeiert wurde; dabei war das ein Krieg, der, anders als bei den Assyrern, von vornherein auf die brutale Tötung großer Bevölkerungsteile abzielte, – schätzungsweise 200 000 Menschen kamen damals ums Leben, und ihr Tod mit Napalm- und Clusterbomben[17] dürfte in jedem Einzelfall nicht weniger qualvoll gewesen sein als die Opfer assyrischer Todesurteile, die sich gerade

15 MATTHIAS MESENHÖLLER: Der Kriegerkönig vom Tigris, in: Mythos Babylon, Geo Epoche Nr. 87, S. 114. 117.

16 Vgl. die Abbildung bei IRENE STRATENWERTH: Mord in Nippur, in: Mythos Babylon, Geo Epoche Nr. 87, S. 88.

17 RAMSEY CLARK: Wüstensturm, S. 72–96: Der »Waffenspaziergang« und die Festigung der Vorherrschaft, S. 91, berichtet von einem Massaker, das am 25. Febr. 1991 von der US-Koalition angerichtet wurde: »Über 60 Meilen: Hunderte irakischer Tanks und gepanzerter Fahrzeuge … Zahllose Soldaten liegen zwischen den Fahrzeugen im Treibsand, verstümmelt, aufgedunsen.« Die Medien verschweigen derartige Massaker. »Man muß sich fragen, wie viele Kriegsverbrechen durch den Wüstensand verborgen bleiben. Und wie viele Leichen dort begraben sind.«

infolge ihrer ausgeklügelten Grausamkeit wenigstens nicht dazu eigneten, Massenhinrichtungen zu Zehntausenden vorzunehmen.

Zum dritten ist es nicht nur ein propagandistisches Manöver, wenn *Assurbanipal* mit seiner Kopftrophäe des *Teʿumman* nach Arbela zum Tempel der *Ischtar* sich begibt, um der Göttin für seinen Sieg zu danken. Die Schindung und Schändung von Gefangenen erfüllte nicht zuletzt die Funktion eines Opferrituals. Wie man den Göttern Tiere darbrachte, so auch Menschen; mit ihrer Hinrichtung stellte sich die himmlische Ordnung wieder her, als deren Repräsentant der König selber galt. – Auf der Suche nach einem diesbezüglichen Analogon in der Gegenwart läßt sich vergleichbar auf die Begründung moderner Kriege als »humanitärer Einsätze« hinweisen: wenn da mit hochentwickeltem Gerät, mit Panzern, High-speed-Guns und Drohnen wie in Afghanistan, oder mit großflächigen Bombardements wie in Libyen, Hunderttausende von Menschen getötet werden, so handelt es sich gleichermaßen der offiziellen Rechtfertigung nach um die Darbringung eines Opfers, das, wie zum Ersatz der verloren gegangenen Religion, dem Staat selber als der letzten verbliebenen Ordnungsmacht dargebracht werden muß (beziehungsweise den wirtschaftlichen Interessen, die der jeweilige Staat vertritt).

In jedem Falle zeigt sich gerade auch hier noch einmal, daß Praktiken, die in der Frühzeit der Kultur, bei Jägervölkern und Stammeskulturen, gleichermaßen auf religiösem Hintergrund geübt wurden, in ihrer Grausamkeit durch die Staatenbildung nicht etwa verringert, sondern im Gegenteil quantitativ wie qualitativ enorm gesteigert wurden. Dabei waren auf dem Niveau des Neuassyrischen Reiches die eingesetzten Methoden »insgesamt noch sehr grobschlächtig und primitiv und jedenfalls weit entfernt von der teuflischen Raffinesse des christlichen und islamischen Mittelalters oder der Neuzeit ... In der Moderne haben allein schon simpelste Elektrotechnik oder Psychopharmaka Tore zu Höllenwelten aufgestoßen, von deren bloßer Existenz die Assyrer sich selbst in ihren rachsüchtigsten Phantasien noch nichts haben träumen lassen.«[18] Die Durchdringung des staatlichen Rechtssystems in so gut wie allen Bereichen des Zusammenlebens hat die Grausamkeit der menschlichen Geschichte nicht gemindert, sondern inflationär vermehrt; lediglich ihre aufdringliche Demonstration in der Öffentlichkeit hat sich vermindert und ist

18 ANDREAS FUCHS: Waren die Assyrer grausam?, in: Martin Zimmermann (Hg.): Extreme Formen von Gewalt in Bild und Text des Altertums, 73–74.

dafür der Technik der Vertuschung und Tarnung gewichen. Das mag vielleicht denn doch daran liegen, daß unterhalb des staatlichen Machtanspruchs im Gewissen der Einzelnen sich so etwas entwickelt hat wie ein verfeinertes Gefühl von Mitleid und Menschlichkeit. Kopfjagd und Kannibalismus jedenfalls sind mit unserer Kultur tatsächlich nicht mehr vereinbar.

Was den *religiösen Aspekt* der brutalen assyrischen Hinrichtungsarten angeht, so kommt er explizit zum Ausdruck in dem Vergleich der Tötung eines gefangenen Rebellen oder Delinquenten mit der Schlachtung eines Schafes. *Assurbanipal* etwa drohte bei Abschluß eines Vertrages dem potentiellen Eidbrüchigen mit den Worten: »So wie man jungen Schafböcken und Schafen, männlichen und weiblichen Lämmern (den Bauch) aufschlitzt, so daß sich ihre Gedärme um ihre Füße schlingen – genau so sollen sich Eure Gedärme und die Gedärme Eurer Söhne und Töchter um Eure Füße schlingen.«[19] – Auf gerade diese Art muß man sich die Hinrichtung auch jenes unglücklichen *Dunanu* vorstellen, die *Assurbanipal* ebenfalls mit der Schlachtung eines Schafes verglich und mit der er auch dessen Brüder sowie den chaldäischen Rebellen *Aplāja* zum Tode verurteilte: »Den *Dunanu*«, schreibt er, »warf man in Ninive auf die Schinderbank ... und schlachtete ihn wie ein Schaf. (Auch) die noch übrigen Brüder des *Dunanu* und den *Aplāja* brachte ich um. Ihr Fleisch zerstückelte ich und ließ es in allen Ländern zum Anschauen herumtragen.«[20] – Wenn man in den Liedern des *Zweiten Jesaja* davon liest, der Gottesknecht werde wie ein Schaf zur Schlachtbank geführt werden (Jes 53,7), so stehen dem Propheten offenbar eben diese assyrischen Hinrichtungspraktiken vor Augen, und erneut begreift man die Aufgabe und die Preisgabe im Schicksal des Jesus von Nazareth in seinem Protest gegen die staatliche Grausamkeit und in der Provokation eben dieser Grausamkeit als eines Strafgerichts über ihn als einen Rebellen, der die gesamte etablierte staatliche Ordnung in Frage stellt.

Neben dem Köpfen, Häuten und Bauchaufschlitzen existierten bei den Assyrern darüber hinaus noch eine Vielzahl anderer allerdings weniger gebräuchlicher Hinrichtungsarten, darunter »das Verbrennen, das Herausreißen des Herzens, das Ausdärmen (sc. wie bei *Dunanu*, d.V.) und das Zerstückeln ... Als Körperstrafen, die den Tod

19 Zit. n. a.a.O., 106.
20 Zit. n. a.a.O., 107–108.

nicht zwingend nach sich zogen, sind das Blenden, das Abschneiden von Händen, Füßen, Lippen und Nase, sowie das Herausreißen der Zunge zu nennen.«[21] Nur selten folgen diese Strafmethoden, die der Brandmarkung eines Täters auf Dauer dienen und seinen Körper selber in einen Pranger verwandeln, der Art des Vergehens selbst; sie sind keine bloßen Talionmaßnahmen, doch mitunter ist ein solcher Zusammenhang erkennbar, etwa wenn einem Vatermörder vor der Hinrichtung die Hände verbrannt werden oder wenn die Zunge oder die Lippen denen herausgerissen werden, die übel über den Herrscher oder die Assyrer und ihre Götter gesprochen haben, oder wenn jemandem bei einem Betrugsdelikt das Augenlicht genommen wird. Das Hauptziel all dieser Strafmaßnahmen ist in jedem Fall die Verbreitung von Schrecken und die Demonstration der absoluten Herrschergewalt des Machthabers, die sich eben darin erweist, daß er es ist, der über Leben und Tod entscheidet.

Die wohl größte Steigerung in der Zufügung von Qual erreichten die Assyrer bei ihren Hinrichtungsfoltern unzweifelhaft in der Methode der *Pfählung*, und bezeichnenderweise waren sie gerade damit derart erfolgreich, daß sie über Jahrhunderte hin zu einem Vorbild der Strafjustiz auch anderer mächtiger Staaten wie der Perser und der Römer wurden. Das war möglich, weil die Hinrichtungsart des Pfählens, so grausam sie war, nicht rein willkürlich, sondern nach Gesetz und Ordnung vollzogen wurde, – sie war diesem Machtsystem immanent. Verhängt wurde sie als eine »Strafe für außerordentliche Vergehen, meist für Rebellion und insbesondere für Fälle, in denen Angehörige des Herrscherhauses zu Tode kamen«.[22] Sie stellte die Konsequenz kapitaler Delikte dar. Freilich, als Kapitaldelikt ließ sich *jede* Widersetzlichkeit gegen den Machtanspruch Assurs oder anderer imperialer Staatsgebilde interpretieren: bereits sich nicht rechtzeitig unterworfen zu haben, konnte als Majestätsbeleidigung an den Kriegsgefangenen einer besiegten Stadt geahndet werden. Doch warum gerade diese ausgesucht quälende Todesart?

Eine Begründung dafür geben drei assyrische Reliefs am Tor *Salmanassars III.* von Balawat, die im British Museum ausgestellt sind und die gepfählten Vorsteher einer eroberten Stadt zeigen: »Stets wurden die Delinquenten gut sichtbar aufgestellt, was gewiß darauf

21 A. a. O., 73.
22 BRUNO JACOBS: Grausame Hinrichtungen – friedliche Bilder, in: Martin Zimmermann (Hg.): Extreme Formen von Gewalt in Bild und Text des Altertums, 134.

zielte, den Abschreckungseffekt zu nutzen ... In einer (Darstellung) sind sechs Verurteilte unweit einer Stadt auf einem Hügel zu erkennen ..., in einer anderen drei Delinquenten, die offenbar im Inneren einer Festung oder auf deren Mauer so hoch aufgepflanzt wurden, daß sie über der Mauer gut sichtbar waren ... Auf der dritten Darstellung wurden zwei Verurteilte, nachdem man ihnen die Füße respektive Hände und Füße abgeschnitten hatte, zwar nicht erhöht, doch wiederum unmittelbar vor den Mauern ihrer Stadt, mit den Gesichtern dieser zugewendet, aufgestellt«[23] (vgl. Abb. 8).

Besonders zu beachten ist vor allem die berechnete Grausamkeit, die, ähnlich wie beim Häuten oder Gliederabtrennen, nicht auf einen raschen Tod des Delinquenten abzielt, sondern ganz im Gegenteil das Opfer langsam unter entsetzlichen Qualen zum abschreckenden Schauspiel für die gaffende Menge sich zu Tode quälen läßt. Schon der Vorgang der Pfählung spricht für sich; ROLAND VILLENEUVE schildert ihn so: Man »legt ... den Verurteilten auf den Bauch, bindet seine Hände auf den Rücken fest und befestigt seine Beine so, daß sie weit gespreizt sind ... Nachdem die Öffnung, durch die der Pfahl gehen soll, hinlänglich eingeölt ist, nimmt der Henker diesen in beide Hände und stößt ihn, so tief er kann, in den Anus des Verurteilten. Dann treibt er ihn mit Hilfe eines Hammers 50 bis 60 Zentimeter hinein. Hernach wird der Pfahl aufgerichtet und in die Erde gerammt. Der Delinquent bleibt nun sich selbst überlassen. Er hat nichts, an dem er sich anhalten könnte, und wird von der Schwere seines Gewichts zu Boden gezogen, so daß der Pfahl immer tiefer in ihn eindringt, bis er schließlich entweder aus der Schulter, oder aus der Brust oder aus dem Magen wieder heraustritt. – Der Tod, der die schrecklichen Leiden dieses Unglücklichen beenden soll, läßt sich Zeit. Man hat Verurteilte gekannt, die bis zu drei Tagen in dieser schrecklichen Lage lebend zubrachten. Die Geschwindigkeit, mit der der Tod eintritt, ist verschieden und hängt von der Konstitution des Opfers wie von der Richtung des Pfahls ab. Tatsächlich hat man, in einem unglaublichen Raffinement von Grausamkeit, dafür gesorgt, daß die Spitze des Pfahls nicht ganz scharf, sondern ein wenig abgerundet ist. Dadurch wird vermieden, daß der Pfahl die Organe, die in seinem Weg liegen, durchbohrt und so einen raschen Tod herbeiführt. Die Organe werden nicht durchstochen, sondern nur aus ihrer natürlichen Lage gedrängt. So wurden stark blutende Verletzungen

23 A.a.O., 134–136.

Abb. 8: Hinrichtungsszenen am Tor von Balawat

vermieden und der Tod hinausgezögert, während die Schmerzen durch die Zusammenpressung der Nerven unbeschreiblich waren.«[24]

Woran die Gepfählten tatsächlich starben, war den assyrischen Henkern, abgesehen von dem anatomischen Erkenntnisgewinn ihrer Ärzte, weit weniger wichtig als die Verlängerung des Sterbevorgangs selber. *Eine* Todesursache ergab sich aus dem Vorgang des Pfählens selbst: der vom After in den Leib getriebene Pfahl folgte nur eine relativ kurze Strecke weit dem Verlauf des Darms, dann durchstieß er seine Wände, so daß sich die Darminhalte in die Bauchhöhle ergossen; daraus ergab sich eine Bauchfellentzündung, die notwendig zu einer Blutvergiftung mit tödlichem Ausgang führte. Eine *andere* Todesursache ergab sich daraus, daß der eingetriebene Pfahl einen Druck verursachte, der eine Bauchatmung unmöglich machte; der so Aufgehängte konnte nur mit der Brustmuskulatur atmen, und die verringerte Atmung bedingte einen Überschuß an Kohlendioxid; Angstzustände mit Erstickungsgefühlen waren die Folge, begleitet womöglich von Fieberzuständen infolge des rasenden Schmerzes. – Diese zweite Todesursache beschreibt in etwa das Geschehen bei der Kreuzigung Jesu, einer Technik, die aus der Pfählung der Assyrer, wie wir gleich sehen werden, entwickelt wurde.

Neben der Foltertötung unter langanhaltenden Schmerzen blieb den Assyrern beim Pfählen *die öffentliche Zurschaustellung* des Hingerichteten so wichtig, daß sie auch bereits Getötete aufspießten; so wie der Kopf oder andere Körperteile eines Verurteilten als Schaustücke mitgeführt und herumgereicht werden konnten, so auch sein ganzer Körper[25]. Ein Relief aus dem Zentralpalast *Tiglat-Pilesers III.* in Nimrud, ausgestellt heute im British Museum in London, zeigt drei Verurteilte, die »nicht durch den After, sondern durch die Bauchdecke aufgespießt« wurden. »Auf eine Fesselung wurde offensichtlich verzichtet, und die Delinquenten hängen schlaff mit nach vorn gefallenen Köpfen und herabhängenden Haaren auf den aufgerichteten Balken ... Ganz ähnlich werden auf einem Relief *Sanheribs* drei Männer inmitten des Kampfgetümmels um die Stadt Lachisch präsentiert. Sie sind ebenfalls durch den Bauch auf Pfähle gespießt

24 Zit. na. a.a.O., 137–138; ROLAND VILLENEUVE: Grausamkeit und Sexualität, 89.

25 Selbst im Alten Rom setzte sich diese Praxis fort: Als CICERO 43 v.Chr. grausam ermordet wurde, stellte man seinen Kopf und seine Hände »öffentlich auf dem Forum zur Schau«. MICHAEL VON ALBRECHT: Nachwort, in: CICERO: Vom Staat, 362.

Abb. 9: Exposition qualvoll Hingerichteter beim Kampf um Lachisch

…, zu deren Rechten zwei Männer, denen vermutlich die Aufrichtung übertragen war, letzte Hand anlegen«[26] (Abb. 9).

Das Pfählen von bereits zu Tode Gemarterten holte gewissermaßen die ihnen zugedachte Tötungsart nach und mußte sich mit der öffentlichen Exposition des Hingerichteten begnügen. Bemerkenswert ist auf dem Relief aus dem Süd-West-Palast *Sanheribs* in Ninive nicht zuletzt die routinierte Selbstverständlichkeit, mit der die Soldaten ihr makabres Handwerk verrichteten; sie sind zu Tötungsspezialisten in Staatsauftrag trainiert und herangebildet worden, und so werden sie willenlos und gefühllos jeden Auftrag ausführen, schon um nicht selber wegen Befehlsverweigerung einer ähnlichen Strafe

26 BRUNO JACOBS: Grausame Hinrichtungen – friedliche Bilder, in: Martin Zimmermann (Hg.): Extreme Formen von Gewalt in Bild und Text des Altertums, 141.

unterzogen zu werden. Das Grausen, das durch sie Gestalt annimmt, war und ist so wirkungsvoll, daß es in der Antike widerspruchslos Schule gemacht hat und im Prinzip bis heute auf den Kasernenhöfen der Welt fleißige Gefolgschaft findet. An jeder Stelle der Geschichte bedürfte es der Erschütterung des Karfreitags, um der Todespraxis des Strafrechts zu entkommen; statt dessen sehen wir, wie ein jedes Staatsgebilde in der Abfolge der Geschichte verheißt, ein »besseres« Rechtssystem als das gerade vorangegangene einzurichten, nur um in Wahrheit das ohnehin schon Gräßliche qualitativ wie quantitativ im Fortschritt der technischen Möglichkeiten stets noch zu vergrößern.

b) Meder und Perser

In der Geschichte exzessiver Strafgewalt können wir das *Alte Ägypten* glücklicherweise vernachlässigen. Nicht als wäre Gewalt nicht auch dort, wie im gesamten Alten Orient, im Schwang gewesen; es genügt, sich die Schminkpalette des *Narmer* noch einmal anzuschauen, um sich von der Brutalität auch der ägyptischen Herrschaftsform bereits in ihrer Anfangsphase zu überzeugen. Schon in der *Pyramidenzeit* (2650–2190) wird Nubien (von äg. *nub* – Gold) erobert, doch führt gerade die Schwächung der Macht des Pharao in der 5. Dynastie zur Stärkung der inzwischen erblichen Gaufürsten und zu einer Vergrößerung des Privatbesitzes; die Gaufürsten beginnen, um die Macht zu kämpfen, und in der sogenannten Zwischenzeit von 2190–2052 versinkt das Reich in Rechtsunsicherheit und Chaos. Als aber die Gaufürsten von Theben in der 11. Dynastie das Land wiedervereinen, ist in der 12. Dynastie die Zeit reif für die Bildung des *Mittleren Reiches* (2052–1610), das seine Macht bis zum Weihrauchland Punt (dem heutigen Somalia) ausdehnt; doch erst nach dem Ende der Fremdherrschaft der »Hyksos« (1670–1570), einer eingedrungenen Völkergruppe aus dem Bergland Vorderasiens, der auch wohl Teile des späteren »Israel« angehörten, stieg das Land am Nil im *Neuen Reich* (1610–715) durch die Eroberungen von *Thutmosis I.* (1504–1491) und *Thutmosis III.* (1479–1426) zu einer Weltmacht auf, die unter *Ramses II.* (1279–1213) sich gegen die Hethiter und unter *Ramses III.* (1184–1152) gegen die »Seevölker« zu behaupten wußte[27].

27 Zur Geschichte des Alten Ägypten vgl. GISELA GOTTSCHALK: Die großen Pha-

In all der Zeit bestand gewiß keinerlei Scheu, Gewalt nach innen wie nach außen als Mittel der Politik zu betrachten; gleichwohl bleibt der Unterschied etwa zu den geschilderten Praktiken des *Neuassyrischen Reiches* bemerkenswert: Wo deren Stelen sich in Wort und Bild nicht genug der gräßlichsten Grausamkeiten rühmen konnten, beschränken sich in Ägypten die bildlichen und literarischen Schilderungen vom Vernichten politischer Feinde und Gegner der staatlich-sozialen beziehungsweise der kosmischen Ordnung auf symbolische Gewaltdarstellungen[28]. So sieht man das »Erschlagen der Feinde« durch den Pharao »durch die gesamte historische Zeit hindurch von der Staatsentstehung um 3000 v.Chr. an bis in römische Zeit« als einen Topos[29], indem der »König ... nicht beim tatsächlichen Zuschlagen gezeigt (wird), sondern immer nur in einer Pose, bei der er im Begriff ist zuzuschlagen. Es handelt sich also nicht um ein reales Erschlagen der Feinde, sondern um ein potentielles Erschlagen ... Der König wird dargestellt als jemand, der prinzipiell in der Lage ist, Feinde zu erschlagen. Er wird in seiner *Rolle* als König dargestellt, nicht bei einer momentanen, einmaligen Handlung ... Die Betonung der Rolle und latenten Macht des Königs trägt selbstredend propagandistische Züge.«[30]

Demgemäß sieht man mit Vorliebe am Haupteingangstor eines Tempels den Pharao, wie er überlebensgroß die Feinde am Schopf gefaßt hält und ihnen mit einer Keule die Köpfe zerschmettert oder wie er in den Schlachtenreliefs, auf seinem Streitwagen stehend, über die Feinde hinwegsprengt und sie mit gespanntem Bogen treffsicher zur Strecke bringt. Die gleiche Funktion teilen die Ritualtexte, die den König schildern als »Krokodil, den Herrn der Furcht im Wasser«, oder als »wilden Löwen«, der die Feinde zu »Leichenhaufen«

raonen, vor allem S. 65–96: Die Zeit der guten Hirten. Zur Gesamtgeschichte vgl. ELENA CASSIN – JEAN BOTTÉRO – JEAN VERCOUTTER: Die Altorientalischen Reiche, I 210–374; II 222–293.

28 So RENATE MÜLLER-WOLLERMANN: Symbolische Gewalt im Alten Ägypten, in: Martin Zimmermann (Hg.): Extreme Formen von Gewalt in Bild und Text des Altertums, 47–64, die (S.47) zur Definition des Begriffs der symbolischen Gewalt PIERRE BOURDIEU – JEAN-CLAUDE PASSERON: Grundlage einer Theorie der symbolischen Gewalt, 12, zitiert: »Jede Macht zu symbolischer Gewalt, d.h. jede Macht, der es gelingt, Bedeutungen durchzusetzen und sie als legitim durchzusetzen, indem sie die Kräfteverhältnisse verschleiert, die ihrer Kraft zugrunde liegen, fügt diesen Kräfteverhältnissen ihre eigene, d.h. eigentlich symbolische Kraft hinzu.«

29 RENATE MÜLLER-WOLLERMANN: A.a.O., 47.

30 A.a.O., 50.

macht, oder als »oberägyptischen Schakal, den Herrn des Laufens, den Eilenden, der die beiden Länder ... durchzieht«.[31]

Dargestellt ist in diesen Szenen nicht eine real ausgeführte, sondern angedrohte Gewalt, die sich »vor allem gegen potentielle Feinde« richtet, »deren man noch gar nicht habhaft ist. Dabei darf man nicht vergessen, daß die »Feinde des Königs ... auch Feinde des Kosmos«[32] sind, dessen Ordnung der Pharao religiös wie politisch durch seine Gewalt bewahrt oder wiederherstellt.

Freilich sind *alle* altorientalischen Autokratien »heilige«, theokratische Königtümer, und an dieser Stelle unterscheidet sich das Reich am Nil nicht von den Reichen zwischen den Zwei Strömen. Ein erheblicher Unterschied aber liegt doch darin, ob der Einsatz von Gewalt in seiner realen Gräßlichkeit zur eigenen Machtdemonstration dargestellt wird oder als symbolischer Machtbesitz behauptet wird; während die assyrische Exekution der Strafe gerade auf die demonstrative Zurschaustellung der entsetzlichen Qualen der Hingerichteten abzielt, ist dergleichen im Alten Ägypten nicht vorgesehen. Das »Erbe« der Assyrer treten diesbezüglich die Meder und Perser, nicht die Ägypter an, auch wenn diese sich naturgemäß nicht durchgehend auf der Höhe des schon erwähnten *Amenemope* um 1100 v.Chr. halten, der um Verständnis für die Fehlbarkeit eines jeden Menschen warb, indem er mahnte: »Sage nicht: ›Ich bin sündenlos‹ und versuche dann, dich (an Gott) heranzuschmeicheln. Die Sünde ist bei Gott aufgehoben, sie ist mit seinem Finger besiegelt. Es gibt nichts Vollkommenes in der Hand Gottes, es gibt nur Versagen vor ihm. Wer nach Vollkommenheit strebt, der zerstört sie im gleichen Augenblick.«[33] Mit einem derart weise gewordenen Wissen um die moralische Gebrochenheit des Menschen, die sogar noch zunimmt, wenn man sie mit Perfektionsansprüchen überfordert, ist ein drakonisches Strafrecht logischerweise nicht vereinbar.

Anders bei den indoeuropäischen Medern und Persern, die strafrechtlich sogar auf noch größerem Fuß die Spur der Assyrer verbreiterten. – Der Aufstieg der *Meder* begann mit *Kyaxares*, der 625 v.Chr. über die Skythen siegte und die Perser zwang, sich den Me-

31 A.a.O., 61, nach JÜRGEN OSING: Zur »Poetischen Stele« Thutmosis' III., in: Jan Assmann – Elke Blumenthal (Hg.): Literatur und Politik im pharaonischen und ptolemäischen Ägypten, 83–85.

32 A.a.O., 63.

33 HELLMUT BRUNNER: Ägyptische Weisheit, eingel., übers.u. erl. v. Hellmut Brunner; Die Lehre des *Amenemope*, 19,10, Vers 378–385, S. 250–251.

dern zu unterwerfen und sich in der Provinz Persis niederzulassen. HERODOT berichtet, daß *Kyaxares* (625–585) der erste Herrscher war, der seine Truppen nach Waffengattungen in Bogenschützen, Speerwerfer und Reiter einteilte[34]; danach fühlte er sich stark genug, im Bund mit dem Babylonier *Nabopolassar* (626–605) das assyrische Ninive anzugreifen, und 612 gelang es ihm, die Stadt einzunehmen und dem Erdboden gleichzumachen. Die *Neubabylonier* breiteten sich in dem Vakuum des zerfallenden assyrischen Herrschaftsbereichs aus, während *Kyaxares* sich in Anatolien festsetzte; seit 585, nach der »Sonnenfinsternisschlacht«, bildete der Halys (der heutige Kizil Irmak) die Grenze zu den Lydiern, und hinzukamen große Teile des alten Urartu. Diese weite Ausdehnung führte zu einer relativ losen Verwaltungsstruktur, indem »ein Volk (herrschte) über das andere, über alle gemeinsam die Meder, und zwar über die ihnen zunächst Wohnenden, diese wieder über die Grenznachbarn, und so weiter«.[35] Das Satrapensystem, das unter den persischen Achämeniden in Geltung war, existierte wohl schon unter den Medern, ebenso war wohl auch der Titel des persischen Großkönigs »König der Könige« bereits unter den Medern gebräuchlich[36].

In der Nachfolge des *Kyaxares* kam *Astyages* (585–550) auf den medischen Königsthron, und er regierte auf eine Art, die zu der Erkenntnis führen könnte, daß alle Gewalt sich letztlich selber zerstört; denn so berichtet DIODOR, er sei zornig über seine Soldaten gewesen, als der Achämenidenkönig *Kyros II.* (559–530) im Jahre 550 die medische Hauptstadt Ekbatana eroberte; *Astyages* entließ seine schimpflich geflohenen Soldaten, »und Alle, die an der Flucht Schuld waren, ließ er aussondern und hinrichten. Durch deren Bestrafung dachte er die Anderen zu zwingen, daß sie tapfere Männer im Kampfe würden. denn er war grausam und von roher Gemütsart.« Doch seine Maßnahme war durchaus nicht rein persönlicher Natur. Standrechtliche Hinrichtung wegen Furcht vor dem Feind stellte noch im Ersten wie im Zweiten Weltkrieg an allen Fronten eine übliche Disziplinierungsmaßnahme dar, ganz nach der frivolen Parole ADOLF HITLERS: »An der Front *kann* man sterben, als Deserteur *muß* man sterben. Nur durch solch eine drakonische Bedrohung jedes Versuches zur Fahnenflucht kann eine abschreckende Wirkung nicht nur für den einzel-

34 HERODOT: Historien, I 103,1; Bd. I 101.
35 A. a. O., I 134,3; Bd. I 131.
36 Vgl. RICHARD FRYE: Persien, 145–150.

nen, sondern auch für die Gesamtheit erzielt werden.«[37] *Astyages* hätte dem »Größten Feldherrn aller Zeiten« als mahnendes Beispiel dienen können, denn so erging es ihm: »Die Leute ließen sich durch seine Strenge nicht schrecken. Vielmehr erregte das Gehässige der gewaltsamen und ungesetzlichen Handlung in Jedem das Verlangen nach einer Änderung. Daher liefen sie rottenweise zusammen und führten aufrührerische Reden, indem die Meisten einander zu Rache für diese Behandlung aufforderten.«[38] In jedem Falle konnte *Astyages* den Aufstieg des Persers *Kyros II.* mit seinen Methoden nicht verhindern.

Dabei erzählt die *Kyros*-Legende, *Astyages* selbst habe seine Tochter *Mandane* einem Perser namens *Kambyses* zum Gemahl gegeben, um mißtrauisch, wie er war, zu verhindern, daß ein adliger Meder als sein Schwiegersohn Anspruch auf seinen Thron erheben könnte. Der Sohn von *Mandane* und *Kambyses* war eben *Kyros II.*, er war angeblich also das Enkelkind des *Astyages*. Doch von Träumen gewarnt, befahl dieser seinem Ratgeber *Harpagos*, das Kind zu töten; dieser aber übergab es zur Tötung dem Hirten *Mithridates*, dessen Frau *Spako* (»die Hündin«) gerade ein totes Kind zur Welt gebracht hatte und das fremde Kind als ihr eigenes aufziehen mochte, so daß *Mithridates* das Totgeborene für das auftragsgemäß getötete Kind ausgeben konnte.

Dieser Stoff ist erkennbar ein mythischer ödipaler Topos, der nicht historisch zu verstehen ist[39]; doch in unserem Zusammenhang ist von Bedeutung, wie sich die Geschichte weiterspinnt: Als der »Betrug« auffliegt und *Harpagos* seinem König gestehen muß, daß er den Knaben, statt ihn, wie befohlen, eigenhändig zu töten, mit demselben Auftrag an einen Hirten weitergegeben hat, verbirgt *Astyages* seinen Zorn und lädt den Sohn des *Harpagos* in den Palast ein; den läßt er »töten und Glied für Glied zerschneiden. Das Fleisch ließ er teils braten, teils kochen und alles wohl herrichten, und er hielt alles bereit. Als *Harpagos* und die anderen Gäste (sc. zu einem angeblichen Dankesmahl wegen der Rettung des Kindes, d.V.) zur Essenszeit erschienen, wurden den andern und *Astyages* selbst Tische mit Hammelfleisch vorgesetzt; *Harpagos* aber erhielt das Fleisch seines Sohnes außer Kopf, Händen und Füßen. Diese Stücke lagen gesondert in

37 ADOLF HITLER: Mein Kampf, 2. Bd., 9. Kap., S. 587.

38 DIODOR von Sizilien: Historische Bibliothek, 1. Bd., S. 672–673: Bruchstück aus dem 7., 8., 9. und 10. Buch, V 37.

39 Vgl. OTTO RANK: Der Mythos von der Geburt des Helden, 79–80.

einem Korb zugedeckt. Als *Harpagos* sich gesättigt hatte, fragte *Astyages*, ob ihm das Essen geschmeckt habe. *Harpagos* gab ihm zur Antwort, es habe ihm sogar sehr gut geschmeckt. Da brachten die beauftragten Diener verhüllt Kopf, Hände und Füße des Jungen, traten hinzu und forderten *Harpagos* auf, den Deckel aufzuheben und zu nehmen, was er davon wolle. *Harpagos* gehorchte, deckte den Korb auf und sah die Überreste seines Sohnes. Trotzdem zeigte er beim Anblick keinen Schrecken, sondern blieb gefaßt. *Astyages* fragte, ob er das Wild erkenne, das er genossen habe. Er erwiderte, er erkenne es, und alles, was der König tue, sei ihm wohlgetan.«[40]

Eine solche Geschichte aus Gräßlichkeit und Gemeinheit ist nicht historisch zu nehmen, sie ist erneut ein Topos, der auch von *Tantalos*[41] und *Atreus*[42] erzählt wird; doch gerade sie enthält die nämliche Lehre: Gewalt erzeugt Haß und rächende Gegengewalt. *Harpagos* wird *Kyros*, nachdem dieser in das Haus des *Kambyses* zurückgekehrt ist, dazu überreden, die Perser zu einer Entscheidungsschlacht gegen die Meder aufzurufen, und er selber, als Heerführer des *Astyages*, wird im entscheidenden Augenblick zu ihm überlaufen. »So wurde *Astyages* nach fünfunddreißigjähriger Regierung seines Thrones beraubt. Die Meder, die 128 Jahre lang das Asien jenseits des Halys beherrscht hatten – die Zeit der Skythenherrschaft abgerechnet – wurden persische Untertanen durch seine Grausamkeit ... Dem *Astyages* tat *Kyros* nichts zuleide, sondern behielt ihn bei sich bis zu dessen Tod.«[43]

Der Legende nach gründet also das Reich der Achämeniden (von *Achämenes*, dem Begründer der Dynastie), verkörpert in *Kyros II.* (559–530), in einer sonderbaren Mischung aus reaktiver Gewalt und weiser Großzügigkeit. Tatsächlich haben die Achämeniden eine eigene Rechtstradition erstellt, die bei aller Übernahme fremder Einflüsse selbst wieder zum Vorbild anderer Völker wurde. Bereits das indoeuropäische Wort *data*, das auf iranisch für »Gesetz« steht, wurde von Aramäern, Hebräern und Spätbabyloniern entlehnt[44]; da

40 HERODOT: Historien, I 119,1–7; Bd. I 115; 117.

41 Hygin, 82–83, in: LUDWIG MADER: Griechische Sagen, 281–282.

42 Hygin, 88, in: LUDWIG MADER: Griechische Sagen, S. 283. Vgl. Nr. 246: Die ihre Söhne verspeisten, a.a.O., S. 351.

43 HERODOT: Historien, I 130,1–3; Bd. I 127.

44 RICHARD FRYE: Persien, 211; vgl. WILHELM GESENIUS: Hebräisches und aramäisches Handwörterbuch, 170–171: *dāth* – königliche Verordnung, Esther 1,8; 2,8; 3,14 f.; 4,3.8; 8,13 f. 17; 9,1.14; vgl. Esther 4,16: *k^edāth hajjom* – nach dem für heute geltenden Gesetz.

das Wort eigentlich »arrangieren« oder »in Ordnung bringen« bedeutet, »darf man annehmen, daß die Grundlagen des achämenidischen Rechts sich aus dem Familien- oder Stammesrecht des arischen Volkes entwickelt haben. Es wäre nur natürlich, zwischen den juristischen Problemen der Familie oder der einzelnen Personen und denen des Staatswesens zu unterscheiden. In der früheren Kategorie dürften überall die ortsüblichen Normen vorherrschend gewesen sein, während für die Angelegenheiten der zweiten Kategorie die Zentralregierung zuständig war. Im ersteren Fall gab es ›Sozialgerichte‹, ... im letzteren staatliche oder königliche Tribunale mit vom König ernannten Richtern (*databara*): ... Daß *Dareios* (sc. *Dareios I.*, 521–486, in der Nachfolge *Kyros' II.*, d.V.) sehr um das Rechtswesen bemüht war, geht aus einigen Stelen in seinen Inschriften hervor ...: ›In diesen Landen, den Mann, der gefügig war, ihn habe ich gerecht behandelt – (ihn), der falsch war, habe ich gerecht bestraft. Durch die Gnade des *Ahuramazda* (sc. des Gottes des guten Prinzips, d.V.) erwiesen diese Lande Achtung meinem Gesetz. So wie ich es ihnen sagte, so geschah es.‹«[45]

Was wir da vor uns haben, ist eine Belohnungs- und Bestrafungsgerechtigkeit, nach eben dem Äquivalenzprinzip, das wir allerorten in der staatlichen Gesetzgebung am Werke sehen, und gültig ist ein solches Gesetz erkennbar einzig durch die rechtsetzende Autorität des Königs. »Wenn es sich um Verbrechen gegen den Staat handelte, war der König der oberste Gerichtsherr. Griechische Quellen berichten von der Strenge, mit der die Fürsten Recht sprachen und das Recht wahrten. Nach den Quellen waren das Lob der *aršta*, ›Rechtlichkeit‹, und der Abscheu vor der *drauga*, ›Lüge‹, oft zitierte Charaktereigenschaften der Perser.«[46]

Offensichtlich wurde in dieser Wertung allerdings eine Tatsache ignoriert, auf die ARTHUR SCHOPENHAUER in seiner »Preisschrift über die Grundlage der Moral« von 1840 hingewiesen hat: daß alle Lüge im Grunde eine Form der Gewalt, näherhin der Gegengewalt eines physisch Unterlegenen darstellt und folglich so berechtigt oder unberechtigt sein kann wie der Einsatz von Gewalt im ganzen. Im Gegenteil, man antwortete gerade in Persien auf die Angst, die zu jeder Lüge gehört, mit der Angstverbreitung strenger Gesetze. »Die verhängten Strafen waren grausam, wie fast überall im Altertum.

45 RICHARD FRYE: Persien, 211.
46 A.a.O., 212–213.

Besonders häufig kamen die Pfählung, die Verstümmelung und die Verbannung vor. Es sieht so aus, als sei im allgemeinen der Geist des *ius talionis* vorherrschend gewesen, obgleich nicht allzuoft die Familie für die Verbrechen des Missetäters verantwortlich gemacht wurde: Die Fälle, die man berichtet hat, beschränken sich auf Rebellen gegen den Thron oder auf besondere hochverräterische Vergehen.«[47]

Diese »Fälle« allerdings werden in einer Weise bestraft, die das Maß ausgesuchter Quälerei in der Hinrichtungspraxis sogar im Vergleich zu den Neuassyrern und Babyloniern noch um ein weites übertrifft. Beispiele dafür sind unschwer aufzuführen.

Artaxerxes II., der als Nachfolger *Dareios II.* von 404–359 regierte, mußte seine Stellung verteidigen gegen seinen eigenen Bruder *Kyros* den Jüngeren, der Statthalter in Lydien war, aber nach einem fehlgeschlagenen Mordversuch zur gewaltsamen Eroberung des Throns 10000 griechische Söldner angeworben hatte; 401 v.Chr. kam es bei Kunaxa nördlich von Babylon zu einer Schlacht, die XENOPHON in seiner »Anabasis« beschrieben hat[48]; die Schlacht gewannen die Truppen des *Kyros*, doch weil dieser auf dem Felde verstarb, fiel der Sieg dennoch an *Artaxerxes II.* Diesen König schildert PLUTARCH als jemanden, der »bei der Bestrafung derer, die sich vergangen hatten, ... eine ziemliche Mäßigung« bewies[49]; er jedenfalls war es, der die Spartaner 386 in dem *Antalkidas*-Frieden besänftigen konnte[50], wenngleich er nicht zu verhindern wußte, daß sich die Satrapien zwischen 368–358 aus seiner Herrschaft lösten, so daß, als er mit 94 Jahren starb, das gesamte Land westlich des Euphrat für das Reich der Achämeniden verloren war (Ägypten hatte bereits 412 begonnen, seine Unabhängigkeit zurückzugewinnen). »Er galt«, schreibt PLUTARCH, »für einen sehr gutmütigen Regenten, der seine Untertanen liebte, besonders verglichen mit seinem Sohne *Ochos* (sc. *Artaxerxes III.*, 359–338, d.V.), der an Grausamkeit und Mordlust alle seine Vorgänger übertraf.«[51]

47 A.a.O., 213.
48 XENOPHON: Anabasis, I 8, S. 26–28: Schlacht bei Kunaxa, Erfolge der Griechen. Sieg der Perser und Tod des Kyros.
49 PLUTARCH: Artaxerxes, XIV, in: Lebensbeschreibungen, V 114.
50 A.a.O., XXI, in: Lebensbeschreibungen, V 121: »Dieser *Antalkidas* war ein Spartaner, *Leons* Sohn. Aus Gefälligkeit gegen den König bewirkte er, daß die Lakedaimonier alle griechischen Städte in Asien neben den zu Asien gehörigen Inseln ihm zinspflichtig überließen unter der Bedingung, daß die Griechen Frieden bekämen.«
51 A.a.O., XXX, in: Lebensbeschreibungen, V 130–131.

Von diesem relativ milden Herrscher also wird berichtet, daß er tatsächlich mit einer mehr symbolischen Strafe sich begnügte, als er den Meder *Arbakes*, einen der vier Befehlshaber im Heer des Königs[52], zur Rechenschaft zog, weil dieser »in der Schlacht zu *Kyros* (sc. dem Jüngeren, d.V.) übergegangen war, nach dessen Tod aber sich wieder zu ihm gewendet hatte«. Er »ließ ihn daher zur Strafe (sc. für seine Treulosigkeit, d.V.) eine nackte Hure, die sich ihm rücklings auf den Hals setzen mußte, einen ganzen Tag lang auf dem Markt herumtragen. Einen anderen, der sich außer dem Überlaufen auch noch der Lüge schuldig machte, er habe zwei Feinde erlegt, befahl er, die Zunge mit drei Nadeln zu durchstechen.«[53] Das sind echte Talionstrafen, bezogen auf das Verhalten oder auf das Körperorgan, wodurch das jeweilige Vergehen verübt wurde, und sie sind in der Tat als relativ gemäßigt zu betrachten. Doch das blieb nicht so.

Weit über alles Maß hinaus konnte *Artaxerxes II.* strafen, wenn sein Ansehen auf dem Spiel stand. Sein Bruder *Kyros* war in der Schlacht von Kunaxa ums Leben gekommen, weil ein junger Perser, namens *Mithridates*, mit einem Wurfspieß ihn in die Schläfe neben dem Auge getroffen hatte[54]; als *Kyros* dann auch noch von einem Mann aus Kaunos, einer Stadt in Karien an der Südküste Kleinasiens, mit einem Wurfspieß in der Kniekehle getroffen wurde und auf einen Stein stürzte, gab er seinen Geist auf[55]. Diese beiden also, *Mithridates* und der Karier, waren es, die *Kyros* zur Strecke gebracht hatten; doch eben diese Tat beanspruchte *Artaxerxes II.*, der selber vom Speer des *Kyros* schwer verwundet worden war, für sich. »Weil er sich einbildete und wünschte, daß alle Leute glaubten und sagten, er habe *Kyros* mit eigener Hand getötet, schickte er dem *Mithridates*, der *Kyros* zuerst getroffen hatte, allerhand Geschenke, wobei die Überbringer sagen mußten: ›Damit belohnt dich der König, weil du die Satteldecke des *Kyros* gefunden und überbracht hast.‹ Auch dem Karier, von welchem *Kyros* in der Kniekehle verwundet worden war, daß er niederstürzen mußte, gab der König auf sein Ansuchen ein Geschenk und ließ ihm dabei sagen: ›Das gibt dir der König zur Belohnung für die zweite angenehme Nachricht; denn der Tod des

52 XENOPHON: Anabasis, I 7; S. 25: Im Heer des Großkönigs »gab es vier Oberfeldherrn: »*Abrokomas*, *Tissaphernes*, *Gobryas* und *Arbakes*«.
53 PLUTARCH: Artaxerxes, XIV, in: Lebensbeschreibungen, V 114.
54 A.a.O., XI, in: Lebensbeschreibungen, V 111.
55 A.a.O., V, S. 112.

Kyros wurde von *Artasyras* zuerst und von dir nach ihm gemeldet.‹[56] Während nun *Mithridates* still, wenn auch verdrossen von dannen ging, hob der Karier an, »mit lautem Unwillen« zu beteuern, »er und kein anderer habe *Kyros* getötet, es sei also unbillig, ihn dieses Ruhms zu berauben«. Als der König das hörte, befahl er »ergrimmt«, den Mann einen Kopf kürzer zu machen; seine intrigante und machtgierige Mutter *Parysatis* aber, die Frau und Halbschwester des *Dareios*, setzte als »den verdienten Lohn für die Frechheit« durch, daß die Henker des Königs »den Menschen zehn Tage lang zu martern, dann ihm die Augen auszustechen und geschmolzenes Metall in die Ohren zu gießen« hatten, bis er den Geist aufgebe.[57]

In mehrfacher Hinsicht ist diese Episode lehrreich. Sie zeigt, daß die »Größe« der Großen wesentlich darin besteht, maximal töten zu können oder schon getötet zu haben; so wie sich das Ansehen eines Jägers an der Länge der Strecke der von ihm erlegten Tiere mißt, so das Ansehen eines Königs offenbar an der Kapazität seiner militärischen Möglichkeiten und seiner auf dem Schlachtfeld errungenen Siege. Noch in unseren Tagen steht beispielsweise jeder US-Präsident anscheinend in der Pflicht, während seiner Amtszeit mindestens einen Krieg vom Zaun zu brechen und sich als *commander in chief* zu bewähren. Dabei kommt es damals wie heute nicht so sehr auf die Fakten denn auf die propagandistisch günstigsten Fiktionen an: es geht um das *image* der Größe einer Nation, die in der Größe ihres Führers repräsentiert ist. Wer also dieses fiktive (!) Bild in Frage stellt oder als Lüge entlarvt, sei er's als Augenzeuge, sei er's als Akteur, oder sei er's bloß als Berichterstatter (als Reporter, als Journalist), rührt damit an das kollektive Ehrgefühl Ihrer Majestät, er beleidigt die höchste Autorität, schlimmer: er überführt sie der vorsätzlichen Täuschung und der Unwahrhaftigkeit im Amt, – darauf steht allemal, physisch wie psychisch, die Todesstrafe; einen solchen Mann muß man fertig machen; in seinem Kopf ist etwas nicht richtig, also gehört ihm dieser lästige Kopf abgeschlagen. Oder besser: er wird langsam, stückweise, zu Tode gemartert, letztlich erneut durch ein *ius talionis*: der die Ohren unzähliger mit seinen unerträglichen Behauptungen vollgestopft hat, dem müssen die Ohren (oder der Mund) gestopft werden mit glühendem Metall, das sich unter unerhörten Schmerzen in sein Gehirn ergießen wird, bis daß der Tod sich seiner

56 A. a. O., XIV, S. 114.
57 A. a. O., XIV, S. 115.

erbarmt. Doch eben dadurch wird dies zur Lehre: die da in der Geschichte, wie *Artaxerxes II.* und *Parysatis,* für groß gelten unter Ihresgleichen, sind in Wahrheit die kleinen gehorsamen Jungen ihrer Mütter; um deren Liebe und Lob zu erringen, finden sie zum Zweck ihrer Größe sich bereit zu den größten Schandtaten. Gerechtigkeit, Recht? So diktiert es die Staatsmacht. Am Ende bleibt sogar noch die ebenfalls zum Topos gehörende Ausrede, stets stecke hinter der Gemeinheit der Männer die Bosheit der Frauen, der verhinderten Männer.

Und es kann noch gräßlicher kommen. Auch *Mithridates* vermochte auf Dauer den Mund nicht zu halten. Unter Alkoholeinfluß gab er seine Zurückhaltung auf, und wiederum war es *Parysatis*, die ihrem königlichen Sohn die Nachricht hinterbrachte und ihn damit aufs äußerste aufbrachte: in aller Öffentlichkeit würde er einer Lüge bezichtigt werden, wo er doch »verlangte, daß alle Asiaten sowohl als Griechen glauben sollten, er habe bei den Angriffen und Gefechten (sc. in der Schlacht von Kunaxa, d.V.) nicht nur selbst eine Wunde bekommen, sondern auch seinen Gegner getötet. Er befahl daher, den *Mithridates* durch Tröge hinzurichten.«[58]

Eitle Ruhmsucht also und Angst vor Ehrverlust in den Augen der Untertanen sowie die Sorge um den drohenden Gesichtsverlust, wie bei jenem von Verhaltensforschern rasierten Pavian, der augenblicklich wie im freien Fall von ganz hoch oben nach ganz unten fiel (s. S. 54), treiben eine an sich milde gesonnene Person wie *Artaxerxes II.* dahin, für einen Mann, der nur die Wahrheit sagt, zur Strafe eine Todesart zu verfügen, deren Grausamkeit man nicht für glaubhaft halten würde, wenn sie nicht durch das Zeugnis der Quellen (PLUTARCH und KTESIAS) außer Zweifel stünde. Das In-den-Trog-Setzen (griech: *skapheúesthai*) beschreibt PLUTARCH so: »Man nimmt zwei Tröge, die genau aufeinander passen, legt den Verbrecher in dem einen auf den Rücken, deckt den anderen darüber her und verbindet ihn mit jenem so, daß bloß der Kopf, die Hände und Füße hervorragen, der ganze übrige Körper aber bedeckt ist. Dem Menschen selbst gibt man zu essen, und wenn er nichts nehmen will, zwingt man ihn durch Stiche in die Augen dazu. Nach dem Essen gießt man ihm zum Trinken Milch mit Honig vermischt in den Mund und zugleich über das ganze Gesicht und kehrt dieses immer gegen die Sonne, worauf sich denn ein Schwarm von Fliegen darauf-

58 A.a.O., XVI, S. 116.

setzt und es ganz überdeckt. Da beim Essen und Trinken ein Verdauungsvorgang stattfindet, erzeugen sich von dem Unrat durch die Fäulnis Maden und Würmer, welche in den Körper hineinkriechen und ihn allmählich verzehren. Wenn nun der Mensch gestorben ist und man den oberen Trog abnimmt, findet man alles Fleisch abgefressen und diese Würmer in Unmengen an den Eingeweiden hängen und sie zernagen.«[59]

Königliche Verletztheit, die Gehässigkeit einer Mutter, die gereizte Laune bei einer Entscheidung, – was für gräßliche Folgen zeitigen solche Umstände für einen Einzelnen, der mit seiner ruhmreichen Heldentat der Ruhmsucht Ihrer Majestät im Wege steht! »Die beschriebene Hinrichtungsart ist von ausgesuchter Grausamkeit, da der Zersetzungsprozeß bei lebendigem Leib zum einen gewiß ungeheuer schmerzhaft und zum anderen in höchstem Maße erniedrigend ist, wenn man allein an den Gestank der Exkremente und der einsetzenden Verwesung denkt, der den noch Lebenden umgeben haben muß, und weil der Todeskampf äußerst langwierig war. – Am Ende stirbt der Verurteilte an Blutvergiftung. Die durch die Milch und den Honig angelockten Fliegen legen Eier ab, aus denen nach etwa einem Tag die Brut schlüpft. Diese beißen sich in Augenlidern und Schleimhäuten fest und dringen in die Nebenhöhlen ein, ein schmerzhafter Prozeß. Die Haut verliert zusätzlich durch Sonnenbrand und dadurch entstehende blasige Abhebungen ihre Fähigkeit, solchen Parasiten zu widerstehen, und ebenso weicht der Urin die Haut am Unterleib auf. Die so entstehenden Infektionen führen schließlich zu einer Überschwemmung des Organismus mit Bakterien. – ... Die Zwerchfell- oder Bauchatmung wird spürbar eingeschränkt, den Delinquenten suchen Unruhe und Angstzustände heim. Den Tod verursacht aber letztlich der septische Schock.«[60]

Durchführbar scheint eine derart monströse Strafpraxis, die selbst für die Verhältnisse des Alten Orients singulär ist, in Persien wohl überhaupt nur, wenn derjenige, der sie anordnet, sie nicht selber exekutieren muß; so sehr die Vorstellung, durch exzessive Qual an jemandem persönlich Rache zu nehmen, eine Rolle spielt, so steht gerade bei einer rein emotionalen Motivation eine rasche Genugtuung zu erwarten, nicht eine wochenlange, allmählich sich steigernde

59 A.a.O., XVI, S. 116.
60 BRUNO JACOBS: Grausame Hinrichtungen – friedliche Bilder, in: Martin Zimmermann (Hg.): Extreme Formen von Gewalt in Bild und Text des Altertums, 126.

Quälerei derartigen Ausmaßes; so etwas kann nur geschehen als eine Strafe, die andere (Henker, Soldaten, Sklaven) auf Befehl an dem Verurteilten vorzunehmen haben; diese freilich werden ihre Aufgabe gewissermaßen handwerklich, ohne persönliche Betroffenheit erledigen; sogar die Körbe, in die man den Todgeweihten einsperrte, waren offenbar für solche Fälle vorgefertigt, – alles ging, wenn überhaupt, in gräßlicher Routine vor sich. Nicht ein nur persönliches Revanchebedürfnis, sondern eine staatliche Strafmaßnahme vollzog sich da; sichtbar sollte werden die absolute Verfügungsgewalt der königlichen Autorität, die ihre Vitalität in der Mortalität ihrer Untertanen erwies.

Wie man da dachte, zeigt sich bei anderer Gelegenheit in den Worten der *Parysatis*, als diese ihren Sohn ermunterte, seine eigene Tochter *Atossa* zu heiraten, gleichgültig, was die Griechen darüber denken sollten: »Du«, sprach sie, »bist ja selbst für die Perser ein Gesetz, da du von Gott zum entscheidenden Richter über das, was löblich oder schändlich ist, eingesetzt worden bist.«[61] Macht, man merke, ist absolut, in ihr ist Gott, in ihr das Recht. Mehr gibt es nicht. Dabei war die *Kyros*-Affäre aus der Sicht der *Parysatis* mit ihren Zeugenbeseitigungen immer noch nicht erledigt. Dem gefallenen *Kyros* hatte der königliche Eunuch *Mesabates* die Hand und den Kopf abgehauen, – auch er wußte, wie es sich wirklich verhielt mit dem Tod des ungeliebten *Kyros*, und wenn er geredet hätte, wäre der König erneut unsterblich blamiert gewesen. Doch *Mesabates* war klug genug, sich in Schweigen zu hüllen, so daß *Parysatis* nicht an ihn heran kam; darum arrangierte sie mit dem König ein Würfelspiel um einen Verschnittenen; als sie das Spiel gewann, ließ sie *Mesabates* in ihren Besitz überstellen, und sogleich überlieferte sie ihn »den Peinigern, mit dem Befehl, ihn lebendig zu schinden, dann seinen Körper quer über drei Pfähle zu befestigen und die Haut besonders auszuspannen«.[62] – *Mesabates* hatte nicht gesprochen, aber er hätte sprechen können; seine Hinrichtung nach assyrischem Vorbild war so etwas wie eine präemptive Notwehr zur Wahrung der Ehre des Königs, ein Mord zum Machterhalt also, bei dem die Macht selber das Gesetz des Handelns vorgab; daher die Grausamkeit der Maßnahme.

Doch auch aus ganz privaten Gründen konnte die »grausame und unversöhnliche« *Parysatis*[63] zum äußersten schreiten. Der Anlaß

61 PLUTARCH: Artaxerxes, XXIII, in: Lebensbeschreibungen, V 123.
62 A.a.O., XVII, S. 117.
63 A.a.O., XIX, S. 119.

ihres Zornes war *Klearchos*, der nach der für die Anhänger des *Kyros* verlorenen Schlacht bei Kunaxa mit vier anderen Führern und 20 Hauptleuten in das Lager des *Tissaphernes*, eines der vier Generäle des *Artaxerxes*, gegangen war, um den Rückzug der griechischen Söldnertruppe des *Kyros* zu organisieren; doch *Tissaphernes* hatte die fünf Oberbefehlshaber verhaften und die Hauptleute zusammen mit etwa 200 einfachen Soldaten niederhauen lassen, – Pardon wird nicht gegeben, Gefangene werden nicht gemacht, so die immer wieder befolgte Regel des Kriegs»rechts« gegen alles Völkerrecht. – Den *Klearchos* hatte *Tissaphernes* überleben lassen, damit er ihn, stellvertretend für alle, zur nachträglichen Aburteilung oder Begnadigung vor den König stellen konnte [64]; *Artaxerxes* mußte nun seiner Mutter unter Eid versprechen, *Klearchos* nicht töten zu lassen; dann aber ließ er sich von seiner Frau *Stateira* umstimmen und ihn dennoch umbringen; deswegen war *Parysatis* ihrer Schwiegertochter, der Gemahlin des Königs, gram und setzte deren Vergiftung ins Werk, – so jedenfalls berichtet es der Arzt KTESIAS, und PLUTARCH übernimmt seinen Bericht trotz aller Zweifel; weit eher als eine Rache für *Klearchos*, vermutet er allerdings als Motiv die Eifersucht der Mutter auf die »innige Liebe«, die ihren Sohn und ihre Schwiegertochter miteinander verband[65]; zudem konnte *Parysatis* offenbar den Vorwurf nicht vergessen, den ihr *Stateira* gemacht hatte, die Ursache des Bruderkriegs zwischen *Kyros* und *Artaxerxes* liege wesentlich bei ihr. »Deshalb«, schreibt PLUTARCH, »warf *Parysatis*, eine zum Zorn sehr geneigte und höchst rachsüchtige Frau, die eine ihr zugefügte Beleidigung nie vergab, den unversöhnlichsten Haß auf *Stateira* und ging damit um, sie aus dem Wege zu räumen.«[66]

Als ihr Werkzeug zu einem Giftmordanschlag benutzte sie ihre treue Kammerfrau *Gigis*, die ihr wider Willen dabei behilflich war, die tödliche Substanz herzustellen; in die eine Hälfte eines Vogels tat *Parysatis* dieses Mittel und reichte es *Stateira* beim Mahl, während sie selber die unverdorbene Hälfte zu sich nahm. Als *Stateira* »unter den heftigsten Schmerzen und Zuckungen« verstarb, lenkte sich der Verdacht des Königs freilich sogleich auf seine Mutter, und um sie zu überführen, ließ er »die Bedienten und Tafelaufwärter ... in Haft nehmen und auf die Folter spannen. Allein *Parysatis* behielt *Gigis* lange Zeit bei sich im Hause und lieferte sie selbst auf des Königs

64 Vgl. XENOPHON: Anabasis, II 5–6, S. 46–53.
65 PLUTARCH: Artaxerxes, XIX, in: Lebensbeschreibungen, V, S. 119.
66 A.a.O., VI, S. 107.

Befehl nicht aus.« Dann aber, als die Kammerfrau eines Nachts sich nach Hause begeben wollte, ließ der König sie ergreifen und verurteilte sie zum Tode. – In Persien werden die Giftmischer nach einem Gesetz auf folgende Art hingerichtet: Man legt ihren Kopf auf einen breiten Stein und schlägt oder drückt mit einem anderen Stein so lang darauf, bis das Gesicht und der Kopf ganz zerquetscht sind. Auf diese Art mußte *Gigis* sterben. Der *Parysatis* selbst sagte oder tat *Artaxerxes* nichts, sondern schickte sie bloß auf ihr eigenes Verlangen nach Babylon, indem er erklärte, solange sie lebe, werde er Babylon nicht betreten.«[67] Mutter und Sohn blieben seither getrennte Leute, vereint nur in Macht und in Mißtrauen.

Die Hinrichtungsart der unschuldigen *Gigis*, deren Tod der Mutter wohl einen ähnlichen Schmerz zufügen sollte, wie diese ihn dem König mit der Ermordung seiner geliebten Gemahlin angetan hatte, darf als eine weitere Variante der Talionstrafe aufgefaßt werden: einem Straftäter wird das Organ zerstört, mit dem das Verbrechen begangen wurde, – so das allgemeine Prinzip; ein Giftmord wird mit dem Kopf geplant und durchgeführt, – deshalb muß nach solcher Regel zur Strafe der Kopf des Delinquenten zerquetscht werden. Arme *Gigis*! Daß ihr Kopf etwas ganz anderes wollte, spielte bei der Verhängung der Todesstrafe über sie keine Rolle, – das Mütchen des Königs zu kühlen war wichtiger. – Das Paradox besteht, daß die am meisten personenbezogene Strafe in dieser Form sich für die Frage nach Schuld und Gerechtigkeit durchaus nicht interessieren muß, – sie ist die Reaktion einer verärgerten Person in Macht auf eine ohnmächtige Person als das Objekt, auf sie den Ärger abzuladen. Es geht zu wie in CARL ORFFs Oper »Die Kluge«: »Denn wer die Macht hat, hat das Recht, und wer das Recht hat, bricht es auch.«

Doch an gräßlichen Hinrichtungsarten hatten die Perser keinen Mangel. Zu ihren Methoden zählte als eine weitere Strafform die Hinrichtungsart, *lebendig begraben* zu werden. So etwas hörten wir bereits im Falle der schuldig gewordenen Vestalinnen im Alten Rom; von *Parysatis* aber wird berichtet, sie habe »die Mutter, zwei Brüder und zwei Schwestern des *Teritouchmes* lebendig begraben, weil dieser ihre Tochter *Amestris* verstoßen und umbringen lassen wollte. Die Nebenbuhlerin, die *Teritouchmes* jene Tat hatte planen lassen,

67 A.a.O., XIX, S. 119–120. Allerdings verharrte der König nicht sehr lange im Zorn gegen seine Mutter, sondern versöhnte sich mit ihr und ließ sie zurückkommen, – sie war ihm zu nützlich. A.a.O., XXIII, S. 123.

Roxane, wurde lebendig zerstückelt.«[68] – Es könnte sein, daß bei allem Rachebedürfnis der ränkereichen *Parysatis* das Verfahren selbst einmal religiös-symbolische Bedeutung besaß und als ein spiegelsymmetrisches *ius talionis* zu lesen ist: wer sich, zum Beispiel wie *Teritouchmes*, an dem blühenden Leben einer Frau vergeht, die er in den Tod stößt, der verdient, im Schoße der Mutter Erde zu sterben, von der alles Leben kommt. In jedem Fall ist diese zwangsweise Umkehrung der Lebensrichtung als ein Akt der Schuldwiedergutmachung, als ein Opfer an die Kräfte zu verstehen, denen das menschliche Dasein sich verdankt.

So berichtet HERODOT, daß *Xerxes I.* (486–465) bei seinem Vormarsch auf Griechenland am Pangaiongebirge an den Fluß Strymon (heute: Struma, in Makedonien) gelangt sei und nach dessen Überschreiten erfahren habe, daß die Gegend »Neun Wege« heiße; daraufhin habe man »dort ebenso viele eingeborene Knaben wie Mädchen lebendig als Opfer« begraben. Denn, fügt er hinzu: »Es ist persische Sitte, Menschen als Opfer lebendig zu begraben.« So habe er »auch erfahren, daß *Amestris*, die Gattin des *Xerxes*, in ihrem Alter zweimal sieben Kinder angesehener Perser für sich lebendig begraben ließ, um dem Gott, der unter der Erde wohnen soll, zu danken«.[69]

Wer aus heutiger Sicht auf derlei Praktiken, die er für endgültig überwunden hält, spöttisch als auf einen Aberglauben, verbunden mit blutrünstigen magischen Ritualen, zurückblickt, der muß sich darauf hinweisen lassen, daß auch wir Heutigen das Lebendigbegraben als Strafform nach wie vor exerzieren. Am 12. September 1991 meldete »Newsday«, die US-Amerikaner hätten im Irak-Krieg Tausende irakischer Soldaten in den ersten beiden Tagen der Bodenoffensive lebendig begraben: »Die US-Division, die *Saddam Husseins* Abwehrlinie durchbrach, setzte auf Panzer montierte Pflüge und für den Kampfeinsatz konstruierte Erdbewegungsfahrzeuge ein, um Tausende irakischer Soldaten – manche noch lebend und aus ihren Waffen feuernd – in ihren mehr als 70 Meilen langen Gräben zu verschütten, so die US-Militärs. – In den ersten beiden Tagen der Bodenkämpfe in der Operation Wüstensturm (sc. so die US-Bezeichnung des 1. Golfkriegs, d.V.) verwendeten drei Brigaden der 1. moto-

68 BRUNO JACOBS: Grausame Hinrichtungen – friedliche Bilder, in: Martin Zimmermann (Hg.): Extreme Formen von Gewalt in Bild und Text des Altertums, 123.
69 HERODOT: Historien, VII 114,1–2; Bd. 2, S. 955.

risierten Infanteriedivision – ›The Big Red One‹ – die grausige Erfindung, um Gräben und Bunker zu zerstören, die nach Schätzungen aus Armeekreisen von mehr als 8000 irakischen Soldaten verteidigt wurden. Während sich 2000 ergaben, wurden die toten und verwundeten Irakis wie auch die letzten Aufsässigen, die noch aus ihren Waffen feuerten, unter Tonnen von Sand begraben. – Das erklärten Teilnehmer der sorgfältig geplanten und vorbereiteten Aktion. ›Nach dem Durchbruch war außer denen, die sich ergaben, keiner mehr übrig‹, sagte Captain *Bennie Williams*, der für seine Rolle in diesem grausigen Schauspiel mit dem Silver Star ausgezeichnet wurde. – Dieses beispiellose Vorgehen wurde vor der Öffentlichkeit verborgen ... ›Soweit ich weiß, haben wir Tausende erledigt‹, erklärte Colonel *Anthony Moreno*, Kommandant der 2. Brigade, die den Angriff auf die stärksten Abwehrstellungen führte. In dem Artikel heißt es weiter, daß nach der ersten Bulldozerwelle, die die Irakis außer Gefecht setzte, eine zweite die Gräben mit Sand zuschüttete, um sicherzugehen, daß von den Verwundeten niemand überlebte.«[70]

Hier wurde gewiß kein Opfer dargebracht für die Erdgöttin *Demeter* oder deren Tochter *Persephone*, hier wurde, wenn schon, ein Opfer dargebracht dem Gott des Petrodollars, und man folge dabei zwei militärischen Vorgaben: 1) die eigenen Verluste sind zu minimieren, die des Gegners sind zu totalisieren, und 2) der Aufwand ist so gering wie möglich zu halten – kurzer Prozeß also. Statt, wie in früheren Zeiten, mit Artilleriefeuer, Giftgas, Flammenwerfern und Panzern die feindlichen Schützengräben zu »säubern«, lassen sich die Vorgänge des Tötens und des Beerdigens effizienter in einer einzigen Aktion zusammenfassen. Auch so kann sie aussehen: die Hinrichtung zur Bestrafung des Verbrechens der Iraker, die Autorität der Vereinigten Staaten von Amerika mit der Besetzung Kuwaits herausgefordert zu haben.

Ausdrücklich wird *Artaxerxes II.* von PLUTARCH als ein »sehr gutmütiger Regent« beschrieben, »besonders verglichen mit seinem Sohne *Ochos* (sc. *Artaxerxes III.*, 359–338, d.V.), der an Grausamkeit und Mordlust alle seine Vorgänger übertraf«.[71] Wie zur Bestätigung für dieses Urteil bediente dieser *Ochos* sich einer Strafart, die im Griechischen mit *spodízein* bezeichnet wird und die für gewöhnlich mit »in der Asche rösten« wiedergegeben wird[72]. Doch: »In glü-

70 RAMSEY CLARK: Wüstensturm, 88–89.

71 PLUTARCH: Artaxerxes, XXX, in: Lebensbeschreibungen, V 131.

72 Benselers Griechisch-deutsches Wörterbuch, 818. *Spodós* ist »die Asche, bes.

hende Asche geworfen zu werden, hätte einen recht schnellen Tod zur Folge gehabt. Das Opfer wäre entweder den Verbrennungseffekten erlegen oder durch Ersticken ums Leben gekommen. Um einen langsamen qualvollen Tod zu erreichen, dürfte die Asche also nicht heiß gewesen sein, sondern kalt.«[73] Dieses Argument scheint zutreffend, denn berichtet wird, daß *Ochos* »dieser Bestrafung durch eine tückische Konstruktion auch jene zugeführt« habe, »die er eigentlich nicht hätte hinrichten dürfen, nämlich Abkömmlinge jener privilegierten Familien, deren Angehörige seinerzeit an der Verschwörung des *Dareios I.* (sc. 522–486, d.V.) gegen *Gaumata* beteiligt waren.«[74] *Gaumata* war ein Magier, der *Kambyses II.* (530–522), dem Sohn *Kyros II.* (559–530), »sowohl Persis und Medien als auch andere Lande« entrissen hatte. Alle fürchteten ihn und glaubten ihm die Lüge, er sei der Sohn *Kyros' II.*, mithin ein Bruder des *Kambyses. Dareios I.* indessen erschlug 521 v.Chr. *Gaumata* und seine Hauptleute und stellte »das Königreich, das unserer Familie entrissen worden war«, wieder her, wie er in der Behistun-Inschrift erklärte[75]. Eines Eides wegen durfte er allerdings keinen der Verschwörer »mit Gift, Eisen oder durch irgendeine Gewalttat oder durch Mangel an Speise« töten, und so dachte er sich »eine grausamere Todesart aus, durch die er diese ihm Lästigen beseitigen konnte, ohne daß eine eidliche Bindung verletzt wurde. Er ließ sämtlich einen mit hohen Wänden umfriedeten Ort mit Asche füllen und plazierte sie, nachdem er einen Balken hatte darüber legen lassen, reichlich mit Speise und Trank bewirtet, darauf; von dort fielen sie, vom Schlaf übermannt, in jene tückische Masse hinab.«[76]

Diese Szene selbst bietet einen sicheren Anhaltspunkt, wie das *spodízein*, das In-die Asche-Werfen, zu verstehen ist: unmöglich kann die Asche unterhalb des Balkens, auf dem die Hinzurichtenden ihre Henkersmahlzeit einzunehmen hatten, bis sie einschliefen, glü-

Glutasche oder Altar-, Opferasche, Totenasche.« Auch Gemoll. Griechisch-deutsches Schul- und Handwörterbuch, 733, übersetzt *spodizein* mit »in der Asche rösten.«

73 BRUNO JACOBS: Grausame Hinrichtungen – friedliche Bilder, in: Martin Zimmermann (Hg.): Extreme Formen von Gewalt in Bild und Text des Altertums, 145.

74 A.a.O., 145.

75 RICHARD FRYE: Persien, 178–179: die Übersetzung der Behistun-Inschrift; S. 180–188: die Darstellung des Aufstands *Gaumatas*, der vielleicht wirklich ein Bruder des *Kambyses* war und von *Dareios I.* (522–486) nur aus propagandistischen Gründen als Lügner hingestellt *wurde*.

76 BRUNO JACOBS: Grausame Hinrichtungen – friedliche Bilder, in: Martin Zimmermann (Hg.): Extreme Formen von Gewalt in Bild und Text des Altertums, 145.

hend heiß gewesen sein, – der stundenlange Kampf gegen das Einschlafen bliebe angesichts eines solchen Glutofens unverständlich; und vor allem: gerade eine lang sich in Todesangst hinziehende Strafe, bei der die Todesursache sich nicht einmal von fremder Hand, sondern aus der eigenen Erschöpfung ergibt, war der Zweck dieses heimtückischen Spiels zwischen Freundlichkeit und Vernichtung, das sich *Dareios I.* als Strafe für den aus seiner Sicht begangenen Verrat ausgedacht hatte, für jene Lüge in Todesabsicht, bei der ein kleiner Moment der Unachtsamkeit mit Vernichtung bestraft wird. Der Sturz in die Asche selbst jedenfalls dürfte dazu geführt haben, daß der aufgewirbelte Aschenstaub den Opfern die Luft raubte und die Atemwege und Schleimhäute verklebte, – die Hinzurichtenden müssen in wenigen Minuten erstickt sein.

Einen Beleg dafür, daß solche Hinrichtungspraktiken in Persien durchaus üblich waren und sogar von den Herrschern anderer Völker übernommen wurden, liefert in der Bibel das Zweite Buch der Makkabäer, Kap. 13,1–8: Im Jahre 163 v. Chr. ließ *Antiochus V. Eupator* (164–162) den *Menelaos* hinrichten, der 171 v. Chr. für kurze Zeit Hoherpriester gewesen war und sich nun dem Heereszug des *Antiochus* und des Reichsverwesers *Lysias* im Kampf gegen die Juden anschloß, in der Hoffnung, von diesen nach einem Sieg in seine alte Stellung wieder eingesetzt zu werden. *Lysias* aber befahl, ihn nach Beröa zu überführen »und auf die dort übliche Weise ums Leben zu bringen. Es befindet sich nämlich an dem Ort ein Turm, fünfzig Ellen (hoch), voll (glühender Asche); dieser hatte eine Vorrichtung, die sich umdrehen ließ, so daß sie von allen Seiten zur Asche hinabschleuderte. Daselbst stoßen sie den des Tempelraubs Schuldigen (sc. wie *Menelaos*, d.V) und sonstige große Übelthäter allesamt ins Verderben hin. Eines solchen Todes mußte der gottlose *Menelaos* sterben und ward nicht einmal (eines Grabes in) der Erde teilhaftig: ganz mit Recht. Denn nachdem er sich vielfach in betreff des Altars versündigt hatte, dessen Feuer heilig war samt der Asche, trug er in der Asche den Tod davon.«[77] (Zu *Menelaos* s. o. S. 260–261)

Auch im jüdischen Rechtsverständnis liegt hier also eine Art Talion vor, nur daß diese sich nicht auf die Form der Tat bezog (täuschendes Einschläfern und böses Erwachen), sondern auf die Lokalität, an der sie geschah: das Vergehen am Tempel mit seinem

77 Das Zweite Buch der Makkabäer, hg. v. Adolf Kamphausen, in: Emil Kautzsch (Hg.): Die Apokryphen und Pseudepigraphen des Alten Testaments, 1. Bd., S. 113.

Opferfeuer sollte geahndet werden dadurch, daß der Täter in der Asche des Feuers geopfert ward. Es ist nicht daran zu denken, daß die Asche wirklich »glühend« war, so daß der Hingerichtete darin alsbald verbrannte, – er sollte sich lange dahinquälen; von Belang ist zudem, daß der Leichnam des Verstorbenen in dem Aschenturm verblieb, – der Ort seiner Hinrichtung war zugleich sein Grab; er ging buchstäblich zugrunde in seiner Schuld.

Das *spodízein* – einäschern (bei lebendigem Leibe) ging dieser Erzählung zufolge von den Persern auch auf die Seleukiden, die syrischen Könige in der Nachfolge *Alexanders des Großen*, über, und ein gleiches geschah mit einer dritten gräßlichen Hinrichtungsart, mit dem *Pfählen*: die Perser hatten es übernommen von den Assyrern, und von den Persern lernten auch die Griechen diese Praxis. Freilich sind die beiden griechischen Verben, welche diese Hinrichtungsart beschreiben, nicht eindeutig: *anastauróein* kann heißen: »auf ein Pfahl stecken«, aber auch: »ans Kreuz schlagen«; *anaskolopízein* kann ebenfalls heißen: »aufpfählen«, aber auch: »an einen Pfahl schlagen«[78]. HERODOT zum Beispiel erzählt, daß nach der Schlacht von Plataia 479 v.Chr., als die Griechen endgültig über das persische Landheer siegten, zu dem spartanischen Oberbefehlshaber *Pausanias* jemand kam und ihm begeistert vorschlug, er solle den Heerführer *Mardonios* kreuzigen (*anaskolopízein)* lassen und damit Gleiches mit Gleichem vergelten, da *Mardonios* und *Xerxes* nach der Schlacht bei den Thermopylen (im August 480) dem gefallenen Spartanerkönig *Leonidas* den Kopf abgeschlagen und auf einen Pfahl gesteckt hatten (*anastauróein*).[79] Beide Worte werden hier offenbar synonym gebraucht im Sinne von: »auf einen Pfahl stecken«, und zwar an dieser Stelle nicht, um zu töten, sondern um den Getöteten oder dessen Körperteile öffentlich zur Schau zu stellen; das Pfählen war, wie wir sahen, aber auch als eine Form quälender Hinrichtung in Brauch. Die etymologische Herkunft der Worte führt an dieser Stelle nicht zur Klärung: *skólops* ist »ein zugespitzter, aufrechtstehender Pfahl, Spitzpfahl, Palisade«[80], *staurós* bedeutet ebenfalls »Pfahl, Palisade[81]; im Neuen Testament hat das Wort allerdings eindeutig die Bedeutung »Kreuz« angenommen; doch auch das lateinische *crux* meint zunächst »Marterholz«, nicht schon »Kreuz«, und *cruciare*

78 Benselers Griechisch-deutsches Schulwörterbuch, 60.
79 HERODOT: Historien, IX 78,1–3; Bd. 2, S. 1235.
80 Benselers Griechisch-deutsches Schulwörterbuch, 812.
81 A.a.O., 821.

bedeutet soviel wie »martern, foltern«; erst *crucifigere* bezeichnet »kreuzigen«.[82]

Im Alten Testament beispielsweise wird berichtet, wie durch das Edikt des *Kyros* (König von Persien seit 558, König von Medien seit 553) der Auftrag zum Tempelbau erging, versehen mit dieser Strafandrohung: »Wenn irgend jemand diesen Erlaß übertritt, so soll ein Balken aus seinem Haus herausgerissen und er daran aufrecht angeschlagen werden, und sein Haus soll um seiner Tat willen zum Schutthaufen gemacht werden« (Esra 6,11). Offenbar ist hier das Pfählen als tödliche Hinrichtungsform gemeint.

Doch eben: das ist nicht immer so klar. HERODOT etwa berichtet, daß während des Vormarschs des *Xerxes* (486–465) auf Griechenland im Jahre 480 der Perser *Sandōkes* bei Artemision 15 Schiffe verlor; in diesem Zusammenhang heißt es, daß König *Dareios I.* (522–486) *Sandōkes* als Mitglied des königlichen Richterkollegiums vormals wegen eines Fehlurteils infolge einer Bestechung hatte »kreuzigen« (*anastauróein*) lassen; dann aber, als *Sandōkes* schon am »Kreuz« (Marterholz) hing, bereute der König seine Maßnahme als voreilig und ließ ihn wieder abnehmen[83]. Eine solche Tortur kann sicherlich nur jemand überleben, der nicht gepfählt, also auf den Pfahl gespießt wurde, sondern der in wörtlichem Sinne »gekreuzigt«, das heißt ans Marterholz gehängt wurde.

Festzuhalten bleibt in jedem Fall, daß die Perser das Pfählen ebenso wie das Kreuzigen als zwei Hinrichtungsarten praktizierten, die beide diese Eigenschaften gemeinsam hatten: sie waren äußerst qualvolle, langsam sich hinziehende Tötungsformen, und sie waren weithin als ein grausiges Spektakel sichtbar. So ließ *Dareios II.* gleich zu Beginn seiner Regierung einem seiner gefährlichsten Gegner, *Fravartisch*, zur Strafe die Nase, Ohren und die Zunge abschneiden, ihm ein Auge ausstechen und ihn anschließend durch Pfählen hinrichten. »Die Gefolgsleute des Rebellen wurden aufgehängt.«[84] Wie HERODOT überliefert, ließ *Dareios I.* bei der zweiten Eroberung des aufständischen Babylons sogar durch eine Massenhinrichtung »die führenden Männer …, etwa 3000, pfählen«.[85]

82 Langenscheidt: Großes Schulwörterbuch Lateinisch-Deutsch, 307, 308.
83 HERODOT: Historien, VII 194,1–3; Bd. 2, S. 1023.
84 BRUNO JACOBS: Grausame Hinrichtungen – friedliche Bilder, in: Martin Zimmermann (Hg.): Extreme Formen von Gewalt in Bild und Text des Altertums, 128.
85 HERODOT: Historien, III 159,1; Bd. 1, S. 501.

Natürlich konnte eine so grausame Strafe wie die Pfählung oder Kreuzigung auch in politischem Kalkül und verbunden mit programmatischen Zielen eingesetzt oder ausgesetzt werden. Unter *Xerxes I.* (486–465) hatte *Sataspes*, ein Neffe des *Dareios*, die jungfräuliche Tochter des *Zopyros*, der sich bei der Eroberung von Babylon große Verdienste erworben hatte[86], vergewaltigt und war dafür von dem König wegen dieser Schuld zum Tod durch den Pfahl (*anaskolopízein)* verurteilt worden; seine Mutter aber, eine Schwester des *Dareios*, intervenierte und erklärte, sie selbst werde ihrem Sohn eine größere Strafe auferlegen als der König: Er werde, um sein Leben zu behalten, Libyen (Afrika) umsegeln; *Xerxes* ging darauf ein; doch als *Sataspes* nach vielen Monaten umkehren mußte, ohne den Seeweg um Afrika erkundet zu haben, ließ *Xerxes* ihn tatsächlich durch Pfählen (*anaskolopízein*) hinrichten[87].

Einen Moment lang mag man sich fragen, wie eine derart gräßliche Strafe wie die Pfählung so kalt kalkuliert gehandhabt werden konnte; doch die Antwort ist einfach: während die Tortur die Untertanen abschrecken sollte, erfreute sie sich gerade deshalb bei den Herrschern um so größerer Beliebtheit. Nicht nur die Perser, auch die *Meder* übernahmen diese Strafform von den Assyrern.

Als zum Beispiel der Mederkönig *Astyages* (585–550) miterleben mußte, wie sein Heer im Kampf gegen *Kyros II.* sich auflöste, ließ er »jene Traumdeuter unter den Magiern ans Kreuz schlagen (sc. pfählen, *anaskolopízein*, d.V.), die ihm geraten hatten, *Kyros* zu schonen.« Doch in der Schlacht mit den Persern unterlag er; er »wurde lebendig gefangen, das ganze medische Heer, das er ins Feld geführt hatte, ging verloren«.[88]

Von besonderem Interesse für uns ist die auffallende Ähnlichkeit, mit der *Dareios I.* (522–486) am Anfang seiner Machterringung sich der Pfählung als eines probaten Mittels zur Behauptung seiner unangefochtenen Autorität bediente und mit der auch *Alexander der Große* auf die gräßliche assyrische Todesfolter zurückgriff. »Nach *Dareios'* (sc. III., 336–330, d.V.) Tod wurde *Alexander* dessen Nachfolger als Beherrscher Asiens. Wer ihn nicht anerkannte, wurde automatisch zum Aufrührer gegen den rechtmäßigen Souverän.«[89] Und gerade das war der Fall bei *Bessos*, dem Satrapen Baktriens, eines Gebiets südöst-

86 A.a.O., III 159–160; Bd. 1, S. 501; 502.
87 A.a.O., IV 43; Bd. 1, S. 533; 535.
88 A.a.O., I 128; Bd. 1, S. 125.
89 RICHARD FRYE: Persien, 261.

lich des Aralsees. Er betrachtete sich eigentlich als Nachfolger des gescheiterten, nach der Schlacht von Gaugamela (331 v. Chr.) schließlich von den eigenen Leuten ermordeten *Dareios*, und so wurde er zu dem letzten Perser, der dem makedonischen Eroberer noch hätte gefährlich werden können. Um so empfindlicher suchte *Alexander* ihn nach seiner Verhaftung zu erniedrigen. Er ließ »ihn nackt, mit einem Halseisen gefesselt«, zu sich bringen und befragte ihn nach der Ermordung des *Dareios*. »Daraufhin ließ ihn *Alexander* geißeln« und dann »geschändet nach Basra zum Tode« schicken[90]. In einer Versammlung der Heerführer in Zariaspa schließlich ließ er sich *Bessos* erneut vorführen; nachdem er ihn noch einmal wegen seines Verrates an *Dareios* angeklagt hatte, ließ »er ihm Ohren und Nase abschneiden und ihn dann nach Ekbatana bringen, um dort in der Versammlung von Medern und Persern gerichtet zu werden«.[91] Bei seiner Hinrichtung wurde *Bessos* gefesselt, vollständig seiner Kleidung beraubt und dann gepfählt; sein Körper wurde mit Pfeilen durchbohrt und bewacht, damit nicht einmal die Vögel ihn berührten konnten[92].

Bemerkenswert für uns ist an diesem Bericht, in wie vielen Details die uns bekannte Leidensgeschichte Jesu in den Evangelien sich hier bereits in den typischen Ablaufschritten vorbereitet: Auspeitschen, Demütigen, nackt Ausziehen, Pfählen, den Körper Durchbohren und Bewachen, – alles ist schon da, nur das Verstümmeln unterbleibt bei den Römern; dafür wird das Pfählen nach und nach durch die Kreuzigung als eine noch quälendere Hinrichtungsform verdrängt. Ein entscheidender Vermittler dieses Vorgangs der Orientalisierung der Hellenen ist am Ende des Perserreiches und am Anfang des Hellenismus offenbar *Alexander der Große* selbst gewesen. Sein Biograph ARRIAN tadelt ihn deswegen, wobei er freilich nicht die Pfählung verurteilt, wohl aber die Strafform der »Verstümmelung des Gesichtes für barbarisch« erklärt und behauptet, »daß sich *Alexander* zur Nacheiferung des medischen und persischen Reichtums habe verleiten lassen und der bei den barbarischen Königen üblichen Umgangsformen, die mit ihren Untertanen nicht auf gleichem Fuß verkehrten«.[93]

Doch was soll's! Ein Machthaber steht über dem Volk, über den

90 ARRIAN: Alexanders des Großen Siegeszug durch Asien, III 25; S. 215.
91 A. a. O., VI 7,3; S. 228.
92 BRUNO JACOBS: Grausame Hinrichtungen – friedliche Bilder, in: Martin Zimmermann, in: Extreme Formen von Gewalt in Bild und Text des Altertums, 129–130.
93 ARRIAN: Alexanders des Großen Siegeszug durch Asien, IV 7,4; S. 228.

Menschen, über dem Menschenrecht; er *ist* das Recht, weil er der Machthaber ist und alle Rechtssätze so erlassen kann, wie sie seinem Machterhalt dienlich sind. – Als zum Beispiel *Alexander* seinen Freund *Kleitos* wegen dessen Kritik an seiner »Wandlung zum Barbarischen«[94] in einem Anfall aus Jähzorn mit der Lanze durchbohrt und getötet hatte, kam zu ihm der Sophist *Anaxarchos* und suchte ihn in seiner – nur allzu berechtigten – Trauer über sein Tun zu trösten, indem er ihm lachend versicherte, »daß ja die alten Weisen dem *Zeus* die Göttin des Rechts (sc. *Díkē*, d.V.) als Beisitzerin aus dem Grunde gegeben hätten, weil alles, was von *Zeus* entschieden sei, mit Recht getan wäre. Daher müßte auch das, was ein guter König getan hätte, als recht gelten, erstens bei dem König selber und damit bei den anderen Menschen.« Mit diesen Worten, erklärt ARRIAN, habe der Philosoph »*Alexander* ein noch größeres Unheil getan als das, in dem er sich damals befand«.[95]

Es ist dies die Stelle, an welcher der Alte Orient mit seinem absolutistischen Machtverständnis vermittels der Perser sich in den Hellenismus hinein fortsetzen wird, und die Art zu strafen muß dabei als Leitsymptom gelten. Doch wie nun? Das antike Griechenland, die Wiege der Demokratie, die Befreierin vom Perserreich, – kann es sein, daß gerade Griechenland in der Rechtsgeschichte als Transmissionsriemen totalitärer Gewalt fungiert? Es kann – der enormen Gewaltbereitschaft auch der Griechen wegen.

c) Griechen

Mit der Rechtsgeschichte Griechenlands haben wir bisher die wichtige Unterscheidung zwischen einer beabsichtigten Handlung und einer unbeabsichtigten Tatfolge verbunden, das Wechselspiel von Gentil- und Staatsrecht, aber auch das Standesrecht gegenüber Sklaven und Heloten oder die Macht der launischen Massenmehrheit, im *Ostrakismós* sich immer mal wieder ihrer fähigsten Mitbürger zu entledigen; was wir uns jetzt näher ansehen müssen, ist der Faktor der Gewalt, der in Hellas wohl nicht so spektakulär nach außen tritt wie etwa bei den Assyrern, Babyloniern oder Persern, doch keineswegs weniger unheilvoll wirksam war. Zugegeben, die Demonstra-

94 A.a.O., IV, S. 230.
95 A.a.O., IV, S. 232–233.

tion der Gewalt erreichte im antiken Griechenland nicht die Ausmaße der mesopotamischen Reiche, doch nicht infolge einer milderen Wesensart, sondern infolge der relativen Kleinheit der Polisordnung: die Politik in Griechenland ist – bis zu *Philipp II.* (359–336) und *Alexander dem Großen* (336–323) – nicht imperial, sondern kolonial; die Gewaltausübung geschieht zwar auch in alljährlichen Kriegen zur Beschaffung von Beute und billigen Arbeitskräften (Sklaven), doch ist ihr Ethos eher heroisch-agonal als herrisch-vexal. Entsprechend wurde das Land der Griechen gern als ein Arkadien humanistisch-humanitärer Freiheitsliebe und Weisheit gesehen, doch war die Wirklichkeit anderer Art.

Daß jede bestehende Ordnung, brüchig genug, das Ergebnis brutaler Machtkämpfe darstelle, ist die Botschaft bereits der griechischen Mythologie: die olympischen Götter regieren die Welt allererst, nachdem *Zeus* seinen kinderfressenden Vater *Kronos* gestürzt und in ein zeitloses Jenseitsland verbannt hat[96]; erst nach der brutalen Niederringung der Titanen und Giganten als Vertreter roher Naturgewalten erhielt die Welt ihr heutiges Antlitz[97]. Wie, wenn es so sich verhält, sollten Menschen, wenngleich mühsamer, es nicht im Umgang miteinander den Göttern gleichzutun versuchen?

Wie sie *das* können, zeigt beispielgebend und vorbildlich HOMERS »Ilias«. Sie demonstriert Vers für Vers die Überzeugung: »Krieg und Kampf sind der Ort, in dem die menschliche Existenz ihre Erfüllung in Ruhm und Ehre findet. In der Gewalt des Krieges erleben die Akteure Freude und Genuß, denn einzig die physische *Aretē*, die Bewährung im Kampf, verschafft jenen Ruhm, der unsterblich macht. Die Zahl der getöteten Feinde ist der Gradmesser dieses individuellen Ansehens. Die Kampfdarstellungen HOMERS gehen daher rasch von der Beschreibung der anonymen Heermassen über zur Schilderung von Zweikämpfen. 318 tote Kämpfer werden einzeln aufgeführt, 243 davon namentlich genannt.«[98]

Man lese, um einen Eindruck davon zu bekommen, nur den 16.

96 E. DREWERMANN: Grenzgänger, 21–38: Titanen, Götter und Giganten, S. 25–27.

97 A.a.O., 29–31: zur Titanenschlacht; S. 31–38: zur Gigantenschlacht. Vgl. demgegenüber ERIK WOLF: Vorsokratiker und frühe Dichter, 3. Kap.: Helferinnen von Themis und Dike, S. 53–68, der auf die Geschwister *Eirene* (Frieden) und *Eunomia* (Wohlverfaßtheit) abhebt.

98 MARTIN ZIMMERMANN: Extreme Formen physischer Gewalt in der antiken Überlieferung, in: Ders. (Hg.): Extreme Formen von Gewalt in Bild und Text des Altertums, 161–162.

Gesang der »Ilias« (die Patroklie) mit den endlosen Duelldarstellungen, wer wen wohin mit dem Speer oder Schwert so trifft, daß »der purpurne Tod und das mächtige Schicksal« den unterlegenen Kämpfer ereilen[99]. An sich entscheidet mehr oder minder der Zufall (das »Schicksal«) darüber, wer in der Schlacht dahingerafft wird, gleichwohl hängt der Ruhm eines Helden von der Zahl der getöteten Feinde ab, und so »kommt ihr Tod schnell. Es gibt keine langen Qualen, keine Agonie (sc. Todeskampf, d.V.). Der Moment des Todesstoßes wird durch die Beschreibung über mehrere Verse geradezu im Zeitlupentempo geschildert, wobei wiederkehrende Motive und Formulierungen eine eingrenzbare Bildmenge von Todesarten schaffen ... (und) überwiegend der Tod der Troer detailliert ausgemalt wird. Was auf den ersten Blick wie eine naturalistische Wiedergabe von beobachteten Kämpfen erscheint, ist letztlich trotz blutiger Details poetische Gestaltung. – Ihr Zweck ist es, die Qualität des Helden zu unterstreichen. Indem die brutale Wirkung seiner Waffen offensichtlich wird, zeigt sich umgekehrt, in welcher Gefahr er selbst schwebt und welche Todesbereitschaft ihn auszeichnet. Das adlige Publikum der archaischen Zeit fand in der unbeschränkten Kampfbereitschaft offenbar einen Orientierungsrahmen und Prüfstein für die eigene soziale Stellung. Die insbesondere in der Ilias bisweilen ermüdende Reihung von blutigen Kampfszenen, in denen Blut, Hirnmasse, Augen, Organe und Extremitäten vorkommen, dürfte vor diesem Hintergrund rezipiert worden sein.«[100]

Als die »archaische Zeit«, in der die »Ilias« verschriftlicht wurde, wird die Epoche Griechenlands vom 7. Jh. bis zu den Perserkriegen am Anfang des 5. Jhs. bezeichnet, in der »die Feudalherren vielerorts das Königtum« beseitigten und »Adelsrepubliken« errichteten, in denen sie unumschränkt über alles Volk geboten[101]. »Immer weniger sah man auf Geburt und edle Gesinnung, immer mehr huldigte man

99 HOMER: Ilias, XVI 334; S. 331.
100 MARTIN ZIMMERMANN: Extreme Formen physischer Gewalt in der antiken Überlieferung, in: Ders. (Hg.): Extreme Formen von Gewalt in Bild und Text des Altertums, 163. Vor diesem Hintergrund kann man verstehen, daß WILL DURANT: Der ferne Osten und der Aufstieg Griechenlands, 325, schreibt: »Dem Achaier ist ein Menschenleben billig; es bedeutet nicht viel, es zu nehmen; die Lust eines Augenblicks kann es wieder ersetzen. Nach der Einnahme einer Stadt werden die Männer getötet oder in Sklaverei verkauft, die Frauen als Konkubinen mitgenommen, wenn sie hübsch sind, als Sklavinnen, wenn sie es nicht sind. Die Seeräuberei gilt ... als ehrbare Beschäftigung; selbst Könige organisieren Raubzüge.«
101 FRITZ SCHACHERMEYR: Griechische Geschichte, 117.

dem Reichtum.«[102] Mit den Fortschritten der hellenischen Metallurgie begann die Massenproduktion von Helm, Panzer, Beinschienen und Schild zur Ausstattung von schwerbewaffneten Fußkämpfern (den »Hopliten«), die Mann neben Mann in geschlossener Schlachtreihe (der Phalanx) gegen den Gegner vorrückten. Da anfangs nur der Adel, später auch die bäuerliche Oberschicht, sich eine solche militärische Montur leisten konnte und vor allem auch über die nötige Zeit verfügte, den Körper athletisch zu trainieren, waren es diese Kreise, denen die »Ilias« buchstäblich auf den Leib geschrieben war. Ihre Vorbilder aber waren, ganz wie HOMER um 700 v. Chr. es schildert, die »Herren der Paläste« im Selbstverständnis der mykenischen Herrschaftselite im 13. Jh. v. Chr.[103].

Uns Heutigen mag eine solche Welt der »Helden« anmuten als eine sonderbare Mischung aus männlicher Selbstdarstellung und zynischer Menschenverachtung, tritt doch das Heer der Achäer wie auch der Troer als erstes auf als ein kollektiver kampfentschlossener Haufen nach Art eines Sturms, der in die Wipfel der Bäume fegt; der Einzelne ragt aus dieser Masse nur dadurch hervor, daß er einen Namen sich macht, indem er mutig sich in die Krisis begibt, entweder einen anderen Menschen zu töten oder von diesem anderen getötet zu werden. Der Duellant, der auf Leben und Tod kämpft und bekämpft wird, verdient an sich weder Haß noch Verachtung, er vertritt nur die Bevölkerung, mit welcher die eigene Gemeinschaft sich in Rivalität befindet, oder er wird, individualisiert, zum wahllosen Massenobjekt des Zorns des *Achilleus* (dem Namen nach wohl von *áchthos* – Last, und *laós*-Volk), der seinen Gegner für einen Augenblick dem Nebel der Menge entreißt, doch nur um ihn in ein und demselben Moment als Individuum mit einem eigenen Namen und einer eigenen (Familien)Geschichte zum Leben zu erwecken und ineins damit dem Dunkel des Todes zu überantworten. Von »Recht« kann in dieser Kriegsjustiz keine Rede sein, – die Götter selbst: *Ares* und *Aphrodite*, *Athene* und *Apoll*, *Zeus* und *Poseidon*, sind untereinander und sogar mit sich selber zutiefst darin uneins, mit welchem der streitenden Lager – mit den Griechen oder mit den Trojanern – sie's halten sollen. So eng sind hier Recht und Gewalt miteinander verbunden, daß in einem Streitfall einzig der Krieg nach Art eines Gottesrechts, als ein Ordal, durch den Sieg einer der Konfliktpar-

102 A. a. O., 118.

103 Vgl. STEFAN HILLER: Herren der Paläste, in: Zeit der Helden, 41–46, S. 45–46: Die Jagd nach Ruhm.

teien zu erkennen gibt, auf wessen Seite die Götter und mithin das »Recht« sich befinden. Um ein solches »Recht« muß man kämpfen, denn außer dem Kampf gibt es kein Recht in einer solchen Welt; allein das Todesurteil der stärkeren Gewalt erzeigt, wer ein »Recht« zu leben besitzt. Die Folge: man kann gar nicht stark genug sein. – In einem jeden Antikenmuseum kann man die prachtvolle Figur solcher idealisierter Krieger mit ihren straff geformten Männerkörpern in ihrer olympischer Nacktheit betrachten, doch bei aller ästhetischen Bewunderung sollte man die Gewaltbereitschaft nicht übersehen, die in diesen Gestalten sich ausformt.

Und Vorsicht! Die Verführungskraft dieser Daseinsauslegung von Kampf und Kraft als Allgewalt des Rechts reicht von der archaischen Zeit der Griechen bis in die Gegenwart der Moderne. Ein Autor, der im Nachlauf des Ersten Weltkriegs viel gelesen (und von den Nazis als kampferprobter Augenzeuge des mörderischen Kriegs an der Westfront im Jahre 1916 gefeiert wurde), war PAUL ETTIGHOFFER, der seinen Roman »Verdun« bezeichnenderweise mit dem Untertitel »Das große Gericht« versah und ihm als Motto ein Zitat aus der »Ilias« voranstellte:

> Wie ein entsetzlicher Brand die gewundenen Täler durchwütet,
> Hoch im dürren Gebirg, es entbrennt unermeßlich die Waldung,
> Und rings wehet der Wind mit brausenden Flammenwirbeln:
> So rings flog mit der Lanze der Wütende stark wie ein Dämon,
> Folgend zu Mord und Gewürg, und Blut umströmte die Erde[104].

Das unwahrscheinlich Scheinende ist wirklich: gerade die grausige Blutrünstigkeit des zürnenden *Achill* setzt sich durch als bewundernswürdig und im Status überlegener Gewalt als »rechtens«. Im antiken Griechenland gewann die »Ilias« eine besondere Bedeutung in der Zeit der Perserkriege, in deren Darstellung HERODOT immer

104 PAUL ETTIGHOFFER: Verdun. Das große Gericht, 7; der Name »Gericht« war der Codename, den General *Erich von Falkenhayn* unter dem Chiffrierschlüssel »Chi 45« der großen Ausblutungsschlacht zum Jahresende 1915 gegeben hatte (S.19). Das Zitat selbst folgt HOMER: Ilias, XX 490–495, S. 430; mit dem »Wütenden« ist *Achill* gemeint, der erbarmungslos, zur Rache für den Tod seines Freundes *Patroklos*, einen nach dem anderen der Troer, wer immer ihm in den Weg kommt, mit Schwert und Speer niederstreckt; selbst der Wagen, der über die Leichen dahinfährt, ist »vom Blut ... ganz bespritzt ... so strebte er, Ruhm zu gewinnen, / *Peleus*' Sohn, die unnahbaren Hände besudelt mit Mordblut.« Ilias, XX 498–503; S. 430.

wieder »einzelne Personen ... mit den Heroen der Frühzeit in Verbindung« bringt, »um die Tradition archaischer adliger Kriegsethik zu evozieren«. Schon im Kontext des Ionischen Aufstandes spielen Kämpfe zwischen einzelnen Heerführern eine zentrale Rolle, wobei in erschreckenden Bildern die moralische Vorrangstellung der Griechen hervorgehoben wird[105].

Der Zorn des *Achill* rechtfertigt mithin nicht allein die Kollektivstrafe, die der größte Krieger Griechenlands an allen Troern, die in seine Nähe kommen, vollzieht, er weitet sich aus zu der Berechtigung, das göttliche Ilion niederzubrennen und seine Einwohner niederzumachen beziehungsweise als Sklaven in Besitz zu nehmen; in den Perserkriegen dann überträgt sich der epische Kampfgegensatz von Griechen und Troern in die generalisierte moralische Unterschiedenheit von Griechen und Barbaren, von Zivilisation und Primitivität, von Freiheit und Knechtschaft, von Gut und Böse, kurz: in die Bewertungsschablonen, nach denen Kriege bis heute als »gerechte« Todesstrafe gegenüber all denen geführt werden, die sich der »Ordnung« des »Rechts« in den Weg stellen.

So schildert zum Beispiel HERODOT, wie *Onesilos*, der Herr von Salamis auf Zypern, in einem heroischen Zweikampf dem persischen Feldherrn *Artybios* gegenübertritt; er solle sich, rät ihm sein Schildknappe, nur auf seinen Gegner, nicht auf dessen mit den Vorderbeinen sich aufbäumendes Pferd konzentrieren; doch *Onesilos* kommt in der Schlacht ums Leben, und die Perser sind so »barbarisch«, daß sie seinen Kopf – nach assyrischem Vorbild – am Stadttor des phönizischen Amathus an der Südküste von Zypern aufhängen. In den durch Verwesung ausgehöhlten Kopf setzt sich jedoch ein Bienenschwarm fest und füllt ihn mit Waben, und ein Orakel, das die Bewohner von Amathus darüber einholen, ordnet an, man solle den Kopf herunterholen und beisetzen, »dem *Onesilos* aber als einem Heros jedes Jahr opfern. Dann würde es ihnen besser ergehen«.[106]

An dieser Begebenheit sieht man und soll man unstreitig erkennen, daß die Griechen den barbarischen Persern selbst im Tod noch als homerische Helden gegenüberstehen, während diese sich an den Göttern vergehen und sich nicht scheuen, die Gebeine ihrer Gegner zu schänden. Völlig außer acht bleibt bei diesem historischen Konstrukt

105 MARTIN ZIMMERMANN: Extreme Formen physischer Gewalt in der antiken Überlieferung, in: Ders. (Hg.): Extreme Formen der Gewalt in Bild und Text des Altertums, 166.
106 HERODOT: Historien, V 111–112; Bd. 1, S. 749.

freilich die haßerfüllte Wut, mit der in der »Ilias« das Urbild aller griechischen Heroen, *Achill*, sogar die flehende Bitte *Hektor*s zurückweist, seinen Leichnam nach seinem Tode den trauernden Angehörigen zur Bestattung zurückzugeben; statt dessen tut der Sohn des *Peleus* »dem göttlichen *Hektor* schmähliche Dinge« an, indem er dessen Leichnam unter dem Wehklagen seiner Mutter *Hekabe*, seines Vaters *Priamos* und seiner Gemahlin *Andromache* zur Entehrung mit Rindslederriemen, durch die Sehnen zwischen Knöchel und Ferse gezogen, an den Wagen bindet und durch den Staub schleift[107]; zwölf Jünglinge schlachtet er am Scheiterhaufen des Freundes und verbrennt ihre Leichname[108], – PLATON schon weigerte sich, derlei Taten dem »Sohn einer Göttin (sc. *Thetis*, d.V.) und des höchst verständigen *Peleus*« sowie dem »Zögling des weisen *Cheiron*«, zuzutrauen, daß er »so ganz verworren gewesen, daß er zwei einander entgegengesetzte Krankheiten in sich nährte, nämlich Niedertracht und Habsucht und zugleich Übermut gegen Götter und Menschen«.[109]

Und was erst wäre zu sagen von *Odysseus* bei seiner von der Göttin *Athene* ins Werk gesetzten Massenhinrichtung der Freier, die er hinmordete, bis daß er sah »sie alle, die vielen im Kampfe Gefallnen, / Liegen in Blut und Staub, wie Fische, welche die Fischer / Aus dem grauen Meer ans hohle Gestade gezogen«.[110]

Die Griechen wären weniger »barbarisch« als ihre nicht-griechischen Gegner?

Da läßt *Telemachos* die Mägde die Leichen der Freier in den Hof nach draußen schaffen und sie die blutbeschmierten Tische säubern, um sie dann selber eigenhändig aufzuhängen, zur Strafe dafür, daß sie sich in den zwanzig Jahren der Abwesenheit des *Odysseus* den Freiern hingegeben; insbesondere dem Ziegenhirten *Melantheus*, der es mit den Freiern hält, werden Nase und Ohren abgeschnitten, ja, es wird »die Scham ihm aus(gerissen) zum rohen Fraß für die Hunde«, und »die Hände und Füße werden ihm abgeschnitten in erbittertem

107 HOMER: Ilias, XXII 338–515; S. 464–470.
108 A.a.O., XXIII 22–23; S. 471; XXIII 175–181; S. 476; 477.
109 PLATON: Politeia, III 391 b – c, in: Sämtliche Werke, III 124. – ERIK WOLF: Vorsokratiker und frühe Dichter, 119, meint: »Das Sein des Menschen im Recht ist *das* große Thema der frühen wie der klassischen griechischen Dichtung. Das Epos hallt nicht minder wie die Tragödie wider vom Schrei nach Recht und Gerechtigkeit, mit dessen Hören die Menschlichkeit des Menschen selbst verstanden ist und mit dessen Verstummen sie vernichtet würde.«
110 HOMER: Odyssee, XXII 383–389; S. 701.

Zorne«.[111] Man kann nicht anders sagen: diese Vorgehensweise übertrifft sogar noch die Brutalität der assyrischen Hinrichtungspraktiken, und es läßt sich zu ihrer Begründung nicht einmal mehr der Hinweis auf Abschreckung durch die öffentliche Zurschaustellung der qualvoll Bestraften anführen; hier wird einzig Rache geübt bis zum äußersten.

Gleichwohl bemüht sich HERODOT am Ende seines großen Geschichtswerkes – des ersten in der Geschichte der Menschheit überhaupt –, noch einmal mit Hilfe einer wahren Horrorgeschichte den Unterschied zwischen der barbarischen Gewalt der Perser und der sich dagegen zur Wehr setzenden Griechen zu verdeutlichen, – stets ja sind »wir« die zu Unrecht Angegriffenen, die, indem sie martialisch mit militärischen Mitteln ihre Gegner niedermachen, dem Recht seinen Platz in der Welt freikämpfen. Wie barbarisch gegenüber den edlen Hellenen die Perser vermeintlich gesonnen und gesittet waren, demonstriert HERODOT abschließend an der Gestalt des *Xerxes* (486–465): Während eines Aufenthalts in Sardes war der König in Liebe zu der Frau seines Bruders *Masistes* entbrannt; da diese indessen sich weigerte, auf sein Ansinnen einzugehen, verheiratete er seinen Sohn *Dareios* mit *Artaÿnte*, der Tochter seines Bruders und seiner Schwägerin, und nahm sie in sein Haus auf; und wie das Schicksal es wollte: er gewann sie lieb anstelle ihrer Mutter. Nun hatte seine Frau *Amestris* dem König ein wunderschönes Gewand geschenkt, das sie ihm gewebt hatte; mit diesem Gewand ging er zu seiner Nichte *Artaÿnte*, und als er »an ihr seine Freude gehabt, sagte er, sie solle für ihre Gefälligkeit einen Wunsch als Gegenleistung äußern; er wolle ihr jede Bitte gewähren«.[112]. Die Unglückselige aber bestand darauf, ihr ausgerechnet das Gewand der *Amestris* zu schenken, er mochte als Ersatz dafür ihr anbieten, was immer er wollte; *Amestris*, die längst ahnte, was da gespielt wurde, war erbost, zumal ihre Nichte mit dem Gewand auch noch öffentlich prahlte. Sie war der Meinung, das alles sei die Schuld ihrer Schwägerin, und so bat sie am Geburtstagsfest des *Xerxes*, er möge ihr die Frau des *Masistes* ausliefern; das tat der König, wenn auch ungern; entsprechend aber der Pflicht, an seinem Geburtstag den Bittenden jeden Wunsch zu erfüllen, gestattete er »seiner Gattin, mit der Schwägerin zu tun, was sie wollte«; seinem Bruder *Masistes* aber schlug er vor, anstelle seiner

111 A.a.O., XXII 437–479; S. 705; 707.
112 HERODOT: Historien, IX 109,2; Bd. 2, S. 1261.

Frau ihm die eigene Tochter zu überlassen. Der freilich weigerte sich empört, seine Frau, die Mutter seiner Söhne und Töchter, zu verstoßen und an ihrer Statt die Nichte zu heiraten. Daraufhin erklärte *Xerxes* voll Zorn, dann werde *Masistes* die Tochter des Königs eben nicht heiraten, aber auch seine Frau werde er nicht länger behalten. Und so kam es in der Tat. Denn: »In der Zwischenzeit, als *Xerxes* mit seinem Bruder redete, hatte *Amestris* die Leibwächter des *Xerxes* zu sich rufen und die Frau des *Masistes* verstümmeln lassen: Sie ließ ihr die Brüste abschneiden und den Hunden vorwerfen, Nase, Ohren, Lippen und Zunge schnitt sie ihr aus und schickte sie so verstümmelt nach Hause.«[113] Um sich zu rächen, begab sich *Masistes* mit seinen Söhnen nach Baktrien, um dort einen Aufruhr anzuzetteln; *Xerxes* aber setzte ihm mit einem Heer nach und ließ »seine Kinder und sein Gefolge erschlagen«.[114]

Wer eine solche Geschichte liest, kann nur zu dem Eindruck gelangen, daß die Perser, mit ihrem König an der Spitze, ein Volk von triebgesteuerten Wüstlingen seien, die, wenn sie die Macht dazu haben, sich über alle Regeln von Anstand und Verstand selbst in dem Intimbereich ihrer Ehe hinwegsetzen und aus Gier, Eifersucht, Zorn und Rache zu jeder Freveltat fähig sind. Auf diese Weise stellt HERODOT die Welt im Umgang mit der jederzeit lauernden Bereitschaft zur Gewalt als bipolar gespalten zwischen Barbaren (Persern) und Griechen dar, die – im Rahmen des alten mythischen Weltbildes – gegeneinander kämpfen wie weiland die olympischen Götter gegen ihre unmenschlichen Widersacher: die Titanen und Giganten. Der Ruhm der heroischen Zweikämpfe in der »Ilias« überträgt sich auf die Großtat der Griechen, in den Perserkriegen die Freiheit gegen die Tyrannei verteidigt zu haben, – ein neuer Mythos, der von seiner propagandistischen Wirkung zur Begründung von Kriegen bis in unsere Tage hinein wenig eingebüßt hat.

Mit dem Gegensatz von Freiheit (Demokratie) und Unfreiheit (Tyrannei) tritt ein weiterer Dualismus in Erscheinung, der das Selbstverständnis der Athener Polis zentral prägen wird, sich aber auch auf die Darstellung der eigenen Geschichte überträgt: das ist die Nähe

113 A.a.O., IV 112; Bd. 2, S. 1265. – Von den vier üblichen Strafen ist dies die Strafform der »Brandmarkung«.

114 A.a.O., IX 113, 1–2; Bd. 2, S. 1265. – HERODOT versteht unter *dikē*-Recht das »Vergelten von Gleichem mit Gleichem«, so in Historien, I 2, 1; Bd. 1, S. 7; vgl. ERIK WOLF: Die Umformung des Rechtsgedankens durch Historik und Rhetorik, S. 34.

der Tyrannis zu Willkür und Gewalt und die vermeintliche Affinität einer demokratischen Verfassung zu Recht und Ordnung. – Wie Tyrannenherrschaft sich auswirkt, verdeutlicht HERODOT in der Warnrede, die *Sosikles* aus Korinth an die Lakedaimonier richtet, des Inhalts, daß die Rückkehr von Tyrannen alle Ordnung von unterst zu oberst stellen werde, gebe es doch »nichts Ungerechteres, nichts Blutdürstigeres auf Erden«.[115] Insbesondere als *Kypselos*, der als Sohn des *Eetion* von seiner Mutter *Labda* in einer Mehlkiste vor seiner Ermordung durch die Bakchiaden gerettet worden war und daher seinen Namen (von *kypsélē* – Kiste) trug, »Tyrann geworden war, benahm er sich folgendermaßen: Er verbannte eine Menge Korinther, raubte vielen das Vermögen und weitaus den meisten das Leben«.[116]

Tatsächlich zeigt sich in dieser Geschichte vor allem jedoch, daß jegliche Gewalt Gewalt gebiert; dabei regierte *Kypselos* 39 Jahre lang vergleichsweise milde in Korinth; erst als er 658 v.Chr. starb und sein Sohn *Periandros* (628–584) den Thron bestieg, wurde dieser »noch weit blutgieriger als *Kypselos*«.[117] Er nahm durch einen Boten Kontakt zu *Thrasybulos*, dem Tyrannen von Milet, auf, mit der Frage, wie er seine Sache am sichersten einrichten könne; *Thrasybulos* ging mit dem Boten durch ein Saatfeld und »riß ... immer wieder eine Ähre ab, die er über die anderen herausragen sah, und warf sie dann fort, bis er schließlich den schönsten und dichtesten Teil des Feldes mit diesem Tun entstellt hatte«. Der Bote verstand nicht, was das sollte, er hielt den Mann für verrückt, da er ja sein eigenes Land schädige; *Periander* aber begriff »sein Tun und erriet, daß *Thrasybulos* ihm nahelege, die hervorragenden Bürger zu ermorden. So zeigte er offen all sein Wüten gegen seine Mitbürger. Was *Kypselos* noch versäumt hatte bei Hinrichtung und Verbannung (sc. bei formell rechtsgültig ergangenen Strafurteilen! d.V.), holte er nach.«[118]

Zu welchen Ausschreitungen es unter den Griechen kommen konnte, demonstriert ein Zwischenfall in den Auseinandersetzungen zwischen Athen und Aigina (der Insel im saronischen Meerbusen südlich von Salamis), – die Begebenheit ward, wie oft bei Konflikten, je nach der Seite der Betroffenen allerdings höchst unterschiedlich wiedergegeben: Nach athenischer Darstellung wollte man Götterstandbilder von Aigina zurückholen, doch die zu diesem Zweck Ent-

115 HERODOT: Historien, V 92, alpha 1–2; Bd. 1, S. 727.
116 A.a.O., V 92, epsilon 2; Bd. 1, S. 731.
117 A.a.O., V 92, zeta 1; Bd. 1, S. 731.
118 A.a.O., V 92, zeta 2–3; eta 1; Bd. 1, S. 731, 733.

sandten wurden unter dem Eindruck von Gewitter und Erdbeben »wahnsinnig und töteten einander wie Feinde, bis nur noch ein einziger am Leben blieb«.[119] Die Aigineten erzählen indessen von einer Landung der Athener mit mehreren Schiffen; doch egal wie: dieser Eine blieb sowohl nach athenischer wie auch nach aiginetischer Darstellung nicht am Leben. Denn als er in Athen von dem Scheitern der Operation berichtete, gerieten »die Frauen der Krieger, die gegen Aigina gezogen waren, ... in solche Aufregung darüber, daß er allein gerettet worden sei, daß sie ihn umringten, auf ihn von allen Seiten mit ihren Kleiderspangen einstachen und dabei nacheinander fragten, wo ihr Mann geblieben sei. Auf diese Weise kam er zu Tode«.[120]

Was wir hier vor uns sehen, ist nicht eine einfache Lynchjustiz, sondern eine verzweifelte Form kollektiver Trauerarbeit: all die als Witwen zurückgebliebenen Frauen suchen für den Tod ihrer Männer nach einem Schuldigen; denn dieser eine Entkommene beweist ja, daß deren Tod vermeidbar war, und warum ist er dann nicht verhindert worden? Warum ist dieser Eine zurückgekehrt statt des eigenen Gatten? Der stechende Schmerz, der in dieser Frage liegt, läßt die Frauen mit ihren Kleiderspangen auf ihn einstechen; sie sprechen ihn nicht geradewegs schuldig dafür, daß er noch lebt, und doch liegt in jedem Stich der gequälte, quälende Vorwurf, sich selbst, statt ihre Männer gerettet zu haben. Unter den Stichen ihrer Gewandspangen wird er sterben, doch – wie bei einer Steinigung in Israel – wird niemand als Einzelner ihn getötet haben; die hilflose Totenklage aller agiert sich aus als eine tödliche Anklage, in der Urteil und Vollstreckung miteinander verschmelzen. Ein solches Tun stellt juristisch nun selbst eine Straftat dar, wie aber sie ahnden? Die Athener straften die Frauen damit, daß sie die dorische Tracht in eine ionische änderten: »Von jetzt an mußten sie einen Leibrock aus Leinen anziehen, damit sie keine Spangen mehr nötig hatten.«[121] Die Frauen der Aigineten aber trugen seither »aus Haß gegen die Athener größere Spangen als früher«.[122] Der Krieg, in den die Männer zogen, verfestigt sich zum Haß der Frauen, denen der Krieg die Männer raubte, und so dreht sich' s immer weiter: der Verletzte fühlt sich im Recht, wenn er Rache nimmt, und am Ende ist die ausgeübte Gewalt der

119 A.a.O., V 85,2; Bd. 1, S. 719, 721.
120 A.a.O., V 87,2; Bd. 1, S. 721, 722.
121 A.a.O., V 87,3; Bd. 1, S. 723.
122 A.a.O., V 88,3; Bd. 1, S. 723.

Schrei eines Schmerzes, der sein Echo im Schmerz eines anderen vernehmen möchte, um im Leid nicht gänzlich allein zu sein.

Damit berühren wir einen Aspekt von Strafe, der juristisch kaum zu fassen ist, dafür aber psychologisch größte Bedeutung besitzt. Die griechische Mythologie ist voll von Frauen, die ihren Mann ermorden (wie *Klytämnestra* den *Agamemnon*) oder ihre Mutter (wie *Elektra* die *Klytämnestra*) oder ihre Ehemänner (wie die Töchter des *Danaos*) oder ihre Kinder (wie *Medea*)[123]; die Tragödiendichter aber, die sich dieser Stoffe mit ebenso großer Einfühlung wie Ausdruckskraft angenommen haben, sahen richtig: nicht seelische Größe und Stärke, sondern Getriebenheit in Zwang und Verzweiflung malen sich im Schicksal solcher Gestalten, – etwa der *Medea*, die ihr Volk und ihre Heimat verließ und *Jason* folgte bis nach Korinth, nur um dort zu erleben, wie ihr griechischer Held sie verriet, im Willen, *Kreusa*, die Tochter des Königs, zu heiraten und selber König zu werden; voll Schmerz und Zorn brachte sie ihre Konkurrentin am Hochzeitstage mit einem tödlichen Brautkleid ums Leben und erschlug ihre eigenen Kinder[124]. Ein Drama ist dies, in der eine Liebe, die das ganze Leben bedeutete, herzlos verraten wird und umschlägt in Leid und Zerstörung, und wer will da Richter sein in einem solchen Geflecht von Schuld und Verlorenheit, in dem alle Beteiligten der Hilfe der Götter, nicht der Strafe der Menschen bedürften? Am meisten vielleicht verdanken wir den Griechen ihrer Fähigkeit wegen, das menschliche Verhalten in seinen Bedingungen und Abhängigkeiten in einer solchen Sensibilität reflektiert und problematisiert zu haben. Das Amt des Richters jedenfalls verliert damit ein für allemal seine Unschuld.

Das hindert nicht die fatale Neigung der Hellenen, ihr Dasein »agonal«, als Wettkampf (*agōn*), mithin als Austrag von »Tüchtigkeit« (*aretē*) zur Erlangung von Ruhm, Recht und Reichtum zu betrachten. – Auch ein solches Verhalten ist bereits bei Tieren evolutiv vorgebildet in Gestalt eines spielerischen Wetteiferns untereinander; schaut man freilich, in welchen »Disziplinen« Tierkinder wetteifern, so enthüllen sich ihre Spiele allemal als Vorspiele zu Beutefang und Rangbehauptung. Ganz entsprechend nun sind auch die meisten Sportarten im Alten Griechenland spielerische Vorübungen für den

123 Vgl. SUSANNE LORENZ: Frauen von mörderischer Stärke, in: Raimund Wünsche (Hg.): Starke Frauen, 279–309.

124 Vgl. E. DREWERMANN: Liebe, Leid und Tod, 272–310: Medea und Jason oder: Die Rache einer betrogenen Fremden.

»Ernstfall« des Krieges; zum Sport werden diese Übungen, indem sie als Spiel zu einem reinen Selbstzweck geraten. »Es ist (sc. jedenfalls, d.V.) naheliegend, dass der Sport, falls er konkrete Bewegungspraktiken übernahm (und Imitation gehört ja zur spielerischen Grundhaltung), sich eher Krieg und Jagd zum Vorbild genommen hat als etwa niedere Arbeit.«[125]

Was Krieg und Sport freilich wesentlich voneinander unterscheidet, ist die Ausklammerung des Todes: im Sport kämpfen die Kontrahenten nicht, um sich umzubringen, sondern um durch die Niederringung des Gegners Ansehen zu gewinnen; was Krieg und Sport indessen wesentlich miteinander verbindet, ist der Wille zum Selbstbeweis durch Deklassierung des Gegners. Es geht im Sport nicht um Leben und Tod, wohl aber um Sieg und Niederlage, und diese Komponente konkurrierender Gewalt steckt als Ursprung auch in kriegerischem Verhalten; ja, diese Tendenz konnte in manchen Sportarten wie beim Boxen und beim »Allkampf« (*Pankration*) durch die Unbedingtheit des Siegeswillens durchaus zur Tötungs- und Todesbereitschaft gesteigert werden.

Näherhin trat man in diesen Sportwettkämpfen nicht in Rüstung, mit tödlichen Waffen, gegeneinander an, sondern nackt, so daß Schutz und Angriff ganz und gar von der Kraft und Technik allein des Körpers ausgingen, – ein Zweikampf im Urzustand gewissermaßen. Dabei galt das Boxen für gefährlicher noch als der »Allkampf«, da er mit Schlägen ausschließlich auf Kopf und Hals ausgetragen wurde und durch die scharfkantigen Riemen, die Hände und Unterarme schützten, erhebliche Verletzungen herbeiführen konnte.

Bekannt ist der Fall des Boxers *Agathos Daimon*, der mit 35 Jahren den »Ringtod« in Olympia erlitt; sein Grabstein hielt die Ursache

125 FLORIAN KNAUSS: Sport im Altertum, in: Raimund Wünsche (Hg.): Lockender Lorbeer, 27. – ELENA CASSIN – JEAN BOTTÉRO – JEAN VERCOUTTER (Hg.): Die altorientalischen Reiche, III 332, betonen, daß *agōn* »nicht nur einen sportlichen oder dichterischen Wettkampf bezeichnen kann, sondern auch einen Rechtsstreit, eine Schlacht, eine Krise oder die Agonie verzehrender Sorge im Existenzkampf«. »Man strebt nach Ehre, selbst um den Preis des eigenen Lebens, und der Ehrverlust, die Schande, war das unerträglichste Unglück, das einen Mann treffen konnte.« – JACOB BURCKHARDT: Griechische Kulturgeschichte IV. Bd., III. Der koloniale und agonale Mensch, S. 476, sieht im Prinzip des Agonalen ein spezifisches Merkmal der Griechen und meint: »Nur in freien und kleinen Aristokratien konnte dieser Wille der Auszeichnung unter seinesgleichen vor gewählten oder sonst objektiv gegebenen Richtern zur Blüte kommen.« Zu Faustkampf und Allkampf vgl. a.a.O., S. 480.

fest: »Er starb hier im Stadion während des Faustkampfes, nachdem er *Zeus* Sieg oder Tod gelobt hatte.«[126]

Klarer läßt sich das Problem nicht ausdrücken: in der agonalen Grundhaltung der Griechen ist »Leben« mit Siegen und Verlieren mit Sterben identisch; ein Kampf ums Überleben ist da beides: der Krieg wie der Sport, es geht immer um alles, es geht immer um nichts: den Ruhm im Grabe, den Nachruhm im Gedächtnis; es geht um den Religionsersatz einer Hoffnung auf ewiges Leben durch die spektakuläre Verewigung der mutwilligen Zerstörung fremden wie eigenen Lebens.

Natürlich gab es beim Boxen wie beim Pankration Zeichenregeln, die »Aufgeben« signalisierten und das Ende des Kampfes bedeuteten. Beim Boxen konnten – wie auch heute noch vor einem Millionen-Fernseh-Publikum – Nase und Kiefer gebrochen und die Zähne (ohne Mundschutz) ausgeschlagen werden; beim Pankration konnten schwere gesundheitliche Schäden durch Dreh-, Würge- oder Klammergriffe zwar durch »Abklopfen«, das Zeichen zur Aufgabe des Kampfes, verhindert werden; doch welch eine Schmach dann!

Berichtet wird zum Beispiel von dem Athleten *Arrichion*, dem dreifachen Olympiasieger im Pankration. »Bei seiner dritten Teilnahme an den Olympischen Spielen befand er sich im Finalkampf in einer kampftechnisch ausweglosen Situation: Sein Gegner hatte ihn, den auf dem Rücken Liegenden, mit einer Beinschere um die Taille gefaßt und drückte ihm mit dem Ellbogen auf die Kehle. *Arrichion* wollte aufgeben. Doch ein Kampfleiter flößte, wie es heißt, dem *Arrichion* ›Lust zum Sterben ein‹, indem er ausrief: ›Welch herrlicher Totenschmuck, in Olympia sich nicht zu ergeben.‹ In einer verzweifelten Attacke mit den Beinen gelang es *Arrichion*, seinem Gegner einen Fuß auszurenken. Der gab auf, nachdem er zuvor, vor Schmerz gepeinigt, dem *Arrichion* noch stärker auf die Kehle gedrückt hatte. *Arrichion* erstickte, aber dem Toten wurde der Siegeskranz zugesprochen, da er ja nicht aufgegeben hatte. ... Nach dem Tod eines anderen Pankratiasten im ›Ring‹ soll dessen Trainer an die Mutter des Verstorbenen geschrieben haben: ›Wenn du hören solltest, dass dein Sohn tot ist, so glaube es! Wenn du aber hören solltest, er sei unterlegen, so glaube es nicht.‹«[127]

126 RAIMUND WÜNSCHE: Boxen, in: Ders. (Hg.): Lockender Lorbeer, 170.
127 RAIMUND WÜNSCHE: Pankration, in: Ders. (Hg.): Lockender Lorbeer, 178. – Mit Recht nennt SEBASTIAN SCHMIDT-HOFNER: Das klassische Griechenland, 226–309, die Zeit zwischen 404 bis 369, zwischen der Kapitulation Athens im

Eine solche Todesbereitschaft ist nötig dem, der die Ehre des Sieges als den Sinn seines Lebens versteht und deshalb lieber sein Leben verliert, als einen Kampf für verloren zu geben. Doch handelt es sich hier keineswegs um den privaten Wahn vereinzelter Narzißten, es handelt sich um die Gewaltgier der gesamten Gesellschaft. Inmitten einer »Kultur« der kämpferischen Konkurrenz steht auf die kämpferische Durchsetzung um jeden Preis der *höchste* Preis: der tosende Applaus des Publikums. Was aber geht da in den »Zuschauern« solcher Sportveranstaltungen vor sich, die dem Sieg »ihres« Favoriten oder ihrer Mannschaft beiwohnen wollen? Sie sind mit ihrem Athleten identisch, sie verlangen, daß er das Äußerste aus sich herausholt, sie möchten selber siegen in ihm, und sie sind traurig bei seiner Niederlage, – ihr Stern geht mit ihm auf oder unter, je nachdem.

Nur so versteht man die grausige Begeisterung und das offenbare Vergnügen, mit dem kein Geringerer als HOMER in der »Ilias« den erbitterten Faustkampf zwischen *Epeíos* und *Eurýalos* schildert, »daß die schweren Fäuste sich mischten. / Schrecklich war das Knirschen der Kiefer«, bis daß *Eurýalos* »dickes Blut ausspie, den Kopf zur Seite geworfen«, niedersinkt, wie noch heute bei einem Knockout im Ring[128]. In der »Odyssee« beginnt die Rache des heimkehrenden Palastkönigs von Ithaka, dem *Athene* die Gestalt eines alten Bettlers verliehen hat, mit einem Faustkampf gegen *Iros*, wie die Freier (nach der Götterbotin *Iris*) ihren Boten, den Bettler *Arnaios*, nennen; dieser hatte, um seinen Platz zu behaupten, mit drohenden und verächtlichen Worten den ihm Fremden, *Odysseus*, von seinem eigenen Hause verweisen wollen und sich auch von der gewalttätigen Warnung des Unbekannten vor einem Faustkampf nicht schrecken lassen. Für *Antinoos*, einen der Führenden (und Übelsten) unter den Freiern, war diese Situation »ein Vergnügen«, »mit heißem Gelächter« die beiden zum Boxkampf aufeinander zu hetzten, indem nur der Sieger künftig noch Zugang beim Betteln erhalten sollte, und so kommt es, wie es kommen muß: *Odysseus* gürtet die Lumpen sich um die Scham und läßt seine kraftvolle Statur erblicken; Furcht ergreift bei dem Anblick des Heros den Maulhelden *Iros*, so daß *Antinoos* ihm androht, er werde ihn im Fall einer Niederlage an den grausamen König *Echetos* ausliefern, den »Schrecken aller Men-

Peloponnesischen Krieg, der Niederlage der Spartaner gegen die Thebaner unter *Epameinondas* bei Leuktra (471) und der Gründung eines unabhängigen Staates Messenien, einen »Agon ohne Ausweg«, der in Agonie endet.

128 HOMER: Ilias, XXIII 685–699, S. 494.

schen, / Daß er dir Nase und Ohren verstümmele mit grausamem Erze / Und dir die Scham ausreiße zum rohen Fraß für die Hunde.«[129] *Odysseus* könnte mit *einem* Schlag den vor Angst Schlotternden vernichten, doch dann würde er ob seiner Stärke zu früh den Argwohn der Freier erwecken, und so schlägt er ihn »sachte« unter dem Ohr auf den Nacken, doch bricht er ihm bereits damit die Knochen, so daß *Iros* blutspeiend und vor Schmerz brüllend zu Boden stürzt; »voll Freude« vernimmt zudem noch *Odysseus*, daß man an ihm die *Echetos*-Drohung wahrmachen wird[130].

In einer solchen Szene geht es erkennbar nicht mehr um Ruhm und Ehre, sondern nur noch um die sensationshungrige Erregung beim Anblick von Kampf und Gewalt, – ein Hahnenkampf oder der wilde Wettstreit von extra zu diesem Zwecke gezüchteten Kampfhunden verschafft zu allen Zeiten bei einem entsprechenden Publikum die gleiche Befriedigung.

Dieser Lustgewinn beim Betrachten wechselseitig sich steigernder Wut und Gewalt ist nun leider keineswegs ein Privileg nur des Pöbels oder ein Charakteristikum von »Barbaren«, sondern er scheint nicht minder erstrebenswert bei den »Edeltrefflichen«, griechisch bei den *kaloí-k'agathoí*, bei den »Schönen und Reichen« im (amerikanischen) Neusprech. Die Sportart, die für *diese* Kreise als Attraktion teuer und schnittig genug ausfiel, war damals das *Wagenrennen*, so wie heute die Formel 1. Während noch um 730 v. Chr. ausschließlich Zweigespanne im Einsatz waren, wie HOMER sie beschreibt[131], nahmen ab »dem ersten überlieferten Wagenrennen 680 v. Chr. in Olympia ... ausschließlich Viergespanne teil«.[132] Natürlich waren solche Rennen nicht weniger unfallträchtig als heutige Autorennen, – es muß wunder nehmen, daß HOMER den Unfall des *Eumelos* (des Sohns des *Admetos* und der *Alkestis*[133]) beim Wagenrennen während

129 HOMER: Odyssee, XVIII 79–87, S. 563.

130 A. a. O., XVIII 90–117, S. 563, 565.

131 HOMER: Ilias, XXIII 362–506, S. 483–488.

132 ANDREA SCHMÖLDER-VEIT: Wagenrennen, in: Raimund Wünsche (Hg.): Lockender Lorbeer, 186. Vgl. ELKE STEIN-HÖLKESKAMP: Das archaische Griechenland, 189–206: Die aristokratische Lebenswelt, bes. S. 200–206, zu den panhellenischen Spielen: »Der griechische Athlet trat zum Wettkampf an, um der Beste zu sein. Es ging ihm ... nicht darum, Rekorde zu erzielen oder zu brechen ... Bei den Wettbewerben handelt es sich ... um eine institutionalisierte Konkurrenz unter Anwesenden.« (S. 201)

133 Zu der Geschichte von Tod und Auferstehung in dem Schicksal von *Admetos* und *Alkestis* vgl. E. DREWERMANN: Liebe, Leid und Tod, 632–659: Alkestis und Admetos oder: Tod, wo ist dein Stachel?

der Totenfeiern zu Ehren des *Patroklos* auf einen Eingriff der Göttin *Athene* zurückführt: sie zerbrach ihm das Pferdejoch, so daß die Stuten neben die Bahn liefen und die Deichsel am Boden schleifte, er selber aber wurde aus dem Wagen neben das Rad hin geschleudert; so wurde er »am Ellenbogen zerschunden, am Mund und der Nase, / Schlug sich die Stirn auf über den Brauen«, und es füllten sich seine Augen mit Tränen[134]. – In seiner Tragödie »Elektra« beschreibt SOPHOKLES, wie sein Held *Orest* angeblich bei einem Wagenrennen in Delphi ums Leben kam: an der Wendemarke stieß sein Wagen unversehens an die Säule, die Radnabe brach in der Mitte durch, er selber glitt aus dem Wagensitz und verwickelte sich im Riemenzeug; die Pferde brachen fliehend mitten durch die Bahn und schleiften ihn am Boden; als man seinen Körper blutüberströmt losmachte, war sein geschundener Leib nicht wiederzuerkennen, so daß man ihn gleich den Flammen übergab[135]. – Neben den Wendemanövern waren insbesondere die Überholvorgänge von großer Gefahr, und so schildert SOPHOKLES denn auch bei dem gleichen Wagenrennen wenig vorher eine Massenkarambolage: »Nach des einen Mißgeschick zerschmettert' eins / das andre, stürzte, und das Feld von Krisa war / mit Trümmern aus dem Wagenschiffbruch rings bedeckt.«[136]

Bei dem angeblichen Tod des *Orest* sollen die, welche es sahen, das Geschehen »schmerzlich« empfunden haben, als den schlimmsten Unglücksfall, den jemals sie erlebt[137]; doch die Wahrheit spricht wohl DEMOSTHENES aus, wenn er sagt, daß »nichts in den Pferdedisziplinen so viel Vergnügen (bereitet) wie ein Unfall«[138]. Woher diese unerhörte Sensationsbesessenheit beim Betrachten fremden Unglücks? Die Antwort ist unschwer zu finden: Soeben noch fühlte man sich wie verschmolzen mit dem eigenen Favoriten, und jetzt, da ihn das Unheil ereilt, empfindet man eine um so tiefere Trauer, als wäre ein Teil des eigenen Selbst dahingegangen; und gleichzeitig zieht ein

134 HOMER: Ilias, XXIII 391–397, S. 484.

135 SOPHOKLES: Elektra, 743–757, in: Dramen, gr.-dt., 403, 405.

136 A.a.O., 728–730, S. 403.

137 A.a.O., 762–763, S. 405. – Die Begeisterung an Wagenrennwettkämpfen setzte sich bei den Römern fort. Einer der berühmtesten Wagenlenker war *Flavius Scorpus*, der 2048 Siege errang und zwischen Dezember 96 und Sommer 98 ums Leben kam. MARTIAL: Epigramme, Nr. 53, S. 96, widmete ihm diese »Grabinschrift«: »Scorpus bin ich, der Stolz des jubelnden Amphitheaters, / den du gefeiert hast, Rom, ach, und geliebt: kurz nur war's. / Neidisch raffte die Parze mich hin nach neunmal drei Jahren: / als sie die Siege gezählt, schien ich ein Greis ihr zu sein.«

138 DEMOSTHENES: Liebesrede 61, 29, zit. n. ANDREA SCHMÖLDER-VEITH: Wagenrennen, in: Raimund Wünsche (Hg.): Lockender Lorbeer, 187–188.

solches Ereignis auch deshalb alle Aufmerksamkeit auf sich, weil es gilt, die Gründe einer derartigen Katastrophe zu verstehen und ihre Ursachen künftig auszuschalten.

Alles das darf für allgemein menschlich gelten; das Besondere im antiken Griechenland bleibt die extreme Steigerung des »Normalen« durch die Erlebnisgrundlage des »Agonalen«: die sportliche Darbietung selbst wird in eine Entscheidungszone von Leben und Tod getrieben; stets geht es um alles, im Kampf wie im Krieg, beides ist ein Spiel, das zur Erringung von Ehre und Ruhm stets als Ernstfall, mit dem Ziel der unbedingten Niederringung des Kontrahenten oder Konkurrenten, geführt wird. Entscheidend in jedem Falle ist das Ergebnis: der Sieg verdient die Prämie der Hochachtung aller, die Niederlage verdient die peinigende Strafe von Hohn und Verachtung.

Was sich auf diese Art etabliert, ist die einfachste Form des Rechts des Stärkeren. Wohlgemerkt waren dabei die Wettkampfspiele (ob in Olympia, in Nemea, am Isthmos von Korinth oder in Delphi) auch finanzielle Glücksspiele mit hohen spekulativen Investitionen von seiten der Rennwagenbesitzer und Pferdezüchter, die als die eigentlichen Gewinner oder Verlierer aus dem Rennen hervorgingen[139]. So wie Briten bekannt sind für ihre Neigung, auf alles, was noch nicht entschieden ist, riskante Wetten abzuschließen, so bedeutete der Ausgang bei den panhellenischen Wettkämpfen nicht nur Ruhm und

139 Vgl. A.a.O., 181–182. – THUKYDIDES: Geschichte des Peloponnesischen Krieges, VI 15–16, S. 263–264, berichtet zum Beispiel, daß *Alkibiades* im 17. Jahr des Peloponnesischen Krieges (415–414) am leidenschaftlichsten zu dem Feldzug nach Sizilien drängte, weil er selber Feldherr zu sein wünschte »und hoffte, dadurch Sizilien zu erobern und Karthago und für sich selbst zugleich, wenn er Erfolg habe, Geld und Ruhm zu gewinnen. Denn hoch angesehen in der Stadt, frönte er großen Leidenschaften über sein Vermögen mit den Pferden, die er hielt, und sonstigem Aufwand.« In seiner Rede begründet *Alkibiades*, warum gerade er der rechte Mann für ein solches kriegerisches Abenteuer sei: »Worob nämlich mein Name in aller Munde ist, das trägt meinen Vorfahren und mir Ruhm ein, und der Vaterstadt sogar auch Nutzen. Denn die Hellenen hielten Athen, über all seine Macht hinaus, für noch größer wegen meines glanzvollen Auftretens als Festbote in Olympia (sc. bei der Olympiade von 416 v.Chr., d.V.), nachdem sie eine armgekämpfte Stadt erwartet hatten, weil ich sieben Wagen ins Rennen schickte, so viele wie kein einfacher Bürger je zuvor, und Sieger wurde und Zweiter und Vierter und auch sonst alles dem Sieg entsprechend hergerichtet hatte. Nach herkömmlicher Ansicht gilt solches als Ehre, aus dem Geleisteten aber wird auch noch Macht dahinter vermutet.« Ehre, Macht und Geld sind demnach die treibenden Kräfte der »Sportveranstaltungen«, die als Ausdruck des altgriechischen Grundempfindens, das Leben als Wettkampf zu begreifen, – neben Religion und Sprache – die wohl wichtigste Klammer des kulturellen Zusammenhalts der Hellenen bildeten.

Ehre, sondern auch Reichtum und Macht für die Sportunternehmer im Hintergrund, – eine Logik, die in gewissem Sinne bereits die Circus-Spiele im Alten Rom 400 Jahre später vorbereitete.

Es war die Meinung von KONRAD LORENZ, man könne die innerartliche Aggression mit Hilfe von Sportveranstaltungen geradezu kultivieren und allein schon dadurch weniger gefährlich machen, daß sich der Siegeswille der eigenen Gruppe (der Stadt, des Staates, der Nation) auf eine Weise durchsetze, die – wenigstens physisch – niemanden schädige und ein Reglement der Fairneß auferlege[140]; doch auch an dieser Stelle greift die Argumentation des Biologen bei allem Richtigen zu kurz, weil sie die Psychologie der Angst im menschlichen Bewußtsein außer acht läßt. Wer nicht verlieren kann, weil ihm der Ruhm des Sieges *alles* bedeutet, so daß er selbst sein Leben aufs Spiel zu setzen bereit ist, der findet sich in einer Auseinandersetzung wieder, welche die Differenz von sportlichem und kriegerischem Kampf schlechthin unscharf werden läßt. Im Grunde liegt ein gewisser Unterschied »nur noch« darin, daß der Kampf um Sieg und Niederlage im Sport gewissermaßen lateral, im Vergleich der erzielten Leistung, ausgetragen wird, – in der Weite eines Speerwurfes, zum Beispiel; im Krieg hingegen erfolgt die Auseinandersetzung frontal: der Gegner selbst in seiner physischen Totalität muß ausgeschaltet werden, – der Speerwurf gilt ihm selber. Im Sport hat gesiegt, wer in einem bestimmten vergleichbaren Bereich physischer Leistung seinen Gegner übertrifft, im Krieg hat gesiegt, wer seinen Gegner tödlich trifft.

An gerade dieser Stelle ist der Unterschied im menschlichen und tierischen Verhalten offensichtlich: ein Kommentkampf unter Hirschen oder Wölfen zielt nicht auf die Vernichtung des anderen, sondern auf dessen Unterwerfung; die Ranghöhe des Einzelnen in seiner Gruppe soll geklärt werden; der Sieg in einem Kommentkampf be-

140 KONRAD LORENZ: Das sogenannte Böse, 373–374: »Eine im menschlichen Kulturleben entwickelte, ritualisierte Sonderform des Kampfes ist der Sport. Wie phylogenetisch entstandene Kommentkämpfe verhindert er sozietäts-schädigende Wirkungen der Aggression und erhält gleichzeitig ihre arterhaltenden Leistungen unverändert aufrecht. Außerdem aber vollbringt diese kulturell ritualisierte Form des Kämpfens auch die unvergleichlich wichtige Aufgabe, den Menschen zur bewußten und verantwortlichen Beherrschung seiner instinktmäßigen Kampfreaktionen zu erziehen. Die ›Fairness‹ oder Ritterlichkeit des Sports ... ist eine wichtige kulturelle Errungenschaft der Menschheit.« Aber: die Ritualisierung des Kampfverhaltens entlang bestimmten Signalen der Drohung und der Unterwerfung gehört auch schon zur fairen Form der Rivalitätskämpfe im Tierreich.

hält nur Sinn, wenn der Besiegte als der Unterlegene am Leben bleibt. Ein Krieg ist, wie bei den Schimpansen, eine Auseinandersetzung nicht zwischen Einzelnen, sondern zwischen Gruppen; dabei ist die Tötung Einzelner die unerläßliche Voraussetzung zum Sieg; ja, die Anzahl der Getöteten bildet (mit Rücksicht auf die einsetzbare Anzahl der eigenen Truppen) geradewegs den Vergleichsmaßstab der zu erbringenden Leistung. Das führt, wie schon gezeigt, bereits bei Schimpansen dazu, daß die individuell geltenden Aggressionshemmungen außer Kraft gesetzt werden, – der Gruppenzwang wirkt stärker als die angestammte Fairneßregel. Bei uns Menschen tritt zu alldem noch hinzu die Angst vor der eigenen Vernichtung, und wenn sie groß genug wird, um den Bestand der ganzen Gruppe zu bedrohen, läßt sich auf sie durchaus nicht mehr mit der heroischen Todesbereitschaft Einzelner antworten; von da an geht es um die willentliche Tötung möglichst vieler Gegner. An dieser Stelle wird der Siegeswille mörderisch. Krieg ist kein Spiel.

In welche Exzesse die Gewaltbereitschaft zur Niederringung des Gegners in kriegerischen Gruppenauseinandersetzungen bereits die Griechen treiben konnte, zeigt sich in zwei Ereignissen, die THUKYDIDES als warnende Beispiele drohender Selbstzerstörung in seiner Darstellung des Peloponnesischen Krieges verstanden wissen wollte.

Es war, zum ersten, im 5. Jahr des Peloponnesischen Krieges (427 v. Chr.), als auf Kerkyra, der zweitgrößten der ionischen Inseln im Westen von Epirus, ein Bürgerkrieg zwischen den proathenischen Demokraten und den spartafreundlichen Oligarchen ausbrach, der die Flotten beider Parteien im Hintergrund zum Eingreifen veranlaßte. Als nach wechselnden Auseinandersetzungen und Wortbrüchen die Peloponnesier sich mit ihrem Verband vor den 60 attischen Schiffen des Feldherrn *Eurymedon* zurückzogen, nutzten die »Demokraten« unter den Kerkyrern die sich bietende Gelegenheit, »jeden Gegner (zu erschlagen), dessen sie habhaft wurden; aus den Schiffen hießen sie alle, die sie (sc. angeblich um sie zu schützen, d.V.) hineingelockt hatten, aussteigen und erledigten sie; dann gingen sie ins *Hera*heiligtum und überredeten etwa fünfzig von den Schutzflehenden, sich einem Gericht zu stellen, das sie alsbald alle zum Tode verurteilte; die große Mehrzahl, die sich nicht darauf eingelassen hatten und nun sahen, was geschah, brachten im Tempel sich gegenseitig um, manche erhängten sich an den Bäumen oder entleibten sich, wie jeder konnte. Sieben Tage lang seit der Ankunft *Eurymedon*s und der sechzig Schiffe, solange er dablieb, mordeten die Kerkyrer jeden, den sie für ihren Gegner hielten; schuld gaben sie ihnen, daß sie die Volksherrschaft stürzen wollten, aber manche fielen auch als Opfer persönlicher Feindschaft, wieder andere, die Geld ausgeliehen hatten, von der Hand ihrer Schuldner. Der Tod zeigte sich da in jederlei Gestalt, wie es in solchen Läuften zu gehen pflegt, nichts, was es nicht gegeben hätte und noch darüber hinaus. Erschlug doch der Vater den Sohn, manche wurden von den Altären weggezerrt oder dort selbst niedergehauen, einige auch eingemauert im Heiligtum des *Dionysos*, daß sie verhungerten.«[141]

Diese knappe Passage von den Kriegswirren auf Kerkyra stößt, wie nebenbei, eine Vorstellung um, die in der politischen Debatte der Gegenwart als eine Art Glaubenssatz der *political correctness* sich behauptet, daß nämlich »Demokratie« stets friedliebend sei, weil sie vorhandene Konflikte in freiem Meinungsaustausch im Inneren erledige, während eine »Diktatur« die inneren Spannungen nach außen trage und daher kriegsgefährlich sei. Der Bürgerkrieg auf Kerkyra zeigt, daß das so nicht stimmt und eigentlich schon »damals« (im Sommer 427 v. Chr.) nicht gestimmt hat. Der Streit auf der ionischen Insel gibt nur *en miniature* wieder, was für den gesamten Peloponnesischen Krieg als einen großen innerhellenischen Bürgerkrieg gilt: die Athener als die vermeintlichen Begründer einer demokratischen Staatsverfassung sind keinesfalls friedlicher oder auch nur friedensbereiter als die despotische Oberschicht der Spartiaten, welche die Bevölkerung auf der Peloponnes als Staatssklaven (»Heloten«) unterjocht. THUKYDIDES sieht völlig richtig, wenn er auf die wie im Fieberwahn um sich greifende Polarisierung in ganz Griechenland hinweist, die mit dem Bürgerkrieg auf Kerkyra begonnen habe, indem fortan »in den zerrissenen Gemeinwesen allerorten die Volksführer sich um Athens Eingreifen bemühten und die Adligen um Spartas …; der Krieg, der das leichte Leben des Alltags aufhebt, ist ein gewalttätiger Lehrer und stimmt die Leidenschaften der Menge nach dem Augenblick.«[142]

Entscheidend in unserem Zusammenhang ist die Feststellung, daß kriegerische Auseinandersetzungen allemal eskalieren, indem eine jede Partei sich für im Recht befindlich vorkommt; die Gewalt, die sie ausübt, dient der Durchsetzung des Rechts beziehungsweise der Bestrafung seiner Übertretung; es ist, als wenn nicht Athener gegen

141 THUKYDIDES: Die Geschichte des Peloponnesischen Krieges, III 81, S. 140–141.
142 A. a. O., III 82, S. 141.

Spartaner kämpfen würden, sondern als wenn hier staatspolitische Prinzipien, als wenn *Solon* und *Lykurg* gegeneinander angetreten wären, um durch den Sieg auf dem Schlachtfeld unter Beweis zu stellen, wer von ihnen mit seiner Auffassung von Recht sich im Recht befinde. Eine Rechtsbehauptung freilich durch Gewalt rechtfertigt jegliche Gewalt; es ist dann selber die Gewalt, welche das Recht zur Waffe nimmt und alle Werte und Begriffe außer Kraft setzt beziehungsweise in ihr Gegenteil verfälscht. Das Gesetz etwa, Schutzflehende zu schützen, wird in Kerkyra durch ein Schnellgericht gebrochen, das auf Hinrichtung entscheidet; die Heiligkeit des Tempels als einer unverletzlichen Tabuzone, die jeden fremden Zugriff als ein Sakrileg erscheinen läßt, verliert ihre Bedeutung, ja, diese Asylstätte für Hilfeflehende verwandelt sich in einen Todestrakt; selbst die Verzweiflung der Hintergangenen, die keinen anderen Ausweg mehr sehen, als sich selber umzubringen, rührt keinen mehr zu Mitleid und zu Menschlichkeit; statt dessen rechtfertigt der Krieg ums Recht anscheinend jedes Unrecht, begangen zur Vollstreckung alter unbeglichener Rechnungen, privater Animositäten und finanzieller Forderungen.

»So tobten also Parteikämpfe in allen Städten«, resümiert THUKYDIDES, » ... zum Wettlauf im Erfinden ... unerhörter Rachen ... den bislang gültigen Gebrauch der Namen für die Dinge vertauschten sie nach ihrer Willkür: unbedachtes Losstürmen galt nun als Tapferkeit und gute Kameradschaft, aber vordenkendes Zögern als aufgeschmückte Feigheit, Sittlichkeit als Deckmantel einer ängstlichen Natur, Klugsein bei jedem Ding als Schlaffheit zu jeder Tat; tolle Hitze rechnete man zu Mannes Art, aber behutsames Weiterberaten nahm man als ein schönes Wort zur Verbrämung der Abkehr. Wer schalt und eiferte, galt immer für glaubwürdig, wer ihm widersprach, für verdächtig ... Untereinander verbürgte ihnen die Treue weniger das göttliche Recht als gemeinsam begangenes Unrecht. Ein edelmütiger Vorschlag von den Gegnern fand Eingang aus zweckmäßiger Vorsicht, wenn diese überlegen waren, und nicht aus schönem Vertrauen. Sich wiederzurächen am anderen war mehr wert, als selber verschont geblieben zu sein ... im allgemeinen heißt (sc. unter solchen Umständen, d.V.) der Mensch lieber ein Bösewicht, aber gescheit als ein Dummkopf, wenn auch anständig; des einen schämt er, mit dem andern brüstet er sich. – Die Ursache von all dem war die Herrschsucht mit ihrer Habgier und ihrem Ehrgeiz und daraus dann, bei der entbrannten Kampfwut, noch das wilde Ungestüm. Denn die führenden Männer in den Städten, auf beiden Seiten mit einer bestechenden Parole, sie seien Verfechter staatlicher Gleichberechtigung der Menge oder einer gemäßigten Herrschaft der Besten, machten das Gemeingut, dem sie angeblich dienten, zu ihrer Beute, und in ihrem Ringen, mit allen Mitteln einander zu überwältigen, vollbrachten sie ohne Scheu die furchtbarsten Dinge ... Ob sie nun durch ungerechten Stimmstein oder mit der Faust sich zum Herrn machten, es war alles recht ... Frömmigkeit galt weder hüben noch drüben; man schaffte sich vielmehr einen guten Namen, wenn es gelang, gerade durch den Schönklang eines Wortes eine Tat des Hasses zu vollführen. Und die Mittelschicht der Bürger wurde, weil sie nicht mitkämpfte oder aus Neid, daß sie nicht davonkäme, von beiden Seiten her ausgemordet.«[143]

Dieses »Ringen, mit allen Mitteln einander zu überwältigen«, diese agonale Grundhaltung des Siegenmüssens um jeden Preis ist es, die notwendig Gewalt gebiert und das Wort Recht allein zu der Rechtfertigung von Greueln aller Art traktiert. So können Allianzen der Machtpolitik geschmiedet werden, so können Staaten sich begründen oder neu formieren, indem sie ihre Grenzen hin und her verschieben, – Bestand und Festigkeit kann ihnen nicht vergönnt sein. Was auf Gewalt gegründet ist, wird durch Gewalt zugrunde gehen, und die agonale Grundeinstellung des antiken Griechenlands vermied solche Gewalt nicht, sie förderte sie vielmehr, mit aller Macht, buchstäblich.

Eine andere Stelle, an der sich zeigt, wie überlegene Macht die Frage des Rechts scheinbar gar nicht mehr zu stellen braucht, vielmehr sich das Recht nimmt, einen jeden mit dem Tod zu bestrafen, der sich ihr in den Weg stellt, ist im Geschichtswerk des THUKYDIDES der berühmte Melierdialog. – Melos ist eine der Kykladeninseln, etwa 100 km im Westen von Naxos gelegen. Es war eine spartanische Kolonie, die mit Sparta verbündet geblieben war und sich dem attischen Seebund nicht angeschlossen hatte; auch dem athenischen Feldherrn *Nikias* war es 426 v.Chr. nicht gelungen, die Insel zu erobern. Zehn Jahre später, im Winter 416, im 16. Kriegsjahr, schließlich mußte Melos sich einem athenischen Heer unter *Philokrates* »auf Gnade oder Ungnade« ergeben. Und die Athener nahmen furchtbare Rache für die Widersetzlichkeit der tapferen, aber militärisch weit unterlegenen Bevölkerung, das heißt, sie nahmen sich das Recht, »alle erwachsenen Melier hin(zurichten), soweit sie in ihre Hände

143 A.a.O., III 82, S. 141–142.

fielen, die Frauen und Kinder verkauften sie in die Sklaverei. Den Ort gründeten sie selber neu, indem sie später 500 attische Bürger dort ansiedelten.«[144] So in der Tat war es Kriegsrecht in der Antike, so war es üblich, und so ist es, schaut man genau hin, bis heute nicht aus der Mode gekommen. Doch was ist da rechtens?

Diese Frage stellt sich THUKYDIDES in einem längeren Dialog, den die Gesandten Athens mit den Behörden und dem Rat der Adligen auf Melos führten, um sich und ihnen den Kampf zu ersparen, indem sie ihre eigene absolute Überlegenheit herausstellten und ihre Gegner zur Kapitulation drängten, – um »die Erhaltung der Stadt« zu ermöglichen, wie sie sagten. Dabei betonten sie, »daß im menschlichen Verhältnis Recht gilt (sc. nur, d.V.) bei Gelegenheit der Kräfte«, während »das Mögliche der Überlegene durchsetzt, der Schwache hinnimmt«.[145] – Als eine allgemein geübte Rechtspraxis soll da anerkannt sein und werden, daß »Recht« nichts weiter sei als ein Gleichgewicht der Kräfte, – eine Formel, die auf Amerikanisch als *balance of power* im 20. Jh. in der gesamten Zeit des sogenannten Kalten Krieges (von 1945 bis 1989) als die trefflichste Formel für »Friede« ausgegeben wurde; zerbricht dieses Kräfte-Gleichgewicht zugunsten der einen und zuungunsten der anderen Seite, so wird der Überlegene sogleich den Vorteil nutzen und das Gebiet besetzen, das der Schwächere nicht länger zu verteidigen vermag. Was aber wäre dann das Recht, wenn nicht die Allmacht der Gewalt, die ihre Grenze nur findet, wo eine andere Gewalt ihr stark genug entgegentritt? Und ist nicht alle Staatsgewalt, wie wir sie bisher kennenlernen mußten, von eben dieser Art: ein Austarieren der bestehenden Kräfteverhältnisse unter dem Kontrollregime behördlicher Verwaltung in ständiger Gewaltandrohung für den Fall von Widersetzlichkeit?

Gegen dieses Recht der Macht in der Hand Athens setzten die Melier die Gunst der Götter und die Macht des spartanischen Bundes, – umsonst! Denn die Athener behaupteten, nichts zu verlangen, was »der Menschen Meinung von der Gottheit und Gesinnung gegeneinander« widerspricht, wenn sie die bedingungslose Unterwerfung der Melier forderten, da »alles Menschenwesen allezeit nach dem Zwang seiner Natur, soweit es Macht hat, herrscht. Wir haben«, erklärten die athenischen Gesandten, »dieses Gesetz weder gegeben noch ein vorgegebenes zuerst befolgt, als gültig übernahmen wir es, und zur

144 A.a.O., V 116, S. 255.
145 A.a.O., V 89, S. 250.

ewigen Geltung werden wir es hinterlassen, und wenn wir uns daran halten, so wissen wir, daß auch ihr und jeder, der zur selben Macht wie wir gelangt, ebenso handeln würde. Vor den Göttern brauchen wir also darum nach der Wahrscheinlichkeit keinen Nachteil zu befürchten.«[146]

Der weitere Fortgang der Debatte dreht sich um die Zuverlässigkeit der Unterstützung der Spartaner, – warum sollten sie für eine kleine Insel ein großes Risiko gegen die Seemacht Athen auf sich nehmen? »Euer Stärkstes«, faßten die Unterhändler der Athener zusammen, »ist gehoffte Zukunft, und was ihr bereit habt, ist zu schwach, die schon anwesende Gegenmacht zu bestehn. So zeigt ihr viel Unverstand in eurem Denken ... Denn ihr werdet doch nichts geben auf die in schmählicher, selbst-gewählter Gefahr so vielfach den Menschen verhängnisvolle Ehre ... Davor müßt ihr euch hüten, wenn ihr's recht bedenkt, und nichts Unwürdiges darin finden, einer so mächtigen Stadt (sc. wie Athen, d.V.) zu unterliegen, die so maßvolle Bedingungen vorschlägt: ihr würdet Verbündete, behieltet, was ihr besitzt, hättet die Steuer zu entrichten – müßt also nicht bei der euch gewährten Wahl zwischen Krieg und Sicherheit mit aller Gewalt euer Unglück erkämpfen. Wer seinesgleichen nicht nachgibt, dem Stärkeren wohl begegnet, gegen den Schwächeren Maß hält, der fährt meist am besten.«[147]

Bei solchen Worten ist es klar, womit man es zu tun hat: mit der gewohnten Camouflage, die im Gewand staatsmännischer Diplomatie auftritt! Der Mächtige, der es sich leisten kann, großzügig zu sein, der überlegene Aggressor also gibt sich als friedfertig: er will von sich aus keinen Krieg, er möchte nur, daß sich der Gegner kampflos unterwirft, und tut er das, ist er als Angreifer sogar so nett, ihn als Verbündeten in seine »Koalition der Willigen« aufzunehmen, ganz so, wie zum Beispiel *George W. Bush* 2003 seine Bündnispartner in dem neuerlichen Angriffskrieg gegen den Irak nannte; sie haben künftig die Ehre, an der Seite der Siegermacht für diese ins Feld zu ziehen, wie seit 1955 die BRD in der Nato. *Das*, zweifellos gilt für eine kluge, weil »maßvolle« Politik: sie vernichtet nicht ihren Gegner, sie nutzt ihren Sieg, um den Unterworfenen für alle Zeit als Hilfskraft, als Sklaven ausnutzen zu können, – der Besiegte muß froh sein,

146 A. a. O., V 105, S. 252.
147 A. a. O., V 111, S. 253–254.

am Leben gelassen worden zu sein und fortan sein Dasein in fremder Dienstbarkeit fristen zu dürfen.

Doch haben die Athener – bei allem zur Schau getragenen sophistischen Zynismus[148] – so unrecht nicht. Dem Bild des »alten Menschen«, das sich in allen politologischen und jurisprudentiellen Grundsatzüberlegungen wiederfindet, erscheint es als »Naturrecht«, ja, ineins damit, als »Gottesrecht«, wie bei den Tieren, so bei den Menschen, die Eintracht in der Gruppe und den Einklang zwischen Gruppen auf das Gesetz der Macht zu gründen. Tendenziell gibt es da nur zwei Zustände des »Friedens«: das Kräftegleichgewicht zwi-

148 So meint ERIK WOLF: Die Umformung des Rechtsgedankens durch Historik und Rhetorik, 116, die politische Auseinandersetzung erhalte »die Form eines sophistisch-sokratischen Dialogs, wobei die Athener den Standpunkt der Sophisten, die Melier den des *Sokrates* einnehmen«. Für die Athener gilt (S. 117): »Es gibt keine Rechtsordnung außer (und über) dem Parteiwillen; keine Norm, die das Vereinbarte selbst legitimieren muß oder es zu kritisieren befugt wäre ... es kann aber in diesem (ursprünglich) rechtsleeren Raum des Verhältnisses von politischer Überlegenheit und Unterlegenheit statt gewaltsamer Auseinandersetzung eine ›Vereinbarung‹ geschlossen werden. Diese besitzt ›rechts‹schöpferische Kraft und bildet den legitimierenden Grund wie die normierende Grenze für den Vertragsinhalt ... Dieses ›Recht‹ ›gilt‹ ... nur bis zur Erfüllung oder zum Verzicht oder bis zur Wiederaufhebung des Vereinbarten. Dafür gibt es keine Garantie der Gegenseitigkeit, weil keine über den Vereinbarenden stehende Instanz der Normsetzung oder Normenkontrolle existiert.« Demgegenüber glauben die Melier an das *díkaion* – an das Recht, das ihnen zukommt; »das ist ihre Autonomie und Autarkie, ihr ›Verfassungszustand‹; ferner das Herkommen, wonach dieser politische Zustand schon seit alters besteht; endlich ihre Neutralität, die beansprucht, in Ruhe und Frieden gelassen zu werden, solange sie selbst niemand angreifen«. (S. 119) Die Hauptthese der Melier lautet: »Wenn schon vom *sýmphoron* (sc. Zuträglichen, Nützlichen, d.V.) geredet werden solle, dann sei jedenfalls das *díkaion* immer auch das wahre *sýmphoron*. – Dieser Kernsatz aller sokratischen Rechtsphilosophie, mit dem diese gegen die sophistische Lehre vom unaufhebbaren Gegensatz zwischen *sýmphoron* und *díkaion* angekämpft hat, war auch THUKIYDIDES bekannt.« (S. 125) – Den Gedanken der Sophistik begegnet man in der Gegenwart in der Dezisionstheorie von CARL SCHMITT wieder, dessen Freund-Feind-Theorie die Notwendigkeit eines staatspolitischen Autoritarismus in Gesetzgebung wie Verwaltung postulierte, wie er es in »Der Begriff des Politischen« von 1932 darlegte. S. 66: »Klarer als alle Anderen hat HOBBES ... betont, daß die Souveränität des Rechts nur die Souveränität der Menschen bedeutet, welche die Rechtsnormen setzen und handhaben, daß die Herrschaft einer ›höheren Ordnung‹ eine leere Phrase ist, wenn sie nicht den politischen Sinn hat, daß bestimmte Menschen auf Grund dieser höheren Ordnung über Menschen einer ›niederen Ordnung‹ herrschen wollen. Das politische Denken ist hier in der Selbständigkeit und Geschlossenheit seiner Sphäre schlechthin unwiderleglich.« Trotz der Erfahrungen im sogenannten Dritten Reich sind solche Ansichten in bestimmten Kreisen nach wie vor in hohem Ansehen.

schen den Vielen nach dem Demokratiemodell oder die Überlegenheit einer Zentralmacht nach dem Autoritätsmodell; dazwischen herrscht der Streit im Kampf um eine Macht, deren Verteilung ihrer Klärung harrt. Recht und Gewalt bilden in diesem staatspolitischen Paradigma untrennbar eine Einheit. Insofern haben die Athener recht, wenn sie so reden; doch noch weit mehr ist der Bewertung des THUKYDIDES Tribut zu zollen, der in dem Dialog zwischen Athen und Melos, nicht anders als in seiner Deutung der Wirren auf Kerkyra, das sichere Indiz des Niedergangs, wo nicht des Untergangs Athens erblickt. »Wer zum Schwert greift, wird durch das Schwert umkommen«, sagte Jesus bei seiner Verhaftung, als sein Jünger *Petrus* ihn mit Gewalt vor seinen Häschern schützen mochte (Mt 26,52). Der Aufstieg und der Abstieg Attikas im 5. vorchristlichen Jahrhundert folgt konsequent der Bahn, auf der die Schwerkraft der Gewalt alles in ihre Richtung zwingt, was mit der Masse ihres unterlegenen Widerstandes sich ihr ausliefert. In all dem, was bis heute noch Geschichte heißt, regiert die Wechselseitigkeit von Angst und Angstverbreitung, von Gewalt und Gegengewalt, von Aufruhr und von Unterwerfung; so ist es wirklich das Gesetz des Menschen, wie er immer war, des »alten« Menschen, wie die Bibel sagt. Gerade das Schicksal des antiken Griechenlands jedoch, dem wir so viel verdanken, verlangt mit Macht nach der Befreiung von der Paläoanthropologie der Seele wie des Geistes. Wenn das Agon-Prinzip so deutlich, wie der Weg Athens es zeigt, das menschliche Zusammenleben bis zum Unerträglichen verformt, dann wartet alles auf die Ankunft eines »neuen Menschen«, wie Jesus ihn verkündet und verkörpert hat. THUKYDIDES postulierte, *Sokrates* analysierte[149], daß es eine Ordnung gibt und geben muß, die jenseits der Gewalt auf Werten gründet, deren Mißachtung und Schändung von jedem als ein Sakrileg

149 Die Ansicht des *Sokrates* gibt ERIK WOLF: Rechtsphilosophie der Sokratik und Rechtsdichtung der alten Komödie, 46, mit den Worten wieder: »Nicht darauf (allein) nämlich komme es an, was der Staatskult fordert, sondern dem göttlichen Wort zu gehorchen ... Er (sc. *Sokrates*, d.V.) habe, um der Weisung Gottes willen, in beständiger Armut gelebt und ohne politischen Einfluß; in bescheidener Zurückhaltung von allem, was nicht zu seiner Aufgabe gehörte; in Mäßigkeit und Selbstzucht ... Zum Handeln gemäß dem göttlichen *díkaion* gehörte freilich nicht nur immer bereiter Gehorsam gegenüber der Weisung Gottes, sondern auch Mut, den der Weisung widerstrebenden Menschen entgegenzutreten.« Diesen Mut gewann *Sokrates* aus dem Glauben an die Unsterblichkeit der Seele, die im Tode zu ihrer Freiheit gelange und ihren wahren Richtern begegne (S. 30–31). In dem Glauben Jesu entspricht diese Zuversicht dem Vertrauen in Gottes Treue, der den Menschen im Tod nicht allein läßt.

empfunden wird; die Frage ist nicht, ob es sich derart verhält; die Frage ist allein, wie sich der Fieberwahn von Machtgier und Gewalt in der menschlichen Seele heilen läßt. Der »neue Mensch« ist exakt jener, der wir im Ursprung selber sind, wenn wir der Zwangshypnose aus Angst und Gewalt im Umraum der »Natur« entronnen sind.

d) Römer

»*Crucifixus est pro nobis, sub Pontio Pilato passus et sepultus est.*« »Gekreuzigt wurde er für uns, unter *Pontius Pilatus* wurde er qualvoll hingerichtet und in einem Grabe beigesetzt.« Wieso »für uns«? – Diese Frage begleitet uns Stufe für Stufe in der Auseinandersetzung mit einem Strafrecht, dessen Berechtigung der Mann aus Nazareth »um unseretwillen« zentral infrage stellte, war und ist es doch niemals frei von obrigkeitlicher Gewalt. In allen Rechtskulturen der Antike, die wir bisher beschrieben haben, hat sich das gezeigt, und zwar in einem Ausmaß, das ob seiner grenzenlosen Grausamkeit abschrecken will und erschreckend ist. Im Vergleich mit der Rechtsgeschichte der Antike war diesbezüglich Rom nicht anders als die Staaten alle, wenngleich seine Justiz für die bestausgestaltete und bestverwaltete der Welt gelten durfte, so daß sie sich sogar dem christianisierten Abendland als vorbildlich empfehlen konnte. Jedoch: Eine Instanz, die über Wert und Unwert eines Lebens richtet, plaziert sich selber oberhalb der Menschen: sie herrscht an Gottes Statt, ihr Herrscher selber ist ein Gott, und auch wofern ein Volk in demokratischer Verfassung vorgibt, über das Schicksal eines Schuldigen in seiner Mitte letztverbindlich urteilen zu können, setzt es sich selber absolut. Alle Strafgerichtsverfahren stoßen Menschen aus, und so stoßen sie denn absolut auf Jesu Widerspruch. Indem die Römer ihn zum Tode verurteilten, machten sie ihn selbst zum Brennspiegel der Wirklichkeit der eigenen Rechtspraxis ebenso wie des Rechtswesens der Völker: Die Aburteilung Jesu sprach ihnen selbst das Urteil. Ihr Recht erwies sich als ein Unrecht im Prinzip, und insbesondere der Faktor der Gewalt, durch den sich Rom zur Weltherrschaft aufschwang, erzeigte seine Unwahrheit, sein Unrecht und seine Unmenschlichkeit. Jesu Hinrichtung erfolgte nach römischem Kriegsrecht. Die Gräßlichkeit der Strafe selbst verteidigte den absoluten Machtanspruch.

Dabei begann die Rechtsgeschichte Roms im Grunde höchst verheißungsvoll, indem die Republik schon in der Frühzeit dem Bürger zwei Grundrechte zusprach: das Stimmrecht (*suffragium*) und das Berufungsrecht (*provocatio* oder *advocatio*). Ursprünglich entstand das Berufungsrecht wohl aus der Möglichkeit des Bürgers, gegen die Todesstrafe Berufung einzulegen, dann aber weitete es sich auch auf andere Strafen aus. »Ein Richter, der auf das Berufungsrecht keine Rücksicht nahm und einen Bürger, ohne ihm dieses zu gewähren, hinrichten ließ, machte sich des Mordes schuldig ... In der Kaiserzeit wurde dieses Grundrecht im Strafrecht auch auf Zivilprozesse ausgedehnt und eine übergeordnete Instanz als Appellationsgericht eingeführt.«[150]

Bezeichnenderweise lag auch in Rom die Rechtsprechung anfangs ganz und gar in den Händen des Königs, ehe sie – wir erinnern uns – 509 v.Chr. den Konsuln und 366 v.Chr. den Prätoren übergeben wurde. »Ursprünglich hatte der König (sc. auch, d.V.) ein Begnadigungsrecht, das später auf die Zenturiatskomitien (sc. die *comitia centuriata*, Versammlungen zur Entscheidung über Krieg und Frieden und über Staatsverbrechen, wohl militärischen Ursprungs, d.V.) überging. Man setzte besonders für Kriminalfälle außerordentliche Kommissionen ein, aus denen später die ständigen Geschworenengerichte entstanden, in denen ein Prätor den Vorsitz führte.«[151]

Die vom Staat vorgegebenen Strafen konnten in Geldbußen bestehen, aber auch in Ächtung und Verbannung, verbunden dann zumeist mit der Konfiskation des Vermögens und der Aberkennung des Bürgerrechts, oder in der Todesstrafe; letztere konnte erfolgen durch Hinabstürzen vom Tarpeischen Felsen am kapitolinischen Hügel, durch Aufhängen oder Erdrosseln im Kerker (*carcer tullianus*); Enthauptungen wurden anfangs mit dem Beil, dann mit dem Schwert vorgenommen; Vatermörder wurden in einen Sack eingenäht und im Meer versenkt. Die Kreuzigung, die für unsere Betrachtungen eine besondere Rolle spielt, wurde anfangs nur an kriminell gewordenen

150 REINHARD POHANKA: Die Römer, 85–86.
151 A.a.O., 87. – WOLFGANG KUNKEL: Zum römischen Königtum, in: Kleine Schriften, 363, betont, daß man dem Charakter des Königs nicht gerecht wird, wenn man in ihm neben dem Träger der Staatsgewalt und dem Heerführer auch den obersten Priester sieht; statt dessen betont er den magisch-sakralen Gehalt des Königtums, was auch für die Tätigkeit des Magistrats mit der Einholung von Auspicien gilt. »Es sind die magischen Kräfte und die sakralen Handlungen des Königs, die nicht nur Mißwuchs und Naturkatastrophen verhindern, sondern auch das Recht finden und den Sieg über Feinde bringen.«

Sklaven vollzogen, später auch an Freien, die keine Bürger Roms waren[152].

Obwohl wir von den Sklaven in der griechischen Antike bereits einen gewissen Eindruck gewonnen haben, verdienen doch die römischen Verhältnisse allein schon zahlenmäßig eine besondere Beachtung. Bereits bei den Griechen war die Sklavenhaltung in Unteritalien eine feste Institution, auf der die Römer ohne moralische Bedenken aufbauen konnten. Denn nicht zu vergessen: die Versklavung eines Menschen stellte die rechtlich legitime Ausführung einer Strafe dar, die bei zahlungsunfähigen Schuldnern im Schuldstrafrecht erging oder im Falle des Widerstands gegen die Staatsgewalt im Kriegsrecht verfügt wurde: Schuldsklaven, Wehrdienstverweigerer und Kriegsgefangene bildeten insofern das unerschöpfliche Reservoir billigster Arbeitskräfte im Status völliger Rechtlosigkeit, – nicht einmal die eigenen Kinder gehörten den Sklaven, sie blieben von Geburt an Eigentum des Sklavenhalters; die Unfreiheit war erblich.

Die meisten Sklaven aber rekrutierte Rom im Krieg. Allein der Erste Punische Krieg (264–241) brachte 75 000 Sklaven nach Italien, der Zweite Punische Krieg (218–202) schaffte 30 000 Sklaven aus Tarent nach Rom, »dazu kamen die 150 000 Sklaven aus den Feldzügen gegen Epiros (200–197 v. Chr.) und angeblich 100 000 Sklaven aus der Zerstörung von Korinth durch *L. Mummius* (146 v. Chr.). Die großen Sklavenmärkte dieser Zeit befanden sich in Capua und auf der Insel Delos, die auch durch Seeräuber, die von reichen Römern finanziert wurden, mit Sklaven versorgt wurden ... Versklavte Barbaren und Verbrecher landeten in den Gladiatorenschulen, in Bergwerken und Steinbrüchen. Italien blieb in der Antike das wichtigste Sklavenzentrum, man schätzte, dass am Ende der Republik (sc. 27 v. Chr., als *Augustus* sich zum *princeps* erklärt, d.V.) etwa ein Viertel der Bevölkerung Sklaven waren. Noch im dritten Jahrhundert v. Chr. wird der Bauer *Regulus* erwähnt, der nur einen Knecht und einen Sklaven besaß, ihm gegenüber steht ... um 70 v. Chr. ... *C. Caecilius Claudius Isidorus*, der von sich behauptete, 4116 Sklaven zu besitzen.«[153]

Die Behandlung der Sklaven in den Bergwerken, Steinbrüchen und in der Landwirtschaft gestaltete sich derart rücksichtslos, daß das Durchschnittsalter dieser menschlichen Maschinen bei 21 Jahren lag.

152 REINHARD POHANKA: Die Römer, 88.
153 A. a. O., 80–81.

»Sklaven sollten wie Tiere behandelt werden, wobei die gute Behandlung eines Ochsen wichtiger war als die eines Sklaven ... Die Mehrzahl der Sklaven auf den Latifundien hatte in Ketten zu arbeiten, waren sie zur Arbeit nicht mehr fähig oder zu alt, so setzte man sie aus oder tötete sie ... (Es gab) Großgrundbesitzer, die sie sich praktisch zu Tode arbeiten ließen. In manchen sizilischen Latifundien verweigerte man ihnen sogar Essen und Kleidung und wies sie an, sich diese von Passanten durch Betteln zu besorgen.«[154]

Wenn schon die Sklaven»haltung« von solcher Verachtung geprägt war und im Grunde der lebenslänglichen Bestrafung einer »Schuld« gleichkam, die subjektiv gar nicht begangen worden war, indem sie einzig in der Rechtlosigkeit gewalttätiger Unterwerfung gründete, so bedeutete der Eintritt eines Sklaven in das Strafprozeßrecht auf Grund eines tatsächlichen Vergehens allemal eine dramatische Verschärfung der Tortur des Sklaveseins. Wie selbstverständlich setzten sich diesbezüglich auch in Rom die Praktiken bereits der Griechen fort: Schon im attischen Prozeßrecht mußten die Zeugenaussagen der Sklaven, die Kläger wie Beklagte im Vorfeld der Verhandlungen mitbrachten, unter der Folter »erhärtet« werden, indem der eigene Sklave der Gegenseite zum Verhör angeboten wurde. »Die Schädigung des Sklaven (sc. durch die Folter, d.V.) war durch eine Bußpflicht in Höhe seines Wertes geregelt. Falls die Aussage im Sinne des Prozeßgegners erfolgte, erhielt er die von ihm hinterlegte Summe zurück, anderenfalls hatte er sein Pfand verloren, das nun den Herrn des gefolterten Sklaven entschädigte. Insofern läßt sich leicht nachvollziehen, daß die Forderung auf Aushändigung des gegnerischen Sklaven zum peinlichen Verhör weniger auf dessen tatsächliche Durchführung als auf die Verweigerung zielte, die dann im Prozeß entsprechend ausgeschlachtet werden konnte.«[155]

Ausgeführt wurde die Folter in Form der Geißelung (*mastigosis*) oder der Ausrenkung der Gliedmaßen (*streblosis*) auf dem Rad (*trochós*) beziehungsweise der Streckbank (*streblotērion / eculeus*)[156] – alles Verfahren, die in den Verhörpraktiken der Inquisition sowie auch in mittelalterlichen Strafprozeduren ihre Fortsetzung finden sollten. Beim Rädern wurde das Opfer rücklings über die Felge des

154 A.a.O., 81–82.
155 LEONHARD SCHUMACHER: Sklaverei in der Antike, 280.
156 A.a.O., 280.

Abb. 10: Rädern über Feuer und Nägeln.

senkrecht stehenden Rades gespannt, wie es auf Abb. 10 zu sehen ist.[157]

157 ROLAND VILLENEUVE: Grausamkeit und Sexualität, S. 111. – »Wenn wir vom Rad sprechen, denken wir sofort an jenes Wagenrad, auf dem man die Unglücklichen, dem der Henker die Glieder zerbrochen hatte, in Schmerz und Erschöpfung

Ob ein Sklave verhört wurde oder nicht, lag laut römischer Rechtsordnung im Ermessen des Sklavenhalters, in der *voluntas domini*. »Bis zum Ausgang der Republik galt im Prinzip das Verbot der Sklavenfolter gegen die Interessen des Herrn auch im Strafprozeß mit Ausnahme der Fälle, die den Bestand des Gemeinwesens zu gefährden schienen ...: Vestalinnenfrevel (*incestus*) und Verschwörung (*coniuratio*). Über den Tatbestand bewaffneter Gewalt gegen den Staat oder seine Repräsentanten (*vis publica*) erfolgte in der frühen Kaiserzeit eine Ausweitung auf die Person des Princeps, die in den Majestätsprozessen (*crimen maiestatis*) ihren Ausdruck fand. Noch gravierender wirkte sich die Ehegesetzgebung des *Augustus* (sc. die *Lex Julia*, 8 v.Chr., d.V.) aus, da nun auch der Ehebruch (*adulterium*) einer ›gewaltfreien‹ Frau (*uxor sui iuris*) das peinliche Verhör ihrer Sklaven und der ihrer Liebhaber rechtfertigte, sofern ihr Ehemann oder ihr Vater Anklage erhob (sc. von einem Klagerecht der Frau ist bezeichnenderweise nicht die Rede, d.V.). Im Falle einer Verurteilung fielen die gefolterten Sklaven an den Staat, wurden also *servi publici*, bei Freispruch erfolgte eine Entschädigung der Angeklagten. Den Abschluß dieser Entwicklung markierte *Caligula* (sc.

sterben ließ ... Auf dem beweglichen Rad befestigte man den Verurteilten, den man so eine schiefgeneigte Bahn entlangrollen ließ ... Auf dem fixierten Rad, das sehr groß war, wurde der Verurteilte festgebunden, das Rad wurde mittels einer Kurbelwelle zu Drehungen gebracht, und das Opfer wurde so gegen einen Teppich von Nägeln gepreßt, der es jämmerlich zerfleischte.« Oder man drehte das Rad »über einem glimmenden Kohlenfeuer«, oder man zerbrach die Knochen des Gemarterten. »Ein Edikt aus dem Jahr 1534 bestimmt das Rad für Vatermörder und Räuber. Aber *Heinrich II.* (sc. von Frankreich, d.V.) dehnte diese Strafe auch auf Mord aus. Von da an wurde das Rad eine der häufigsten Strafen. Nur die Frauen nahm man aus Gründen des Anstandes aus. Unter den im bürgerlichen Stand üblichen Strafen scheint das Rad in gewissem Sinn eine Weiterentwicklung des gewöhnlichen Hängens.« (S. 113) Nach Eintritt des Todes wurde der zerschlagene Delinquent auf einem kleinen Wagenrad oben auf einer Stange zur Schau gestellt. – LIVIUS: Römische Geschichte, I 28, 9–10, S. 91; 92, schildert, wie *Servius Tullius*, der 6. König von Rom, den letzten Herrscher von Alba Longa, *Mettius Fufetius*, wegen des von ihm veranlaßten Zweikampfs zwischen Horatiern und Curiatiern (1, 26, 1–14) »zum Zerreißen nach allen Seiten hin« verurteilt: Er »läßt ... zwei Viererzüge holen und den *Mettius* ausgestreckt an die Wagen binden; dann wurden die Pferde in entgegengesetzter Richtung getrieben und schleiften von dem zerrissenen Körper an den Wagen mit fort, was von den Gliedern gerade in den Stricken hängen geblieben war.« Um freilich die römische Frühzeit (und seine eigene Gegenwart!) weniger barbarisch hinzustellen, behauptet er (I 28, 11, S. 93): »Alle wandten von dem so gräßlichen Schauspiel die Augen ab. Es war dies das erste und letzte Beispiel einer Hinrichtung bei den Römern, bei dem die Gesetze der Menschlichkeit mißachtet wurden.«

37–41, d.V.), der 40 n. Chr. das Sklavenverhör nicht nur auf Fiskaldelikte des Herrn ausweitete, sondern die Sklaven allgemein zu Denunziationen ermunterte. Nach der Ermordung des Kaisers im Januar des folgenden Jahres büßten Sklaven und Freigelassene diese Aktionen dann allerdings mit einem qualvollen Tod in der Arena. An der gesetzlichen Grundlage hat sich indessen nichts geändert. 196 n. Chr. bestätigte *Septimius Severus* (sc. 193–211, d.V.) zusammen mit seinem Sohn *Caracalla* (sc. 211–217, d.V.) diese Normierung nochmals ausdrücklich (Cod. Just. 9, 41,1): ›Die Folterung (*quaestio*) von Sklaven gegen ihre Herren ist unzulässig mit Ausnahme von Anklagen wegen Ehebruchs (*adulterium*), Steuerbetrugs (*census fraudatus*) und Majestätsverbrechen, die gegen das Wohl des Kaisers gerichtet sind (*crimen maiestatis, quod ad salutem principis pertinet*)‹.«[158]

Die Gewalt, die sich im Verhältnis von Herrn und Knecht, von *dominus* und *servus*, darstellt, darf als unmittelbares Abbild des Verhältnisses von Herrscher und Untertan im römischen Strafrecht insgesamt gelten, wenngleich ein römischer Bürger über eine Fülle von Rechten verfügte, im Gegensatz zu der absoluten Rechtlosigkeit eines Sklaven. *Ulpian*, anfangs des 3. Jhs, schrieb zu Recht: »Die Sklaverei setzen wir dem Tode gleich.«[159] Zum Tode verurteilt aber war jeder, der die unantastbare Hoheit des Kaisers durch Wort oder Verhalten herabsetzte.

Welche Blüten der Vorwurf der *Majestätsbeleidigung* treiben konnte, zeigte sich am klarsten unter *Tiberius* (14–37), kaum daß dieser an die Macht gelangt war. »Beim Vorbeigehen eines Leichenzuges hatte zum Beispiel ein Spaßvogel dem Verstorbenen mit lauter Stimme aufgetragen, *Augustus* auszurichten, daß die Vermächtnisse, die er dem Volke hinterlassen habe, immer noch nicht ausbezahlt seien. *Tiberius* ließ diesen darauf vor sich bringen, gab ihm die geschuldete Summe und befahl dann, ihn zur Hinrichtung zu führen.«[160] So zynisch diese Vorgehensweise auch anmutet, – das wahrhaft Groteske daran ist die doppelte Korrektheit in der Einhaltung der bestehenden Gesetze: das kaiserliche Legat ist auszuzahlen, doch die kaiserliche Entehrung (durch einen an sich berechtigten Hinweis!) ist mit dem Tode zu bestrafen, und beides geschah. Speziell im Fall einer Majestätsbeleidigung forderte *Tiberius* die grausamste

158 LEONHARD SCHUMACHER: Sklaverei in der Antike, 280–281.
159 KLAUS-DIETER LINSMEIER: »Die Sklaverei setzen wir dem Tode gleich«, in: Spektrum der Wissenschaft. epoc 6/2011, 17.
160 SUETON: Leben der Caesaren. Tiberius, Kap. 57, S. 152.

Anwendung der Gesetze. »Jemand hatte einer *Augustus*-Statue den Kopf abgehauen, um einen anderen aufsetzen zu lassen. Die Angelegenheit kam vor den Senat, und da die Beweise nicht zwingend waren, schritt man zur Folter. Der Angeklagte wurde verurteilt, und allmählich ging man in dieser Art von Anklagen so weit, daß es als todeswürdiges Verbrechen angesehen wurde, wenn jemand in der Nähe eines *Augustus*-Bildes einen Sklaven auspeitschen ließ oder seine Kleider wechselte, ein Geldstück oder einen Ring mit dem Bild des *Augustus* auf den Abtritt oder in ein Bordell mitnahm, oder einen Ausspruch oder eine Maßnahme von *Augustus* zu kritisieren wagte. Ferner verwirkte der sein Leben, der sich in seiner Stadt an dem Tag eine Ehre verleihen ließ, an dem einst solche auch *Augustus* verliehen worden waren.«[161]

Der Kult des (inzwischen) vergöttlichten *Augustus* macht jede Unehrerbietigkeit gegenüber den Artefakten seiner Erinnerung zu einem todeswürdigen Sakrileg; im Schatten dieses Strafregimes aber erhöhte sich wie von selbst zugleich die Autorität auch seines Nachfolgers sowie all der weiteren Caesaren, die nach der schon zitierten Devise des Dichters ACCIUS in seiner Tragödie »Atreus« regierten: *Oderint dum metuant* – mögen sie hassen, wenn sie nur fürchten[162]. Die ganze Zeit über zeigte sich der enge Zusammenhang zwischen der absoluten Souveränität des Herrschers und der brutalen Schrecklichkeit seiner Strafen: jedes Vergehen gegen die Gesetze bedeutete eine Herausforderung seiner Autorität, und eben diese wurde wiederhergestellt durch die Furchtbarkeit, mit der es geahndet wurde; nicht um die Wahrung einer etwaigen Gerechtigkeit handelte es sich, sondern um die Stabilisierung und Stärkung der Macht.

Einzig deshalb offenbar lag es im Interesse der Herrscher, das qualvolle Sterben der zum Tode Verurteilten als ein öffentliches Schauspiel zum Beeindrucken der Masse darzubieten. Indem die Stellung des römischen Kaisers sich im Principat immer mehr dem Machtzentralismus der altorientalischen Regenten annäherte, glich auch ihr Strafsystem sich den Grausamkeiten des »Keilschriftrechts« an, und dies nicht etwa unter dem Druck des kulturellen Einflusses Mesopotamiens – vielmehr verläuft die Dynamik der Machtentfaltung Roms eindeutig in der »Ostausdehnung« des Imperiums –, son-

161 A. a. O., Kap. 58, S. 152–153.

162 A. a. O., Caracalla, Kap. 30, S. 183; vgl. a. a. O., Tiberius, Kap. 59, S. 153: »Er (sc. *Tiberius*, d.V.) sagte öfters: ›Sie sollen mich ruhig hassen, wenn sie mir nur rechtgeben müssen.‹«

dern infolge des strukturellen Zusammenhangs von absoluter Herrschaft und absolutem Anspruchsrecht über Leben und Tod.

Zu all dem aber tritt ein weiteres hinzu, das nur in Rom sich findet und das die wohl unheimlichste, weil gewalttätigste Seite seiner Macht offenbart: Der Schrecken grausamer Exekutionen machte nur Sinn, wenn er vor großem Publikum zelebriert wurde, – in einer Mischung aus Grauen und Gruseln sollten die Zuschauer in ihrer Angstlust mit dem Herrscher sich vereinigen; darin inbegriffen aber war wohl immer auch der Nervenkitzel eines sadistischen Stimulus, wenngleich der Weg noch weit ist zu den blutigen Schauspielen, mit denen die Kaiser der spätklassischen Zeit die Huld ihrer Untertanen zu erwerben hofften.

Es begann mit der Umwertung des olympischen Wagenrennens der Griechen zu einem Faktor der Massenunterhaltung. »Stattgefunden haben diese Kämpfe zunächst im Circus Maximus in der Talsenke zwischen Palatin und Aventin. Hier befand sich die Rennbahn mit einer Länge von 600 m und einer Breite von 150 m, geteilt durch einen Mittelstreifen (*spina*), den die Wagenlenker bei ihren Wettrennen mehrmals zu umrunden hatten. Bestand der Circus Maximus in der Republik noch aus Holztribünen, so ließ ihn *Caesar* in Tuffstein und *Augustus* in Marmor umbauen. Zu *Caesar*s Zeiten fanden etwa 150000 Menschen darin Platz, unter *Vespasian* (sc. 69–79, d.V.) stieg die Zahl auf 250000, und am Ende der Antike sollen hier 385000 Menschen die Spiele verfolgt haben.«[163] Wie in Griechenland wurden auch in Rom von der Spätzeit der Republik an die Wagenrennen zu einem Geschäft von Profis und Renngesellschaften; ursprünglich nur eine Stunde lang, dehnten die Rennen sich unter den Kaisern auf einen ganzen Tag lang aus. Und so spannend sie sich gestalten mochten, – *variatio delectat* –: das Publikum verlangte nach Abwechslung, und die Sensationslust mußte gesteigert werden: ins Sadistisch-Scheußliche.

Schon 186 v. Chr. fand in Rom die erste *Tierhetze* statt; und besonders unter *Pompeius* (der 46 v. Chr. in der Schlacht von Pharsalos im Bürgerkrieg gegen *Caesar* ums Leben kam) und unter *Caesar* selbst wurde diese Form gewalttätiger Spektakel so beliebt, daß man Tiere aus Afrika und Nordeuropa (Löwen und Tiger, Bären und Wölfe) heranschaffte, um sie gegeneinander kämpfen zu lassen. Bis dahin war ein solches »Spiel« wie ein Spiegel, in dem sich die Grau-

163 REINHARD POHANKA: Die Römer, 152.

samkeit des eigenen Herzens als Grausamkeit der »Natur«, als Triebmacht betrachten und entschuldigen ließ. Doch das Spektakel bedurfte der Steigerung, indem man die Raubtiere hungrig nicht nur übereinander, sondern vor allem über Menschen herfallen ließ. Wovor jeder in freier Wildbahn sich fürchtet, – hier ließ es an fremdem Schicksal sich in allen Phasen der Angst und der wilden Zerfleischung genießen. Doch ein Problem blieb: Wer sollte sich zu solchen Skandalszenen hergeben? Freiwillig niemand. Wohl aber Unfreie: Sklaven, Kriegsgefangene, verurteilte Verbrecher, – Rechtlose allesamt; mit denen war es zu machen.

Damit freilich wurde ein Schritt getan, der selbst in der Geschichte der menschlichen Grausamkeit seinesgleichen sucht: der Strafvollzug verschmolz mit der Unterhaltungsindustrie. Man konnte Menschen jetzt ebenso gut *ad metalla*, zur Zwangsarbeit in den Bergwerken, verurteilen, um sie dort – wie heute in Sierra Leone beim Fördern von Diamanten – zur Vermehrung des Ruhms und des Reichtums Roms sich kaputtschuften zu lassen, wie man sie auch *ad bestias* verurteilen konnte, um sie zur »Strafe« den »wilden« Tieren zum Fraß und der geifernden Menge zum Augenschmaus vorzuwerfen. Indem man so tat und sich im Namen des Rechts das Recht dazu nahm, setzte der Machtanspruch des Imperiums in der Zeit des Prinzipats sich sein unvergleichliches Siegel.

Und selbst damit nicht genug. Warum nur Tiere gegen Menschen kämpfen lassen? Das gefährlichste, weil intelligenteste Raubtier ist dem Menschen ein Mensch. Bestand nicht die Größe Roms in der Durchschlagskraft seiner Legionäre, gründend in ihrer perfekt trainierten Fähigkeit sowie der befehlsgehorsamen Bereitschaft, alles niederzustechen und -zustrecken, was sich dem Durchsetzungsauftrag des *Romulus* in den Weg stellte? Man wollte und mußte sich nicht länger damit begnügen, die siegreichen Kohorten im Triumphzug bei ihrer Rückkehr aus fernen unterworfenen Landen zu umjubeln und ihre mitgeführten Gefangenen hohnvoll zu verachten und zu verspotten; man konnte *ad oculos*, zum unmittelbaren Miterleben, einzelne Schlachten zu Land und zur See als *reality-show* nachbilden.

Bereits *Caesar* war auf die Idee gekommen, der Menge, um deren Gunst er buhlte, eine Seeschlacht zu zeigen. »Dafür ließ er auf dem Marsfeld ein Becken ausheben und 46 v. Chr. zwei kleine Flotten mit fast 3000 Mann gegeneinander kämpfen.«[164] Man konnte auf diese

164 A. a. O., 153.

Weise den Sieg der guten Sache miterleben, man konnte so gut sein, im Erleben für das Gute mitzusiegen. Man war ein rechter Römer. Und man bedurfte keines Henkers mehr, wenn man ganze Gefangenentrupps im Kampf gegeneinander antreten ließ. War es nicht köstlich zu sehen, wie die zum Tode verurteilten Gangster: Räuber, Mörder, Gotteslästerer, Majestätsverbrecher und andere, sich gegenseitig und mit letzter Kraft totschlugen, um auch nur für eine kurze Zeit länger am Leben zu bleiben? Welch ein Sinnbild für die Selbstvernichtung des Bösen, welch ein Ausweis für den bedingungslosen Willen zum Leben, welch ein Zeugnis von Kraft und Mut selbst in der Gewißheit des Untergangs.

Und doch: ein derartiges Aufgebot von großen Zahlen ist nicht nur kostentreibend, es bleibt in seiner Imposanz auch oberflächlich. Wirklich erschütternd sind Auseinandersetzungen nur zwischen Einzelnen, einzig ein Einzelschicksal ist geeignet, es sich per Identifikation zueigen zu machen. Also müssen Einzelne dahin gebracht werden, auf Leben und Tod gegeneinander anzutreten, – der griechische Agon, der mit Todesbereitschaft durchgeführt wurde, tritt jetzt in Form eines Schauspiels in den Ernst eines unbedingten Tötungswillens. Doch wie bei einem olympischen Wettkampf kann ein Zweikampf nur dann die erwünschte hinreißende Spannung erzeugen, wenn in etwa gleichstarke Kämpfer im Vollbesitz ihrer physischen Kraft und in routinierter Kampftechnik gegeneinander antreten. Das wären im Idealfall Soldaten, die ihre mörderische »Kunst« auf dem Schlachtfeld zum Applaus der Menge unter Beweis stellen könnten. Doch ein Amphitheater ist keine Manöverwiese, – Kriegsspiele, selbst wenn noch so täuschend ähnlich der Wirklichkeit, ersetzen nicht das Schauspiel wirklichen Tötens; und zudem: warum nur sollten Legionäre, die nach Entlassung vom »Dienst« auf eine Staatsrente hoffen können, sich auf ein gegenseitiges Gemetzel einlassen, und warum sollte Rom seine besten Soldaten aufs Spiel setzen? Wie aber, man verurteilte gerichtsnotorische Verbrecher und Sklaven zum Kampf mit den Schwertern? Dann müßte man sie als Gladiatoren, als Schwertkämpfer, in eigenen Kasernen ausbilden, und man könnte ihnen als Siegesprämie das Überleben zumindest bis zum nächsten Zweikampf in Aussicht stellen; auch als »Aufstiegschance« für mittellos gewordene »Freie« mochte die Laufbahn eines berühmten, von den Frauen umschwärmten *Herakles* der Arena eine gewisse Attraktivität aufweisen.

Und so kam es: Das erste römische Amphitheater, in dem Gladiatorenkämpfe ausgetragen wurden, war im Jahre 29. v. Chr. die relativ noch kleine Arena, die *Statulus Taurus* errichtet hatte. *Augustus* selber rühmte sich dieser seiner Erfolgsidee: »Dreimal«, zählt er auf, »habe ich in meinem Namen Gladiatorenkämpfe veranstaltet und fünfmal im Namen meiner Söhne oder Enkel (sc. *Gaius* und *Lucius* beziehungsweise *Germanicus* und *Claudius*, des späteren Kaisers; *Germanicus* und *Claudius* waren die Söhne des älteren *Drusus*, des Bruders des *Tiberius*, d.V.). Bei diesen Spielen kämpften etwa 10000 Mann. Zweimal bot ich dem Volk ein Kampfspiel mit Wettkämpfern, die man von überallher zusammengebracht hatte, in meinem Namen und das dritte Mal im Namen meines Enkels (sc. *Claudius*, d.V.). Sonstige Spiele habe ich viermal in meinem eigenen Namen veranstaltet, stellvertretend für andere Beamte, dreiundzwanzigmal. Für das Kollegium der Quindecemviri (sc. der 15 Männer eines der drei großen Priestertümer Roms, denen die Ritualvorschriften griechischer Herkunft, mithin Opfer für nicht-römische Gottheiten, oblagen, d.V.) habe ich als Oberhaupt dieser Priesterschaft ... (17 v. Chr.) die Säkularfeiern (sc. ein alle 100 Jahre zu begehendes Sühnefest, das 249 v. Chr. auf Grund der Sibyllinischen Bücher eingeführt worden war, d.V.) abhalten lassen. Zum dreizehnten Mal Konsul (2 v. Chr.), habe ich erstmalig die Marsspiele (sc. zur Einweihung des Mars-Ultor-Tempels zur Sühne der Bürgerkriegsschuld, d.V.) veranstaltet, die darauf in den folgenden Jahren auf Senatsbeschluss und auf ein Gesetz hin von den Konsuln ausgerichtet wurden. Tierhetzen mit afrikanischen Tieren habe ich in meinem Namen oder in dem meiner Söhne und Enkel im Circus und auf dem Forum oder im Amphitheater sechsundzwanzigmal für das Volk abgehalten, wobei etwa 3500 Tiere getötet wurden. – Das Schauspiel einer Seeschlacht gab ich dem Volk jenseits des Tibers, dort, wo sich nun der Hain der Ceasaren (sc. eine Parkanlage mit einem Monument für die Adoptivsöhne *Gaius* und *Lucius*, d.V.) befindet. Dazu wurde das Erdreich 1800 Fuß in der Länge und 1200 Fuß in der Breite ausgehoben. Dabei trafen 30 rammspornbewehrte Drei- und Zweiruderer und eine noch größere Zahl kleiner Schiffe im Kampf aufeinander. Auf diesen Schiffen befanden sich als Kämpfer außer den Ruderknechten etwa 3000 Mann.«[165]

Wie viele der Kämpfenden bei einer solchen Seeschlacht ums Leben kamen, spielt in dieser martialischen Erfolgsgeschichte der

165 AUGUSTUS: Res gestae – Tatenbericht, 22–23, S. 26–28.

Volksbelustigung keine Rolle. Dabei war der Gruß der Gladiatoren an den Caesar bei ihrem Einzug in die Arenen absolut wörtlich zu nehmen: *morituri te salutant* – die Todgeweihten grüßen dich (den spielveranstaltenden Kaiser). Um ihre Wirkung auf das Publikum zu erhöhen, ließen die Spielveranstalter in kolonialer Manier verschiedene Waffengattungen aus verschiedenen Völkern gegeneinander antreten: da kämpften die *retiarii* (Netzkämpfer) gegen die »*Thraces*« (Thraker), die *murmilliones* (Fischkämpfer) gegen die »Samniten«, vom Kampfwagen aus, oder vom Pferd aus wurde gekämpft; wenn nicht schon die Kampfhandlungen selbst durch den Tod eines der Kombattanten eine Entscheidung herbeiführten, war es in das Urteil der Zuschauer gegeben, mit Handzeichen darüber zu entscheiden, ob der Unterlegene getötet oder – wegen Tapferkeit vor dem Feind – am Leben gelassen wurde. Da entscheiden Tausende von vergnügungssüchtigen, sensationsgierigen Zuschauern darüber, ob sie an einem verletzt am Boden Liegenden den finalen Schwertstoß erleben wollen, – dann strecken sie den Daumen in die Waagerechte, um die Richtung des Schwertstoßes durch den Hals des Opfers anzuzeigen, oder sie heben den Daumen zum Zeichen der *missio*, daß dem Unterlegenen das Leben geschenkt werden möge; – immerhin wußte man einen schneidigen Kämpfer zu schätzen; zudem stellte der Unterhalt und die Ausbildung eines Sklaven oder Schuldiggesprochenen zum Gladiator eine aufwendige Investition dar, die sich auszahlen sollte. Das Projekt der Gladiatorenkämpfe erwies sich tatsächlich als derart erfolgreich, daß die Kämpfe ab 80 n.Chr. im Kolosseum stattfanden, – einem Höhepunkt der Baukunst und Technik, und einem Tiefpunkt der menschlichen Kultur.

Vor allem der Einfluß der Massenpsychologie auf das Erleben des Einzelnen bewirkte eine fatale Regression von an sich zivilisierten Menschen in Reaktionsbereitschaften der Vorzeit. Bereits SENECA hat das erkannt, indem er für die exzessiven »Fehlhaltungen« der Besucher des Amphitheaters, »die Vermittlung des Vergnügens« aus reiner Mordlust verantwortlich machte: »Habgieriger«, gab er sich voller Entsetzen über sich selbst reumütig Rechenschaft, »kehre ich zurück, ehrgeiziger, genußsüchtiger, nein – grausamer und unmenschlicher, weil ich unter Menschen gewesen bin.« Und er erinnerte sich: »Durch Zufall bin ich in das Mittagsprogramm (sc. wo an sich nur ein harmlos-heiteres Zwischenprogramm geboten wurde, d.V.) des Zirkus geraten, Scherze erwartend und Witze und etwas Entspannung, womit sich der Menschen Augen vom Menschenblut (sc. der Vormittagsprogramme, d.V.) erholen: das Gegenteil ist der Fall. Was vorher gekämpft worden ist, war Mitleid; nun läßt man die Mätzchen, und es ist der reine Mord: nichts haben sie, sich zu schützen. Dem Hieb mit dem ganzen Körper ausgesetzt, schlagen sie niemals vergeblich zu. Das ziehen die meisten den regulären Kampfpaaren und sonst beliebten vor. Warum sollten sie es nicht vorziehen? Nicht Helm, nicht Schild weist ab das Schwert. Wozu Finten? All das ist Verzögerung des Todes. Morgens wirft man den Löwen und Bären Menschen vor, mittags ihren Zuschauern. Mörder werden auf deren Befehl künftigen Mördern vorgeworfen, und den Sieger heben sie für einen weiteren Mord auf; Abschluß ist der Kämpfenden Tod: mit Schwert und Feuer wird die Sache ausgefochten. Das geschieht, bis leer die Arena ist. ›Aber Straßenraub hat einer verübt, ermordet hat er einen Menschen.‹ – Was also? Weil er gemordet hat, hat er verdient, derartiges zu erleiden: du, was hast du Unseliger verdient, derartiges zu sehen? ›Töte, schlag zu, brenne ihn! Warum läuft er so zimperlich ins Schwert? Warum tötet er nicht tollkühn genug? Warum stirbt er ohne Begeisterung?‹ Mit Peitschenhieben treibt man sie ins Blutbad. ›Gegenseitige Schwertstreiche sollen sie mit bloßer und sich darbietender Brust hinnehmen‹. Unterbrochen ist die Vorstellung. ›Unterdessen sollen erwürgt werden Menschen, damit wenigstens etwas passiert.‹ – Nun gut, nicht einmal das bemerkt ihr, daß schlechte Beispiele auf die zurückwirken, die sie geben? Dankt den unsterblichen Göttern, daß ihr *den* lehrt, grausam zu sein, der es nicht zu lernen vermag. Entziehen muß man der Masse die zarte und zu wenig am Sittlichen festhaltende Seele: leicht läuft man zur Mehrheit über.«[166]

166 SENECA: An Lucilius Briefe über Ethik, 1. Buch, 7,2–5, in: Philosophische Schriften, III 35; 37. THEODOR MOMMSEN: Römisches Strafrecht, 911–944: Die Todesstrafe, stellt (S. 916) nebeneinander: »Die Hinrichtung ... durch das Beil, durch die Kreuzigung, durch Säckung, durch den Feuertod, durch das Schwert, endlich in der Volksfestform.« Zur Kreuzigung meint er (S. 921): »Wahrscheinlich ist die Kreuzigung nicht jünger als die Execution durch das Beil und hat neben ihr von jeher bestanden und war nicht, wie das Säcken und das Verbrennen, auf bestimmte Verbrechen beschränkt, sondern allgemein anwendbar. Aber die Enthauptung allein erscheint als Opferhandlung und als regelmäßige Strafe des Bürgers. Der Kreuzigung mangelt der religiöse Charakter. Sie ist ... nach Beseitigung des Beils bei den städtischen Executionen, von den Specialformen abgesehen, als regelmäßige Executionsweise allein übrig geblieben.« Des weiteren meint er S. 925–926: »Die Volksfesthinrichtung gehört ... dem Kriegsrecht an und ist in republikanischer Zeit nachweislich nur auf Befehl des Feldherrn gegen Kriegsgefangene zur Anwendung gekommen.« Es war LIVIUS: Römische Geschichte, I 28, 11, S. 93, der

Wie stark der Massensog organisierter, orgiastischer Mordlust bei den Schauspielen der Hinrichtungs- und Tötungsszenen in der Arena wirken konnte, beklagt noch rund 300 Jahre später AUGUSTINUS am Beispiel seines Schülers und Freundes *Alypius*. Ursprünglich gab dieser sich gegenüber seinen Kameraden sicher, daß sie zwar seinen Körper, nicht aber seinen Geist zu den Spielen würden tragen können; doch dann: »Als sie das Theater erreicht und sich einen Platz erobert hatten, fieberte schon alles in wilder Lust. *Alypius* schloß die Pforten seiner Augen und verbot seinem Geiste, sich an den sündhaften Greuel hinzugeben. Hätte er sich doch auch die Ohren verstopft! Denn als bei einem Zwischenfall im Kampfe das unbändige Geschrei der ganzen Menge auf ihn einbrauste, öffnete er die Augen, von der Neugier überwältigt, und als wäre er gerüstet, auch aus dem Anblick sich nichts zu machen, sei es was immer, und Herr über sich zu bleiben. Da ward er an der Seele mit schwererer Wunde geschlagen als am Leib der andere, den er sehen wollte, und er stürzte elender als der, bei dessen Sturz sich das Geschrei erhoben hatte. Durch seine Ohren war es in sein Inneres gedrungen und hatte seine Augen aufgeriegelt. So war der Geist dem ausgesetzt, daß er geschlagen und geworfen wurde: er war ja vorerst eher verwegen als stark, ja um so unkräftiger, als er seiner sich vermaß, wo er hätte auf Dich (sc. Gott, d.V.) vertrauen sollen. Denn kaum sah er das Blut, trank er auch schon wilde Grausamkeit in sich hinein, und er sah nicht weg, sondern fest dahin und trank die wilde Wut und wußte es nicht und letzte sich an der Untat dieses Kampfes und berauschte sich in blutsüchtiger Wollust. Nein, er war nicht mehr derselbe, der gekommen war, sondern einer aus dem Haufen, in den er sich gemischt hatte, und der echte Genosse derer, die ihn hergeschleppt hatten. Brauch ich mehr zu sagen? Er schaute, schrie, flammte, er nahm von dort den Wahnsinn mit, der ihn stachelte, immer wieder zu kommen, nicht mehr nur mit denen, die ihn vordem mitgezogen hatten, sondern ihnen voran, und andere mit sich ziehend.«[167]

im Sinne der augusteischen Selbstdarstellung von Rom insgesamt zu behaupten wagte: »Im übrigen dürfen wir uns rühmen, daß kein anderes Volk auf mildere Strafen erkannt hat.«

167 AUGUSTINUS: Bekenntnisse, VI 8, S. 97–98. – WOLFGANG SOFSKY: Traktat über die Gewalt, 101–102, zitiert diese Passage, um zu erläutern: »Trotz Abscheu und Widerwillen wird der Zuschauer von den Leidenschaften der Gewalt ergriffen ... Die Bewegungen der Menge reißen ihn mit ... Der Anblick des Blutes löst Erregung, Entzücken, Begeisterung aus, die Begierde nach weiterem Blut. Der Zuschauer verfällt der Grausamkeit ... Man findet den Zuschauer nicht nur bei Gla-

Was AUGUSTINUS als eine suchtähnliche Verfallenheit an die niedersten Sinne und Antriebe schildert, weist gewiß zahlreiche Parallelen in vielen anderen Kulturen auf – man denke heutzutage nur an die Attraktion von Sex-and-Crime-Filmen im Fernsehen oder inzwischen auf den Handys der Jugendlichen fast aller westlichen Industrienationen –; doch darf man darüber etwas Wichtiges nicht vergessen: daß die Gladiatorenkämpfe speziell in Rom sogar in den Rang eines ordentlichen Strafvollzugs aufsteigen konnten, dürfte sich vor allem aus der Profanisierung (und Ökonomisierung) alter ursprünglich religiöser Vorstellungen und Riten ergeben haben. Am Anfang standen wohl Totenopfer, die zur Beruhigung der Seele des Beigesetzten dargebracht wurden, blutige Tieropfer (*hostiae animales*), aber auch Menschenopfer. So hörten wir schon von den Totenwettkämpfen, die *Achill* für seinen Freund *Patroklos* abhalten ließ[168]: der Geist des *Patroklos* war ihm erschienen und hatte ihn angefleht, die Schattenbilder der Toten im Hades durch blutige Opfer zu verscheuchen, und so schichtete *Achill* für ihn »feiste Schafe und Rinder« mit gehäuteten Leibern auf, dazu »vier Rosse mit kräftigen Nacken« und warf sie »stürmisch hinein in den Scheiterhaufen«, zudem noch zwei Hunde, deren Hals er durchschnitten hatte; des weiteren tötete er »zwölf edle Söhne der mutigen Troer«, die er allesamt im Feuer verbrannte[169]. – Gleiche Praktiken werden auch von den Etruskern überliefert. So berichtet LIVIUS, daß 358 v. Chr. »im Krieg zwischen Tarquìnia und Rom die Etrusker 307 römische Kriegsgefangene für die Seelen ihrer Gefallenen auf dem Marktplatz von

diatorenkämpfen. Wo immer Gewalt geschieht, ist der Zuschauer nicht weit ... Man begegnet ihm vor den Toren des Zuchthauses, inmitten einer aufgebrachten Menge, die nach dem Gefangenen ruft, um ihn auf offener Straße zu lynchen ... Und man sieht ihn in der Arena blutiger Tier- oder Sportkämpfe sitzen ... Der Zuschauer ist eine soziale Figur, sein Verhalten ein kollektiver Vorgang.« (S. 102–103) »Die Zuschauer verlangen nach der Gewalt, nach der Angst zum Tode, um am Ende ihre Überwindung genießen zu können. Indem sie der Gewalt huldigen, feiern sie sich selbst, ihre eigene Entgrenzung, ihre Verwandlung. – Die Ausgelassenheit duldet keine Enttäuschung ... In Strömen soll das Blut fließen, keiner soll dem Tod entkommen, das Fest will seine Grausamkeit.« (S. 109) »Die Menge ... entlastet den Einzelnen von Schuld oder Scham. Jeder ist wie der andere, alle sind sie einander gleich.« (S. 114) »Stets halten es die Zuschauer mit dem Sieger ... Der Geschlagene erregt kein Mitleid, er zieht Zorn und Wut auf sich ... Wer fällt, der soll gestoßen, der soll gemartert und getötet werden – das ist das Prinzip der Barbarei, welches das Urteil der Menge diktiert. Der Gefallene wird verstoßen, ausgestoßen aus der Welt der Menschen. Er soll verschwinden, für immer.« (S. 117–118)

168 HOMER: Ilias, XXIII 1–897, S. 471–501.

169 A. a. O., XXIII 165–176, S. 476.

Tarquìnìa geopfert haben. Andererseits ließ Kaiser *Augustus* während des Bürgerkriegs im Jahre 40 v. Chr. 300 Bürger von Perusia, die seinen Widersachern Zuflucht gewährt hatten, auf dem Altar des *Gaius Julius Caesar* wie Opfertiere töten. Hinter diesen teils mythischen, teils vielleicht auch historischen Menschenopfern stand die Vorstellung, durch ein Blutopfer, für das sonst ein Tier eintrat, Unsterblichkeit zu erlangen.«[170]

Aus diesen ehedem magisch-rituellen Toten-Opfern zur Versöhnung der Götter wegen auf Erden begangener Schuld entwickelte sich in relativ kurzer Zeit das funebre Spektakel der römischen Gladiatorenkämpfe, die mitten in der Kapitale den Krieg der siegreichen Soldaten vor aller Augen miterlebbar machten und die Lust am Töten zu einem Triumph der Triebbefriedigung in primitivster Form erhoben, verbunden noch mit dem Gefühl moralischer Rechtfertigung beim Anblick der verdienten Hinrichtung derart gefährlicher Verbrecher. Dabei konnte offenbar jeder auf seine Kosten kommen, sahen doch diese »Spiele« insgesamt »sechs Hauptformen des Schaumords vor: Zerfleischung durch wilde Tiere, Verbrennung bei lebendigem Leibe, Herabstürzung von einem Felsen, öffentliche Kreuzigung, öffentliche Folter, gegenseitige Tötung zweier Verurteilter im Schwertkampf, wobei der Überlebende das nächste und übernächste Mal wieder in

170 FRIEDERIKE BUBENHEIM-ERHART: Die Etrusker, 161. SUETON: Leben der Caesaren. Augustus, 15, S. 62, berichtet: »Nach der Einnahme von Perusia sprach er (sc. *Augustus*, d.V.) zahlreiche Todesurteile aus und antwortete denen, die Gnade zu erflehen oder sich zu entschuldigen suchten, mit dem einen Wort: ›Man muß (sc. ohnehin, d.V.) sterben.‹ Gewisse Autoren berichten, er habe aus den Besiegten dreihundert ausgelesen, alle aus dem Ritter- und Senatorenstand, und sie an einem zu Ehren des unter die Götter aufgenommenen *Julius* (*Caesar*) errichteten Altar am fünfzehnten März wie Opfertiere niedermachen lassen. Es gab auch Leute, die behaupteten, er habe im Einverständnis mit *Antonius* die Waffen ergriffen, damit sich seine heimlichen Gegner und die, die sich mehr aus Furcht als aus Überzeugung ruhig verhalten hatten, bloßstellten. So wurde diesen die Gelegenheit gegeben, sich der Führung des *Lucius Antonius* anzuvertrauen, während es *Augustus* dann seinerseits möglich war, nach der Niederlage ihre Güter zu konfiszieren und damit die den Veteranen versprochenen Belohnungen zu bezahlen.« ERNEST BORNEMAN: Das Patriarchat, 452, resümiert: »Fast alle uns aus den Hexenprozessen des Mittelalters bekannten Foltermethoden sind von den Römern erfunden und von den Christen übernommen worden, darunter die *fiduculae* (Stricke zum Ausrenken der Glieder), der *equuleus* (ein Bock, auf welchem dem sitzenden Sklaven durch angehängte Gewichte oder mittels Winden die Glieder aus den Gelenken gerissen wurden), ferner glühende Metallplatten, die man auf den Leib des Sklaven legte, und viele anderer solcher Werkzeuge. Alle diese Maßnahmen erreichten ihren Höhepunkt unter den christlichen Kaisern, wie zum Beispiel *Konstantin*, der den Sklaven die Zungen ausreißen und flüssiges Blei in den Mund gießen ließ.«

die Arena gehetzt wurde, bis auch ihn das Schwert des Gegners traf. In bestimmten Arenen, zum Beispiel im Zirkus von Alexandria und in der Arena von Lyon, wurde öffentlich gefoltert ... (sc. vor allem, d.V.) Kaiser *Claudius* (sc. 41–54, d.V.) soll besonderen Gefallen an der öffentlichen Folter gefunden und sie nachdrücklich als Teil der Spiele eingesetzt haben.«[171]

SUETON urteilt über ihn: »Daß er von grausamer und blutdurstiger Natur war, zeigte sich im Großen wie im Kleinen. Verhöre auf der Folter und Hinrichtungen von Mördern pflegte er ohne Aufschub und in seiner Gegenwart vollziehen zu lassen. Als er einmal wünschte, in Tibur (sc. einer Stadt in Latium am Anio, d.V.) eine Hinrichtung nach alter Art zu sehen, und die Verurteilten schon an den Pfahl gebunden waren (sc. nackt, mit dem Hals in einer Gabel, um mit Ruten zu Tode gepeitscht zu werden, d.V.), aber der Henker noch fehlte, ließ er aus Rom einen holen und wartete geduldig bis zum Abend auf ihn. – Bei allen Gladiatorenkämpfen, ob er sie gab oder ein anderer, ließ er auch die, die zufällig hinfielen, umbringen, am liebsten die Netzfechter, um ihr Gesicht sehen zu können, wenn sie starben. Als einmal ein Fechterpaar sich gegenseitig getötet hatte, befahl er, aus den beiden Schwertern unverzüglich zwei kleine Messer für seinen Privatgebrauch zu machen. – An den Tierkämpfern und den Fechtern, die um die Mittagszeit auftraten (sc. weil sie vom Morgen übriggeblieben waren, d.V.), hatte er solche Freude, daß er schon ganz früh zu den Schauspielen kam und mittags, wenn das Volk zum Essen nach Hause gehen konnte, sitzenblieb.«[172] Deutlicher läßt sich nicht sagen, daß der Sinn der exzessiven Grausamkeit der römischen Strafjustiz buchstäblich in dem »Vergnügen« bestand, das ihr Anblick dem obersten Gerichtsherrn an der Spitze der Macht nebst all seinen »Untertanen« bereitete.

Unter diesen Umständen ist es nicht für Zufall, sondern für den Wesensausdruck römischen Rechts zu halten, wenn das Symbol der Macht des Imperiums »die *fasces*, die gebündelten Ruten waren, aus denen ein Beil hervorragte ... Das Züchtigungsinstrument des Kindes wird (sc. auf diese Weise, d.V.) zum Machtsymbol des Erwachsenen. Die Rute, mit welcher der Herr den Sklaven zur ›Ordnung‹ zwingt, wird zum Symbol der Herrschaft des Patriziats, des Vaterrechts.«[173]. So soll CICERO einmal in einem Traum gesehen haben, wie »ein

171 ERNEST BORNEMAN: Das Patriarchat, 461.
172 SUETON: Leben der Caesaren. Claudius, 34, S. 224–225.
173 ERNEST BORNEMAN: Das Patriarchat, 458.

Knabe von adligem Aussehen ... an einer goldenen Kette vom Himmel herabgelassen worden (sei) und ... sich vor das Tor des Kapitolinischen Jupitertempels hingestellt (habe), wo ihm *Jupiter* eine Geißel übergeben habe. Plötzlich erblickte CICERO den *Augustus* ... und (er) versicherte, das sei der gleiche, dessen Bild ihm im Schlaf erschienen sei.«[174]

Die gesamte Macht des augusteischen Imperiums sowie die Art ihrer Ausübung fand in der Tat ihren Ausdruck in dem Rutenbündel der Liktoren, die als »Leibgarden der herrschenden Klasse ... unliebsame Bürger züchtigten, als seien es Kinder. Jeden Tag konnte es der Römer erleben, daß jemand, der eigentlich, wenn überhaupt, irgendeine Missetat begangen hatte, vor ein Gericht gehört hätte, statt dessen von den Liktoren durch die Straßen geprügelt wurde.«[175]. »Von frühester Zeit an hat sich das Vaterrecht hierbei von dem Rachegedanken leiten lassen. Der Tod allein genügte nicht. Vorher mußte das Opfer erst leiden. Jeder römischen Todesstrafe bis in die späten Zeiten des Kaiserreiches ging eine Folter voran, meist die Geißelung.«[176]

Für gewöhnlich hält man die Regierungszeit des *Caligula* (37–41) für ein Schreckensregiment, das sogar für die Grausamkeit der römischen Caesaren atypisch gewesen sei, doch trifft dieses Urteil wohl zu auf den Zynismus, mit dem der Kaiser seine Untaten begleitete, dieser selbst aber paßte durchaus in den Rahmen der auch sonst üblichen Hinrichtungspraktiken. So berichtet SUETON von ihm, er habe »viele geachtete Männer ... zuerst brandmarken lassen« und »sie dann zu Zwangsarbeit in den Bergwerken, zum Straßenbau oder zum Kampf mit wilden Tieren (verurteilt); er sperrte sie auch wie wilde Tiere in Käfige, worin sie sich nur auf allen vieren bewegen konnten, oder ließ sie mitten durchsägen. Und dies nicht etwa aus schwerwiegenden Gründen, sondern weil sie sich vielleicht über ein von ihm gegebenes Schauspiel geringschätzig geäußert oder niemals bei seinem Schutzgott geschworen hatten.«[177]

Das Besondere daran sind nicht die verhängten Strafen selbst, sondern die Bemühungen des Kaisers, dem Showcharakter seiner Maßnahmen einen Ernst zu verleihen, den er selber hintertrieb, indem er

174 SUETON: Leben der Caesaren. Augustus, 94, S. 113.
175 ERNEST BORNEMAN: Das Patriarchat, 458–459.
176 A.a.O., 459.
177 SUETON: Leben der Caesaren. Caligula, 27, S. 181.

alles tat, seine gequälten Opfer zu demütigen und sie auf makabre Weise lächerlich zu machen, etwa so: »Bei den Gladiatorenspielen ließ er bisweilen, wenn die Sonne am heißesten herabbrannte, die Sonnendächer zurückziehen und untersagte jedermann das Verlassen der Plätze. Darauf wurde der übliche Gang der Spiele unterbrochen, und es kamen ausgemergelte Tiere, die billigsten und ältesten Gladiatoren und als besonderer ›Spaß‹ ehrenwerte Familienväter, die aber irgendein körperliches Gebrechen hatten, in die Arena. Bisweilen schloß er auch die Kornspeicher und sagte dem Volk Hunger an«[178], das heißt, er verkehrte das Propagandaprogramm der Gewinnung der Volksgunst durch *panem et circenses* (durch Brot und Spiele) bewußt in sein Gegenteil, so daß der sonst so wichtige Unterschied zwischen den Zurschaugestellten und den Zuschauern sich aufhob, – für einen Kaiser wie *Caligula* waren sie allesamt Viehfutter. So brachte er es fertig, »als das Fleisch zur Fütterung der für die Spiele bestimmten Raubtiere zu teuer war, ... Verbrecher (zu bezeichnen), die ihnen als Nahrung vorgeworfen werden sollten. Bei der Musterung der Gefängnisse, die er zu diesem Zwecke vornahm, schaute er bei keinem der Gefangenen auf sein Strafregister, sondern stellte sich einfach mitten in der Halle auf und befahl, sie ›von einem Kahlkopf zum anderen‹ (sc. also alle; die Gefangenen waren kahlgeschoren, d.V.) abzuführen.«[179] Einem Kaiser wie *Caligula* ging es nicht einmal mehr um die Demonstration der absoluten Strafgewalt des Herrschers, ihm ging es schlechtweg um die Demonstration seiner absoluten Macht, für deren Recht es zu gelten hatte, rechtlos, nach Laune und Belieben, mit Menschen zu verfahren.

Man darf SUETON bei seiner *chronique scandaleuse* der römischen Kaiserzeit gewiß kein besonderes Interesse an der historischen Korrektheit seiner Schauergeschichten unterstellen, doch bestehen seine möglichen Ver- und Überzeichnungen wohl vor allem darin, daß er als die persönliche Psychopathologie einzelner Herrscher hinstellt, was in Wahrheit auf die wachsende Grausamkeit der römischen Militärmacht im Umgang mit ihren »Feinden« drinnen wie draußen zurückgeht. Wer es wagte, Rom sich in den Weg zu stellen, war des Todes schuldig, und seine Hinrichtung vollzog sich, wenn er ein Nicht-Römer war, nach routiniertem Standard: verächtlich, öffentlich und quälerisch, also durch Auspeitschen, Ausstellen und Auf-

178 A.a.O., 26, S. 181.
179 A.a.O., 27, S. 181.

hängen (Kreuzigen). Wer Roms Recht brach, war ein Rechtloser, gleich einem Sklaven; lebenslängliche Ausbeutung zum Nutzen der Lebenden oder Ausschaffung aus dem Kreise der Lebenden, – nur dazwischen noch lag das Ermessen des Richters.

Insofern ist, was mit Jesus geschah, nur eine Momentaufnahme aus dem Schreckenskabinett der Abschreckungspraktik der römischen Justiz, die in der zynischen Aufgipfelung ihrer Hinrichtungsformen zu einer Form der Massenunterhaltung die grausame Mischung aus Geltungssucht und Rachebedürfnis manifestierte, die dem gesamten Strafrecht zugrunde liegt. Jesus fiel ihm zum Opfer, weil er die Menschenopfer, die es verlangte, im Namen Gottes nicht länger mehr hinnahm. Was sich dann aber am Karfreitag ereignete, muß gerade in diesem Kontrast: des absolut Ungewöhnlichen und des absolut Gewöhnlichen, verstanden werden, – einzig in seinem Anlaß (dem entschiedenen Veto gegenüber dem vermeintlichen Recht, über Menschen zu richten), doch gerade nicht einmalig in der Art seiner Durchführung.

In christlicher Sicht, wiederholt gesagt, besteht die nicht unverständliche Neigung, das »*crucifixus est … sub Pontio Pilato*« für etwas ganz Besonderes innerhalb der menschlichen (Rechts)Geschichte zu halten, doch das war es allenfalls religiös und menschlich, doch eben nicht historisch. Historisch muß man insbesondere die römerfreundliche Darstellung der Evangelien in Frage stellen, die dem römischen Statthalter zutrauen, er habe die Auspeitschung Jesu nur angeordnet, um dem sonderbaren »Judenkönig« die Kreuzigung zu ersparen; die Geißelung war keine Alternative zur Hinrichtung, sie war, wie soeben zu sehen, deren grausame Einleitung, und sie fand in aller Regel auch nicht, wie Joh 19,1–4 es darstellt, in dem Sonderraum eines Foltergefängnisses statt, um durch den Anblick des schrecklich Geschundenen bei dessen Vorführung den mitleidigen Freispruch der Menge zu erwirken, sondern (wie Mk 15,15 es schildert) genau umgekehrt: Dem zur Kreuzigung Verurteilten wurde zum Schauspiel vor großem Publikum »ein gabelförmiges Querholz über die Schulter gelegt, so daß der Kopf in die Gabel kam, die Arme aber an die zwei Querhölzer gebunden wurden. Dann begann die Geißelung, die erst aufhörte, wenn der Gequälte das Bewußtsein verlor. Dann weckte man ihn mit in Essig oder Ammoniak getauchten Schwämmen wieder auf, und die Geißelung ging weiter, bis er das nächste Mal das Bewußtsein verlor. Am Ende hing die Entscheidung, wie lange die Sache weitergehen solle (sc. wie im Zirkus, d.V.), vom

Publikum ab, zu dessen Abschreckung (und geheimer Belustigung) diese, wie alle anderen Formen der Hinrichtung, diente.«[180]

Ursprünglich fand die Tötung selber mit Hilfe eines zweiteiligen Halsblocks, der »Spreize«, des *patibulum*, statt, das beim Zuschließen den Gekreuzigten erwürgte[181]. Doch ein so rasches Sterben lag gerade nicht im Interesse der Henker. »Ich sehe«, schrieb SENECA, »Marterhölzer, nicht einer Art allein freilich, von den einen so, von den anderen anders hergestellt: mit dem Kopf zur Erde schlagen manche ans Kreuz, andere treiben einen Pfahl durch die Schamteile, andere breiten am Kreuz die Arme aus; ich sehe Folterseile, ich sehe Geißeln; und für die Glieder, für die Gelenke haben sie einzelne Werkzeuge erfunden.«[182] Der einzige Ausweg scheint unter solchen Umständen der Tod; seine Gewißheit allein macht es möglich zu leben: »*Caram te, vita, beneficio mortis habeo*« – Liebhabe ich dich, Leben, durch die Wohltat des Todes. Gegen die Grausamkeit von Menschen ist der Tod eine Gnade der Götter. Die römische Kreuzigung faßte alles zusammen, was man bei den Assyrern, Persern, Griechen und Phöniziern zum Quälen von Menschen gelernt hatte. Selbst das Pfählen führte den Tod zu schnell herbei; wenn man hingegen den Hinzurichtenden an den Querbalken eines Kreuzes band oder nagelte, konnte es lange dauern, bis er sich qualvoll verröchelte. Und so ging man im römischen Palästina dabei für gewöhnlich vor: »Der Verurteilte ... schleppt (sc. nach seiner Geißelung, d.V.) ... den Querbalken seines Kreuzes durch die Stadt auf den Richtplatz, wo der senkrechte Kreuzesstamm bereits im Boden eingerammt ist. Dort wird er nackt ausgezogen. Dann nagelt man ihn mit ausgespannten Armen an den Querbalken an, zieht den Balken am Kreuzesstamm hoch und befestigt ihn zwei bis drei Meter über dem Erdboden, so daß das fertige Kreuz normalerweise die Form eines lateinischen T hat. Nun nagelt man die Füße des Verurteilten am Kreuzesstamm fest. Über dem Kopf des Gekreuzigten aber bringt man den Titulus an, eine Tafel mit kurzer Urteilsbegründung.«[183]

180 ERNEST BORNEMAN: Das Patriarchat, 460.
181 ETHELBERT STAUFFER: Jerusalem und Rom im Zeitalter Christi, 127; vgl. EUGEN DREWERMANN: Das Markus-Evangelium, II 660–670: Ein letztes Mal Mk 15,20b–41: Von der Überwindung des Kreuzes. – CICERO Von der Weissagung, I 26, S. 46, berichtet, wie ein Sklave durch den Zirkus geführt wird, »indem er das Gabelkreuz trug und mit Ruten gepeitscht wurde.«
182 SENECA: Trostschrift an Marcia, XX 3, in: Philosophische Schriften, Bd. 1, S. 373.
183 TSCHINGIS AITMATOW: Der Richtplatz, 2. Teil, 2. Kap., S. 229, läßt Jesus zu

Der »Sinn« dieser qualvollen Prozedur liegt in der totalen Demütigung und Rechtlosstellung des (vermeintlichen) Rechtsbrechers: Er selber trägt um den Hals den Schuldspruch als Urteilsbegründung durch die vollgedrängten Straßen zur Hinrichtungsstätte außerhalb der Stadt, möglichst auf höher gelegenem, weithin einsehbarem Gelände. Wie ein Mahnmal der Herrschermacht und der Staatsgewalt soll das T des Kreuzes die Häuser überragen. Mit Fanfarenstößen hat man die Menge zu dem Spektakel der Kreuzigung zusammengeblasen; bereits auf dem Weg zum Richtplatz findet sie Gelegenheit, den von Peitschenhieben zerfetzten Körper des Delinquenten, der sich schwankend, mit äußerster Anstrengung, unter dem Joch des Querbalkens seines Kreuzes einem qualvollen Tode entgegenschleppt, mit erniedrigenden, haßerfüllten und hohnlachenden Bemerkungen und Zurufen zu begleiten, flankiert von dem Hinrichtungskommando der Römer, das in geübter Routine sein Werk vollziehen wird. Nackt ausziehen! Das im Judentum gebotene Lendentuch kann für die Logik der Strafjustiz Roms nur störend gewesen sein. Der Hinzurichtende hat nichts mehr, ist nichts mehr, er ist ein Stück Fleisch, das man solange noch quälen und martern kann, bis es stöhnend den letzten Atemzug tut. Also befestigt man die Hände an dem Querbalken, indem man die Nägel durch die Handwurzelknochen treibt, ein

Pilatus sagen: »Du bist keine Ausnahme, Statthalter Roms, fast ein jeder verlangt leidenschaftlich danach, über wenigstens einen einzigen seiner Brüder zu herrschen. Darin liegt das Unheil. Du sagst es, so ist die Welt nun eingerichtet. Für das Laster gibt es immer tausend Gründe. Nur wenige aber denken darüber nach, worauf der Fluch des Menschengeschlechts beruht, daß nämlich alle vom Übel der Herrschaft angesteckt sind, von den Vorstehern der Kehrfeger auf den Basaren bis zu den furchterregenden Imperatoren, und daß dieser Fluch das schlimmste aller Übel ist und daß das Menschengeschlecht dafür einmal die volle Rechnung wird begleichen müssen. Ganze Völker werden im Kampf um die Vorherrschaft, um Länder untergehen, sie werden sich gegenseitig bis auf die Fundamente und die letzten Wurzeln vernichten.« – WOLFGANG SOFSKY: Traktat über die Gewalt, 95, schildert den Vorgang der *Tortur*: »Die Gewalt zerstört Wille und Geist. Und sie zwingt das Opfer dazu, sich selbst zu entwürdigen, durch seine Schreie, seine Angst, sein Gewinsel um Gnade. Vielfach geht die Verletzung mit Prozeduren der Erniedrigung einher. Man reißt dem Opfer die Kleider vom Leib, schert ihm die Haare ab, entblößt und traktiert seine Intimzonen. Der nackte Körper ... stellt den Schmerz zur Schau und setzt das Opfer den belustigten Blicken der Zuschauer aus ... Seine Angst und Scham nähren den Stolz des Folterers, die Genugtuung vollkommener Verfügungsgewalt, die er auskostet und so lange wie möglich zu erhalten sucht. Tiefer läßt sich ein sozialer Antagonismus schwerlich denken: hier die Schmach und Wehrlosigkeit des Opfers, dort die Selbsterhöhung des Täters, seine Souveränität, sein Triumph. Die Verzweiflung der Notwendigkeit ist für den Schergen absolute Freiheit. Dem Opfer ist nichts möglich, dem Täter alles.«

entsetzlicher Schmerz, der noch überboten wird, wenn der Balken ruckhaft an dem Kreuzesstamm hochgezogen wird und das Gewicht des Körpers in den Wunden wütet. Auch die Füße werden mit Nägeln angeheftet. In dieser Lage sackt das Blut in den aufquellenden Unterleib, die Atmung wird immer schwieriger, und es müßte nach etlichen Stunden des langsamen Verröchelns der Tod den Gemarterten erlösen. Doch genau das soll nicht geschehen. Der Tod soll sich hinziehen, tagelang vielleicht, und zu diesem Zweck ist in Gesäßhöhe an dem Kreuzesstamm eine Halterung angebracht, die immer wieder, um Luft zu bekommen, reflexartig von dem Gekreuzigten als Stütze benutzt werden wird. Der Tod wird sich damit hinauszögern, und das Schauspiel des sich windenden, zuckenden Körpers läßt sich verlängern. Dann aber wird selbst die Menge ermüden, es gibt nichts Neues mehr zu sehen; auch die Soldaten, die, wie stets, in Gehorsam »nur« ihren Dienst verrichten, wollen am Abend noch in die Taverne, – sie machen jetzt kurzen Prozeß: sie zerschlagen laut krachend die Beine des Gekreuzigten; dann geht alles ganz schnell: Herzstillstand und (oder) Ersticken. Ein letztes Schnappen nach Luft, das wie ein Schrei wirkt. Dann die Entsorgung des Körpers. Der Kreuzesstamm bleibt stehen für das nächste Schauspiel der Strafjustiz Roms. Das Exekutionskommando kann abrücken. Die Gruppe der Gaffer zerstreut sich. Die Nacht bricht herein.

Es war das Genie der Evangelisten, die Stunden des Sterbens Jesu als eine Sonnenverfinsterung (Mk 15,33)[184], als ein Erdbeben (Mt 27,51)[185] zu beschreiben und symbolisch damit die Bedeutung des Geschehens als Entscheidung über Fluch und Erlösung, Verzweiflung und Vertrauen, Tod und Unsterblichkeit herauszuarbeiten. Wie ist es möglich, in ein solches Grauen hineinzugehen? Die Evangelisten erklären's, indem sie die Passion Jesu schildern als ein sich erfüllendes Gebet[186]: »In deine Hände, Vater, gebe ich mich ganz«, läßt Lukas (23,46) Jesus sterbend sprechen[187]. Für Gott als seinen und

184 E. DREWERMANN: Das Markus-Evangelium, II 624–648: Mk 15,20b–41: Die Kreuzigung oder: Warum der Messias sterben mußte.
185 E. DREWERMANN: Das Matthäus-Evangelium, III 245–268: Mt 26,1–75: 27,1–66: Der ewige Karfreitag.
186 E. DREWERMANN: Das Markus-Evangelium, II 642.
187 E. DREWERMANN: Das Lukas-Evangelium, II 923–942: Lk 23,44–56: Tod und Begräbnis Jesu oder: Was bleibt, ist Menschlichkeit.

unseren Vater (Joh 20,17)[188] lebte er, für ihn und uns nahm er den Tod auf sich im Widerspruch gegen die widerrechtliche, Gott verfälschende Unmenschlichkeit dieser Welt. Sein Tod wurde zur Offenbarung und Bestätigung der Quellen, aus denen es sich lohnt zu leben; sein Sterben war der Sieg über die Todverfallenheit eines zum bloßen Kampf ums Überleben verfallenen Daseins. Doch das ist die Sicht von Menschen, vor deren Augen an Jesu Seite sich der Himmel öffnete. Die Geschichte Roms, die Geschichte der Menschheit nahm davon kaum Notiz, und wenn, dann nur, um mit dem Zeichen des Kreuzes ihre eigenen Kreuzzüge für Recht und Ordnung, für Gott und Vaterland, für Fortschritt und Freiheit zu »segnen« und mit ihren Lügen die Welt als ein ewiges Golgotha gefangen zu halten.

Die Kreuzigungen selbst wurden in der Rechtsgeschichte Roms Teil des Spektakels in der Zirkusarena, ein weiteres *Highlight* neben dem Zerrissenwerden durch die Raubtiere und dem wechselseitigen Niedermetzeln in den Gladiatorenkämpfen. In seiner Art war das Gräßliche dieser »Spiele« nicht mehr zu steigern, allenfalls noch im Quantum der Zahl und der Zeit und, damit einhergehend, des Zynismus. »Die Zuschauer schlossen Wetten (auf die Sieger des Schwertkampfes, d.V.) ab, lachten und vergnügten sich, während auf dem Kampfplatz die Waffen klirrten, der zu Tode Getroffene zusammenbrach, der blutige Sand in Eile zusammengekehrt und frischer für das neue Kämpferpaar gestreut wurde. ›Nieder mit ihm! Brennt ihn! Schlagt ihn!‹ schrien die Zuschauer, und die hinter den Kämpfenden stehenden Aufseher trieben die Zurückweichenden mit der Peitsche, mit scharfen Schwertern und glühenden Eisen nach vorn. Es gab kein Entkommen. Wo anfangs zumindest noch die Illusion geboten worden war, daß es sich um ausgebildete Fechter handelte, wurden die Spiele später zur reinen Massenmetzelei. So kämpften im Jahre 174 v. u. Z. bereits 74 Mann drei Tage lang. Wie auf so vielen anderen Gebieten boten auch hier die Caesaren ihrem Volk ein negatives Vorbild und wurden dann vom Volke, das sich an den Gedanken des Herrschers als Sadist gewöhnt hatte, zu weiteren Sadismen angetrieben … *Titus* (sc. 79–81, d.V.) ließ die Kämpfe zur Einweihung des Kolosseums (sc. im Jahre 80, d.V.) hundert Tage dauern. *Trajan* (sc. 98–117, d.V.) übertrumpfte ihn und ›feierte‹ seine Kriegserfolge durch Spiele, die Rom 123 Tage lang in Atem hielten. 10000 Kriegsgefangene ließ

188 E. DREWERMANN: Das Johannes-Evangelium, 284–301: Joh 20,1.11–18: Die Botschaft von der Auferstehung oder: Maria aus Magdala sieht den Herrn.

er dabei in der Arena niedermetzeln. *Tiberius* (sc. 14–37, d.V.) und *Marc Aurel* (sc. 161–180, d.V.), die beide die Spiele aufgeben wollten, wurden über diesen Entschluß beinahe gestürzt und mußten sie am Ende doch wieder stattfinden lassen.«[189]

Wenn das Schwert auf die Dauer zu langweilig wurde, mußten mal wieder die Tiere her. »Jedes neu eroberte Land mußte ... seine seltensten und wildesten Tiere nach Rom senden. So sah man Löwen, Tiger, Leoparden, Krokodile, Auerochsen, Elefanten, aber auch Eber, Bären und Stiere aus den Wäldern Apuliens und Lucaniens (sc. am Golf von Tarent, d.V.), den Pontinischen Sümpfen und den Apenninen. Die Zahl der getöteten Tiere war erstaunlich. In den ersten Generationen der Kaiserzeit waren es in Rom allein mindestens 300 Löwen, 400 Leoparden, 500 Bären. Bei der Einweihung des Kolosseums allein sollen 9000 Tiere getötet worden sein. Wenn Tiere einander zerfetzten und zerfleischten, jubelten die Römer, als ob es wirklich ein ›Spiel‹ sei. Aber wenn ein zum Tode Verurteilter sich nackend mit einem Knüppel gegen eine ausgehungerte Bestie zu verteidigen hatte, oder wenn nackte, hilflose, an Pfähle gebundene Männer und Frauen von wilden Tieren zerrissen wurden, war die Arena oft still wie das Grab. Nur die Schreie der Sterbenden und die Laute der Tiere waren zu hören.«[190] Die Verurteilung *»ad bestias«* traf in den ersten drei Jahrhunderten oft genug auch Christen.

Parallel dazu ging die Praktik der *Kreuzigungen* aber weiter. »In den römischen Provinzen war diese Strafe eines der wichtigsten Mittel zur Aufrechterhaltung von Ordnung und Sicherheit, und namentlich die Geschichte der unruhigen Provinz Judäa weiß von zahllosen Exekutionen am Kreuz zu berichten. Bekannt ist, daß *Quintilius Varus* zweitausend Juden auf einmal dem Kreuz überantwortete ... Um das Jahr 46 n.Chr. ließ der Prokurator *Tiberius Alexander*, ein jüdischer Renegat und Neffe des berühmten Philosophen *Philo*, die beiden Söhne des Freischarenführers *Judas des Galiläers*, *Jakobus* und *Simon*, ans Kreuz schlagen.«[191] Als es dem Prokurator *Felix* (56–60 n.Chr.) gelang, den »Räuberhauptmann«, das heißt den »Freiheitskämpfer« *Eleazar* und seine Mannen gefangenzunehmen, soll die Zahl der Gekreuzigten »unermeßlich« gewesen sein[192]. Bei

189 ERNEST BORNEMAN: Das Patriarchat, 464.
190 A.a.O., 465.
191 JOESPH BLINZLER: Der Prozeß Jesu, 263–264; vgl. FLAVIUS JOSEPHUS: Jüdische Altertümer, XX 5,2; S. 651.
192 FLAVIUS JOSEPHUS: Der jüdische Krieg, II 13,2; Bd. 1, S. 193.

der Belagerung Jerusalems soll *Titus* als Heerführer täglich bis zu 500 und mehr Flüchtlinge aus der Stadt, die aus Hunger auf Nahrungssuche waren, aufgegriffen haben. »Sie wurden ... gegeißelt und auf jede Art gequält, ehe man sie tötete, und zuletzt wurden sie im Angesicht der Mauer ans Kreuz geschlagen ... Vor allem ... ging er ... nicht von den Kreuzigungen ab; er hoffte nämlich, die Juden könnten unter dem Eindruck dieses Schauspiels doch noch kapitulieren, da ihnen ja das gleiche Schicksal drohte, wenn sie bei ihrem Starrsinn blieben. Die Soldaten aber waren so wütend und haßerfüllt, daß sie ihre Opfer noch verspotteten und jeden in einer anderen Weise kreuzigten, und schließlich war kein Platz mehr vorhanden für die Kreuze, und auch die Kreuze reichten nicht mehr aus für die Menge von Körpern.«[193]

So war das Kreuz denn zugleich Instrument und Insigne des Machterhalts Roms und damit Ausweis und Beweis für den Sinn und Zweck des staatlichen Strafrechts nach innen wie nach außen; für beides war es brauchbar: für die Repräsentation der Autorität des Herrschers ebenso wie für die Repression der Beherrschten; im Ergebnis errichtete und erreichte es eine Ordnung der Gewalt, die das menschliche Zusammenleben mit nötigenfalls extrem unmenschlichen Mitteln zusammenzwang in einem Machtkampf, der von Fall zu Fall entschieden wurde zugunsten der Begüterten und zu Lasten der Unterlegenen, – ein Kriegsrecht, das über Individuen urteilte nach den kollektiven Interessen der politischen Opportunität und sie auf das grausamste verurteilte entlang den Richtlinien der dazu dienlichen Gesetze. Dabei kann man nicht übersehen, daß die Strafjustiz in der frühen und hohen Kaiserzeit, also in den ersten drei Jahrhunderten, einen eigenen Markt befriedigte, indem sie »für einen kontinuierlichen und hinreichenden Zustrom an Opfern für die Gladiato-

193 A.a.O., V 11,1; Bd. 2, S. 148–149. – Dabei darf man nicht übersehen, daß »das letzte Jahrhundert der Republik ... durch die Tendenz der Abschaffung der Todesstrafe« beherrscht wird und daß »die Gesetze ... dieselbe praktisch im Wesentlichen durchgeführt« haben. »Hauptsächlich zwei Institutionen haben dies bewirkt, die Selbstverbannung oder das Exilium und der Quästionenprozess.« THEODOR MOMMSEN: Römisches Strafrecht, 941. »Die caesarische Dictatur und der frühere Principat haben die in der Gesetzgebung im Wesentlichen beseitigte Todesstrafe nicht in dieselbe zurückgeführt ... Auch in dieser Zeiten haben die ordentlichen Gerichte wegen Majestätsverbrechen und Mord nicht auf den Tod erkannt. Aber in der Gerichtspraxis ist allerdings unter *Augustus* die Todesstrafe wiederhergestellt worden ... die Bluturteile des consularisch-senatorischen Gerichtshofs füllen die Annalen insbesondere des ersten Jahrhunderts.« (S. 942–943)

ren- und die Tierkämpfe zu sorgen« hatte[194]. Keinesfalls ging es bei den Todesurteilen nur um den Gesichtspunkt der Strafverfolgung. Stand zum Beispiel gerade ein Gladiatorenspiel an, bevorzugten die Richter die Verurteilung *ad bestias*, ansonsten entschieden sie eher zur Kreuzigung beziehungsweise zur Verbrennung. »Die Zahl der Opfer in den Gladiatorenspielen muß sich nach Tausenden bemessen haben. Kaiser *Marc Aurel* ordnete an, daß verurteilte Straftäter zu einem angemessenen Preis an die *lanistae*, die Lieferanten von Gladiatoren, geliefert werden sollten. Angeblich hatte der Fiscus an dieser Quelle in den Jahren zuvor einen jährlichen Profit von 20–30 Millionen Sesterzen gemacht. Geht man davon aus, daß ein durchschnittlicher Gladiator einige Tausend Sesterzen kostete, dann gewinnt man eine Vorstellung von der Zahl jährlicher Verurteilungen zu der hohen Kaiserzeit. Eine Zahl von mehreren Tausend Hinrichtungen muß angesichts einer Bevölkerungszahl von 50–60 Millionen im Römischen Reich als sehr hoch gelten; eine so hohe Hinrichtungsquote wird von keinem modernen Staat auch nur entfernt erreicht.«[195]

Gleichwohl setzt im 4. Jh. eine gewisse Normalisierung der Hinrichtungsformen ein. Die gängige Ansicht, die Strafen im Alten Rom seien immer grausamer und zahlreicher verhängt worden, trifft in der gezeigten Form gewiß für die frühe und hohe Kaiserzeit zu, doch gilt sie nicht ohne weiteres für die Spätantike. Setzen wir noch einmal gegenüber: »Es ist unbestritten, daß im 2. und 3. Jahrhundert die Strafen schärfer wurden. Die *Lex Julia de maiestate* sah für Majestätsdelikte (sc. im Jahre 18. v. Chr. nur, d.V.) als Strafe die Verbannung vor, nach den aus der Wende vom 3. zum 4. Jahrhundert stammenden Sentenzen des PAULUS drohte die Todesstrafe, deren Form vom sozialen Status des Straftäters abhing; die *humiliores* wurden den wilden Tieren vorgeworfen oder bei lebendigem Leibe verbrannt, die *honestiores* enthauptet.«[196] Im Vergleich damit »finden sich im *Codex Theodosianus* in der Tat einige Straftatbestände, für die hier zum ersten Mal mit der Todesstrafe (oder gar dem Feuertod) gedroht wird. Die meisten neuen Androhungen von Todesstrafen in den spätantiken Gesetzen zielen jedoch auf Sklaven: Ein Sklave, der bei einem Frauenraub behilflich war, wird bei lebendigem Leibe ver-

194 JENS-UWE KRAUSE: Staatliche Gewalt in der Spätantike: Hinrichtungen, in: Martin Zimmermann (Hg.): Extreme Formen von Gewalt in Bild und Text des Altertums, 326–327.
195 A.a.O., 327.
196 A.a.O., 323.

brannt, eine Sklavenamme, die die Entführung eines jungen Mädchens (zum Zwecke einer späteren Eheschließung) nicht verhindert hat, wird dadurch zum Tode gebracht, daß ihr flüssiges Blei in den Mund gegossen wird. Einem Sklaven, der Geschlechtsverkehr mit seiner Eigentümerin hatte, droht der Feuertod, ebenso Sklaven, die Deserteure, Banditen oder andere Personen, die vor der Staatsgewalt geflohen waren, verbargen. Die Grenze zwischen Freien und Sklaven wird in der Strafgesetzgebung wieder sehr viel schärfer gezogen, als dies davor der Fall gewesen war ... Grundsätzlich wurde für ein und dasselbe Vergehen ein Freier enthauptet, ein Sklave verbrannt.«[197]

So erzeigt die Rechtsgeschichte Roms untrüglich eine wachsende Diskrepanz der sozialen Schichten. Dennoch gehen gerade die Hinrichtungsarten, die in der frühen Kaiserzeit als Massenspektakel mit großem Aufwand durchgeführt wurden, stark zurück; das betrifft die Kreuzigungen und die Gladiatorenspiele ebenso wie die Verurteilung *ad bestias*; letztere wird allerdings noch im Jahre 315 in einem Gesetz *Konstantins* Sklaven angedroht, die sich des *plagium*, der Menschenräuberei, schuldig gemacht haben, Freigeborene hingegen sollen während der Gladiatorenspiele mit dem Schwert getötet werden; zuvor stand darauf die Strafe der Zwangsarbeit in den Bergwerken (*ad metalla*). Der »christliche« Kaiser ordnet immerhin auch an, daß die Brandmarkung der Gladiatoren und Zwangsarbeiter nur noch auf Armen und Schenkeln, nicht mehr im Gesicht zu erfolgen habe, da das Gesicht Gottes Ebenbild trage. Es ist gleichwohl der erste Erlaß, in dem sich der Einfluß des Christentums geltend macht; und dieser schreitet in der Folgezeit fort. Im Jahre 325 wird erstmals die Verurteilung *ad bestias* gänzlich untersagt und dafür die Strafe *ad metalla* verhängt; doch nicht nur aus edlen Gründen, denn sicherlich fiel diese Verschiebung im Strafrecht erheblich kostengünstiger für die Staatskasse aus, – sie brachte Einnahmen statt Ausgaben; begründet wurde sie von *Konstantin* gleichwohl mit der bemerkenswerten Aussage, es paßten blutige Schauspiele nicht in ein befriedetes Staatswesen[198], und dieser Gedanke ist schwer zu überschätzen. Denn würde er wesentlich, statt rein politisch aufgegriffen, so besäße er eben die Sprengkraft, die wir der Kritik des Strafrechts insgesamt in dieser Arbeit unterlegen: die Strafe, die ein Staat verhängt, erzeigt ihn selber als im Kriegszustand befindlich; statt der Befriedung, dient

197 A.a.O., 323–324.
198 A.a.O., 325–326.

sie der Gewalt, ja, sie macht das Staatswesen insgesamt als ein Gebilde der Gewalt erkennbar. Ein und dasselbe ist es mithin, gegen die Grausamkeit des Krieges wie gegen die Grausamkeit des Strafens anzugehen, – beides dient dem Versuch, die Staatsmacht nach außen wie nach innen zu festigen, und beides verwandelt die einzelnen Menschen in die Verfügungs- und Verwaltungsmasse ihres Monopolanspruchs auf Gesetzgebung wie auf Gesetzesdurchführung.

Trotz der Offensichtlichkeit dieser Tatsache blieb der Widerspruch und der Widerstand des Christentums an dieser Stelle indessen eher zaghaft, und er erschöpfte sich zumeist in der Klage über die Christenverfolgungen unter *Diocletian* (284–305), und zwar zwischen 303 bis 306 im Westen und bis 307 im Osten, und das nicht ohne Erfolg. Tatsächlich erließ Kaiser *Valentinian I.* (364–375) im Jahre 365 ein Edikt an den Stadtpräfekten von Rom, das die Zwangsteilnahme von Christen an Gladiatorenspielen (*ad ludum*) untersagte; auch die Spiele selber gingen zurück und waren in der zweiten Hälfte des 4. Jhs. nur in Rom noch von besonderer Bedeutung. »Die Verurteilung *ad bestias* bestand bis in das 6. Jahrhundert hinein fort, wenngleich sie eine immer seltener praktizierte Form der Exekution gewesen zu sein scheint.«[199]

Insbesondere daß die *Kreuzigung* als Exekutionsform unüblich wurde, geht gewiß auf christlichen Einfluß zurück; daß freilich *Konstantin* bereits sie per Gesetz abgeschafft hätte, ist wohl eine Legende; eher kam sie nach und nach als Gewohnheitsrecht außer Gebrauch. In der zweiten Hälfte des 4. Jhs. ist als Hinrichtungsform nur noch die Enthauptung und (für Sklaven) die Verbrennung üblich sowie, als Alternative dazu, die Zwangsarbeit in den Bergwerken. Dabei bleibt die Abschreckungswirkung bestimmter Strafmaßnahmen wie der Auspeitschungen und Hinrichtungen vorherrschend, also, daß sie öffentlich vollzogen wurden, wenngleich nicht mehr in Form der Spektakel der frühen Kaiserzeit. In den Tagen *Justinian*s (527–565) wurden Straftäter, die zur Enthauptung verurteilt waren, auf Maultieren durch die Straßen geführt, während ein Herold die Zuschauer zur Einhaltung der Gesetze ermahnte. Mit exemplarischer Strenge bestraft wurden jetzt allerdings nur noch schwere Verbrechen wie Mord, Vergewaltigung und Ehebruch, doch nicht aus christlicher Gesinnung, sondern aus praktischer Erfordernis: Da der Apparat weder der Polizei noch Justiz reibungslos funktionierte, be-

199 A.a.O., 326.

gnügte man sich mit selektiven Strafmaßnahmen gegen Einzelne, vermeintlich zur Besserung aller.

So stand auf Ehebruch die Todesstrafe, doch war nicht damit zu rechnen, daß sie in jedem angezeigten Falle auch vollzogen werden würde. Noch im Jahre 339 wurde Ehebruch mit dem *culleus*, dem Ertränken im Sack, oder mit dem Feuertod bedroht; die »reguläre« Strafe aber blieb nach wie vor die Enthauptung, und auch sie wurde nicht konsequent vollstreckt. Man begnügte sich mit der Angst vor der möglichen Strafe selbst. Das galt auch im Falle der Homosexualität. Ein kaiserlicher Erlaß aus dem Jahre 390 unter *Theodosius I.* setzte darauf die öffentliche Verbrennung als Strafe, doch gab es keine Staatsanwaltschaft, um solche Gesetze durchzusetzen, und Privatklagen wurden in diesem Umfeld nicht vor Gericht gebracht. *Justinian* (527–565) bedrohte 150 Jahre später männliche Homosexualität zwar nicht mehr mit der Todesstrafe, doch sollten die Betreffenden »ihrer Schamteile beraubt und sodann durch die Stadt geführt« werden. Jedoch gilt gerade hier: »Die Homosexualität wurde in der Spätantike zwar kriminalisiert«, doch sie wurde eben nicht systematisch geahndet[200].

Insgesamt ist dieser Unterschied zwischen Rechtslage und Strafpraxis gerade bei Kapitaldelikten für die späte Kaiserzeit kennzeichnend. Die Christen standen (damals noch!) »der Justiz mit großer Reserve gegenüber. Autoren wie BASILIUS und AUGUSTIN rechtfertigten die Übung, auch Personen, die sich schwerer Straftaten wie Mord oder Ehebruch schuldig gemacht haben, nur unter vier Augen zurechtzuweisen, auf daß nicht durch öffentliche Rüge die Gefahr bestehe, daß sie vor Gericht gebracht und ggf. zum Tode verurteilt würden.«[201] Es ist genau dies die Einstellung, um deren Rückgewinnung im Sinne der Botschaft Jesu sich die Theologie in der Gegenwart dringend bemühen müßte, – wie viele gute Gründe dafür sprechen, werden wir noch ausführlich erörtern.

Speziell AUGUSTINUS plädierte in seinen »Sermones« dafür, alle Schuld, die im verborgenen begangen worden war, auch im verborgenen zu lassen. »So«, sagt er, »mögen wir vorgehen und so ist vorzugehen, nicht nur wenn gegen uns gesündigt wird, sondern wenn von jemandem eine Sünde begangen wird, so daß sie von einem anderen nicht erkannt wird: Im geheimen müssen wir vor Gericht ziehen, im

200 A.a.O., 332.
201 A.a.O., 335.

geheimen anklagen; ohne öffentlich anklagen zu wollen, laßt uns den Betreffenden melden. Wir wollen vor Gericht ziehen und auf den rechten Weg bringen: was, wenn ein Feind hören möchte, was er bestrafen kann? Da kennt etwa, ich weiß nicht wen, einen Mörder der Bischof, und niemand anderer kennt ihn. Ich möchte (sc. schon, d.V.) vor Gericht ziehen, du aber suchst zu brandmarken. Mit einem Wort, weder melde ich, noch lasse ich ungestraft: Ich ziehe vor Gericht im geheimen; ich stelle das Gerichtsverfahren vor Gottes Augen; ich erschrecke vor blutrünstiger Mitwisserschaft; ich setze auf das Reuegefühl. Mit solcher Liebe vorgehend müssen wir sein. Wenn von daher irgendwann die Leute uns tadeln, daß wir ja gewissermaßen nicht vor Gericht zögen, so wähnen sie entweder, wir wüßten, was wir nicht wissen, oder sie wähnen, wir verschwiegen, was wir wissen. Aber ja, was du weißt, weiß auch ich, aber nicht vor dir ziehe ich vor Gericht; denn ich will heilen, nicht anklagen (*quia curare volo, non accusare*). – Da gibt es Ehebrecher in ihren eigenen Wohngemeinschaften, – im geheimen sündigen sie; mal werden sie uns gemeldet von ihren Ehefrauen zumeist aus Eifersucht, mal (aber auch) auf der Suche nach der Heilung ihrer Ehemänner: wir melden ihn nicht öffentlich, sondern klagen im geheimen an. Wo ein Böses sich ereignet, dort möge es zugrunde gehen. Nicht freilich übergehen wir die erlittene Verletzung; vor allem, indem wir jemandem, der in einer solchen Sünde befangen ist und eine schon halb verurteilte Mitwisserschaft erzeugt, zu der Einsicht verhelfen, daß jene Verletzung todbringend ist, etwas, das manchmal, die es begehen, ich weiß nicht in welcher Verkehrtheit, nicht beachten; ich weiß auch nicht, woher sie sich die nichtigen und lügnerischen Zeugnisse beschaffen, die da sagen: Um Fleischessünden kümmert Gott sich nicht. Wo steht's, was wir heute gehört haben: *Unzüchtige und Ehebrecher richtet Gott*? Also hab' acht, wer auch immer du an einer solchen Krankheit leidest. Was Gott sagt, höre, nicht, was dir dein sündengesonnener Sinn sagt oder dein mit derselben Kette des Unrechts zugleich mit dir gefesselter Freund oder besser: dein und sein eigener Feind. Höre also, was der Apostel sagt: *Ehrenvoll*, so sein Wort, *ist die Heirat in allem, und das Ehebett unbefleckt. Unzüchtige aber und Ehebrecher richtet Gott* (Hebr 13,4).«[202]

AUGUSTINUS stellt zu Recht einander gegenüber den Willen zu hei-

202 AUGUSTINUS: Sermo LXXXII, Caput VIII., 11, in: Opera omnia, Tomus V, Pars 1, in: J. P. Migne (Hg.): Patrologiae Latinae, Tomus XXXVIII, p. 511, Übers. v. V.

len und den Willen zu strafen, und es steht ihm außer Frage, was für christlich gelten muß: nicht auf Rache und Vergeltung geht die Gesinnung Jesu, sondern auf Hilfe und Heilung. Jedes Vergehen bedeutet eine Verletzung im Leben anderer, doch was AUGUSTINUS hier nicht ausführt, mit dem Wort »heilen« aber andeutet, verlangt eine gänzlich andere Auffassung vom »Bösen« im Menschen, als sie aller Strafjustiz sonst zum Grunde liegt: dem vermeintlich »Bösen« ist nicht mit moralischen und juridischen Mitteln beizukommen, es ist eine Erkrankung der Seele und des Geistes an der Lieblosigkeit der »Welt«, die es durch Güte zu heilen gilt. Dabei ist die Öffentlichkeit mit ihrer Strafwütigkeit tunlichst draußen zu halten. – Eine individuelle Durcharbeitung der Schuld, verborgen vor den Menschen, doch offen vor den Augen Gottes, ist dem Modell nach dem am meisten ähnlich, was wir heutigentags als Psychotherapie begreifen. *Heilen statt strafen* – diese Richtungsentscheidung, die über alles Weitere befindet, spricht sich in aller Klarheit an dieser Stelle aus.

Leider freilich gelang es der Kirche in der nachkonstantinischen Zeit nicht mehr, sich geschlossen und eindeutig gegen die staatliche Strafjustiz, insbesondere gegen die Todesstrafe, auszusprechen. Zur Diskussion stand etwa die Frage, ob man einen Amtsträger, der die Todesstrafe verhängt hatte, zur Kommunion zulassen dürfe; doch in der Mehrheit akzeptierte die Bevölkerung die Todesstrafe; trotzdem wirkte die kritische Distanz der frühen Kirche sich zunehmend aus. Denn »wenn auch weder von der christlichen Kirche noch von der Bevölkerung die Abschaffung der Todesstrafe gefordert wurde, so sorgten doch die Kirche und ein christlich sensibilisiertes Volk dafür, daß ein unkontrollierter Einsatz der Todesstrafe weniger als zuvor möglich war«.[203] Selbst in der Spätantike hatten die Statthalter mit ihren beinahe altorientalischen Machtverhältnissen der Stimmung im Volke Rechnung zu tragen, und an dieser Stelle führte die Ausbreitung des Christentums dahin, daß nicht wenige Amtsträger die Todesstrafe zögerlicher, wenn überhaupt noch vollstrecken ließen; auch von dem Verfahren der Amnestie Verurteilter, das in der kaiserlichen Strafjustiz eine zentrale Bedeutung besaß, wurde jetzt öfter Gebrauch gemacht, desgleichen von der Niederschlagung noch laufender Verfahren (*abolitio*).

Das ändert allerdings nicht die bittere, doch im Rückblick not-

203 JENS-UWE KRAUSE: Staatliche Gewalt in der Spätantike: Hinrichtungen, in: Martin Zimmermann (Hg.): Extreme Formen von Gewalt in Bild und Text des Altertums, 339.

wendige Feststellung, daß es der Christenheit damals nicht gelang, gegen das Gewaltmonopol des Staates im Kriegführen wie beim Strafen die Botschaft Jesu von der gewaltfreien Versöhnung der Menschen mit sich selbst und untereinander in die Wirklichkeit zu übersetzen; man arrangierte sich mit der herrschenden Macht, man akzeptierte die Schizophrenie, als ein römischer Bürger in Staatsdiensten zu fungieren und zu funktionieren, und gleichzeitig dem »*políteuma* in den Himmeln« (Phil 3,20), der Lebensgemeinschaft, dem Staatswesen Christi, anzugehören. Und dieser Zustand währt unverändert bis heute. Man kann dem Sog der inzwischen zur Selbstverständlichkeit geronnenen Gewohnheit der Rechtsüberlieferungen des Alten Roms im »christlichen« Abendland offenbar nur entkommen, wenn man Worte wieder vernimmt, wie sie der theologisch nicht brillanteste, doch in diesem Punkte unbestechliche LAKTANZ (etwa 250 – 320/325) beim Anblick der Schauspiele im römischen Strafvollzug voller Abscheu und Empörung gefunden hat, indem er schrieb: »Was ist so schauerlich, was so entsetzlich als die Hinschlachtung eines Menschen? Darum steht unser Leben unter dem Schutz der strengsten Gesetze (sc. des 5. Gebotes: Du sollst nicht töten, d.V.), darum sind die Kriege verabscheuenswert. Und doch hat die Gewohnheit Wege gefunden, um Mordtaten ohne Krieg und ohne die Furcht vor den Gesetzen zu verüben; und was sonst das Verbrechen getan hat, das nimmt jetzt als Recht das Vergnügen in Anspruch. Wer beim Morde zugegen ist, der bekundet sein Einverständnis mit dem Verbrechen, und in die nämliche Untat ist der Zuschauer wie der Mörder verwickelt; und wer bei diesem Gemetzel der Gladiatorenspiele den Zuschauer spielt, der wird nicht minder mit Blut überströmt wie der Fechter selbst; und der kann die Verantwortung für das Blut nicht ablehnen, der die Vergießung gewünscht hat; der kann die Schuld am Mord nicht von sich abwälzen, der dem Mörder Beifall geklatscht und für ihn Belohnung verlangt hat.«[204]

Wir in der BRD sind nicht (mehr) die Bürger eines Staates, in dem die Todesstrafe in Form von Gladiatorenkämpfen und Tierhetzen vollzogen wird, doch was für ein Recht hat »unser« Staat überhaupt, Strafen auszusprechen und durch Rüstung und Training sich permanent kriegsbereit zu halten? In welch einer Welt der Gewalt existieren wir? Wir lesen die Zeitung. – auch wir sind »Zuschauer«. Und das ist

204 LAKTANTIUS: Auszug aus den göttlichen Unterweisungen, 58: Die Schauspiele, in: Schriften, 200–201.

klar: Wir machen im Sinne des Christus uns schuldig, wenn wir so weitermachen. In jedem Falle stehen wir eben dem Problem gegenüber, das vom 4. Jh. n. Chr. an die »christlichen« Kaiser weder zu lösen imstande noch ernsthaft willens waren, indem sie, zum Teil sogar gesteigert noch, im alten »heidnischen« Stil durchregierten. Dabei ist zu berücksichtigen, daß die Gesetze, die vom zweiten Jahrzehnt des 4. Jhs. an erlassen wurden, ganz und gar von der (absolut gesetzten) Autorität des Kaisers abhingen, – nur ihre redaktionelle Ausformulierung blieb noch dem *quaestor sacri palatii* aufgetragen, der von *Konstantin* vom Hofbeamten zum Justizminister befördert worden war. »Der Kaiser persönlich ... bestimmte den Inhalt der Gesetze in viel stärkerem Maße als im ausgereiften Prinzipat.«[205] Erneut zeigt sich hierbei der Zusammenhang von Machtfülle und Grausamkeit. Jeder der einzelnen Kaiser Roms dient dabei als Beleg.

Anfang des 4. Jhs. stellte (ähnlich wie heute) der *Menschenhandel* ein großes Problem dar; als Strafe stand darauf für die Humiliores das Urteil »*ad bestias*«, doch nicht so für die Honoratiores. *Konstantin* nun befahl, auch »den freien Menschenhändler jeden Standes ... den Massenvergnügungen dienstbar zu machen. Er soll wehrlos den Gladiatoren in der Arena ausgeliefert werden, wenn ihm auch rasch der Tod zu bereiten war. Aber auch er sollte dazu genutzt werden, das Volk sich an seiner Todesangst weiden zu lassen.«[206] – Im Jahre 319 rächte sich *Konstantin* an den *Haruspices*, den Opferwahrsagern, weil sie ihm 312 in der Auseinandersetzung mit seinem Thronrivalen *Maxentius* Unheil geweissagt hatten; jetzt verbot er ihnen, ein fremdes Privathaus zu betreten und an Geselligkeiten teilzunehmen; wer es dennoch tat, mußte mit dem Feuertod rechnen, und wer ihn eingeladen hatte, mit Vermögensentzug und Exil auf einer Insel. – 326 bekämpfte der Kaiser durch Androhung des Feuertodes die *Entführung von Mädchen*. Im gleichen Jahr setzte er auf die bis dahin straffreie *Verbindung von Frauen mit ihren eigenen Sklaven* für beide Teile die Todesstrafe; jeder, sogar ein Sklave, hatte das Recht, Anzeige zu erstatten. – Die Richtung dieser Entwicklung war auch bei den Nachfolgern klar erkennbar.

Im Jahre 356 erließ *Constantius II.* (337–361) aus persönlicher Angst ein Edikt gegen *Zauberer*, aber auch gegen Wahrsager, Stern-

205 DETLEF LIEBS: Unverhohlene Brutalität in den Gesetzen der ersten christlichen Kaiser, in: Okko Behrends u. a. (Hg): Römisches Recht in der europäischen Tradition, 89.
206 A. a. O., 93

deuter und Traumdeuter; wer dagegen handelte war zur Folter auf dem »Pferdchen« (*eculeus*) zu verurteilen. »Das Pferdchen war der übliche Folterapparat, auf den das Opfer gelegt, an dem oder unter den es gehängt wurde, um es durch Reißen zu strecken. Zusätzlich konnten Krallen und Feuer verwandt werden.«[207] Demgegenüber hatte sein Nachfolger *Julian*, der »Abtrünnige« (*Apostata*, 361–363), als Vertreter einer reichseinheitlichen Sonnenreligion derartige Sorgen nicht. Relativ maßvoll nahm sich auch der christliche Kaiser *Valentinian I.* (364–375) aus, der nur ein einziges Gesetz mit Todesstrafe für den Fall seiner Übertretung erließ, nämlich für *Selbstverstümmelung, um dem Wehrdienst zu entgehen*. Sein Sohn *Gratian* (375–383), der in Trier von dem aufgeklärten Dichter und späteren Quaestor AUSONIUS (310–393) erzogen wurde, bedrohte zur Eindämmung des Denunziantentums mit dem Feuertode Freigelassene und Sklaven, die ihre Patrone und Herren anzeigten, außer wenn es sich um Majestätsbeleidigung handelte; die Kreuzigungsstrafe ersetzte er durch den Feuertod. Drei weitere Gesetze mit Androhung der Todesstrafe unter *Gratian* waren offenbar eine Folge der verlorenen Schlacht gegen die Westgoten bei Adrianopel im Jahre 378, in der Kaiser *Valens* (364–378) ums Leben gekommen war; streng bestraft wurden jetzt Desertion und das Verstecken von Ausländern (Goten); unfreien Gutsverwaltern, die Ausländer und Deserteure versteckten, drohte der Feuertod.

In dieser Art wurde weiterregiert. *Theodosius I.* (379–395), den *Gratian* nach der Niederlage von Adrianopel als einen bewährten General zum Kaiser von Ostrom ernannt hatte, drohte 383 einem jeden Gutsverwalter, der Räuber versteckt hielt und nicht anzeigte, den Feuertod an. Seine Sittenstrenge richtete sich insbesondere gegen die *Homosexualität*, die auch als passive bereits 342 von Kaiser *Constans* (337–350) mit der Todesstrafe belegt worden war. *Theodosius* wurde zum »christlichsten« aller Kaiser der Spätantike. Noch bevor er getauft worden war, hatte er am 28. Februar des Jahres ein Edikt erlassen, das ein für alle Untertanen verbindliches Glaubensbekenntnis vorschrieb, wie es im Konzil von Konstantinopel Anfang 381 in der Lehre von Christus denn auch verbindlich definiert worden war. 390 verschärfte *Theodosius* den Druck auf die Heiden im Reich; 391 verbot er den Besuch von Tempeln und das Darbringen von Opfern; 392 untersagte er jeglichen Götterkult. Der Glaube an Christus war

207 A.a.O., 106.

nunmehr keine Lebensform mehr, welche die Gesetze des Staates noch hätte in Frage stellen können, er hatte sich vielmehr in ein Bündel von Anweisungen zum »richtigen Bekennen« verwandelt, die mit den staatlichen Anweisungen zum »richtigen Verhalten« gemeinsam das Denken und Handeln der Untertanen dieser »christlichen« Staatskirche bestimmen sollten. Daß ein solches festgelegtes Sprechen von Christus in kritischen oder gar revolutionären Kontrast zur Verfassung des Staates hätte treten können, wurde dadurch von vornherein unmöglich. Während der Staat blieb, was er war, verwandelte sich die Kirche in eine botmäßige Dienerin der Herren dieser Welt. Und ungehindert ging die Geschichte weiter ihren Gang.

Theodosius II. (408–450) zum Beispiel verschärfte aus Wirtschaftsgründen die Strafe für das Anzapfen des Nils vor Erreichen des Mindestpegels, die bis dahin in einer Verurteilung zu den Bergwerken bestanden hatte, in den Feuertod an Ort und Stelle, – bei einem Rückgang der Ernteerträge in Ägypten wäre auch die Versorgung von Konstantinopel in Mitleidenschaft gezogen worden[208]. In der Art ließe sich fortfahren.

Die Geschichte Roms in den ersten vier Jahrhunderten ist deshalb von so großer Bedeutung, weil sie in gewissem Sinne die formative Phase des abendländischen Christentums darstellt; die zeitbedingten Prägungen dieser Zeit haben das geistige und gesellschaftliche Selbstverständnis von Kirche und Politik in einer Weise bestimmt, daß eine Fülle von Wertvoraussetzungen und Handlungsgewohnheiten, die sich daraus herleiten, nur schwer noch in ihrer Fragwürdigkeit und Begrenztheit zu erkennen sind. Vor allem das Vertrauen in den Staat als eine vermeintlich von Gott gesetzte Autorität ist gerade mit der Entstehungsgeschichte der Bibel nicht zu begründen, im Gegenteil, es wird mit Blick auf das Gebaren bereits der ersten »christlichen« Kaiser in ihren Strafgesetzgebungen vollends konterkariert. Das unselige Bündnis von Machtfülle und Willkür führte in einer Reihe der aufgezeigten Fälle zu strafrechtlichen Edikten, die am einfachsten mit der persönlichen Gestimmtheit des jeweiligen Herrschers zu begründen wären, wenn sie nicht auf das engste mit den Ängsten, dem Haß und dem Sadismus der »Volksseele« in Verbindung stünden. Wenn *Konstantin* die Behandlung von Honoratiores und Humiliores im Strafrecht egalisierte, kam er damit der Schadenfreude der Menge durchaus entgegen, und die Zirkushinrichtungen schreckten nicht ab, sie

208 Vgl. a.a.O., 107–111.

bereiteten Vergnügen. Es bleibt dahingestellt, ob die Verschärfung des Eherechts etwas mit den Schuldgefühlen *Konstantin*s oder ob die Verfolgung von Homosexuellen persönlich mit der eigenen Homosexualität von Kaiser *Constans* zu tun gehabt hat, oder inwieweit die Furcht vor Zauberei und Weissagung individuell oder kollektiv motiviert war; deutlich ist in all den Gesetzen, welche die Hinrichtung bestimmter Delinquenten verordneten, daß es dabei nicht um die Person der Straffälliggewordenen zu tun war, sondern um den Erhalt der Macht und den Bestand des Staates, etwa im Fall von Mädchenentführung und Menschenhandel oder, erst recht, im Falle von Selbstverstümmelung, um den Wehrdienst zu verweigern, oder von Desertion im Feld. Erst Ende des 5. Jhs. gerät die Gesetzgebung insbesondere in Ostrom in ruhigere Bahnen, das heißt, sie wird von den juristischen Experten im Rang der Quaestoren professionell verwaltet, – die Interessen des Dominats werden zur populären Selbstverständlichkeit.

Ein gefährliches Potential zur Gewaltbereitschaft ergibt sich paradoxerweise aus der Mentalität der zur Staatskirche avancierten nachkonstantinischen Christenheit. In der Rechtsgeschichte Israels war es die Zeit des babylonischen Exils, in der die strengste Gesetzestreue und zugleich die gewalttätigste und intoleranteste Phantasie der »Landnahme« als Gotteswort in die Bibel Einzug hielt; die frühe Kirche, kaum an die Macht gelangt, verherrlichte die in der Verfolgungszeit vor allem unter *Diokletian* hingerichteten Christen als Martyrer und sah in ihren Qualen eine Form echter Kreuzesnachfolge Christi; die Unmenschlichkeit des Strafens, gegen die der Mann aus Nazareth aufgestanden war, verband sich nun mit der entsetzlichen Form seiner Hinrichtung für eben diesen seinen Protest und wandelte sich in ein Ehrenzeichen der Christusfrömmigkeit in der gleichen Leidensbereitschaft. EUSEBIUS etwa kann in seiner »Kirchengeschichte« sich kaum genug tun, die verschiedenen Hinrichtungsarten zu schildern, durch welche Christen zu Tode gequält wurden[209]. »Schauerlich schon zum Anhören«, schreibt er, »sind die

209 EUSEBIUS: Kirchengeschichte, VIII 6, S. 379, erzählt von einem Martyrer namens *Petrus*, den man weisungsgemäß nackt in die Höhe zog und mit Geißeln zerfleischte, bis seine Knochen sichtbar wurden; dann goß man Essig mit Salz in die Wunden und röstet ihn schließlich auf dem Scheiterhaufen zu Tode. Manches in den Schilderungen trägt deutlich legendäre Züge, so, wenn die »menschenfressenden Tiere ... die Körper der gottgeliebten Männer nicht zu berühren« wagen (XIII 7, S. 381), oder wenn EUSEBIUS, in Anlehnung an die mythische Gestalt des *Sinis* der *Theseus*-Sage, berichtet, wie manche der Martyrer zwischen die Zweige

Leiden der Martyrer in Pontus. Man trieb ihnen scharfes Schilfrohr von der Spitze der Nägel an durch die Finger der Hände. Andern goß man im Feuer geschmolzenes Blei, so lange die Masse noch kochte und glühte, über den Rücken und verbrannte ihnen so die notwendigsten Körperteile. Wieder andere erlitten an den Eingeweiden und den Organen, die man nicht nennen mag, erbarmungslos häßliche und unbeschreibliche Qualen, die die edlen und gesetzestreuen Richter in regem Wetteifer ersannen, ihre Grausamkeit als eine Art hervorragender Weisheit darin zur Schau stellend. Wie wenn es um Kampfpreise ginge, suchten sie sich gegenseitig in Erfindung stets neuer Foltern zu überbieten«, bis daß sie »durch das Übermaß an Bosheit stumpf und des Mordens müde« wurden[210].

Diese pflichterfüllend-fleißige und ehrgeizig-wetteifernde Fügsamkeit der Richter bei ihren Anordnungen zu qualvollen Hinrichtungen aller Art stellt ein eigenes Problem des Strafrechts zu allen Zeiten dar, und man ahnt schon hier, was passieren wird, wenn es Richter gibt, die als Christen gegen Heiden nach neuer Gesetzeslage »Recht« sprechen. Es scheint, daß »der Bruch mit der alten Religion die ersten christlichen Kaiser erst einmal enthemmt« und »alter Rücksichten enthoben« hat. »Das zeigen ... die besonders steilen Beamtenkarrieren aus dem puren Nichts damals. Die Vertreter der neuen Religion, die Bischöfe, waren offenbar nicht sofort Manns genug, neue Hemmungen aufzubauen.« »*Konstantin*s Bruch mit den alten Göttern, was Emanzipation von der überkommenen Sozialmoral einschloß, hat den Dominat erst zur vollen Entfaltung gebracht, wenngleich

zueinander gebogener Bäume gespannt und beim Auseinanderschnellen der Äste zerrissen wurden (VIII 7, S. 381–382).

210 A.a.O., VIII 12, S. 391. – WOLFGANG SOFSKY: Traktat über die Gewalt, 121, stellt zu diesen Greueln fest: »Die öffentliche Hinrichtung ... ist das sichtbarste Ingenium jeder Herrschaft. Was die Folter im geheimen, leistet die Exekution vor aller Augen: die Begründung und Erhaltung politischer und sozialer Ordnung ... In der Exekution verbindet sich das Regime der Willkür mit dem Regiment der Ordnung. Kaum eine Gesellschaft, kaum eine Rechtsordnung hat, historisch gesehen, auf die Todesstrafe verzichtet. Hinter dem Gesetz steht der Wegweiser zur Schädelstätte. Neben dem Codex liegt das Schwert. Bis heute ist die Abschaffung der Todesstrafe, so es denn überhaupt dazu kommt, meist nur eine befristete Episode, kein Anzeichen für einen Fortschritt der Zivilisation.« Eben deshalb bedeutet die Infragestellung der Todesstrafe konsequenterweise die Infragestellung des Strafrechts insgesamt. S. 135: »Der Henker ist eine tragende Säule der Gesellschaftsordnung, er verkörpert das Monopol der Gewalt und untersteht selbst dem Befehl.« S. 133: »... die Exekution ... ist die Probe auf die Legitimation der Herrschaft. Überdeutlich demonstriert sie die Macht der Schutzherren über das Volk. In der Hinrichtung schlägt das Gewaltmonopol auf die Untertanen zurück.«

ebenso wichtig ist, daß dieser selbstherrliche Bruch ohne die starke staatsrechtliche Stellung des Kaisers kaum möglich gewesen wäre.«[211] Als besonders die Karolinger damit begannen, politisch wie religiös den Weg der römischen Spätantike mit ihrem »christlich« gewordenen Staatskirchentum zu erneuern und weiterzuführen, war damit zugleich auch die Richtung gewiesen, in welcher das Gewaltmonopol des Staates im Strafrecht nach innen und im Kriegsrecht nach außen sich fortentwickeln sollte.

211 DETLEF LIEBS: Unverhohlene Brutalität in den Gesetzen der ersten christlichen Kaiser, in: Okko Behrends u.a. (Hg.): Römisches Recht in der europäischen Tradition, 115–116. – THEODOR MOMMSEN: Römisches Strafrecht, 943, resümiert: »Wenn das Capitalverfahren gegen den römischen Bürger für die ersten zwei Jahrhunderte der Kaiserzeit mehr oder minder exceptionell ist, so ist nach *Pius* (sc. *Antoninus Pius*, 138–161, d.V.) und vor *Alexander* (sc. *Alexander Severus*, 222–235, d.V.), vielleicht unter *Severus* (sc. *Septimius Severus*, 193–211, d.V.) die Todesstrafe nicht bloß für schwere Verbrecher überhaupt zur ordentlichen Strafe geworden, und in dieser abschüssigen Richtung hat die Entwicklung sich seitdem bewegt. Die Todesstrafe wird immer häufiger angedroht und auf immer geringere Verschuldungen erstreckt, die Execution immer weiter verschärft, für den Einzelfall der Willkür stetig gesteigert.«

2) Strafende Gewalt in der Spätantike

Um die Geschichte der strafenden »Gerechtigkeit« im Abendland zu begreifen, muß man den Zusammenfluß dreier unterschiedlich großer Ströme sich vor Augen stellen, die zum »Abendland« sich vereinen. Alle drei haben wir (trotz gebotener Kürze) hoffentlich hinlänglich besprochen: Da ist *als erstes* die Rechtskultur Roms – ihre formalen Prozeßregeln sowie ihre Themenvorgaben für das zu Regelnde haben sich von den »Digesten« des *Justinian* bis in die Gegenwart als maßgebend durchgehalten. Nicht so sehr auf die Inhalte der Rechtsprechung selbst, doch um so mehr auf deren religiös-metaphysische Begründung wirkte *als zweites* die Vorstellungswelt des Alten Israel über die Bibel ein: was Recht und Ordnung, was Gut und Böse, was Verdienst und Verbrechen ist, bestimmt – im Gegensatz zum Alten Orient genauso wie zum Hellenismus und zur römischen Antike – allein der positive Wille Gottes, unmittelbar im Bund am Sinai für das Volk seiner Erwählung, doch tendenziell, da Gott der Eine und Einzige ist, für alle Völker der Menschheit in dem urzeitlichen Bund Gottes mit *Noah* am Ende der Sintflut (Gen 8,21–22). Doch wie plausibel kann ein solcher Ausspruch sein?

Die theologische Begründung des Rechts widersprach und widerspricht kategorisch der Herleitung des Rechts aus der Dezision und Dekretion der herrschenden Autorität der Staatsmacht in Gestalt ihrer obersten Repräsentanten; ist Gott zu geben, was Gottes ist (Mk 12,17), so gehört und gebührt ihm die Folgsamkeit des ganzen Menschen, des Kaisers ist einzig die äußere Verwaltung innerhalb seiner staatlichen Einrichtungen; umsonst, daß das dynastische Königtum in Sumer, in Ägypten, in Rom sich göttlicher Abstammung rühmte, um die Einheit von himmlischer und irdischer Macht zu betonen, – bereits die Idee einer Herkunft der Herrscher aus göttlicher Zeugung mußte dem hebräischen Monotheismus als Inbegriff eines barbarischen Heidentums erscheinen.

Vermitteln ließ sich beides nur, wenn man, wie PHILO von Alexandrien (um 15 v. Chr. – um 50 n. Chr.), die »Offenbarung« Gottes wesentlich in der menschlichen Vernunft (statt in äußeren Wundertaten) ansiedelte und sich damit *als drittes* die Erlaubnis schuf, die Begründung von Ethik und Jurisprudenz in den metaphysischen Gedankengängen griechischer Philosophen zu suchen; Rom, Jerusalem und Athen – diese drei großen geistigen Ströme bilden die Flüsse, aus denen die abendländische Jurisprudenz (mit wechselnder Bevorzugung freilich der jeweiligen Einflüsse) bis heute schöpft.

Wie aber nun das Christentum, wieso ein »christliches« Abendland? – Gegründet auf die Botschaft Jesu, ist das Christentum wesentlich ein Judentum für die Völker, indem es den Ein-Gott-Glauben Israels universell den Menschen aller Zeiten und Orte als Befreiung von der Angstbindung an die Mächte dieser Welt zu bringen versucht. Dazu vonnöten ist kein Staat; im Gegenteil, das letzte Buch des Neuen Testaments, die Geheime Offenbarung, geschrieben wohl in der Regierungszeit *Domitian*s (81–96), hoffte geradezu auf die Vernichtung des Drachens mit den sieben Köpfen (Apk 12,3–4; 13,1–18) beziehungsweise der großen Hure Babylon (Apk 17–18), mithin auf das Ende des Imperiums der Gewalt mit seinem Sitz auf den sieben Hügeln Roms[212]; nicht die Machtausdehnung eines einzelnen Staates über die Ökumene der Völker galt da als Ziel und als Erfüllung menschlicher Geschichte, sondern dessen Überwindung durch die Ankunft der herannahenden Gottesherrschaft. Diese Erwartung stand im Mittelpunkt der Verkündigung Jesu, und sie ermöglichte ihm eine Lebensweise, die dem Bild der absoluten Güte Gottes in Evidenz und Konsequenz entsprach; kein revolutionärer Machtumsturz mit militärischer Gewalt, sondern der Einsturz der beanspruchten Staatslegitimation im Inneren der Menschen ergab sich aus der vollkommen konträren Daseinsauffassung und Lebensausrichtung, mit der im Auftrag Gottes Jesus die Menschheit zu erlösen trachtete. Dagegen indessen mußte und muß sich damals wie heute alles richten, was im Gefälle von Angst und Gewalt sich als Staat bezeichnet und je bezeichnen wird. Der Fokus dieses Widerstandes Jesu und des Widerspruchs staatlicher Strafjustiz verdichtete sich aufs tödliche im Kreuz, dem Zeichen äußerster Gewalt im Namen von Gesetz und Ordnung, im Gegensatz zu jenem Reich des Friedens, wie es die Welt nicht geben kann (Joh 14,27).

Kreuzigung und Krieg – das sind die beiden Brennpunkte jener Gewaltellipse, die einen jeden Staat im Schwerkraftfeld der Angst umschreibt; in den historischen Gegebenheiten Roms kulminierte das Grundproblem staatlicher Strafgewalt unübersehbar deutlich in der Inanspruchnahme, Menschen zum Tode zu verurteilen: als ge-

212 E. DREWERMANN: Tiefenpsychologie und Exegese, II 546–552: Von der Grenze einer historischen und von der Notwendigkeit einer psychologischen Deutung der Geheimen Offenbarung.

fährliche Feinde im Inneren, die man als »Verbrecher« bezeichnete, und als Feinde im Äußeren, die man als »Angreifer« behandelte.

Zu einer Schlüsselfrage entwickelte sich unter diesen Umständen der Prozeß, in dem die Jesus-Bewegung der Urkirche sich (in Ablösung vom Judentum) zum Christentum im Rahmen Roms herausbilden konnte, und die entscheidende Antwort darauf ergab sich aus der Einstellung zum römischen Strafrecht. Um es vorweg zu sagen: man wird spätestens vom 4. Jh. an dieses Strafrecht zunächst akzeptieren, dann theologisch ideologisieren und schließlich mit eigenen Händen exekutieren.

a) Das Christentum und das Kreuz oder: Das Kreuz mit dem Christentum – AUGUSTINUS *und die konstantinsche Wende*

Voraussetzen können wir an dieser Stelle die opfertheologische Interpretation des Karfreitags bereits auf dem Boden des Neuen Testamentes, bei der die Hinrichtung Jesu in Fortsetzung der priesterlichen Opfergedanken und Praktiken als eine stellvertretende Sühneleistung für die Schuld der Menschen verstanden wurde; mit dieser Konstruktion wurde es der frühen Kirche möglich, die Katastrophe der Kreuzigung Jesu als gehorsame Erfüllung des göttlichen Willens zu begreifen und das Ostergeschehen als endgültigen Sieg über Sünde und Tod zu verkünden; diese Auffassung hat sich tief in das christliche Glaubensbekenntnis eingeschrieben, doch hinterläßt sie, solange sie sich erhält, gerade die Zwiespältigkeit des Gottesbildes zwischen Strafe und Vergebung beziehungsweise zwischen Gerechtigkeit und Gnade, die Jesus zentral durch sein Vertrauen in die unbedingte Güte Gottes zu überwinden kam; eine solche Theologie verfälscht letztlich die befreiende Menschlichkeit der Botschaft Jesu in eine masochistische Leidensbereitschaft und Selbstunterdrückung. Die Ambivalenz des Göttlichen im Opfergedanken bleibt damit erhalten und verinnerlicht sich psychologisch im Umgang der solcherweise Gläubigen mit sich selbst und mit einander[213].

Vor allem: wenn es für Gott notwendig ist, das Kreuz als Instrument gerechten Strafens zu gebrauchen, wie sollte man es dann den Herrschenden verwehren können? Sie sind nicht Gott, gewiß, – eine

213 Vgl. E. DREWERMANN: Das Markus-Evangelium, I 45–80: Der Tod des Gottessohnes als Kaufpreis des Menschenlebens.

absolute Entscheidungsgewalt über Leben und Tod käme ihnen nur dann zu, wenn sie ihre Herrschaft als »Söhne Gottes« oder als Repräsentanten Gottes legitimieren könnten; eine solche Idee aber ist weder jüdisch noch christlich, sie kommt eigentlich nicht in Frage; und doch: wenn das Gesetz des *Moses* an vielen Stellen die Todesstrafe gebietet, wie will man dann den Herrschern verbieten, sie als einen Akt göttlicher Gerechtigkeit über schuldig Gewordene zu verhängen? Das Christentum müßte in diesem Punkte das Strafrecht des Alten Testamentes mit Berufung auf den Mann aus Nazareth komplett außer Kraft setzen und insgleichen den Opfergedanken als für unvereinbar mit Gott erklären; religiös wie rechtlich kann man das Strafen christlich nur als ein Unrecht vor Gott und den Menschen betrachten; die Strafgewalt des Staates fällt notwendig dahin, sobald Jesu Sicht sich innerlich durchzusetzen beginnt, und am klarsten sichtbar werden kann diese Tatsache an den beiden genannten Extrempunkten staatlicher Gewalt: an der Frage des Kriegs und an der Frage der Todesstrafe.

Tatsächlich gab es vor allem in Nordafrika im 3. Jh. Theologen, die jede Beteiligung von Christen am Militärdienst strikt ablehnten. »Gibt es einen Krieg«, fragt etwa TERTULLIAN um 198 n. Chr., »für welchen wir ... nicht bereit wären, wir, die wir uns so gern töten lassen, wenn es nicht bei unserer Lehre eher erlaubt wäre, sich töten zu lassen als selbst zu töten?«[214] Im Jahre 211 wendet er gegen den Kriegsdienst mit Bezug auf Mt 26,52 rhetorisch fragend ein: »Wird es erlaubt sein, mit dem Schwerte zu hantieren, da der Herr den Ausspruch tut, ›wer sich des Schwertes bedient, werde durch das Schwert umkommen‹?«[215] Vor allem CYPRIAN sieht um 245 n. Chr. die gesamte Welt, wie von einem Berge herabblickend, als ein gewalttätiges Tollhaus unter sich liegen, denn was sich ihm darbietet, ist ein ungeheuerliches Schauspiel: »Sieh nur«, fordert er den Leser auf, »wie die Straßen von Wegelagerern versperrt, wie die Meere von Seeräubern besetzt und wie Kriege mit dem blutigen Greuel des Lagerlebens über alle Länder verbreitet sind! Es trieft die ganze Erde von gegenseitigem Blutvergießen: und begeht der einzelne einen Mord, so ist es ein Verbrechen; Tapferkeit aber nennt man es, wenn das Morden im Namen des Staates geschieht. Nicht Unschuld ist der Grund, der dem Frevel Straflosigkeit sichert, sondern die Größe der Grausamkeit.«[216] –

214 TERTULLIAN: Apologetikum, 37, in: Schriften, Bd. II 133.
215 TERTULLIAN: Vom Kranze des Soldaten, 11, in: Schriften, Bd. II 252–253.
216 CYPRIAN: An Donatus, 6, in: Traktate, Bd. I 45.

Entschiedener kann man nicht sagen, daß die Friedensbotschaft Jesu vom Reich der Himmel mit keinem Staat auf Erden vereinbar ist, der bereitsteht, Kriege zu führen und Menschen zu töten; ein solcher Staat setzt qualitativ nur fort, ja, er steigert noch quantitativ, was an Gewalt ohnehin existiert.

Natürlich setzten die Christen sich mit einer solchen Haltung im 3. Jh. dem Vorwurf der Wehrdienstverweigerung aus, und man hielt ihnen vor, parasitär eine Sicherheit zu genießen, die andere auf den Schlachtfeldern ohne sie erkämpfen müßten. Darauf entgegnete charakteristischerweise ORIGENES um 248 n.Chr., der Beistand der Frömmigkeit sei nützlicher als alle Kriege; zudem seien auch die heidnischen Priester vom Kriegsdienst befreit, damit sie nicht an Menschenblut sich unrein machten für ihren Dienst gegenüber den Göttern; die Christen kämpften nicht im Krieg, sondern sie bekämpften die Dämonen, welche die Kriege verursachten[217]. – Versteht man den Kampf gegen die »Dämonen«, gegen den Wahnsinn des Krieges, als eine psychotherapeutische Aufgabe zur Überwindung von Angst und Aggression im Herzen der Menschen, so entspricht die Einstellung dieses sanftmütigen Theologen, der die Existenz der Hölle leugnete kraft der allversöhnenden Liebe Gottes, aufs genaueste dem Geist der Bergpredigt Jesu.

Doch dabei sollte es nicht bleiben. Die Zukunft gehörte dem resignativen »Realismus« des AUGUSTINUS, in dessen Tagen das Christentum, ganz anders als in der Geheimen Offenbarung vorhergesehen, zur Staatsreligion Roms geworden war, so daß in der dritten Generation nach *Konstantin*s Machtergreifung alle: »Kaiser, Richter, Soldaten und Untertanen« inzwischen »Christen« waren; »aber die Welt hatte sich nicht geändert; die Justiz blieb, was sie zu *Diokletian*s (284 – 305) Zeiten gewesen war; ein christliches Strafrecht gab es nicht, man trieb weiter, was man übernommen hatte«.[218]

217 ORIGENES: Gegen Celsus, VIII 73, in: Ausgew. Schriften, III 392. – Vgl. E. DREWERMANN: Der Krieg und das Christentum, 178, Anm. 2.

218 HUBERT CANCIK: Christentum und Todesstrafe, in: Heinrich von Stietencron (Hg.): Angst und Gewalt, 227. – THEODOR MOMMSEN: Römisches Strafrecht, 291, bemerkt allerdings: »Nachdem der christliche Glaube unter *Constantin I.* zu staatlicher Anerkennung gelangt und unter *Gratian* (sc. 375–383, d.V.) und *Theodosius I.* (sc. 379–395, d.V.) zur Staatskirche erklärt worden war, ist die Kirchenzucht sofort ein wesentliches Element der anerkannten Ordnungen geworden. Aber die Vereinigung weltlicher und geistiger Machtvollkommenheit, wie sie der Vorläufer der christlichen Priestergewalt, das jüdische Synedrion besessen und geübt hatte, verträgt sich nicht mit der römischen Staatsordnung und ist von den Vorstehern der christlichen Gemeinschaft im römischen Reich nicht in Anspruch

AUGUSTINUS sah die Wirklichkeit römischer Staatsgewalt vollkommen realistisch, doch gerade darum sah er sich genötigt, sie sich zurechtzubiegen. »Was sind überhaupt Reiche«, konnte er auf der einen Seite schreiben, »wenn die Gerechtigkeit fehlt, anderes als große Räuberbanden? Sind doch auch Räuberbanden nichts anderes als kleine Reiche. Sie sind eine Schar von Menschen, werden geleitet durch das Regiment eines Anführers, zusammengehalten durch Gesellschaftsvertrag und teilen ihre Beute nach Maßgabe ihrer Übereinkunft. Wenn eine solche schlimme Gesellschaft durch den Beitritt verworfener Menschen so ins große wächst, daß sie Gebiete besetzt, Niederlassungen gründet, Staaten erobert und Völker unterwirft, so kann sie mit Fug und Recht den Namen ›Reich‹ annehmen, den ihr nunmehr die Öffentlichkeit beilegt, nicht als wäre die Habgier erloschen, sondern weil Straflosigkeit dafür eingetreten ist. Hübsch und wahr ist der Ausspruch, den ein ertappter Seeräuber *Alexander dem Großen* gegenüber getan hat. Auf die Frage des Königs, was ihm denn einfalle, daß er das Meer unsicher mache, erwiderte er mit freimütigem Trotz: ›Und was fällt dir ein, daß du den Erdkreis unsicher machst? Aber freilich, weil ich es mit einem armseligen Fahrzeug tue, nennt man mich einen Räuber, und dich nennt man Gebieter, weil du es mit einer großen Flotte tust.‹«[219]

Wenn Worte einen Sinn machen, stimmt AUGUSTINUS an dieser

genommen worden. Es gibt keine priesterliche Jurisdiction; was für die Strafgewalt erforderlich ist, Strafgesetze, Strafbehörden, Strafprozesse mangeln der Kirche. Aber sie entwickelt dafür Surrogate und eventuell Substitute, und sie entwickelt sie unter Anerkennung der kaiserlichen Obergewalt.« S. 294: »Im Allgemeinen stehen in der Gesetzgebung der Spätzeit der bürgerliche Strafprozeß und das geistliche Verfahren unabhängig nebeneinander; das bürgerliche Gericht entscheidet nicht über religiöse Vergehen und das geistliche greift nicht in die bürgerliche Strafrechtspflege ein.«

219 AUGUSTINUS: Gottesstaat, IV 4, in: Ausgewählte Schriften, I 191–192; die Szene mit *Alexander* findet sich in CICERO: De re publica – Vom Staat, III 14, S. 193. – FRANZ WIEACKER: Privatrechtsgeschichte der Neuzeit, 261, verweist auf den »tiefen Rechts- und Staatspessimismus« der frühen Kirche. AUGUSTINUS habe der »*civitas Dei* (in der die stoische Vision einer *urbs beata* sich erfüllt hat) ... das im Ursprung höllische Gegenreich der *civitas terrena*« entgegengesetzt, »das erst durchdrungen von der *civitas Dei* seine widergöttliche Natur verliert ... Mit dieser Vision war der menschlichen Gerechtigkeit wieder eine beschränkte metaphysische Legitimation als Notanstalt Gottes in der Zeitlichkeit zurückgegeben. – Diese Deutung hat, zusammen mit der antiken Naturrechtstradition..., die theologischen, moralischen und rechtlichen Vorstellungen des ... Klerus dauernd beherrscht. Aber erst mit der Entstehung eines philosophischen Systems in der Hochscholastik wurde das Naturrecht zu einer eigentlichen Rechtsmetaphysik. Wenn THOMAS VON AQUINO mit der *analogia entis* auf die aristotelische Ideenlehre zu-

Stelle dem schon zitierten *Karneades* zu, daß Rom, wenn es sich wirklich auf das Recht berufen wollte, als allererstes die von ihm besetzten Länder und unterworfenen Staaten zurückgeben und in die Freiheit entlassen müßte. Wie denn sollte ausgerechnet das römische Imperium sich von dem Reich des *Alexander* unterscheiden, etwa gar durch »Gerechtigkeit«? Gibt es denn überhaupt in der menschlichen Geschichte einen Staat, der *nicht* durch Raub und Gewalt seine Grenzen befestigt hätte? Ist denn nicht alles, was an Staaten existiert, biblisch zu sehen in der Nachfolge *Kain*s, der als ein Brudermörder zum ersten Städtegründer wurde (Gen 4,16)?[220] Auch AUGUSTINUS weigert sich, »die machtvolle Ausdehnung und die lange Dauer der römischen Herrschaft jenen Göttern zuzuschreiben ..., denen sie durch Gewährung selbst schandbarer Spiele und durch schandbarer Menschen Dienstleistungen eine würdige Verehrung erwiesen zu haben behaupten«. Ja, er fragt sehr zu Recht, »ob es vernünftig und klug sei, sich der Ausdehnung und des Umfangs einer Herrschaft zu rühmen, da man doch nicht erweisen kann, daß Menschen glücklich seien, die beständig mitten in Kriegsunruhen, watend im Blute, sei es Bürger- oder Feindesblut, doch eben in Menschenblut, umdüstert von Furcht und entfesselter Blutgier dahinleben«.[221] Wer erst einmal seinen Besitz auf Raub und Mord gründet, muß ständig in Angst und Sorge um seine Sicherheit leben und dafür »sein Vermögen ins Ungemessene« verschwenden[222]. Kürzer und knapper läßt Roms Geschichte (und die aller staatlichen Gebilde) sich nicht portraitieren. Doch es gibt dazu eine Kehrseite.

Derselbe AUGUSTINUS ersinnt einen »Ausweg« zur Rechtfertigung Roms: dessen imperiale Ausdehnung bestünde zu Recht, wenn sie durch das Unrecht all der Völker unvermeidbar gewesen wäre, die man zur Wahrung des Rechts hätte niederwerfen müssen. Und genau das behauptet jetzt AUGUSTINUS: »Das Reich (sc. Roms, d.V.) ist nur gewachsen«, erklärt er allen Ernstes, »durch die Ungerechtigkeit derer, mit denen gerechte Kriege geführt worden sind; es wäre doch eben klein, wenn ruhige und gerechte Nachbarn durch keine Unbill zum Krieg herausgefordert hätten.« Freilich, betont er noch, das sei kein Grund zu Stolz und Freude, denn es »dünkt der Krieg und die

rückgriff ..., bestimmte er das Sein vom Wert her und entschied sich für den Vorrang der Vernunft vor dem Schöpferwillen.«

220 Vgl. E. DREWERMANN: Strukturen des Bösen, I 143.

221 AUGUSTINUS: Gottesstaat, IV 3, in: Ausgewählte Schriften, I 190.

222 A.a.O.

Erweiterung der Herrschaft durch Bezwingung von Völkern wohl den Bösen ein Glück, den Gutgesinnten dagegen eine Notwendigkeit. Nur weil es noch schlimmer wäre, wenn Ungerechte über die Gerechteren die Herrschaft erlangten, kann man selbst diese Notwendigkeit noch Glück heißen.«[223] Wie ist diese Widersprüchlichkeit zu verstehen?

Man muß es AUGUSTINUS glauben, daß er an den endlosen Kriegen der menschlichen Geschichte zutiefst leidet, daß er sie nicht will und daß er durchaus sieht, daß der »Bundesgenossenschaftsvertrag«, mit dem Rom die besiegten Völker zusammengeschweißt hat, mit »unzähligen Menschenopfern ... erkauft« wurde; ja, »gerade die Ausdehnung des Reiches (hat) Kriege noch schlimmerer Art erzeugt, Bundesgenossenschaftskriege und Bürgerkriege, die das Menschengeschlecht noch jämmerlicher fiebern machen«.[224] Das klingt nach einer Generalkritik all der Macht- und Militärbündnisse, die sich nur durch wachsende Gewalt erhalten können, Rom miteingeschlossen; ein wirklich Weiser, das steht dem Kirchenvater fest, will niemals einen Krieg führen. Aber, auch das ist AUGUSTINUS, es können ihm »durch die Ungerechtigkeit der Gegenpartei« »gerechte Kriege« aufgenötigt werden. Da hilft es nichts, daß er betont, es sei »gerade diese Ungerechtigkeit ..., die man als Mensch beklagen muß, weil sie sich an Menschen findet ... Wer also diese großen, ungeheuerlichen, grausamen Übel mit dem Gefühl des Bedauerns erwägt, der gestehe ein, daß sie ein Unheil sind; wer sie dagegen ohne geistigen Schmerz erduldet oder betrachtet, der hält sich in unseligem Wahne deshalb für glücklich, weil er es verlernt hat, menschlich zu fühlen.«[225]

Widerwillig zwar, doch »weise« stimmt AUGUSTINUS damit in die Lehre vom gerechten Kriege ein, der notwendig werde durch die Ungerechtigkeit des Gegners. Mag der Krieg auch *de facto* den Expansionsgelüsten des Imperiums zugute kommen und gekommen sein, er

223 A.a.O., IV 15, in: Ausgew. Schriften, I 207.
224 A.a.O., XIX 7, in: Ausgew. Schriften, III 217.
225 A.a.O., XIX 7, in: Ausgew. Schriften, III 218 – Die Berufung auf die »Weisheit« im Gegensatz zur »Klugheit« geht zurück auf CICERO: De re publica – Vom Staat, III 15 (24), S. 193: »Klugheit gebietet, die Macht zu vergrößern, den Reichtum zu mehren, das Gebiet zu erweitern ... Sie gebietet ferner; über möglichst viele zu herrschen, alle Freuden zu genießen, der Starke, der König, der Herr zu sein. Die Gerechtigkeit hingegen schreibt vor, alle zu schonen, für das Menschengeschlecht zu sorgen, jedem das Seine zu geben.« Zur Lehre vom »gerechten Krieg« vgl. CICERO: A.a.O., III 35 (IV A), S. 203: Ein Krieg ist »gerecht« »zur Vergeltung oder um Feinde abzuwehren«.

ist gerechtfertigt als Strafmaßnahme und als Abwehr fremden Unrechts! Als wüßte AUGUSTINUS nicht, daß »wir«, im Falle wir Kriege führen »müssen«, natürlich stets im Recht befindlich sind! Als wüßte er nicht auch, daß er damit den eigentlichen Erlösungsanspruch des Christentums gegenüber der Staatsmacht aufgibt! Und diese Preisgabe ist äußerst folgenschwer: was die Christenheit seit AUGUSTINUS gegenüber der militärischen Staats- und Strafmacht zu bewirken vermag, ist – bestenfalls! – ein Rest von menschlichem Mitgefühl bei der unmenschlichen Gefühlsroheit des Krieges, ist ein schlechtes Gewissen für die Tragödie, in einer solchen gefallenen Welt leben zu müssen, in welcher Kriege leider immer wieder unvermeidbar sind. Es kam, wie es kommen sollte: dieser Standpunkt führte schleichend oder ganz direkt zu einer Rechtfertigung des Bestehenden, statt zu dessen Überwindung; und das mit bedrückenden Konsequenzen für jeden Einzelnen.

Denn selbst bei dem Gebot: »Du sollst nicht töten«, kann es uneingeschränkt nicht bleiben. Hat nicht Gott selbst, »der Quell der Gerechtigkeit, in besonderen Fällen zu töten« befohlen?[226] Hat nicht *Abraham* geradezu »rühmenswert gehandelt ..., indem er sich entschloß, seinen Sohn zu opfern«, weil Gott es befohlen hatte? Und jetzt: »Auch der Soldat macht sich nach keinem Gesetz seines Staates eines Mordes schuldig, wenn er im Gehorsam gegen die Gewalt, der er rechtmäßig unterstellt ist, einen Menschen tötet; im Gegenteil, er macht sich, wenn er es nicht tut, der Unbotmäßigkeit und Widerspenstigkeit schuldig; würde er es ... aus eigenem Antrieb und auf eigene Faust tun, so würde er das Verbrechen der Vergießung von Menschenblut auf sich laden. Also macht er sich ebenso strafbar, wenn er es ohne Befehl tut, als wenn er es trotz des Befehls unterläßt.«[227] Mit der Akzeptanz der Lehre vom »gerechten Krieg« geht notwendig einher die Pflicht, auf Staatsbefehl zu töten, und Gott selbst, als die Quelle der Gerechtigkeit, verlangt es so! Daß man nach Jesu Vorbild mit Berufung auf Gott der Staatsgewalt, die das Töten im Kriege befiehlt, entgegenträte und sich ihr verweigerte, ist fortan denkunmöglich. Bis in die Gegenwart hinein ist diese Staatslehre AUGUSTINS theologisch wirksam geblieben. Sie macht den Christen zu einem guten Bürger und Soldaten in jedem Staat, insofern dieser den Gerechtigkeitswillen Gottes in der Welt realisiert.

226 AUGUSTINUS: Gottesstaat, I 21, in: Ausgew. Schriften, I 59–60.
227 A.a.O., I 21, in: Ausgew. Schriften, I 65–66.

Dahinter steht eine Stelle im Römerbrief des hl. *Paulus*, die mit der Autorität eines neutestamentlichen Apostels genau diesen Standpunkt einzunehmen gebietet. In Röm 13,1–4 heißt es: »Jedermann sei untertan der Obrigkeit, die Gewalt über ihn hat. Denn es ist keine Obrigkeit außer von Gott; wo aber Obrigkeit ist, die ist von Gott angeordnet. Wer sich nun der Obrigkeit widersetzt, der widerstrebt der Anordnung Gottes; die ihr aber widerstreben, ziehen sich selbst das Urteil zu. Denn vor denen, die Gewalt haben, muß man sich nicht fürchten wegen guter, sondern wegen böser Werke. Willst du dich aber nicht fürchten vor der Obrigkeit, so tue Gutes; so wirst du Lob von ihr erhalten. Denn sie ist Gottes Dienerin, dir zugut. Tust du aber Böses, so fürchte dich; denn sie trägt das Schwert nicht umsonst: Sie ist Gottes Dienerin und vollzieht das Strafgericht an dem, der Böses tut.« Kein Geringerer als KARL BARTH hat darin – nicht zu Unrecht! – ein Verdikt gegen jegliche »Revolution« erblickt[228], – eine Idee, die niemandem in der Antike außerhalb des Machtgerangels der »Eliten« kommen mochte, die aber um 1920 in Europa nach dem Zusammenbruch der Monarchien virulent war; indessen war gerade die sanfte Revolution Jesu, indem sie mit dem Todesurteil Roms über ihn als Aufrührer beendet werden sollte, betrachtet in dem Geiste Gottes, ein endgültiges »Gericht über den Fürsten dieser Welt« (Joh 16,11) und doch wohl auch über *die* Fürsten dieser Welt, über die Staatsobrigkeit im ganzen; solange sie ein absolutes Strafrecht sich nach innen wie nach außen anmaßt, ist sie nicht von Gott gesetzt, sondern der Gegensatz zu Gott. Im übrigen spricht manches dafür, daß Röm 13,1–7 gar nicht von *Paulus* stammt, sondern viel später in seinen Brief eingeschoben wurde[229]; anscheinend handelt es sich um

228 KARL BARTH: Der Römerbrief, 469: »Es besteht ein Präjudiz, nicht für die bestehende Ordnung zwar, aber gegen die Revolution. Das Präjudiz besteht darin, daß die wahre Revolution von Gott kommt und nicht von menschlichen Empörern.« – Man soll nicht Böses gegen Böses setzen, das ist wahr; doch wie soll eine Obrigkeit, die Jesus seiner Revolution im Namen Gottes wegen hinrichtet, von Gott sein?

229 ERNST BARNIKOL: Römer 13, in: Studien zum Neuen Testament und zur Patristik, 65–133, vertritt die These, »daß der geschichtliche Paulus in seinem christlichen Wirken (sc. in der Zeit zwischen, d.V.) 38–62 keine Zeile von Römer 13,1–7 geschrieben und dessen Grundanschauung nie geteilt hat.« (S.68) »Die Obrigkeitsbejahung dieser Römer-13-Perikope ist zweifellos absolut ..., zugleich idealistisch und eigentlich ›christlich religions-indifferent‹, d.h. vom christlichen Glauben unabhängig ... Dieser Text mit dieser These ist ausschließlich ›gottgläubig‹ bestimmt, aber überhaupt nicht ›christgläubig‹, und gilt nicht nur für Christen und Juden als Monotheisten, sondern für alle Menschen als Verehrer einer bzw. der Gottheit.«

eine der folgenschwersten Fälschungen der Theologiegeschichte, mit der im Abstand von rund 450 Jahren AUGUSTINUS jetzt die Staats- und Rechtsauffassung seines großen geistigen wie sprachlichen Vorbildes CICERO als eine Art christlicher Notverordnung darstellen konnte.

CICERO ging ein auf das »Argument des *Lucius Furius Philus*, eines griechisch gebildeten Freundes des *Cornelius Scipio Africanus*, der gegen die Gerechtigkeit von Kriegen geltend machte, derlei Erwägungen seien bedeutungslos: »Kein Staat ist so töricht, dass er nicht lieber in Ungerechtigkeit herrschen als in Gerechtigkeit Sklaven-

(S.69) Einwände gegen diese absolutistische Obrigkeitsauffassung liegen zahlreich auf der Hand, sie hätten in der Zeit des *Paulus* lauten können und müssen: »Ist jede Obrigkeit von Gott, auch wenn die jüdische Jesus auslieferte und die römische ihn kreuzigte, auch wenn ein *Herodes* den Zebedaiden *Jakobus* mit dem Schwert hinrichten ließ und *Nero* die Christen grausam verfolgte? – Schuf nicht die Obrigkeitsgewalt der Nachfolger des *Pilatus* statt Ordnung Unordnung und schließlich Empörung mit dem Verzweiflungskrieg (sc. im Jüdischen Krieg, d.V.) seit 66? – Macht solche Obrigkeitsgewaltausübung nicht böse, und ist sie nicht böse?« (S.72) »Wußte um diese naheliegenden Einwände und Tatbestände nicht *Paulus* als Eiferer, Patriot und Pharisäer wie als Christusverkünder und Diasporamissionar? – Wie kann man dann *Paulus* eine solche absolute und idealistische Obrigkeitsauffassung zutrauen?« (S.73) Zudem: Röm 13,1–7 sprengt den Zusammenhang und ist stilistisch sowie im Wortgebrauch unpaulinisch: *exousía* (Freiheit, Vollmacht) kommt 3 x (Röm 13,1.2) vor, ansonsten nur selten und nie in staatlichem Sinn; *orgē* heißt bei *Paulus* »Zorn«, hier aber (Röm 13,5) »Strafe«; *diatagē* – Anordnung (13,2) steht nur hier. Ferner: der »Dekretstil ist in der Beweisführung der Stil des zweiten Jahrhunderts, sozusagen der neue Stil der monarchischen Bischofsgewalt ... Nicht ist es der behutsame Stil des Missionars im ersten Jahrhundert ... Das Obrigkeits- bzw. Ordnungsthema kommt in den echten Briefen des *Paulus* überhaupt nicht vor.« (S.75) In der eschatologischen Zeit des *Paulus* galt (trotz Jesu Wort) eher die Geisteshaltung von Apk 13 und eben nicht Röm 13. Auch die »Apostolischen Väter«, also der 1. Clemensbrief, die Didache, der Barnabasbrief, der Hirte des Hermas, der 2. Clemensbrief, der Polykarpbrief an die Philipper, vor 156, und auch die sieben Briefe des Ignatius, »die als Pseudo-Ignatiana nicht um 117, sondern um 160 ... anzusetzen sind« (S.96), kennen Röm 13 nicht; das gleiche gilt für die frühchristlichen Apologeten. (Vgl. Die Apostolischen Väter, Kempten – München 1918; Frühchristliche Apologeten, 2 Bde., Kempten – München 1913.) *In summa*: »Vor 150, sogar vor 180 herrscht Schweigen über Römer 13,1–7.« (S.129) Die wirkliche Meinung des *Paulus* über den Staat lautet, daß der Christ sein Bürgertum, sein *políteuma*, im Himmel hat (Phil 3,20). Ergo: »Röm 13 stammt nicht von *Paulus*, sondern taucht eigentlich erst im katholischen Kirchentum der monarchischen Bischöfe auf und bildete bald deren kirchen- und religionspolitische Plattform für den unausbleiblich kommenden ›Konstantinismus‹ und für dessen Weitergestaltung im Staatskirchentum vor und neben dem Papalismus.« (S. 133) Mit einem Wort: Röm 13,1–7 ist eine der folgenschwersten Interpolationen (Fälschungen) in der Geschichte des Neuen Testamentes, ja, der Kirchengeschichte insgesamt.

dienste leisten wollte.«[230] Dieser Auffassung konnte mit CICERO die Idee der Weisheit nach der Überzeugung des *Sokrates* entgegengesetzt werden: »Unter den beiden ..., dem Unrechttun und Unrechtleiden, ist das größere Übel ... das Unrechttun, das kleinere das Unrechtleiden.«[231] Derselben Ansicht war auch Kaiser MARC AUREL (161–180), wenn er notierte: »Wer Unrecht tut, handelt unfromm«[232], und: »Ich tue meine Pflicht, das übrige lenkt mich nicht ab.«[233] Beide Aussagen gemeinsam führten indessen gerade diesen stoischen Philosophen auf dem Kaiserthron dahin, ein Jahrzehnt lang, zwischen 166–180 n. Chr., Krieg zu führen gegen die Markomannen und Quaden, die von anderen Germanenstämmen nach Süden gegen die Grenze des römischen Reiches gedrückt wurden. Statt der »Weisheit« der Regierenden, die, nicht anders als deren vermeintliche »Klugheit«, in immer neue, nunmehr »gerechte« Kriege treibt, hätte AUGUSTINUS bei der paulinischen »Weisheit Gottes« bleiben sollen, von welcher der Apostel sagt, daß »keiner von den Herren dieser Welt (sie) erkannt hat, denn wenn sie die erkannt hätten, so hätten sie den Herrn der Herrlichkeit nicht gekreuzigt« (1 Kor 2,7–8). So aber nötigt AUGUSTINUS sich mit der Anerkennung »gerechter Kriege« notwendig auch zu der Anerkennung der Todesstrafe.

Bezeichnenderweise beruft sich AUGUSTINUS zur Begründung der *Todesstrafe* allerdings weder auf das israelitische noch auf das römische Strafrecht, sondern erneut auf *Paulus*, der in Röm 5,12 davon spricht, daß der Tod, entsprechend Gen 3,19, wörtlich genommen[234], durch die Sünde *eines* Menschen (*Adam*) in die Welt gekommen sei; diesem Ansatz folgend, ist für AUGUSTINUS der Tod selbst eine Strafe Gottes für die Ursünde, in der alle Menschen gefangen liegen. Es steht ihm also fest, daß Gott, »der Quell der Gerechtigkeit«, den Tod befehlen kann, wie es in der Bibel denn auch wiederholt geschieht, und auch »ein gerechtes Gesetz« des Staates wird so entscheiden dürfen oder »in besonderen Fällen« entscheiden müssen[235]. Zudem verteidigt AUGUSTINUS aus Gründen der göttlichen Gerechtigkeit zugleich die Ewigkeit der Höllenstrafe im Jenseits und findet es richtig, daß ORIGENES seiner Lehre von der Allversöhnung wegen verurteilt

230 CICERO: De re publica – Vom Staat, III 18 (18), S. 197.
231 PLATON: Gorgias, 509 c, Kap. 65, in: Sämtliche Werke, I 265.
232 MARC AUREL: Wege zu sich selbst, IX 1, S. 67.
233 A. a. O., VI 22, S. 43.
234 Zur Auslegung der Stelle als eines Bildes für den Fluch eines Lebens im Felde der Gottesferne vgl. E. DREWERMANN: Strukturen des Bösen, I. 94–97.
235 AUGUSTINUS: Gottesstaat, I 21, in: Ausgew. Schriften, I 59–60.

wurde[236]; um dem Vorwurf zu begegnen, eine immerwährende Strafe sei mit der Kürze der Begehung einer Straftat nicht vereinbar, verweist er darauf, daß allemal »für ein großes Verbrechen die Todesstrafe verhängt wird«, und da gelte »in den Augen des Gesetzes« ja auch nicht »die freilich sehr kurze Zeit der Beförderung vom Leben zum Tode als die Strafe, ...(sondern) die auf immer währende Ausstoßung aus der Genossenschaft der Lebenden«. So sei auch »die Strafe des zweiten Todes«, die Verurteilung zur ewigen Verdammnis, ein unwiderruflicher Ausschluß vom ewigen Leben[237].

Dieses Konzept ist wohl überlegt; denn: »So wird ... bei AUGUSTIN die Todesstrafe Element einer umfassenden ... Lehre vom Menschen, vom Staat und von der Welt. Seine Lehre ist ›heilsgeschichtlich‹, dogmatisch und praktisch. Ihr zentraler Punkt ist das Zusammenwirken von himmlischer und irdischer Justiz.«[238] Ihr Zweck ist es, den Henker bei all seiner Grausamkeit als Werkzeug Gottes und den Richter bei seinem Urteil als Bevollmächtigten des Allerhöchsten erscheinen zu lassen. Damit wird klar, wie AUGUSTINUS die irdische Macht des Staates versteht: sie ist »legale Gewalt, ein bißchen Ordnung und vor allem Strafe. Durch Furcht vor Strafe hält er die bösen Triebe des Menschen im Zaum; aber staatliche Strafen verbessern den Menschen nicht. Ohne Staat versänke die Gesellschaft in Anarchie. Furcht vor Strafe ist nach AUGUSTIN die einzige Garantie für Sicherheit und Friede. Dieser Staat ist ein Zuchthaus, das gerade nur das Schlimmste verhindert. ... AUGUSTIN hat den autoritären Staat der Spätantike mythologisch und anthropologisch begründet: Sein Staat ist Strafe für *Adams* Ungehorsam und ein Heilmittel gegen die bösen Folgen dieses Ungehorsams: Habgier, Stolz, Herrschsucht ... Als Strafanstalt ist dieser Staat ein Übel. Aber als wohlgeordnete Gewalt ist der Staat eine Einrichtung Gottes ... Zu einer Staatsvergötzung geben diese Vorstellungen zwar wenig Anlaß. Andererseits ist offenkundig, daß christlicher Absolutismus seine Untertanen mit dieser Staatsreligion trefflich leiten kann.«[239]

Gleichwohl wäre es zu einfach, AUGUSTINS »Gottesstaat« als eine bloße Anpassungsideologie des Christentums an die politischen Verhältnisse der römischen Spätantike am Ende des 4. Jhs. zu betrach-

236 A.a.O., XXI 17, in: Ausgew. Schriften, III 393.
237 A.a.O., XXI 11, in: Ausgew. Schriften, III 384–385.
238 HUBERT CANCIK: Christentum und Todesstrafe, in: Heinrich von Stietencron (Hg.): Angst und Gewalt, 227.
239 A.a.O., 229–230.

ten. Das Problem, das sich für ihn ergibt, besteht in dem Ungenügen seiner »Erbsündenlehre«: *Adam* und *Eva* haben am Anfang der Menschheit gegen Gott gesündigt, aus Gründen, die nach AUGUSTIN gerichtlich vorwerfbar bleiben, weil sie in einem Akt des freien Willens gewählt wurden: Stolz und Ungehorsam sind die Motive des Urabfalls; wie aber kommt ein Mensch, wie kommt jeder Mensch, der ohne Gott in das reine Nichts zurückfällt, dahin, sich gegen den Grund seines Daseins aufzulehnen? So fragt nicht AUGUSTINUS. Die Frage, noch ehe er sie stellt, ist für ihn gelöst mit der Verführung durch die »Schlange«[240]. Für AUGUSTIN ist sie der Teufel; doch mit einer solchen Erklärung bleibt dieser großartige Psychologe unter den Theologen bei einer bloßen Dämonologie des Bösen stehen, statt die Prozesse, die in das sogenannte Böse führen, von innen her zu begreifen. Alles Böse, das sich aus der »Ursünde« ergibt, läßt sich mit AUGUSTINUS in einem Katalog von Lastern auflisten, die mit dem moralisch geschwächten Willen des Menschen kaum mehr beherrschbar sind. Daher müssen die Menschen mit Zwang zu Gehorsam und Tugend zurückgebracht werden, und das notwendige Mittel dazu soll der Staat und sein Strafrecht sein. Diese Äußerlichkeit in der Deutung des Bösen beziehungsweise in der mythologischen Verbrämung seiner Herkunft entspricht notwendig der Äußerlichkeit seiner gewaltsamen Eindämmung nebst der verfeierlichten Überhöhung eines Staates, der wegen der Verderbtheit seiner Untertanen wesentlich polizeilich-juridische Aufgaben: Überwachen und Strafen, zu betreuen hat; damit erhält der Staat eine göttliche Ordnungsfunktion zurück, wie sie in etwa bereits im Alten Orient bestand, als die Könige an der Seite ihres Reichsgottes gegen das Chaos der Welt ankämpften.

Im Grunde entsteht auf diese Weise ein tragisches Weltbild, das einer Erlösung harrt, die von der Kirche zwar als ein endzeitliches Ereignis offengehalten und verheißen wird, doch nicht in der Wirklichkeit realisiert werden kann. Wie der irdische Staat in seiner Brutalität und Unmenschlichkeit, die AUGUSTIN immer wieder in ergreifenden Worten beklagt, selber erlöst werden könnte, statt nur seine eigene Unerlöstheit zu verwalten, zeigt der Autor des »Gottesstaates« mit keinem Wort. Vor der Übermacht des Bösen hat AUGUSTINUS letztlich kapituliert, auf eine Änderung in dieser Zeit ist nicht zu hof-

240 Vgl. dazu E. DREWERMANN: Strukturen des Bösen, I 53–74: Im Getriebe der Angst.

fen, und die Kirche verbleibt als eine eigene Sphäre über oder neben der staatlichen Ordnung; sie überspannt den Strom der Zeit zwischen Diesseits und Jenseits, ohne den Stromverlauf selbst zu bestimmen; daß sie in Kriegs- und Strafrecht dem Staat entgegentreten könnte, steht seitdem nicht mehr zu erwarten.

Stattdessen sah AUGUSTIN sich genötigt, im Donatistenstreit die staatlichen Eingriffe *Konstantin*s im Rückblick zu rechtfertigen und selber in seinen Tagen ein gleiches anzufordern. Die Bewegung der Donatisten hatte sich im Jahre 311 gebildet, als diese sich weigerten, als Bischof von Karthago *Caecilian* anzuerkennen; denn dessen Weihbischof hatte in der Verfolgung der Christen unter *Diokletian* Exemplare der Bibel zur Beschlagnahme übergeben, – er war zum »Traditor« geworden; die Ortsbischöfe weihten deshalb, statt *Caecilian*, dessen Gegner *Donatus* zum Bischof. Das Schisma, das so entstand, ging einher mit der Auffassung, daß in einer heiligen Kirche nur würdige Priester gültige Sakramente spenden könnten; wer sich den Donatisten anschloß, mußte wiedergetauft werden. Der Widerspruch zu ihnen trieb AUGUSTIN dahin, die Gültigkeit der Sakramentenspendung ganz von der Person des Spenders zu lösen und »objektiv« an sein Amt zu binden, – eine Ansicht, welche die Spaltung von »weltlich« und »göttlich« nun auch in die Kirche selbst hineintrug und umgekehrt dazu führte, daß diese objektive Heiligkeit der (Amts)Kirche, die sich von innen her nicht genügend beglaubigen konnte, unter den Schutz des Staates gestellt werden mußte: die Verweltlichung der Kirche bedurfte zu ihrer Stütze des weltlichen Arms.

Doch auch die Stärke der Donatisten bestand nicht allein in ihrer konsequenten Personalisierung des Glaubens, sondern gleichermaßen in sozialen und politischen Impulsen: ihre natürlichen Verbündeten waren die niedrig gestellten libyschen Berg- und Wüstenbewohner, während die Anhänger *Caecilian*s in der lateinisch oder punisch sprechenden Bevölkerung der Städte und des Flachlandes zu finden waren; darin enthalten lag ein klassenkämpferischer Konflikt, in dem die Caecilianer die Partei *Konstantin*s ergriffen, während die Donatisten sich kritisch der römischen Zentralmacht gegenüberstellten. Dabei wurde der Konflikt durch *Konstantin*s Politik mitangeheizt: nach seinem Sieg über seinen Widersacher *Maxentius* im Jahre 312, die sein Biograph EUSEBIUS panegyrisch als Sieg des Christus auf dem Schlachtfeld feiert[241], machte er sich sogleich daran, die

241 EUSEBIUS: Leben Konstantins, I 38, in: Ausgew. Schriften, Bd. 1, S. 30–31;

nordafrikanische Ex-Domäne seines Gegners unter Kontrolle zu bringen, und so verfügte er, daß »jene Güter, welche der katholischen Kirche der Christen in den einzelnen Städten ... gehörten, ... alsbald zurückgegeben« würden[242], und speziell an *Caecilian* überwies er eine beträchtliche Geldsumme[243], mit der er seine Stellung gegenüber dem Vorgänger des *Donatus*, dem Bischof *Maiorin*, zu stärken suchte; in gewissem Sinne erwies er dadurch seine Dankbarkeit für die Unterstützung *Caecilian*s bei einem Aufstand, der in Nordafrika den Untergang des *Maxentius* eingeleitet hatte. Doch »die Heiligen«, als welche die Donatisten sich selber bezeichneten, betrachteten ihre Haltung nicht als ein Unrecht und unterwarfen sich nicht dem Druck der Synode von Arles im Sommer 314, sich zu fügen. *Konstantin* ließ daraufhin die Kirchen der »Aufrührer« sperren und Verfolgungen einleiten. Gottes-Recht und Kaiser-Recht verschmolzen in *Konstantin*s Machtwillen zu einer Einheit, – und AUGUSTINUS ist es, der 90 Jahre später diese Entwicklung theologisch rechtfertigt.

Als er sich in einem längeren Brief mit dem Donatisten *Parmenianus* auseinandersetzt, findet soeben, zwischen 399–401, eine großangelegte Verfolgung der heidnischen (nicht-christlichen) Religionen statt, und es kann AUGUSTIN unter diesen Umständen genügen, die Häretiker den Heiden gleichzustellen[244]. Seine Begründung: Die Donatisten waren selbst behilflich, die Tempel der römischen Götter zu

a. a. O., II 7, in: Ausgew. Schriften, Bd. 1, S. 55, erzählt er, *Konstantin* habe späterhin das Kreuz als »ein Sieg verleihendes Rettungsmittel« überallhin tragen lassen, wo eine Heeresabteilung in Bedrängnis war, da dieses »heilbringende Siegeszeichen« »Kraft und Stärke« den Kämpfenden brachte.

242 EUSEBIUS: Kirchengeschichte, X 5, in: Ausgew. Schriften, Bd. 2, 465.

243 A. a. O., X 6, in: Ausgew. Schriften, Bd. 2, 468. Vgl. HUBERT CANCIK: Christentum und Todesstrafe, in: Heinrich von Stietencron (Hg.): Angst und Gewalt, 233–236. Vgl. KARLHEINZ DESCHNER: Kriminalgeschichte des Christentums, I 218–223: Krieg gegen Maxentius, 224–225: Erste Privilegierung des christlichen Klerus.

244 AUGUSTINUS: Contra Epistolam Parmeniani, I 19,15, in: Opera omnia, IX p. 44, wendet sich dagegen, daß die Donatisten ihre von *Konstantin* verfolgten und verurteilten Mitglieder als Martyrer verehren: »Denn gleichermaßen (wie die Heiden) sind auch sie selber durch eine falsche Religion Gottlose, deren Götzenbilder umzustürzen und zu zerstören durch die neuen Gesetze geboten ist; zu unterbinden (sind) auch die Opferhandlungen – unter Todesstrafe (*sub terrore capitali*). Wenn jemand von ihnen für ein solches Vergehen verurteilt werden wird, ist er dann als ein Martyrer zu halten, weil er für seinen Aberglauben, den er für eine fromme Religion erachtet, die gesetzlichen Strafen verbüßt? Kein irgendwie gefestigter Christ wagt das zu sagen. Nicht also wird jemand, der vom Imperator (Kaiser) in irgendeiner Religionsfrage bestraft worden sein wird, zu einem Martyrer ... Nicht also auf Grund des Leidens steht die Gerechtigkeit fest, sondern auf

zerstören, und sie folgten damit der kaiserlichen Anweisung; wie können sie dann dem Kaiser widerstehen, wenn er sie selbst ihrer Irrlehren wegen unter Strafe stellt[245]? Die Donatisten sind in AUGUSTINS Augen den Heiden und Barbaren gleich, sie sind staatsgefährliche Verbrecher, und wenn man sie hinrichtet, sind sie keine Martyrer, sondern erleiden ihre gerechte Strafe.

»AUGUSTIN hat (sc. damit, d.V.) als erster die Todesstrafe von Christen für Christen theologisch (Lehre von Staat und Mensch) und heilsgeschichtlich (*Adam*-Mythos) und ›juristisch-politisch (Verfolgung der »Heiligen«, sc. der Donatisten, d.V.) begründet. Er schuf diese Begründung als Römer und als Katholik in einer Situation, die zeitweise Züge eines ›Klassenkampfes‹ trug. Er machte sich zum Vollstrecker der constantinischen Politik; er wurde auch dadurch zu einem Vorbild christlicher Staatslehre im Mittelalter und speziell mit seiner Lehre vom *terror utilis* (sc. nützlichen Schrecken, d.V.) zum ›Vater der Inquisition‹.«[246]

Grund der Gerechtigkeit ist das Leiden glorreich« (übers. v.V.). Die Hinrichtung eines Donatisten ist daher einfach eine gerechte Todesstrafe, kein Martyrium.

245 A.a.O., I 10,16, in: Opera omnia, IX p. 45: »Was möchte diesen (den Donatisten) also scheinen: daß sie glauben, das Vergehen des Götzendienstes werde von den Kaisern zu Recht bestraft, oder wenn sie das nicht wollen, warum gestehen sie dann ein, gegen die Zauberer werde zu Recht die Strenge der Gesetze geübt; gegen die Häretiker aber wollen sie nicht gottlose Abspaltungen eingestehen, da sie zu denselben Früchten des Unrechts durch apostolische Autorität (sc. 2 Tim 2,14–16, d.V.) gezählt würden« (übers. v.V.). – In einem »Brief an alle Donatisten«, Brief XXXVIII, Kap. 2, wirft AUGUSTINUS ihnen im Jahre 402 vor: »Ihr bildet euch ein, daß schon vor der Erntezeit das mit Weizen vermischte Unkraut sich entfernen werde, weil ihr unvermischtes Unkraut seid. Denn wäret ihr Weizen, so würdet ihr die Beimischung von Unkraut ertragen.« In: Ausgew. Briefe, I 275. Vgl. Mt 13,24–30: Das Gleichnis vom Unkraut unter dem Weizen.

246 HUBERT CANCIK: Christentum und Todesstrafe, in: Heinrich von Stietencron (Hg.): Angst und Gewalt, 241.- In einem Brief aus dem Jahre 409 schreibt AUGUSTINUS an die Donatisten (XLV 5): »Wie groß ist doch eure Verblendung, daß ihr trotz eures schlechten Lebens, trotzdem ihr Räubertaten vollführet und mit Recht bestraft werdet, doch den Ruhm des Martyriums in Anspruch nehmet! ... wieviel mehr müssen dann wir durch die ganz rechtmäßige Obrigkeit, die Gott gemäß seiner Verkündigung Christo untertan gemacht hat, eurer Raserei Widerstand leisten ...!« Und XLV 6: »Was ist besser, echte kaiserliche Verordnungen zum Besten der Einheit (sc. der Kirche, d.V.) oder gefälschte Privilegien zugunsten der Spaltung anzurufen?« In: Ausgew. Briefe, I 409. – KARLHEINZ DESCHNER: Kriminalgeschichte des Christentums, I 469–491: Augustins Feldzug gegen die Donatisten, S. 489, resümiert die weitere Entwicklung der Donatisten: »Die zwangsweise Rückführung der Donatisten wurde befohlen, ihre Kirche immer mehr in den Untergrund getrieben, jahrelange Pogrome begannen.« Die Verfolgungsgesetze schlossen auch die Todesstrafe ein. – Daß AUGUSTINUS diese Entwicklung mehr als

Besonders bedenklich ist diese theologische Weichenstellung, die das ganze Mittelalter durchziehen wird, weil das Zeitalter, das mit *Konstantin* anhebt, den Begriff des Kapitalverbrechens aus den Begrenzungen der klassischen Periode der römischen Jurisprudenz löst. Ursprünglich hing der Begriff »eng mit der Gewaltenteilung zusammen, die im Quästionenverfahren zwischen Schuldspruch und Vollstreckung eine Grenze zog. Der Schuldspruch machte den *capitis reus* zum *rei capitalis damnatus* ohne Rücksicht darauf, wie die Vollstreckung ausging (sc. so daß an die Stelle der Hinrichtung mildere Ersatzstrafen treten konnten, d.V.). Die neue Epoche fand die Gewaltenteilung versunken, die Schuld- und Strafsentenzen verschmolzen, den Richter seiner Bewegungsfreiheit weitgehend beraubt. Da war für ein Sonderrecht der *res capitalis* kein Bedürfnis mehr. Wo sie vereinzelt noch auftaucht, ist sie sekundäre Umschreibung: eben das Verbrechen, das zur Kapitalstrafe geführt hat oder führen wird. Sie weist dann unmittelbar auf die *poena capitalis* (sc. die Todesstrafe, d.V.) ... Daß bisher auch andere Strafen zu den *capitales* rechneten, war Ausdruck einer Zeit gewesen, die Hinrichtungen zu vermeiden strebte und an ihrer Stelle den Verlust von Freiheit (sc. etwa in Zwangsarbeit, d.V.) oder Zivität (sc. Ausweisung oder Verlust des römischen Bürgerrechts, d.V.) als die ›Haupt‹strafe empfand – nicht so sehr aus Motiven allgemeiner Humanität wie dem Verlangen, den auserwählten *civis Romanus* von der Masse der *gentes* (sc. Völker, d.V.) ... abzuheben.«[247] Diese Differenzierung verschwand mit der *Constitutio Antoniniana* (s.o. S. 203), die alle Untertanen gleichstellte, indem sie allen freien Reichsbürgern (also nicht den Sklaven) das römische Bürgerrecht verlieh; dadurch wurde nicht der *peregrinus* (der Ausländer) höhergestellt, sondern der *civis* (der Reichsbürger) diesem gleichgestellt. Damit war verbunden: »die Um-

nur begünstigt, sondern geradewegs gewollt habe, läßt sich gleichwohl nicht behaupten. »Wir wünschen nicht«, schrieb der Bischof von Hippo, »daß die Leiden der Knechte Gottes dadurch gerächt werden, daß zur Vergeltung genau dieselben Schrecklichkeiten verübt werden. Wir sträuben uns natürlich nicht dagegen, daß man diesen bösen Menschen die Freiheit nimmt, fernerhin solche Verbrechen zu begehen, doch ist unser Wunsch, daß der Gerechtigkeit Genüge geschehe, ohne daß man ihnen das Leben nehme oder sie verstümmele und daß sie durch Zwangsmaßnahmen, die den Gesetzen entsprechen, von ihrer tollen Raserei zur Ruhe von Menschen nüchternen Urteils gebracht werden oder daß man sie zwingt, ihre teuflischen Gewalttaten zu lassen und sich einer nützlichen Arbeit zu unterziehen.« Zit. n. KURT ROSSA: Todesstrafen, 142.

247 ERNST LEVY: Die römische Kapitalstrafe, in: Sitzungsberichte der Heidelberger Akademie der Wissenschaften, 1930/31. S. 75.

gestaltung des Prozesses, die Nivellierung der Zivität, die Rauheit der Zeiten mit ihrer Geringschätzung des Menschenlebens«. So war es vorgegeben. Aber: »Erst *Konstantin*s Impuls räumte mit allen Bedenklichkeiten auf. Die zogen sich in die Rechtsschulen zurück.«[248]

Gleichwohl tut der Geschichtschreiber AURELIUS VICTOR in der Hälfte des 4. Jhs. so, als sei *Konstantin* ein Muster an Milde und Nachsicht gewesen, weil »er alle seine Feinde, indem er ihnen ihre Stellung und ihr Vermögen beließ, geschont und begnadigt (habe); er war darin barmherzig, daß er als erster auch die altertümliche und besonders scheußliche Strafe der Kreuzigung und des Brechens der Schenkel abschaffte«.[249] Das, in der Tat, mag auf christlichen Einfluß zurückgehen, indem, statt des staatlichen Strafrechts bis hin zur »Kapitalstrafe«, immerhin die Form der Hinrichtung Jesu beseitigt wurde. Im Gegenzug freilich wurde *Konstantin* auf eigenes Betreiben höchst unchristlich »einem Gott gleich geehrt«.

248 A.a.O., 76. – DETLEF LIEBS: Unverhohlene Brutalität in den Gesetzen der ersten christlichen Kaiser, in: Römisches Recht in der europäischen Tradition, 92–93, verweist darauf, daß bei Menschenraub (*plagium*) die bisherigen Strafen (*ad bestias*, Kreuz und Scheiterhaufen) von *Konstantin* noch verschärft werden: »Auch den freien Menschenhändler jeden Standes befiehlt *Konstantin*, den Massenvergnügungen dienstbar zu machen. Er soll wehrlos den Gladiatoren in der Arena ausgeliefert werden, wenn ihm auch rasch der Tod zu bereiten war. Aber auch er sollte dazu benutzt werden, das Volk sich an seiner Todesangst weiden zu lassen.« (S.93) Im Jahre 319 wird auf die Opferschauer (*haruspices*) der Feuertod gesetzt, Vermögenseinzug und Deportation für jeden, der sie in Anspruch nimmt; wer sie anzeigt, wird belohnt. (S.95) Im Jahre 326 erläßt *Konstantin* ein Gesetz zur Bekämpfung der Mädchenentführung, in dem er den Feuertod als Strafe bestimmt (S. 95–96). Grausamkeit »bekundet die Todesart, die er seiner jungen Gemahlin (sc. *Fausta*, d.V.) zudachte; er soll sie im überhitzten Bad haben verschmachten lassen. Zuvor ließ er seinen vorehelichen, damals ungefähr 21jährigen Sohn *Crispus* in Pola bei Aquileja ohne Prozeß töten.« (S.98) WILL DURANT: Weltreiche des Glaubens, (Kulturgeschichte der Menschheit, 5. Bd.), 228, notiert: »etwa zur selben Zeit befahl C*onstantin* die Hinrichtung des *Licinianus*, des Sohns von *Licinius* und Constantins Schwester *Constantia*. ... Die Gründe ...: *Crispus* habe *Fausta* umworben, und diese habe ihn dem Kaiser angezeigt, und *Helena*, die *Crispus* innig liebte, habe sich gerächt, indem sie *Constantin* davon überzeugte, daß seine Gattin sich seinem Sohne hingegeben habe.« Auch *extra legem* zeigte sich des *Konstantin*s Sultanismus!

249 AURELIUS VICTOR: Die römischen Kaiser, 41,4–5, S. 135.

b) Theodosius und Justinian

Die Arbeiten der Juristen indessen gingen weiter, als wenn es die Botschaft Jesu nie gegeben hätte, und sie sammelten sich in dem »Corpus Iuris Civilis«, das *Justinian* (527–565) im Jahre 533 erließ, mit dem Ziel, das Römische Imperium politisch wie juridisch zu vereinen; von seinem Druck 1468 in Mainz bis zu Beginn des 19. Jhs. diente dieses Gesetzeswerk, »sozusagen als überzeitliche juristische Grammatik und Essenz der Einübung in das juristische Denken, wie es für das übrige Europa auf der Grundlage der griechisch-römischen Antike kennzeichnend geworden war«.[250] Von den mittelalterlichen Juristen wurde das Corpus Iuris Civilis in die »Digesten« und den »Codex« gegliedert; ergänzend hinzu traten die »Institutiones«, eine Art juristisches Lehrbuch für Anfänger; alle drei Bücher formten entscheidend den »Humanismus« des ausgehenden Mittelalters. Wichtig zum Verständnis des Strafrechts dort ist, daß der Begriff des »Kapitalverfahrens« in angegebener Weise doppeldeutig bleibt, so wenn es heißt: »Von den öffentlichen Strafverfahren sind einige Kapitalverfahren, einige nicht. Kapitalverfahren nennen wir diejenigen, in denen entweder die Todesstrafe verhängt wird oder die Untersagung von Feuer und Wasser oder die lebenslängliche Verbannung auf eine Insel oder die Bergwerksstrafe. Die übrigen Strafverfahren sind, wenn in ihnen etwa auf Ehrlosigkeit mit einer Vermögensstrafe erkannt wird, zwar auch öffentliche Verfahren, nicht jedoch Kapitalverfahren.«[251] Wie also wird da gestraft? Die altrömischen Gesetze setzen sich als verbindlich.

Im einzelnen gilt nach der *Lex Julia* aus dem Jahre 8 v.Chr.: Diejenigen, »die etwas gegen den Kaiser oder den Staat unternommen haben«, verlieren ihr Leben, und ihr Andenken nach ihrem Tode wird getilgt[252]. Auch auf Ehebruch und männliche Homosexualität steht die Todesstrafe; wenn jemand ohne Gewaltanwendung sich an einer Jungfrau oder an einer ehrbaren Witwe vergeht, so wird die Hälfte seines Vermögens eingezogen, wenn er ein Mann von Stand (ein *honestus*) ist; ist er ein einfacher Mann (ein *humilis*), steht ihm körperliche Züchtigung und Internierung auf Zeit bevor[253]. Nach der

250 Corpus Iuris Civilis. Die Institutionen, S. 287.
251 Corpus Iuris Civilis. Die Institutionen, 4, 18, 2; S. 270.
252 A.a.O., 4, 18, 3; S. 270; vgl. Digesta 48, 4, 1; p. 1418.
253 A.a.O., 4, 18, 4; S. 270–271; vgl. Digesta 48, 5, 1–45, p. 1419–1430 zur Frage des Ehebruchs.

Lex Cornelia aus dem Jahre 81 v. Chr. wird ein Mörder »mit rächendem Schwert« verfolgt[254]; dabei gilt nach der *Lex Aquilia*, daß widerrechtlich nur tötet, »wer ohne jedes Recht tötet. Deshalb haftet nicht, wer einen Räuber tötet, jedenfalls dann nicht, wenn er der Gefahr anders nicht entgehen kann.«[255] »Und es haftet nach diesem Gesetz auch nicht, wer zufällig tötet, vorausgesetzt nur, daß sich bei ihm keinerlei Verschulden findet. Im übrigen haftet man nach diesem Gesetz für Vorsatz ebenso wie für Fahrlässigkeit.«[256] Nach der *Lex Pompeia* aus dem Jahre 55 v. Chr. wird ein Verwandtenmörder (ein Mörder von Vater, Sohn oder Bruder) als der empörendste Verbrecher nicht mit Schwert oder Feuer hingerichtet, sondern er wird »zusammen mit einem Hund, einem Hahn, einer Schlange und einem Affen in einen ledernen Sack eingenäht und dann ... in das nahe Meer oder in einen Fluß geworfen, so daß ... dem Lebenden der Himmel, dem Toten die Erde genommen wird.«[257] Auf Fälschung eines Testaments steht nach der *Lex Cornelia* bei Sklaven die Todesstrafe, die auch im Gesetz über die Mörder und Giftmischer bestimmt ist, bei Freien dagegen die lebenslängliche Verbannung auf eine Insel[258]. Bei Gewaltausübung mit Waffen sieht die *Lex Julia* lebenslängliche Verbannung vor, bei Gewaltausübung ohne Waffen ist ein Drittel des Vermögens einzuziehen. »Wenn jedoch eine Jungfrau, eine Witwe, eine Nonne oder eine andere weibliche Person gewaltsam entführt worden ist, werden sowohl die Täter, wie diejenigen, die ihnen Beihilfe zu dem Verbrechen geleistet haben, mit dem Tode bestraft.«[259] Mit dem Tode bestraft werden auch Richter, die in ihrer Amtszeit öffentliche Gelder unterschlagen haben, sowie diejenigen, die wissentlich unterschlagenes Gut angenommen haben oder Beihilfe geleistet haben[260]. Nach der *Lex Fabia* (um 209 v. Chr.) wird über Menschenräuber in manchen Fällen die Todesstrafe, in manchen Fällen eine geringere Strafe verhängt[261]. Bestraft wird nach der *Lex Julia* auch Wahlbeeinflussung durch Stimmenkauf sowie Getreidewucher, wenn auch nicht mit Verlust des Lebens[262]. Insgesamt gilt,

254 A.a.O., 4, 18, 5; S. 271; vgl. Digesta 48, 8, 1–17, p. 1432–1434.
255 A.a.O., 4, 3, 2; S. 220.
256 A.a.O., 4, 3, 3; S. 220.
257 A.a.O., 4, 18, 6; S. 272.
258 A.a.O., 4, 18, 7; S. 272.
259 A.a.O., 4, 18, 8; S. 272–273.
260 A.a.O., 4, 18, 9; S. 273.
261 A.a.O., 4, 18, 10; S. 273; vgl. Digesta 48, 15,1–7, p. 1445.
262 A.a.O., 4, 18, 11; S. 273.

daß ein Richter nicht anders entscheiden soll, »als durch Gesetze oder Konstitutionen oder durch Gewohnheiten festgelegt ist.«[263] Doch wie man sieht, stammen diese Gesetze aus einem Abstand von mehr als einem halben Jahrtausend, und es ist die Frage, wie man sie auslegt.

In dieser Frage gilt der Grundsatz, daß der Kaiser die Quelle allen Rechtes ist; denn: »was der Kaiser bestimmt (*quod principi placuit*), hat Gesetzeskraft, weil das Volk durch das ›königliche Gesetz‹, das über die Herrschaft des Kaisers ergangen ist, diesem und auf diesen seine gesamte Herrschaftsgewalt übertragen hat. Alles, was der Kaiser durch Briefe bestimmt, aufgrund richterlicher Untersuchung entscheidet oder durch Edikt verordnet, ist daher anerkanntes Gesetz. All dies bezeichnet man als Konstitutionen.«[264] Und auch die Einzelentscheidungen, die Ihre Majestät trifft, sind unter diesen Voraussetzungen rechtens. – An sich hätte man wohl hoffen mögen, daß sich das Christentum mit der Absolutstellung Gottes und entsprechend dem verpflichtenden Vorbild Jesu nicht nur mäßigend auf eine solche Divinisierung der Staatsgewalt in Kriegs- und Strafrecht ausgewirkt, sondern diese vollkommen umgestaltet hätte, doch das Gegenteil war der Fall, und der Zeitpunkt der entsprechenden Weichenstellung in den Selbstverrat läßt sich genau bestimmen[265].

In den Tagen AUGUSTINS war es Kaiser *Theodosius I.* (379–395), der 391 nicht nur das Christentum zur Staatsreligion erhob, sondern zugleich auch alle heidnischen Kulte verbot. Kurz zuvor aber, im Frühjahr 390, bot sich der Kirche ein Ereignis, auf das sie nicht reagieren konnte, ohne sich selber in ihrem Verhältnis zur Staatsmacht zu definieren. Passiert war dies: Der gotische Militärkommandant *Butherich* in Thessalonike hatte einen sehr beliebten Wagenlenker verhaftet, der seinen anmutigen Mundschenk umschwärmte; daraufhin hatte der Pöbel ihn umgebracht; um diese Untat zu ahnden, ließ *Theodosius* die Menge zu einer Theatervorstellung in den Zirkus locken und niedermetzeln. Der blanke Zorn habe »das Joch der Vernunft« bei dem Kaiser abgeschüttelt, hieß es, so daß er »das unge-

263 A.a.O., 4, 17: Über das Amt des Richters, S. 267.

264 Corpus Iuris Civilis, Die Institutionen, 1, 2, 6, S. 4. Vgl. Digesta 1, 4, 1, p. 39: »Quod principi placuit, legis habet vigorem: utpote cum lege regia, quae de imperio eius lata est, populus ei et in eum omne suum imperium et potestatem conferat.« Was dem Kaiser als richtig erschienen ist, hat Gesetzeskraft: weil ja mit dem königlichen Gesetz, das über sein Reich erlassen ist, das Volk ihm und auf ihn sein ganzes Reich und die Herrschaft überträgt.

265 Vgl. KARLHEINZ DESCHNER: Kriminalgeschichte des Christentums, I 446.

rechte Schwert gegen alle« gezückt und »mit den Schuldigen auch die Unschuldigen« getötet habe. »So wurden ... siebentausend Menschen niedergemacht, ohne daß eine gerichtliche Untersuchung vorausgegangen wäre und ohne daß eine Verurteilung der Urheber jener Frevel stattgefunden hätte, sondern sie wurden, wie bei einer Ernte die Ähren, alle zumal hinweggemäht«, schreibt um 450 THEODORET in seiner »Kirchengeschichte«[266].

Tatsächlich wird man es bei diesem monströsen Massaker indessen nicht mit einer »Jähzornsreaktion« zu tun haben, sondern mit einem geplanten Massenmord zur Einschüchterung der Bevölkerung und zur Erpressung der Sonderausgaben für die immense Militärmaschinerie des Kaisers[267]. Doch wie nun reagiert darauf die Kirche? THEODORET zitiert eine Rede, die AMBROSIUS als Bischof von Mailand dem Kaiser gehalten habe, um ihm den Eintritt in den Dom zu verwehren: »Die kaiserliche Gewalt läßt ja wohl die Erkenntnis der Sündhaftigkeit nicht aufkommen, im Gegenteil, die Macht steht der vernünftigen Überlegung im Wege«, habe der Bischof vorwurfsvoll gesagt und mahnend hinzugefügt: »Du herrschst, o Kaiser, über Menschen von gleicher Natur, ja über deine Mitknechte; denn einer ist der Herr und Kaiser über alle, der Schöpfer aller Dinge.«[268] Mit solchen Worten, zweifellos, hätte ein Vertreter der Kirche der absolutistischen Apotheose *Konstantin*s und seinem allerchristlichsten Nachfolger *Theodosius* entgegentreten müssen, – noch im 5. Jh. wußte man sehr wohl um die Wahrheit des Widerstands Jesu gegen die Staatsgewalt; doch jene Rede ist frei erfunden, sie wurde nie gehalten[269]. Stattdessen bescheinigt THEODORET dem Kaiser »wegen seiner Nachgiebigkeit« die »Reinheit seines Glaubens«[270], – schließlich machte sich »der glaubenseifrige Kaiser« mit »Sorgfalt« an die

266 THEODORET: Kirchengeschichte, V 17, S. 290–291; die Rede dort ist von einem »Aufstand«, bei dem »einige Beamte gesteinigt und mißhandelt worden« sein sollen.

267 A. a. O., V 20, S. 297, berichtet, wie es in Antiochien genau aus diesem Grund zu einem Aufstand kommt.

268 A. a. O., V 18, S. 292. – DETLEF LIEBS: Unverhohlene Brutalität in den Gesetzen der ersten christlichen Kaiser, in: Römisches Recht in der europäischen Tradition, 111, meint immerhin: »Nach dem Blutbad von Thessalonike im Sommer 390 wurde sich *Theodosius* der Gefährlichkeit seines Zorns erneut bewußt. Am 18. August ordnete er an, von ihm befohlende Tötungen seien hinfort erst nach 30 Tagen auszuführen.«

269 JOHANNES EV. NIEDERHUBER: Allgemeine Einleitung, zu AMBROSIUS: Exameron, I. Bd., S. XV – XVI.

270 THEODORET: Kirchengeschichte, V 18, S. 296.

»Bekämpfung des heidnischen Irrtums ... und erließ Gesetze, in denen er die Götzentempel zu zerstören befahl«.[271]

AUGUSTINUS, als Schüler des AMBROSIUS, sah in der »Buße« des *Theodosius* wegen seines »schweren Verbrechens« in Thessalonike gar »das wunderbarste Schauspiel ... durch seine fromme Demut« und rühmte neben der angeblichen Milderung der Grausamkeit in der Kriegsführung, daß *Theodosius* »unablässig durch höchst gerechte und barmherzige Gesetze wider die Gottlosen der bedrängten Kirche zu Hilfe« gekommen sei – insbesondere gegen »die häretischen ... Arianer«[272], die bis dahin von Kaiser *Valens* (364–378) protegiert worden waren.

Wie von einer »Staatsreligion« nicht anders zu erwarten, ist die Kirche des 4. Jhs. mithin nicht länger an der Verwandlung der Staatsmacht in Richtung des jesuanischen Ursprungs ihrer selbst interessiert, sondern sie instrumentalisiert die staatliche Gewalt zur Durchsetzung ihrer eigenen Ideen nach innen (»Häretiker«) wie nach außen (»Heiden«) sowie zum Machtgewinn ihrer Institutionen innerhalb der staatlichen Verwaltung. Und all das hat im 5. Jh. bereits Tradition.

Schon unter *Konstantin* war auf dem Konzil von Nizäa der Standpunkt der Arianer, Jesus sei das oberste Geschöpf Gottes, doch nicht metaphysisch der »Sohn« Gottes, als »Irrlehre« zurückgewiesen worden, und *Konstantin* selbst erschien in der Versammlung »wie ein Engel Gottes vom Himmel her, leuchtend in seinem glänzenden Gewande wie von Lichtglanz (sc. wie Jesus bei der Verklärung auf dem Berge in Mk 9,3, d.V.), strahlend in der feurigen Glut des Purpurs und geschmückt mit dem hellen Schimmer von Gold und kostbarem Edelgestein ...; seine Seele aber war sichtlich mit der Furcht und Verehrung Gottes geziert ... über alle Beschreibung erhaben«.[273]

Die Folge dieser Kaiserverklärung war fatal. Den soeben erwähnten AMBROSIUS führte sie dazu, gegen die zwar christlich gewordenen, doch von Bischof *Ulfilas* (gest. 383) arianisch belehrten Goten

271 A.a.O., V 21, S. 299.

272 AURELIUS AUGUSTINUS: Gottesstaat, V 26, in: Ausgew. Schriften Bd. 1, S. 294.

273 EUSEBIUS: Leben Konstantins, III 10, in: Ausgew. Schriften, 1. Bd., S. 102. – Es ist milde ausgedrückt, wenn DETLEF LIEBS: Unverhohlene Brutalität in den Gesetzen der ersten christlichen Kaiser, in: Römisches Recht in der europäischen Tradition, 115–116, darauf verweist, »der Bruch mit der alten Religion« habe die christlichen Kaiser »erst einmal enthemmt«.

mobil zu machen[274], die nach dem Hunneneinfall 375 auf der Flucht waren. Das Ergebnis kulminierte in der desaströsen Schlacht von Adrianopel im Jahre 378, bei der die ostgotische und alanische Reiterei die römische Armee vernichtend schlug und in der Kaiser *Valens* (364–378) ums Leben kam[275].

Es war jetzt an *Theodosius I* (379–395), sich des Kampfes gegen Heidentum (Goten) und Ketzerei (Arianismus) anzunehmen, indem er Goten in sein Heer integrierte und, statt einer großen Feldschlacht, eine Art Kleinkrieg gegen die »Eindringlinge« führte, und das, wie es zu einer solchen Taktik gehört, mit der nötigen Portion Lüge und Skrupellosigkeit.

Im Jahre 386, zum Beispiel, lockte der in Thrakien stationierte Oberbefehlshaber *Promotus* eine Gruppe von Goten unter ihrem Anführer *Odotheus* über die Donau, indem er ihnen mit guten Worten den Übergang freigab; doch als diese auf 3000 Einbäumen tatsächlich übersetzten, machte er sie alle nieder, die zurückgelassenen Frauen und Kinder wurden in die Sklaverei geführt. In Konstantinopel aber ließ *Theodosius* seinem General für diese seine Großtat eine 140 Fuß hohe Prunksäule errichten[276]. Im Jahre 380, ein Jahr nach seiner Thronbesteigung, bereits hatte er das Religionsedikt »*Cunctos populos*« erlassen, in dem er den orthodoxen Katholizismus zur einzig legalen Religionsform erklärte, – Grund genug für den Kirchengeschichtler THEODORET, das »große Gemetzel« an der Donau »unter den Germanen« als eine selbstvollzogene Panikreaktion der Barbaren zu erklären und den siegreichen Regenten als »überaus tüchtigen Feldherrn« zu rühmen[277]. Diese Eigenschaft freilich schien jetzt vonnöten, denn als nach der Reichsteilung im Jahre 395 im Westen *Honorius* (395–423) in Ravenna die Regierung übernahm und ab 400 Ravenna zur Hauptstadt des Westreiches wurde (im

274 Vgl. KARLHEINZ DESCHNER: Kriminalgeschichte des Christentums, I 405–415: Der hl. Ambrosius treibt zur Vernichtung der Goten – und erlebt den »Untergang der Welt ...«

275 A.a.O., I 413: »Die byzantinischen Kaiser lösten nach diesem Debakel, das den Untergang des Imperium Romanum einleitete, ihre Infanterielegionen auf.« Bis ins 14. Jh. hinein beherrschten germanische Reiter die »christlichen« Schlachtfelder.

276 A.a.O., I 418.

277 THEODORET: Kirchengeschichte, V 5–6; S. 268–269. – Eine Zeitlang war es *Justina*, die Stiefmutter des Kaisers *Gratian* (375–383), die nach dessen Ermordung die Vormundschaft über ihren Sohn *Valentinian* II. (383–392) übernahm und den Arianismus begünstigte; sie war die natürliche Gegnerin von Leuten wie AMBROSIUS und THEODORET.

Osten regierte *Arcadius*, 395–408), ließ sich das Vordringen der Germanen nicht mehr aufhalten: Wandalen, Sueben und Alanen durchziehen Gallien und Spanien, aus Britannien müssen die Römer sich zurückziehen. 406 n. Chr. entsteht rund um Worms ein burgundisches Reich, das 436 durch *Aetius* wieder (mit Hilfe der Hunnen) zerstört wird; 410 erobern die Westgoten unter *Alarich* Rom und begründen 418–507 in Südgallien ihr eigenes Tolosanisches Reich; 429 setzen die Wandalen unter ihrem König *Geiserich* (428–477) nach Nordafrika über und etablieren dort ihr Herrschaftsgebiet (429–534); 455 plündern die Wandalen vierzehn Tage lang Rom; und während 493–526 der Ostgotenkönig *Theoderich* nach der Schlacht von Verona (489) als Sieger über *Odoaker* zum König des Westreiches mit Sitz in Ravenna wird, besiegt 507 der Frankenkönig *Chlodwig* (481–511) aus dem Geschlecht der Merowinger die Westgoten und legt den Grundstein zum Frankenreich.

All diese Vorgänge gaben in Ostrom *Justinian* (527–565) die Chance, ein unumschränktes Kaisertum einzurichten, in dem Staat und Kirche eine »caesaropapistische« Einheit bildeten. Wie im Alten Ägypten, wie im Dominat des Alten Rom, regiert der Kaiser Ostroms in Gottesauftrag über ein Imperium, dessen Bürger allesamt treu dem rechten Glauben zu sein haben.

Die Wiederherstellung des römischen Reiches und die Durchsetzung der christlichen Religion werden fortan zu den zentralen Anliegen dieses Kaisers, und in der Tat: 534 zerschlägt *Justinian* das Wandalenreich, 533 das Ostgotenreich, – Nordafrika mitsamt Italien sind jetzt oströmische Provinzen, mit den Exarchaten Karthago und Ravenna. Das *Corpus iuris* von 529 bietet die Grundlage des europäischen Rechtes, in Konstantinopel erhebt sich der architektonische Wunderbau des Kuppeldoms der Hagia Sophia, in Ravenna die mosaikengeschmückte Basilika San Vitale; die Amtssprache ist griechisch, statt Latein, und der König selbst heißt nicht (mehr) Caesar, Princeps oder Imperator, sondern (alt)griechisch *Basileus*. Im Westen kommt es in dieser Zeit zur wachsenden Anerkennung des Bischofs von Rom vor den anderen Bischöfen, – der Primat des Papstes bildet sich heraus, indem insbesondere *Leo der Große* (440–461) die imperiale Vakanz der »heiligen Stadt« mit seinem Amt und mit seiner Person ausfüllt; Papst *Gelasius I.* (492–496) beharrt bereits im Widerspruch zu dem byzantinischen Caesaropapismus auf den Unterschied, ja, auf die völlige Unabhängigkeit der geistlichen von der weltlichen Gewalt. – AUGUSTINs Gedanken im »Gottesstaat« nehmen jetzt also politische Konturen an, mit einer deutlichen kirchlichen Tendenz zu einer Art Papacaesarismus; bereits *Gregor der Große* (590–604), ein Mönch in der Nachfolge *Benedikt*s von Nursia (ca. 480–543), übernimmt die Armenfürsorge in Vertretung des Kaisers, und hernach leitet er sogar im Auftrag des Kaisers die Verwaltung Roms; er eigentlich steht mit der Anerkennung der von den Germanen geschaffenen Verhältnisse sowie mit deren Missionierung am Anfang des mittelalterlichen Papsttums[278].

Justinian indessen wird als eine kulturell vielseitig interessierte Persönlichkeit geschildert, die, aus einfachen Verhältnissen kommend, eine asketische Lebensführung pflegte und es in all den Kriegen vermied, sich selber ins Schlachtgetümmel zu begeben. Gleichwohl entfaltete er ein Hofzeremoniell, weit größer noch als *Diokletian* und *Konstantin*. »Wie *Napoleon* nahm er es sich sehr zu Herzen, daß ihm die Stütze der Legitimität fehlte, da er ja der Nachfolger eines Usurpators (sc. *Justinos*, 518–527, d.V.) war ... Er unterstützte die orientalische Auffassung, die die Königswürde für etwas Göttliches ansah ... Er ließ sich vom Patriarchen von Konstantinopel salben und krönen und trug ein Perlendiadem.«[279] Doch diese Prachtentfaltung kam nicht nur gut an. Als es 532, fünf Jahre nach dem Regierungsantritt, bei einem Sportwettkampf zu Hooligan-Krawallen zwischen den Anhängern der grünen und blauen Jockeys kam, die zu einem bewaffneten Aufstand gegen die Regierung eskalierten, suchte die proletarische Unterschicht eine Revolution daraus zu entfachen. »Gefängnisse wurden gestürmt, die Inhaftierten freigelassen; Polizisten und Beamte wurden ermordet; Feuer wurde gelegt, die die Hagia Sophia und einen Teil des Kaiserpalastes in Asche legten. Die Volksmenge rief ›*Nika*!‹ (Sieg) – und gab damit dem Aufruhr einen Namen.« Während *Justinian* bereits erwog zu fliehen, brachte Kaiserin *Theodora* ihn davon ab »und rief nach aktiver Hilfeleistung. *Belisar*, der Führer der Armee (sc. der auch den Krieg gegen die Ostgoten führte, d.V.), nahm den Auftrag entgegen, holte sich eine Schar Goten aus seinen Truppen, führte sie zum Rennplatz, metzelte 30000 Menschen nieder, verhaftete *Hypatios* (sc. der als Senator zum Thronfolger sich hatte ausrufen lassen, d.V.) und ließ ihn im Gefängnis umbringen. *Justinian* stellte die Beamten, die er entlassen hatte, wieder ein, verzieh den Senatoren, die sich an der Verschwö-

278 Vgl. die Übersicht bei JOHANNES HARTMANN: Das Geschichtsbuch, 69–74.
279 WILL DURANT: Kulturgeschichte, Bd. 5: Weltreiche des Glaubens, 349.

rung beteiligt hatten, und gab den Kindern des *Hypatios* das beschlagnahmte Vermögen wieder zurück.«[280]

Beide Seiten besaß offenbar *Justinian*: ängstlich und ehrgeizig konnte er sein, grausam und gütig, schwankend und streng, zaghaft und zwanghaft – ein »christlicher« Pharao, ein Mensch im Widerspruch seiner Person wie seines Amtes.

Wenn Männer groß im Vordergrund auftreten – weiß man in Frankreich spätestens seit der Bourbonenherrschaft –, heißt es: *cherchez la femme* – suchen Sie die Frau im Hintergrund. Bei *Justinian* trug diese Frau eben diesen Namen: *Theodora*. Sie war »die Tochter eines Bärendompteurs und wuchs in Zirkusluft« auf, wurde Schauspielerin und Prostituierte ... *Justinian* verliebte sich in sie, machte sie zu seiner Geliebten und dann zu seiner Kaiserin.«[281] In dieser Position nahm sie »aktiv an der Diplomatie und an der Kirchenpolitik teil, berief und entließ Päpste und Patriarchen und sorgte für die Absetzung ihrer Gegner ... *Justinian* war bemüht, die Ost- und Westkirche zusammenzuhalten ... Aber *Theodora* konnte die Doppelnatur Christi (sc. »wahrer Mensch und wahrer Gott«, wie das Konzil in Chalkedon 451 entschieden hatte, d.V.) nicht verstehen ...; sie machte sich die Lehre der Monophysiten (sc. daß Jesu seiner *einen* Natur nach Gott war, d.V.) zu eigen, erkannte, daß in diesem einen Punkt der Osten dem Westen nicht nachgeben würde und fand, daß die Stärke und der Reichtum des Reiches in den wohlhabenden Provinzen Kleinasien, Syrien und Ägypten lag und nicht in den westlichen Provinzen, die durch Barbarentum und Krieg zugrundegerichtet waren. Sie milderte daher *Justinian*s katholische Intoleranz, nahm Häretiker in Schutz, forderte das Papsttum heraus, unterstützte heimlich das Entstehen einer unabhängigen Monophysitenkirche im Osten.«[282]

Und doch: Als theologisch höchst gebildeter und interessierter Anhänger des orthodoxen Glaubens, begleitet und geleitet von den Bischöfen der Kirche, »drang *Justinian* auf totale Glaubenseinheit«, indem er »mit einer brutalen ›Ketzer‹verfolgung[283] gegen die immer noch nicht ausgerotteten Arianer und Donatisten vorging, aber auch, entsprechend der Zwei-Naturen-Lehre von Chalkedon, gegen die Monophysiten sowie gegen die Manichäer als Anhänger einer syn-

280 A.a.O., 350.
281 A.a.O, 351.
282 A.a.O., 351–352.
283 KARLHEINZ DESCHNER: Kriminalgeschichte des Christentums, II 385.

kretistischen Erlösungslehre alternativ zum Christentum. Verboten wurden nicht nur sämtliche Versammlungen, Gottesdienste und Lehrtätigkeiten, entzogen wurden in dem christlichen Staatskirchentum unter *Justinian* nunmehr allen Nichtchristen oder Nicht-richtig-Christen die bürgerlichen Rechte mitsamt allem Besitz; auf »Gotteslästerung« stand die Todesstrafe, und »Irrlehren« erfüllten genau diesen Straftatbestand. Gegen die Noch-nicht-Christen (die Heiden) verordnete *Justinian* »die Zwangstaufe eines jeden ... samt seiner Familie unter Strafe der Konfiskation«[284]; erstmals in der Geschichte wurde ein reguläres Inquisitionsverfahren gegen Nicht- und Andersgläubige eingerichtet. Zu diesen Nichtgläubigen gehörten bevorzugt inzwischen auch die Juden, gegen die Autoren wie EPHRAIM der Syrer Mitte des 4. Jhs. bereits warnend und mahnend zu Felde gezogen waren[285]; ausgerottet wurden die Reste der Samaritaner[286], ebenso 534 der Wandalen[287], wobei der afrikanische Episkopat die anfängliche Milde des Kaisers, der bereits den Krieg gegen die Ostgoten vorbereitete, in ein strenges Kultverbot aller arianischen Gottesdienste umstimmte[288].

Zum Krieg gegen die Ostgoten hetzte den Kaiser vor allem Papst *Vigilius* (537–555) auf sowie »die vornehmen Italiker, welche sich damals in großer Anzahl zu Byzanz befanden, (sie) ließen nicht nach, dem Kaiser beständig in den Ohren zu liegen, er möchte doch alles daransetzen, Italien wiederzugewinnen.«[289] Und wirklich: 552 besiegte der byzantinische Feldherr *Narses* am Vesuv den letzten Gotenkönig *Teja*[290]; das Elend, das der Gotenkrieg die Bevölkerung durch Hunger und Elend kostete, war so groß, daß »sich kein Vogel an die Leichname« der Verstorbenen machte, »weil nichts daran zu beißen war«.[291] Doch die Einheit des römischen Reiches war ein letz-

284 A.a.O., II 389.
285 Vgl. EPHRÄM: Über den Glauben, 1. Rede, 51, in: Ausgewählte Schriften, 1. Bd., S. 39: »Fliehe vor ihm (dem Judenvolke); denn nichts gilt ihm dein Tod und dein Blut! Es hat das Blut Gottes auf sich genommen, sollte es da vor deinem Blute zurückschrecken?«
286 KARLHEINZ DESCHNER: Kriminalgeschichte des Christentums, II 394–398.
287 A.a.O., II 417–422: »... Wir bringen euch Frieden und Freiheit«.
288 A.a.O., II 422–424: Päpstliche Glückwünsche für die »Ausbreitung des Gottesreiches«.
289 PROKOP: Der Gotenkrieg, III 35, S. 207.
290 A.a.O., IV 35, S. 262: »Jetzt komme ich an die Beschreibung einer höchst denkwürdigen Schlacht und des Heldenmuts eines Mannes, der in keiner Beziehung einem der sogenannten Heroen nachsteht.«
291 A.a.O., II 20, S. 117.

tes Mal wiederhergestellt, und vor allem die Oberschicht und die römische Kirche gingen als Gewinner aus dem Gemetzel hervor, und sie wußten ihren Sieg zu nutzen[292]. »Die Rechte der Großagrarier (wurden) teilweise noch erweitert, sie selber in jeder Weise begünstigt, das verheerte Land noch bis ins letzte ausgesogen und mit unerbittlicher Brutalität hohe Steuern aus dem ohnehin erbärmlich darbenden Volk gepreßt. Alle entlaufenen Sklaven und Kolonen mußten zu ihren Herren zurück.«[293]

Dafür rückte nach dem Verschwinden der Goten inmitten des Durcheinanders die Kirche als Ordnungsfaktor zu dem Status eines eigenen Staatsgebildes auf. » ... während man ›Ketzer‹ stets schärfer verfolgt, regiert der Papst über ein tief in den Osten reichendes Patriarchat. Ja, er bekam eine erhöhte munizipale (sc. mit eigener Verwaltung nach eigenen Gesetzen eingerichtete, d.V.) Gewalt, eine weitgehende Kontrolle über Verwaltung und Beamtenschaft; wie auch die Bischöfe neben und vor den Notabeln (*primates*) ein Mitspracherecht bei der Wahl der Provinzstatthalter erhielten und überhaupt die Privilegien des östlichen Klerus, durch die Pragmatische Sanktion (sc. die Sanctio pragmatica von 554, die in der westlichen Reichshälfte die ›alte Ordnung‹ wiederherstellte, d.V.), nun auch dem italienischen als geltendes Recht zugute kamen.«[294]

Durch die Aufsicht über die Münze und durch die Ausplünderung der arianischen Besitztümer gewann die Kirche außerdem an Reichtum und Macht, – im Schatten eines Kaisers, der sie von Byzanz aus vor dem Aufstieg der »barbarischen« Germanen trotz seines Siegs über Wandalen und Ostgoten nicht wirklich schützen konnte. Politisch und geistig stieg der Bischof von Rom in eben jene Position auf, in der sich das Papsttum bis heute behauptet. Im Westen löste es die Vormacht Ostroms auf, schloß sich dem fränkischen Herrscherhaus an und leitete als zentrale kontinuierliche Größe aus der Spätantike hinüber ins Mittelalter.

Nur: was war in den zweihundert Jahren von *Konstantin* bis *Justinian* aus Staat und Kirche geworden? Aus einer religiösen Instanz des Widerstandes gegen das staatliche Strafrecht ist in Gestalt der Kirche eine Institution geworden, die dem Staat den Auftrag erteilt, jeden Abweichler von ihren Lehrvorgaben auszuschalten; nach innen

292 KARLHEINZ DESCHNER: Kriminalgeschichte des Christentums, II 438–446: Der große Profiteur des Infernos: Die römische Kirche.
293 KARLHEINZ DESCHNER: Kriminalgeschichte des Christentums, II 439.
294 A.a.O., II 440.

wie nach außen, gegen »Ketzer« ebenso wie gegen Heiden, sprach die Kirche das Urteil, wie zu strafen sei; bis hin zur Hinrichtung, bis hin zur Kriegführung, bis hin zur Ausrottung ganzer Gemeinden und Gemeinschaften verhängte sie ihr Strafurteil. Von der Martyrerkirche mutiert zur Staatskirche, setzte sie sich nach einer kurzen Zeit des Schutzes selber an die Stelle der geistigen Beauftragung beziehungsweise der ideologischen Steuerung des Staatsapparates. Der römische Staat gründete seinen Rechtsanspruch auf die Gewalt, die in absoluter Autorität von seinem kaiserlichen Regenten ausgeübt wurde; dieser selbst galt, wie im Alten Orient, als Gott; jetzt hingegen war es die Kirche, die dem Staat in göttlichem Auftrag seine Kriegsziele als heilige Strafexekutionen vorgab. Im Namen des Kaisers regierte die Kirche, indem sie dessen Herrschaft als von Gott gesetzt (im Sinne vom Röm 13,1–7) rechtfertigte; ihr selbst öffnete sich damit der Zugang zu aller Welt, doch der Preis dafür war ihre eigene Verweltlichung.

Leo I. (der Große, 440–461) bereits war es, der, wie gesagt, 451 das Konzil von Chalkedon einberief und im gleichen zum Kampf gegen die Manichäer aufrief; bedingungslos stellte er sich den Staatsinteressen Ostroms zur Verfügung, während er gleichzeitig die Regierung der Kirche Roms vor Eingriffen der byzantinischen Zentrale zu bewahren suchte, – eine Einstellung, die zur Weichenstellung des Schismas von Ost- und Westrom führte. Als 452 der Hunnenkönig *Attila* in Oberitalien einfiel, trat *Leo* im Auftrag des weströmischen Kaisers *Valentinian III.* in Mantua diesem »Schrecken der Völker« entgegen und erreichte seinen Abzug. So wurde der Bischof von Rom zum »Retter des Abendlandes«.

Und nicht zu vergessen: In seiner Nachfolge ging Papst *Gelasius I.* (492–496) daran, dem byzantinischen Kaiser gegenüber die geistliche Gewalt von der weltlichen Gewalt zu unterscheiden und die völlige Unabhängigkeit der geistlichen von der weltlichen Macht zu betonen. Diese Einstellung hätte geistig einer Rückbesinnung auf das eigentliche Anliegen der Botschaft Jesu gleichkommen können, doch sie war politisch-institutionell gemeint und verblieb damit in der Äußerlichkeit einer bloßen Verwaltungszuordnung, statt die Sphäre des Politischen in christlichem Sinne durchzuarbeiten; sie vertrat mithin das geistig Notwendige in ungeistiger Weise und verriet es damit zugunsten der Unabhängigkeit des eigenen Machtbesitzes; aus AUGUSTINS spiritueller Lehre von den zwei Reichen wurden jetzt zwei organisierte nebeneinander bestehende Mächte, die, 200 Jahre danach, jeweils um ihre Vorherrschaft ringen sollten. Das Mittelalter begann, eingeleitet durch den Benediktinermönch Papst *Gregor den Großen* (590–604), der, wie gesagt, an Kaisers Statt vor allem die Armenfürsorge, dann aber auch die Verwaltung Roms übernahm; mit anderen Worten: er ward geistig und politisch so etwas wie der lokale Kaiserstellvertreter im Westen des römischen Imperiums, dessen relative Selbständigkeit sich aus der Ohnmacht des byzantinischen Kaisers im Westen seines Reiches mehr aus Not denn aus Notwendigkeit ergab. Zwar hatte Ostrom die Wandalen in Nordafrika und die Ostgoten in Nordafrika sowie in Italien vernichten können, doch *das* sah *Gregor* vollkommen richtig: eine neue Zeit brach an, die politisch den Germanen gehören würde und die wir das Mittelalter nennen.

3) Strafende Gewalt im Mittelalter

Die entscheidende Grenzmarke zwischen römischer Spätantike und Mittelalter bildet die Gründung des fränkischen Reiches durch *Chlodwig* (481–511) aus dem salischen Geschlecht der Merowinger; indem er die konkurrierenden Gaukönige ermordet, gelingt ihm die Einigung der Franken, und sein und ihr Übertritt zum römisch-katholischen Glauben ermöglicht auch die Einheit im Inneren. Nordgallien bis zur Loire wird 486 erobert, die Alemannen 496 unterworfen, und im Bündnis mit Burgund wird auch das westgotische Gebiet zwischen Loire und Garonne hinzugewonnen. Nach der Reichsteilung 510 unter *Chlodwigs* Söhnen geht diese Expansionspolitik ungehemmt weiter: durch die Eroberung Burgunds (532–534) dehnt sich das Frankenreich bis zum Mittelmeer aus; 534 werden die Thüringer unterworfen, das Maingebiet wird von den (Ost)Franken besiedelt, und auch die Bayern geraten unter fränkische Oberhoheit. Doch nach 550 zerfällt dieses mühsam gefügte Herrschaftsgebilde durch interne Machtkämpfe in drei Teile: in das überwiegend romanische Neustrien, das germanische Austrien sowie Burgund; zum Ersatz der geschwächten Königsmacht regiert nunmehr in jedem Reichteil ein Hausmeier, der *maior domūs*. Als dann im Jahre 614 das Reich durch den austrischen Adel unter *Chlothar II.* wiedervereinigt wird, geschieht das unter der ausdrücklichen Anerkennung der Adelsrechte im Edikt von Paris. An der Spitze des austrischen Adels steht, typisch jetzt für die Bipolarität von geistlicher und weltlicher Macht, auf der einen Seite Bischof *Arnulf von Metz* und auf der anderen Seite der Hausmeier *Pippin der Ältere* (gest. 639), der zum Stammvater der Karolinger werden sollte.

Bereits das Königtum der Merowinger war sakral begründet, indem es die »christliche« Idee eines von Gott verliehenen Amtes mit dem Erbe des römischen Zentralismus sowie mit der Vorstellung von der göttlichen Herkunft des Königs verband; germanisch war die Treueidbindung der Untertanen an den König, insbesondere des Dienstadels (der Gefolgsleute); was sich auf diese Weise bildete, war ein Personenverbandsstaat, in dem des Königs Macht wesentlich auf dem Heerbann beruhte, mit den drei Funktionen: der Sicherung des Friedens (Friedensbann), der Gesetzgebung (Verordnungsbann) und der Verwaltung. Rechtsgeschichtlich ist dabei vor allem die Einheit von Königsrecht und Volksrecht von Belang. An die Stelle der Volksversammlungen trat jetzt allerdings die Heeresversammlung; wichtige Entscheidungen wurden unter Beratung des Adels durch den König auf den Hoftagen getroffen. In den einzelnen Verwaltungsbezirken regierten in Königsauftrag Grafen, die in eigener Hand für das Heeresaufgebot, die Gerichtsbarkeit und die Verwaltung zu sorgen hatten; aus dem ehemaligen Volksgericht wurde jetzt also das Grafengericht, dessen Rechtsprechung freilich nach Stammesrecht erfolgte; zur Beweisführung wurden Eideshelfer herangezogen; das Urteil konnte in unklaren Widerspruchsfällen durch Zweikampf oder durch Ordal gefällt werden. Sozial setzte sich das spätrömische Immunitätsrecht fort: wem der König (im Gegenzug zum Treueid) Grundbesitz geschenkt hatte, war von jeglicher Beamtentätigkeit befreit; er brauchte keine Abgaben zu zahlen und besaß auf seinem Gebiet eine eigene Gerichtsbarkeit. Auf diese Weise bildete sich eine weltliche und kirchliche Grundherrschaft auf der Basis königlicher Schenkung; die Standesunterschiede nahmen zu und verfestigten sich in einem Rechtssystem, das diese Unterschiede legitimierte und legalisierte.

Was die fränkische Kirche anging, so war sie jetzt beides: vom König beschützt und vom König beschenkt; in doppelter Weise also war sie vom Landesherrn abhängig, der zu Bischöfen meist Adlige ernannte und – wie in spätrömischer Zeit – auch die Synoden einberief. Allerdings galt das germanische Bodenrecht: Kirchen, die vom Grundherrn errichtet waren, blieben mitsamt den Einkünften in seinem Besitz, und es stand ihm das Recht zu, Geistliche einzusetzen[295]. Aus einer Glaubensgemeinschaft von Unfreien und Unterdrückten war somit eine Kirche von Adligen und Reichen geworden, an der Seite und in Diensten der Herrschergewalt des Königs.

a) Macht oder Mitleid – FRIEDRICH NIETZSCHE *zur Entscheidung*

Was diese Veränderungen unter dem Decknamen des »Christlichen« in Wahrheit bedeuteten, ist für uns Heutige selbst in historischem Sinne schwer zu ermessen, – anderthalbtausend Jahre Kirchengeschichte bedingen geradezu einen gewohnheitsrechtlichen Gültigkeitsanspruch, und es ist fast unmöglich, als Kirchenchrist sich ein andersgeartetes Christentum überhaupt noch vorzustellen. Gleich-

295 Vgl. JOHANNES HARTMANN: Das Geschichtsbuch, 75–76.

wohl ist gerade eine solche Erinnerung an das ursprünglich von Jesus Gemeinte unerläßlich, und sie kann am besten noch einmal im Rückgriff auf FRIEDRICH NIETZSCHE erfolgen, der in der Klarsicht seiner Haßliebe eben diese Botschaft in seinem »Antichristen« am heftigsten bekämpft hat.

Im Kern erhob NIETZSCHE gegen das Christentum den Vorwurf, das Römische Imperium zerstört zu haben und aus den Ruinen dieses Reiches die römisch-katholische Kirche errichtet zu haben, wobei er den Gegensatz zwischen dem »Gottesreich« Jesu und dem Caesaren-Reich Roms vollkommen korrekt in dem absoluten Kontrast von Mitleid und Macht erkannte. Das *imperium Romanum*, dessen Gewalt und Greuel wir nicht umsonst eindringlich beschrieben haben, nennt NIETZSCHE – entsprechend seiner Vorstellung von »Stärke«, »Kraft«, »Gesundheit«, »Macht«, »Natur« und »Leben« – »die großartigste Organisations-Form unter schwierigen Bedingungen, die bisher erreicht worden ist, im Vergleich zu der alles Vorher, alles Nachher Stückwerk, Stümperei, Dilettantismus ist«, und er sieht im Christentum einen heiligen Anarchismus am Werke, eine »Frömmigkeit«, »das *imperium Romanum* zu zerstören, bis kein Stein auf dem andern blieb, – bis selbst Germanen und andere Rüpel darüber Herr werden konnten ... Der Christ und der Anarchist: beide décadents, beide unfähig, anders als auflösend, vergiftend, verkümmernd, blutaussaugend zu wirken ... Das Christentum war der Vampir des *imperium Romanum*, – es hat die ungeheure Tat der Römer, den Boden für eine große Kultur zu gewinnen, die Zeit hat, über Nacht ungetan gemacht.«[296]

Und warum dies? »Man nennt«, erklärte NIETZSCHE, »das Christentum die Religion des Mitleidens«, und er meinte: »Das Mitleiden steht im Gegensatz zu den tonischen (sc. anspannenden, d.V.) Affekten, welche die Energie des Lebensgefühls erhöhn: es wirkt depressiv. Man verliert Kraft, wenn man mitleidet. Durch das Mitleiden vermehrt und vervielfältigt sich die Einbuße an Kraft noch, die an sich schon das Leiden dem Leben bringt.«[297]

Diese Feststellung mag gewiß zutreffen: das Leiden am Leid der Welt übt eine gewissermaßen buddhistische Verführung aus, wie sie bei ARTHUR SCHOPENHAUER philosophisch als Aufhebung des Willens zum Leben, als metaphysische Verneinung der Bedingungen des

296 FRIEDRICH NIETZSCHE: Der Antichrist, Nr. 58, in: Wagner-Schriften. Götzendämmerung. Der Antichrist. Ecce homo. Gedichte, 274–275.
297 A.a.O., Nr. 7, S. 195.

Daseins, begründet wurde; doch indem NIETZSCHE an dieser Stelle seinen Lehrer – nicht zu Unrecht – bekämpfte, verwechselte er dessen Interpretation des Christentums mit der Botschaft Jesu selbst: Nicht Müdigkeit, Resignation und Erschlaffung, vielmehr ein energisches und engagiertes Eintreten für die Not der am Boden Liegenden bildet das Zentrum der Weltsicht Jesu[298].

In *einem* freilich ist NIETZSCHE zuzustimmen. »Das Mitleiden«, schreibt er, »kreuzt im ganzen Großen das Gesetz der Entwicklung, welches das Gesetz der Selektion ist. Es erhält, was zum Untergange reif ist, es wehrt sich zugunsten der Enterbten und Verurteilten des Lebens, es gibt durch die Fülle des Mißratnen aller Art, das es im Leben festhält, dem Leben selbst einen düsteren und fragwürdigen Aspekt.«[299] Das, zweifellos, stimmt: Das Leiden auch nur *eines* Menschen, den man liebt, stellt die gesamte Weltordnung in Frage, und gegen diese Möglichkeit versuchte NIETZSCHE, der »Natur« in ihrer großen Grausamkeit recht zu geben; er verwahrte sich entschieden gegen das Ansinnen, die Menschen sollten einer Moralauffassung der Fürsorge und der Rücksichtnahme für das Wohl eines jeden noch so geringen Einzelnen folgen. Insbesondere das Gottesbild des Christentums zur Begründung einer solchen Einstellung sah NIETZSCHE als Widerspruch zu jeder Realität in Natur und Geschichte, die erfahrungsgemäß beide gleichermaßen nie nur gütig sind; mit einer solchen Vorstellung von einem nur gütigen Gott begreift man in der Tat weder die Welt noch den Menschen noch die Religion noch den Staat, – an jeder Stelle wird man sich mit dem Vorgefundenen überwerfen müssen. Die gesamte Frömmigkeitshaltung der Völker steht dagegen. Ein Gott, wie er in der Religionsgeschichte in Erscheinung tritt, muß, laut NIETZSCHE, »nutzen und schaden können, muß Freund und Feind sein können, – man bewundert ihn im guten wie im schlimmen. Die widernatürliche Kastration eines Gottes bloß im

298 Zu Recht hat ALBERT SCHWEITZER: Die Weltanschauung der indischen Denker, in: Ausgew. Werke in 5 Bden, II 508–594: Buddha und seine Lehre, auf diesen Unterschied von Buddhismus und Christentum hingewiesen: »Zunächst gilt es (sc. nach *Buddha*s Lehre, d.V.), einzusehen, daß es in der irdischen Welt keine wirkliche Freude gibt, sondern daß alles Leben Leiden ist ... Aber nicht nur, daß das irdische Leben leidvoll ist, gilt es nach *Buddha* einzusehen, sondern auch, daß dieses Dasein unser Los ist, weil wir in dem Wahne, als könne es uns Lust bringen, nach ihm Verlangen tragen. Der sinnlose Wille zum Leben – *Buddha* nennt ihn das Begehren nach Werden und nach Lust – ist es, der die Wesen von Wiedergeburt zu Wiedergeburt führt.« (514–515) Das Christentum versucht demgegenüber, die Angst durch Vertrauen und das Leid durch Liebe zu überwinden.

299 FRIEDRICH NIETZSCHE: Der Antichrist, Nr. 7, S. 195.

Guten läge ... außerhalb aller Wünschbarkeit. Man hat den bösen Gott so nötig als den guten: man verdankt ja die eigene Existenz nicht gerade der Toleranz, der Menschenfreundlichkeit ... Was läge an einem Gott, der nicht Zorn, Rache, Neid, Hohn, List, Gewalttat kennte? Dem vielleicht nicht einmal die entzückenden *ardeurs* (sc. Leidenschaften, d.V.) des Siegs und der Vernichtung bekannt wären? Man würde einen solchen Gott nicht verstehn: wozu sollte man ihn haben?«[300] Und wieso überhaupt konnte eine solche Vorstellung sich bilden?

Zwei Gründe dafür waren NIETZSCHE denkbar, beide haben sie zu tun mit einem tiefen Leiden an der Wirklichkeit, und zwar entweder aus Schwäche oder aus Übersensibilität.

Es kann *zum einen* der Fall eintreten, daß aus Schwäche ein »Volk zugrunde geht; wenn es den Glauben an die Zukunft, seine Hoffnung auf Freiheit endgültig schwinden fühlt, wenn ihm die Unterwerfung als erste Nützlichkeit, die Tugenden der Unterworfenen als Erhaltungsbedingungen ins Bewußtsein treten, dann muß sich auch sein Gott verändern. Er wird jetzt Duckmäuser, furchtsam, bescheiden, rät zum ›Frieden der Seele‹, zum Nicht-mehr-hassen, zur Nachsicht, zur ›Liebe‹ selbst gegen Freund und Feind. Er moralisiert beständig, er kriecht in die Höhle jeder Privattugend, wird Gott für jedermann, wird Privatmann, wird Kosmopolit ... Ehemals stellte er ein Volk, die Stärke eines Volkes, alles Aggressive und Machtdurstige aus der Seele eines Volkes dar; jetzt ist er bloß noch der gute Gott ... In der Tat«, meint NIETZSCHE, »es gibt keine andere Alternative für Götter: entweder sind sie der Wille zur Macht – und so lange werden sie Volksgötter sein –, oder aber die Ohnmacht zur Macht – und dann werden sie notwendig gut ...«[301]

Solche Sätze treffen gänzlich zu, solange Götter als »Volksgeister« agieren; sie sind dann die Verkörperung des Kollektivbewußtseins eines Volkes, sie sind die Projektionsgestalten nationalen Selbstvertrauens (oder chauvinistischer Selbstüberheblichkeit), sie sind die Rechtfertigung aller Mittel, die zur Erreichung eigenstaatlicher Macht und Größe als erforderlich erscheinen, – schon deshalb war der *Jahwe* Israels so groß, wie das »Volk Gottes« selbst sich in ihm sah. Doch gerade diese Sicht auf Gott versuchte Jesus umzukehren, und es ist wichtig, die Begründung dafür zu verstehen.

300 A.a.O., Nr. 16, S. 205.
301 A.a.O., Nr. 16, S. 205–206.

Gewiß, politisch liegt in seinen Tagen Israel am Boden; das von Gott zugelobte Land ist eine römische Provinz, der heilige Heimatboden wird von Heiden rituell verunreinigt; und für nicht wenige bedeutet Gottesdienst deshalb, den Krieg der Makkabäer wieder aufzugreifen und mit Gewalt den Traum von *David*s Großreich zu verwirklichen. An Gott zu glauben, heißt für die Sikarier (von lat. *sica* – Sichel, Dolch), so viele Römer wie nur möglich umzubringen, bis daß die Okkupanten das Land Gottes dem Volk Gottes in die Hand zurückgeben. Für Jesus ist Gewalt jedoch nicht Gottesdienst, sondern so viel wie Gotteslästerung, ein Teufelsdienst; nicht machtpolitische Resignation, die sich müde und mild als Weisheit tarnt, führt ihn zu dieser Einstellung, sondern gerade umgekehrt: es ist für ihn die unbedingte Güte Gottes, die allen Menschen ohne Grenzen gilt und universell Freundschaft und Versöhnung statt Feindschaft und Zerstörung bringt. Die religiöse Überzeugung Jesu ist keine Reaktion auf die reale Ohnmacht Israels, sie ist die revolutionäre Antithese zu dem gesamten unwürdigen Machtgerangel unter Menschen, politisch wie persönlich. Nicht die Wahrheit der menschlichen Natur spricht sich in diesem allüberall zu beobachtenden Gehabe aus, sondern ein Minderwertigkeitsgefühl und eine Angst, wie sie im Feld der Gottesferne unvermeidlich sind. Nicht Gottes Schwäche, sondern seine Stärke macht es nach Jesu Meinung Menschen möglich, sich all die Eitelkeiten eigener Großmachtposen zu ersparen und sich in Ruhe auf sich selber zu besinnen.

Eine solche Umkehrung der Lebensführung ist total: es geht nicht länger mehr darum, sich gegen andere kraftprotzend durchzusetzen, es geht darum, sich für die Not der andern einzusetzen. An der Stelle hat NIETZSCHE recht: wenn etwas »Rom« gefährlich war und werden mußte, dann die Totalentwertung des Begriffs der »Größe«. »Nur dir, nur dir, Gott, sei die Ehre«, so lernte Jesus schon als Kind im Psalter Israels zu beten (Ps 115,1); im Glanz der Größe Gottes blühen alle Blumen auf dem Felde zu ihrer je eigenen Schönheit auf (Mt 6,28–30); das Messen nach groß und gering im Maßstab anderer entfällt damit zugunsten eines sanften Glücks innerer Übereinstimmung und wohltuender Zuwendung.

Von daher ergibt sich eine Lebensführung, wie NIETZSCHE sie an der Person Jesu im Gegensatz zum Kirchendogma beinahe freundschaftlich beschrieb, nur um sie dann als eine Lebensvergiftung aus Überempfindlichkeit am Leid der Welt zu brandmarken. »Ich sehe nicht ab«, schreibt er, »wogegen der Aufstand (sc. Jesu, d.V.) gerichtet war, ... wenn es nicht der Aufstand gegen die jüdische Kirche war, – ›Kirche‹ genau in dem Sinn genommen, in dem wir heute das Wort nehmen. Es war ein Aufstand gegen ›die Guten und Gerechten‹, gegen ›die Heiligen Israels‹, gegen die Hierarchie der Gesellschaft – nicht gegen deren Verderbnis, sondern gegen die Kaste, das Privilegium, die Ordnung, die Formel; es war der Unglaube an die ›höheren Menschen‹, das Nein gesprochen gegen alles, was Priester und Theologe war. Aber die Hierarchie, die damit ... in Frage gestellt wurde, war der Pfahlbau, auf dem das jüdische Volk, mitten im ›Wasser‹, überhaupt noch fortbestand, – die mühsam errungene letzte Möglichkeit, übrig zu bleiben, das Residuum seiner politischen Sonder-Existenz: ein Angriff auf sie war ein Angriff auf den tiefsten Volks-Instinkt, auf den zähesten Volks-Lebenswillen, der je auf Erden dagewesen ist. Dieser heilige Anarchist, der das niedere Volk, die Ausgestoßenen und ›Sünder‹, die Tschandala innerhalb des Judentums zum Widerspruch gegen die herrschende Ordnung aufrief – mit einer Sprache, falls den Evangelien zu trauen wäre, die auch heute noch nach Sibirien führen würde, war ein politischer Verbrecher, soweit eben politische Verbrecher in einer absurd-unpolitischen Gemeinschaft möglich waren. Dies brachte ihn ans Kreuz: der Beweis dafür ist die Aufschrift des Kreuzes.«[302]

In der Tat, so war es, nur daß die Absage Jesu an all die selbstgewisse Einteilung der Menschen entlang der Skala bürgerlicher Wertbegriffe nicht, wie NIETZSCHE unterstellte, dem üblichen Ressentiment von Kleinmut und Kleingeistigkeit entstammt, sondern eher einem Motiv, das auch für ihn – als zweiter Möglichkeit des Leidens an der Wirklichkeit – plausibel schien: der Hypersensibilität des Schmerzempfindens. »Wir kennen einen Zustand krankhafter Reizbarkeit des Tastsinns«, erläuterte er, »der dann vor jedem Anfassen eines festen Gegenstandes zurückschaudert. Man übersetze sich einen solchen physiologischen habitus in seine letzte Logik – als Instinkt-Haß gegen jede Realität, als Flucht ins ›Unfaßliche‹, ins ›Unbegreifliche‹, als Widerwille gegen jede Formel, jeden Zeit- und Raumbegriff, gegen alles, was fest, Sitte, Institution, Kirche ist, als Zu-Hause-sein in einer Welt, an die keine Art Realität mehr rührt, einer bloß noch ›inneren‹ Welt, einer ›wahren‹ Welt, einer ›ewigen‹ Welt ... ›Das Reich Gottes ist in euch‹ (sc. Lk 17,21, d.V.).«[303]

302 A. a. O., Nr. 27, S. 222–223.
303 A. a. O., Nr. 29, S. 225.

Wie wahr! Auch unter Theologen herrscht inzwischen Einigkeit darüber, daß Jesus diese Welt in radikaler Perspektivendrehung aus Sicht der Leidenden betrachtete, und zu den Leidenden rechnete er samt und sonders alle, die sich in ihre Welt vergraben, als wenn es Gott nicht gäbe. Was Menschen brauchen, sind nicht mitleidlose Peitschenhiebe, die sie in den Bergwerken einer in sich geschlossenen, rein diesseitigen Weltbetrachtung weiter vorantreiben; was sie benötigen, ist eine Güte, die nicht ausschließt, ist eine Zuwendung in dankbarem Respekt für den kostbaren Selbstwert alles Lebenden, ist ein Vertrauen, das ein Stück vom Himmel auf die Erde holt.

Dagegen wandte NIETZSCHE ein, es sei »Mitleiden ... die Praxis des Nihilismus. Nochmals gesagt: dieser depressive und kontagiöse (sc. ansteckende, d.V.) Instinkt kreuzt jene Instinkte, welche auf Erhaltung der Wert-Erhöhung des Lebens aus sind: er ist ebenso als Multiplikator des Elends wie als Konservator alles Elenden ein Hauptwerkzeug zur Steigerung der décadence, – Mitleiden überredet zum Nichts! ... Man sagt nicht ›nichts!‹ ... man sagt dafür ›jenseits‹ oder ›das wahre Leben‹; oder Nirvana, Erlösung, Seligkeit ... Nichts ist ungesunder, inmitten unserer ungesunden Modernität, als das christliche Mitleid. Hier Arzt sein, hier unerbittlich sein, hier das Messer führen – das gehört zu uns, das ist unsere Art Menschenliebe.«[304] Nur: welche Züge trägt eine so geartete Menschenliebe?

»Was ist gut?« fragt NIETZSCHE und gibt selber die Antwort: »Alles, was das Gefühl der Macht, den Willen zur Macht, die Macht selbst im Menschen erhöht. Was ist schlecht? – Alles, was aus Schwäche stammt.

Was ist Glück? – Das Gefühl davon, daß die Macht wächst, – daß ein Widerstand überwunden wird. Nicht Zufriedenheit, sondern mehr Macht; nicht Friede überhaupt, sondern Krieg; nicht Tugend, sondern Tüchtigkeit (Tugend im Renaissance-Stile, virtu, moralinfreie Tugend). Die Schwachen und Mißratenen sollen zugrunde gehen, – erster Satz unserer Menschenliebe. Und man soll ihnen noch dazu helfen.

Was ist schädlicher als irgendein Laster? – Das Mitleiden der Tat mit allen Mißratnen und Schwachen – das Christentum.«[305]

Und eben das ist jetzt sein Vorwurf: »Das Christentum hat die Partei alles Schwachen, Niedrigen, Mißratnen genommen, es hat ein

304 A.a.O., Nr. 7, S. 195–196.
305 A.a.O., Nr. 2, S. 192.

Ideal aus dem Widerspruch gegen die Erhaltungsinstinkte des starken Lebens gemacht; es hat ... die obersten Werte der Geistigkeit als sündhaft, als irreführend, als Versuchungen« zu empfinden gelehrt.[306] »Gerade der Gegensatz zu allem Ringen, zu allem Sich-im-Kampf-fühlen ist hier Instinkt geworden: die Unfähigkeit zum Widerstand wird hier Moral (›widerstehe nicht dem Bösen!‹ das tiefste Wort der Evangelien [sc. Mt 5,39, d.V.], die Seligkeit im Frieden, in der Sanftmut, im Nicht-feind-sein-können. Was heißt ›frohe Botschaft‹? Das wahre Leben, das ewige Leben ist gefunden, – es wird nicht verheißen, es ist da, es ist in euch: als Leben in der Liebe, in der Liebe ohne Abzug, ohne Distanz.«[307]

Dahinter steht nach NIETZSCHE keine tiefere, wahrere Liebe zum Menschen, sondern, so seine Diagnose: *»Der Instinkt-Haß gegen die Realität:* Folge einer extremen Leid- und Reizfähigkeit, welche überhaupt nicht mehr ›berührt‹ werden will, weil sie jede Berührung zu tief empfindet. – *Die Instinkt-Ausschließung aller Abneigung, aller Feindschaft, aller Grenzen und Distanzen im Gefühl:* Folge einer extremen Leid- und Reizfähigkeit, welche jedes Widerstreben, Widerstreben-müssen bereits als unerträgliche *Unlust* (das heißt als *schädlich*, als vom Selbsterhaltungs-Instinkte *widerraten*) empfindet und die Seligkeit (die Lust) allein darin kennt, nicht mehr, niemandem mehr, weder dem Übel noch dem Bösen, Widerstand zu leisten – die Liebe als einzige, als *letzte* Lebensmöglichkeit ...«[308]

Das Resultat: »Die Gottheit der décadence, beschnitten an ihren männlichsten Tugenden und Trieben, wird nunmehr notwendig zum Gott der Physiologisch-Zurückgegangenen, der Schwachen. Sie heißen sich selbst *nicht* die Schwachen, sie heißen sich ›die Guten‹ ... Aber: Das Gegenteil springt doch in die Augen. Wenn die Voraussetzungen des *aufsteigenden* Lebens, wenn alles Starke, Tapfere, Herrische, Stolze aus dem Gottesbegriff eliminiert werden, wenn er Schritt für Schritt zum Symbol eines Stabs für Müde, eines Rettungsankers für alle Ertrinkenden heruntersinkt, wenn er Arme-Leute-Gott, Sünder-Gott, Krankengott par excellence wird, und das Prädikat ›Heiland‹, ›Erlöser‹ gleichsam übrigbleibt als göttliches Prädikat überhaupt: *wovon* redet eine solche Verwandlung? eine solche *Reduktion* des Göttlichen? ... Sein Weltreich ist ... ein Unterwelts-

306 A.a.O., Nr. 5, S. 193–194.
307 A.a.O., Nr. 29, S. 224.
308 A.a.O., Nr. 30, S. 225.

Reich, ein Hospital, ein souterrain-Reich, ein Getto-Reich.«[309] »Der christliche Gottesbegriff – Gott als Krankengott, Gott als Spinne, Gott als Geist ... Gott zum *Widerspruch des Lebens* abgeartet, statt dessen Verklärung und ewiges Ja zu sein! In Gott dem Leben, der Natur, dem Willen zum Leben die Feindschaft angesagt! Gott die Formel für jede Verleumdung des ›Diesseits‹, für jede Lüge vom ›Jenseits‹! In Gott das Nichts vergöttlicht, der Wille zum Nichts heilig gesprochen! ...«[310]

Man muß NIETZSCHE dankbar sein für diese Klarheit seines Widerspruchs, denn er hilft wie nichts sonst, die Umrisse der Botschaft Jesu, sein Anliegen und dessen Ausführung, inmitten des Nebels kirchlicher Verkündigung wieder hervortreten zu lassen und damit zugleich an sich selbst die Frage zu richten, was, auf Entweder-Oder, im eigenen Leben in Geltung stehen soll. Jesus hat die drohenden, gewalttätigen »männlichen« Züge im Bild des Gottes Israels, wie ihn die Bibel schildert, in der Tat radikal ausgefiltert ins Gütige, Besänftigende, »Weibliche«, und völlig richtig hat NIETZSCHE diesen Punkt als Kern seiner Kritik am Christentum hervorgehoben, – wir werden später noch, wenn wir die psychoanalytischen Einwände ERICH FROMMS an dem bestehenden Strafrecht aufgreifen, uns dieser Tatsache noch einmal stellen müssen und dabei Jesus und nicht NIETZSCHE folgen. Doch hier schon sei bemerkt: Wie soll »der« Mensch, die Menschheit an sich selber sich veredeln, wenn Krieg und wenn Gewalt als hoheitsvolle Ausdrucksform seelischer Kraft und physischer Gesundheit angepriesen werden?

Die Frage stellt sich einem jeden, der nach *Augustus*-Art sich selbst als Sieger sieht, – als Mann, der es geschafft hat und der beginnt, sich seines Reichtums zu erfreuen, der schon bereit steht, das unverdiente Glück, gesund zu sein, in vollen Zügen zu genießen, und der nicht Scheu trägt, im Besitz des Glanzes seiner Selbstdarstellung beleidigend-beleidigt herabzuschauen auf all die unter ihm »Verkrüppelten«, »Mißratenen«, »Zurückgebliebenen«, die ihm zur Last zu werden drohen, – wie: Er kann Menschen in den Krieg schicken und angesichts von Tausenden von Toten über die Niederlage seines Gegners triumphieren, in Dankbarkeit für einen Gott, der seine Kraft in seinem Sieg unter Beweis zu stellen wüßte? Er kann in seinem wohlerworbenen oder mit Macht geraubten Reichtum sich als überlegen

309 A.a.O., Nr. 17, S. 206–207.
310 A.a.O., Nr. 18, S. 208.

wähnen, ohne daran zu denken, daß das, was er besitzt, anderen fehlen wird, ja, daß ihm, wesentlich betrachtet, nichts gehört? Er kann, ohne den Selbstbetrug zu merken, die körperliche Unversehrtheit, die er noch genießt, als Ausweis eines Rechts zum Leben vorzeigen, als ob nicht noch im gleichen Augenblick sich seine Lage völlig ändern könnte? – Wenn er *das* kann, braucht er tatsächlich keinen Gott, wie Jesus ihn gelehrt hat, er wird nach ihm nicht einmal fragen. Er akzeptiert die Welt halt, wie sie ist, und nennt es »Realismus«, ihre Kräfte in sich aufzunehmen. Daß Menschen elend sterben, ist für ihn ein Teil der Wirklichkeit, – es wird nicht die Zufriedenheit seines Genießerglücks zerstören. Oder seines Erobererglücks! Das Leid, der Schmerz, der Tod von Millionen scheint ihm gerechtfertigt durch eine große umstürzende Tat, die das Verrottete hinwegfegt und Neues, Helles an die Stelle setzt. Man muß sich weigern, mitzuleiden, – es würde die Entschlossenheit, sich durchzusetzen, schmälern, es würde die robuste Kraftentfaltung schwächen, es würde die »gesunde« Unbedenklichkeit mit Zweifeln und mit Selbstvorwürfen ankränkeln. Gott ist nur nötig denen, die sich weigern abzustumpfen und die durch fremdes Unglück aus ihrem Glück herausgerissen werden; *die* sehnen sich nach einer anderen Welt ohne Dunkelheit und Angst und Tränen (Apk 21,3–4). Für sie ist diese Welt erträglich nur als Weg zu Gott, als Weg mit Gott.

Von dieser Art, gewiß, war Jesus, begabt mit einer Sensibilität und einem Feingefühl, weit mehr als sonst gewöhnlich; er brauchte Gott, um diese seine Fähigkeit in dieser Welt sich zu bewahren; und statt die offenbare Wahrheit zu verdrängen, gestand er sich die Brüchigkeit des Daseins in vollem Umfang ein: Wie es dem anderen in seinem Elend geht – in seiner Schuld, in seiner Armut, in all seinen Erkrankungen –, genau das ist zu jeder Zeit auch eine Möglichkeit im eigenen Leben; darum sprach Jesus diejenigen selig, die ihre Armut und Armseligkeit erkennen und als ihnen zugehörig anerkennen (Mt 5,3)[311]. Kein Mensch mit einer solchen Einsicht ist auf dieser Erde lebensfähig, ohne jedweder Form des kämpferischen Niederringens anderer sich zu verweigern. Er muß an eine Güte glauben, wie sie die ganze Welt nicht gibt; er muß an eine mütterliche/väterliche Liebe glauben, die absolut zu allem steht, was nur von ihr her existiert; er muß so sprechen, wie im 1. Briefe des Johannes: »Gott ist Liebe« (1 Joh 4,16).

311 Zur Auslegung der Stelle vgl. E. DREWERMANN: Das Matthäus-Evangelium, I 369–373: Glücklich die aus Geist Armen, ihrer ist das Königtum der Himmel.

Nicht um die Welt, um das, was NIETZSCHE als »Natur« gilt, zu verleugnen oder zu verleumden, dachte Jesus so, vielmehr um Gott nicht länger sich nach der Art der Völker vorzustellen, die ihre eigenen Triebregungen mit allen ihren Widersprüchen und Verwirrungen in ihre Göttermythen einzutragen pflegten. Nur weil Gott absolut verschieden ist von dieser Welt, kann er den Menschen, die in ihr und an ihr endlos leiden, Trost und Hoffnung schenken, und nur weil Gott in seiner Güte absolut jenseits der Widersprüche und Ambivalenzen menschlicher Seelenregungen sich findet, vermag er ein Vertrauen zu begründen, in dem wirkliche Heilung zu sich selber möglich ist.

Diese existentielle Wende in der gesamten Lebensführung und Lebensauffassung kann man nicht kraß genug sich vorstellen; eben deshalb ist der wütende Protest FRIEDRICH NIETZSCHES uns so hilfreich: er zeigt das ungeheure Maß der Veränderung, die Jesus eingeleitet und ermöglicht hat. Kein Stein des Römischen Imperiums, kein Stein all der Gebäude, die in der Geschichte als Nationen oder als Staaten aufgetreten sind und noch auftreten werden, bleibt auf dem anderen, wenn die Veränderung im ganzen gilt, die Jesus vorgenommen hat, indem er die Welt ansah aus dem Blickwinkel der unten Liegenden, aus der »Froschperspektive«, wie NIETZSCHE immer wieder voll Verachtung einwandte. Dem »Heiland« aus Nazareth indessen war es mit dem Heilen ernst: alles an seiner Botschaft versteht man von einem zentral therapeutischen Ansatz her, und alles verfälscht man, sobald man an die Stelle einer helfend-heilenden Begegnung zwischen Ich und Du die kirchlichen und staatlichen Interessen institutioneller Machtausübung rückt.

Kann, ja darf man über Menschen zu Gericht sitzen? Das ist die Frage, an der es sich entscheidet. Ja, ist die Antwort aller Staaten dieser Erde – genau dafür sind sie begründet, und darauf sind sie gegründet; Nein, ist die Antwort Jesu. Der Gegensatz ist nicht vermittelbar, es ist erfordert, Stellung zu beziehen, kompromißlos, auf Ja oder auf Nein[312]. Wie aber dann?

312 Es war G. W. F. HEGEL: Der Geist des Christentums, 469, der auf diesen unüberbrückbaren Kontrast hinwies, um ihn aufzuheben; er schrieb: »Der Idee der Juden von Gott als dem Herren und Gebieter über sie, setzt Jesus das Verhältnis Gottes zu den Menschen als eines Vaters gegen seine Kinder entgegen. – Moralität hebt die Beherrschung in den Kreisen des zum Bewußtsein Gekommenen; Liebe die Schranken der Kreise der Moralität auf; aber die Liebe selbst ist noch unvollständige Natur; in den Momenten der glücklichen Liebe ist kein Raum für Objektivität; aber jede Reflexion hebt die Liebe auf, stellt die Objektivität wieder her

Die Kirche oder, mit SÖREN KIERKEGAARD gesprochen, die »Christenheit«, hat es fertig gebracht, die Botschaft Jesu den Worten nach in immer feierlicheren Ausformulierungen ihrer wesentlich symbolischen Vorstellungsform zu entkleiden und an die Stelle des persönlichen Lebens das Dogma als fertige Formel eines objektiv gültigen, subjektfernen »Bekenntnisses« zu setzen[313]. Nicht die Entfaltung des Individuums in befreiender, therapeutischer Absicht, sondern die Einordnung und Unterwerfung des Individuellen in und unter Staats- und Kirchenmacht bildet die Achse dieses »Christentums« im Abendland, und es waren immer wieder Theologen, die als die »Truthähne« (oder Kapaune) Gottes[314] diese Verfälschungen rechtfertigten. Sie dienten der Macht, die sie selber ausübten, und jedes ihrer Dogmen war ein Akt der Ausgrenzung und der Gewalt. Die Einsetzung des Dogmas selbst eröffnete ein Schiedsgerichtsverfahren, das mit der Zeit sich auswuchs zu den behördlichen Verhören, zu Folterbefragungen wie bei den Sklaven im antiken Rom und zu den Hinrichtungsspektakeln qualvoller Verbrennungen in den Händen der Inquisition. Nichts blieb mehr von der Milde Jesu. Die Kirche selber ward zum Staat im Staate, statt politisch und juridisch, sozial und kulturell die Welt zu ändern. Das »Salz der Erde« (Mt 5,13) wurde schal, und man ließ es von den Menschen zertreten[315].

Dabei nach außen hin nahm alles höchst erfolgreich seinen Gang. Die große Aufgabe der Zeit war die »Bekehrung« der germanischen Bevölkerung, die nach der »Völkerwanderung« in Westeuropa seßhaft geworden war. Die Missionierung nahm ihren Ausgang vor allem von Klöstern, die von Rom relativ unabhängig waren, wie etwa die irische Mönchskirche, die im 5. Jh. von dem Bretonen

und mit ihr beginnt wieder das Gebiet der Beschränkungen.« Religion ist nach HEGEL die Einheit, die das nur Beschränkte des Bewußtseins und damit auch den Widerspruch zur Welt überwindet.

313 Vgl. dagegen SÖREN KIERKEGAARD: Der Augenblick, 7. Juli 1855: Es ist um des Nachfolgers willen, Nr. 10, S. 343: »Alles Verkehrte – ist des Vorgängers Schuld. Alles Trachten nach dem Irdischen – geschieht um des Nachfolgers willen … Gott helfe dem, der keinen Vorgänger und keinen Nachfolger hat; für ihn wird das Leben in Wahrheit das, was es nach dem Willen des Christentums sein soll: eine Prüfung, in der man nicht schwindeln kann.« Es gilt, zu Jesus »gleichzeitig« zu werden.

314 FRIEDRICH NIETZSCHE: Der Antichrist, Nr. 13, S. 202; an anderer Stelle spricht er von den »Begriffs-Albinos«, a. a. O., Nr. 17, S. 207.

315 Zu dem Bildwort vom Salz vgl. E. DREWERMANN: Das Matthäus-Evangelium, I 428–433: Mt. 5,13–16: Das Salz der Erde und das Licht der Welt oder: Bilder von Gemeinde.

Patrick gegründet worden war und die von Nordengland über Frankreich bis zum Bodensee (Reichenau), in die Schweiz (St. Gallen), nach Bayern und Norditalien vordrang. Römische Benediktinermönche, die *Gregor der Große* aussandte, machten sich ab 596 an die Bekehrung Südenglands. Beide Bewegungen bildeten nach der Synode von Whitby 664 mit ihrer Entscheidung zugunsten Roms im 7./8. Jh. die Grundlage der angelsächsischen Kultur. Es waren angelsächsische Abteien und Mönche, die, wie *Beda Venerabilis* (673–735), das Erbe Roms in Sprache und Kultur bewahrten und so allererst die Karolingische Renaissance ermöglichten. Auf dem Festland breitete die angelsächsische Mission sich in Verbindung mit Rom als erstes durch *Willibrord* bei den Friesen aus; *Bonifatius* (um 675–754), ein Mönch aus Wessex, missionierte, auf päpstliche Weisung hin, in Hessen und Thüringen; sein Plan der Sachsenmission indessen konnte durch seinen gewaltsamen Tod nicht mehr ausgeführt werden.

All das geschah, so wertvoll und ehrlich gemeint es kulturell und religiös auch war, im Schatten des Zusammenspiels von Königtum und Papsttum. Als 751 *Pippin der Jüngere* (714–768) unter Zustimmung von Papst *Zacharias* (714–752) in Ablösung der Merowinger zum König erhoben wurde, salbte ihn *Bonifatius* in Anlehnung an das Ritual des Alten Testamentes und verlieh damit seiner Herrschaft die fehlende Rechtmäßigkeit. Gott, sollte man denken, erwählte sich durch den Segen der Kirche seinen Herrscher, – ein Arrangement, das sich durch das ganze Mittelalter hindurch erhalten sollte; ein geistlich-weltliches Konstrukt, das in der Bibel nie auf festen Füßen stand, fand somit seine Fortsetzung im »christlichen« Abendland, – als hätte es den »Christus« mit seinem Protest genau dagegen nie gegeben. Im Jahre 754 erwarb *Pippin der Jüngere* durch sein Schutzversprechen an Papst *Stephan II.* (752–757) zur Hilfe gegen die Langobarden mit einer neuerlichen Salbung, nunmehr durch den Papst persönlich, den Titel eines Schutzherrn Roms (*patricius Romanorum*). Nach seinem Sieg über die Langobarden machte er 756 die ehedem byzantinischen Gebiete in Italien, insbesondere Ravenna, dem Papst zum Geschenk; diese »Pippinsche Schenkung« wurde zur Grundlage des Kirchenstaates, und die Verbindung von fränkischem Königtum und römischem Papsttum bildete die Schlüsselkonstruktion der Machtverteilung von Staat und Kirche in aller Folgezeit[316].

316 Vgl. JOHANNES HARTMANN: Das Geschichtsbuch, 78–79. Die Pippinsche

b) Germanisches Recht

Dieser Geschichtsverlauf führte dazu, daß sich im Westen des ehemaligen Römischen Imperiums machtpolitische Allianzen und kulturelle Einrichtungen bildeten, die mit den Rechtsvorstellungen *Justinians* durchaus nichts mehr zu tun hatten. Allerdings herrscht immer noch vielerorts die Vorstellung, daß eben dadurch die Strafjustiz barbarisiert worden sei, indem die rauhen Sitten wilder Germanenstämme sich nunmehr ungehemmt hätten ausbreiten können; tatsächlich beziehen sich in Texten des 6. bis 11. Jhs. die Hinweise »auf das römische Recht ... in der Regel auf die Volksrechte der Germanenreiche ... Diese Gesetzessammlungen spiegelten jedoch nicht das römische Recht der klassischen Zeit wider, sondern das Vulgarrecht des 5. Jahrhunderts.«[317]. Von daher könnte man wohl wirklich meinen, daß die Auflösung der kaiserlichen Ordnung Ostroms, dieses vielgerühmten Meisterwerks der Jurisprudenz, einen Rückfall in Gesetzlosigkeit und Willkür nach sich gezogen hätte; ja, die Meinung ist nach wie vor verbreitet, daß die erschreckende Brutalität der mittelalterlichen Strafverfahren eben hierin ihren Ursprung habe; sogar die Kreuzzüge mit ihren Tausenden von Toten gelten als eine Form von Kompromiß, den die christliche Kirche mit den jederzeit gewaltbereiten Germanen habe schließen müssen, indem sie deren Aggressionspotential nach außen abzulenken wußte.

Umso verblüffender ist die nüchterne Feststellung, daß die rechtlichen Reglements der germanischen Überlieferungen nach heutigen Maßstäben deutlich humaner und versöhnungsbereiter anmuten als die Verordnungen der römischen Spätantike. Der Grund dafür ist derselbe, den wir all die Zeit schon herausgearbeitet haben: die Einrichtung des Staates mildert nicht den Faktor der Gewalt, sie monopolisiert ihn lediglich und dehnt ihn ins buchstäblich Schreckliche noch aus zur Wahrung eigener Autorität.

Natürlich waren die Germanen nicht von Haus aus »gute« Menschen, so wenig sie von Haus aus für »Barbaren« gelten müssen. Was sie von einem *civis Romanus*, einem Bürger Roms, indessen wesentlich unterscheidet, ist die Tatsache, daß sich die »Menschen ... jetzt nicht mehr als Angehörige eines Weltreichs (sehen), sondern jeweils als Teil einer Gemeinschaft von Menschen mit gleicher ethnischer

Schenkung von 756 wird im Wortlaut des Papstbuchs (Liber Pontificalis) aufgeführt bei BERNHARD POLLMANN (Hg.): Lesebuch zur Deutschen Geschichte, I 111.
317 PETER G. STEIN: Römisches Recht und Europa, 68.

Herkunft und gleichen gewohnheitsrechtlichen Traditionen«.[318] Rom – das war ein Staatsapparat, dessen Gerichte mit Berufsrichtern besetzt waren, und die Vollstreckung ihrer Urteile war selber ein Staatsakt. Eben daraus erklärt sich die Rücksichtslosigkeit eines Strafsystems, dessen abschreckende Härte wesentlich der Stärkung des Staates dienen sollte. »Stärke« und »Kraft«, diese absoluten Wertbegriffe NIETZSCHES, – wie sollten sie je ohne Grausamkeit gegenüber den Schwachen oder gar Schuldiggewordenen in Geltung stehen? Umgekehrt erlaubte die Schwäche des Staates im frühen Mittelalter, daß an die Stelle von beamteten Richtern jeweils »Gruppen von Freien aus dem örtlichen Umkreis« zusammentraten, die selbst »die Regeln der Gewohnheitsrechts« festlegten, nach denen ein bestimmter Fall zu entscheiden war[319]. Statt starr fixierter Gesetze hielt man sich jetzt an flexible Verfahren der Konfliktlösung, deren Zweck wesentlich im Zusammenhalt der Gruppe bestand. Nicht strenge Strafen nach den Maßstäben einer abstrakt definierten »Gerechtigkeit« bildeten das Ziel solcher Gerichtsurteile, sondern der Ausgleich der Interessen und der Streitschlichtung durch Versöhnung.

Wie aber, wenn eine solche Versöhnung nicht zustande kam? Dann mußte ermittelt werden, welche der Konfliktparteien mit ihren Ansprüchen sich im Recht befand, und die Verfahren dazu waren die aus den Anfängen der Rechtsgeschichte uns bereits bekannten: man bestellte eidliche Zeugen und Bürgen, man überließ die Entscheidung einem Gottesurteil (Ordal) oder man klärte – wie im Krieg – den Streitfall durch Zweikampf. Welche Bestimmungen aus dem Gewohnheitsrecht germanischer Überlieferung in Anwendung kamen, bestimmte die Stammeszugehörigkeit des Herrschers, der seinerseits ein Interesse daran hatte, das bisher mündlich tradierte Regelwerk schriftlich zu fassen und durch eigene Edikte zu ergänzen, die es den gegebenen Verhältnissen anzupassen suchten. So dürfte speziell die *Lex Salica* »in ihrem Kern um die Wende vom 5. zum 6. Jahrhundert aufgezeichnet« worden sein[320]. Auch der Verfasser des »Sachsenspiegels« im 13. Jh. ist kaum als Ministeriale (Staatsbeamter) vorstellbar,

318 A.a.O., 68.
319 A.a.O., 68.
320 HERMANN NEHLSEN: Entstehung des öffentlichen Strafrechts bei den Germanen, in: Karl Kroeschell (Hg.): Gerichtslauben-Vorträge, S. 5. HEINRICH BRUNNER: Über das Alter der Lex Salica und des Pactus pro tenore pacis (1908), in: Abhandlungen zur Rechtsgeschichte, I 628–672, nimmt für den *Pactus* die Jahre 511–558 als Entstehungszeit an. »Die Lex Salica muß längere Zeit vor dem Pactus abgefaßt worden sein, denn sie weiß noch nichts vom kirchlichen Asylrecht.« (S. 668)

schreibt er doch allzu temperamentvoll »über den Ursprung und die Widerrechtlichkeit der Unfreiheit«.[321] Da heißt es: »Gott hat den Menschen nach sich selber gebildet und hat ihn durch seinen Martertod erlöst, den einen wie den anderen, ihm ist der Arme ebenso lieb wie der Reiche.«[322] Da dient die christliche Erlösungslehre als Rechtsgrundlage zur Beseitigung des Klassenstrafrechts, das die gesamte römische Gesetzgebung geprägt hat. Und weiter: »Als man auch zuerst Recht setzte, da war kein Dienstmann und (da) waren alle die Leute frei, als unsere Vorfahren hierher ins Land kamen. In meinen Sinnen kann ich es auch nicht fassen in Wahrheit, daß jemand des anderen leibeigen solle sein.«[323] »Nach rechter Wahrheit hat Leibeigenschaft Beginn von Zwang und von Gefangenschaft und von unrechter Gewalt, die man seit Alters in unrechte Gewohnheit gezogen hat und nun für Recht halten will.«[324]

Dieses Gleichheitsprinzip darf als ein ursprüngliches Merkmal germanischen Rechtsempfindens insgesamt gelten; daneben fällt ein zweites auf: die Abkehr vom Vergeltungsstrafrecht zugunsten einer ausgeklügelten Ableistung von Ausgleichszahlungen (Kompositionen). »Herausragendes Charakteristikum der Lex Salica ... ist die extreme Dominanz des Kompositionssystems. Auch schwere Unrechtstaten wie die Tötung eines freien Menschen, Menschenraub, Notzucht, Frauenraub, Raubüberfall, Brandstiftung, Zerstörung eines Heiligtums bzw. einer Basilika, nächtlicher Einbruch und Herabrufung des Fluchs auf das ererbte Land eines anderen werden mit einer Geldbuße belegt. Nicht nur derjenige, der einen anderen durch Zaubertrank tötet oder durch dieses Mittel eine freie Frau unfruchtbar macht, kann seine Tat mit einer Geldbuße sühnen, sondern auch die Hexe, die einen freien Mann verzehrt, zahlt, wenn wir der L. Sal. folgen, für ihr anthropophagisches Vergnügen nur das Wergeld ihres Opfers.«[325] Und diese Ordnung gilt ursprünglich ohne Klassen- und

321 So KARL AUGUST ECKHARDT (Hg.): Sachsenspiegel, IV, S. 22.

322 Sachsenspiegel V. Landrecht in hochdeutscher Übertragung, hg. von Karl August Eckhardt, III 42 § 1, S. 109.

323 A. a. O., III 42, § 3, S. 109.

324 A. a. O., III 42, § 6, S. 111.

325 HERMANN NEHLSEN: Entstehung des öffentlichen Strafrechts bei den Germanen, in: Karl Kroeschell (Hg.): Gerichtslauben-Vorträge, 5. – BERNHARD POLLMANN (Hg.): Lesebuch zur deutschen Geschichte, I 92–99: Lex Salica. Die Rechtsgrundsätze der Franken setzen als erstes die Strafen für Viehdiebstahl (Schweine, Rinder, Schafe, Hunde, Vögel, Bienen) fest. Auch der Raub eines frei geborenen Mädchens wird mit einer Geldstrafe geahndet. »Hat aber ein Königsknecht oder Halbfreier eine freie Frau geraubt, so verfällt er der Todesstrafe.« Doch auf Tot-

schlag und Raub einer freien Frau sowie auf Mordversuch, Kindstötung und Abtreibung stehen Geldstrafen. Verstümmelungen werden nicht mit dem Jus talionis bestraft, sondern mit Ausgleichszahlungen. Geahndet werden auch Verbalinjurien. Auf die Ermordung Freigeborener steht die Zahlung von 8000 Denaren, dem Dreifachen aber, wenn jemand den Ermordeten in einen Brunnen wirft. Für die Ermordung eines Römers, der am Königshof lebt, sind 12000 Denare (= 300 Schillinge) zu zahlen. Bei einem Totschlag während eines Gelages mit nur fünf Mann werden alle zur Rechenschaft gezogen, es sei denn, sie weisen den Täter in ihrer Mitte nach. – Besonderes Recht gilt für Einwanderung: »Will jemand in ein fremdes Dorf ziehen, so darf er dies nicht, wenn nur einer dagegen Einspruch erhebt, mögen ihn auch mehrere andere von jenem Dorf bei sich aufnehmen wollen ... Ist aber jemand zugereist, und es hat innerhalb zwölf Monaten niemand Einspruch erhoben, so erfreut sich dieser Zugewanderte der gleichen Sicherheit wie die übrigen Dorfgenossen.« – Bei zahlungsunfähigen Wergeldschuldnern müssen die Verwandten das Erstattungsgeld für einen begangenen Mord aufbringen: sein Vater, seine Brüder, die drei nächsten Verwandten mütterlicher- und väterlicherseits. »Kauft ihn niemand los, das heißt, erlegt niemand für ihn den Rest der Schuld, so bezahle er sein Vergehen mit seinem Leben.« – Wichtig bleibt es, mit dem Wortlaut des germanischen Rechts nicht ohne weiteres moderne Legaldefinitionen zu verbinden. So unterscheiden wir Mord und Totschlag nach den Kriterien: Mordlust zur Befriedigung des Geschlechtstriebs, aus Geldgier, aus niedrigen Beweggründen, heimtückisch oder grausam, zur Verdeckung einer anderen Straftat. Doch das sind Gesichtspunkte, die den Germanen fernliegen. »Das Auflauern an abgelegenem Ort, das Locken in einen Hinterhalt, der Überfall durch weit überlegene Kräfte qualifizieren nach germanischer Auffassung einen Totschlag nicht als Mord, wenn er nur hinterher ordnungsgemäß kundgemacht wird. Nicht auf das Verhalten vor und bei der Tat, sondern auf dasjenige nach der Tat kommt es an.« KARL VON AMIRA – KARL AUGUST ECKHARDT: Germanisches Recht, I 192. – HEINRICH BRUNNER: Sippe und Wergeld nach niederdeutschen Rechten (1882), in: Abhandlungen zur Rechtsgeschichte, I 104–105, präzisiert: »Es ist eine bekannte Tatsache, daß nach germanischem Rechte das Wergeld des Getöteten nicht nur seinen nächsten Verwandten, sondern seiner ganzen Sippe zuteil wurde ... Dem Recht auf Empfang des Wergeldes entsprach die Haftung der Sippe für die Zahlung des von ihrem Genossen verwirkten Wergeldes. Wergeldanspruch und Wergeldhaftung des Geschlechtes sind ihrem Ursprung nach eine Konsequenz des Fehderechts und der Fehdepflicht. Der Sippe der toten Hand (sc. des Ermordeten, d.V.) mußte der durch den Totschlag gegen sie verwirkte Friede abgekauft werden. Die Sippe der lebenden Hand (des Totschlägers) war der Fehde des beleidigten Geschlechtes ausgesetzt und hatte durch die Sühne den Frieden zu erkaufen.« TACITUS: Germania, c. 21, S. 17, notiert: »Die Feindschaften des Vaters oder Verwandten ebenso wie die Freundschaften zu übernehmen, ist zwingende Pflicht. Doch bestehen die Fehden nicht unversöhnlich fort; denn selbst ein Totschlag kann mit einer bestimmten Anzahl Groß- und Kleinvieh gesühnt werden, und die ganze Sippe empfängt die Genugtuung. Das ist nützlich für die Allgemeinheit, weil Fehden bei der Ungebundenheit der Verhältnisse um so verderblicher sind.« – Eine deutliche Verschärfung des Strafrechts sieht RUDOLF HIS: Das Strafrecht des deutschen Mittelalters, I 371, in der Zunahme der Talionsstrafen, »die den rein germanischen Rechten der fränkischen Periode noch unbekannt sind« und die erst »seit dem frühen Mittelalter in Deutschland« aufkommen. »Sie stammen aus dem mosaischen Recht«, sind also nicht ohne kirchlichen Einfluß in das germanische

Standesunterschiede. »Zu Beginn des 6. Jahrhunderts ist ... selbst die Tat des Sklaven noch ohne Einschränkung in das Kompositionssystem eingegliedert. Genauer gesagt: Es ist für die Bußfälligkeit und die Höhe der Buße ohne Bedeutung, ob der *dominus* selbst oder einer seiner Sklaven die Tat begangen hat. Stets haftet der Herr für die volle *compositio* ... Erst unter den *Chlodwig*-Söhnen lassen sich Ansätze für eine Verselbständigung der Sklaventat beobachten.«[326]

Ganz deutlich ist es der Einfluß des römischen Rechts, das nach und nach die ihm eigene Ungleichbehandlung von Freien und Sklaven durchsetzt. Wir erinnern uns, wie selbstverständlich es für römisches Rechtsverständnis schien, Sklaven peinlich zu verhören und zu bestrafen. So ist »die Prügelstrafe für Sklaven ... als feste Institution im gesamten Mittelmeerbereich bezeugt. Die Franken schließen sich dem an. Die Kastration, die bei den Römern als peinliche Strafe noch gebräuchlich war, begegnet seit dem 6. Jahrhundert in oströmischen Quellen zunächst als *poena talionis* und dann als Strafe für Sittlichkeitstäter. Bis zu Beginn des 7. Jahrhunderts hat sich die Entwicklung so weit fortgesetzt, daß nunmehr (sc. auch, d.V.) nach fränkischem Recht sämtliche Unrechtstaten von Sklaven mit peinlicher Strafe bedroht sind.«[327] Und diese Unterschiede verschärfen sich bis hin zur Todesstrafe. Ein schwereres Vergehen, eine *culpa maior*, die ein Freier mit 35 solidi büßen mußte, konnte bei einem Sklaven zur Entmannung führen, die sich nur durch die Zahlung von 240 Denaren = 6 solidi an den Geschädigten vermeiden ließ. »Wurden Sklave oder Sklavin einer Tat überführt, für die ein freier Täter eine Buße von 45 *solidi* aufzubringen hat, trifft sie die Todesstrafe. Wahrscheinlich

Recht eingedrungen. »Ihre Aufnahme in das deutsche Recht entsprach einem gewissen Bedürfnis. Wenn der Verletzte darauf rechnen konnte, daß der Staat dem Missetäter das gleiche Übel auferlegte, das er selbst erlitten hatte, so war er um so eher geneigt, auf seine Rache (sc. in Form der Privatbuße, d.V.) zu verzichten. So ist die Talionsstrafe ein Zugeständnis an den Rachegedanken und zugleich ein Mittel zur Bekämpfung der Rache.« Wo hingegen das alte Kompositionenstrafrecht sich behauptet, spielt die Talion eine nur geringe Rolle.

326 HERMANN NEHLSEN: Entstehung des öffentlichen Strafrechts bei den Germanen, in: Karl Kroeschell (Hg.): Gerichtslauben-Vorträge, 6. – HEINRICH BRUNNER: Über das Alter der Lex Salica und des Pactus pro tenore pacis (1908), in: Abhandlungen zur Rechtsgeschichte, I 655, bemerkt: »Besondere Vorschriften enthält der Pactus in c. 12 über Verbrechen der Sklaven von homines potentes, qui per diversa possident. Sie wollen nur gelten in bezug auf größere Grundherren, die an verschiedenen Orten Grundbesitz haben.«

327 HERMANN NEHLSEN: Entstehung des öffentlichen Strafrechts bei den Germanen, in: Karl Kroeschell (Hg.): Gerichtslauben-Vorträge, 6.

konnte der Herr auch hier den unfreien Täter lösen, was er freilich wohl nur im Ausnahmefall getan haben dürfte, denn der Durchschnittspreis eines Sklaven betrug 12 bis 15 *solidi.* – Auffällig ist die Androhung der Entmannung bei solchen Tatbeständen, die, wie Diebstahl und Körperverletzung, von dem ›Ausgangsdelikt‹, nämlich der Vergewaltigung einer Sklavin, weit entfernt sind. Wahrscheinlich beruhte die Einführung der Entmannung als zentrale Sklavenstrafe auf durchaus rationalen Erwägungen: Überlebte der Sklave, war seine Arbeitskraft nicht geschmälert und sein Verkaufswert enorm gestiegen. – Parallel mit der Verlagerung der Unrechtsfolgen vom Herrn auf den Sklaven selbst verläuft die Herausbildung eines Sklavenprozesses. Die hier angewendete Folter wird vom *iudex* überwacht. Auch die Strafe wird unter Beteiligung der Obrigkeit vollzogen ... – Diese Entwicklung von der eher restitutiven Bußzahlung zur mehr repressiven peinlichen Strafe bezog, wie gerade die Ablösbarkeit zeigt, ihre Triebkraft nicht aus dem Rachebedürfnis der Verletzten, sondern nicht zuletzt auch aus dem Umstand, daß die fränkischen Herren, die nach der Eroberung Galliens über gewaltige, in allen Wirtschaftbereichen eingesetzte Sklavenmassen verfügten, das hohe Risiko der uneingeschränkten Haftung für Sklaventaten nicht mehr tragen wollten und konnten.«[328]

Wohlgemerkt sind es demnach wirtschaftliche, nicht eigentlich rechtliche Ursachen, die das Kompositionsprinzip einschränken: es wird den Herrschenden auf Grund der räumlichen Ausdehnung ihrer Macht und infolge der Vielzahl der von ihnen versklavten Untertanen schlicht und einfach zu teuer, die Kosten für deren Vergehen zu entrichten. Gleichzeitig verschiebt sich die Achse der Rechtsprechung vom Gentilrecht zum öffentlichen Recht, mit der Folge einer drastischen Strafverschärfung und der Ausdehnung von Kapitalstrafen auf bislang rechtsneutrale oder geringer bewertete Vorfälle.

In germanischer Zeit war zum Beispiel Frauenraub kein todwürdiges Verbrechen, und auch für »Blutschande« bieten die Quellen germanischen Rechts keinen Anhaltspunkt. Jetzt aber verordnet – offenbar unter kirchlichem Einfluß – ein Dekret *Childeberts II.* (575–595) (des Enkels des Merowingers *Chlodwig*, 481–511), daß es dem Frauenräuber nicht besser gehen solle als dem Blutschänder. »Keiner der Optimaten soll sich unterfangen, für einen derartigen Verbrecher, den das Dekret ausdrücklich als Feind Gottes bezeichnet, zu

328 A.a.O., 7.

bitten. Vielmehr soll der Richter den Täter mit gesammeltem Aufgebot töten. War die Frau mit dem Raub einverstanden, sollen beide ihr Leben verlieren. Das Vermögen fällt an Angehörige und Fiskus.«[329]

Gleichzeitig wird auch der Standesunterschied zwischen Freien und Sklaven strafrechtlich entscheidend über Leben und Tod. Hat zum Beispiel eine freie Frau mit einem ihrer eigenen Sklaven sich verbunden, so wird der Sklave gerädert, während »das Leben der Frau in der Hand ihrer Angehörigen (liegt), denen es freisteht, sie bußlos zu töten. Bei Strafe von 15 *solidi* wird es Angehörigen und Außenstehenden verboten, die Frau aufzunehmen.« Statt der Klärung im Kreis der Angehörigen meldet sich jetzt, wie man sieht, ein öffentliches Interesse, das dem Versuch entgegentritt, das Sklavenjoch durch Bindung an die Herrin aufzulockern oder aufzulösen und damit den Stand der Freien zu schwächen. Neu ist dabei der »Zwang zur unbedingten Tötung des Sklaven, wobei man die abschreckende Form des Räderns wählte. Hier handelt es sich nicht etwa um eine altgermanische Hinrichtungsart, sondern um eine Strafe, die in den romanischen Gebieten gegenüber Sklaven und *humiliores* durchaus gebräuchlich war.«[330]

Und all das geschieht mit ausdrücklicher Zustimmung der Kirche. »Die Kirche bemüht sich nicht nur erfolgreich um die Durchsetzung ihrer eigentlichen Interessen, sondern ist durch ihr Instrumentarium im Bereich der Theorie und selbstverständlich auch durch ihren organisierten Verwaltungsapparat der weltlichen Gewalt in deren Bemühen um die Verfestigung staatlicher Herrschaft in starkem Maße behilflich.«[331]

Und leider hat diese Einstellung der Kirche mittlerweile auch in Befürwortung der Todesstrafe Tradition: »Seit eh und je hatten die Kirchenväter gelehrt, daß die Hinrichtung von Verbrechern, insbesondere Totschlägern, Blutschändern und Frauenräubern, kein Blut-

329 A. a. O., 8.
330 A. a. O., 11–12. – HEINRICH BRUNNER: Über die Strafe des Pfählens im älteren deutschen Rechte (1905), in: Abhandlungen zur Rechtsgeschichte, II 313–322, verweist auf das Rechtssprichwort: »Den Mann auf das Rad, das Weib unter den Sand.« Kindsmörderinnen zum Beispiel werden noch in der *Carolina*, a. 131, S. 82, lebendig begraben und gepfählt. Die Pfählung durch das Herz diente wohl nicht der Abkürzung des Lebenskampfes, »sondern diente als ein Sicherungsmittel gegen Gefahren, die der Volksglaube von der Seele des Begrabenen befürchtete«.
331 HERMANN NEHLSEN: Entstehung des öffentlichen Strafrechts bei den Germanen, in: Karl Kroeschell (Hg.): Gerichtslauben-Vorträge, 12.

vergießen darstelle, sondern *legum ministerium* (sc. Gesetzesdienst, d.V.). Diese Lehre von der Todesstrafe als Dienst am Recht kommt den ganz und gar im Banne spätrömischer Rechtsvorstellungen und Traditionen stehenden merowingischen Herrschern des ausgehenden 6. Jahrhunderts in ihren absolutistischen Tendenzen stark entgegen. Mit dieser Unterstützung der Kirche konnten sie es nunmehr auch wagen, freien Übeltätern, wie z.B. den *latrones* (sc. Räubern, d.V.), die die weltliche Ordnung bedrohten, mit der Todesstrafe entgegenzutreten.«[332]

332 A.a.O., 9. – HERMANN CONRAD: Deutsche Rechtsgeschichte, 170, charakterisiert den Übergang so: »Die öffentliche Strafe, die in der germanischen Zeit gegenüber der Fehde und Buße eine durchaus untergeordnete Bedeutung hatte, wurde nunmehr in größerem Umfang angewandt. Auch hier machte sich der Einfluß der erstarkten Staatsgewalt bemerkbar: Missetaten, die das Gemeinwesen beeinträchtigten, wurden vom Staate mit der öffentlichen Strafe geahndet. Verletzten wurde sogar verboten, sich in solchen Fällen mit dem Täter außergerichtlich zu vergleichen. An öffentlichen Strafen kannte das fränkische Strafrecht wie das der germanischen Zeit die Todesstrafe und die Friedlosigkeit (Acht). Daneben begegnen aber auch neue Strafen wie die Verbannung und die Freiheitsstrafe. Neben den Verstümmelungsstrafen finden sich die Strafen an Hand und Haar (Leibesstrafen). Endlich gab es auch Ehrenstrafen und Geldstrafen. Das Strafensystem war ständisch abgestuft. Es gab Strafen für Freie und solche für Unfreie. – Die *Todesstrafe* der germanischen Zeit verlor seit der Annahme des Christentums durch die Germanen ihre alte Bedeutung. Sie wurde zur echten Strafe, d.h. zu einem durch die öffentliche Gewalt zur Sühne für eine begangene Missetat verhängten Übel. Die Kirche bekämpfte zunächst die Todesstrafe. Später zeigt sich ein Wandel in der kirchlichen Auffassung der Todesstrafe, die seit der Karolingerzeit wieder häufiger Anwendung fand. ... Meist war die Todesstrafe im fränkischen Reiche ablösbar (Der Missetäter löste seinen Hals, *capitis redemptio*). Zur Lösung der Todesstrafe mußte der Missetäter sein eigenes Wergeld, nach langobardischem Recht dagegen eine Hochbuße von 900 Schillingen leisten. Die Geldstrafe konnte sogar an die erste Stelle treten, so daß die Todesstrafe nur im Falle der Nichtzahlung verhängt wurde. Die Vielfalt der Vollstreckungsarten hat sich erhalten. Neben der Vollzugsart der Todesstrafe durch Hängen, das nunmehr regelmäßig am Galgen (ahd. galgo, ... auch patibulum) erfolgte, und Enthauptung mit dem Schwerte, beides Männerstrafen, begegnen das Ertränken und Versenken im Sumpfe vornehmlich als Frauenstrafen. ferner das Verbrennen, Rädern (in *rotam mittere, rotis innectere*), das Zerreißen durch Pferde oder zu Tode Schleifen, schließlich auch das Steinigen, das vom Volke mit gesamter Hand vollzogen wurde. Die Art der Todesstrafe war meist nicht festgelegt (wie etwa beim Dieb die Strafe des Galgens), sondern wurde durch das Todesurteil oder die Vollzugsorgane (Richter und dessen Gehilfen) bestimmt. Mit der Todesstrafe konnten Verstümmelungsstrafen (sc. Entmannung, Abhauen von Hand oder Fuß, Abschneiden der Nase oder Ohren, Ausreißen der Zunge, Blendung, d.V.) oder sonstige entehrende Maßnahmen (sc. Scheren der Haare, Brandmarkung, d.V.) ... verbunden sein. Der Leichnam des Hingerichteten durfte ohne Erlaubnis des Richters nicht bestattet werden (Lex Salica LXIX, 1/2).« – RUDOLF HIS: Das Strafrecht des deutschen Mittelalters, I

Was dabei am salisch-fränkischen Recht zu beobachten ist: – daß die Übernahme des Strafrechts durch die staatliche Autorität nicht nur die Klassenunterschiede betont in die Rechtsprechung einführt und die Strafen selber unter den Augen der Öffentlichkeit verschärft –, läßt sich auch bei den *Westgoten* beobachten. »In zahlreichen Gesetzen wird bestimmt, daß die neu eingeführten peinlichen Strafen öffentlich zu vollstrecken seien, damit andere, durch diese schreckliche Strafe gewarnt, Furcht bekommen. So sollen z. B. Zauberer und Wettermacher, die durch Zaubersprüche Hagel auf Weinberge und Saatfelder schicken oder den heidnischen Dämonen nächtliche Opfer zelebrieren, 200 Geißelhiebe erhalten, dann skalpiert und gezwungen werden, in diesem Zustand zehn benachbarte Ortschaften zu umschreiten, damit die anderen sich daran ein Beispiel nehmen und von ihrem Tun ablassen. In derselben Weise und mit demselben Ziel wird gegen Prostituierte vorgegangen.«[333]

Das Ergebnis scheint allerorten dasselbe: das beanspruchte Gewaltmonopol des Staates zielt im Strafrecht nicht auf die Aussöhnung der streitenden Parteien, sondern es besteht auf der strengen Bestrafung eines Schuldiggewordenen zur Wahrung der allgemeinen Ordnung; es geht ihm nicht länger um den Ausgleich eines schuldhaft eingetretenen Schadens (nach dem Kompositionssystem), sondern um die Verhängung möglichst abschreckender Strafen aus Gründen einer verschriftlichten Gesetzesgerechtigkeit (statt des Gewohnheitsrechts), und deutlich macht sich dabei der Unterschied von hoch und niedrig sowie der Einfluß von Wirtschaftsinteressen auf die Rechtsprechung und auf den Strafvollzug bemerkbar.

Wie anders das germanische Recht ursprünglich beschaffen war

476–509: Die Todesstrafe, 476, stellt fest: »Im Mittelalter erlangt die Todesstrafe infolge der Landfriedenstätigkeit und durch das Aufkommen des Stadtfriedens eine große Verbreitung ... Die ältesten Landfriedensordnungen bedrohen Fehdehandlungen, wie Tötung, Raub, Brand und Gefangennahme, während der Friedenszeit des Gottesfriedens mit dem Tode.« S. 478: »Auf der anderen Seite hat der Stadtfriede zur Vermehrung der peinlichen Strafen beigetragen.« S. 479: »So ist seit der Mitte des 13. Jahrhunderts der Kreis der todeswürdigen Verbrechen schon ziemlich groß. Er umfaßt regelmäßig Mord, Notzucht und Entführung, Sodomie, Mordbrand, Raub und Diebstahl, Aufruhr und Verrat, Ketzerei, Zauberei und Vergiftung. Dazu kommen häufig noch weitere Vergehen: Totschlag, Ehebruch und Doppelehe, ... Bruch einer Sühne ..., Münzfälschung ..., Gotteslästerung.« Zur Durchführung der Todesstrafe vgl. S. 484–509. Vgl. auch KURT ROSSA: Todesstrafen, 134–143.

333 HERMANN NEHLSEN: Entstehung des öffentlichen Strafrechts bei den Germanen, in: Karl Kroeschell (Hg.): Gerichtslauben-Vorträge, 13.

und wie geradewegs zögerlich es sich bei der Verhängung qualvoller Strafen verhielt, läßt sich nicht zuletzt bei den *Langobarden* beobachten, deren Niederwerfung für das Verhältnis von Staat und Kirche im Frühmittelalter die geschilderte richtungweisende Bedeutung erlangte. Erhalten ist das im Jahre 643 aufgezeichnete Edikt Königs *Rothari.* Dieses Edikt zeigt die außerordentliche Zurückhaltung bei peinlichen Strafen, zumindest gegenüber Freien. »Nur schwere politische Vergehen, Angriffe auf den Bestand des Staates, insbesondere auf den König, werden mit dem Tode bestraft. – Prügelstrafen gegenüber Freien sind im Edictum Rothari gänzlich unbekannt. Als einzige verstümmelnde Strafe gegenüber Freien begegnet ... der Handverlust, und zwar bei der Münz- und Urkundenfälschung. Hier hat man ... mit dem Münz- und Urkundenwesen auch die spätrömischen Strafen übernommen.« Man merke: Die peinlichen Strafen stammen »nicht aus dem germanischen Altertum, sondern aus der Rechtspraxis des spätantiken mediterranen Bereichs«. »Nicht einmal bei Sklaven kann von einem Vorherrschen der peinlichen Strafen gesprochen werden ... Bei der Mehrzahl der Unrechtstaten wird (sc. bei den Langobarden, d.V.) nicht zwischen freien Tätern und Sklaven unterschieden.«[334]

Bei Verhängung von Bußzahlungen allerdings tritt, wie üblich, der Herr für seinen Knecht in die Schuldhaftung ein; doch auch hier sucht sich die Herrenschicht, insbesondere der König selbst, vor wirtschaftlichen »Überforderungen« zu schützen: es ist möglich, statt in einem Mordfalle das Wergeld zu entrichten, den Sklaven hinzurichten. Näherhin heißt es: »Ein Langobarde, der einen Mord, eine schwere Injurie gegenüber freien Frauen oder eine unerlaubte Herdenpfändung begeht, soll mit 900 *solidi* büßen. Ist ein Sklave der Täter, zahlt der Herr ebenfalls 900 *solidi.* Um dem Königshof hinsichtlich seiner Sklaven dieses extreme Haftungsrisiko abzunehmen, bestimmte *Rothari,* daß fortan ein *servus regis* (sc. Sklave des Königs, d.V.), der einer derartigen Tat überführt worden sei, sein Leben verwirkt habe. Für den Königshof sei damit, was die 900-Schillings-Buße anbelangt, die Sache erledigt. Für den Fall des Mordes wird hinzugefügt, daß der *servus regis* über dem Grab seines Opfers aufzuhängen sei.« Das scheint zurückzugehen auf die Digesten (D 48, 19, 28,15), wo ausdrücklich angeordnet wird, daß Räuber am Ort ihres Wirkens zu hängen seien, damit ihr Anblick andere von derlei

334 A. a. O., S. 14.

Taten abschrecke und den Angehörigen ihrer Opfer Trost gewähre. »Bei Tötung durch Gift ordnet bereits *Rothari* die unabdingbare Hinrichtung des Sklaven an ... Tötet ein Freier einen anderen Freien durch Gift, ist zur Zeit *Rotharis* nur das Wergeld verwirkt. – Bei dem auf handhafter Tat ertappten unfreien Dieb stellt *Liutprand* (sc. 712–744, d.V.) im Jahre 724 klar, daß der Herr, wenn er nicht bereit ist, seinen Sklaven auszulösen, ihn selbst töten solle. Weigert sich der Herr, fällt dieses Recht an den Bestohlenen. Zaudert auch dieser, soll der Sklave dem Königshof übergeben werden, der nun nach Belieben des Königs über den Täter verfügen kann. Wir sehen hier deutlich, wie zögernd die private Unrechtsverfolgung einem öffentlichen Strafrecht weicht.«[335]

Durchgehend zeigt sich auch im langobardischen Strafrecht der Unterschied von König und Untertan, Herr und Knecht, Stammesgenosse und Fremdem, Mann und Frau, indem die Ermordung des einen mit dem Tode bestraft wird, während im anderen Falle die Zahlung von Wergeld verlangt wird. So heißt es: »Wenn jemand ein Attentat gegen den König plant oder rät, läuft er Gefahr für sein Leben.«[336]. Und ferner: »Wenn jemand seinen Herrn tötet, wird der selbst getötet.«[337] Wer hingegen einen Halbfreien tötet, muß 60 Solidi Wergeld zahlen, wer einen fremden Sklaven tötet, der als Mini-

335 A.a.O., 15. – Zu dem Edikt Königs *Rothari* vermerkt FRANZ BEYERLE: Einleitung, in: Leges Langobardorum, S. 7: »Durch zwei Jahrhunderte haben die Langobarden ihr italisches Reich gegen Ostrom, die Slawen, den Papst und wiederholt auch gegen die Franken behauptet. In dieser Zeit politischer Unabhängigkeit haben sie sich geschriebenes Recht gegeben ... Ihre Gesetzessammlung ist eines der reichsten, aber auch reifsten Rechtsdenkmäler der germanischen Welt des frühen Mittelalters. – Mit einem ›Volksrecht‹, dem Edikt des Königs *Rothari* hebt (643) dieser Quell zu fließen an. Spätere Könige: *Grimwalt*, *Liutprand* (712–744), *Ratchis* (746) und *Aistulf* (755) haben dann das Edikt durch Neusatzungen fortgeführt.« In Leges Langobardorum, c. 386, S. 93, erklärt König *Rothari* selbst, er habe für sein Edikt »die alten Gesetze unserer Väter, die nicht verschriftlicht waren, erforscht und berücksichtigt«. Das Edikt *Rotharis* regelt nicht nur den Rechtsgang, sondern vor allem das Verhältnis von Schuld und Haftung; römisches Recht spielt kaum eine Rolle, wohl aber zeigt sich eine Verwandtschaft mit dem altsächsisch-angelsächsischen und nordgermanischen Recht, das sich die Langobarden als ein Zweig der Elbgermanen offenbar bewahrt haben. In einem ersten Teil geht es um Verbrechen gegen König und Reich sowie gegen die Person (c. 1–152, S. 18–39), es folgt das Erbrecht, Familienrecht und Freilaßrecht (c. 153–226, S. 39–61), schließlich das Sachenrecht, Schuldrecht, Vermögensrecht und Beweisrecht (c. 227–368, S. 61–89).

336 Leges Langobardorum, c. 1, S. 18.

337 A.a.O., c. 13, S. 19.

steriale gilt, muß 50 Solidi aufbringen[338]. »Wenn ein Freier, Mann oder Frau, Gift mischen und es einem anderen zu trinken geben wollen, müssen sie 20 Solidi aufbringen, wie jemand, der die Ermordung eines anderen geplant hat.«[339] Aber: »Wenn ein Knecht oder eine Magd jemandem Gift geben und, der es erhält, nicht stirbt, muß der Herr des Knechtes oder der Magd entsprechende Entschädigung aufbringen; in jedem Falle ist der Knecht oder der Sklave zur Tötung zu übergeben, entsprechend der Forderung, bei der gleichen Entschädigung. Stirbt aber derjenige, der das Gift aufnimmt, ... ist der Knecht oder die Magd zum Töten zu übergeben, und es gibt keinen Freikauf oder Entschuldung des Todes des Knechts oder der Magd.«[340] »Wenn jemand mit einer stammeseigenen Magd Unzucht treibt, muß er ihrem Herrn 20 Solidi zahlen; wenn mit einer römischen Magd, 12 Solidi.«[341] »Tötet ein Mann unverdientermaßen seine Gattin, indem sie laut Gesetz zu sterben nicht verdiente, muß er den Eltern, die sie zur Frau gegeben haben ..., 1200 Solidi zahlen.«[342] Desgleichen gilt: »Wenn jemand ein freies Mädchen oder eine Frau, gleich unter welchen Umständen, tötet, muß er den Eltern ... und dem König 1200 Solidi zahlen.«[343] Aber: »Wenn eine Frau ihren Ehemann tötet, soll sie selbst getötet werden, und über ihre Habe, wenn es keine Kinder gibt, haben die Eltern des Ehemannes die Verfügungsgewalt.«[344] »Wenn jemand seine Ehefrau bei Unzucht mit einem anderen findet, sei er ein Freier oder ein Knecht, habe er die Vollmacht, sie beide zu töten.«[345] »Wenn jemand einer fremden Halbfreien, das heißt einer, die von einer bereits freien Mutter geboren wurde, Gewalt antut, muß er 40 Solidi zahlen.«[346] »Wenn ein freier Mann einen Diebstahl begeht, ... soll er 80 Solidi zahlen oder Gefahr laufen für sein Leben.«[347] Hingegen: »Wenn ein Knecht einen Diebstahl begeht ..., soll er 40 Solidi zahlen oder getötet werden.«[348]

In alldem ist nicht nur der durchgehende Unterschied von Freiem

338 A.a.O., c. 129, 130, S. 34.
339 A.a.O., c. 139, S. 36.
340 A.a.O., c. 142, S. 36.
341 A.a.O., c. 194, S. 52.
342 A.a.O., c. 200, S. 54.
343 A.a.O., c. 201, S. 55.
344 A.a.O., c. 203, S. 55.
345 A.a.O., c. 212, S. 57.
346 A.a.O., c. 205, S. 56.
347 A.a.O., c. 253, S. 67.
348 A.a.O., c. 254, S. 67.

und Knecht festzustellen, es fällt besonders der große Abstand zu dem Prinzip der Talionsstrafe in die Augen: auf alle möglichen Körperverletzungen, die einem Freien oder abhängigen Ministerialen zugefügt werden (Gesicht, Auge, Nase, Ohr, Zähne, Arme, Hände usw.), stehen nicht gleiche Verletzungen als Strafe, sondern die Entrichtung von Geldbeträgen[349]. Solche Wergeldzahlungen werden auch bei der Tötung von Halbfreien (Hörigen) festgesetzt[350], ebenso bei Knechten.

Berücksichtigt insbesondere wird im langobardischen Recht, ob eine Tötung unabsichtlich bzw. irrtümlich herbeigeführt wird, etwa weil jemand auf einem fremden Hof bei Nacht nicht zur Begrüßung die Hand gibt[351] oder ein Pfeilschuß oder Lanzenwurf fehlgeht[352] oder wenn es beim Fällen eines Baumes zu einem tödlichen Unfall kommt[353]; – in all solchen Fällen ist ein Schadensausgleich zu zahlen, mehr nicht! Selbst den Knechten (Sklaven) gegenüber herrscht eine gewisse Großzügigkeit, heißt es doch im Rahmen der Freilassungsgesetze: »Wenn jemand seinen eigenen Knecht oder seine Sklavin entlassen will, hat er die Erlaubnis, wie es ihm beliebt.«[354] Allerdings gilt für Sklaven, die von langobardischen Herren freigelassen worden sind, weiterhin das langobardische Recht[355].

349 A.a.O., c. 44–128, S. 25–34.
350 A.a.O., c. 129, S. 134.
351 A.a.O., c. 33, S. 23.
352 A.a.O., c. 34, S. 23.
353 A.a.O., c. 138, S. 35.
354 A.a.O., c. 224, S. 59.
355 A.a.O., c. 226, S. 61. – HERMANN CONRAD: Deutsche Rechtsgeschichte 173, vermerkt generell: »Im allgemeinen blieb das Strafrecht der fränkischen Zeit bei dem alten Grundsatz: Die Tat tötet den Mann. Die Strafbarkeit einer Handlung setzte einen äußerlich wahrnehmbaren Erfolg voraus ... Das sogenannte *Erfolgsstrafrecht* führte dazu, daß *Versuchshandlungen* nur dann mit Strafe bedroht wurden, wenn sie einen äußerlich wahrnehmbaren Erfolg herbeigeführt hatten. Der Versuch als solcher (= Betätigung des bösen Willens ohne Erfolg) war daher nicht strafbar. Doch kannte das Strafrecht der fränkischen Zeit schon eine Reihe selbständiger Versuchsdelikte, bei denen es lediglich auf die Verwirklichung eines äußeren Tatbestandes, nicht aber auf das vom Täter angestrebte Ziel ankam. Solche Versuchsdelikte waren das Giftgeben, Schwert- und Messerzücken, die Wassertauche (= versuchte Tötung bzw. Körperverletzung), das Eindringen in ein fremdes Grundstück (= versuchter Einbruchsdiebstahl), die Wegsperre (= versuchter Raub), der unzüchtige Griff bei einem fremden Weibe oder Einsteigen in ein fremdes Ehebett (= Notzucht bzw. Ehebruchsversuch).« S. 442: »Das Mittelalter hat die an dem äußeren Erfolg haftende strafrechtliche Beurteilung einer Tat nicht überwinden können. Zwar wurde zwischen den mit Vorsatz (*propositum*, mhd. vorsatz, vürsatz) oder Willen (mit willen, mit willender hant) begangenen und den

Wie durchgehend diese Vorstellungen und Praktiken als allgemeingültig im germanischen Recht gelten dürfen, zeigt sich sogar noch im Vergleich mit dem *Sachsenspiegel*, dem Rechtsbuch des EIKE VON REPGOW, das um 1224 entstand und welches das Landrecht und das Lehnsrecht umfaßt; es enthält in gewisser Weise eine Zusammenfassung des sächsischen Gewohnheitsrechts der Freien aller Stände sowie die Rechtsfragen des Adels; aber auch Eherecht, Strafrecht und Privatrecht werden abgehandelt und unterstellt dem »sehr gerechten Gotte.«

Die Standesunterschiede werden bereits bei der Beweisaufnahme deutlich, bei welcher ein Unschuldsbeweis durch Eid und Zweikampf erfolgen kann; es gilt: »Jeder Mann kann Zweikampf weigern dem, der niedriger als er geboren ist; der aber besser geboren ist, den kann der niedriger Geborene wegen der besseren Geburt nicht zurückweisen.«[356] »Vor den Richter sollen sie beide gerüstet gehen und schwören, der eine: daß die Schuld wahr sei, deswegen er ihn verklagt hat, und der andere (soll schwören): daß er unschuldig sei, auf daß ihnen Gott in ihrem Kampfe helfe.«[357]

Die jeweils zu verhängenden Strafen können hart sein, werden aber in ihrer Exekutionsform differenziert: »Den Dieb soll man hängen«[358], es sei denn, der Diebstahl ist weniger als drei Schillinge wert. »Alle Mörder und die den Pflug berauben oder eine Mühle oder eine Kirche oder einen Kirchhof, und Verräter und Mordbrenner, oder die ihre Vollmacht zu ihrem Nutzen mißbrauchen, die soll man alle radbrechen.«[359] »Wer einen Mann erschlägt oder fängt oder beraubt oder einen Mordbrand brennt oder Weib oder Mädchen notzüchtigt, und Friedensbrecher und die beim Ehebrechen ergriffen werden, denen soll man das Haupt abschlagen.«[360] »Die Diebstahl verhehlen oder Raub oder die durch Hilfe unterstützen, werden sie dessen auch überführt, man soll über sie richten wie über jene.«[361] »Welcher Christenmensch ungläubig ist oder mit Zauberei umgeht oder mit Giftmischen und dessen überführt wird, den soll man auf

fahrlässigen Taten unterschieden ... Diesen stellte man die zufälligen Vorgänge gegenüber. Doch wurden fahrlässige und zufällige Taten in ihren strafrechtlichen Folgen nicht immer unterschieden.«

356 Sachsenspiegel, V, I 63 § 3, S. 54.
357 A.a.O., I 63 § 4, S. 55.
358 A.a.O., II 13 § 1, S. 65.
359 A.a.O., II 13 § 4, S. 66.
360 A.a.O., II 13 § 5, S. 66.
361 A.a.O., II 13 § 6, S. 66.

dem Scheiterhaufen verbrennen.«[362] »Welcher Richter ein Verbrechen nicht richtet, der ist desselben Gerichts schuldig, das über jenen ergehen sollte.«[363]

Auch das Jus talionis kommt zur Anwendung, wenn es etwa heißt: »Wenn er den anderen lähmt oder verwundet, wird er dessen überführt, man schlägt ihm die Hand ab.«[364] Es ist in manchen Fällen aber auch eine bußweise Geldzahlung vorgesehen: »Den Mund, Nase und Augen, Zunge und Ohren und des Mannes Gemächte und Hände und Füße, jedes von diesem, erleidet der Mann daran eine Lähmnis und soll man ihm dafür büßen, man muß es bezahlen mit einem halben Manngeld.«[365] Schaden, der durch Unachtsamkeit entsteht – der Brunnen ist nicht kniehoch eingefriedet, ein Schuß auf ein Tier verfehlt sein Ziel –, so ist selbst im Todesfalle nur eine Ausgleichszahlung (»Manngeld«) zu entrichten[366].

Strafunfähig ist ein Kind »unter seinen Jahren«: es kann »nichts tun, wodurch es sein Leben verwirke. Erschlägt es einen Mann oder lähmt es ihn, sein Vormund soll es (büßen ...) ... mit jenes Manngeld.«[367]

Gleichgestellt sind vor Gericht in einem Mordfall Christen und Juden: »Erschlägt der Jude einen christlichen Mann oder verübt an ihm ein Verbrechen, bei dem er ergriffen wird, man richtet über ihn wie über einen christlichen Mann.«[368]

Unterschiedlich beurteilt wird eine Tat, je nachdem, ob sie wissentlich oder unwissentlich erfolgt ist: hat jemand zum Beispiel einen gerichtsgeächteten Mann wissentlich beherbergt, muß er deswegen Strafe zahlen, anderenfalls aber »entredet (er) sich des Strafgeldes mit seinem Eineid«.[369] Hat jemand unwissentlich eine Frau geheiratet, die er nicht haben darf, und mit ihr Kinder gezeugt, tragen nach der Scheidung die Kinder keinen Schaden davon[370].

Was die Stellung von Mann und Frau angeht, so gibt die Festlegung der Ersatzleistungen eine einfache Antwort, wenn es heißt:

362 A.a.O., II 13 § 7, S. 66.
363 A.a.O., II 13 § 8, S. 66.
364 A.a.O., II 16, § 2, S. 67.
365 A.a.O., II 16, § 5, S. 68.
366 A.a.O., II 38, S. 77.
367 A.a.O., II 65 § 1, S. 90.
368 A.a.O., III 7 § 2, S. 96.
369 A.a.O., III 23, S. 102.
370 A.a.O., III 27, S. 103.

»Jedes Weib hat ihres Mannes halbe Buße und Manngeld.«[371] Und weiter: »Der Mann ist auch Vormund seines Weibes, sogleich wenn sie ihm getraut ist.«[372] Gleichwohl sind der männlichen Willkür klare Grenzen gesetzt; denn: »An fahrendem Weibe und an seiner Friedel kann der Mann Notzucht üben und (sc. dadurch, d.V.) sein Leben verwirken, wenn er ihr ohne ihre Einwilligung beiliegt.«[373]

Besonders geregelt ist, natürlich, die Stellung des Königs, der von den Bischöfen geweiht wird, beziehungsweise des Kaisers, der vom Papst geweiht wird[374]. Es sind die kirchlichen Würdenträger, welche durch den Weihevorgang die Macht des Herrschers als von Gott gegeben legitimieren, und zu seiner Amtsgnade gehört auch die Funktion des obersten Richters in Land und Reich; ausdrücklich heißt es: »Den König kürt man zum Richter über Grundeigen und Lehen und über jedes Mannes Leben. Der Kaiser kann aber in allen Landen nicht sein, und alle Verbrechen nicht richten zu jeder Zeit; deswegen Fürsten Grafschaft und den Grafen Schultheißentum.«[375] Umgekehrt gilt: »Den Kaiser darf weder der Papst noch sonst jemand bannen seit der Zeit, daß er geweiht ist, außer wegen dreier Sachen: wenn er an dem rechten Glauben zweifelt oder sein eheliches Weib verläßt oder Gottes Haus zerstört.«[376]

Um gerichtliche Streitfälle nicht in die Länge zu ziehen, ist angeordnet: »Der Markgraf thingt bei seiner eigenen Huld alle sechs Wochen; dort findet jeder Mann, den man an seinem Recht nicht beschelten kann, Urteil über den anderen; doch antwortet da niemand dem ihm Unebenbürtigen zum Zweikampf.«[377]

Eine besondere Regelung findet sich für die Mitentscheidungsfähigkeit bei Gericht; »Lehn an einem Gericht«, heißt es, »darf niemand haben, er sei denn schöffenbarfrei und leiste dem König Hulde nach freien Mannes Recht, und verpflichte sich bei der Hulde, falls man Zeugnis auf ihn zieht.«[378] Diese Verordnung bedarf einer besonderen Erklärung. Mit »Schöffenbarfreiheit« ist »eine Personengruppe« belegt, »die infolge ihrer Schöffenbarkeit und hinsichtlich aller mit dem Schöffenamt zusammenhängenden Bezüge frei, im üb-

371 A.a.O., III 45 § 2, S. 112.
372 A.a.O., III 45 § 3, S. 112.
373 A.a.O., III 46 § 2, S. 113.
374 A.a.O., III 52 § 1, S. 115.
375 A.a.O., III 52 § 2, S. 115.
376 A.a.O., III 57 § 1, S. 118.
377 A.a.O., III 65 § 1, S. 122.
378 A.a.O., III 54 § 1, S. 116.

rigen aber ministerialisch gebunden, also unfrei ist. Ein Schöffenbarer kann ebenso gut ein Freier wie ein Dienstmann sein; ein Schöffenbarfreier wird durch seine Standesbezeichnung als Ministeriale mit angestammter oder verliehener Qualifikation zum Schöffenamt charakterisiert ... Ein Reichsministeriale, der als Schöffe amtieren soll, wird also keineswegs aus der Ministerialität entlassen, sondern er erhält lediglich durch Gerichtsurteil eine zusätzliche Qualifikation: er wird fähig zum Schöffenamt und in dieser, aber auch nur in dieser Hinsicht frei.«[379]

Zur Entscheidung standen im *Sachsenspiegel*, wie die Übersicht zeigt, Fälle von Diebstahl, Raub, Totschlag, Unzucht, Verstümmelungen, falsche Anschuldigungen u.a., aber auch, außerhalb des Strafrechts, Fragen der Vererbung und Eigentumsregelungen und Fragen der Kompetenzverteilung. – Einer besonderen Erwähnung wert ist die Regelung des Verhältnisses der Menschen zu den »wilden« Tieren. Der *Sachsenspiegel* betont das Herrschaftsrecht, das Gott den Menschen in der Schöpfungsordnung gegeben habe, so »daß niemand sein Leben noch seine Gesundheit an diesen Dingen verwirken kann«.[380] Gleichwohl sind drei Stätten in Sachsen, in denen »den wilden Tieren Frieden gewirkt ist bei Königsbann, außer Bären und Wölfen und Füchsen ... Wer hierin Wild fängt, der soll den Königsbann als Strafe zahlen, das sind sechzig Schillinge«.[381] Innerhalb dieses Bannforstes sind die Jagdwaffen bedeckt und die Hunde festzuhalten[382]. Offenbar handelt es sich in derlei Anordnun-

379 KARL AUGUST ECKHARDT: Sachsenspiegel IV, S. 33.
380 Sachsenspiegel V, II 61 § 1, S. 88.
381 A.a.O., II 61 § 2, S. 88.
382 A.a.O., II 61 § 3, S. 88. – Hinzuweisen bleibt auf die Beharrungskraft und das Weiterwirken insbesondere des Rechtes der *Westgoten*. So hängt die *Lex Baiuvariorum*, die um 1100 in Niederaltaich aufgezeichnet wurde und die »das umfangreichste und zugleich das am stärksten durchgeformte westgermanische Volksrecht« darstellt, sehr stark ab »von dem ältesten Wisigotenrecht, dem Codex Eurici von 475/76, der in seinem Entstehungsgebiet faktisch schon im 6. Jahrh., endgültig im Jahre 654 außer Kraft getreten war«. KARL VON AMIRA – KARL AUGUST ECKHARDT: Germanisches Recht, I 58–59. – Das gotische Gewohnheitsrecht fand sein Weiterleben im Spanien der Reconquista, wenngleich »die Geltungskraft von Reichsrecht, was die *Lex Visigothorum* doch im Westgotenreich gewesen war«, vom *Fuero Juzgo*, wie es altspanisch hieß (von lat.: *forum*), nicht mehr beansprucht werden konnte. EUGEN WOHLHAUPTER (Hg.): Altspanisch-gotische Rechte, S. XIV. »Von den knappen Fueros ist der ... berühmteste der Fuero von Leon, der 1020 (oder schon 1017) auf einer Reichsversammlung in Leon verkündet wurde.« (S. XIX) Beachtenswert ist auch hier die Dominanz von Ausgleichszahlungen, selbst in schwersten Fällen des Strafrechts. So heißt es Nr. 14 (S. 9): »Wer dem

gen nicht allein um ein exklusives Jagdrecht des Königs in bestimmten Arealen, sondern auch um die Einrichtung einzelner Zonen eines »Tierfriedens« gegenüber der Kreatur.

c) Von den Karolingern zu den Staufern

α) Die Karolinger

Karl der Große (768–814) war 29 Jahre alt, als er nach dem »allzu gelegenen«, aber wohl natürlichen Tode seines jüngeren Bruders *Karlmann II.* (768–771), zum Alleinkönig wurde. Bald danach, im Jahre 773, bat Papst *Hadrian I.* (772–795) ihn um Hilfe gegen den Langobardenkönig *Desiderius*, der nach wie vor Gebiete des Patrimonium Petri besetzt hielt, und das erwünschte Zusammenspiel von königlicher und päpstlicher Macht führte 774 mit der Einnahme von Pavia zum Untergang des 200jährigen Langobardenreichs. »Am Osterfest des gleichen Jahres fand *Karls* erste Begegnung mit dem Papst in Rom statt; die Urkunden, welche die durch *Pippin III.* (sc. »der Jüngere«, 751–768, 757, d.V.) im Vertrag von Quiercy an *Stephan II.* (sc. 752–757, d.V.) gemachten Schenkungen bestätigten, legte *Karl* auf Altar und Grab des Apostels *Petrus* in der Peterskirche nieder.«[383]

Fronboten des Königs eine Unbill getan oder ihn getötet hat, der zahle 500 Schillingen.« Und in Nr. 24 (S.11): »Hat jemand einen Totschlag begangen und konnte er aus der Stadt flüchten ... und ist er innerhalb neun Tagen nicht ergriffen worden, so darf er ungefährdet in sein Haus zurückkehren ... Ist er innerhalb der neun Tage ergriffen worden und besitzt er genug Vermögen, um die volle Totschlagsbuße zu bezahlen, so entrichte er sie.« Auch die Verfahren der Wahrheitsfindung durch Eid oder Zweikampf finden sich in Fällen von Totschlag und Diebstahl wieder (Nr. 40, S. 17,19). Der *Fuero Viejo de Castilla,* deren Rechtsstoff aus dem 13. Jh. stammt, setzt in Buch II, Titel 1, Nr. 3 (S. 43,45) fest: »Wer seinen Feind tötet, den er (sc. wegen der Blutracheverpflichtung, d.V.) verfolgen mußte, soll Totschlagsbuße bezahlen, aber nicht selbst der Feindschaft verfallen.« Ein Weinbauer, der wegen Schädigung ein Pfand fordert und im Streit darüber den Gegner tötet, »soll ... nicht Feind der Verwandten jenes (Getöteten) sein; aber er soll die Totschlagsbuße entrichten«. Titel 2: Von den Notzüchtern, Nr. 1, S. 49–51 setzt fest, daß jemand, der eine Frau mit Gewalt entführt, frei von Strafe bleibt, wenn sich die Frau im Beisein ihrer Verwandten sich ihm zuwendet; erklärt sie aber, sie sei vergewaltigt worden, soll er das Land verlassen. Nr. 3 (S. 51,53) verfügt, daß im Fall eine Jungfrau ihre Vergewaltigung glaubhaft anklagen kann, der Notzüchter, wenn man seiner habhaft wird, sterben soll; wird man seiner nicht habhaft, so soll die Ortsgemeinde »der Klägerin 300 Schillinge geben und jenen als Übeltäter und als Feind ihrer (der Frau) Verwandten erklären. Und wenn ihn die Gerichtsbeamten des Königs fassen können, sollen sie ihn dafür töten.«

383 HANS KÜHNER: Lexikon der Päpste, 41. – CAY RADEMACHER: Der erste Kai-

Damit übernahm *Karl* »die Rolle eines Schützers der Kirche in ihrer ganzen weltlichen Macht«[384], und diese Kirche legte (inzwischen) großen Wert auf ihre »weltlichen« (machtpolitischen, territorialen und wirtschaftlichen) Ansprüche. In der Tat erwies sich König *Karl* durch seine Rücksichtslosigkeit in permanenten Kriegen als der passende Mann für diese Kirche. »Nach der Rückkehr in seine Heimat Aachen begann er mit einer Reihe von dreiundfünfzig Feldzügen – die er zumeist in eigener Person führte –, welche bestimmt waren, sein Reich durch die Unterwerfung und Taufe der Bayern und Sachsen abzurunden, die lästigen Awaren (sc. in Ungarn, d.V.) zu vernichten, die räuberischen Sarazenen von Italien abzuwehren und die Verteidigung der *Francia* gegen die vordringenden Mauren Spaniens zu verstärken. Die Sachsen an seiner Ostgrenze waren Heiden; sie hatten eine christliche Kirche niedergebrannt und waren von Zeit zu Zeit in Gallien eingefallen; diese Gründe genügten *Karl*, um achtzehn Feldzüge zu unternehmen (772–804), die auf beiden Seiten mit unerbittlicher Heftigkeit geführt wurden. *Karl* stellte die besiegten Sachsen vor die Wahl zwischen Taufe und Tod und ließ an einem einzigen Tag 4500 aufrührerische Sachsen enthaupten (sc. im sogenannten Blutgericht zu Verden an der Aller, 782, d.V.); worauf er sich nach Thionville begab, um die Geburt Christi zu feiern.«[385] Christ und Krieger – wie geht das?

ser, in: Geo Epoche Nr. 70, S. 30–31, verweist darauf, daß *Karlmanns* Witwe an den Hof der Langobarden floh und *Karl* selber aus politischen Gründen die Tochter des Königs *Desiderius* heiratete. Jetzt offenbart *Karl* »erstmals jene Eigenschaften, die ihn weit über die halbbarbarischen Germanenkönige erheben werden: effiziente Brutalität, strategischen Weitblick, eine fast fanatische Beharrlichkeit. Anderthalb Jahre rüstet er, dann führt er eine Armee über die Alpen, gegen die Langobarden, die nun seine Feinde sind. Seine Panzerreiter verheeren Norditalien, die Verteidiger ziehen sich in die Städte zurück. Doch *Karl* läßt die Festungen belagern, Monat um Monat. Im Sommer 774 kollabiert das Langobardenreich, die ausgehungerten Verteidiger strecken die Waffen.« Fortan ist *Karl* König der Franken und Langobarden. Die langobardische Prinzessin hat er längst fortgeschickt und die junge schwäbische Adlige *Hildegard* geheiratet, die mit 17 Jahren in die Ehe kam und jedes Jahr ein Kind gebar, bis sie mit 26 Jahren verstarb. EINHARD: Das Leben Kaiser Karls des Großen, 18. Kap., S. 29, erklärt, man wisse nicht, weshalb *Karl* »nach einem Jahr« seiner Ehe die Tochter des Langobardenkönigs verstieß.

384 WILL DURANT: Das frühe Mittelalter. Kulturgeschichte der Menschheit, Bd. 6, S. 135.

385 A.a.O., 135. JAN DHONDT: Das frühe Mittelalter, 12, vermerkt: »Um seine Gewalt geltend zu machen, ging Karl geradezu terroristisch vor: Die Verweigerung der Taufe und sogar der Verstoß gegenüber den Vorschriften der Fastenzeit wurden mit dem Tode bestraft. Die Pflicht des Kirchenzehnten wurde eingeführt und von der fränkischen Kirche mit einer Strenge angewendet, zu der die materielle

»Gut möglich, dass sich Karl zum Krieg verdammt fühlte. Er, der Herrscher einer neuen Dynastie, gewinnt mit jedem Sieg Ansehen und Beute – Raubgut, das er an die Adeligen verteilt, um sich deren Loyalität zu erkaufen. Doch ausgerechnet dieser Kriegerkönig, der wohl mehr als drei Jahrzehnte im Sattel sitzt ... und auf dem Pferderücken eine Strecke zurücklegt, die um die ganze Erde reichen würde: Ausgerechnet dieser rücksichtslose Totschläger ahnt, dass man auf die Dauer mit dem Schwert allein kein Reich zusammenfügen kann.«[386]

Die Franken, an deren Spitze *Karl* an die Macht gelangt, sind ungebildete Analphabeten und gefürchtete Krieger; es zeugt von *Karl*s Weitsicht, daß er Berater und Gelehrte an seinen Hof holt, so den angelsächsischen Mönch *Alkuin* von York, den Franken *Einhard*, der sein Biograph wurde, und seinen Vetter *Adalhard*, der als Abt von Corbie in der Picardie wohl die karolingische Minuskel entwickelt hat. Insbesondere *Alkuin*s Leute kopieren unzählige antike Texte, die auf Papyrus geschrieben sind, – zu Recht spricht man von der karolingischen Renaissance.[387] *Karl* selber läßt die mündlich überlieferten

Gier erheblich beitrug.« EINHARD: Das Leben Kaiser Karls des Großen, Kap. 7, S. 14–16, gibt den Sachsen die Schuld an dem Krieg, »der so viele Jahre« währte: sie seien »von unbändiger Natur, dem Dämonenkult ergeben, Hasser unserer Religion«, ja, sie sähen »in der Übertretung und Schändung göttlichen und menschlichen Rechts nichts Ehrloses«. (15)

386 CAY RADEMACHER: Der erste Kaiser, in: Geo Epoche Nr. 70, 32.

387 EINHARD: Das Leben Kaiser Karls des Großen, Kap. 25, S. 37, notiert: »Der greise Diakon *Petrus von Pisa* war sein (sc. *Karls des Großen*, d.V.) Lehrer in der Grammatik, in den übrigen Fächern ... *Alkuin*, ein Sachse aus Britannien.« – Als ein leuchtendes Beispiel für die Höhe der Geistigkeit jener Zeit darf JOHANNES SCOTUS ERIUGENA (um 810–877) erwähnt werden, »einer der originellsten und kühnsten Geister des Mittelalters.« (WILL DURANT: Das frühe Mittelalter. Kulturgeschichte der Menschheit, Bd. 6, 150–153). *Karl der Kahle* hatte ihn mit anderen irischen und englischen Gelehrten an die Hofschule von Paris geholt, wo er die Schriften des DONYSIUS (Pseudo-)AREOPAGITA ins Lateinische übersetzte und mit seiner Schrift *De divina praedestinatione* die These des Mönches GOTTSCHALK (gest. etwa 869) von der doppelten Vorherbestimmung zur Seligkeit und zur Verdammnis zu widerlegen suchte. Sein späteres Hauptwerk *De divisione naturae* suchte Philosophie und Theologie im Erbe des AUGUSTINUS und des DIONYSIUS miteinander zu verbinden; wahre Autorität ist »nichts anderes als die durch die Kraft der Vernunft entdeckte Wahrheit.« (KARL VORLÄNDER: Philosophie des Mittelalters,50) »Den christlichen Schöpfungsbegriff sucht ERIUGENA zu verstehen, indem er ihn im Sinne der neuplatonischen Emanationslehre umdeutet. Gott ist ihm die oberste Einheit, einfach und doch auch mannigfach. Der Hervorgang aus ihm ist die Vervielfältigung der göttlichen Güte vermöge des Herabsteigens vom Allgemeinen zum Besonderen«, indem nach dem allgemeinsten Wesen die Gattungen bis hinunter zu den Spezies und den Individuen vermittels der Differenzen und

(Gewohnheits)Rechte der Franken, Friesen und Sachsen aufschreiben; in den entlegenen Regionen setzt er Grafen als seine Verwalter ein, Adlige ziehen als Oberaufseher, als Königsboten (*missi dominici)*, durch das Reich. »Doch in einer Welt ..., in der sogar Adlige noch der archaischen Blutrache verpflichtet sind und Grafen ob ihrer Brutalität von Mönchen als ›Freunde Satans‹ geschmäht werden, in einer Welt der Finsternis reicht die Macht des Herrschers nur so weit wie sein Augenlicht.«[388]

Halbjährlich hält *Karl* »Volksversammlungen der Besitzenden« ab, bei denen er »seine Gesetzesvorschläge kleineren Gruppen von Adligen oder Bischöfen« unterbreitet; »sie hielten Beratungen ab und leiteten die Gesetzesentwürfe mit ihren Vorschlägen an den König zurück; er gab die *capitula* aus, die Gesetzeskapitel, und legte sie der Gesamtversammlung zur Annahme durch Zuruf vor; nur selten kam es zur Ablehnung durch das gemeinsame Murren oder Stöhnen der Versammlung«.[389] »Manchmal pflegten die Statthalter des Königs (in Fortsetzung der altrömischen Einrichtung der *inquisitio*) führende Bürger zu sich zu zitieren und ihnen den Auftrag zu erteilen, Untersuchungen über das steuerbare Vermögen, die Ruhe und Ordnung im Staate, das Vorhandensein von Verbrechen oder Verbrechern in den betreffenden Bezirken anzustellen und unter Eid eine ›wahrheitsgemäße Aussage‹ (*veredictum*) darüber zu machen. Im neunten Jahrhundert wurde in fränkischen Landen dieses Verdikt der *iurata*, der

Proprietäten gebildet werden. Vgl. FRIEDRICH UEBERWEGS Grundriß der Geschichte der Philosophie, 2. Teil, 221. Der Prozeß der Entfaltung (*resolutio*) führt zur Rückkehr in Gott bzw. zur Vergottung (*reversio, deificatio*). Diese Realdialektik, die an die Onto-Theo-Logik G. W. F. HEGELS gemahnt, wurde von dem bedeutenden Papst *Nikolaus I.* (858–867) zurückgewiesen; er forderte *Karl den Kahlen* 865 auf, ERIUGENA nach Rom zu überstellen oder aus der Hofschule zu entlassen. Papst *Honorius III.* (1216–1227) ließ alle seine Schriften in Rom verbrennen. – DIONYSIUS AREOPAGITA: Mystische Theologie, III, in: Über alles Licht erhaben, 15, betont: »dort, beim Abstieg vom Höchsten zum Niedersten, breitete sich die Rede (sc. von Gott, d.V.) nach dem Maße des Abstiegs zu einer entsprechenden Weite aus ... beim Aufstieg vom Niedersten zum Höchsten, zieht sie sich nach dem Maß des Aufstiegs zusammen, und nach dem ganzen Aufstieg wird sie ganz verstummt sein und ganz mit dem Unaussprechlichen vereint.« – JOHANNES SCOTUS ERIUGENA: Über die Einteilung der Natur, 1. Buch, Kap. 14, S. 26–29, verweist genau so auf die Unanwendbarkeit der logischen Kategorien auf Gott wie DIONYSIUS; alles Sprechen von Gott ist zugleich eine bejahende und verneinende Theologie (30).

388 CAY RADEMACHER: Der erste Kaiser, in: Geo Epoche Nr. 70, S. 34.

389 WILL DURANT: Das frühe Mittelalter. Kulturgeschichte der Menschheit, Bd. 6, S. 136–137.

Geschworenengruppe von Untersuchungsbeamten, zur Entscheidung vieler örtlicher Streitfälle über Grundbesitz und Schuldfragen eingesetzt. Aus den *iurata* entstand über normannische und englische Weiterentwicklungen das Geschworenensystem der heutigen Zeit.«[390]

Die Amtsführung in den Verwaltungsbezirken, die von den Königsboten beauftragt wurde, fand ihren Niederschlag in dem *Capitulare missorum*, das den Zweck hatte, Mißstände, wie Bestechung, Ausbeutung und Vetternwirtschaft, einzuschränken. »Die fünfundsechzig Kapitularien, die von *Karl*s Gesetzgebung erhalten sind, gehören zu den interessantesten Gesetzeswerken des mittelalterlichen Rechtes. Sie bilden nicht ein planmäßiges System, sondern sind eher als Erweiterungen und Anwendungen früherer ›barbarischer‹ Gesetzeskörper auf neue Zustände und Bedürfnisse aufzufassen. In gewissen Einzelheiten sind sie weniger aufgeklärt als die Gesetze des Langobardenkönigs *Liutprand*: sie behalten das Wergeld, das Gottesurteil, den gerichtlichen Zweikampf, die Verstümmelung als Strafe bei und sehen für den Rückfall in das Heidentum oder für den Genuß von Fleisch während der Fastenzeit die Todesstrafe vor – wenn es in diesem Falle dem Priester auch freistand, das Strafmaß zu mildern. Auch waren nicht alle Kapitularien Gesetze; einige waren Entgegnungen auf Anfragen, andere waren Fragen, die *Karl* an seine Beamten richtete, andere moralische Ratschläge.«[391]

Wirtschaft und Handel, die durch die Seeräuberei der Wikinger eingeschränkt waren, suchte *Karl* durch einheitliche Maße, Gewichte und Preise zu verbessern und mit Hilfe von Bildungsprogrammen zu fördern; gleichwohl ging der Mittelstand des Handels zurück und machte dem Einfluß des Landadels Platz, so daß es schwer fiel, die freie Bauernschaft gegen die Leibeigenschaft zu schützen; die Sklaverei nahm insbesondere durch die ständigen Kriege sogar zu. Um dieser Entwicklung entgegenzuwirken, besteuerte *Karl* Adel und Klerus und organisierte mit diesen Einnahmen eine Art Armenfürsorge; die Bettelei stempelte er zum Vergehen. Die spätantike Bindung des

390 A.a.O., 137.

391 A.a.O., 138. – Die Rechtskraft der Kapitularien hing nicht ab von »der Zustimmung des Volkes oder einer Klasse derselben«; die Rechtsbildung gehörte zum Beruf des Königs- und Kaisertums »von Gottes Gnaden«. KARL VON AMIRA – KARL AUGUST ECKHARDT: Germanisches Recht, I 48. – ROBERT HOLTZMANN: Französische Verfassungsgeschichte, 50, betont demgegenüber: »Die fränkische Zeit kannte ein doppeltes Recht: das alte Volksrecht, wie es in den *leges* aufgezeichnet war, und zu seiner Ergänzung die Kapitularien, d.h. die königliche Gesetzgebung.« An die Stelle beider tritt im 10./11. Jh. das Gewohnheitsrecht. (52)

Knechtes an den Herrn erfüllten die Franken mit der Moral der Gefolgschaftstreue. Die Grundlage dafür bildete die Landvergabe (das *beneficium* oder *feudum*) durch den Lehnsherrn an den Lehnsmann (Vasallen), der besonders zum Kriegsdienst verpflichtet war; auch Rechte und Ämter wie Marktrechte und Zolleinnahmen wurden als Lehen vergeben[392].

Eine »der glänzendsten Ideen der Geschichte der Staatsmannskunst (aber war) die Umwandlung von Karls Königreich in das Hei-

392 JAN DHONDT: Das frühe Mittelalter, 27–45: Gesellschaftliches Bewußtsein und soziale Gliederung der Karolingerzeit, 27, erklärt: »In einer agrarischen Gesellschaft wie der der Karolingerzeit hatten die ›Großen‹ alle Vorteile auf ihrer Seite. Während die reichen Landbesitzer eine Kaste bildeten, die aus wenigen, ihrer gesellschaftlichen Zusammengehörigkeit bewußten Menschen bestand, waren die ›Kleinen‹ ganz auf ihr Stück Land beschränkt ... Neben dem rein materiellen Gegensatz zwischen Armen und Reichen gab es noch einen juristischen Gegensatz– den zwischen Freien und Unfreien ... Die ›armen Freien‹ bildeten fast eine soziale Schicht ... der Unterschied zwischen ihnen und einem zu wirtschaftlicher Nutzung eines Grundstücks eingesetzten Sklaven war, wenigstens hinsichtlich der Lebensumstände, kaum erkennbar.« S. 31: »Der Sklave ... gehörte, wenn er von seinem Herrn zur Nutzung eines von der Domäne abhängigen Bauernhofes oder eines ähnlichen Besitzes eingesetzt war, als unbewegliche Sache zu diesem Besitz und konnte nur mit ihm zusammen veräußert werden. Im übrigen galt er als bewegliche Sache. Der Sklave wurde, und in der Karolingerzeit war das der weitaus häufigste Fall, schon als Sklave geboren.« – S. 32: »Über den Sklaven stand die breite Masse der Bevölkerung, die Kolonen ..., die ... eine begrenzte Freiheit besaßen ... Er (sc. der Kolone, d.V.) lebte auf einem Grundeigentum, das nicht ihm, sondern dem Domänenherrn gehörte.« Im wesentlichen unterschied ihn von einem Sklaven nur die Stellung zum Staat: er »galt als Bürger und mußte Militärdienst leisten. Er hatte Zugang zu den Gerichten und konnte dort Klage erheben oder als Zeuge auftreten ... In überwiegender Mehrzahl hatten die Kolonen einen *Mansus* (Hufe, Hof), der von der Domäne abhängig war.« (S.33) – Die armen Freien wurden staatlicherseits wie mit System in den Ruin getrieben, so daß sie ihr Eigentum veräußern mußten: »Man zwang einen solchen Freien, öfter zum Heer zu gehen, als das Gesetz vorschrieb, oder verurteilte ihn zur Zahlung von Bußen, wenn er nicht bei den Gerichtssitzungen der Landgemeinde erschien.« (36) – Zu den Reichen gehörten »die Grafen, Bischöfe, Äbte und andere Beauftragte der Zentralgewalt, die kraft ihrer Autorität »die einfachen Freien« bedrücken konnten. (36) »Ein im Jahre 805 zu Thionville erlassenes Kapitulare schrieb vor, daß jeder Mann, der zwölf *mansi* besaß, für den Dienst im Heer ein ›Panzerkleid mit Schuppen‹ (*broigne*) besitzen müsse. Die Reiter in solchen Panzern waren niemand anderes als die voll ausgerüsteten Krieger im Heer.« (36–37) Zwölf *mansi* zu besitzen bildete die Untergrenze für die Zugehörigkeit zu den Reichen. – S. 42: »Die übergroße Mehrheit der Geistlichen bestand aus Unfreien, denen ihr Herr die Pfarrei nicht anders zugewiesen hatte als einem Kolonen den *mansus* ... Der betreffende Geistliche hing also sehr stark von dem Grundherrn ab.« – »Das einzig Beständige in dieser Gesellschaft (sc. der Karolingerzeit, d.V.) war die Anhäufung des Grundbesitzes bei einer begrenzten Anzahl von großen Familien.«

lige Römische Reich, hinter dem die ganze Ehrwürdigkeit, Heiligkeit und Festigkeit sowohl des kaiserlichen wie des päpstlichen Roms standen.«[393] Die Idee, sich vom Papst zum römischen Kaiser krönen zu lassen, die von *Alkuin* und anderen gefördert wurde, mußte freilich zur Konkurrenz mit dem Kaiser Ostroms führen; dennoch krönte am 25. Dezember des Jahres 800 Papst *Leo III.* (795–816) *Karl* zum Kaiser. Dieser Akt machte für ein ganzes Jahrtausend die Autorität des Staates von der Übertragung der Macht durch die Kirche abhängig; gleichzeitig wurde die Position *Karl*s gegenüber dem Adel gestärkt, – der Kaiser regierte nunmehr kraft göttlichen Rechtes; allerdings lag darin auch die Wurzel der Spaltung zwischen der lateinischen Kirche Roms und der griechisch-orthodoxen Kirche von Byzanz, die 1054 eintrat und bis heute andauert. Ungelöst blieb in dem Junktim von Staat und Kirche, von Kaiser und Papst, auch die wichtige Frage des eigentlichen Ursprungs der Macht: untersteht nun der Kaiser dem Papst als dem Herrn der Kirche, die durch ihn Herrschergewalt auch im Weltlichen ausübt, oder verhält es sich gerade umgekehrt: der König beziehungsweise der Kaiser setzt die Bischöfe ein, die den Papst wählen, der seiner Macht göttliche Legitimation verleiht? Das Ringen um diese Frage beginnt erst.

Das riesige Reich *Karl*s, das die »christlich« gewordenen Germanen und Romanen unter der Herrschaft der Franken zusammenschloß, zerfiel bereits in der Nachfolge seines Sohnes, *Ludwig des Frommen* (813–840), dessen Söhne gegen den Vater revoltierten, weil er *Karl den Kahlen*, einen Sohn aus zweiter Ehe, in der Erbfolge berücksichtigen wollte; nach *Ludwig*s Absetzung, Gefangenschaft und Tod kam es zu einem Bruderkrieg, der 843 im Vertrag von Verdun mit der Reichsteilung endete: *Karl II. der Kahle* (843–877) erhielt Westfranken, das relativ einheitlich in der Zusammensetzung seiner Bevölkerung war und den Grund des späteren Frankreichs

393 WILL DURANT: Das frühe Mittelalter. Kulturgeschichte der Menschheit, Bd. 6, S. 141. – HEINRICH BRUNNER: Das Constantinum Constantini, in: Abhandlungen zur Rechtsgeschichte, I 698, betont zu Recht: »Unbeachtet blieb ... als maßgebendes Vorbild fränkischer Vorgänge der weltliche Krönungsakt der Byzantiner, welche gleichfalls ohne Salbung erfolgte ... *Leo III.* setzte *Karl* die Krone auf. Dann wurde *Karl* als *Augustus a Deo coronatus magnus et pacificus imperator Romanorum* ausgerufen.« Als im Oktober 816 *Ludwig I.* (*der Fromme*, 814–840) in Reims von Papst *Stephan IV.* (816–817) in Wiederholung seiner Krönung von 814 zum Kaiser gekrönt wird, ist das »die erste abendländische Kaiserkrönung, welcher die kirchliche Salbung vorausging«. (S. 699) Es war ein deutliches Zeichen der Kirchenmacht.

bildete, während *Ludwig II. der Deutsche* (843–876) in seinem Ostreich, dem späteren »Deutschland« und »Österreich«, die Stämme der Ostfranken, Sachsen, Bayern und Schwaben noch erst zusammenführen mußte; in der Mitte zwischen beiden zog sich das Mittelreich *Lothars I.* (817–855) von der Kanalküste bis Mittelitalien, das im Vertrag von Mersen 870 als »Lotharingien« (*Lothari regnum*) zwischen *Karl dem Kahlen* und *Ludwig dem Deutschen* aufgeteilt wurde und 880 im Vertrag von Ribemont auch mit der Westhälfte dem Ostreich zufiel[394]; zum letzten Mal gelang es noch *Karl III.*

394 WILL DURANT: Das frühe Mittelalter, 146–147: »Dem fränkischen Brauche folgend, teilte er (sc. *Ludwig der Fromme*, d.V.) sein Reich in Königreiche auf, an deren Spitze er seine Söhne stellte – *Pippin* (sc. gest. 838, d.V.), *Lothar* und *Ludwig*, den Deutschen. Aus der Ehe mit seiner zweiten Frau, *Judith*, wurde ... ein vierter Sohn geboren, der als *Karl der Kahle* in die Geschichte einging; *Ludwig* liebte ihn beinahe mit der Vernarrtheit eines Großvaters ... und wollte ihn an dem Reiche teilhaben lassen ...; die drei älteren Söhne wehrten sich dagegen und begannen einen acht Jahre währenden Bürgerkrieg gegen ihren Vater. Die meisten Adligen und Geistlichen stellten sich auf die Seite der Aufständischen; die wenigen, die *Ludwig* die Treue zu halten schienen, ließen ihn in einem kritischen Zeitpunkt auf dem Rothfeld (bei Colmar), das von da an Lügenfeld hieß, (sc. im Jahre 833, d.V.) im Stich. *Ludwig* befahl den verbliebenen Anhängern, ihn zu ihrer eigenen Rettung zu verlassen, und ergab sich seinen Söhnen ... Sie setzten *Judith* gefangen und tonsurierten sie, steckten den jungen Karl in ein Kloster und befahlen ihrem Vater, abzudanken und Buße zu tun. In einer Kirche von Soissons wurde *Ludwig* gezwungen, von dreißig Bischöfen umringt und in Gegenwart seines Sohnes und Nachfolgers *Lothar*, sich bis an die Hüfte zu entblößen und auf einer härenen Decke hingestreckt ein Schuldbekenntnis abzulegen. Er kleidete sich in das Gewand eines Büßers und wurde ein Jahr lang in einem Kloster gefangengehalten. Von diesem Augenblick an wurde Frankreich, dessen karolingisches Herrscherhaus zerfiel, von einem geeinten Episkopat regiert. – Das Volksempfinden lehnte sich gegen die Art auf, wie *Lothar* seinen Vater *Ludwig* behandelt hatte. Viele Adlige und einige Geistliche gingen auf *Judith*s Forderung ein und verlangten den Widerruf der Absetzung; daraus entstanden Streitigkeiten unter den Söhnen; *Pippin* und *Ludwig* (sc. *der Deutsche*, d.V.) ließen ihren Vater frei, setzten ihn wieder auf den Thron und ließen *Judith* und *Karl* (sc. *den Kahlen*, d.V.) in seine Arme zurückkehren (834). *Ludwig* verzichtete auf jede Rache, verzieh vielmehr allen. Als *Pippin* starb (838), wurde eine neue Teilung vorgenommen. *Ludwig der Deutsche* war mit ihr nicht einverstanden und drang in Sachsen ein. Der alte Kaiser zog zu Feld und schlug die Invasion zurück; auf dem Rückweg erkrankte er infolge der Mühsale und starb bei Ingelheim (840). Zu seinen letzten Worten gehörte auch eine Botschaft der Vergebung an seinen Sohn *Ludwig* und die Aufforderung an *Lothar*, der jetzt Kaiser wurde, *Judith* und *Karl* in seinen Schutz zu nehmen.« Stattdessen aber suchte dieser, seine Brüder auf die Stufe von Vasallen zu stellen; »sie schlugen ihn bei Fontenoy (841) und leisteten zu Straßburg einen Eid der gegenseitigen Treue, der als das älteste Schriftstück in französischer Sprache Berühmtheit erlangt hat.« (S. 147) – Zum Zerfall des Frankenreichs und dem Kampf zwischen Erbrecht und Wahlrecht unter den letzten Karolingern zwischen 887 und

(876–887), dem Sohn *Ludwigs des Deutschen*, für zwei Jahre, von 885–887, bis zu seiner Absetzung das Gesamtreich auf sich zu vereinen; mit *Ludwig IV. dem Kind* (900–911) starben (nach den Karolingern des Mittelreichs 875) auch die ostfränkischen Karolinger aus, während das Königtum des Westfränkischen Reiches unter *Hugo Capet* (987–996) mit der Dynastie der Kapetinger eine eigene Nation bildete, die das Heilige Römische Reich nicht mehr als Oberhoheit anerkannte. Doch was galt da als »heilig«? (Vgl. Abb. 11: Die Karolinger, s. S. 488)

Im Verlauf des 9. Jhs. steigerte sich im Volk der Eindruck, »daß die Großen, die ihren Reichtum in den Bürgerkriegen zwischen den Söhnen *Ludwigs des Frommen* durch Gewinne aus den – bezahlten – Hilfeleistungen für diese Fürsten fortwährend vermehrten, nichts unternahmen, um die Bevölkerung gegen die Normannen zu verteidigen«[395], die als »Wikinger« vom Ende des 8. Jhs. an aus Landnot, aber auch aus Beutesucht die Küsten der Nordsee unsicher machten und entlang den Flüssen tief ins Hinterland eindrangen, – als Waräger (schwedische Normannen) hatten sie unter *Rurik* um 850 durch Zusammenschluß ihrer Siedlungen zwischen Wolga und Dnjepr den ersten Staat auf »russischem« Boden gegründet (die Slawen nannten sie Rus, daher Rußland), dessen Hauptstadt nach ihrer Eroberung im Jahre 882 die Stadt Kiew wurde; um 860 besiedelten die Wikinger Island; zwischen 1042–1066 entwickelte sich ein normannisches Herzogtum in der Normandie, dessen Führer *Wilhelm der Eroberer* nach der Schlacht bei Hastings 1066 zum König von England aufstieg, indem er sein Königtum durch die Einrichtung von Grafschaften in den Händen von Großgrundbesitzern festigte; in Nordfrankreich indessen mußten die einfachen Leute sich »auf eigene Faust« der Normannen erwehren. Es kam zu »spontanen Erhebungen«, in denen eine »tiefe, überall verbreitete Unzufriedenheit« sich ausdrückte[396].

Dagegen, verständlicherweise, richteten sich die königlichen Kapitularia (Satzungen des Herrschers), die beschworene Zusammenschlüsse zu unterdrücken suchten. »Ein von *Karl dem Kahlen* im Jahre 857 zu Dijon ausgefertigtes Kapitulare enthüllt darüber man-

987 vgl. ROBERT HOLTZMANN: Französische Verfassungsgeschichte, 107–111; zum Wahlkönigtum der Capetinger und der Wiedererstarkung des Erbgedankens zwischen 987–1180 vgl. a.a.O., S. 111–114.

395 JAN DHONDT: Das frühe Mittelalter, 49.

396 A.a.O., 49.

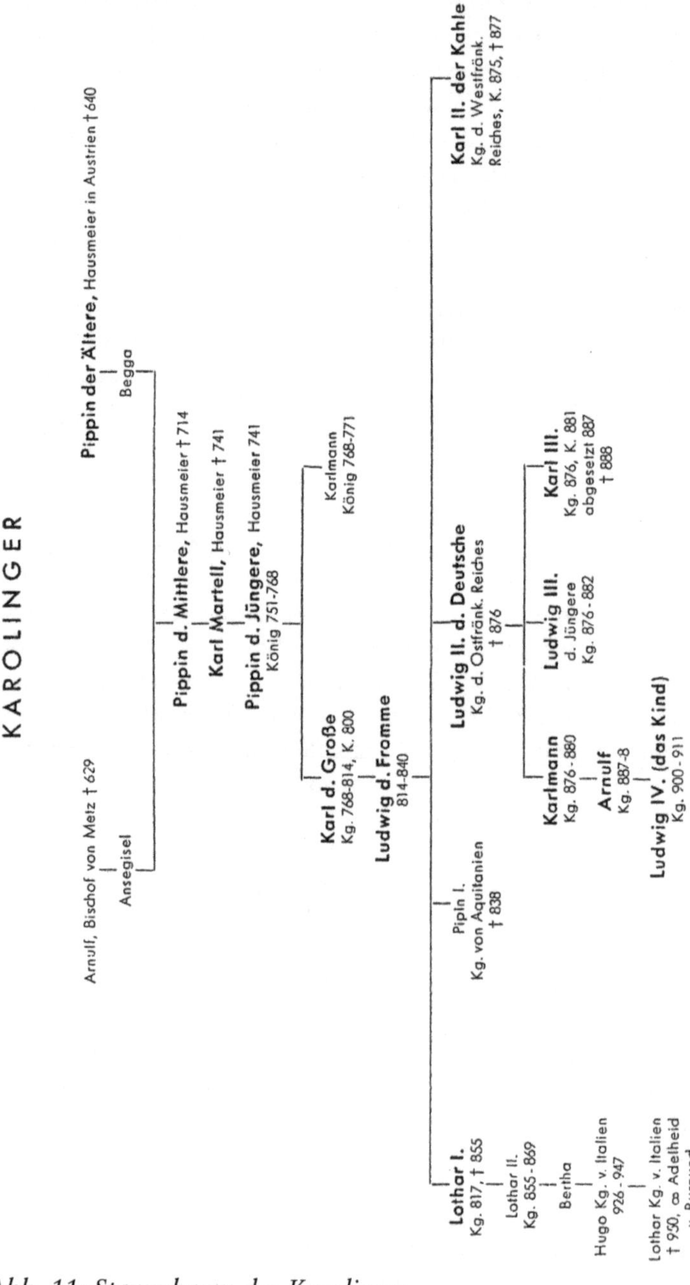

Abb. 11: Stammbaum der Karolinger

ches; dieses Kapitulare macht es den kontrollierenden Sendboten des Herrschers (*missi dominici*) zur Pflicht, Maßnahmen gegen jene Bewohner des Königreiches zu ergreifen, die Raub, Einbrüche und Morde begehen, *Truste* (Vereinigungen zu gegenseitigen Hilfsverpflichtungen) organisieren, Schäden verursachen, ihr Vieh in anderen gehörenden geschlossenen (abgezäunten) Triften weiden lassen und die Ernte verheeren.«[397] Gemeint sind mit diesen *trusten* offenbar »sozial bedingte Bewegungen«, »eine Erhebung der Armen gegen die Reichen«. »Daß solche Verschwörungen bestanden haben, ist auch aus einem Kapitulare *Karls des Großen* zu ersehen. Dort werden die Strafen für die an Verschwörungen Schuldigen festgesetzt: Die eigentlichen Missetäter erhalten gemäß diesen Bestimmungen die Todesstrafe, die Mithelfer müssen sich gegenseitig geißeln und einander den Vorderteil der Nase abschneiden. In Fällen, bei denen das Verbrechen nicht zur Ausführung kam, müssen sich die Verurteilten gegenseitig peitschen und danach einander kahlscheren.«[398] Diese Strafen müssen als extrem gelten in einer Gesellschaft, die nach der damaligen Rechtsauffassung (wie in der *Lex Salica*) so gut wie alle Delikte nur durch Zahlung materieller Bußen ahndete. Mit der Abneigung der unteren Schichten gegen den Staat der Karolingerdynastie verband sich der Aufstieg von Territorialfürstentümern auf der Basis volksmäßiger Einheiten; ein »einheitlicher, der Dynastie zugewandter Patriotismus konnte sich außerhalb eines äußerst eng begrenzten Kreises – den Hof und den hohen Klerus ... umfassend – nicht entwickeln«.[399]

Unter diesen Umständen kann es nicht erstaunen, daß die Kirche, der Langobarden ledig, ihre Macht zu stabilisieren und zu expandieren suchte. Am weitesten seiner Zeit voraus zeigte sich diesbezüglich Papst *Nikolaus I.* (858–867). In seine Zeit fällt das Schisma, der Bruch, den die Ostkirche durch den Patriarchen *Photius* und Kaiser *Michael III.* mit der Kirche Roms vollzog. Sie selbst war (ab 863) gerade dabei, durch die griechischstämmigen Brüder *Konstantin* (*Cyrillus*) und *Methodius* die Slawen (Bulgaren, Serben, Russen, Böhmen und Mähren) zu missionieren und bei ihnen die byzantinische Liturgie einzuführen; in Antwort auf die politische Spaltung durch die Kaiserkrönung *Karls des Großen* durch Papst *Leo III.* (795–816) erklärte Byzanz 865 den römischen Papst für »abgesetzt«,

397 A.a.O., 49.
398 A.a.O., 50.
399 A.a.O., 52.

ja, durch den »Filioque-Streit« für häretisch: nach ostkirchlichem Dogma geht der Heilige Geist »aus dem Vater durch den Sohn« hervor, und nicht, wie die Lateiner lehren, »aus dem Vater und dem Sohne«. Wer will, mag dahinter eine theologisch überhöhte Darstellung der Machtverteilung erkennen: der Vater (der Kaiser) setzt als seinen Sohn den Patriarchen (den Papst) ein und läßt durch ihn die geistige Ordnung (den Heiligen Geist) seiner Herrschaft hervorgehen, während das »Filioque« der Kirche Roms ein weit engeres Zusammenspiel von Kaiser und Papst (Vater und Sohn) nahelegt. Tatsächlich wird es im Westen denn auch zur Frage, wem hier auf Erden die innertrinitarische Funktion des »Vaters« eigentlich zusteht. *Nikolaus I.* sah sich als Sprachrohr der Wahrheit Gottes, also in der Pflicht, den Kaiser im politischen Geschäftsalltag zur Durchsetzung dieser Wahrheit anzuhalten; er also war der Vater, der Vater aller Väter, der *pater patrum*, der pa-pa, der Papst, und dem Kaiser, als von ihm eingesetzt, oblag das Amt, der Wahrheit Gottes in der irdischen Ordnung zur Wirklichkeit zu verhelfen.

Konkret mochte sich das erzeigen, wenn der Papst selbst in eigener Vollmacht in den Gang der Dinge eingriff, wie zum Beispiel in den Ehekonflikt *Lothars II.* (855–869), des Bruders *Ludwigs II.*, und der Mätresse *Walrada*. »Hier erhob er sich, sogar Erzbischöfe absetzend, zum berufenen Richter ewiger Gesetze, der die Sache über Menschenrücksicht stellte. Sehr bedeutend sind *Nikolaus*' Briefe, die zum ersten Mal konsequent die Trennung der Gewalten fordern, die Einmischung des Staates in die Kirche und dieser selbst in Angelegenheiten des Staates ablehnen; damit wird der Primat Petri gewissermaßen philosophisch unterbaut. *Nikolaus* verurteilt den Krieg, soweit er nicht der Verteidigung gilt.«[400]

Dieser Standpunkt, der bis heute in der »Verteidigungspolitik« der Staaten eine große Rolle spielt, ist, wie am Beispiel AUGUSTINS bereits gezeigt, höchst mißbräuchlich interpretierbar; gleichwohl darf man *Nikolaus I.* die Absicht glauben, die Botschaft Jesu in diese Welt zu tragen. Deutlich unterschied er zwischen einem *verus rex*, einem wahren König, und einem *tyrannus* und machte sich damit zu einem Schützer der Menschenrechte gegenüber der Staatsgewalt. Dementsprechend lehnte er im Strafrecht die Tortur gegen Diebe und Räuber »als ein Verbrechen gegen die Menschlichkeit ab. Die Sicht des Ewigen ließ ihn oft über zeitbedingte Verhältnisse hinwegsehen. Als gei-

400 HANS KÜHNER: Lexikon der Päpste, 45.

stige Persönlichkeit und als Papst stellt *Nikolaus* den Mittelpfeiler der Brücke des Papsttums zwischen *Gregor dem Großen* (sc. 590–604, d.V.) und dem Hochmittelalter dar.«[401] Nicht Machtgier, sondern seelsorgliches Engagement trieb diesen Papst an, allerdings unter Bedingungen, die das Nebeneinander von Staat und Kirche als unüberschreitbare Tatsache akzeptierten und in der Folgezeit immer wieder in einem desaströsen Gegeneinander oder heuchlerischen Miteinander enden ließen.

Wie denn! Die Karolinger hätten Verteidigungskriege geführt? Sie nahmen »Gott« zur Legitimation ihrer offensiven Expansionsbestrebungen, die sie, fromm genug, als Erfüllung ihres christlichen Missionsauftrages sich zurechtlegten. Man darf nicht vergessen, daß gesellschaftlich das Karolingerreich durch etwa 200 bis 300 Grafenfamilien bestimmt wurde, »von denen jede reich war und über einen Grundbesitz von mehreren tausend Hektaren mit vielen Domänen verfügte. Diese mächtigen Großgrundbesitzer waren im allgemeinen ... Franken und kamen insbesondere aus Austrasien, das heißt aus den zwischen Schelde und Rhein gelegenen Ländern. Der Aufstieg der Karolinger selbst war das Ergebnis eines Sieges der vereinigten großen Landeigentümer Austrasiens gewesen.«[402] Doch die Aristokratie, die das Königtum trug, wollte nicht beherrscht, sondern bereichert werden, und ihre Bestrebungen nach Eigenständigkeit und Unabhängigkeit führten schon unter *Ludwig dem Frommen* (814–840) zu einer Verringerung der Macht der Karolinger. »Von wirklicher Treue zur Krone war keine Rede mehr. Die Großen wählten den Herrscher nur noch in zynischer Wahrnehmung ihrer materiellen Interessen, und der König war schließlich nicht einmal mehr mächtig genug, einen offensichtlichen Verrat zu verhindern oder zu unterdrücken.«[403] Um dagegenzuhalten, blieben dem König drei Möglichkeiten: die Einrichtung des Systems der Lehen und des Vasallentums; Kriege zur großzügigen Verteilung von Beutegütern; und das neu gewonnene Selbstverständnis göttlicher Machtverleihung.

Daß sich Menschen in Gruppen um einen Führer scharen, ist derart archaisch, daß es, wie eingangs geschildert, weit in die Verhaltenspsychologie lebender Tiere hinabreicht und allemal bei den Strategien von Machtgewinn und Machterhalt in Rechnung gestellt werden muß. In der Karolingerzeit existiert kein wirkliches Beamtentum,

401 A.a.O., 46.
402 JAN DHONDT: Das frühe Mittelalter, 53.
403 A.a.O., 55.

auch keine wirksame Polizei; unter diesen Umständen fiel es den Mächtigen leicht, die Schwächeren auszubeuten, so daß diese sich gezwungen sahen, sich einem der Mächtigen anzudienen, um von ihm ernährt und geschützt zu werden. Zu den Diensten, die der Vasall dem *senior* (dem *seigneur*, dem Herrn) zu leisten hatte, gehörten zunehmend Kriegsdienste, und statt einzelner Zuwendungen für den Unterhalt wies der Senior seinem Vasallen deshalb ein *beneficium*, ein geliehenes Land, ein »Lehen« zu, von dessen Ertrag der Vasall durch eigene Bewirtschaftung leben und zugleich der »Soldat« seines Seniors sein konnte und sollte. Nach dem gleichen Modell suchten die Karolinger die Großen des Kaiserreiches zu ihren Vasallen zu machen: durch einen eigenen Eid verpflichtete der Monarch »seinen« Großen zu einem religiös verbindlichen Treueverhältnis und stattete ihn dafür mit eigenen *beneficia*, mit großflächigen Ländereien (Domänen) sowie mit Würden bzw. Funktionen aus, die Ehre und Geld gleichermaßen einbrachten. Der Treueid selbst hatte seine Wurzeln längst vor den Karolingern, doch im 9. Jh. gewinnt das Vasallentum zunehmend an Bedeutung. Damit einher geht eine gewisse Dezentralisierung der Macht, indem die Verantwortung für die lokale Ordnung durch Verleihung von Immunität vor allem an Bischöfe und Äbte gegenüber den staatlichen Beamten, den Grafen etwa, bestärkt wird; die so Begünstigten sind frei von Besteuerung und Militärdienst. Andererseits ist klar, daß ein Machtbesitz, der sich wesentlich durch Vergabe von Ländereien (*beneficia*) zu erhalten sucht, ständig neue Eroberungszüge zur Aneignung umfangreicher Landreserven erfordert. Darin vor allem ist der Grund der nicht endenden Kriegszüge des großen *Karl* zu erblicken; die vorgebliche Verbreitung des Christentums ist nur die wärmende und schmückende Umhüllung einer Politik aus Kälte und Eisen.

Die Siege, die den Franken auf den Schlachtfeldern zufielen, verdankten sie – neben dem taktischen Geschick, den Gegner in Kolonnen von verschiedenen Seiten konzentrisch anzugreifen – entscheidend ihrer Rüstung: dem Panzerhemd ihrer Krieger sowie dem Schwert, dessen Herstellung mit besonderer Fertigkeit erfolgte; zudem führten sie bei ihrer Kavallerie den Steigbügel, den Sattel und das Hufeisen ein, mit solchem Erfolg, daß »im Laufe des 8. Jahrhunderts sich das Heer der Franken aus einer Truppe von Infanteristen in eine Reiterarmee« verwandelte[404].

404 A. a. O., 64.

Die Autorität der karolingischen Kaiser war, wie gesagt, durch kirchliche Vermittlung sakral gesichert, also in wörtlichem Sinne sakrosankt. In der Praxis ergab sich daraus »der *bannus*, das Recht des Herrschers, zu befehlen und zu verbieten: ein Recht, dessen Verletzung hart geahndet wurde. Auf Ungehorsam gegenüber dem *bannus* stand die schwere Buße von sechzig Solidi oder drei Pfund (Silberwert).«[405] Die Kirche ihrerseits formulierte durch Papst *Johann VIII.* (872–882) den Grundsatz, »daß die Kaiserwürde an die Krönung ihres Trägers in Rom gebunden sei«[406]; diese Auffassung hatte Bestand bis zum Ende der Staufer-Zeit; *Johann VIII.* selbst freilich wurde von seinen Verwandten vergiftet und erschlagen. »Es war der erste Papstmord. *Johanns* Streben galt (sc. eigentlich, d.V.) dem Frieden und der Gerechtigkeit. Seine Ermordung war das erste Zeichen eines Verfalls des Papsttums«[407], das bald schon Gestalten wie *Stephan VI.* (896–897) mit der »Leichensynode«, den Usurpator *Christophorus* (903–904) und dessen Mörder und Nachfolger *Sergius III.* (904–911) hervorbringen sollte; dessen Mätresse *Marozia* und ihr Vater *Theophylakt*, der Finanzchef des Papstes, wurden die mächtigsten Personen Roms; ihre eigene Kreatur *Johannes X.* (914–928) ließ *Marozia* ermorden, – es begann die Zeit der »Pornokratie«, in der *Johann XI.* (931–935), der Sohn von *Marozia* und *Sergius*, auf den Papstthron kam; auch ihn ließ die Mutter einsperren, um nach dem Tod ihres zweiten Gemahls *Wido von Tuszien*, der unter ihrer Patronage 926 zum König von Italien erhoben worden war, in dritter Ehe König *Hugo von der Provence*, den Urenkel Kaiser *Lothars I.* (817–855), zu heiraten, mit dem Plan, ihn zum Kaiser zu küren. Es war ihr Sohn aus erster Ehe, *Alberich II.* von Tuszien, der *Hugo* aus Rom vertrieb und seine Mutter in der Engelsburg mitsamt seinem päpstlichen Halbbruder *Johann XI.* unter Bewachung stellte, wo deren Spuren sich verlieren. 22 Jahre lang herrschte *Alberich II.* (gest. 954) als »Fürst und Senator aller Römer« und bemühte sich gemeinsam mit Abt *Odo von Cluny* darum, die kirchlichen Verhältnisse neu zu ordnen; die Zeit der »Pornokratie« war beendet und das säkulare Reformwerk Clunys zeigte seine Wirkung[408].

405 A.a.O., 55.
406 A.a.O., 85.
407 HANS KÜHNER: Lexikon der Päpste, 46–47.
408 A.a.O., 50–51. – Die berüchtigte »Leichensynode« veranstaltete Papst *Stephan VI.*, indem er auf Druck des Herrscherhauses der Spoletiner seinen Vorgänger *Formosus* (891–896) nach neun Monaten wieder ausgraben und den Toten in feierlichen Gewändern anklagen ließ, er habe als Bischof von Porto sich nach

ß) Sachsen (Ottonen) und Salier

Die italienischen Wirren, in die auch die Kirche hineingezogen wurde, ergaben sich unmittelbar aus dem Niedergang der karolingischen Macht, und sie waren von besonderer Bedeutung, weil die antike Kultur sich dort stärker erhalten hatte als anderswo in Europa und weil die Verbindungen zu Byzanz trotz allem weiterbestanden; zudem bildeten in den italienischen Städten sich die Gegensätze von arm und reich früher und schärfer heraus als anderswo, und sie trugen ihrerseits zur politischen Zerstückelung Italiens bei[409]. Die Kirche befand sich im »dunklen Zeitalter« des 9. Jhs. in einem gefährlichen Zustand der Selbstauflösung, und so gedieh es für sie geradewegs zur Rettung, daß die sächsischen Fürsten in Deutschland, beginnend mit dem nicht gerade besonders frommen *Heinrich I.* (919–936), die ostfränkischen Stämme zu einen vermochten und die Kirche dabei als Stütze gegen die Stammesherzöge zu nutzen verstanden. *Otto I.* (936–973) setzte den Plan seines Vaters in die Tat um, die Kaiserkrone zu gewinnen. In Anknüpfung und bewußter Fortsetzung der Politik *Karls des Großen* ließ er sich in Aachen durch den Erzbischof von Mainz zum König salben, indem bei seinem Krönungsmahl die Herzöge die symbolischen Hofdienste ausübten: Marschall, Truchseß, Mundschenk, Kämmerer; das Ritual *Ottos* wurde zum Vorbild aller mittelalterlichen Königskrönungen. 951 zog *Otto* zum ersten Mal nach Rom, wo er *Adelheid*, die Erbin des Königsreichs Italien, des »Langobardenreiches«, aus der Gefangenschaft des Markgrafen *Berengar von Ivrea* befreite; indem er sie zur Frau nahm, wurde er selber »König der Langobarden«, deren Reich er *Berengar* zum Lehen gab. In der Schlacht auf dem Lechfeld besiegte er 955 die Ungarn, die er in der Donauebene ansiedelte; durch König *Stephan den Heiligen* (997–1038), der mit der seligen *Gisela* (gest. um 1060), einer Schwester *Heinrichs II.* (1002–1024), vermählt war, banden sich die christianisierten Ungarn an Rom[410].

Das Wort »Christianisierung« bedarf freilich für die Zeit der Karolinger und Ottonen (wie auch später für die Kolonialzeit des 16. Jhs.) einer näheren Erläuterung. Der Übergang vom »Heidentum«

kanonischem Recht seinen Sitz nicht nach Rom verlegen dürfen; dem Toten wurden die Segensfinger der rechten Hand abgeschlagen und sein Leichnam erst auf dem Begräbnisplatz der Fremden beigesetzt, schließlich in den Tiber geworfen. Die Anhänger des *Formosus* steckten *Stephan VI.* wenig später ins Gefängnis und brachten ihn um.

409 JAN DHONDT: Das frühe Mittelalter, 196.

410 JOSEPH LORTZ: Geschichte der Kirche, I 269.

zum »Christentum« begann stets damit, daß der Herrscher am Ort sich taufen ließ, und dies nicht so sehr aus religiösen Gründen, sondern um die Bevölkerung, die bis dahin ohne den zentralisierten und hierarchischen Aufbau eines Staates geblieben war, in ihren verschiedenen Stämmen zu vereinheitlichen und zu verschmelzen; und eben dafür bot die Kirche eine geradezu vorbildliche Erscheinung: »Wenn das Christentum in einem Lande eingeführt wurde, bildete sich sogleich ein gesellschaftlich von oben nach unten reichendes, über das gesamte Territorium verbreitetes Verbindungsnetz ideeller und administrativer Art. Dieses Netzwerk wirksam zu kontrollieren war für den Fürsten nicht schwer, da die Diener des Kultes – zunächst Ausländer, die anfangs nicht einmal die Landessprache beherrschten – sich beim Auftauchen von Gefahren oder Problemen nur an den Herrscher wenden konnten und von ihm weitgehend abhingen. – Die Einführung des Christentums in einem Lande bedeutet also, daß dem Fürsten ein über das ganze Land gespanntes Netz verwaltungsmäßiger Art zur Verfügung stand und seinen Zentralisierungsbestrebungen eine Unterstützung lieh, die in der damaligen Zeit wie etwas Magisches erscheinen mußte.«[411]. Der Fürst, indem er sich zum »Christentum« »bekehrte«, konnte sich auf die Kirche als auf eine stabile Säule seiner Herrschaft verlassen; zudem führten die Neuerungen, zumindest in der Anfangszeit, nicht ohne weiteres zu einem Machtgewinn der »Großen« in seinem Lande, die für die Erlangung höherer Kirchenämter (noch) ungeeignet waren (und später dann freilich auch ohne jede Eignung zugelassen wurden).

Mit *einem* Wort: die Religion wurde und war ein Herrschaftsinstrument der Fürsten, und die Kirche, indem sie sich in Fürstenobhut ausdehnte, betrieb – scheinbar in Gottesauftrag, in aller Welt das Evangelium zu künden (Mt 28,18–20) – mit Fleiß und Eifer ihre eigene Verweltlichung. »Es kam so gut wie niemals vor, daß der Konversion eine individuelle Überredung vorausging und daß eine spezifische Kenntnis der neuen Religion oder gar ein Akt religiöser Kultur beziehungsweise ein mystisches persönliches Erlebnis zu einer Bekehrung führte ... Eher konnte ein ganz anderes Vorgehen glücken: Man stellte sich den maßgebenden Gruppen mit großem Pomp vor, nachdem man sich der Unterstützung durch einen politisch hervorragenden Machtträger versichert hatte. – Die Taufe der Massen vollzog sich in Form eines unter dem Druck der Inhaber der Lokalgewalt

411 JAN DHONDT: Das frühe Mittelalter, 190.

zustande gekommenen Eides. Dieser Eid war seinem Wesen nach rechtlich bindend«[412] und verpflichtete zur Einhaltung der kirchlichen Verhaltensregeln; ansonsten aber bedeutete die »Bekehrung« nichts anderes als eine Unterwerfung unter den Willen der Machthaber, unterstützt, wenn nötig, mit Zwangs- und Gewaltmaßnahmen zur Zerstörung und Ausrottung der bis dahin gepflegten Glaubens- und Kultformeln.

In unserem Bemühen um ein rechtes Verständnis des staatlichen Strafrechts in christlicher Absicht bestätigt sich an dieser Stelle mithin der Eindruck, der sich all die Zeit schon bot: In Konsequenz der Einrichtung staatlicher Ordnung und Verwaltung kann Religion nie etwas anderes sein als ein Machtinstrument der Herrschenden zur Unterwerfung ihrer Untergebenen; sie dient in den Händen des Staates als ein Verfahren, die Untertanen nicht allein durch Zwang und Kontrolle sich gefügig zu erhalten, sondern sie innerlich, durch Eid, mit ihrem Herrn (dem Herrscher) unwiderruflich zu verbinden. Die Macht, die er im Amt verwaltet, ist ihm von Gott, dem einen, einzigen und wahren Gott, verliehen worden, – so ist ab sofort zu glauben. Unmöglich deshalb, daß, wie in der Botschaft Jesu, der Glaube an Gott dazu dienen könnte, Macht, Herrschaft und Gewalt zu depotenzieren, zu delegitimieren und zu denunzieren – als widergöttlich, unmenschlich und grausam, als eine Form der Angstverfestigung in Angstverbreitung, als ein System von einschüchternder Strenge zur Durchsetzung und Aufrechterhaltung der jeweiligen »Ordnung« nach innen wie nach außen. Daß ausgerechnet das Strafrecht des Staates als ein kategorischer Widerspruch zu der Güte Gottes sich darstellen könnte, muß unter diesen Voraussetzungen von vornherein als ein staatszersetzender und schon deshalb widergöttlicher Gedanke verfolgt und geahndet werden. – Die Gründe der Hinrichtung Jesu durch die Verwalter von Tempel und Prätorium zeichnen sich immer klarer ab, ganz als verschärfe eine jede Epoche der menschlichen Geschichte, wie in den Linsensätzen eines Teleskops, von Fall zu Fall das Bild, das sie um ihren eigenen Betrag vergröbert und vergrößert.

Der geistig-geistliche Eindruck, den die Kirche auf die zu dem neuen Glauben Gelangten geltend zu machen suchte, bestand in ottonischer Zeit in der Errichtung prachtvoller Steinkirchen, aufgeführt in einer kulturell überlegenen Bautechnik, sowie in der Einführung geheimnisvoller Riten und Gebräuche, begleitet von heilswirksamen

412 A.a.O., 191.

Worten in der dem Volke unverständlichen lateinischen Sprache. Peinlich geachtet wurde auf die pünktliche Einhaltung der kirchlichen Feiertagsgebote und Verhaltensregeln bei Geburt, Eheschließung und Tod sowie, ganz besonders, auf die Befolgung von Sittsamkeit und Zucht *in puncto* des 6. Gebotes. So berichtet der Bischof *Thietmar* von Merseburg »beifällig über furchtbare Quälereien, mit denen in Polen derjenige bestraft wurde, der eine Ehefrau zur Unzucht (sc. zum Ehebruch, d.V.) verleiten wollte. Nach hier nicht wiederzugebenden körperlichen Qualen, die ihm zugefügt wurden, wurde er vor die ›harte Wahl‹ gestellt, zu sterben oder sich mit einem scharfen Messer, das man ›in seine Nähe legte‹, zu entmannen. Auch die Verletzung kirchlicher Anordnungen wurde schwer geahndet. Bei bloßer Übertretung der Vorschriften für die Fastenzeit wurden dem Delinquenten die Zähne herausgebrochen.«[413]

Allerdings läßt sich machtstrategisch schon verstehen, was *Otto* I. zu seiner Art von Politik trieb. »Sein« Deutschland umfaßte nicht nur die westlich orientierten Franken, sondern auch die Bayern und vor allem die Sachsen, *Karls des Großen* zähe Feinde von einst; seine eigene Mutter, die schöne Westfälin *Mathilde*, die Frau *Heinrichs I.*, stammte von Herzog *Widukind* ab, der erst nach langen Kämpfen 785 sich hatte taufen lassen. »Innerhalb eines Jahrhunderts waren heidnische Gebiete zum Herzen Europas geworden, und gleichzeitig hatten die westlich vom Rhein und von den Alpen gelegenen Länder – einst Schwerpunkt des christlichen Westeuropa – fast jede Bedeutung verloren.«[414] (Vgl. Stammbaum der Ottonen und Salier, Abb. 12, S. 501 in diesem Buch.)

413 A.a.O., 192. – Man bedenke, daß noch vor 30 Jahren das Essen von Fleisch an einem Freitag unter Katholiken als eine Todsünde galt, auf welche bei Unbußfertigkeit von Gott die ewige Höllenstrafe gesetzt war. – THIETMAR VON MERSEBURG: Die Chronik, VIII 2, S. 333, erklärt: »Wenn einer unter ihnen sich erfrecht, fremde Ehefrauen zu mißbrauchen oder Hurerei zu treiben, so muß er sofort folgende Strafe erdulden: Er wird auf die Marktbrücke geführt und ihm durch den Hodensack ein Nagel geschlagen; dann legt man ein Scheermesser neben ihn hin, und läßt ihm die harte Wahl, dort auf dem Platz sich zu verbluten oder sich durch Ablösung jener Teile zu befreien.« – Was die *Begräbnisse* angeht, so verwies HEINRICH BRUNNER: Der Totenteil in germanischen Rechten, in: Abhandlungen zur Rechtsgeschichte, II 307, darauf, daß die »Heergeräte« des ritterlichen Mannes: Waffen, Gewand und ein gesatteltes Streitroß, im Tod »an die nächsten Verwandten der Schwertseite« fiel. »Die uralte Bestimmung des germanischen Heergerätes, dem Verstorbenen in das Grab zu folgen, erscheint in modernisierter Gestalt, wenn der Erblasser es der Kirche zuwendet.«

414 JAN DHONDT: Das frühe Mittelalter, 198.

Das Erfolgsmodell der Karolinger: Landlehen zu vergeben und dadurch Vasallen an den Lehnsherrn zu binden, wies zudem zwei Schwächen auf. Zum einen war das Treueverhältnis nicht viel wert, wenn durch das Verlangen nach Landbesitz Abhängigkeit von mehreren Herren eingegangen wurde, und zum anderen blieb einem Kronvasallen das Landgut nur so lange zur Nutzung erhalten, als der Herrscher noch lebte; mit seinem Tode fiel die Domäne von rechtswegen an den Herrscher zurück, und um das zu verhindern, suchten die Vasallen ihre Güter zu vererben, – an die Stelle der Treue trat der Betrug und mit ihm die Bildung einer Schar von einflußreichen Landbesitzern, die das Machtmittel des Herrschers: seinen Domänenbesitz, untergruben. Demgegenüber suchten die Ottonen ihre Staatsdiener durch Entlohnung zu loyalem Verhalten zu bestimmen, und vor allem: sie »errichteten eine kaiserliche Kirche (Reichskirche), durch die eine Gruppe von geistlichen Machthabern geschaffen wurde, deren Interessen völlig gleichartig waren und sich auf die Stärkung der monarchischen Gewalt richteten. Diese Institution einer kaiserlichen Kirche verlieh der Monarchie der Ottonen Festigkeit und Dauer.«[415]

Aus der Kirche Christi war in Gestalt der Reichskirche mithin ein zentraler Pfeiler des kaiserlichen Machterhalts geworden. Indem, wie schon bei den Karolingern der Kaiser, jetzt der deutsche König Bischöfe einsetzte und Bischofssitze einrichtete, und indem er diesen in Speyer, Magdeburg, Mainz, Chur und Köln noch Grafenrechte verlieh und ihnen zum Teil auch noch Königsrechte (Regalien) wie die Münzprägung und die Erhebung von Zöllen (Marktrechte) übertrug, bildete sich unter *Otto I.* eine geistliche Oberschicht mit durchaus weltlichen Interessen heraus, die sich mit denen des Herrschers völlig deckten; durch die zumeist zölibatäre Lebensweise ihrer Amtsträger bestand auch nicht die Gefahr, daß ihre Macht als Familienbesitz vererbt wurde. Weltliche und geistliche Macht gingen jetzt bis zur Ununterscheidbarkeit ineinander, und was christlich als Skandal hätte empfunden werden sollen, empfahl sich politisch zum Nutzen stabiler staatlicher Verhältnisse als scheinbarer Vorteil aller Beteiligten. Der König war es, dem das Recht der Investitur von Bischöfen und Äbten zustand. Und selbst dabei sollte und konnte es nicht bleiben.

In den Fußstapfen *Karls des Großen* strebte *Otto I.* programma-

415 A.a.O., 200.

tisch nach der Erneuerung des Kaisertums, mithin auch nach der »Erneuerung seines geistlich-kirchlichen Charakters ...: der Kaiser trug nicht nur eine Krone, sondern eine Leinen-Mitra, wie sie im Alten Testament das Zeichen des geistlichen Amtes der Leviten gewesen war. In Krönungsgebeten wurde der König als Typus Christi angesprochen, der also Anteil am Priestertum hatte ... *Otto I.* nahm die Formel wieder auf, gegen die sich *Nikolaus I.* (sc. 858–867, d.V.) gegenüber (sc. dem byzantinischen Kaiser, d.V.) *Michael III.* gewandt hatte: ›König und Priester‹.«[416]

Als *Otto I.* 962 dann tatsächlich zum Kaiser gekrönt wird, ersteht das römische Kaisertum, das heilige römische Reich, von neuem, allerdings auf deutschem Boden, nach Osten verschoben, mit einem Machtanspruch gegenüber der Kirche, wie er nie war. Nicht nur daß *Otto I.* die Bischöfe ernennt und ihnen durch Überreichung des Bischofsstabes das geistliche Amt verleiht; indem er sie selber zu Landesherren macht, dient alles Kirchen- und Klostergut dem Staat. Die Papstwahl selbst ist nunmehr an die Zustimmung des Kaisers gebunden, der den Bischof von Rom ernennt und überwacht wie jeden anderen seiner Bischöfe. Rechtliche Grundlage wurde das sogenannte »*Privilegium Ottonianum*«, die Bestätigung und Erweiterung der Schenkungen *Pippin*s und *Karl*s. Nach Beseitigung des Wüstlings *Johann XII.* (955–963) setzte *Otto I.* gegen den Willen der Römer *Leo VIII.* (963–965) als »Papst *seiner* Wahl ein ... Es war eine entscheidende Tat. Denn nun regierte ein religiöser Papst, es bestand enge Harmonie zwischen den beiden obersten Gewalten; das Übergewicht des Kaisertums war grundsätzlich gesichert zum Heil der Kirche.«[417] Mit seiner italienischen Imperialpolitik verletzte der deutsche Kaiser formell zwar den Grundsatz: *Papa a nemine iudicatur* – ein Papst wird von niemandem zur Rechenschaft gezogen; doch tatsächlich war es *Otto*s *I.* Machtpolitik, die der verweltlichten Kirche das Überleben rettete. Zudem erwarb der Kaiser sich die Gunst der Kirche durch die Missionierung der Slawen mt Hilfe der Gründung des Erzbistums Magdeburg im Jahre 968. In der sogenannten Ottonischen Renaissance entstanden nicht zuletzt durch Königin *Adelheid* bedeutende Klöster wie Reichenau, Fulda und Corvey als Kulturmittelpunkte.

Den geistigen Hintergrund der ottonischen Politik bildete der mit-

416 JOSEPH LORTZ: Geschichte der Kirche, I 282.
417 A.a.O., I 282.

telalterliche Glaube, daß – nach *Daniel*s Vision von den vier Weltreichen, Dan 7,3–8, – das Römische Reich bis zum Ende der Tage, das heißt bis zur Ankunft des Antichristen, währen würde; aus der »Hure Babylon« (Apk 17,1–18) war längst ein »Werkzeug für die Erlösung der Menschheit durch Jesus Christus« geworden. »Der Kaiser als der weltliche Herr der Christenheit, die im römischen Reich (sc. seit den Tagen *Konstantin*s, d.V.) vereinigt ist, hatte die Aufgabe, den christlichen Glauben zu verbreiten und der christlichen Welt den Frieden zu geben, wie es die Karfreitagsliturgie seit dem 8. Jahrhundert in dem Gebet für den Kaiser erbat: ›Daß Gott, unser Herr, ihm untertan mache alle heidnischen Völker zu unserem dauernden Frieden.‹ ... Das Reich war mithin ein Imperium Christianum. Der Gedanke des Imperium Romanum und des Imperium Christianum haben im Mittelalter zuweilen das gleiche besagt: Der römische Kaiser war der Herr der Welt und das weltliche Haupt der Christenheit.« »Die deutschen Könige schienen als Nachfolger der Frankenherrscher berufen, das Reich in seinem alten Glanze zu erneuern.«[418] Aus der Botschaft des Jesus von Nazareth war mithin eine imperiale Ideologie geworden, die das Römische Reich der Caesaren im Namen des Christentums heilig sprach und die deutschen Kaiser zu seiner Fortsetzung aufrief.

Darin angelegt war eigentlich eine weitere Entfremdung von Byzanz; doch 972 heiratete der Sohn des Kaisers, *Otto II.*, eine Nichte des Kaisers von Konstantinopel, *Johannes Tzimiskes*, mit Namen *Theophanu*; das Byzantinische Reich anerkannte daraufhin das westliche Imperium *Otto*s *I.* Alles schien im März 973 beim Hoftag in Quedlinburg zum besten bestellt, als am 7. Mai *Otto I.* im Alter von 60 Jahren verstarb. (Vgl. Stammbaum der Ottonen und Salier, Abb. 12, auf S. 501 in diesem Buch.)

Otto II. (973–983), der 961 schon zum deutschen König und 967 zum Kaiser gekrönt worden war, mußte 18jährig das Erbe seines Vaters antreten und stand stark unter dem Einfluß seiner Frau *Theophanu*. Als er 981 mit einem riesigen Heer sich gegen die Sarazenen

418 HERMANN CONRAD: Deutsche Rechtsgeschichte, I 180. – Dazu paßt der in Hexametern verfaßte Dithyrambus, den THIETMAR VON MERSEBURG: Die Chronik, II, 26, der Schilderung *Otto*s *I.* vorausstellt:

»Otto, die Zierde des Reichs, ein Sproß des erhab'nen Geschlechtes
Heinrichs, seines Erzeugers, bestieg, schon strahlend vom Ruhme
Glänzender Thaten, den Thron, den der herrliche Vater besessen. ...
Nicht seit Carolus Tod ist ihm ein Herrscher vergleichbar,
Und nicht wieder erscheint ein Hirt dem Volke wie dieser.«

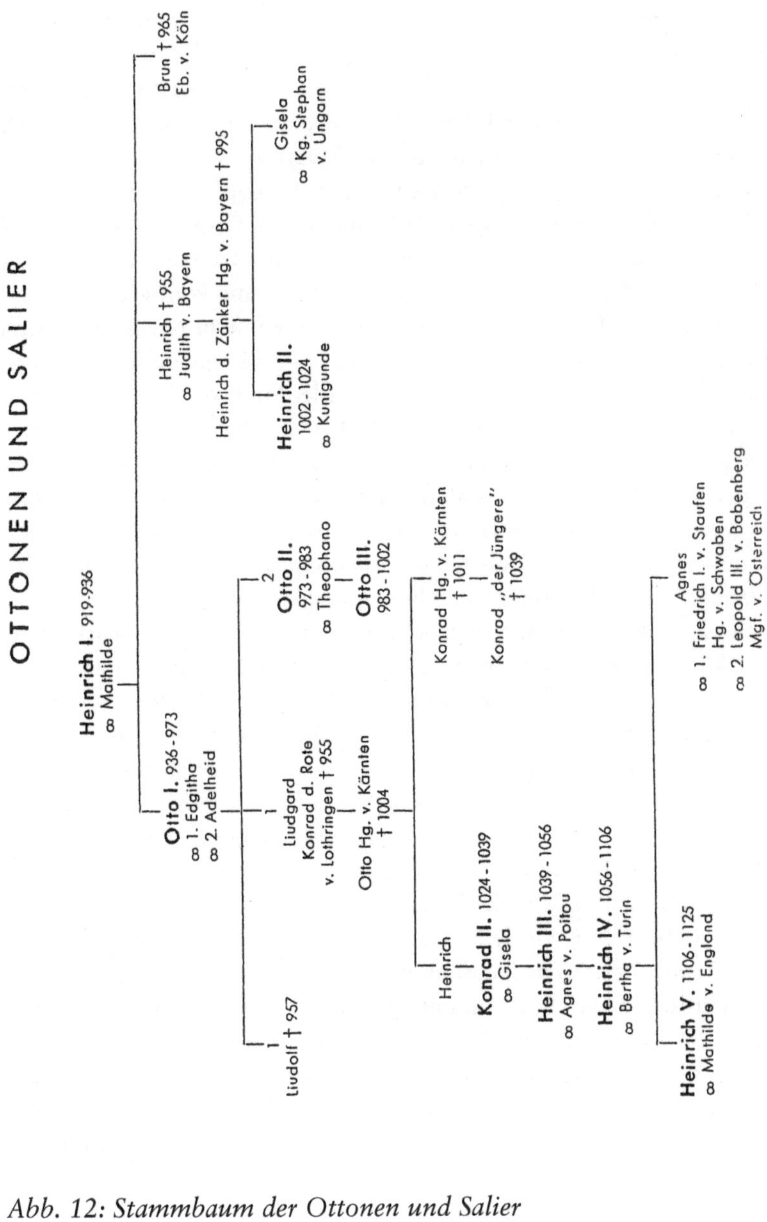

Abb. 12: Stammbaum der Ottonen und Salier

unter dem Emir *Abu al Quasim* in Süditalien wandte, erlitt er trotz des Todes seines Gegners auf dem Schlachtfeld am Capo Colonne in Kalabrien eine so schwere Niederlage, daß der Traum von einer deutschen Hegemonie über das Mezzogiorno für 200 Jahre gescheitert war; zudem war das Reich so geschwächt, daß es den Slawen 983 in einem großen Aufstand gelang, die deutsche Herrschaft mitsamt dem Christentum östlich der Elbe so gut wie ganz zu beseitigen; *Otto II.* starb im gleichen Jahr in Rom an der Malaria.

Otto III. (983–1002), der dreijährig unter der Vormundschaft seiner Mutter *Theophanu* (gest. 991) und seiner Großmutter *Adelheid* (gest. 999) die Macht geerbt hatte, trieb, mit 15 Jahren großjährig geworden, »die von seinem Großvater begonnene Politik der Reichskirche auf den Gipfel; er verlieh den Bischöfen nicht nur die weltliche Gewalt in ihren Residenzen und deren Umgebung, sondern in manchen Fällen auch die ausschließliche, allerdings von ihm abhängige Macht über ganze Grafschaften«.[419] *Otto III.* hatte sich die Erneuerung des Römerreiches zum Ziel gesetzt: Rom sollte der Sitz des Kaisers werden und Deutschland und Italien auf das engste verknüpft werden. 998 marschierte er mit deutschen und langobardischen Truppen in Rom ein, um *Crescentius*, einen Sohn der »Senatorin« *Theodora* und Vertreter der alten Aristokratie, zu bekämpfen, der sich zum Herrn der Stadt gemacht hatte und den Gegenpapst *Johannes XVI.* ins Amt hatte wählen lassen. *Otto III.* nahm diesen gefangen. »Man schnitt ihm die Ohren, die Zunge und die Nase ab, bevor man ihn blendete. In päpstliche Gewänder gekleidet, mußte der furchtbar verstümmelte Mann vor einer Synode erscheinen, die ihn absetzte. Danach wurde er ... verkehrt auf einen Esel gesetzt, dessen Schwanz er halten mußte. In dieser Erniedrigung wurde er dann durch die Stadt geführt. – *Crescentius* wurde erst nach Erstürmung der Engelsburg (sc. in die er sich zurückgezogen hatte, d.V.) gefangengenommen. Er wurde auf deren höchsten Turm geführt und vor den Augen der Menge enthauptet. Danach wurde die Leiche die Mauern der Engelsburg hinuntergestürzt. Man knüpfte den Leichnam schließlich auf dem Monte Mario mit den Füßen nach oben an einem Galgen auf. Neben ihm hängte man zwölf Männer auf, die Anhänger des *Crescentius* gewesen waren.«[420]

In diesen Hinrichtungsverfahren finden wir geradezu extrem all

419 JAN DHONDT: Das frühe Mittelalter, 213.
420 A.a.O., 213–214.

die Merkmale wieder, denen wir mehr als 1000 Jahre zuvor bereits immer von neuem begegnet sind: die Exekution von jemandem, der sich des *crimen laesae majestatis* schuldig gemacht hat, wird öffentlich als ein Spektakel für die Masse vollzogen; sie kann nicht erniedrigend und qualvoll genug sich darbieten, und sie endet mit der Demonstration der totalen Schändlichkeit und Schädlichkeit des Delinquenten in den Augen aller. So einer verdient nicht zu leben, besser wäre es, wenn er nie gelebt hätte, – das ist die Botschaft dieser Form zu strafen. Das antike Rom handelte so; doch was tut ein christlicher Kaiser, der das Römische Imperium neu zu errichten gedenkt? Er wiederholt eins zu eins dessen machtbesessene Unmenschlichkeit, er fällt zurück in die Praktiken des Alten Rom, die er als vorbildlich fortsetzt, und er nimmt sich das Recht dazu, ja, er vernimmt den göttlichen Auftrag dazu, indem er die Ausdehnung und Stärkung imperialer Herrschaft in einen Heilsauftrag Christi umdeutet. Das Rom der Caesaren wollte herrschen, der Kaiser eines heiligen Römischen Reiches rettet im Namen Christi die Welt. So die Erneuerung des Römischen Reiches als eines heiligen durch die Ottonen!

Freilich rieb unter *Otto III.* sich die Kaisermacht im Kirchenstaat ebenso wie in Deutschland an den Widerständen der Aristokratie auf. Im Januar 1002 – das heilige Jahr der Tausendwende war mit einer Pilgerfahrt nach Gnesen zum Grab des hl. *Adalbert von Prag* begangen worden – verstarb der Kaiser unerwartet, und es ging weiter wie bisher: Machtkämpfe ohne Ende, doch mit einer besonderen Nuance.

Ottos III. früher Tod »führte zu Thronstreitigkeiten, aus denen der bisherige Herzog von Bayern *Heinrich II.* (1002–1024) ... hervorging. Das Programm seiner Regierung ...: ›Wiederherstellung des Reiches der Franken‹. In jahrelangen Kämpfen suchte er das verlorene Ansehen des Reiches im Osten wiederherzustellen. 1014 empfing er in Rom die Kaiserkrone. In der Innenpolitik hat *Heinrich II.* eine feste Stütze in der Reichskirche gesucht, die er in starkem Umfang zum Reichsdienst heranzog.«[421] Vor allem aber die Verbindung zu den Führern des Reformmönchtums, etwa zu *Odilo von Cluny* (994–1048), wurde kulturell entscheidend. Ein Hauptgewicht seiner politischen Anstrengungen legte *Heinrich II.* auf den Kampf gegen

421 HERMANN CONRAD: Deutsche Rechtsgeschichte, I 180–181.

die Böhmen, Polen und Ungarn. Im Jahre 1142 wurde er als christicher Kaiser von Papst *Innozenz II.* (1130–1143) heiliggesprochen.

Heinrich II. war der letzte aus dem sächsischen Herrscherhaus. Mit seinem Nachfolger *Konrad II.* (1024–1039) kam das rheinfränkische Fürstengeschlecht der Salier an die Macht. Auf Grund eines Erbanspruchs *Heinrichs II.* gelang es *Konrad II.* nach seiner umstrittenen Kaiserkrönung in Rom 1027, das Königreich Burgund dem Reich anzugliedern und damit die Herrschaft über Italien abzusichern. Dort verschärfte sich allerdings der Gegensatz zwischen den weltlich Großen (den *capitanei*) und den kleineren Lehensleuten (*valvassores*) und führte zu einer Aufstandsbewegung gegen die Bischöfe, insbesondere gegen den Erzbischof *Aribert* von Mailand; von beiden Parteien zur Hilfe gerufen, nahm *Konrad II.* gegen den Erzbischof Stellung, und weil dieser ihm nicht gehorchte, setzte er ihn ab, auch auf die Gefahr hin, sich dadurch dem hohen Klerus zu entfremden. In der berühmten *Constitutio de feudis* von 1037 ordnete er an, »daß die Lehen der kleinen *valvassores* erblich würden. Er sorgte auch für Institutionen, die verhindern mußten, daß die *capitanei* den kleinen Vasallen die Lehen willkürlich wegnahmen.«[422] Die Bindung des Reiches an die Bischöfe wurde unter *Konrad* II. gelockert, die staatlichen Angelegenheiten entfalteten sich eigenständiger, aber auch die kirchlichen.

Eine bedeutende Entscheidung fiel auf einer aquitanischen Synode 1027 mit dem Beschluß der *treuga Dei*, des Gottesfriedens[423]. Schon auf einer Friedenssynode in Verdun-sur-le-Doubs 1021 hatte eine große Menschenmenge sich durch Schwur bei Strafe der Exkommunikation in 24 Artikeln zum Frieden verpflichtet. »Der geschworene Text diente dem Schutz vieler Kirchen und beschirmte nicht nur die unbewaffneten Geistlichen, sondern auch die Bauern und ihre Habe an Vieh und sonstigen Gütern (Geräte, Ernteerträge, Hütten usw.) … man findet in der Formulierung zugleich eine neue, seitdem ständig stärker hervortretende Konzeption: die Begrenzung der Fehden auf bestimmte Zeitspannen. Seither ersetzte die ›gottgewollte Waffenruhe‹ allmählich immer mehr den ›Gottesfrieden‹.«[424] Die Bewegung zur Förderung der Waffenruhe wuchs unaufhörlich. »Das Konzil zu Narbonne kodifizierte im Jahr 1054 zusammenfassend all die Normen, die für die Waffenruhe erlassen worden waren, und verkündete

422 JAN DHONDT: Das frühe Mittelalter, 221.
423 Zur Geschichte des Gottesfriedens vgl. a. a. O., 252–258.
424 A. a. O., 254.

grundsätzlich, daß ›ein Christ, der einen anderen töte, das Blut Jesu vergieße‹.«[425]

Machtpolitisch zeigte sich in der Friedensbewegung auch der wachsende Einfluß der Bischöfe, die zur Aufrechterhaltung der Ordnung einen Kompromiß »zwischen dem radikalen Fehdeverbot der Kanones und dem Standesrecht des Waffenadels« herbeizuführen suchten[426]. Doch die Bewegung selber »entwickelte sich ... nicht von den üblichen Machtzentren her und richtete sich sogar gegen die Träger dieser Macht ... Die Friedensbewegung hatte einen so allgemeinen Charakter, daß keiner der großen weltlichen Machthaber einen offenen Kampf gegen sie hätte wagen können ... Die Bewegung für den Gottesfrieden war ... die erste große Bewegung, die sich auf der Grundlage freiwilliger Verpflichtung von Individuen außerhalb des organisatorischen Rahmens der maßgebenden politischen Mächte bildete. Hier gab diese politische Organisation dem Druck nach, der von den Massen der Unterschicht ausging, ohne daß die Großen sich aktiv widersetzten.«[427]

Eindeutig liegt der Grund dieser Bewegung in der »Hinwendung der Massen zu Gott«, bedingt »durch den Wegfall der früher als unantastbar angesehenen Ordnung ... Der Mensch jener Zeit suchte in seiner Bedrückung eine Welt, die annähernd stabil blieb und in der Normen herrschten, unter denen man leben und das Leben ertragen konnte. – Die weltlichen Ordnungsgewalten sicherten dem gemeinen Mann keineswegs die erträglichen Verhältnisse, die er ersehnte. – Unter diesen Umständen erschien ihm nur die Kirche als ein stabiles, nur Gott als ein ewiges Element. Das Bedürfnis nach Normen, nach erkennbarer Sicherheit für jeden Tag, nach Glauben an eine zugängliche und gerechte Autorität wurde nur metaphysisch – durch die Religion und die Kirche – befriedigt.«[428]

Eine gleiche fromme Einstellung herrschte auch im Prozeß- und Strafrecht, dessen Regelung nicht erst uns Heutigen, sondern 200 Jahre später schon den Staufern sonderbar vorkommen mußte: entscheiden sollten in Streitfällen die himmlischen Heerscharen, indem

425 A.a.O., 256. – ROBERT HOLTZMANN: Französische Verfassungsgeschichte, 164–166: Die kirchlichen Friedensordnungen, unterscheidet die *pax dei*, den Gottesfrieden als Verbot der Verletzung von Personen und Sachen, von der *treúga dei* als Waffenstillstand Gottes; beide Einrichtungen betrachtet er als »Ruhmestitel« der Kirche. (S. 164)

426 JOSEPH LORTZ: Geschichte der Kirche, I 288.

427 JAN DHONDT: Das frühe Mittelalter, 257–258.

428 A.a.O., 246–247.

sie einen gerichtlichen Zweikampf (ein Duell) zu dem »richtigen« Ergebnis lenkten oder durch das Bestehen oder Nichtbestehen einer Probe als Gottesurteil die Wahrheit offenbarten; solche Proben beim Gottesurteil waren etwa der »Kesselfang« – das Herausholen eines Gegenstandes aus einem Kessel siedenden Wassers, oder die »Eisenprobe« – das Tragen eines glühenden Eisens in der bloßen Hand über eine bestimmte Strecke[429], und andere Feuerproben. Auch bei der Klärung der Vaterschaft eines Kindes wurde im 11. Jh. das Gottesurteil angerufen; ebenso ob der Vorwurf der Simonie bei einem Bischof zu Recht bestand; heilige Eide bildeten zudem die Grundlage von Verpflichtungen aller Art, und in vielen Gebieten von Politik und Gesellschaft machten religiöse Elemente sich bemerkbar. Das Volk suchte nach einer letzten verbindlichen Zuflucht, und so begreift man die Bedeutung der Kirchenreform, die von Cluny oder, später, von Citeaux (durch den Zisterzienserorden) ausging. Nicht zuletzt wurde der ritterliche Adel durch Cluny zu christlichen Aufgaben wie der Fürsorge von Armen, Witwen und Waisen, aber auch zum Kampf gegen die Ungläubigen, die Sarazenen, angehalten.

Eine wirkliche Besserung in Rom setzte freilich erst ein durch *Heinrich III.* (1039–1056), den Sohn *Konrads II.,* der durch seine Frau, *Agnes von Poitou,* eine aquitanische Prinzessin, vom Geist Clunys tief berührt war. 1046 auf seinem Romzug setzte er auf den Synoden zu Sutri und Rom drei Päpste (*Benedikt IX.,* 1032–1045, *Silvester III.,* 1045, und *Gregor VI.,* 1045–1046) wegen Simonie ab; den letzteren begleitete *Hildebrand,* der spätere *Gregor VII.,* nach Köln in die Verbannung, – der Mann, der später gegen *Heinrich IV.* zu Gericht sitzen sollte. Eingesetzt wurde auf Vorschlag *Odilos von Cluny* als Papst der Bamberger Bischof *Klemens II.* (1046–1047)[430]. »*Heinrich III.* empfand sich als *rex sacerdos* (sc. als königlicher Priester, d.V.), dessen Aufgabe es war, den Gottesstaat vom erneuerten Papsttum her zu verwirklichen.«[431] In *Leo IX.* (1049–1054) wurde sein Vetter auf dem Reichstag in Worms 1048 zum Papst gewählt; barfuß zog er in Rom ein und nahm erst nach Zustimmung Roms seine Wahl an. »Er sammelte bedeutende Berater um sich, vor

429 A.a.O., 247.

430 *Klemens II.* wurde mit Blei, wahrscheinlich mit Bleiazetat, das in Zucker gemischt war, vergiftet, vermutlich von seinen römischen Gegnern. Das Gift war seinerzeit im Körper nicht nachweisbar und vom Opfer nicht zu bemerken. 1958 untersuchten Archäologen die Gebeine und fanden einen 25fachen Bleigehalt. ZDF 14.11.93.

431 HANS KÜHNER: Lexikon der Päpste, 58.

allem *Hildebrand*, den ersten eigentlichen Staatssekretär und gewissenhaften Finanzminister, sowie den heiligen *Petrus Damianus*. Beide verkörperten das Ideal der Reform von Cluny, die zu höchster Entfaltung gelangen sollte.«[432] Vor allem wandte *Leo IX*. sich gegen Simonie und Priesterehe. Von Benevent um Schutz gegen die Normannen gebeten, geriet er in der verlorenen Schlacht von Cività-almare im Jahre 1053 in Gefangenschaft; mit ihrem Sieg begann indessen die Staatsgründung der Normannen, die den Papst als Lehnsherrn anerkannten. Kurz vor seinem Tod 1054 wurde das Schisma mit Ostrom endgültig[433]

Die Kirchenreform hatte nicht nur innerkirchliche Folgen, sie änderte auch das Verhältnis von Staat und Kirche. Papst *Nikolaus II.* (1058–1061) war, unter dem Einfluß von *Hildebrand*, der erste, der in der Ostersynode im Lateran 1059 ein Papstwahldekret herausbrachte, das die Annahme von Kirchenämtern aus Laienhand verbot; die Papstwahl sollte von der weltlichen Gewalt befreit werden. Anerkannt wurden im gleichen Jahr die normannischen Eroberungen in Süditalien; *Robert Guiscard* wurde zum Herzog von Apulien, Calabrien und Sizilien erhoben, mit der Verpflichtung, den Kirchenstaat zu schützen. Zudem assoziierte sich das Papsttum mit der *Pataria*, einem Aufstand der Unterschicht in den oberitalienischen Städten gegen simonistische und verheiratete Priester.

Alle drei Momente: die Lösung der Kirche von ihrer Rolle als Reichskirche, das neue Selbstbewußtsein des Kirchenstaates und die Ausrichtung des Klerus an den Idealen von Cluny, fanden ihre personifizierte Verkörperung, als *Hildebrand* unter dem Namen *Gregor VII.* (1073–1085) zum Papst gewählt wurde; sein Gegenüber war *Heinrich IV.* (1056–1106), der Sohn *Heinrichs III.*, der beim Tod seines Vaters noch unmündig war und dessen Regentschaft bis 1065 von seiner Mutter *Agnes von Poitou* übernommen wurde. Das erklärte Ziel *Gregors VII.* war die Herauslösung der Kirche aus dem Weltlichen, die *libertas ecclesiae*, und damit hatte er in christlichem Sinne zweifellos recht, doch verstand er dieses sein Programm keinesfalls (nur) als ein spirituelles, sondern durchaus als ein machtpolitisches;

432 A.a.O., 59.

433 Vgl. dazu JOSEPH LORTZ: Geschichte der Kirche, I 289–292, der die Schuld an dem Bruch beiden Seiten zuschreibt, doch auch auf die »scharfe Bannbulle« gegen den Patriarchen *Michael Caerularius* (1043–1058) hinweist, die der »Staatssekretär« des Papstes, *Humbert von Silva Candida*, auf dem Hauptaltar der Hagia Sophia niederlegte.

was er wollte, war die Leitung der Welt nicht länger durch den Kaiser, sondern durch die Kirche, und in ihr zentral gesteuert durch den Papst. Seine Papstwahl hatte *Gregor* VII. selbst wiederholt abgelehnt und erst bei einer noch nie erreichten Einstimmigkeit angenommen. Nicht viel später schon kam es zum Eklat: »Während der Messe des Heiligen Abends von 1075 –, eine der grellsten Episoden aus der Geschichte Roms im Mittelalter ... – rissen Feinde ihn an den Haaren vom Altar, mißhandelten ihn blutig, kerkerten ihn ein und beschimpften ihn, bis ihn das erregte Volk am Weihnachtstage befreite und im Triumph nach Santa Maria Maggiore zurückführte, wo er die unterbrochene Messe zu Ende las. Seinen Feinden verzieh er.«[434]

Den Grund für die innerkirchlichen Widerstände bildete die Fastensynode vom März 1074, welche strenge Simonie- und Zölibatsbestimmungen verfügte, sowie die Fastensynode von 1075 mit ihren gleichgerichteten Verordnungen. Eine Reihe deutscher und italienischer Bischöfe belegte *Gregor VII.* mit dem Bann. In dem berühmt-berüchtigten *Dictatus Papae* von 1075 formulierte dieser jedoch unbeirrt Leitsätze, die mit der Freiheit der Kirche zugleich die päpstliche Weltherrschaft postulierten.

Damit wurde die ottonische Reichsidee von der dienstbaren Unterwerfung der Kirche und einem Gleichgewicht mit den territorialen und feudalen Mächten an entscheidender Stelle durchbrochen. Es ist kein Wunder, daß diese Idee einer Trennung der Kirche vom Reich von den Romanen ausging, deren politische Erniedrigung am Anfang des 10. Jhs., verbunden mit geradewegs anarchischen Verhältnissen, nach einer religiösen Lösung in Eigenständigkeit suchen ließ[435].

Eigentlich standen gerade dafür die Ideale von Cluny, die *Gregor VII.* zu verwirklichen suchte: »In einer Zeit, in der die Kirche durch ihre Unterordnung unter die weltliche Macht erniedrigt und ihrer Aureole beraubt war – angesichts einer sich verzweifelt an geistige und sogar übernatürliche Werte klammernden Gesellschaft«, erfüllte die Abtei den Wunsch nach einem »Leben in reiner Heiligkeit.«[436] Dabei lebten die Mönche, entsprechend ihrer Herkunft, in aristokratischer Manier; körperliche Arbeit blieb ihnen fremd; sie kopierten und verzierten Manuskripte, übten sich in den freien Künsten und

434 HANS KÜHNER: Lexikon der Päpste, 61. – Nach heutigem dogmatischen Liturgieverständnis ist eine unter- oder abgebrochene Maßfeier ungültig, sie muß als ganze neu gelesen werden.
435 Vgl. JAN DHONDT: Das frühe Mittelalter, 265–266.
436 A.a.O., 241.

meditierten die Bibel. Wissenschaftliches Studium pflegten sie nicht, – ANSELM, der Erzbischof von Canterbury und Primas von England zwischen 1093 bis 1109, weigerte sich, der Abtei beizutreten aus Sorge, keine Zeit zum Studium zu finden. »Cluny war keine Stätte des Denkens. Man betete dort unablässig«, rezitierte die Psalmen und wiederholte sie ständig. Gerade im Weltklerus gab es erhebliche Widerstände, sich eine solche Lebensform vorschreiben zu lassen[437].

Doch das war nicht der Kern des Problems. Unglücklicherweise blieb die Geistigkeit von Cluny außerstande, die Weltwirklichkeit religiös zu begreifen und von innen her in christlichem Sinne zu durchdringen; an die Stelle einer geistigen Durcharbeitung der politischen, wirtschaftlichen und sozialen Verhältnisse staatlicher Machtausübung trat deshalb notgedrungen das Projekt einer klerikalen Machtübernahme in einfacher Umkehrung der Vorgehensweise, mit der *Heinrich III.*, ganz im Geiste Clunys (!), mit den Mitteln seiner kaiserlichen Autorität die Verhältnisse im Kirchenstaat zu ordnen versucht hatte. Der Konflikt eskalierte im sogenannten Investiturstreit: setzt der Kaiser den Papst ein oder macht der Papst den Kaiser? Das war die Frage, auf die alles hinauslief; unterhalb davon bedeutete das Konzept der *»libertas ecclesiae«*, daß Bischöfe und Priester nicht länger mehr ihr Amt aus der Hand von weltlichen Herrschern (von »Laien«, in der Sprache von *Nikolaus II.*) empfingen, sondern daß die Vergabe geistlicher Weihen allein den bevollmächtigten Amtsträgern der Kirche zustand.

Der Kampf gegen die Reichskirche ward von kirchlicher Seite eröffnet, als 1075 *Gregor VII.* das Verbot der Laieninvestitur aus dem Jahre 1059 in vollem Umfang erneuerte und an den deutschen König *Heinrich IV.* richtete; auf der Synode von Worms 1076 antwortete dieser mit der Absetzung des Papstes; daraufhin sprach der Papst den Bann und die Absetzung des Königs aus. Unter dem Druck der Fürstenopposition begab sich im Januar 1077 *Heinrich IV.* nach Canossa zu der Burg der Markgräfin *Mathilde von Tuszien*, der Jugendfreundin des ehemaligen Mönches *Hildebrand*, die in Zwangsehe mit dem für häßlich geltenden *Gottfried dem Buckligen* lebte. Sie war es, die am 28.1.1076 *Heinrich IV.* dem Papst zuführte, auf daß dieser, in seiner Pflicht als Oberhirte der Kirche, den »bußfertigen« König von seinem Bann löse; wenig später übrigens ward *Gottfried der Bucklige*

437 A.a.O., 241–242.

in der Hoftoilette der Burg von Canossa ermordet aufgefunden; doch das insgeheim wohl ersehnte Glück von Papst und Gräfin kam nicht zustande. Im Kampf mit dem Gegenkönig *Rudolf von Schwaben* verlangte *Heinrich IV.* vom Papst, diesen seinen Gegner zu exkommunizieren und abzusetzen, anderenfalls drohte er, an der Investitur festzuhalten, – deutlich war die ganze Frage der Einsetzung geistlicher Ämter zu einem Politikum im Kampf um die Macht verkommen. Auch an der Reaktion *Gregors VII.* zeigte sich das unzweideutig: 1080 sprach der Papst einen zweiten, wenngleich noch wirkungsloseren Bann gegen *Heinrich IV.* aus und bekräftigte nachdrücklich das Verbot der Laieninvestitur. Der König aber, als im gleichen Jahr der Gegenkönig verstarb, atmete Morgenluft: im neuen Gefühl seiner Stärke setzte er mit Erzbischof *Wibert von Ravenna*, seinem Kanzler, einen Gegenpapst: *Klemens III.* (1080–1100), ein; 1081 und 1082 erschien der deutsche König vor Rom, das er 1083 einnahm. Am Ostertag 1084 krönte *Klemens III.* ihn unter großer Zustimmung zum Kaiser. *Gregor VII.* indessen saß wochenlang in der Engelsburg, bis der Normannenherzog *Robert Guiscard* ihn befreite und die Gelegenheit wahrnahm, das untreue Rom nach Kräften auszuplündern; *Gregor VII.*, der mit den Normannen nach Süden in die Verbannung zog, starb 1085 vereinsamt in der Verbannung.

Obwohl in Rom *Klemens III.* weiterregierte, wurde in kirchlichen Oppositionskreisen 1088 der ehemalige Prior von Cluny, *Odo de Lagery*, als *Urban II.* (1088–1099) zum Papst gewählt. Sein Anfang war schwierig. Unter dem Schutz des Normannen *Roger I.*, dem Bruder *Robert Guiscard*s, setzte er sich auf einer Tiberinsel fest, und zwischen 1089 bis 1093 mußte er erneut bei den Normannen Schutz suchen, als *Heinrich IV.* siegreich in Italien gegen ihn vorrückte; dessen eigener ältester Sohn *Konrad* freilich lief 1029 zu *Urban II.* über und ließ sich in Mailand zum König krönen, während sein Vater, der Kaiser, zum Rückzug in die Lombardei gezwungen wurde. 1093 kehrte *Urban II.* nach Rom zurück, und *Klemens III.* suchte Zuflucht bei *Heinrich IV.* – Man sieht: ein König setzt den Papst ein, der ihn zum Kaiser salbt, und der Kaiser hält den Papst an der Macht, dem er seine Stellung verdankt; die ganze Frage der Investitur offenbarte sich im Verlauf der Geschichte selber als ein verbissenes Ringen zweier Institutionen, die einander bedurften und doch einander bekämpften[438].

438 HANS KÜHNER: Lexikon der Päpste, 62–63.

Um Macht ging es auch, als *Urban II.* auf Bitten von Kaiser *Alexios I. Komnenos* (1081–1118) am 26. November 1095 auf der Synode von Clermont den Ersten Kreuzzug ausrief, so wie er in Spanien die Zurückdrängung der Mauren förderte. Das Ende des Ersten Kreuzzugs war ein entsetzliches Blutbad. »Hinsichtlich des Ausmaßes gibt es dafür in der mittelalterlichen Geschichte kaum Parallelen. Am 15. Juli 1099 wurde Jerusalem nach hartnäckiger Belagerung erobert. Danach folgte ein Massenmorden der einheimischen mohammedanischen und jüdischen Bevölkerung. Wie Besessene rasten die Kreuzritter durch die Straßen. Weder Frauen noch Kinder noch Greise fanden vor ihren Waffen Gnade. Die Strapazen von drei harten Kriegsjahren, religiöser Fanatismus und Beutegier schlugen in ein sinnloses Töten um. Die Augenzeugenberichte sind voller grausamer Detailschilderungen. Die Hauptsynagoge, Zufluchtsstätte der Juden, wurde in Brand gesteckt. Die Flüchtlinge fanden den Tod. Ähnlich erging es den Muslimen, die sich in den Moscheen verborgen hielten. Die Leichen der Opfer lagen zu Bergen in den Straßen und auf den Plätzen. Ein christlicher Chronist überliefert: ›Der Patriarch zog eine Straße entlang und mordete auf seinem Weg alle Ungläubigen. So kam er zur Kirche des Heiligen Grabes, die Hände blutverklebt am Griff seines Schwertes. Dort wusch er sich die Hände mit den Worten des Psalmes: ›Der Gerechte freut sich in dem Herrn, wenn er solche Rache sieht, die er ausführt. Er wird seine Hände (sc. Füße, d.V.) baden im Blut der Gottlosen‹ (sc. Ps 58,11, d.V.). Dann feierte er die heilige Messe und sagte, ›er habe niemals ein Gott wohlgefälligeres Opfer gebracht‹. Andere Quellen berichten ähnlich. – Wir wissen nicht, wie viele Menschen dem Massaker zum Opfer fielen. Die chronikalischen Angaben schwanken zwischen zehn- und einhunderttausend.«[439]

Urban II. starb zwei Monate später. Er konnte doppelt zufrieden sein: sein Kreuzzug war erfolgreich beendet worden, und ein Jahr zuvor hatte *Robert von Molesme* den Zisterzienserorden gegründet. Die katholische Kirche fand das Wirken dieses Papstes selbst 800 Jahre später noch vollkommen in Ordnung. 1881, unter *Leo XIII.* (1878–1903), sprach sie ihn selig[440].

Heinrich IV. hingegen wurde seines Lebens nicht mehr froh. Er starb 1106 während des Kampfes gegen seinen Sohn *Heinrich V.*

439 MARTIN ERBSTÖSSER: Die Kreuzzüge, 96–97. Eine Reihe von Quellentexten finden sich zitiert bei PETER MILGER: Die Kreuzzüge, 112–129.
440 HANS KÜHNER: Lexikon der Päpste, 63.

(1106–1125), der in den letzten Regierungsjahren seines Vaters sich mit der Fürstenopposition verbündet hatte. Aber auch als dieser 1111 zum Kaiser gekrönt wurde, gingen die Auseinandersetzungen mit dem Papst wegen der Investiturfrage weiter. Erst 1122 wurde der Konflikt im Wormser Konkordat formal beendet, indem die »Spiritualia« (die geistlichen Befugnisse) von den »Temporalia« (Fragen verliehener Königsrechte und Kirchengüter) im Bischofsamt getrennt wurden: die Spiritualia wurden vergeben durch die kanonische Wahl seitens des Klerus, das heißt: des Domkapitels, und durch die kirchliche Weihe; der König verzichtete auf die Investitur mit Ring und Stab; dafür wurden die Temporalia durch den König verliehen – in Deutschland vor der Weihe, in Italien und Burgund sechs Monate nach der Weihe –, so konnte die Eigenständigkeit der Kirche in der Einsetzung ihrer Bischöfe klarer in Erscheinung treten; in Deutschland war der König bei der Wahl des Bischofs mit dabei, und er behielt ein Entscheidungsrecht, wenn die Wahl zwiespältig ausfiel.

Im weiteren Verlauf des 12. Jhs. wurden die Erzbischöfe und Bischöfe »aus abhängigen Staatsdienern zu Lehnsträgern des Reiches. Gemeinschaftlich und im Wettbewerb mit den weltlichen Reichsfürsten vermochten sie in ihren Gebieten eine Landesherrschaft auszubauen«.[441] Zugleich entglitt durch die cluniazensische Kirchenreform der Kirche nach und nach die Führung der geistigen Kultur, die unter den sächsischen und salischen Kaisern in den Dom- und Klosterschulen vermittelt wurde und die auch die Dichtkunst, die Malerei, die Plastik und die Architektur der Romanik umfaßte. Jetzt entwickelte sich eine zunehmend laikale Kultur, beeinflußt auch durch den Kontakt mit den Muslimen in der Zeit der Kreuzzüge[442]. Mit *Heinrich V.* endete nicht nur das salische Königshaus, es endete auch die kurze Phase des Einvernehmens von Staat und Kirche. Zum Kaiser wurde auf Betreiben der Kirche hin *Lothar von Supplinburg* (1125–1137), der Herzog von Sachsen, zum Kaiser gewählt, unter Umgehung des Staufers *Friedrich II. von Schwaben*, der mit den Saliern verwandt war; doch als gegen *Lothar*s Schwiegersohn, den Welfen *Heinrich den Stolzen* (gest. 1139), den Herzog von Bayern und Sachsen, der Staufer *Konrad III.* (1138–1152) gewählt wird, beginnt das Jahrhundert der Staufer mit seinen eigenen Kämpfen, erst gegen die Welfen, dann wieder gegen den Papst.

441 HERMANN CONRAD: Deutsche Rechtsgeschichte, I 183.
442 JOHANNES HARTMANN: Das Geschichtsbuch, 97.

γ) *Die Staufer (im Umfeld der Nationalstaaten England und Frankreich)*

Mit dem Wormser Konkordat zwischen Papst *Calixtus II.* (1119–1124) und *Heinrich V.* (1106–1125) im Jahre 1122 versteht sich das Europa des Mittelalters als ein christlich einheitliches Gebilde unter der Herrschaft von Papst und Kaiser[443], doch diese »Einheit« ist kein gemeinsames Ringen um die Verwirklichung der Botschaft Jesu, sondern ein Ringen um die Vorherrschaft des einen über den anderen: eine verweltlichte Kirche strebt nach Weltherrschaft mit Hilfe des von ihr inthronisierten Kaisers, und ein die Herrschaft Gottes über die Welt verkörpernder Kaiser strebt nach Weltherrschaft mit Hilfe der Kirche; deren höchste Dienstträger können nicht mehr, wie unter den Ottonen, als Staatsbeamte vom Kaiser eingesetzt werden, doch dafür agieren sie selber wie weltliche Herrscher, die als Päpste den Kaiser unter Banndrohung zu den Kreuzzügen gegen Muslime, Juden und Irrlehrer nötigen oder auch selber für eigene territoriale Interessen in den Krieg ziehen. Es lohnt sehr, *en detail* einmal zu betrachten, in welch einer Gefangenschaft Staat und Kirche sich im Kreise drehen.

Auf beiden Seiten sucht man zur Begründung des eigenen Standpunktes natürlich nach theologischen, philosophischen (metaphysisch-ethischen) und juristischen (staats- und kirchenrechtlichen) Argumenten; dabei war die Kirche Roms als Hüterin und Überlieferin der antiken Kultur ohne Zweifel im Vorteil. Ihr in die Quere kam allerdings die Wiederentdeckung der Digesten (wohl um 1050 in Pisa), die für die Rechtsentwicklung in Staat und Kirche bis weit in die Neuzeit hinein von allergrößter Bedeutung werden sollte, wenn-

443 PETER G. STEIN: Europäisches Recht und Europa, 75. KARL VON AMIRA – KARL AUGUST ECKHARDT: Germanisches Recht, I 146–147, bemerken dazu: »Allgemeine Reichsgesetze kommen vor der Staufischen Periode selten vor. Nur eines aus dieser früheren Zeit muß hier wegen seiner fürs Staatskirchenrecht grundlegenden Bedeutung genannt werden, das Wormser Konkordat von 1122. ... Die inneren und äußeren Kämpfe des Reichs unter den sächsischen Kaisern ließen es zu keiner weltlichen Zentralgesetzgebung kommen. – Dies ändert sich erst unter *Friedrich I.* (sc. 1152–1190, d.V.). Von 1156 an wird der Landfriede durch königliche Konstitutionen gesichert ... Durch die Constitutio Moguntina *Friedrichs II.* (sc. 1212–1250, d.V.) von 1235 erhält der Landfriede eine erweiterte Fassung ... Die Zeit *Maximilians I.* (sc. 1493–1519) bringt ... auch in der Reichsgesetzgebung den Abschluß des Mittelalters: ewiger Landfriede, Reichskammergericht (unter reichsgesetzlicher Feststellung des Verhältnisses zwischen römischem und nationalem Recht), Polizeigesetze, Kreisverfassung, Notariatsordnung.« So die weitere Entwicklung der Rechtsgeschichte in Händen des Staates.

gleich ihre Entfaltung sich nur langsam über den größten Teil des 12. Jhs. hinzog[444]. Das Reichsrecht fand dort eine starke Stütze.

»Die größte Schule für weltliches Recht war im 11. Jahrhundert die Schule von Pavia, der Hauptstadt des Königsreichs der Langobarden«[445], doch dort widmete man dem römischen Recht verständlicherweise kein spezielles Interesse; erst in Bologna erkannte der Rechtsanwalt und Rechtsberater *Pepo* in den letzten Jahrzehnten des 11. Jhs., was mit der Gesetzgebung *Justinian*s in Gerichtsverfahren anzufangen war; Rechtspraxis aber ist etwas anderes als Rechtswissenschaft mit der ihr eigenen Rationalität und Methodik. Diesen wichtigen Unterschied führte der Grammatiklehrer *Irnerius* ein: er begann das Studium der Rechtstexte mit einer Erklärung der schwierigsten vorkommenden Begriffe, die er als »Glossen« an den Textrand schrieb. Bis dahin war man der Auffassung ISIDORS VON SEVILLA (ca. 560–636) gefolgt, der gesamte Bereich des Rechts gehöre, weil mit menschlichem Verhalten verbunden, der Ethik zu; jetzt, mit *Irnerius*, begann man – entsprechend dem »Trivium« des Studiengangs der freien Künste: Grammatik, Dialektik und Rhetorik – zu differenzieren: Wohl anerkannte man, daß der Inhalt der Normen die Zuständigkeit der Ethik betreffe, doch die Interpretation eines Textes bilde einen Teil der »Logik«, des Oberbegriffs der drei freien Künste des Triviums; damit eröffnete sich den »Glossatoren« erstmals ein weites Feld zur Entwicklung einer eigenständigen Rechtslehre, die freilich noch ganz von der Autorität der Texte *Justinian*s abhängig war.

Zum führenden Kopf der Rechtsschule von Bologna wurde *Johannes Bassianus* (1183–1197: Summa Novellarum), der bei der Interpretation eines schwierigen Textes neben der Heranziehung von bereits anderweitig getroffenen Lösungen des vorliegenden Problems vor allem allgemeine Prinzipien (»Brocardica«) zur Entscheidungsfindung herausarbeitete. Sein Schüler *Azo* (1150–1225) stellte die Erörterung einzelner Fälle zu einem System (Summa Codicis) zusammen. Damals galt das Bonmot: »Ohne Azo geh nie zum Palazzo« (zum Gerichtspalast). Schließlich wurden zwischen 1220 und 1240 die Lehren der Glossatoren des römischen Rechts von *Azo*s Schüler *Accursius* (1182–1263) gesammelt und zu der später maßgeblichen »*Glossa ordinaria*« zusammengestellt, die in 96000 einzelnen Glos-

444 PETER G. STEIN: Europäisches Recht und Europa, 76–80: Die Wiederentdeckung der Digesten.
445 A.a.O., 79.

sen die justinianischen Texte kommentierte und für Jahrhunderte »die Quelle eines jeden Lehrsatzes (blieb), der für sich in Anspruch nehmen konnte, aus dem römischen Recht abgeleitet zu sein. Allgemein herrschte die Maxime: ›Billigt es die Glosse nicht, so gilt es auch nicht vor Gericht‹«.[446]

In allen vom römischen Recht beherrschten Ländern ist bis heute diese an sich erstaunliche Vorstellung in Geltung, die allgemein anerkannte Erläuterung von Gesetzestexten stelle selbst eine Rechtsquelle dar. Die Autorität von Rechtsgelehrten der Rechtsgeschichte wird damit wichtiger als das Suchen nach einer eigenen Entscheidung, die sogar eine herkömmliche Rechtsauffassung mit Blick auf eine konkrete Problemlage – etwa im Strafrecht – in Frage stellen könnte. Es scheint bezeichnend, daß auch in den Rechtsschulen des Judentums und des Islams bereits in der Frühzeit sich ganz ähnliche Entwicklungen abzeichneten; anscheinend neigt das juristische Denken von Hause aus dazu, die stets gegebene Unsicherheit bei der Beurteilung menschlicher, also allemal komplexer Sachverhalte mit dem Rückzug auf den vermeintlichen Konsens der vom jeweiligen Verwaltungs- und Machtsystem getragenen Ansichten auszugleichen: die *sententia communis* der Tradition wird beruhigendermaßen zu einer *sententia certa* aufgewertet, und wie dann entschieden wird, gilt es für geltendes Recht. Glänzend läßt sich so verschleiern, welche Interessen dahin führen, daß bestimmte Ansichten in einer bestimmten Zeit und in einer bestimmten Gesellschaft vorherrschend werden. Woher soll das Recht kommen, im Namen des Staates über Menschen zu Gericht zu sitzen? Die Frage stellt sich nicht mehr, wenn es schon in den Digesten heißt, es sei der Herrscher unabhängig von allen Gesetzen, da er der Ursprung allen Rechts sei, das er auf jeden, niemand aber auf ihn selbst anwenden dürfe? Bis weit in die Neuzeit hinein blieb dieser Gedanke des römischen Kaiserreichs auch im »heiligen römischen Reich« bei allen abendländischen Herrschern fundamental.

Insbesondere die römische Kirche sah sich vom römischen Reichsgedanken her ermächtigt, die Botschaft Jesu vom »Reich Gottes« in gerade diesem (absolut veräußerlichten) Sinne für sich selber einzufordern. »Schon früh trat in Bologna das kanonische (sc. kirchliche, d.V.) Recht als Gegenstand der Rechtslehre neben das römische

446 Vgl. a.a.O., 80–85: Die Glossatoren des römischen Rechts, S. 85.

Recht«[447], allerdings ohne auf einen geschlossenen Bestand verbindlicher Texte nach Art der Digesten *Justinian*s zurückgreifen zu können; es gab Sammlungen von Bibelstellen, Konzilsbeschlüssen, Kirchenväterzitaten und Verfügungen (Dekretalen) der Päpste, doch nichts, womit man die Juristen des römischen Rechts hätte beeindrucken können.

Die Lage änderte sich grundlegend um 1140 mit der »*Concordia discordantium canonum*« des Kamaldulensermönchs GRATIAN (gest. um 1159), der mit dieser seiner Textsammlung die Widersprüche der kirchlichen Rechtstexte auszugleichen suchte. GRATIAN sammelte nicht nur, er versah die zusammengestellten Texte, die als »Dekret« bezeichnet wurden, mit Erläuterungen im Stil der Glossatoren; dieser Textbestand wuchs naturgemäß mit jedem Erlaß neuer Dekretalen, zum Beispiel in Form von Papstbriefen, weiter an und führte zu immer neuen Komplikationen, währenddessen das römische Recht als ein fertiges Instrumentar galt, mit dessen Hilfe prinzipiell alle juristischen Fragen zu beantworten waren; ein kanonisches Recht hingegen als eine eigene Disziplin, gegründet zudem auf die Harmonisierung widersprüchlicher Texte, erschien den Juristen des Reiches als ebenso überflüssig wie unzuverlässig. Doch trotz solcher anfänglicher Widerstände mußte um 1160 bereits das kanonische Recht als ein eigenes Rechtsgebiet neben dem römischen Recht anerkannt werden, und es wurde selbstverständlich von den kirchlichen Gerichten auf alle Fälle angewandt, welche die Kirche selbst betrafen; selbst da aber konnte es nötig sein, nicht-geregelte Fragen nach Normen des römischen Rechts zu beantworten[448].

447 A.a.O., 86 – FRANZ WIEACKER: Privatrechtsgeschichte der Neuzeit, 80–96: Die Konsiliatoren, hebt hervor: Die »Eroberung der ganzen Rechtswirklichkeit ist der Verdienst der den Glossatoren folgenden und ihnen ebenbürtigen Gelehrtengenerationen, die man früher – etwas farblos – meist Postglossatoren genannt hat. Das wesentlich Neue ihrer Aufgaben und Leistungen ist vielleicht richtiger (wenn auch jeweils unvollständig) durch die Bezeichnungen Kommentatoren, Praktiker oder *Konsiliatoren* ausgedrückt« (S.81). Vor allem »erwuchs aus der Veröffentlichung der eigenen Gutachterpraxis eine Konsilienliteratur, deren allgemeines Ansehen seit dem 14. Jh. nur mit dem der heutigen höchstrichterlichen Entscheidungen zu vergleichen ist« (S.85).

448 Ausdrücklich heißt es bei GRATIAN: The Treatise on Laws, D(instinction) 10 C(ausa) 1; § 1, p. 33: »Kaiserliche Anweisungen sind nicht zu befolgen in einer kirchlichen Erörterung, besonders wofern sie manchmal einem evangelischen oder kanonischen Strafgebot widersprechen.« § 2: »Kaiserliche Anweisungen stehen nicht über der Anweisung Gottes, sondern unter ihr.« D 10, C 8, p. 36: »Christliche Kaiser brauchen die Päpste für das ewige Leben, und Päpste folgen kaiserlichen Anweisungen ausschließlich in zeitlichen Angelegenheiten.« D 10, C 1 § 3,

Ein solches Nebeneinander der Vertreter des römischen Rechts und der kirchlichen »Dekretisten« beziehungsweise Kanonisten mußte natürlich die politisch-ideologische Frage der Machtzuordnung von Kaiser und Papst auf dem Feld der Jurisprudenz erneut stellen und vertiefen. GRATIAN betrachtete das kanonische Recht als göttliches Recht, doch was bedeutete das gegenüber dem »weltlichen« Recht? Welche Gesetzesbefugnis besaß der Papst, welche der Kaiser?

Im Jahre 1234 verkündete Papst *Gregor IX.* (1227–1241) den »*Liber Extra*« des *Decretum Gratiani*, der von dem spanischen Dominikaner *Raymund von Penyafort* redigiert worden war; der *Liber Extra* enthielt 1239 Kapitel, zusammengefaßt in fünf Büchern, die nach der Reihenfolge der Themen mit dem Merkvers Judex, Judicium, Clerus, Connubia, Crimen (Richter, Prozeß, Geistliche, Ehe, Verbrechen) von den Studenten zitiert wurden. Im Jahre 1298 verkündete Papst *Bonifaz VIII.* (1294–1303) zusätzlich zu den fünf Büchern des *Liber Extra* eine weitere Sammlung, die als *Liber Sextus* bezeichnet wurde. Besonders beliebt wurde, parallel zu den 211 Rechtsregeln *Justinians*, im 13. Jh. die Liste von 88 Regeln des *Liber Sextus*, darunter eine oft zitierte Maxime: *Quod omnes tangit, debet ab omnibus approbari* (»was alle angeht, muß von allen gebilligt werden«) – ein Satz, der rechtsgeschichtlich ein gewissermaßen demokratisches Prinzip ausspricht.

Beide Rechtssysteme, das römische wie das kanonische Recht, besaßen im 13. Jh. den gleichen Rang, doch versuchten die Juristen des weltlichen Rechts, die Bereiche auseinanderzuhalten, indem sie dem weltlichen Recht die Wahrung des irdischen Wohls der Menschen zuschrieben, während das kanonische Recht das Heil der unsterblichen Seele der Menschen hüten und sie vor Sünden bewahren sollte. Doch von »der Zeit des ›*Liber Extra*‹ an regelte das kanonische Recht viele Materien, die auch Gegenstand des justinianischen Rechts waren. Das kanonische Recht umfaßte einen großen Teil des Strafrechts, angefangen von Ehebruch und Meineid bis hin zu Urkundenfälschung und Mord. Das Privatrecht berührte es in allen Punkten, bei denen eine Partei in Versuchung sein konnte, eine Sünde zu bege-

p. 33 erklärt: »Wir sagen nicht, daß kaiserliche Anweisungen (welche die Kirche oft anruft gegen Häretiker und Tyrannen und welche sie verteidigen gegen Übeltäter) gänzlich verworfen werden sollten, aber wir betonen, daß sie nicht angewandt werden dürfen zum Schaden evangelischer, apostolischer oder kanonischer Entscheidungen (denen sie untergeordnet sein müssen).«

hen. Das galt für Darlehen, für die Forderung von Zinsen, für Kauf und Verkauf und für persönliche und dingliche Sicherheiten für Schulden. Weil die Ehe ein Sakrament war, wurde auch sie vom kanonischen Recht geregelt.«[449]

Von daher wurde es im 14. Jh. üblich, in beiden Rechten, in *utroque iure*, bewandert zu sein, – noch wurden Diesseits und Jenseits als eine zusammengehörige Einheit betrachtet, besetzt freilich mit geistigen Unverträglichkeiten und machtpolitischen Interessenkonflikten, die in der abendländischen Geschichte quer durch die Jahrhunderte immer wieder aufflackern sollten und bis heute andauern; für unsere Frage nach dem Verhältnis von Christentum und Strafrecht ist es sehr wichtig zu verstehen, worin diese Gegensätze gründen und wie sie sich lösen lassen.

Zunächst der historische Hintergrund. – Als hätte das 12./13. Jh. in der Stauferzeit nicht in den verschiedenen Zielsetzungen von Kaiser, Fürst und Papst bereits der Widersprüche genug in sich enthalten, trat mit der Wahl *Konrad*s *III.* (1138–1152) auch noch der Kampf zwischen Staufern und Welfen hinzu, denn dessen Wahl erfolgte gegen den Schwiegersohn Kaiser *Lothars von Supplinburg*, gegen den Welfen *Heinrich den Stolzen*, den Herzog von Bayern und Sachsen; in seinem Widerstand gegen die Wahl der Fürsten fand der Herzog die Unterstützung seines Onkels *Welf V.*, und so entbrannte der Kampf zwischen »Guelfen« (Welfen) und »Ghibellinen« (nach der Stauferburg Waiblingen), der auch durch den Sieg der Hohenstaufen über die aufständischen Bayern in der Stadt Weinsberg nicht zu beenden war, – im Gegenteil: als *Konrad III.* 1142 zu einem Kreuzzug aufbrach, mußte er einen Waffenstillstand schließen, und als er mit seinem Heerzug einen Mißerfolg erlitt, kehrte er »in Ungnade zurück. Das Haus der Hohenstaufen schien mit Schmach beladen zu sein, als seine erste hervorragende Gestalt auf den Thron kam«.[450]

Dieser hervorragende Mann war *Friedrich I.* (1152–1190), der in Italien seines roten Haares wegen »Barbarossa« genannt wurde. Da seine Mutter *Judith* die Tochter von *Heinrich dem Schwarzen*, dem Herzog von Bayern (gest. 1126) war, entstammte er selbst »zur

449 PETER G. STEIN: Römisches Recht und Europa, 90. Einher geht damit die Reethisierung des Sündenbegriffs; ab jetzt ist Sünde nichts anderes als ein Gesetzesverstoß, wobei die Grenzen von Gottesgebot und Staatsgesetz in ihrer Äußerlichkeit immer fließender werden. Wie der Staat ist die Kirche jetzt eine Verwaltungsbehörde.
450 WILL und ARIEL DURANT: Das frühe Mittelalter, 344.

Hälfte« den Welfen, wenngleich er durch seinen Vater *Friedrich II.*, den Herzog von Schwaben (gest. 1147), den Bruder von König *Konrad III.*, den Staufern zugehörte; insofern war er das geborene verbindende Band zwischen »Guelfen« und »Ghibellinen«. (Vgl. Stammbaum der Staufer und Welfen, Abb. 13.) Der Landfriede, den er ausrief, war freilich flankiert von strengen Strafen, die er, in barbarischer Härte, verhängte.

Neben der Herstellung der »Ordnung« ging es *Barbarossa* – wie stets – um die Ausdehnung der Macht. So heiratete er, nach Entlassung seiner Gattin, wegen zu enger Blutsverwandtschaft (!), *Beatrix von Burgund*, die ihm ein eigenes Königreich in die Ehe mitbrachte. Sein Hauptziel aber galt der Wiederaufnahme der ottonisch-salischen Politik; dem allerdings stand der leidige Investiturstreit im Wege. Um sich vom Papst zum Kaiser krönen zu lassen, stellte er *Eugen III.* (1145–1153), der Kaiser *Heinrich II.* heilig gesprochen hatte, seine Hilfe gegen die aufständischen Römer und gegen die schwer einzuschätzenden Normannen in Aussicht; doch die Unruhen, die *Arnaldo da Brescia* 1143 ausgelöst hatte, dauerten auch unter *Hadrian IV.* (1154–1159), dem einzigen englischen Papst der Kirchengeschichte, weiter an; und so kam es 1155 zu der ersehnten Kaiserkrönung – mit einer kurios erscheinenden, doch bezeichnenden Stilfrage im rituellen Protokoll: vorgesehen war, daß der weltliche Herrscher dem Papst beim Absteigen vom Pferde Zügel und Steigbügel halten sollte, doch eben das unterließ *Friedrich I.*, als er dem Papst in der Nähe von Rom entgegentrat; daraufhin verweigerte der Papst ihm den Friedenskuß ebenso wie die Reichskrone. Erst nach zweitägiger Debatte fügte sich *Friedrich I.*, das Zeremoniell wurde wiederholt, diesmal mit einem dienstbereiten König; der aber, zum Kaiser gekrönt, sprach fortan vom *Heiligen* Römischen Reich, in der Erwartung, damit im Amte des Kaisers, ebenso wie der Papst, als Gottes Stellvertreter anerkannt zu werden[451].

Mit dem Kaisertitel wurde *Friedrich I.* zugleich König der Lombarden, und anders als *Heinrich* IV. sah er darin nicht nur einen Titel, sondern einen Auftrag: in allen Städten Norditaliens setzte er einen *podestà* ein als Regenten in seinem Namen. Um den Widerstand einiger Städte gegen die neuen Herren zu brechen, zog er 1158 zum Reichstag nach Roncaglia in der Poebene. Den Kaiser interessierte an den Städten Norditaliens vornehmlich der wirtschaftliche

451 A. a. O., 344.

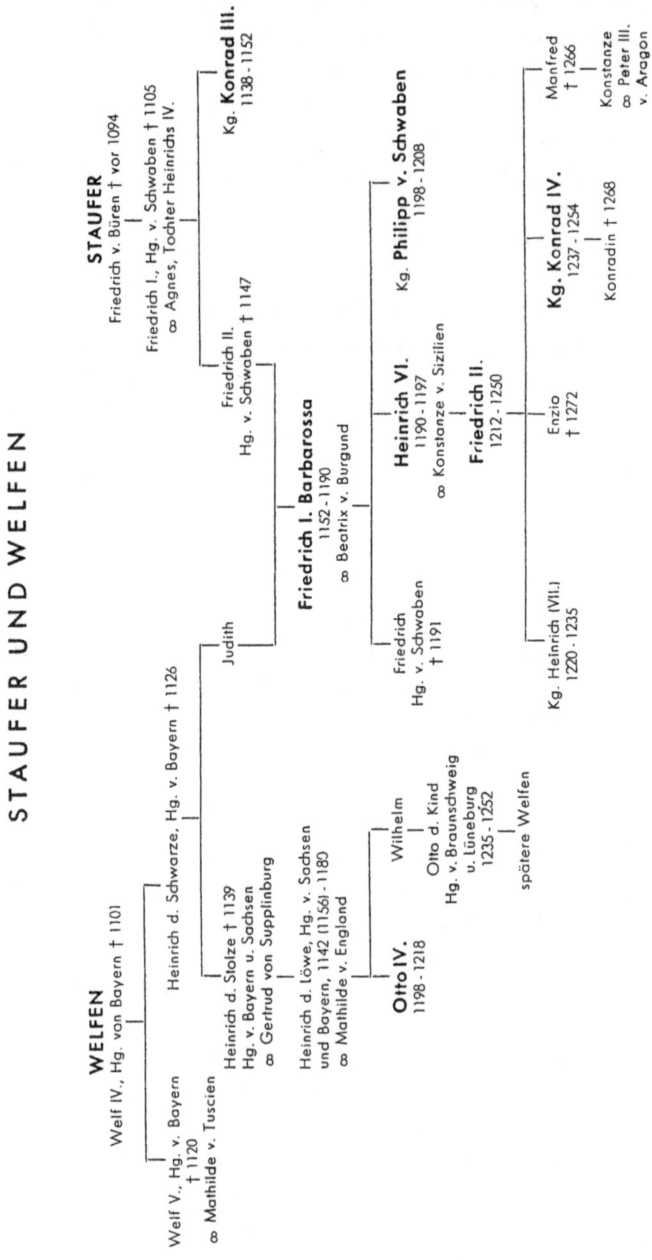

Abb. 13: Stammbaum der Staufer und Welfen

Aufstieg, den diese seit dem Ersten Kreuzzug (1095–1099) mit dem Orienthandel erlebten, – der Zweite Kreuzzug, (1146–1149), den *Bernhard von Clairvaux* (1090–1153) herbeigepredigt hatte, scheiterte; gleichwohl machte das neu gewonnene Selbstbewußtsein die Städte widerspenstig gegen die Ansprüche des Kaisers. Doch hier nun erzeigte sich zum ersten Mal die Wirkung der Juristen Bolognas: sie versicherten dem Kaiser nach römischem Recht, daß er »die absolute Befehlsgewalt über alle Teile seines Reiches besitze, der Eigentümer jedes Besitztums im Reiche sei und alle Privatrechte jederzeit widerrufen oder abändern dürfe, falls ein solches Vorgehen nach seiner Ansicht im Staatsinteresse lag.«[452] Diese Auffassung wurde von der Kirche selbstredend nicht geteilt, im Gegenteil: *Alexander III.* (1159–1181), selber ein bedeutender Rechtsgelehrter, war nur gegen den vom Kaiser unterstützten *Viktor IV.* zum Papst gewählt worden; gegenüber dem Kaiser machte er die weltlichen Rechte der Kirche mit Berufung auf die Schenkungen *Pippin*s und *Karl*s *des Großen* geltend, ja, er sprach 1160 über den Kaiser den Bann. Dieser wiederum belagerte zwei Jahre lang das unbotmäßige Mailand, das er 1162 nach dessen Kapitulation komplett niederbrennen ließ. Daraufhin schlossen sich 1167 vierzehn Städte zum Lombardischen Bund zusammen. Im darauf folgenden Jahr versöhnten sich zwar Kaiser und Papst, doch die Auseinandersetzungen gingen weiter. 1168 setzte der Kaiser (nach *Paschalis III.*, der ihm 1167 zum zweiten Male zum Kaiser gesalbt hatte) in *Kalixtus III.* einen dritten Gegenpapst ein. Daraufhin stellte sich *Alexander III.* an die Spitze des lombardischen Städtebundes, der den Kaiser 1176 in der Schlacht von Legnano vernichtend schlug. »*Barbarossa* ging auf Verhandlungen ein und schloß 1177 mit *Alexander* den Frieden von Venedig ...; 1183 schloß er den

452 A.a.O., 345. – Demgegenüber betont FRANZ WIEACKER: Privatrechtsgeschichte der Neuzeit, 100, daß »der Kampf der Staufer mit den Welfen, den lombardischen Städten und der Kurie nur unter großen Opfern der größten Lehnsträger, der *principes*, geführt werden konnte. Die Opfer waren Erblichkeit, Leihezwang und dauernder Erwerb königlicher Befugnisse durch die Fürsten, besonders durch die Kurfürsten ... und ... durch die mächtigeren Reichsfürsten (*statutum in favorem principum* 1231, *Confoederatio cum principibus* 1232) ... Grundpfeiler der erblichen fürstlichen Gewalt waren jetzt (neben Münze, Bergreal und Zoll) Gerichtsbarkeit ... Dieser dauernde Übergang der alten Ämterbefugnisse auf die großen Lehnsträger ist es, der die künftige Staats- und Rechtsentwicklung in Deutschland an den Territorialstaat band, der im Mittelalter aus der Landeshoheit hervorging. Der Zersetzung der Königsgewalt entsprach eine Konzentration der Landeshoheit im Inneren.«

Frieden von Konstanz mit den Lombarden.«[453] Dabei anerkannte er *Alexander III.* als rechtmäßigen Herrn und ließ *Kalixtus III.* fallen; er gab den Städten die Selbstverwaltung zurück, und umgekehrt anerkannten diese formell die Oberhoheit des Reiches. Der Machtkampf um Oberitalien endete für den Kaiser mithin in einer Art ehrenvoller Niederlage, er zeigte aber zugleich, in welch einem Umfang alles Sprechen von Gott und Recht und Ordnung und Freiheit zu einer Frage von Macht (und Geld) pervertiert war.

Umso erfolgreicher zeigte *Friedrich I.* sich in der Ausdehnung der kaiserlichen Herrschaft in Polen, Böhmen und Ungarn. Ganz wie *Heinrich IV.* es bereits beansprucht hatte, nahm er sich das Recht zur Ernennung von Geistlichen und sah sich dabei von der Geistlichkeit gegenüber den Päpsten sogar unterstützt. Mit wachsender Macht gelang es ihm in den Jahren 1179–1183 zudem, seinen weltlichen Vetter *Heinrich den Löwen*, den Sohn *Heinrichs des Stolzen*, in die Schranken zu weisen.

Heinrich der Löwe hatte nach Beilegung des Gegensatzes von Welfen und Staufern im Jahre 1156 und nach seiner Anerkennung als Herzog von Bayern und Sachsen sein Machtgebiet auf Holstein, Pommern und das westliche Mecklenburg ausgedehnt und bedrohte damit die Ostpolitik des Kaisers sowie die Einheit des Reiches; nicht zuletzt hatte er in der vernichtenden Schlacht von Legnano die Heeresfolge verweigert und sich außerdem durch zahlreiche Rechtsverletzungen des Landfriedensbruchs schuldig gemacht; *Friedrich I.* nötigte den allzu lange Geduldeten daher zur Unterwerfung und reduzierte seine Macht auf die Hausgüter Braunschweig und Lüneburg. Im gleichen richtete der Kaiser eine Reihe territorialer Fürstentümer ein, – 1156 zum Beispiel das Herzogtum Österreich, das von Bayern abgetrennt wurde: das war der Beginn der eigenständigen Entwicklung Österreichs. 1189 brach der Kaiser mit 100000 Mann

453 HANS KÜHNER: Lexikon der Päpste, S. 67. – In marxistischer Deutung ist die Schlacht bei Legnano am 29. Mai 1176, als *Friedrich I.* (*Barbarossa*) von den Fußtruppen des Lombardischen Städtebundes besiegt wurde, ein Sieg des städtischen Bürgertums als des Trägers der neuen Gesellschaftsform, von dem die sozialökonomische Entwicklung Norditaliens ausgehen sollte; inmitten der Feudalgesellschaft erwuchs in den Kaufleuten eine weltliche Kultur, in welcher die Naturalwirtschaft durch die Beziehung von Ware und Geld abgelöst wurde; in freiem Geiste bereitete sich gegen die feudal-kirchliche Welt durch die Gründung von Universitäten, durch die Ausdehnung des Handels und durch die Ausprägung von Wissenschaft und Dichtung die Renaissance vor – durch einen Kapitalismus im Herzen des Feudalismus; vgl. JÜRGEN KUCZYNSKI: Asche für Phönix, 167–168; GERHARD FELDBAUER: Ein anderer Name, in: Junge Welt, Nr. 161, 15.7.19, S. 15.

zum Dritten Kreuzzug auf, mit der Absicht, das Römische Reich in der Einheit von Ost- und Westrom wiederherzustellen; ein solcher Schritt schien nötig, da die Türken weiter vordrangen; Syrien und Ägypten hatten sich unter Sultan *Saladin* vereinigt, der 1187 Jerusalem erobert hatte und es weit weiser verwaltete als die Kreuzfahrer von 1099. Doch das Schicksal wollte es anders: 1190 ertrank *Friedrich I.* (Barbarossa) im Flusse Saleph in Kleinasien. In der Erinnerung der Deutschen freilich lebte der große Kaiser schlafend im Kyffhäuser weiter, bis er eines kommenden Tages zu neuer Größe seines Reiches erwacht ...

In der gleichen Zeit gingen England und Frankreich in Rivalität zu einander ihre eigenen Wege: 1066 hatte *Wilhelm der Eroberer* von der Normandie aus England bis weit in den Norden hinauf besetzt und verheert, Burgen gebaut und die besten Güter an seine Normannen verteilt; ein neuer Adel entstand auf diese Weise, dessen Grundbesitz der neue Herrscher 1085 im *Domesday Book* erfassen ließ; ein Jahr später vereidigte er die Adligen, 60000 Mann an der Zahl, in Salisbury in einem Treueid auf den König. Er selber setzte Lords, Bischöfe und Äbte ein oder ab, wie er es für passend fand, und die Geistlichkeit stand dem König willfährig zur Seite[454]. In diesen Fußspuren führte *Heinrich II. Plantagenet* (1154–1189) den Weg weiter: er eroberte Wales, behauptete die Lehnshoheit über Schottland und begann mit der Unterjochung Irlands; als Rückhalt gegen die Feudalherren setzte er königliche Beamte in einheitlicher Verwaltung ein und ließ die lokalen Gerichte vom Hof aus durch Reiserichter überwachen, wobei die Rechtsprechung nach dem alten Volksrecht erfolgte; das *Common Law* entstand. Gegen den Widerstand des Kanzlers und Erzbischofs *Thomas Becket*[455] beanspruchte er staatliche Macht auch in kirchlichen Angelegenheiten, etwa bei Bischofsernennungen; was *Heinrich II.* vorschwebte, war ein säkularer Einheitsstaat, wie er in der anglikanischen Kirche unter *Heinrich VIII.* (1509–1547) und dessen Sohn und Nachfolger *Eduard VI.* (1547–1553) denn auch verwirklicht wurde. Mit *Heinrich II.* entstand England als Nationalstaat.

In Frankreich allerdings umklammerten seine Besitztümer das französische Königtum auf eine Weise, daß *Philipp II. August* (1180–1223) gegen die anglonormannische Vorherrschaft aufbe-

454 Vgl. WILL DURANT: Das frühe Mittelalter, 349–352: Wilhelm der Eroberer.
455 A.a.O., 352–355: THOMAS BECKET.

gehrte. Wie *Wilhelm der Eroberer* in England, setzte auch der französische König königliche Beamte zur Verwaltung und im Gerichtswesen ein, band auch er die Lehensträger in die Krone und schuf zusätzlich zur Stütze des Königtums einen Stand von eigens juristisch geschulten Hofbeamten; durch die Zusammenlegung der verschiedenen kirchlichen Schulen entstand in Paris die erste »Universität« des Mittelalters; unter *Philipp II. August* begann die Entwicklung Frankreichs zum Nationalstaat[456].

In England folgte auf *Heinrich II. Richard I. Löwenherz* (1184–1199), der sich 1189 zum Kreuzzug gegen *Saladin* aufmachte, doch 1192 von Herzog *Leopold von Österreich* gefangengesetzt und an Kaiser *Heinrich VI.* (1191–1197) ausgeliefert wurde, der ein enormes Lösegeld von der englischen Krone verlangte. Der Bruder *Richards*, *Johann* (»*Ohneland*« geheißen, da er von seinem Vater keine Apanage auf dem Festland erhalten hatte), suchte unterdessen den Thron zu besteigen, mußte aber fliehen und schloß sich in Frankreich den Angriffen *Philipps II. August* gegen England an; der wieder bot *Heinrich VI.* große Summen, daß er *Richard* weiter gefangen halte, während dessen Mutter *Eleonore* die englischen Staatsgeschäfte weiterführte. Als 1194 *Richard* endlich nach England zurückkehrte, stellte er sogleich ein Heer auf und eroberte das gesamte Gebiet zurück, das *Philipp* England abgenommen hatte; er starb im Alter von 43 Jahren bei einem Streit um einen Goldschatz.

Johann Ohneland (1199–1216), der ihm auf dem Thron folgte, war durchaus antiklerikal gesonnen und verfocht einen säkularen Absolutismus; seine Steuereinnahmen steckte er in den Krieg gegen *Philipp II. August*; wegen der päpstlichen Besetzung des Erzbischofs von Canterbury mit dem englischen Prälaten *Stephan Langton* 1207 machte er sich *Innozenz III.* (1198–1216) zum Feind, der ganz England mit dem Interdikt belegte und 1213 sogar den König für abgesetzt erklärte. Um sich aus dieser Lage zu befreien, verpflichtete sich *Johann*, alles beschlagnahmte Kirchenvermögen zurückzugeben und ganz England dem Papst als oberstem Lehnsherrn anzuvertrauen.

In Deutschland war es 1198 derweil zu einer Doppelwahl gekommen, indem der Sohn *Barbarossa*s auf seiten der Staufer *Philipp von Schwaben* (1198–1208) zum König gekürt wurde und auf seiten der Welfen *Otto IV.* (1198–1218), der Sohn von *Heinrich dem Löwen* und *Mathilde von England*; als 1208 *Philipp von Schwaben* ermor-

456 A. a. O., 372–374: PHILIPP AUGUST.

det wurde, wurde *Otto IV.* auch von den Staufern anerkannt, mit dem Ergebnis allerdings, daß er seine bis dahin papstfreundliche Einstellung aufgab und die Politik Kaiser *Heinrichs VI.* mit dessen Kampf um das Erbe seiner Frau *Konstanze von Sizilien* fortsetzte, obwohl diese die päpstliche Lehenshoheit über Sizilien hatte anerkennen müssen. Im Jahre 1214 kam es bei Bouvines zu einer Schlacht, in der *Philipp II.* über *Otto IV.* und über den mit ihm als verbündeten Gegner auftretenden englischen König *Johann Ohneland* siegte. Diese Schlacht führte nicht nur zu dem Aufstieg des französischen Königtums, sie minderte auch die Bedeutung des Kaiserreichs in Europa, und sie führte 1215 zu dem bedeutendsten Schriftstück der englischen Rechtsgeschichte: zur *Magna Charta Libertatum*[457].

Johann nämlich, als Verlierer nach England zurückgekehrt, erntete die Empörung der Adligen über die Kriegssteuer für seine verlustreichen Schlachten sowie über seinen Tauschhandel mit dem Papst, und als der König jetzt noch ein Lehnsdienstgeld, eine Geldzahlung an Stelle des Kriegsdienstes, verlangte, zwangen sie mit ihren vereinigten Streitkräften in der Nähe von Windsor den König, sich zu fügen und jenes Dokument zu unterzeichnen, das die königliche Macht »auf ewig« begrenzen sollte: Die englische Kirche, heißt es da, sollte »frei sein und ihre Rechte unverletzt und ihre Freiheiten unangetastet besitzen«. »Schildgeld oder Hilfsgeld soll ... nur erhoben werden durch gemeinsamen Beschluß.« »Kein freier Mann soll verhaftet, gefangengehalten, enteignet, geächtet, verbannt oder auf irgendeine Art zugrunde gerichtet werden ... es sei denn auf Grund gesetzlichen Urteilsspruchs von seinesgleichen oder auf Grund des Landrechts.« »Niemandem werden Wir Recht oder Gerechtigkeit verkaufen, niemandem verweigern oder verzögern.« » ... die sämtlichen ... Bräuche und Freiheiten ... sollen alle in Unserem Königreich beobachten, Geistliche wie Laien, soweit es sie gegenüber den ihrigen betrifft.«[458]

Dieser »Große Freibrief« ist rechtsgeschichtlich in seiner Bedeutung schwer zu überschätzen; gleichwohl grenzte er nur die Rechte der Adligen und der Geistlichkeit ab, nicht sowohl die Rechte des ganzen Volkes; »die Charta bedeutete eher einen Sieg des Lehenswesens als der Demokratie. Sie stellte aber Grundrechte auf ...; sie führte das *Habeas Corpus* (den Vorführungsbefehl eines Gefangenen

457 A. a. O., 356–361: Die Magna Charta
458 A. a. O., 360.

als Rechtsmittel gegen ungerechte Behandlung) und das Geschworenengericht ein; sie verschaffte einem anfänglichen Parlament eine Macht über den Staatssäckel, die in späterer Zeit der Nation eine Waffe gegen die Tyrannei in die Hand gab; sie wandelte die absolute in eine beschränkte und konstitutionelle Monarchie um.«[459]

Johann Ohneland hatte nur unter Zwang die Charta unterschrieben, und so wandte er sich an *Innozenz III.* (1198–1216), der seinem Lehnsmann zu Hilfe kam und die Charta für null und nichtig erklärte; als die Barone ihrerseits die päpstliche Verfügung annullierten, belegte der Papst sie und die Bürger von London mit dem Bann. Es war *Stephan Langton*, der sich weigerte, das päpstliche Edikt bekanntzugeben. – »Päpstliche Legaten in England (sc. jedoch, d.V.) entsetzten *Langton* vom Amt, veröffentlichten das Dekret, stellten in Flandern und Frankreich ein Söldnerheer auf und überzogen den englischen Adel mit Feuer und Schwert, Plünderei, Mord und Entführung.«[460] Auf seine Weise war *Johann* gleichwohl erfolgreich, bis er mit 49 Jahren an Ruhr tödlich erkrankte.

Unter seinem Sohn *Heinrich III.* (1216–1272), der die Westminster Abbey erbaute, ging die Besteuerung der Adligen weiter, und die Päpste kassierten den Zehnten mit königlicher Einwilligung von den englischen Gemeinden, um ihre Kriege gegen den Staufer *Friedrich II.* finanzieren zu können. Erst *Eduard I.* (1272–1307) verweigerte den Päpsten den Tribut und schaffte die päpstliche Lehnshoheit über England ab; er führte den Langbogen ein und setzte eine Heeresreform durch; indem er jedem kriegstüchtigen Engländer befahl, sich Waffen zu beschaffen und sich in deren Gebrauch zu üben, schuf er eine militärische Grundlage zur Demokratie, die er mit der Einrichtung eines Parlaments vorbereitete. – An jeder Stelle hängt, wie man sieht, der »Fortschritt« des »Rechts« an den Interessen der Verteilung und Verteidigung von Macht und Geld, und was als »Recht« erscheint und als »Gesetz« verordnet wird, ist das Ergebnis der bereits bestehenden Verhältnisse von stark und schwach und reich und arm, zu ihrer Verfestigung von seiten der Zufriedenen, zu ihrer Umwälzung von seiten der als benachteiligt sich Sehenden, entlang dem Kräftespiel der jeweils Über- oder Unterlegenen.

Das gleiche gilt für die Entwicklung und den Aufbau der Institutionen und Verwaltungsorgane der Rechtsprechung. – Die Eroberung

459 A.a.O., 360.
460 A.a.O., 360.

Englands durch die Normannen ersetzte das Regional variierende angelsächsische Recht durch ein einheitliches Feudalrecht, das als »Recht und Brauch des Reiches«, wie der Justitiar *Heinrichs II.* RANULF VON GLANVIL (gest. 1190) es nannte, sich als nationales Recht etablierte und bis zum 19. Jh. Bestand hatte. GLANVIL wird der »*Tractatus de legibus*« zugeschrieben, der das älteste Lehrbuch des englischen Rechts darstellt. Es ermöglichte rasche und »gerechte« (strenge) Entscheidungen und stand daher in hohem Ansehen.

Wie es zur Einrichtung des englischen *Parlaments* kam, ist nicht weniger bezeichnend: Im Jahre 1264 sah *Heinrich III.* sich einem Aufstand des Adels unter *Simon von Monfort*, dem Sohn eines albigensischen Kreuzritters, gegenüber; er mußte den Mittelstand für seine Sache gewinnen, und so lud er nicht nur zwei Ritter aus jedem Lande, sondern auch zwei führende Bürger aus jeder Stadt dazu ein, an der Nationalversammlung gemeinsam mit den Baronen teilzunehmen; diese Maßnahme trug dem wachsenden Reichtum der Städte Rechnung. *Eduard I.*, im Krieg gleichzeitig mit Schottland, Wales und Frankreich befindlich, brauchte Unterstützung und Geldmittel von allen Ständen; und auch er bot »Rechte« gegen »Barzahlung«: 1295 berief er das »Modellparlament«, das erste vollständige Parlament der englischen Geschichte. Die zwei Bürger, die *Eduard* I. aus jeder Stadt, jeder Grafschaft, jedem führenden Ort zur Großen Ratsversammlung nach Westminster lud, wurden von den begüterteren Bürgern jeder Ortschaft gewählt. Auf diese Weise blieb die Ungleichheit von »commons« und Adligen bestehen, und es gab auch noch kein Parlament, das aus eigenen Stücken als einzige Quelle der Gesetzgebung hätte auftreten können, doch immerhin galt die Regel, daß Gesetze, die das Parlament erlassen hatte, auch nur vom Parlament widerrufen werden konnten; 1297 trat noch die Vereinbarung hinzu, daß Steuern nur mit Genehmigung des Parlaments erhoben werden durften. Aus diesen beiden Regularien erwuchs das, was wir heute als eine demokratische Regierungsform bezeichnen.

Gegen diesen trotz allen Vorbehalts als Fortschritt zu bewertenden Wandel der Rechtsgeschichte richtete sich prinzipiell die Geistlichkeit der Kirche. Ihre Gerichtshöfe urteilten weiter nach kanonischem Recht. Kleriker konnten vor weltlichen Gerichtshöfen wegen Verrats gegen Lehnsherren angeklagt werden, doch alle Verbrechen – außer Hochverrat – wurden auf Grund des »Vorrechtes der Geistlichkeit« an einen kirchlichen Gerichtshof überantwortet, dem allein das Recht zu ihrer Bestrafung zukam. Zudem waren auch bei den weltlichen Gerichten die meisten Juristen Kleriker, da die juristische Ausbildung sich zumeist auf sie beschränkte. Als freilich die Geistlichkeit sich weigerte, außerordentliche Geldmittel für des Königs Kriege freizumachen, verfügte *Eduard I.*, daß seine Gerichtshöfe alle klerikalen Klagen zurückwiesen, alle Anklagen gegen einen Kleriker aber zulassen sollten; eine Belehnung an Kleriker sollte an die Genehmigung des Königs gebunden sein.

Im ganzen war und blieb das englische Recht ein lehnsherrliches Recht und belastete die Leibeigenen schwer; wenn Freie sich an Leibeigenen vergingen, kamen sie mit bloßen Bußen davon. Von Gesetzes wegen gehörte alles Land dem König, es galt als sein Lehen, und um es nicht zu zersplittern, ging der gesamte Grundbesitz eines Lehnsherrn an seinen ältesten Sohn über. Bei der Freibauernschaft bestand ein solches Erstgeburtsrecht nicht. Um die Gesetzeseinhaltung zu gewährleisten, war jedem Stadtviertel eine Woche, jeder Stadt ein Constable, jeder Grafschaft ein *shire-reeve*, ein Grafschaftsvogt (ein »Sheriff«), zugeteilt. Wie schon im Alten Orient (s.o. S. 127) mußte jeder, der eine Gesetzesübertretung beobachtete, Alarm schlagen und an der Verfolgung des Täters teilnehmen.

Besonders anzuerkennen gleichwohl ist der Verzicht des englischen Rechts auf Folter beim Verhör von Verdächtigen oder Zeugen. Es war Papst *Klemens V.* (1305–1314), der, in Abhängigkeit von dem französischen König *Philipp IV., den Schönen* (1285–1314), bei dessen Templerprozeß 1307 den englischen König *Eduard* II. mit den Worten anging: »Wie wir vernehmen, untersagst du die Folterung, da sie den Gesetzen deines Landes zuwiderlaufe. Aber kein staatliches Recht steht über dem kanonischen Recht. Dazu befehle ich dir, daß du diese Männer sogleich der Folter überantwortest.« So geschah es denn auch, doch nur ausnahmsweise; bis zur Regierungszeit *Maria*s *»der Blutigen«* (1553–1558), der Tochter *Heinrich*s *VIII.* (1509–1547), die mit *Philipp II.* von Spanien (1556–1598) verheiratet war und an seiner Seite die Wiedereinsetzung des katholischen Glaubens betrieb, wurde die Folter in englischen Prozessen nicht angewandt. Sie blieb die Domäne der Kirche.

Eine günstige Wirkung hatte das altfränkische Recht, das die Normannen mitbrachten, nicht zuletzt durch das Untersuchungsverfahren (*inquisitio*) bei wirtschaftlichen und juristischen Angelegenheiten in einem bestimmten Gebiet durch eine Gruppe von Geschworenen (*inratu*), die von der Bürgerschaft des Gebietes ausgewählt war. Die *Assise* (frz. Sitzung, eine Versammlung von Vasallen unter Vorsitz des Lehnsherrn oder des Reiserichters des Königs, dann auch das von ihnen beschlossene Gesetz) von Clarendon (um 1166) entwickelte das Geschworenengericht weiter: Prozessierende sollten die Wahrhaftigkeit ihrer Aussagen nicht mehr durch Zweikampf unter Beweis stellen, sondern einem Geschworenengericht aus zwölf Rittern überlassen, die von vier Rittern des Sheriffs in Gegenwart des Gerichtshofes unter den Bürgern des Ortes ausgewählt worden waren; bei kleineren Prozessen wählte der Sheriff selbst zwölf Freie aus. Das Urteil, der »Wahrspruch« der Geschworenen, hatte gegen Ende des 13. Jhs. in England das alte Verfahren der Wahrheitsprobe fast ganz ersetzt[461].

Und wie verhielt zu diesem Aufkeimen eigenständiger Nationalstaaten in England und Frankreich sich das Konzept des Heiligen Römischen Reiches? Es verkörperte sich in der Gestalt des letzten großen Stauferkaisers jener Zeit, in *Friedrich II.* (1212–1250). Was er wollte war im Grunde die Fortsetzung der Politik seines Großvaters *Friedrich I. Barbarossa* und seines schwäbisch-burgundischen Vaters *Heinrich VI.*: ein Reich, das, wie zur Zeit *Justinians*, Rom und Byzanz vereinen sollte, ein Imperium, das als Reichsmacht auch die Kirche beherrscht hätte. Doch an eben dieser Idee sollte das Mittelalter zerbrechen: die Päpste fürchteten sich vor der Umklammerung durch die kaiserliche Vormacht, und der Kaiser wiederum fühlte sich von den Päpsten eher behindert und bekämpft als mitgetragen und gefördert, – politisch blieb in zwei Machtzentren zerspalten und zerstritten, was geistig sich hätte durchdringen und beleben

461 Vgl. a.a.O., 362–364. – HEINRICH BRUNNER: Schwurgericht (1876), in: Abhandlungen zur Rechtsgeschichte, I 82–104, schrieb zur »*Inquisitio ex iure*«: »In den englischen und normannischen Rechtsbüchern des 13. Jahrhunderts tritt uns eine besondere Art der Beweisjury in Zivilsachen des gemeinen Prozesses entgegen, für welche die Benennung *Jurata*, welche früher als gleichbedeutend mit *Inquisitio* gebraucht wurde, in ausschließliche Anwendung kommt. Die Jurata erscheint als ein gewohnheitsrechtlich zum ordentlichen Beweismittel erhobener Inquisitionsbeweis.« (S.90) »Nach normannischem und englischem Recht stand es den Parteien frei, sich auf die Ausschließung des formalen Verfahrens und die Entscheidung einer Jury zu vereinigen ... Wie es scheint, hat sich ... das Verfahren *per juratam* zunächst für jene Fälle gewohnheitsrechtlich fixiert, in welchen nach dem alten formalen Verfahren das Gemeindezeugnis am Platze gewesen wäre und ein Rekognitionsverfahren noch nicht ausgebildet war. ... Der *Jurata* ... wird die Beweisfrage vom inquirierenden Richter formuliert und nach Ablegung des Wahrheitsversprechens vorgelegt, so daß dieses keine Beziehung auf den konkreten Streitfall ... enthalten kann. ... Die *Jurata* mußte ihrer minder formellen Natur wegen noch ganz besonders geeignet scheinen zur Beantwortung von Tatfragen, die sich erst während des Prozesses, zumal infolge erhobener Einwendungen als relevant herausstellten.« (S. 90–91)

müssen. Doch längst war die Kirche nicht mehr der Ort, an dem die politische Wirklichkeit im Sinne Jesu sich hätte von innen her erneuern und verwandeln können; sie war seit *Konstantin*s Tagen ein Machtfaktor des Römischen Reiches und machte ihr eigenes Wirken abhängig von der Macht, die ihr zugewiesen wurde; wesentlich galt ihre Weisung dem Zuwachs ihres äußeren Einflusses, und so gebärdete sie sich als Konkurrentin eben des Systems, das zu ändern sie bestimmt hätte sein sollen. Dabei hätten *Innozenz III.* (1198–1216) und *Friedrich II.*, der mächtigste Papst und der weiseste Kaiser, durch die Gunst der Umstände über alle Voraussetzungen verfügen können, die gebotene Synthese von Geist und Geschichte endlich einzuleiten.

Als *Friedrich II.* am zweiten Weihnachtstage 1194 zur Welt kam, feierte der kampanische Dichter *Petrus von Eboli* die Geburt von Kaiser *Heinrich*s *VI.* einzigem Sohn mit den Worten, in denen VERGIL den »Sprößling der Götter« *Augustus* als »Ziel der Zeit« und »Ende der eisernen Zeit« verherrlicht hatte[462]; die Theologen hatten sich längst daran gewöhnt, ihren Christus nicht als Widerlegung, sondern als Erfüllung des augusteischen Verführungstraums vom Frieden durch Weltherrschaft zu betrachten. Seine normannisch-niederlothringische Mutter *Konstanze von Sizilien*, nachgeborene Tochter des normannischen Königs *Roger*s *II.* (1130–1154)[463], war 42 Jahre alt, als sie nach 12jähriger Ehe ihrem um zehn Jahre jüngeren Gemahl den ersehnten Sohn gebar. Geheimnisvolle Ahnungen und Warnungen umgaben das Ereignis, und um dem Gerücht zuvorzukommen, man habe ihr das Kind untergeschoben, entband sie vor allem Volk in einem Zelt auf dem Markt. Einen Tag zuvor hatte *Heinrich VI.* (1190–1197) als Sieger sich im Dom von Palermo zum König Siziliens gekrönt. Damit schien die Reichsanschauung des staufischen Kaiserhauses Wirklichkeit zu werden[464], wenngleich der

462 VERGIL: Hirtengedichte, IV, S. 15–8: Zeitenwende. Vgl. ERNST KANTOROWICZ: Kaiser Friedrich II., S. 9.

463 Zu dem normannischen Sizilien von 1090–1194 vgl. WILL und ARIEL DURANT: Das frühe Mittelalter, 388–391.

464 ERNST KANTOROWICZ: Kaiser Friedrich II., S. 13–14, sieht *Heinrich VI.* in diesem Augenblick als »den obersten Lehnsherrn« des Abendlandes: »Den polnischen Osten und Dänemark hatte *Heinrich VI.* schon vor *Barbarossas* Tod beansprucht, England war durch *Richard Löwenherz* Gefangennahme ... ein dem Kaiser tributpflichtiger Vasallenstaat geworden. Über *Philipp August* von Frankreich verlangte er eben durch Löwenherz als Oberlehnsherr anerkannt zu werden ... Über das seit *Barbarossas* Ehe mit *Beatrix* wieder zum Imperium gehörende Königreich Burgund erstreckten sich des Kaisers Ansprüche auch nach Kastilien

Plan, das deutsche Wahlreich in ein Erbreich wie Sizilien umzuwandeln, am Widerstand der Fürsten scheiterte. Während dem Sohne *Heinrichs VI.* mithin göttliche Macht verheißen schien, zog der Kaiser selbst nämlich sich durch seinen Machtzuwachs die Sorgen der Kirche und den Neid der sizilischen Oberschicht zu, die, wie *Konstanze*, die Deutschen verachtete.

Im Frühjahr 1197 entging *Heinrich VI.* sogar nur knapp einem Attentat. »Man erzählte, an der Verschwörung hätte sowohl Papst *Cölestin* (sc. *Coelestin III.*, 1191–1198, d.V.), als auch die Kaiserin *Konstanze* Anteil gehabt, und es gibt wenig, was dagegen spräche: denn als der Kaiser die gefangenen Rädelsführer unter grausamsten Martern hinrichten ließ, zwang er seine Gemahlin, dem furchtbaren Strafgericht an ihren schuldigen Landsleuten beizuwohnen, mit deren zuckenden Leibern die Hofnarren noch ihre Possen trieben.«[465] Vorbereitet war bereits ein neuer Kreuzzug von Sizilien aus, als *Heinrich VI.* an einer Dysenterie erkrankte, der er im September 1197 in Messina erlag. Sein Sohn war damals drei Jahre alt.

»Gleich nach dem Tode des Kaisers übernahm *Konstanze* die Regierung ihres Erblandes ... Doch nur die Normannenkönigin herrschte fortan in Sizilien, nicht die Gemahlin *Heinrichs VI.*, die unmittelbar nach ihrem Regierungsantritt den Truchseß des Kaisers, *Markward von Anweiler*, aus dem Königreich verbannte und mit ihm alle anderen deutschen Großen ... Ferner ließ *Konstanze* den Kanzler des sizilischen Königreichs *Walther von Pagliara*, Bischof von Troja, einkerkern, der sich – ein Gegner der alten normannischen Dynastie – dem deutschen Kaiser unbedingt ergeben gezeigt hatte.«[466] Erst auf Fürsprache des Papstes kamen der Kanzler und Bischof wieder frei. Ihren Sohn ließ *Konstanze* am Pfingsttag 1198 nach byzantinischem Hofzeremoniell in Palermo zum König von Sizilien krönen, wie um ihn die Kaiserwürde des Vaters vergessen zu lassen.

Doch ein Jahr später verstarb auch die Mutter. »In ihrem Testament ersuchte sie Papst *Innozenz III.*, die Vormundschaft, die Erziehung und den politischen Schutz ihres Sohnes zu übernehmen; als Gegenleistung bot sie ihm ... die Regentschaft und erneuerte Lehnsoberhoheit über Sizilien. *Innozenz* nahm das Anerbieten gerne an

hinüber ... Mit Siziliens Besitz erschloß sich indessen *Heinrich* als erstem Kaiser eine ganz neue Welt: Jetzt lag von den Säulen des Herakles bis zum Hellespont das Mittelmeerbecken im Strahlungskreis seiner Macht.«

465 A.a.O., 16.

466 A.a.O., 19.

und benutzte seine Stellung dazu, die Vereinigung Siziliens und Deutschlands, die sein Vater gerade zustande gebracht hatte, wieder aufzuheben; die Päpste fürchteten aus gutem Grunde ein Reich, welches den Kirchenstaat von allen Seiten einschließen und den Papst wie einen Gefangenen beherrschen konnte.«[467] Statt in einer vertrauensvollen Gemeinsamkeit sein ihm anvertrautes Mündel zu dem ersehnten Fürsten des Friedens heranzubilden, verharrte der Papst weiterhin in dem alten Denken in den Kategorien von Vorsicht und Machterhalt: in Anlehnung an die Ideen *Gregor*s VII. strebte er nach absoluter Oberherrschaft über die Kirche, die er 1215 auf dem 4. Laterankonzil mit der Verurteilung der Dreifaltigkeitslehre von *Joachim von Fiore* sowie der »Irrlehre« *Berengar*s *von Tours* in der »Transsubstantiationslehre« und zudem mit der Einleitung des Kampfes gegen Katharer, Waldenser und Albigenser nachdrücklich befestigte; der 1. Juni 1217 wurde als Termin eines fünften großen Kreuzzugs festgesetzt[468]; doch vor dessen Beginn verstarb der Papst, und sein Nachfolger *Honorius III.* (1216–1227) forderte von *Friedrich II.* jetzt die Durchführung des Kreuzzuges, der 1217–1229 in verschiedenen Unternehmungen mit dem Angriffsziel Ägypten erfolglos verlief. Die päpstliche Kreuzzugsforderung sollte wie ein Schatten über dem Leben *Friedrich*s *II.* liegen.

Seine Jugend freilich verbrachte dieser unversorgt und unbeaufsichtigt in den Gassen Siziliens, doch dafür frei und wißbegierig. Er lernte nicht nur Griechisch, sondern er wurde der wohl einzige

467 WILL DURANT: Das frühe Mittelalter, 400.

468 HUBERT JEDIN: Kleine Konziliengeschichte, 47–50; zum Kreuzzug gegen die Katharer 1200–1219 vgl. PETER MILGER: Die Kreuzzüge, 262–281: Die Ausrottung der Katharer; der Vierte Kreuzzug, zu dem *Innozenz III.* 1198 gegen Ägypten aufgerufen hatte, führte 1204 zur Eroberung und Plünderung von Byzanz durch den Dogen *Enrico Dandolo*. – Der Kreuzzug, den *Innozenz III.* auf dem Laterankonzil ausrief, sollte »unter der Führung der Kirche« ablaufen. »Eine Reihe von Dekreten regelt die Geldabschöpfung. Die Geistlichkeit muß fünf Prozent ihres Einkommens abführen. Das Konzil verspricht allen den vollständigen Ablaß, die einen Kreuzfahrer auf ihre Kosten entsenden. Damit sind die kirchenrechtlichen Fundamente für den blühenden Ablaßhandel gelegt, der die Reformation auslöst. Der nächste Schritt wird die Ablösung eines Kreuzzuggelübdes durch eine Zahlung an die Kirche sein. Eine Behörde regelt die Organisation von Kreuzpredigten und Prozessionen, die Aufstellung von Opferstöcken und die Erhebung von Kreuzzugssteuern.« PETER MILGER: A.a.O., 305. – Es ist in diesen Praktiken nicht eine bedauerliche Entgleisung der Kirche zu erblicken, es handelt sich vielmehr um das logische Ergebnis der Einrichtung der Kirche als eines Staates mit der üblichen Gewaltausübung nach innen (Juden, Ketzer) und nach außen (Muslime) in Form von Inquisition und Kreuzzug.

abendländische Politiker von Rang, der Arabisch redete wie seine zweite Muttersprache. Als *Innozenz III.* erkennen mußte, daß der von ihm begünstigte *Otto IV.* (1198–1218) nach seiner Anerkennung durch die Staufer auch deren Politik gegen ihn vertrat, schwenkte auch der Papst um und stellte sich auf die Seite *Friedrichs II.*, den er mit Begünstigung des französischen Königs *Philipp II. August* im Jahre 1212 zum deutschen König wählen ließ. »Als Preis für seine Unterstützung forderte er von *Friedrich* ... das Versprechen, die Lehnstreue Siziliens gegenüber dem Papst zu wahren, die sizilianischen Tributzahlungen an die Päpste fortzusetzen, die Unverletzbarkeit des Kirchenstaates zu heiligen, die ›Beiden Sizilien‹ – die Insel und das normannische Süditalien – vom Reiche getrennt zu halten, als Kaiser seine Residenz in Deutschland zu nehmen und die beiden Sizilien seinem unmündigen Sohne Heinrich (sc. König *Heinrich VII.*, 1220–1235, d.V.) zu überlassen; außerdem verpflichtete sich *Friedrich*, alle Rechte der Geistlichkeit seines Reiches zu achten, Ketzer zu bestrafen und einen Kreuzzug zu veranstalten.«[469]

Mit einem Wort: *Friedrich II.* sollte sich, ohne die Rückendeckung der »Beiden Italien« als getreuer Gefolgsmann des Papstes, erst einmal an dem Widerstand der Welfen abarbeiten. Doch nach der Niederlage *Ottos IV.* in der Schlacht von Bouvines 1214 war die Bahn frei: 1215 ließ *Friedrich II.* sich in Aachen zum Kaiser krönen, unter dem Versprechen, einen Kreuzzug zu unternehmen. In der Tat: »Einen Augenblick lang schien er ein gottgesandter *David* zu sein, der Davids Jerusalem den Erben des *Saladin* entreißen würde.«[470] Doch es kam anders. Mit der Regierung Deutschlands betraute *Friedrich II.* Erzbischof *Engelbert von Köln* sowie *Hermann von Salza*, den Großmeister des Deutschritterordens, der 1198 aus dem deutschen Spital in Akkon entstanden war und dessen Priester und Laienbrüder sich mit heiligem Gelübde zum Kampf gegen die Heiden verpflichteten. Ihn selber zog es zu den »Beiden Sizilien«. Den Deutschen tat der Friede in den 35 Jahren der kaiserlichen Regierung in Abwesenheit gut. »Die Lehnsherren und Bischöfe waren so zufrieden mit ihrem abwesenden Oberherrn, daß sie ihm zu Gefallen seinen siebenjährigen Sohn Heinrich (sc. *Heinrich VII.*, d.V.) zum ›König der Römer‹, das heißt zum kaiserlichen Thronerben krönten (1220). Zur gleichen Zeit ernannte *Friedrich* sich selbst zum Regenten für

469 WILL DURANT: Das frühe Mittelalter, 401.
470 A.a.O., 401.

Heinrich in Sizilien und ließ seinen Sohn in Deutschland zurück.«[471] Das war genau die Politik, die *Innozenz III.* unter allen Umständen hatte verhindern wollen. 1222 verstarb *Friedrichs* Gattin, die Kaiserin, die ebenfalls *Konstanze* hieß[472], in Catania, und Papst *Honorius* überredete *Friedrich II., Isabella* zu heiraten, die gemäß der Erbfolge des syrischen Königreiches »durch den Tod ihrer Mutter Erbin der Krone Jerusalems geworden« war, »während ihr Vater, der Graf *Johann von Brienne,* lediglich den Königstitel führte. Anfang November 2225 wurde in Brindisi die Vermählung gefeiert.«[473] Bereits 1228 verstarb jedoch *Isabella*, nachdem sie einen Sohn, *Konrad*, geboren hatte, der als König *Konrad IV.* (1237–1254) in die Geschichte einging. *Friedrich* war jetzt nicht nur König von Sizilien und Kaiser des Heiligen Römischen Reiches, sondern auch König von Jerusalem, und das ganz ohne Kreuzzug.

Doch zu einem solchen hatte er sich verpflichtet, ja, im Vertrag von San Germano 1226 war auf die Nichterfüllung dieses Versprechens sogar der Bann gesetzt worden. Als *Gregor IX.* (1227–1241) Papst wurde, ließ *Friedrich II.* denn auch eine große Flotte bauen und 40000 Kreuzfahrer in Brindisi zusammenziehen, doch wegen einer schlimmen Epidemie mußte der Kreuzzug aufgeschoben werden. Für den neuen Papst, diesen tiarageschmückten Imperator, der »seit Beginn seines Pontifikates nur das Ziel: Demütigung, wenn nicht Vernichtung *Friedrichs II.* kannte[474], lag darin ein willkommener Grund, die Exkommunikation über den Kaiser auszusprechen, und er sorgte nach Kräften dafür, den Bann aufrecht zu erhalten, indem er die geplante kaiserliche Kreuzfahrt auch für das nächste Jahr durch Intrigen mit den lombardischen Städten unmöglich zu machen suchte; denn in diesem Falle hätte der Papst sich das Recht nehmen können, das sizilische Königreich als Lehen der Kirche einzuziehen und den Kaiser abzusetzen. *Gregor IX.* betrachtete *Friedrich II.* als eine Gefahr für den Kirchenstaat, die es zu eliminieren galt; selbst so hehre Ziele wie die Eroberung des Heiligen Landes hatten hinter dem päpstlichen Machterhalt zurückzustehen; und so

471 A.a.O., 401–402.
472 *Konstanze* war auf Druck von Papst *Innozenz III.* 1208 mit dem 14-jährigen *Friedrich II.* verheiratet worden, nachdem sie, die mindestens zehn Jahre ältere, »soeben als Gemahlin des Königs von Ungarn verwitwet war«. ERNST KANTOROWICZ: Friedrich der Zweite, 35.
473 A.a.O., 130.
474 A.a.O., 157.

verbot *Gregor IX.* dem Kaiser schließlich sogar, ohne Lösung des Bannes sich überhaupt auf eine Kreuzfahrt zu begeben.

Doch genau das tat *Friedrich II.* im Juni 1228, indem er mit 40 Galeeren unter dem Oberbefehl des Admirals *Heinrich von Malta* von Brindisi aus in See stach. Auf Zypern gelang es ihm sogar, seine Mannschaft zu verstärken, doch das Heer, das in Akkon landete, war wenig furchteinflößend für die Sarazenen, zumal die Gegnerschaft des Papstes mitsamt den Engländern und Franzosen gegen den kreuzfahrenden Kaiser auch den Muslimen wohlbekannt war. Allerdings befand sich *Al-Kamil*, der Sultan von Ägypten, im Streit mit seinem Bruder *Al-Asraf*, dem Sultan von Damaskus, und in dieser Lage konnte *Friedrich II.* dem Ägypter von Nutzen sein; dann aber starb *Al-Asraf*, und das militärische Interesse an den neuen Kreuzrittern erlosch. Es war allein dem Verhandlungsgeschick *Friedrichs II.*, seiner Belesenheit und Vertrautheit mit der arabischen Kultur, zu verdanken, daß er *Al-Kamils* Freundschaft gewann, der es ihm erlaubte, ohne Blutvergießen in Jerusalem als Sieger Einzug zu halten; und er selbst krönte sich in der Grabeskirche zum König von Jerusalem[475]. Es half dagegen nichts, daß der Bischof von Caesarea die Städte Jerusalem und Akkon für entweiht durch die Anwesenheit eines Exkommunizierten erklärte und sie mit Interdikt belegte. Bei seiner Rückkehr schlug *Friedrich II.* die päpstlichen Truppen und versöhnte sich als Sieger 1230 im Frieden von Ceprano mit *Gregor IX.*; der Papst löste den Kaiser vom Bann, *Friedrich II.* gab die besetzten Gebiete in Italien dem Kirchenstaat zurück. Zehn Jahre lang hielt dieser Friede. Erst der Versuch *Friedrichs II.*, die seit *Barbarossas* Tagen kaiserfeindlichen lombardischen Städte seiner zentralen Macht unterzuordnen, weckte erneut die päpstliche Einkreisungsangst und führte zum Zusammenschluß eines zweiten lombardischen Bundes. Im Verlauf der Auseinandersetzung lehnte 1234 sein eigener Sohn *Heinrich VII.* sich gegen den Kaiser auf, indem er an die Seite des lombardischen Bundes trat. Sein Vater aber begab sich nicht mit

475 Vgl. a.a.O., 183: »Die Gottunmittelbarkeit des Kaisertums, von den Päpsten seit Ausbau der Hierarchie geleugnet, leitete *Friedrich II.* nicht so sehr aus Doktrinen und Theorien her, als aus dem aller Welt sichtbaren und offenkundigen Wunder seines Aufstiegs.« S. 248: »Friedrich entsprach damit völlig dem Bilde des DANTEschen Weltmonarchen, dessen Unabhängigkeit vom Papst und selbständige Gottunmittelbarkeit er durch sein eigenes Werk zu beweisen sucht.« Die Staatsmetaphysik des Kaisers sah in der Schutzfunktion gegenüber der Kirche »die einzige Möglichkeit ..., die römische Universalkirche in den Staat einzubeziehen, ja, sie als des Schutzes bedürftig dem Staat sogar zu unterstellen.«

einem Heer, sondern mit einem gefüllten Geldbeutel nach Worms. »*Heinrich* wurde gefangengesetzt, schmachtete sieben Jahre lang im Kerker und stürzte sich dann, als er an einen anderen Haftort gebracht wurde, mit seinem Pferd einen Felsen hinab.«[476] Doch für *Friedrich II.* war das nur ein Etappensieg in der Auseinandersetzung mit den lombardischen Städten.

Von Mainz aus organisierte *Friedrich II.* einen Feldzug gegen den Lombardenbund, den er 1237 in der Schlacht von Cortenuova besiegte und mit einer straffen Regierung zur Unterwerfung nötigte. *Gregor IX.* freilich verband sein Schicksal um so heftiger mit dem des Städtebundes, für seinen Kirchenstaat ein gleiches fürchtend: 1239 wurde der Kaiser erneut gebannt, »und nun hörte der Kampf bis zum tragischen Untergang des Stauferhauses nicht mehr auf. *Gregor*s Behauptung, der Kaiser habe *Moses, Jesus* und *Mohammed* als die großen Weltbetrüger bezeichnet, bleibt unbewiesen, hatte indessen teilweise bedeutenden Einfluß auf die öffentliche Meinung. *Friedrich II.* beantwortete den Bann mit der Gefangennahme von über hundert Prälaten, die sich auf dem Seewege zu einem 1241 nach Rom berufenen Konzil befanden ... Er plante, gegen Rom vorzurücken, als *Gregor* starb. Wenige Monate vor dessen Tode fand die Schlacht von Liegnitz statt, nach der sich die Mongolen aus Europa zurückzogen.«[477]

Mittlerweile hatte *Friedrich II.* die deutschen Fürsten dahin gebracht, seinen Sohn *Konrad IV.* zum König der Römer zu krönen (1237); seinen Schwiegersohn *Ezzelino da Romana* hatte er über Vicenza, Padua und Treviso gesetzt, und er hatte die Städte, die sich ihm ergeben hatten, seinem Lieblingssohn *Enzio* übergeben, der in seiner Schönheit dem Vater glich und das Kind »einer deutschen Adligen (war), einer Geliebten *Friedrich*s aus seinen frühen deutschen Königsjahren.«[478] Die Ausgangslage des Kaisers in dem Endkampf um Italien und gegen das Papsttum war eigentlich günstig, und tatsächlich galt der neue Papst *Innozenz IV.* (1243–1254) als kaiserfreundlich und friedensbereit; auch *Friedrich II.* konnte sich nichts sehnlicher als Frieden wünschen. Dann aber richtete Kardinal *Rainer von Viterbo*, »der gefährlichste, beinahe apokalyptische Hasser des Kaisers, unter kaiserlichen Truppen« ein Gemetzel an[479]. Unter

476 WILL DURANT: Das frühe Mittelalter, 408.
477 ERNST KANTOROWICZ: Kaiser Friedrich der Zweite, 427.
478 WILL DURANT: Das frühe Mittelalter, 409.
479 HANS KÜHNER: Lexikon der Päpste, 72–73. Vgl. ERNST KANTOROWICZ: Kaiser

Vermittlung *Ludwigs IX.*, des Heiligen, von Frankreich wurde 1244 ein Friede geschlossen, den aber die lombardischen Städte nicht akzeptierten. *Innozenz IV.* tat in dieser Lage das Verkehrteste, was er tun konnte: er floh 1245 nach Lyon, wohin er das 13. Allgemeine Konzil einberief. »*Ludwig der Heilige* suchte erneut zu vermitteln und für *Friedrich* die Lösung vom Bann zu erreichen. Doch dieser, der sich zu allem bereit erklärte, lieferte einen weiteren Vorwand zum Bruch, als er Viterbo als Vergeltungsmaßnahme plündern ließ, worauf *Rainer von Viterbo,* nunmehr Statthalter des Kirchenstaates, durch flammende ... Flugschriften das Konzil von Lyon beeinflußte. *Innozenz*, dem es (sc. jetzt, d.V.) nur auf Vernichtung ankam, erklärte den Kaiser für abgesetzt und förderte 1246 als ersten Gegenkönig (sc. den Landgrafen von Thüringen, der bis 1256 sich behauptete, d.V.) *Heinrich Raspe*, 1247 als zweiten Gegenkönig *Wilhelm von Holland.* Von nun an versagte sich der Papst allen Friedensbemühungen und beschloß nicht nur den sechsten Kreuzzug, sondern auch einen solchen gegen *Friedrich*: beide sind mißlungen. Es ist erwiesen, daß der Papst den Plan ... Kardinal *Rainer*s, den Kaiser und seinen Sohn *Enzio* zu ermorden, tätig gefördert hat; die Verschwörung wurde im März 1246 vereitelt.«[480]

Aber auch *Friedrich II.,* enttäuscht und voll Zorn, reagierte nunmehr rücksichtslos: »Als sich eine apulische Stadt an die Spitze einer Verschwörung gegen ihn stellte, ließ er die Rädelsführer erst blenden, dann verstümmeln und dann umbringen. Auf einen Hilferuf seines Sohnes *Konrad* hin brach er nach Deutschland auf; in Turin erhielt er die Nachricht, daß Parma seine Garnison überwältigt hatte, *Enzio* in Gefahr war und ganz Norditalien, ja sogar Sizilien, sich auflehnte. Er schlug einen Aufstand nach dem anderen in einer Stadt nach der anderen nieder, nahm überall Geiseln mit und ließ sie hinrichten, sobald ihre Stadt rebellierte. Gefangenen, die sich als Boten des Papstes herausstellten, ließ er die Hände und Füße abhacken, und Sarazenen, die sich gegenüber christlichen Klagen und Drohungen als taub erwiesen, wurden als Scharfrichter eingesetzt ... Man hinterbrachte ihm Beweismaterial, daß sich sein Kanzler, *Piero delle Vigne* (sc. Petrus de Vinea, d.V.), dem er stets vertraut hatte, an einer Verschwörung gegen ihn beteilige; *Friedrich* ließ ihn verhaften und blenden; worauf *Piero* mit dem Kopf gegen die Kerkermauern anrannte, bis er

Friedrich der Zweite, 535–538; zu dem Bild des Kaisers als des Antichristen der Endzeit, vgl. 543–544.
480 HANS KÜHNER: Lexikon der Päpste, 73.

tot war (1249). Im gleichen Jahr traf die Nachricht ein, *Enzio* sei in der Schlacht bei Fossalta von den Bolognesen gefangengenommen worden. Etwa zur gleichen Zeit versuchte *Friedrichs* Leibarzt ihn zu vergiften.«[481] All diese Ereignisse und Nachrichten ermüdeten den Kaiser; er zog sich nach Apulien zurück und beteiligte sich nicht mehr an dem Krieg. Wohl rief *Ludwig der Heilige*, der in Ägypten gefangen worden war, den Papst an, er möge den Kampf gegen den Kaiser einstellen, damit dieser den Kreuzrittern zu Hilfe kommen könne; doch *Friedrich II.* verstarb am 13. Dezember 1250 in Fiorentino an der Ruhr, – bußfertig im Gewand eines Zisterziensermönchs.

Papst *Innozenz IV.* allerdings setzte auch nach dem Tod des Kaisers seinen Kampf gegen die Staufer bis 1253, bis zu seiner Rückkehr nach Rom, von Perugia aus unbeirrt fort, jetzt gegen die Söhne *Friedrichs II.*, gegen *Konrad IV.* (1250–1254) und gegen *Manfred*, einen unehelichen Sohn des Kaisers. *Konrad IV.* starb 1254 in Sizilien; *Manfred* übernahm die Regentschaft für seinen Sohn *Konradin*, und das nicht ohne Erfolg. »Nach vorübergehender Anerkennung des Papstes als Lehensherrn Siziliens siegte er am 2. Dezember 1254 gegen die Päpstlichen bei Foggia. Fünf Tage später starb *Innozenz* in Neapel auf seinem Zuge gegen Sizilien.«[482]

1258 ließ *Manfred* sich in Palermo krönen und eroberte große Teile des Kirchenstaates, so daß der neue Papst, *Alexander IV.* (1254–1261), erst einmal in Neapel residieren mußte. In Deutschland förderte *Alexander IV.* in Fortsetzung der Politik seiner Vorgänger den Gegenkönig *Wilhelm von Holland* und setzte sich mit aller Kraft gegen die Wahl *Konradins*, des letzten Staufers, ein. Sein Nachfolger, *Urban IV.* (1261–1264), der von Viterbo aus regierte und Rom nie betreten hat, traf, um sich *Manfreds* zu erwehren, in seinem Staufer-Haß einen der verhängnisvollsten Entschlüsse der Papstgeschichte: er rief *Karl von Anjou*, »den entsetzlichen Bruder *Ludwigs des Heiligen*, nach Italien und lieferte ihm das päpstliche Lehen Sizilien aus.«[483] Unter seinem Nachfolger *Klemens IV.* (1265–1268) krönten fünf Kardinäle in Rom *Karl I. von Anjou* am 6. Januar 1266 zum König von Sizilien; und es gelang ihnen in der Tat, die Dynastie der Staufer zu vernichten: am 26. Februar 1266 fiel König *Manfred* in der Schlacht bei Benevent gegen *Karl I. von Anjou*. Zwei Jahre später, am 23. August 1268, fiel *Manfreds* Sohn, der vierzehnjährige

481 WILL DURANT: Das frühe Mittelalter, 410.
482 HANS KÜHNER: Lexikon der Päpste, 73.
483 A.a.O., 74.

Konradin, in der Schlacht von Tagliacozzo durch Verrat in die Hände des *Anjou*, der ihn in Neapel hinrichten ließ – mit Wissen, doch ohne Eingreifen des Papstes.

Der letzte Thronfolger der Staufer war damit tot, ihre Dynastie am Ende. Das Papsttum hatte auf seine Weise gesiegt, doch kann Gewalt je siegreich sein? 1282, am Abend des Ostermontags, erhob die Bevölkerung von Palermo und Sizilien sich gegen die französische Fremdherrschaft; die »Sizilianische Vesper«, unterstützt von Kaiser *Andronikus II. von Byzanz*, beendete auch die Tyrannei *Karl I.*; *Peter III.*, der Große, *von Aragon*, der Schwiegersohn *Manfred*s und Erbe der Staufer, wurde König von Sizilien. Dagegen wiederum verwandte sich Papst *Martin IV.* (1281–1285): er bannte *Peter III.* und hielt weiter an den Anjou fest, obwohl große Teile Italiens sich gegen die Franzosen erhoben. *Karl II. von Anjou*, der Sohn *Karl*s *I.*, blieb ein Gefangener Aragons und mußte sich auf das Königreich Neapel beschränken, unter dem Schutz des Papstnachfolgers *Honorius IV.* (1285–1287), der auch seinerseits über *Peter III.* den Bann aussprach. Papst *Nikolaus IV.* (1288–1292) schließlich befreite *Karl II. von Anjou* aus der spanischen Gefangenschaft und krönte ihn 1288 zum König von Sizilien, das freilich weiterhin zum Besitz Aragons gehörte, – ein Hin und Her desaströser Machtkämpfe.

Am Ende hatten in dem unseligen Kampf von Papst und Kaiser alle verloren. »›Römischer Kaiser‹ war fürderhin nur ein (wenn auch sehr wichtiger) Titel ohne realen Inhalt. Aber dieser Sieg des Papsttums war zugleich eine bedrohliche Schwächung seiner Kräfte ... Man darf sagen, daß hier die Entscheidung über das Mittelalter als Ganzes gefallen war: der Kairos für eine politisch und kirchlich-politisch geeinte Christenheit war für immer vorbei und die Gelegenheit, ihn zu nutzen, ebenfalls. Das abendländische christliche Kaisertum war als Größe dieser Welt an der Wurzel getroffen und sollte sich von diesem Schlag nie mehr erholen.«[484] Dafür hätte man Gelegenheit nehmen können, aus dem Fiasko zu lernen und die Fehlkonstruktion des ganzen Konzepts eines »heiligen« Reiches und einer reichen Heilbringerin zu begreifen und zu revidieren. Doch gerade das geschah

484 JOSEPH LORTZ: Geschichte der Kirche, I 382. HERMANN CONRAD: Die deutsche Rechtsgeschichte, 188–190, schildert den Übergang der Hoheitsrechte auf die Fürsten mitsamt der Entwicklung der Landesherrschaft unter *Friedrich II.* als eine für das Königtum ungünstige Entwicklung; doch die Zeit nach dem Untergang des staufischen Hauses gilt ihm als »Zeit des großen Interregnums (1254–1273), die schwere Zeit der Schattenkönige. Die Reichsgewalt erfuhr einen Niedergang, den sie nie wiederaufzuholen vermochte.«

nicht. Die Territorialstaaten entwickelten sich nach eigenen Gegebenheiten weiter, und der Universalanspruch der Kirche machte sich jetzt als ein geistiges Zwangsregime geltend: Glaubenskrieg und Teufelsangst kennzeichneten die Zeit der Gotik, in deren wundervollen Kathedralen schon das Portal am Kircheneingang die Widersprüchlichkeit und Unversöhntheit von Gottesreich und Weltherrschaft in dem Gegenüber des ewigen Gerichts über die Geretteten und die Verdammten darstellte. Folter und Inquisition, Hexenprozesse und Ketzerverbrennungen, Aberglaube und Unaufgeklärtheit wurden jetzt die bevorzugten Herrschaftsinstrumente der schwindenden Kirchenmacht; doch offenbarte sie damit nur, was eigentlich sie in dem araberfreundlichen *Friedrich II.*, in diesem grandiosen Vorgriff auf die Größe eines Renaissancefürsten, verweigert hatte: die Anerkennung von Vernunft und Wissenschaft im Erbe schon der Griechen, die Freiheit eines Individuums im Gegenüber Gottes und vor allem: die Nötigung, in der Botschaft Jesu von der Befreiung der Menschen von den Fesseln der Angst und der Gewalt sich selbst als Kirche zurückzugewinnen.

Die Konstitutionen von Melfi

Wie sehr auch und gerade in den Fragen der Rechtsgeschichte die Zeit *Friedrichs II.* einen Meilenstein in der Auseinandersetzung mit dem römischen Recht und der Schule von Bologna darstellt, zeigen die *Konstitutionen* von Melfi aus dem Jahre 1231, das Gesetzeswerk *Friedrichs II.* für sein Königreich Sizilien[1].

In der Welt des abendländischen Mittelalters war das germanische Rechtselement bestimmend, das in der Völkerwanderung durch ganz Europa ausgebreitet worden war. »Entscheidend für die abendländische Rechtsentwicklung wurde der Einbruch der Langobarden in Italien (568)«[2], deren Erbe allerorten spürbar war. Hinzu trat in den »Konstitutionen« *Friedrichs II.* vor allem das normannisch-fränkische Recht, das mit der normannischen Staatsgründung 1016 in Süditalien Einzug hielt, als der Langobardenfürst *Waimar von Salerno* (1030–1052) im Kampf gegen die Araber die Normannen um Hilfe bat. *Robert Guiscard* (1057–1085) unterwarf bis 1060 die südliche Halbinsel; mit dessen Bruder *Roger I.* (gest. 1101) begann die Eroberung Siziliens, die 1091 abgeschlossen war. Sein Sohn *Roger II.* (gest. 1154) wurde 1127–1130 zum Herzog von Apulien, 1130 ließ er sich in Palermo zum König von Sizilien krönen; durch die Heirat *Heinrichs VI.* (1190–1197), des Sohns *Barbarossas*, mit *Rogers II.* Tochter *Konstanze* ergaben sich die bereits erwähnten erbrechtlichen Ansprüche auf die Krone Siziliens, in die *Friedrich II.* wie von selbst hineinwuchs[3]. Sein Schwiegervater bereits hatte »ein einheitliches Staatswesen mit einer zentralen Regierungsgewalt« »durch umfang-

1 Vgl. Hermann Conrad: Die Gesetzgebung der normannisch-staufischen Herrscher im Königreich Sizilien, in: Die Konstitutionen Friedrichs II. für Sizilien, XXXV – LI: »In der abendländischen Rechtswelt des 13. Jahrhunderts nehmen die Konstitutionen von Melfi, *Friedrichs II.* Gesetzeswerke für sein Königreich Sizilien von 1231, eine besondere Stellung ein. Dieses Gesetzeswerk ist eine Kodifikation, d.h., eine umfassende Gesetzesarbeit des normannisch-sizilischen Staates. Die Kodifikation setzt eine Rationalisierung des Rechtsdenkens voraus, das sich aus der Gebundenheit der rechtlichen Überlieferung löst.« (S. XXXV). »Das Gesetzeswerk *Friedrichs II.* hat die staufische Epoche in Italien überdauert und bis 1809 im Königreich Neapel, im Königreich Sizilien sogar bis 1819 gegolten.« (S. I)

2 A.a.O., S. XXXVI.

3 A.a.O., S. XXXIX-XLI.

reiche Gesetzgebung« geschaffen[4] und damit die Vorform von *Friedrichs II.* Gesetzgebung erstellt. Obwohl Papst *Gregor IX.* (1227–1241) – wie zu erwarten – gegen das Gesetzeswerk *Friedrichs II.* Einspruch erhob, weil er selbst seit 1228 eine eigene kirchliche Dekretensammlung plante, konnte er die Mitarbeit des Erzbischofs *Jacobus von Capua* an der Gesetzgebung nicht verhindern; einen großen Anteil daran schreibt man auch dem Großhofrichter *Petrus de Vinea* (um 1190–1249) zu[5], der als »Logothet ... in Wort und Brief der Mund des kaiserlichen Denkens und Handelns« war, »der Schöpfer überhaupt des eigentlich kaiserlichen Sprachtums und des majestätischen Sprachtons, zugleich ... der berühmte ... Verfasser wohl aller Gesetze des Kaisers, ... der durch und durch gebildete Gelehrte und Humanist, der Ratgeber, Vertraute, ja der Freund Kaiser *Friedrichs* II.«[6] In ihm gewinnt das römische Rechtsdenken seine Gestalt.

Die Zeit für die Abfassung der »Konstitutionen« war gekommen nach der Krönung *Friedrichs II.* zum König von Jerusalem (1229) und nach dem Friedensschluß mit Papst *Gregor IX.* nach dem Vertrag von Ceprano (1230)[7]. Jetzt ging es um die Ordnung des Reiches: »Das einheitliche Recht der Kodifikation soll an die Stelle eines zersplitterten partikularen Rechtes treten. Das Reichsrecht erhebt sich als einheitlicher Überbau über dem vielfach zersplitterten partikularen Recht ... Die älteren normannisch-sizilischen Reichsgesetze sollten nur insoweit noch gelten, als sie in den Konstitutionen Aufnahme gefunden hatten.«[8]

Mit welch einem Anspruch *Friedrich II.* die »Konstitutionen« erließ, zeigt sich gleich in der Intitulatio »im Stile Justitians«[9], die in einer Variante lautet: *Imperator Fridericus Secundus – Romanorum Caesar semper Augustus – Italicus Siculus Hierosolymitanus Arela-*

4 A.a.O., S. XLVII.
5 A.a.O., S. XLV.
6 ERNST KANTOROWICZ: Kaiser Friedrich der Zweite, 275. – Sollte es wirklich sein, daß *Vinea* aus Geldgier seinen Kaiser verraten hatte wie *Judas* seinen Herrn (S. 607–608)? Als *Friedrich II.* von dem Giftanschlag seines Arztes erfuhr, soll er geklagt haben: »Weh mir, gegen den seine eigenen Geweide kämpfen! Auf wen kann ich noch vertrauen! Wo kann ich noch sicher, wo noch froh sein!« (S. 610). Zu *Vineas* Ende, vgl. S. 610–611. Zudem s.o. S. 537–538.
7 HERMANN CONRAD: Die Gesetzgebung der normannisch-staufischen Herrscher, in: Die Konstitutionen, XLIV.
8 A.a.O., XLIX.
9 THEA VON DER LIECK-BUYKEN: Der lateinische Text der Konstitutionen, in: Die Konstitutionen, LII.

tensis – Felix Victor ac Triumphator[10]. Neben *Justinian* als dem mittelalterlichen Sinnbild gesetzgeberischer Gerechtigkeit bezieht dieser Titel sich besonders auf Kaiser *Augustus*, dessen Vorbild in dem Selbstverständnis des mittelalterlichen Kaisertums angelegt war, doch nirgends so »christlich« überhöht sich aussprach wie bei *Friedrich II.* »Unter diesem mit Christus gleichzeitigen Kaiser, den man selbst als den *Sotēr*, den Retter und Heiland gepriesen, war die Ordnung der Welt vollkommen, weil *Augustus* jedem das Seine zumaß, und darum herrschte damals der Frieden. Diese augusteische Friedenszeit und göttliche Ordnung der Welt zu erneuern, begriff *Friedrich II.* als seine besondere Sendung.«[11] Christus als *Augustus*, Christus als *Caesar*, Christus als Imperator – seit *Konstantin* war dieses Oxymoron, dieses Spitz-Stumpf der Widersprüche, zu einer staatsbürgerlichen Pflichtüberzeugung der Bürger des Römischen Reiches geworden, und es durchzieht als Grunddogma oder, richtiger, als Grundbetrug theologisch wie politisch das gesamte »christliche« Abendland von den Karolingern bis hin zu den säkularen Apotheosen westlicher Machtansprüche in der Gegenwart: es widerlegt den Christus, indem es sich auf ihn beruft.

Fast tragisch zu nennen ist deshalb das nach 1000 Jahren kirchlicher Theologie für *Friedrich II.* wohl wirklich nicht mehr erkennbare Mißverständnis des Wortes Jesu über die Steuermünze in Mk 12,13–17: »Gebt dem Kaiser, was des Kaisers ist.«[12] Er nahm es wörtlich, indem er *seine* Münze prägte mit »dem Bild des Heilandskaisers, des Caesar Augustus, wie tatsächlich unter *Tiberius* (sc. 14–37, d.V.) Augustusmünzen geprägt wurden, die auf der Rückseite den römischen Adler aufwiesen. Als daher *Friedrich II.* jetzt auch das Münzwesen Siziliens neu ordnete, ließ er Goldmünzen schlagen, die er nicht nur ›*Augustalen*‹ nannte, sondern sogar einer bestimmten Augustusmünze anglich. Die Prägungen zeigten des Staufers Bild im Caesarenmantel, den Lorbeer oder das Strahlendiadem auf dem Haupte, dazu die Umschrift: IMP ROM – CESAR AUG. Auf der Rückseite war neben dem römischen Adler, der fast wie ein Spiegelabdruck jener Augustusmünze wirkt, als Umschrift der Kaisernamen

10 ERNST KANTOROWICZ: Kaiser Friedrich der Zweite, 203. »Arelatensis« – Einwohner von Arelate, einer Stadt an der Rhone, bezieht sich auf die normannisch-niederlothringische Herkunft von *Friedrich*s Mutter *Konstanze*.

11 A.a.O., 204.

12 Vgl. E. DREWERMANN: Das Markus-Evangelium, II 247–270: Mk 12,13–17: Das Gespräch über die Steuermünze oder: Der religiöse Realismus Jesu.

geprägt: FRIDERICUS; war seine (sc. des *Augustus*, d.V.) Zeit der Fülle der Zeit und er selbst der Erfüllungskaiser, so mußte notwendig alles genau so sein wie im Zeitalter der Erlösung. Diese Erneuerung der Antike ... gründete nicht nur für *Friedrich II.*, sondern für die ganze beginnende Renaissance auf der nämlichen Vorstellung: die Zeit Christi und damit die des *Augustus* sei jetzt wieder erstanden.«[13] (Zu der Goldaugustale *Friedrichs II.* vgl. Abb. 14.)[14]

Es wird diese Verfälschung des Christlichen im Kern sein, an welcher der Atheismus der Religionskritik der Neuzeit sich festmachen wird. »... sind denn unsere Staaten«, fragt LUDWIG FEUERBACH um 1835, »wirklich *christliche* Staaten? Stimmt der Begriff des Staates überhaupt mit dem Christentum überein? ... Weiß das Christentum von etwas anderem als von einer religiösen Gemeinde? Widerspricht nicht selbst schon eine solche religiöse Gemeinde, die äußerlichen Staat und Prunk macht, die selbst durch den Donner der Kanonen die Kraft ihres geistlichen Segens unterstützt, dem Wesen des Christentums, geschweige erst der Staat?«[15] Es ist von größter Bedeutung, diesen konträren Gegensatz von Christentum und Staat, von Jesus und *Augustus* sich immer neu bewußt zu machen.

Dabei beginnt *Friedrich II.* seine »Konstitutionen« mit einer theologischen Begründung seiner Macht, die der gängigen Lehrmeinung der Kirche folgt und gerade dadurch die Mißweisung im Prinzip überdeutlich aufscheinen läßt, indem er die »Sünde der Übertretung« des göttlichen Gebotes im Paradies als Grund des Hasses unter den Menschen versteht; seitdem, meint er, »teilten (sie) das Eigentum an den Dingen, welches nach Naturrecht gemeinsam war, unter sich auf; der Mensch, den Gott gerade und schlicht geschaffen hatte, trug keine Bedenken, sich in Streitigkeiten zu verstricken. – So sind durch die zwingende Notwendigkeit der Dinge nicht weniger als auf Eingebung der göttlichen Vorsehung den Völkern Fürsten erstanden, durch welche die Freiheit zu Verbrechen gezügelt werden konnte. Sie sollten als Richter über Leben und Tod – gewissermaßen als Vollstrecker des göttlichen Spruches – für die Völker festsetzen, welches Vermögen, welches Los und welchen Stand ein jeder haben solle.«[16]

13 ERNST KANTOROWICZ: Kaiser Friedrich der Zweite, 205.

14 Die Konstitutionen *Friedrichs II.* für Sizilien, Tafel II.

15 LUDWIG FEUERBACH: Über Philosophie und Christentum in Beziehung auf den der Hegelschen Philosophie gemachten Vorwurf der Unchristlichkeit, in: Werke, II 319.

16 Die Konstitutionen Friedrichs II., Vorrede, S. 3.

Abb. 14: Goldaugustale Friedrichs II.

Alle staatliche Verwaltung und Gesetzgebung ist demnach notwendig, um die »Freiheit zu Verbrechen« mit abschreckenden Maßnahmen zu zügeln; sie ist »heilsökonomisch« unerläßlich, um den Zustand zwischen dem Sündenfall am Anfang und der Wiederkunft Christi am Ende der Zeiten zu überbrücken. Was in dieser Geschichtstheologie vollkommen untergeht – oder, richtiger: verschleiert wird –, ist die einander gänzlich entgegengesetzte Richtung des Lösungskonzeptes: während der Mann aus Nazareth den Menschen bei der Hand nehmen und in das verlorene Paradies durch Überwindung der Angst mit der Botschaft eines absolut »väterlichen« Gottes zurückführen mochte, treibt das Staatskirchentum Roms in Übernahme des augusteischen Imperialfriedens die Schadensfaktoren von Angst und Gewalt nur immer weiter voran, ja, es macht sie unentrinnbar, indem die Gestalt Jesu als des »Christus« mit dem Caesar Imperator Augustus identisch gesetzt wird. Der Höhepunkt dieser Verchristlichung ist der Tiefpunkt des Christlichen. Ärger geht es nicht.

Allerdings ist da ein Unterschied beachtenswert: während in der kirchlichen Lehre den Menschen die Knechtschaft unter den Königen als Strafe für ihre Sünde auferlegt ist, basiert *Friedrich*s *II.* Herrschaft nicht auf Moral und Buße, sondern auf Vernunft in Ansehung der menschlichen »Natur«, wie sie nun mal ist. Das ermöglicht den Rückgriff auf die »Politeia« des ARISTOTELES: – was aus der menschlichen »Natur« wird, wenn sie nicht wesentlich umfangen ist von dem Vertrauen in eine unbedingte Güte, stellte damals so wenig wie heute ein zentrales Thema der »Erlösungslehre« der Kirche dar. *Friedrich II.* aber konnte seine Machtausübung mit den Mitteln der Vernunft als Verhinderung der Selbstvernichtung des Menschen vorstellen. Rein aristotelisch erscheint jetzt der »Kaiser als Denk- und Kraftzentrum des Staates ... Der Justitia-Gott, verstanden als die durch den Kaiser wirkende gesetzmäßige Kraft«, ist »das Kennzeichen des sizilischen Staates.«[17] Die Justitia selbst ist die mit Vernunft erfaßbare Erscheinungsform Gottes, die als lebendiges Gesetz im Staat wirkt.

Daraus ergibt sich gleich dreierlei: Zum einen kommt dem Kaiser ab sofort eine buchstäblich welterhaltende Funktion zu. Wie im Alten Ägypten der Pharao als Verkörperung der Sonne die Welt in Gang hielt, so ist es jetzt der Kaiser, der als Personifikation der gött-

17 ERNST KANTOROWICZ: Kaiser Friedrich der Zweite, 217.

lichen Gerechtigkeit das Zusammenleben der Menschen trägt und ermöglicht. Deswegen gefährdet ein Majestätsverbrechen »die ganze Welt«.[18] Entsprechend ist es zu strafen.

Zum zweiten führte dieser Gedanke einer Staatsnotwendigkeit, die in sich selbst das göttliche beziehungsweise das natürliche Recht darstellt, wie von selbst zu einer wichtigen Änderung im Prozeßverfahren; bei bestimmten Kapitalverbrechen bedurfte es keines Klägers mehr, um eine Untersuchung einzuleiten, sondern von Staats wegen konnte (und mußte) der zuständige Beamte die Strafverfolgung einleiten. »Es stand daher bei Kapitalverbrechen jetzt ... keineswegs mehr im Belieben eines etwa vorhandenen Klägers, das schwebende Verfahren abzubrechen und sich zu vergleichen: die schweren Vergehen wurden vielmehr selbst gegen den Willen des Klägers von Staats und Amts wegen untersucht und geahndet. Es handelt sich also um eine erste Andeutung der ›Staatsanwaltschaft‹, ein dem ganzen mittelalterlichen Denken durchaus Entgegenstehendes.«[19]

Und zum dritten: die merkwürdige Ambivalenz des Kaisers zwischen aufgeklärter Toleranz und unerbittlicher Strenge. Auf der einen Seite zeigte sich bereits, wie problemlos *Friedrich II.* sich mit muslimischen Herrschern wie *Al-Kamil* zu verständigen wußte; doch er war nicht der liberale Herrscher, als welcher er mitunter verklärt wird. »Seiner persönlichen Artung nach und in bezug auf die Sakralien des Staates, an denen Rebellen und Ketzer sich in gleicher Weise vergingen, ist *Friedrich II.* vielleicht der intoleranteste Kaiser gewesen, den das Abendland überhaupt hervorgebracht hat: denn kein Kaiser war dem Anspruch und dem Wesen nach so schlechthin der *Richter* wie *Friedrich II.*, der als Richter Jahrhunderte hindurch in der Vorstellung der Welt weitergelebt hat und dessen Wiederkehr man als Richter erwartete, als Rächer menschlicher Entartungen ... Gegen Rebellen und Ketzer, Frevler an der Staatsgottheit Justitia, der geheiligten Ordnung des Staates, zeigte sich der gegen Fremdgläubige niemals gehässige Kaiser durchaus als ›Eiferer‹, ja als Fanatiker, besessen von einem wilden Urhaß, der jeden Entarteten tatsächlich bis ins zweite und dritte Geschlecht erbarmungslos verfolgte.«[20]

Das trat insbesondere in dem rücksichtslosen Einsatz grausamer Zwangsmittel wie Geiselstellung, Verhaftung auf Verdacht, Folterverhöre, Hinrichtungen durch Sarazenen zutage, mit denen der Kai-

18 A.a.O., 221.
19 A.a.O., 219.
20 A.a.O., 247.

ser gen Ende seine bröckelnde Herrschaft zu festigen suchte. So befahl er im Fall des Bischofs *Marcellin von Arezzo*, der bei einem Gefecht gefangen genommen worden war, ihn ohne Umschweife zu hängen, wie denn überhaupt der allgemeine Befehl lautete, keine Gefangenen mehr zu machen, um sie etwa gegen Lösegeld freizugeben. Ob man jenem haßerfüllten *Rainer von Viterbo* glauben mag, steht dahin; jedenfalls berichtet er, die sarazenischen Henker hätten dem Bischof Hände und Füße gebunden und ihn am Schweif eines Pferdes durch den Kot zum Richtplatz geschleift, um ihn dann unter Qualen aufzuhängen; seine Leiche hätten sie nach ihrer Bestattung durch Bettelmönche wieder ausgegraben und erneut an den Galgen gehängt, bis *Friedrich II.* dem makabren Treiben schließlich denn doch ein Ende gesetzt habe[21].

Es ist mitnichten nur der psychologische Beitrag einer gewissen Enttäuschung und Verbitterung *Friedrich*s *II.*, der in derartigen Aktionen zu Tage tritt, in gewissem Sinne war eine solche Art von Strafgerichtsbarkeit in der Architektur des gesamten Staates angelegt, in welcher der Staufer sein Reich begründete: dieser Staat war hervorgegangen »aus einem Gegensatz gegen die Kirche, deren Mittel er sich allenthalben bediente. Denn was eigentlich *Friedrich II.* mit dem Juristenstaat, der schließlich bis in die jüngste Zeit in Gültigkeit blieb, heraufbeschwor, welche unheimliche Gefahr der Kirche drohte durch die geistig selbständige, von kirchlicher Geistigkeit unabhängige juristische Beamtenschaft, das beleuchtet grell ein Wort noch *Napoleon*s aus der Zeit seines Kampfes gegen Papst und Kirche: ›Man muß die Gerichte in Bewegung setzen, Robe gegen Robe, Korpsgeist gegen Korpsgeist. Die Richter sind in ihrer Weise eine Art Theologen wie die Priester ...‹ Hier ahnt man das Genie Kaiser *Friedrich*s *II.*, der in seinem Kampf gegen die Kirche mit unbeirrbarer Sicherheit diese geistige Ordnung des weltlichen Staates erst schuf als einzig wirksame Gegenkraft – hier beim Entstehen noch ganz im Sakralen gebunden, im Geiste der christlich-priesterlichen Weltzeit, und aufgehöht zu jenem Triumph und Kult der Gottheit Justitia.«[22] In der Tat: die Juristen moderner Staaten sind Theologen, die Theologen freilich eines Gottes ohne Gnade oder Theologen auch ganz ohne Gott, in jedem Fall die Sachwalter und Vertreter einer Staathoheit in letzter, höchster Autorität.

21 A.a.O., 597.
22 A.a.O., 249.

Beobachten läßt sich unter diesem Aspekt die bemerkenswerte Entschlossenheit *Friedrichs II.*, gegen Ketzer vorzugehen. Der gleiche Kaiser, der gegen andersartig Glaubende mit großer Duldsamkeit verfuhr, verfolgte die abartig Glaubenden in seinem Herrschaftsbereich mit einer nahezu zynischen Grausamkeit, so wenn er die »abgrundbösen Engel«, »die Nattern«, die Gruppe der »elenden Patarener« »unter die Staatsverbrecher« rechnet und sie wegen Hochverrats der göttlichen Majestät zur Todesstrafe durch Verbrennen bei lebendigem Leibe und zur Einziehung des Vermögens verurteilte, – sollen diejenigen, die sich die »Leidensbereiten« (Patarener) nennen, doch ihres Sektennamens würdig werden[23]. (Zur »Pataria« s. o. S. 507.)

Überhaupt stellte die Todesstrafe eine Allzweckwaffe gegen vielerlei Gesetzesverstöße dar. Rein zum Erhalt der öffentlichen Ordnung ward sie verhängt für jeden, ob Graf, Baron, Ritter oder sonst wen, »der offen eine Fehde im Königreich beginnt[24]. Desgleichen ward eine Frau, die »lügnerisch Klage« führt gegen »das Unrecht des Raubes oder der Vergewaltigung«, die sie nicht erduldet hat, hingerichtet, – im Falle sie schwanger ist, allerdings erst 40 Tage nach ihrer Niederkunft[25]. Der Todesstrafe ist auch verfallen ein Lohnkämpfer,

23 Die Konstitutionen, Buch I., Tit. I, S. 7,9. Vgl. schon König *Roger II.*, a.a.O., Buch I, Tit. III, S. 11; Buch III, Tit. XCI, S. 349; danach soll die »Lästerzunge« jedem abgeschnitten werden, der »Gott und die glorreiche Jungfrau lästert«. Vgl. HERMANN DILCHER: Die sizilische Gesetzgebung Kaiser Friedrichs II., S. 754–755, der nicht das römische, sondern das byzantinische Recht als Quelle in Betracht zieht.

24 A.a.O., Buch I, Tit. IX, S. 17. DILCHER: A.a.O., 95–97, nimmt als Quelle für die Strafe der halben Enteignung »die römische Regelung über die *vis privata*, die unbewaffnete Gewaltanwendung,« an (S.97). Zur Todesstrafe stellt RUDOLF HIS: Das Strafrecht des deutschen Mittelalters, I 478, fest, daß vor allem der Stadtfriede zur Vermehrung der peinlichen Strafen beigetragen hat. S. 479: »So ist seit der Mitte des 13. Jahrhunderts der Kreis der todeswürdigen Verbrechen schon ziemlich groß. Er umfaßt regelmäßig Mord, Notzucht und Entführung, Sodomie, Mordbrand, Raub und Diebstahl, Aufruhr und Verrat, Ketzerei, Zauberei und Vergiftung. Dazu kommen häufig noch weitere Vergehen: Totschlag, Ehebruch und Doppelehe, ... Bruch einer Sühne ..., Münzfälschung ..., Gotteslästerung. Mitunter werden auch qualifizierte Körperverletzungen, Gefangennahme, Kuppelei und schwere Kränkung einer Frauensperson, Grenzverrückung und Baumfrevel mit dem Tode bestraft ... Die folgenden Jahrhunderte zeigen ... eine weitere Zunahme der todeswürdigen Fälle.« – Die Frage bleibt, was für ein Land- oder Stadtfriede das ist, der mit dem Töten von Schuldiggewordenen hergestellt wird.

25 A.a.O., Buch I, Tit. XXIV, S. 37. DILCHER, S. 135, nimmt für die »Talionsstrafe wegen falscher Anschuldigung« das römische Recht als Quelle in Anspruch. RUDOLF HIS: Das Strafrecht des deutschen Mittelalters, I 372–373, verweist auf die biblische Herkunft der Talion, meint aber, daß »der Talionsgrundsatz nur bei Tö-

der im gerichtlichen Zweikampf in betrügerischer Absicht zu gleichgültig kämpft oder zu früh aufgibt und damit einen Angeklagten, der selber wegen Majestätsverbrechen oder Meuchelmords mit der Todesstrafe bedroht ist, zur Hinrichtung freigibt[26].

Die Todesstrafe wurde bereits von *Roger II.* des weiteren auch für Urkundenfälscher, Falschmünzer und Münzwertverminderer (»Abschaber«) ausgesprochen[27]. *Friedrich II.* verurteilte zum Tod durch Erhängen auch, wer tödliche Gifte besaß oder vertrieb[28]. *Roger II.* sprach die Todesstrafe schon für jeden aus, der durch Herabfallen von Ästen oder Steinen unvorsichtigerweise und ohne Warnung jemanden zu Tode brachte[29]; diese archaisch wirkende Verordnung

tung und bei Verstümmelung oder Lähmung eines Hauptgliedes zur Anwendung kommt.« S. 376 hebt er auf die Straffunktion der Abschreckung ab und betont (S. 377), daß der »Besserungszweck der Strafe« in den Quellen kaum eine Rolle spielt. EBERHARD SCHMIDT: Einführung in die Geschichte der deutschen Strafrechtspflege, 66, sieht ein Versagen der Kirche darin, daß »sie sich selbst zu sehr in die Arena der politischen Machtkämpfe verloren hatte und je länger je mehr verweltlichte ... Der Vergeltungsgedanke, der in allen Strafen lebendig ist, hat unter dem Einfluß alttestamentarischer Vorstellungen vielfach eine ausgesprochene Wendung zur Talionsidee genommen ... Aus christlicher Gedankenwelt stammt die Vorstellung, daß durch die Strafe Gottes Zorn über die Missetat vom Lande abzuwenden, das Land also zu entsühnen sei.« S. 67: »In erster Linie werden Sinn und Zweck der peinlichen Strafen in politischen Erwägungen zu suchen sein ..., daß man mit harten Strafandrohungen und mit nicht minder harten Vollzugsmethoden auf die zu bekämpfende Verbrecherwelt einen möglichst abschreckenden Eindruck machen müßte ... Mit dem Abschreckungsgedanken aber hat der Gedanke der Unschädlichmachung des Verbrechens ... aufs einfachste verbunden werden können.« Je schwächer die Staatlichkeit, desto grausamer die Strafe.

26 A.a.O., Buch II, Tit. XXXIX, S. 231. DILCHER, S. 529, meint: »Daß eine Niederlage im Zweikampf auch mit der Besiegterklärung eines Kämpfers eintreten kann, entspricht allgemeinen germanischen Grundsätzen.«

27 A.a.O., Buch III, Tit. LXI, LXII, LXIII, S. 329: DILCHER, S. 700–701, sieht die Geldstrafe wegen falscher Maße und Gewichte im römischen Recht vorgebildet, vgl. DIGESTEN 48, 10, 32,1. RUDOLF HIS: Das Strafrecht des deutschen Mittelalters, II 271–333: Fälschung, Betrug und Wucher, meint (S. 276) von der Münzfälschung, daß sie schon in karolingischen Kapitularien mit Verlust der Hand bestraft wird; er sieht darin eine spiegelnde Strafe, die an dem Glied vollzogen wird, das die Tat verübt hat.

28 A.a.O., Buch III, Tit. LXXII., S. 333. DILCHER, S. 727, sieht an der Zwangsarbeitsstrafe wegen Gewässervergiftung »eine eigenständige Normierung« der Konstitutionen.

29 A.a.O., Buch III, Tit. LXXXVIII, S. 345. DILCHER, S. 749, stellt fest: »Die wegen fahrlässiger Tötung vorgesehene Todesstrafe wird ... durch wesentlich mildere Strafen ersetzt.« RUDOLF HIS: Das Strafrecht des deutschen Mittelalters, II 79, stellt für die »Tötung von Ungefähr« fest, daß »die absichtslose Tötung ..., sofern

milderte *Friedrich II.* immerhin auf ein Jahr Kerkerhaft oder auf Erstattung der Pflegekosten bei einem Verletzten[30].

Ein besonderes Gewicht mußte bei jeder strafrechtlichen Regelung natürlich auf die Verfahren der Urteilsfindung gelegt werden. Rechtsstreitigkeiten, so wollte es der Kaiser, sollten zügig abgehandelt und rasch zum Abschluß gebracht werden, innerhalb von zwei Monaten. Lang- und Langsamrednerei (»Filibustern«) sollten untersagt sein[31]. Fällt ein Richter »arglistig und böswillig ein rechtswidriges Urteil, so soll er für immer der Richterwürde verlustig gehen und als ehrlos gelten; seine Güter sollen sämtlich eingezogen werden.«[32] »Wenn ein Richter aufgrund einer Besprechung jemanden eines todwürdigen Verbrechens schuldig gesprochen hat, so soll er selbst der Todesstrafe verfallen.«[33] »Wer vorsätzlich vor Gericht oder außergerichtlich einen Meineid schwört, soll ... die Strafe des Abschlagens seiner Hand erdulden.«[34]. Um Falschaussagen zu vermeiden, sollten Zeugen, die schon einmal in der Hauptsache vernommen worden waren, nicht ein zweites Mal auftreten; waren allerdings in der Hauptsache keine Zeugen vorgeführt worden, so durfte der Appellant sie im Berufungsverfahren auftreten lassen[35]. Um sicherzustellen, daß schwere

sie überhaupt gesühnt werden muß, jedenfalls keine peinliche Strafe nach sich« zieht.

30 A.a.O., Buch II, Tit. XLIX, S. 347. DILCHER; S. 749–752, zieht für den »Heilungskostenersatz wegen einer Körperverletzung« das kanonische Recht als Quellenvorbild heran.

31 A.a.O., Buch II, Tit. XLIX, S. 243. DILCHER, S. 551–554, stellt als Ziel der Anordnung eine möglichst große Prozeßbeschleunigung heraus und verweist auf die gerichtlichen Plädoyerfristen schon bei CICERO, TACITUS und PLINIUS; die Einhaltung der Redezeit wurde durch eine *klepshydra* – Wasseruhr kontrolliert. – Verfahrensrechtlich ist die Einführung des Territorialitätsprinzips (Buch II, Tit. XVII) sowie die Schriftlichkeit des Prozeßganges (Buch II, Tit. XXIV) »von größter Tragweite« gewesen (DILCHER, 813). Diese Anordnungen dienten der Fürsorge für die Bevölkerung. »Diese Fürsorge soll einmal darin zum Ausdruck kommen, daß Rechtsstreitigkeiten rascher und korrekter abgewickelt werden als vordem. Zum andren sollen die Staatsbewohner durch stattliche Maßnahmen vor bestimmten persönlichen Nachteilen bewahrt werden« (A.a.O., S. 814).

32 A.a.O., Buch II, Tit. I (1), S. 243. DILCHER, S. 429–432, notiert: »Die Konfiskation der beschlagnahmten Güter eines säumigen Angeklagten nach Jahresfrist folgt römischem Recht.«

33 A.a.O., Buch II, Tit. I (2), S. 245.

34 A.a.O., Buch III, Tit. XCII, S. 349. DILCHER, S. 755–756, sieht als Quellenvorbild longobardisches Recht.

35 A.a.O., Buch II, Tit. LII, S. 243. DILCHER; S. 560–561, verweist auf Buch I, Tit. XVIII h, wo ebenfalls das Verbot ausgesprochen wird, »gegenüber einer Zeugenaussage den Gegenbeweis durch Zeugen zu führen.«

Vergehen, Mordtaten zum Beispiel, nicht ungesühnt blieben, war bei »unzuverlässigen und gemeinen Personen« die Befragung unter Folter zugelassen, im Wissen freilich, daß manche mit gewohnter Widerstandskraft verstockt blieben, andere aus Angst Geständnisse machten, die sie dann widerriefen; ließ ein Mord sich nicht aufklären und war der Erschlagene ein Christ, so sollte der Besitzer des Tatortes eine Strafe von 100 Augustalen erlegen[36].

Schon beim ersten Lesen dieser Texte aus den »Konstitutionen« fällt die Sorgfalt des Gesetzgebers auf, seine Anordnungen rational zu begründen, also Punkt für Punkt zu erklären, in welcher Absicht und zu welchem Zweck es auf Grund der Lage naturnotwendig erscheint, die entsprechenden Verordnungen zu erlassen: die Gerechtigkeit selber, ihre innere Logik, ihre *necessitas*, nicht etwa die Machtwillkür des Herrschers, verlangt es. Diesem Prinzip folgend, sucht *Friedrich II.* zum Beispiel den Zweikampf als ein Verfahren der Wahrheitsfindung vor Gericht trotz seiner langen gewohnheitsrechtlichen Praxis in seiner Durchführung zu begrenzen und insgesamt als einen bloßen Spruch zufälliger Gewalt zu diskreditieren. In dieser Absicht schränkt er die Vorgehensweise selber ein; er verlangt, wenn schon, beim Zweikampf Waffengleichheit der Lohnkämpfer und verfügt, daß ein einmal Unterlegener nicht wieder auftreten darf[37]; die Lohnkämpfer selber dürfen vor allem nicht wider besseres Wissen für einen Angeklagten antreten, und es ist ihnen untersagt, Absprachen über den Ausgang des Duells zu treffen[38]. Wenn ein Kampfrichter aus dem Kampfverhalten auf eine betrügerische Absicht schließen muß, so soll ein Lohnkämpfer, der für jemanden auf Leben und Tod Angeklagten (z. B. bei Meuchelmord oder Majestätsverbrechen) antritt und das Ergebnis manipuliert, selber der Todesstrafe verfallen[39].

36 A. a. O., Buch I, Tit. XXVII, S. 41; 43. DILCHER, S. 142–144, sieht die Strafandrohung für die Anwohner eines Tatortes im langobardischen Recht vorgebildet, »wegen vermuteter Begünstigung eines Täters«.
37 A. a. O., Buch II, Tit. XXXVII, S. 228. DILCHER, S. 526–527, stellt klar: »Die Niederlage im Zweikampf tritt nicht erst mit dem Tod des Zweikämpfers ein, sondern bereits dann, wenn der Kopf des Kämpfers die Erde berührt.« Daß ein Unterlegener zu einem weiteren Zweikampf nicht zugelassen wird, folgt normannischem Recht.
38 A. a. O., Buch II, Tit. XXXVIII, S. 228, DILCHER, S. 527–529 sieht in dem Verbot eines Schonungsversprechens unter Zweikämpfern eine »quellenunabhängige Normierung« der »Konstitutionen«.
39 A. a. O., Buch II, Tit. XXXIX, S. 231. DILCHER, S. 529–531, sieht darin das Talionsprinzip am Werke.

Das »Gottesurteil des Zweispiels« verlangt zudem eine sorgfältige Auswahl derer, die in den Kampf geschickt werden[40].

All das aber blieben bloße Einschränkungen der Zweikampf-Regelung am Rande; in Wahrheit ging es *Friedrich II.* um die Abschaffung der »Gottesurteile« insgesamt: »Wir, die Wir der wahren Rechtsgelehrsamkeit folgen und irrige Auffassungen verwerfen, schaffen bei Unseren Gerichten die gesetzlichen Einrichtungen ab, welche von gewissen einfältigen Leuten, die weder das Wesen der Dinge berücksichtigen noch die Wahrheit anstreben, ›Gottesurteile‹ genannt werden. Durch die gegenwärtige Satzung Unseres Namens verbieten Wir auf ewig sämtlichen Richtern Unseres Königreiches, irgendwelche Getreuen von Uns besagten Gottesurteilen zu unterwerfen, bei denen man lieber von einem ›Verbergen‹ als von einem ›Offenbaren‹ der Wahrheit reden sollte,« schreibt er, und meint dabei vor allem die »Feuer-« und die »Wasserprobe«; diese Verfahren verwirft er ganz und gar, indem er verfügt: »Weniger richtiggestellt als vielmehr ausgerottet werden muß ... Unserer Meinung nach die Anschauungsweise derer, welche fest glauben, die natürliche Hitze eines glühenden Eisens könne ohne rechte Ursache lauwarm oder – was noch törichter ist – eiskalt werden, oder welche versichern, daß ein in ein Verbrechen verwickelter Angeklagter bloß seines schlechten Gewissens wegen nicht von dem Element des kalten Wassers aufgenommen wird, während ihn vielmehr das Einatmen von genügend Luft nicht untergehen läßt.«[41] Statt an ein wunderbares Eingreifen Gottes, gegen alle Natur, zur Wahrheitsfindung bei einem Gerichtsurteil zu glauben, sollte man sich vernünftigerweise an die ursächlichen Gegebenheiten halten: ein menschlicher Körper versinkt nicht bei gefüllten Lungen; wer nicht untergehen will, braucht nur eine hinreichende Atemtechnik ...: das Gesetz des ARCHIMEDES vom Auftrieb im Wasser.

Ein ähnliches gilt für *Friedrich II.* auch für jene besagten Zweikämpfe, – sie beweisen gar nichts, und sollten »künftig in Zivil- wie in Strafprozessen abgeschafft sein. Sollte irgendein Franke von einem Franken oder auch Langobarden in einem zivilrechtlichen oder straf-

40 A.a.O., Buch II Tit. XL, S. 231; 233. DILCHER, S. 531–533, vermerkt, daß der Beweiszweikampf »als solcher kein Ritterprivileg ist, sondern auch den Nichtadligen offensteht.« Die Miete eines Zweikämpfers war schon im langobardischen Recht vorgesehen.

41 A.a.O., Buch II, Tit. XXXI, S. 217; 219. DILCHER, S. 508–510, macht geltend, daß im langobardischen Recht Zweikämpfe als *iudicium Dei*, als Gottesurteil, galten.

rechtlichen Streit belangt werden, so muß er vielmehr durch Zeugen-, Urkunden- und ähnliche Beweise, womit die Wahrheit vollkommen nachgewiesen werden kann, überführt werden«.[42] Zweikämpfe stellten für *Friedrich II.* kein Beweismittel dar, sondern eher eine Art Weissagung darauf, wer von den Streitenden stärker und geübter ist. Einzig im Falle von Mord und Majestätsbeleidigung, von Meuchelmord, wo eine Untersuchung ergebnislos bleibt, soll der Zweikampf als Abschreckungsmittel erhalten bleiben[43].

All diese Verordnungen verraten eine »aufgeklärte« Rationalität, die eine höchst wohltuende Wirkung in der Strafrechtspraxis des Mittelalters hätte hinterlassen können; doch bedauerlicherweise nahm die Grausamkeit der Untersuchungs- und Hinrichtungsverfahren in den nachfolgenden Inquisitions- und Hexenprozessen eher noch zu als ab, und das infolge der systembedingten Irrationalität des Gesamtgebildes Staat und Kirche. Ehe wir dieser Tatsache weiter nachgehen, sollten wir indessen nicht unerwähnt lassen, daß gewisse zeitbedingte Irrationalitäten auch in dem Gesetzeswerk *Friedrichs II.* selbst den weiteren Geschichtsverlauf bedauerlicherweise tief geprägt haben; insbesondere gilt das für den Umgang mit Juden und Sarazenen. Einerseits sollten auch sie »zu ihrem Schutz anderen, den Beamten nämlich, in besagten Fällen (sc. des Friedensbannes, d.V.) die Erlaubnis, Frieden und Bann zu gebieten«, besitzen[44]; auch sollte nicht geduldet werden, »daß Juden ebenso wie auch Sarazenen, weil sie der Unterschied des Glaubens zu Feinden der Christen macht und jeder anderen Hilfe beraubt, um Unseren machtvollen Schutz betrogen werden«.[45] Das waren Gesetze, mit denen die Juden und Sarazenen geschützt und »verstaatlicht« wurden, nicht freilich zum Zwecke der Gleichstellung, sondern um Schaden für den Staat zu vermeiden. Daher der Judenstern an der Kleidung, der im sogenannten Dritten Reich ab 1935 eine so fatale Rolle spielen sollte; gleich »in seinem

42 A.a.O., Buch II, Tit. XXXII, S. 219, DILCHER, S. 510–512, notiert: »Der ... generell verbotene Zweikampfbeweis wird nur noch in Ausnahmefällen zugelassen«, nämlich bei Giftmord (Tit. XXXIII) und Majestätsverbrechen.

43 A.a.O., Buch II, Tit. XXXIII, S. 221; 223. DILCHER, S. 515, meint: »Daß ein Zweikampfbeweis zunächst die Ausschöpfung der gesetzlichen Beweismittel voraussetzt und zugelassen wird, wenn gesetzliche Beweismittel fehlen, ... ist ohne Quellenvorbild.«

44 A.a.O., Buch I, Tit. XVIII, S. 29.

45 A.a.O., Buch I, Tit. XXVII, S. 41. DILCHER, S. 142–144, verweist bei dem «ausdrücklich vorgesehenen Schutz von Juden und Sarazenen« auf »einen Quellenanhalt im römischen Recht.«

ersten Gesetze nach seiner Rückkehr aus Deutschland (sc. 1215, d.V.) ordnete *Friedrich II.* an, daß sich die Juden durch ihre Kleidung von den Christen zu unterscheiden hätten und den Bart wachsen ließen, damit ›des christlichen Glaubens Riten nicht verwirrt würden‹. Die Übertreter wurden mit Güterkonfiskation oder, wenn sie arm waren, durch ein Brandmal auf der Stirn bestraft – keineswegs aus religiöser (sc. oder rassischer, d.V.) Gehässigkeit, sondern wegen der Ordnung im Staat.«[46]

Rituell stand es den Juden frei, nach ihren Gesetzen zu leben; ja, *Friedrich II.* setzte sich gerade gegen die Kirche, die in ihnen Ungläubige sah, nachhaltig für sie ein, doch erneut nicht nur aus religiöser Toleranz, sondern um die Juden als Landfremde dem Staat zu unterstellen und sie nicht, wie zur Zeit der Normannen, in der Hörigkeit der Kirchen und Klöster zu belassen. »Auf daß die dem Staate gehörigen Juden aber dem Staate auch möglichst unmittelbar dienten, verknüpfte *Friedrich II.* in Sizilien ... das staatliche Judenmonopol ... mit den von ihm erneuerten Wirtschaftsmonopolen, insbesondere dem der staatlichen Färberei und der Seidenverarbeitung.«[47] Beides wurde den Juden, den kaiserlichen Kammerknechten, übertragen. Manche der jüdischen Gesetze kamen dem Kaiser zudem sehr zu passe, etwa das Zinsverbot auf Leihgeld: die »Ruchlosigkeit der Wucherer (ist) öffentlich anzuzeigen« und »soll ... als öffentliches Verbrechen gelten«, heißt es. Aber »Von der Bindung an Unsere gegenwärtige Konstitution machen Wir indessen ... bei den Juden eine Ausnahme, denen das Geldausleihen auf Zins weder als unerlaubt noch als nach göttlichem Recht verboten vorgeworfen werden kann. Nachweislich stehen sie nicht unter der von den allerseligsten Vätern aufgestellten Regel, und so wünschen Wir, daß sie auch kraft Unserer Erlaubnis das unredliche Geldausleihen auf Zins betreiben können. Doch setzen Wir ihnen eine Grenze, welche zu überschreiten ihnen nicht erlaubt wird, daß sie nämlich von zehn Unzen für ein ganzes Jahr nur eine als Gewinn einstreichen dürfen.«[48]

In solchen Gesetzen ist *Friedrich II.* nicht sowohl ein aufgeklärter Humanismus als Motiv zu unterstellen, als vielmehr ein rationales

46 ERNST KANTOROWICZ: Kaiser Friedrich der Zweite, 245.

47 A.a.O., 246.

48 Die Konstitutionen Friedrichs II., Buch I, Tit. VI (2), S. 13. DILCHER, S. 83–88, vermerkt (S.84), daß das »allgemeine Zinsverbot ... kein Quellenvorbild im römischen Reich« besitzt. »Erstmals im byzantinischem Recht wurden Zinsen als Verstoß gegen göttliches Recht generell verboten.«

Kalkül pragmatischer Politik: es ging ihm darum, dem ererbten Königreich Sizilien »Bewohner von löblichen Sitten« zu erhalten; nur so versteht man des Kaisers »Schmerz, daß durch Vermischung mit anders gearteten Völkern der unverdorbene Charakter des Königreichs durch fremde Sitten verkommen ist«. Also verordnet er, »daß künftig niemand von den Söhnen und Töchtern des Königreiches ohne Untersuchung, Weisung und Zustimmung durch Unseren Hof eine Ehe mit ausländischen und zugewanderten Männern oder Frauen, welche nicht aus dem Königreich stammen, eingehen darf. Das bedeutet, daß sich weder Frauen aus dem Königreich vermessen sollen, Fremdstämmige zu heiraten, noch Männer, die Töchter von Ausländern zur Frau zu nehmen. Wir bestrafen mit der Einziehung aller Güter denjenigen, welcher dagegen zu verstoßen wagt.«[49]

Eine Reihe von strengen Gesetzen aus dem Sexualstrafrecht stammen von *Roger II.*, werden aber ihrer Zweckmäßigkeit wegen in die »Konstitutionen« aufgenommen. So steht auf das Darreichen von Liebestränken und anderen Zaubermitteln, verbunden mit unzulässigen Beschwörungen, ähnlich dem Voodoo-Zauber, im Falle daß dabei die Zielpersonen ihr Leben oder den Verstand verlieren, die Todesstrafe[50]. Ehebrecher, die sich an Ehefrauen anderer Männer heranmachen, sollen freilich nicht mehr mit dem Schwert gerichtet werden, »vielmehr wird die Einziehung des ihnen gehörenden Vermögens eingeführt ... die Frau darf keinesfalls dem Ehemann übergeben werden, damit er gegen sie zur Gefahr für ihr Leben wüte, sondern er darf statt dessen durch Abschneiden der Nase die Strafe der Befleckung des Ehebettes vollziehen, was als grausamer und härter eingeführt wird.«[51] Die Bevorzugung des männlichen Parts ist in solchen Sätzen unübersehbar.

Andererseits trägt in den »Konstitutionen« auch ein Mann Verantwortung für das Verhalten seiner Frau. »Wer seine Ehefrau mit Wüst-

49 A. a. O., Buch III, Tit. XXIII (2), S. 277. DILCHER, 624, sieht als Quellenvorbild für das grundsätzliche Verbot einer Eheschließung mit Ausländern das anglo-germanische Recht.

50 A. a. O., Buch III, Tit. LXXIII, S. 335. DILCHER, S. 727–729, führt die Todesstrafe wegen Beibringung von Liebes- oder Zaubertränken mit Todesfolge auf römisches Recht als Quelle zurück.

51 A. a. O., Buch III, Tit. LXXIV, S. 335. DILCHER, S. 730–733, weist darauf hin, daß »ein Recht zur Tötung der Ehebrecherin ... für den Mann nur noch ausnahmsweise« besteht. RUDOLF HIS: Das Strafrecht des deutschen Mittelalters, I 288, meint vom »Racherecht des Ehemannes gegenüber dem handhaften Ehebrecher«, »daß der Ehemann an beiden Schuldigen Rache nimmt«. Die Einschränkungen des Racherechtes führt er »auf römischen Einfluß« zurück.

lingen Unzucht treiben läßt, während er oder ein anderer zuschaut, wird sie nicht wohl vor Unserem Gericht deswegen anklagen können; denn wahrlich bahnt den Weg zu Laster und Ehebruch, wer einwilligt, obgleich er verbieten könnte.«[52] Um so wichtiger ist die Anordnung, es sei jemand nicht verurteilenswert, der seiner Frau trotz aller Verdächtigungen und Beleumdungen Vertrauen schenke: – »Wer nämlich dürfte zu Recht den Frieden eines fremden Ehebettes stören?« Nur wenn die Frau erkennbar gewerbliche Unzucht mit Wissen und Duldung des Mannes treibt, verfällt der Mann der Strafe der Ehrlosigkeit[53]. Prostituierte selbst sind vor Gewalt zu schützen, ansonsten aber auszugrenzen; die Anordnung lautet: »Wenn eine Frau allenthalben die käufliche Form der Liebe ausübt und sich öffentlich als Prostituierte zu erkennen gibt, ist eine Anklage wegen dieses Verbrechens ausgeschlossen. Indessen verbieten Wir, sie zu vergewaltigen, und untersagen ihr, unter Frauen von gutem Leumund zu wohnen.«[54]

In generösem Stil hatte der Enkel *Rogers II.*, *Wilhelm II.* (1166–1189), unter dem eine eigene Gesetzessammlung hergestellt worden

52 A.a.O., Buch III, Tit. LXXV, S. 337. DILCHER, S. 733, bringt den »Ausschluß der Anklagebefugnis eines Ehemannes, der den leichtfertigen Umgang seiner Frau geduldet hat, mit römischem Recht in Verbindung.

53 A.a.O., Buch III, Tit. LXXVI, S. 337. DILCHER, S. 734–735, betont, »daß der bloße Verdacht eines Ehebruchs der Ehefrau für eine Bestrafung ihres Mannes wegen *lenocinium* (sc. Kuppelei d.V.) nicht ausreicht.«

54 A.a.O., Buch III, Tit. LXXVII, S. 337. DILCHER, S. 735–736, führt aus: »Mit der Freistellung einer Prostituierten von der Anklage des Ehebruchs folgt ... (das Gesetz, d.V.) einem Quellenvorbild im römischen Recht.« Das gilt auch für die »Vorschrift, welche Dirnen das Wohnen in der Nähe ehrbarer Frauen verbietet.« RUDOLF HIS: Das Strafrecht des deutschen Mittelalters, II 145–146, führt aus: »In der fränkischen Zeit galt die Unzucht eines Freien mit einer freien Frau als Vergehen gegen die Sippe ... und zog Fehde und Buße nach sich ... Den Knecht traf bei geschlechtlichem Verkehr mit einer Freien der Tod, bei Unzucht mit einer Unfreien eine Leibesstrafe. Die freie Frau, die sich des Vergehens schuldig gemacht hatte, verfiel der Strafgewalt der Sippe, bisweilen auch einer öffentlichen Strafe, besonders bei Unzucht mit einem Knechte. – Im Mittelalter ist zu unterscheiden zwischen dem Verkehr mit Buhlerinnen und der Verführung eines unbescholtenen Mädchens. – Der Umgang mit Buhlerinnen (gemeinen Frauen) wird in den mittelalterlichen Städten in gewissem Umfang geduldet. In vielen Städten bestanden Frauenhäuser als öffentliche Anstalten, deren Besuch jedem offenstand; nur für Ehemänner und Geistliche wird mitunter eine Ausnahme gemacht. Huren, die auf eigene Faust ihrem Gewerbe nachgingen, wurden häufig ausgewiesen. Es handelte sich dabei meist weniger um eine Strafe, als um eine polizeiliche Maßregel.«

war[55], in gleicher Sache formuliert: »Alle dem Zepter Unserer Herrschaft Unterworfenen sollen in der Huld Unserer Majestät regiert werden und der eine durch den anderen, Männer wie Frauen, ohne sich gegen Mächtigere, Gleiche oder die Geringsten wehren zu müssen, den Glanz des Friedens genießen und nicht hinzunehmen brauchen, daß auf welche Art auch immer Gewalt verübt wird. – Infolgedessen sollen auch die unglücklichen Weiber, welche in dem schändlichen Gewerbe der Unzucht ihr Geld verdienen, sich unseres Wohlwollens erfreuen in der frohen Empfindung, daß niemand sie gegen ihren Willen nötigen darf, seine Lust zu befriedigen. – Wer gegen diese allgemeine Vorschrift handelt, soll, wenn er gestanden hat und überführt worden ist, mit der Hinrichtung bestraft werden.«[56]

Wie sorgsam *Friedrich II.* auf drohende Gefahren für Mensch und Natur in seinen »Konstitutionen« zu reagieren wußte, läßt sich abschließend an zwei Verordnungen ersehen, die ihrer Themenstellung wegen überraschend aktuell wirken.

Die erste richtet sich gegen das Waffentragen. Gesetze, betont der Kaiser, sollen sich »nicht so sehr auf die Bestrafung begangener Missetaten« richten, sondern »Gelegenheit und Veranlassung zu ihrer Begehung« vermindern. »Weil nun das Tragen verbotener Waffen zur Ursache ebensosehr von Körperverletzungen und selbst von Morden wird, verbieten Wir ..., daß jemand sich anmaße, scharfe und verbotene Waffen, das heißt einen spitzen Dolch, Schwerter, Spieße, Harnische, Schilde, Kettenhemden, Eisenkeulen und alle anderen Waffen, welche mehr, um zu schaden, denn um eines andern erlaubten Zweckes willen angefertigt worden sind, bei sich zu führen.«[57]

55 HERMANN CONRAD: Die Gesetzgebung der normannisch-staufischen Herrscher im Königreich Sizilien in: Die Konstitutionen, S. XLVIII.

56 Die Konstitutionen Friedrichs II., Buch I, Tit. XXI, S. 33. DILCHER, S. 124–126, meint: »Ein Quellenvorbild für die Todesstrafe wegen Gewalttätigkeit gegenüber einer Dirne ... ist nicht ersichtlich.« Einen Quellenanhalt sieht er im normannischen Recht.

57 A.a.O., Buch I, Tit. X, S. 17. DILCHER, S. 97–100, betont den »Satz über die Vorteile der Prävention von Straftaten« und meint: »Der Tatbestand eines allgemeinen Verbotes, Waffen zu tragen, ist ohne Vorbild.« (S.97) Demgegenüber war das Waffentragen Teil der ritterlichen Lebensführung. »An der gewöhnlichen Fehde, die zwischen Bauern und Bürgern stattfand (Totschlagsfehde ...), entwickelte sich im Mittelalter die *ritterliche Fehde* als ein Erzeugnis des neu entstandenen Ritterstandes. Das waffenfreudige Rittertum hat das Fehderecht als ausschließliches Recht für sich in Anspruch genommen. ... Gegen die Fehde richteten sich Waffenverbote. So wurde durch die Landfriedensgesetzgebung vor allem den

Eine zweite Anordnung bezieht sich auf die Reinerhaltung der Luft: »Wir nehmen Uns vor«, heißt es da, »die Reinheit der Luft, welche dem göttlichen Urteil vorbehalten bleibt, mit sorgsamem Eifer und nach besten Kräften zu erhalten, und verordnen, daß es fortan niemandem erlaubt sein soll, in die irgendeiner Stadt bzw. Burg benachbarten Gewässer mindestens eine Meile im Umkreis Flachs oder Hanf zum Reifen zu legen, auf daß dadurch nicht ... der Zustand der Luft verdorben werde. Wer solches tut, soll den besagten Flachs und Hanf zugunsten des Hofes einbüßen ... Auch ordnen Wir an, daß faulendes Aas, welches Gestank verursacht, von den Eigentümern der Felle eine Viertelmeile außerhalb des bewohnten Landes abgelegt oder ins Meer bzw. in einen Fluß fortgeworden werden muß.«[58]

Man darf bei all diesen Gesetzen nicht vergessen, daß sie noch ganz im Mittelalter wurzeln, in dem die Reichsidee ihr Vorbild im antiken Rom und in den Digesten *Justinian*s die Anleitung ihres Denkens nimmt; diese Einstellung müßte man heidnisch nennen, wenn sie nicht für »christlich« gelten sollte. Unverkennbar bleibt, daß die staatliche Zentralmacht in Gestalt des Imperators *Augustus* als Ursprung allen Rechts und aller Ordnung gilt. »Die römischen Bürger«, schreibt *Friedrich II.*, »haben nicht ohne gewichtige Absicht und wohlerwogene Überlegung durch die *Lex Regia* das Recht zur Gesetzgebung und die Herrschaft auf den römischen Princeps übertragen: die Gerechtigkeit sollte eben von demjenigen, welcher mit Hilfe des ihm übertragenen kaiserlichen Standes machtvoll über die Völker herrschte, ihren Ursprung nehmen, von dem auch ihre Verteidigung ausging. Wenn nun in derselben Person diese beiden, nämlich Ursprung und Hort des Rechts, zusammenfallen, so läßt sich von daher nachweisen, dies sei nicht so sehr des Vorteils halber denn aus

Bauern das Tragen von Waffen verboten. ... Der Bekämpfung der Fehde diente ... die Bestrafung der Missetäter durch die Obrigkeit. ... die Reichslandfriedensgesetzgebung, die zunächst nur die ritterliche Fehde betraf, untersagte mit dem 15. Jahrhundert die Fehde schlechthin.« HERMANN CONRAD: Deutsche Rechtsgeschichte, 435. Wirklich verboten wurde die Ritterfehde im ewigen Landfrieden von 1495 unter Kaiser *Maximilian I* (1493–1519); doch erst das »territorialstaatliche Fürstentum hat dem Fehdewesen im Laufe des 16. Jahrhunderts allmählich das Ende bereitet. Im Duellwesen aber ist sein Geist bis in unsere Zeit hinein lebendig geblieben.« EBERHARD SCHMIDT: Einführung in die Geschichte der deutschen Strafrechtspflege, 53.

58 A.a.O., Buch III, Tit. XLVIII, S. 309. DILCHER, S. 691–693, meint, daß das römische Recht mit dem Verbot der Wasserverunreinigung (vgl. Digesten 47, 11, 1.) hier auf die Luftverunreinigung ausgedehnt werde. Auch die Normierung der Kadaverbeseitigung hat ein Vorbild in Digesten 43, 10, 1.1.

Notwendigkeit so eingerichtet, damit der Gerechtigkeit nicht die Strenge und der Strenge nicht die Gerechtigkeit abgeht. Folglich muß der Kaiser der Gerechtigkeit Vater sein und auch Sohn, Herr wie Diener: Vater und Herr durch Hervorbringen der Gerechtigkeit und danach durch deren Wahrung; zugleich sei er in seiner Ehrfurcht vor der Gerechtigkeit Sohn und, indem er ihre Fülle darbietet, Diener.«[59] Daraus folgte (schon für *Roger II.*): »Ein Richtspruch des Königs, seine Entschlüsse, Anweisungen oder Handlungen dürfen nicht kritisiert werden. Es kommt nämlich einem Gottesfrevel gleich, seine Richtersprüche, Handlungen, Anweisungen und Entschlüsse sowie das Verdienst desjenigen, den der König auswählt und für den er sich entscheidet, zu kritisieren.«[60]

Gewiß, man kann, wenn man will, in diesem gottgegebenen Absolutismus *Friedrichs II.* auch bereits so etwas wie den Vorläufer des späteren Rationalismus erblicken, der in der Renaissance und schließlich dann nach dem Sturz des letzten Bourbonen-Königs *Ludwigs XVI.* (1774–1792) in der französischen Revolution sich geltend machen wird; doch eben dann wird man die Entwicklung, die da ein-

59 A.a.O., Buch I, Tit. XXXI, S. 45–46. DILCHER, S. 152–153, hebt hervor: »Die römische *Lex Regia*, die zur Begründung der königlichen Gesetzgebungsbefugnis eingeführt wird, ... kann in der mittelalterlichen Staatstheorie etwa seit dem Jahr 1080 belegt werden. Die Lex Regia wird angeführt, um eine vom Gottesgnadentum und damit vom Papst unabhängige Grundlage der weltlichen Herrschaft zu dokumentieren.«

60 A.a.O., Buch I, Tit. IV, S. 11. DILCHER, S. 80–81, mahnt an, daß die »Bezeichnung der Kritik an Urteilen, Entschlüssen und Anweisungen des Königs als ›*pars sacrilegii*‹ ... nur ... einen dem Sakrileg gleichgestellten Fall unter Strafe stellen will«. Den Grundgedanken sieht WOLFGANG REINHARD: Geschichte der Staatsgewalt, S. 35–36, im Weiterwirken des römischen Kaisertums und seiner Kodifizierung durch *Justinian* begründet: »In Byzanz lebte diese monokratische politische Kultur (sc. in welcher der Kaiser als institutionalisierter Monopolist der Vollstreckung des göttlichen Willens auf Erden galt, d.V.) bruchlos weiter, aber auch ... die Erneuerung des Kaisertums durch *Karl den Großen* war alles andere als eine radikale Innovation. Und die Wiederentdeckung des vollständigen römischen Rechts seit dem 11. Jahrhundert ermöglichte Legitimationsschübe nicht nur für die kaiserliche Monarchie, sondern auch für die mit dem Kaisertum rivalisierenden Könige und sogar für die Stadtrepubliken. 1158 auf dem Reichstag von Roncaglia wurde dem Kaiser die Gesetzgebungsbefugnis mit dem Zitat aus dem römischen Recht zugeschrieben: ›Was dem Kaiser beliebt, hat Gesetzeskraft‹ (sc. nach Digesten 1, 4, 1 bzw. Institutio 1, 2, 6, d.V.) ... Die umgekehrte Aussage: ›Der Kaiser ist nicht an die Gesetze gebunden‹ (sc. Digesten 1, 3, 31, d.V.) ... bezog sich auf die ›*Legum solutio*‹, die Dispens von einer einzelnen Gesetzesvorschrift durch Senat und Volk im Falle des *Augustus*, wurde aber bereits um 200 als allgemeine Befreiung des Kaisers von der Gesetzesbindung interpretiert.« (S. 35–36)

setzt, nicht einfach als Fortschritt der Neuzeit bejubeln können, man wird sie weit eher mit Schrecken als eine weitere Etappe auf dem Wege der Selbstentfaltung und Selbstoffenbarung eines jeden Staatswesens betrachten müssen. Schon vernimmt man von ferne, im Abstand von 567 Jahren später, die Stimme des Führers der Jakobiner, *Maximilien de Robespierre* (1758–1794), vom »Schrecken der Vernunft«[61], und man wird nicht glauben können an die Selbstläuterung der Vernunft im Kopfe derartig göttlich Erleuchteter; selbst die Gerechtigkeit, die für *Friedrich II.* als »letztes Ziel des Menschen« galt, »in welchen ... unter diesem Zeichen auf Erden die Gottheit eingehen konnte«[62], muß in ihrer Verquickung mit Angst und Gewalt offenbar selber als erstes zu Verständnis und Güte geläutert werden, um sich nicht immer wieder als die ärgste Geißel in den Händen der Regierenden auszuwirken. In diesem Punkte hätte die Kirche jedes Recht und jede Pflicht besessen, den »Konstitutionen« *Friedrichs II.* zu widersprechen; doch der Widerspruch erfolgte eben nicht im Namen Jesu, er erfolgte in der Person von Papst *Gregor IX.* (1227–1241); er erfolgte im Namen der gleichen Kräfte von Angst und Gewalt im Feld jener unseligen Konkurrenz von Staatskirche und Kirchenstaat um die Macht, die wir in der gesamten Staufer-Zeit am Werke sehen. Statt die Strafegerechtigkeit aufzuheben, wie Jesus es wollte, setzte die Kirche ihre eigene Gesetzgebung dagegen. Und kaum wähnte sie sich in dem Triumph, die Herrschaft der Staufer überwunden und überlebt zu haben, da dehnte sie ihren Machtanspruch im Namen Gottes, wie sie zu glauben vorgab, auf die Totalität der menschlichen Wirklichkeit aus: »wie im Himmel, so auf Erden«, das hieß nur wenig später bei *Bonifaz VIII.* (1294–1303), dem Autor der Gesetzessammlung *Liber Sextus*, im Jahre 1296 in seiner Bulle »*Clericis laicos*« – »daß die Laien Feinde des Klerus sind«; 1302 erscheint als Höhepunkt dieser Monarchomachie, dieses Kampfs um die Alleinherrschaft, zudem noch die Bulle »*Unam sanctam*«, in »der die Vorstellungen von der päpstlichen Gewalt über alle

61 Zur Zeit des »Terrors der Vernunft« vgl. WILL und ARIEL DURANT: Die Französische Revolution und der Aufstieg Napoleons, 82–106: Die Schreckensherrschaft: 17. September 1793 bis 28. Juli 1794, – beginnend mit dem Gesetz über die Verdächtigten bis hin zu *Robespierres* Hinrichtung. Im Juli 1793 wurde *Jean Baptiste Carrier* damit beauftragt, die Katholikenrevolte in der Vendée niederzuschlagen. In vier Monaten entledigte er sich 4000 Unerwünschter. Seine Handlungsweise rechtfertigte er mit den Gesetzen des Krieges: »Wir werden Frankreich in unserem Sinne umgestalten oder es in einen Friedhof verwandeln.« (S. 90)
62 ERNST KANTOROWICZ: Kaiser Friedrich der Zweite, 231.

Kronen und Völker, vom geistlichen Übergewicht über weltliche Angelegenheiten in ... schroffster Weise und im Sinne einer Entmündigung allen außerkirchlichen Daseins formuliert sind«.[63]

Dabei tobte in der Kirche selbst, wie könnte es anders sein, ein rücksichtsloser Kampf um die Macht. Gleich die »erste Regierungshandlung von *Bonifaz VIII.* war die brutale Inhaftierung seines entflohenen, unglücklichen Vorgängers (sc. *Coelestin V.*, 5.7.1294 – 13.12.1294, d.V.), dessen Resignation von der Partei der Kardinäle *Jacopo* und *Pietro Colonna* sowie von den Spiritualen nicht anerkannt worden war. Mit Recht mußte somit *Bonifaz* ein Schisma fürchten. Der Kampf der Colonna-Kardinäle, zu denen sich auch der Dichter-Spiritual *Jacopone da Todi* mit seiner Unterschrift unter ihr Oppositionsmanifest von 1297 bekannte, nahm schärfste Formen an. Bald folgte ein zweites Manifest mit der Erklärung der unrechtmäßigen Papstwahl. Die beiden Kardinäle wurden abgesetzt und exkommuniziert, Palestrina, der Sitz des Geschlechtes, (wurde) einschließlich der Kirchen in sinnloser Zerstörungswut dem Erdboden gleichgemacht und an dessen Stelle die Stadt Civitas Papalis erbaut. Den Besitz des Hauses *Colonna* konfiszierte der Papst, um sein Haus damit zu bereichern, teilweise auch die *Orsini*, die er sich geneigt zu machen wünschte.«[64]

Im Grunde ist es unter diesen Umständen egal, ob man *Friedrich II.* als überirdischen Herrscher bewundert oder *Bonifaz VIII.*

63 HANS KÜHNER: Lexikon der Päpste, 80.

64 A.a.O., 79–80. Vgl. JOSEPH LORTZ: Geschichte der Kirche, I 425–429: Bonifaz VIII. – HERMANN CONRAD: Deutsche Rechtsgeschichte, 283–284, betont: »An dem Widerstand des französischen Königtums ist das Papsttum gescheitert. Das Pontifikat *Bonifatius' VIII.* leitete den Niedergang des mittelalterlichen Papsttums ein. Die seit der gregorianischen Kirchenreform zur Vormacht des Abendlandes aufsteigende Kurie hat durch ihren Kampf gegen die deutsche Kaisermacht deren Grundlagen erschüttert. Frankreich erntete zu Beginn des 14. Jahrhunderts die Früchte dieser jahrhundertelangen Auseinandersetzung zwischen Kirche und Reich. Unter dem Franzosen *Clemens V.* (1305–1314) ging das Papsttum in die Babylonische Gefangenschaft, indem es seinen Sitz von Rom nach Avignon verlegte und damit in den Machtbereich des französischen Königs kam. Die Auseinandersetzung zwischen *Bonifaz VIII.* und *Philipp dem Schönen* (1285–1314) hatte sich an der Frage der Steuerfreiheit des Klerus entzündet und sich auf die Gerichtsbarkeit des Königs über einen Bischof ausgedehnt. Zum ersten Mal begegnete die Kirche dem Widerstand eines in sich geschlossenen, zentralistisch geleiteten Nationalstaates. Der Kampf der Päpste gegen den Kaiser um die eigene Vormachtstellung hatte die Bildung der Nationalstaaten und Fürstentümer gestärkt.« Die Kirche scheiterte an ihrem eigenen veräußerlichten Herrscherwillen, ohne daraus die Konsequenz einer geistigen Neubesinnung zu ziehen. Im Gegenteil!

als allzu irdischen Papst verachtet, – beide machen deutlich: es gibt eine Erlösung von dem Albtraum des menschlichen Daseins und der menschlichen Geschichte nicht mit den Mitteln der Macht, sondern nur durch Überwindung der Angst und Gewalt, die in der staatlichen Macht als Institution immer von neuem ihren vermeintlich unüberschreitbaren, nicht hinterfragbaren, alles gestaltenden und alles verwaltenden Ausdruck finden. Ein wichtigeres Programm ist nie gelebt und verkündet worden als durch das Anliegen des Jesus von Nazareth: die Befreiung der Menschen von ihrer Angst und damit ihre Freisetzung aus der Blutmühle ständiger Gewalt.

Das »christliche« Abendland indessen wird in dem Dauerkonflikt von vergöttlichter Staatsmacht und verstaatlichter Gottesmacht einen vollkommen konträren Weg beschreiten, und es wird bezeichnenderweise das Strafrecht sein, an dem die feindselige Umklammerung beider Instanzen sich austoben wird. Der Grund dafür ist einfach: Den sichersten Einfluß auf die Kirche kann der Staat gewinnen, indem er sich als Exekutivorgan kirchlicher Verurteilungen in Glaubens- und Sittenfragen profiliert, und das sicherste Führungsregime kann die Kirche gegenüber dem Staat beanspruchen, indem sie sich selber als unfehlbare Entscheidungsbehörde über die Wahrheit in allen Fragen von Glauben und Sitte gebärdet.

Fraglich ist einer solchen Kirche wohlgemerkt nicht die Wahrheit – die führt sie immer schon von Amts wegen aus der Hand Gottes bei sich –, fraglich indessen sind ihr die Menschen: wer sind sie, was tun sie, was glauben sie? Alle Menschen stehen unter dem Vorwurf, Sünder zu sein; allesamt sind sie angeklagt, Ungläubige zu sein; allzumal sind sie möglicherweise Feinde Gottes, also Feinde der Kirche, – Feinde also auch des Staates. Wenn's ums Bestrafen geht und ums Kriegführen, brauchen die beiden so heterogenen Gebilde von Staat und Kirche einander wie die linke und die rechte Hand bei der Festnahme all der Devianten und Delinquenten in ihren Reihen. Dabei berufen beide Lager sich auf die Vernunft; doch wie sich zeigt, degeneriert in der Verwirbelung der Angst gerade die Vernunft zum Wahn: überall drinnen, überall draußen lauert Gefahr: der Unglaube, das Heidentum, das Laster, der Teufel; Inquisition und Kreuzzug sind die gebotenen Verfahren, Abhilfe zu schaffen, – mit immer mehr Angst, mit immer mehr Gewalt, mit immer mehr Staat, mit immer mehr Kirche. So erhalten beide sich gegenseitig.

Dagegen aufkommen läßt sich *allein* mit der berühmten Ermahnung *Porzia*s an den gnadenlos auf sein Recht bestehenden, an den

Christen versteinerten Juden *Shylock* in WILLIAM SHAKESPEARES Drama vom »Kaufmann von Venedig«, indem diese, verkleidet als Richter, die ewig wahren Worte spricht:

Die Art der Gnade weiß von keinem Zwang.
Sie träufelt wie des Himmels milder Regen
Zur Erde unter ihr, zwiefach gesegnet:
Sie segnet den, der gibt, und den, der nimmt.
Am mächtigsten im Mächt'gen, zieret sie
Den Fürsten auf dem Thron mehr als die Krone;
Das Zepter zeigt die weltliche Gewalt,
Das Attribut der Würd und Majestät,
Worin die Furcht und Scheu der Kön'ge sitzt.
Doch Gnad ist über diese Zeptermacht,
Sie thronet in dem Herzen der Monarchen,
Sie ist ein Attribut der Gottheit selbst,
Und ird'sche Macht kommt göttlicher am nächsten,
Wenn Gnade bei dem Recht steht! Darum, Jude,
Suchst du um Recht schon an, erwäge dies:
Daß nach dem Lauf des Rechtes unser keiner
Zum Heile käm; wir beten all um Gnade,
Und dies Gebet muß uns der Gnade Taten
Auch üben lehren[65].

Zwischen beidem: zwischen Gnade und Gesetz, gilt es absolut, alternativ zu wählen. Das ist das Ergebnis, das wir in diesem ersten Band anhand des Materials der Rechtsgeschichte von den altorientalischen Reichen bis zum Mittelalter gewonnen haben und das wir im *zweiten* Band mit der Geschichte der Inquisition und der Gesetzgebung der Habsburger vertiefen wollen, um uns alsdann den Widersprüchen der Strafjustiz und den entsprechenden Lösungsansätzen in der Gegenwart zuzuwenden. Was ist zu tun, um der Botschaft Jesu von der unbedingten Vergebungsbereitschaft Gottes und der gänzlichen Vergebungsbedürftigkeit der Menschen in der politisch-gesellschaftlichen Wirklichkeit näherzukommen? Was läßt sich tun, das offenbare Unrecht der staatlichen Rechtsprechung in der Verurteilung all der Verlorenen und Verlaufenen durch ein Verfahren von Verstehen, Hel-

65 WILLIAM SHAKESPEARE: Der Kaufmann von Venedig, IV. Akt, 1. Szene, in: Sämtliche Werke, 182.

fen und Begleiten aufzuheben? Je deutlicher das Problem in seiner Entstehungsgeschichte sich darstellt, desto klarer werden die Wege zu seiner Überwindung sich abzeichnen.

Im Jahre 1793, als die Zeit des Terrors einer erklärtermaßen atheistischen »Vernunft« während der Französischen Revolution ihren Höhepunkt erreichte, schrieb ein brillanter Journalist, CAMILLE DESMOULINS mit Namen, vordem Sekretär *Georges Jacques Dantons* (1759–1794), in seiner Zeitung *Le Vieux Cordelier:* »Freiheit ist keine Nymphe von der Oper, auch keine rote Mütze oder ein schmutziges Hemd und zerlumpte Kleidung ... Wollt Ihr, daß ich diese Freiheit anerkenne ...? Dann öffnet ihr die Gefängnistore für die 200 000 Bürger, die Ihr Verdächtige nennt ... Glaubt nicht, eine solche Maßnahme sei unheilvoll für das Volk. Sie wäre im Gegenteil die revolutionärste, die Ihr ergreifen könntet. Ihr wollt alle Eure Feinde durch die Guillotine austilgen? Kann es einen größeren Wahnsinn geben? Für jeden Feind, den Ihr dem Schafott überliefert, erwachsen Euch zwei neue unter seiner Familie und seinen Freunden. – Ich bin völlig anderer Meinung als diejenigen, die fordern, der Terror müsse die Tagesordnung sein. Ich bin zuversichtlich, daß die Freiheit gesichert und Europa gewonnen sein wird, sobald Ihr einen Gnadenausschuß einsetzen werdet.«[66] Sein Gegner *Robespierre* »war überzeugt, daß die Angst vor Verhaftung, einer raschen Verurteilung und einem grausigen Tod das einzige war, das die Feinde der Republik hindern konnte, ihren Sturz zu planen«.[67]

Friedensfreunde dieser Art mußte man, wie stets, guillotinieren. Am 5. April 1794 wurde DESMOULINS hingerichtet. Jedoch: Einzig die Revolution der Gnade ist es wert, notfalls für sie zu sterben; eine Gerechtigkeit der Angst besteht notwendig in Gewalt. Sie schafft kein Leben, sie ist selbst der Tod; sie bringt nicht Freiheit, sie versklavt; sie schenkt nicht Glück, sie unterdrückt. Eins von beidem also. Die Kirche aber ward und macht sich schuldig, indem sie die gebotene Entscheidung verweigert und in ein schlichtes, schlechtes Miteinander auflöst.

66 WILL und ARIEL DURANT: Die Französische Revolution und der Aufstieg Napoleons, 98. – 1793 hatte Mademoiselle *Amélie-Julie Candeille* (1767–1834) in der Kathedrale Notre Dame, die in »Tempel der Vernunft« umbenannt worden war, zu abendlichen Festveranstaltungen als Göttin der Freiheit aufzutreten, bekleidet mit der Trikolore und auf dem Kopf eine rote Mütze, umgeben von verführerischen Damen, die eine »Hymne an die Freiheit« sangen, komponiert von *Marie-Joseph de Chénier* (1764–1811). (S.95)
67 A.a.O., 98.

Denn so ging es weiter: Die Strafrechtsentwicklung führte, wie gezeigt, bereits im 12. Jh. und beginnenden 13. Jh. dahin, daß die Reichsgesetzgebung »an die aufstrebenden landesherrlichen Gewalten« überging. »An die Stelle der reichsgesetzlichen Strafsatzungen traten die landesherrlichen und landschaftlichen. Das Strafrecht verfiel ... der Reichszersplitterung. Hinzu kam, daß das neu aufkommende System der peinlichen Strafen den Keim zur Härte, ja zur Grausamkeit in sich barg und die Gefahr einer Verwilderung der gesamten Strafrechtspflege heraufführte. Diese Gefahr wurde noch durch das im Strafverfahren neu aufkommende Inquisitionsprinzip vergrößert.«[68] Dabei standen die Inquisitionsprozesse der Kirche im Kampf gegen die Ungläubigen und Gottesfrevler vorbildlich Pate. Die Verteidigung des rechten Glaubens nach innen sowie die Durchsetzung des rechten Glaubens nach außen durch Hinrichtung und Krieg blieb im »christlichen« Abendland die zentrale Verbindungsstelle von Staatsmacht und Kirchenmacht. In dieser Verkoppelung konnten die Päpste ihren universalen und absoluten Herrschaftsanspruch nicht mehr gegen, sondern fortan mit Hilfe des Staates geltend machen: als Besitzer und Hüter göttlicher Wahrheit wußten sie ihre Gegner zu denunzieren und zu diffamieren und übergaben sie der zu Gehorsam verpflichteten weltlichen Macht in den Händen von Kaisern, Königen und Landesherren zu einem ebenso irdischen wie göttlichen Gericht auf Tod und Vernichtung.

Die Praktiken der römischen Inquisition und die Verfahren der peinlichen Prozess- und Strafordnung des Staates steigerten sich dabei gegenseitig. Mit Verfolgung, Folter und Tod fand der nur scheinbar mit dem Ende des Investiturstreites beigelegte Kampf um die Macht zwischen Kirche und Staat seine gräßliche Fortsetzung. Je schwächer die Position der Kirche politisch sich gestaltete, desto rigoroser errichtete sie ihre Schreckensherrschaft der Angst vor den tückischen Anschlägen des Teufels und den ewigen Qualen der Hölle; der Staat wiederum – beziehungsweise das Machtgebilde der jeweiligen Herrscher, von »Staat« im heutigen Sinne ist noch nicht die Rede –, auf der Suche nach einer geistigen Legitimation seiner Autorität in der Strafgerichtsbarkeit, war notgedrungen der Kirche zu Diensten inmitten einer Welt, die, als eine in Sünde gefallene, des richtenden Schwertes in den Händen des Staates immer von neuem zu bedürfen schien.

68 HERMANN CONRAD: Deutsche Rechtsgeschichte, 449.

Der wahre Grund für die Einrichtung und Existenz des »Staates« wurde damit kirchentheologisch verschleiert. Auf diesen hatte freilich kein Geringerer als CICERO bereits im 1. Jh. v. Chr. hingewiesen, indem er schrieb: »Das Verlangen nach Sicherung des Privatbesitzes war der Grund, weshalb sich die Menschen (sc. die Begüterten, d.V.) zu einer bürgerlichen Gemeinschaft in einem festen Staatswesen zusammengeschlossen haben.«[69] Der Staat sei nötig, heißt es 1230 bei *Friedrich II.* zu Beginn seiner »Konstitutionen«, weil die Menschen die Gütergemeinschaft des Paradieses preisgegeben hätten. Beide Aussagen benennen die gleiche Problemstellung, die der römische Philosoph für naturrechtlich gegeben hielt, während der christliche Kaiser sie im Erbe AUGUSTINS als Folge der Sünde begriff. In diesem Widerspruch müßte die Kirche die kritische Haltung des Juden Jesus gegenüber dem Staat aufgreifen und vertiefen, wenn irgend sie die Botschaft des Mannes aus Nazareth von der erlösenden Kraft des Vertrauens in Gott wirklich ernst nehmen wollte; statt dessen aber nimmt sie den Ist-Zustand der Welt als unüberschreitbare Tatsache hin und arrangiert sich mit ihm, indem sie den Staat als Notverordnung rechtfertigt. Aus dem Auftrag, die Mächte dieser Welt (1 Kor. 15,24) zu überwinden und zu verwandeln, ist ein rein äußerer Machtanspruch der Kirche in Konkurrenz zur Staatsmacht geworden; aus der Befreiung von Angst und Schuld in dem Vertrauen auf Vergebung wurde ein Herrschaftsinstrument von Einschüchterung und Unterwerfung.

Jeder Versuch, die Botschaft Jesu zurückzugewinnen, ist deshalb beides in eins: eine Transformation des staatlichen Strafrechts zugunsten von Menschen, die in ihrer Schuld der Befreiung bedürfen, und eine Reformation der nach-konstantinischen Kirche in der Neubesinnung auf ihren eigentlichen Auftrag, »zu predigen den Gefangenen, daß sie frei sein sollen, und den Blinden, daß sie sehen sollen, und den Zerschlagenen, daß sie frei und ledig sein sollen, und zu verkündigen das Gnadenjahr des Herrn« (Lk 4,18–19; Jes. 61,1–2).

Die entscheidenden Fragen, denen wir im folgenden zweiten Band, entlang ihrer historischen Weiterentwicklung nachgehen werden, ergeben sich aus den bislang aufgeführten rechtsgeschichtlichen Tatbeständen wie von selbst.

Daß das persönliche Rachebedürfnis von seelisch wie körperlich Verletzten zu extremen Formen der Vergeltung Anlaß geben kann,

69 CICERO: Vom pflichtgemäßem Handeln, II 73, S. 109

steht außer Zweifel; doch gerade im inter- und intragentilen Strafrecht erschien uns der Wille zum Ausgleich recht ausgeprägt, während erst der Staat, selbst ein Erzeugnis von Gewalt, nach innen wie nach außen in seinem Strafrecht Formen einer exzessiven Grausamkeit entwickelt, deren Aufgipfelung in den ausgeklügelten Arten qualvoller Hinrichtungen uns entgegentrat. Warum? Aus der Regulation von eingetretenen Schäden sollte ein Vergeltungsprinzip von Gerechtigkeit werden, doch worum es der staatlichen Strafinstanz wirklich zu tun war, gab sich in den Rechtsverrohungen der Herrscher als Manifestation autoritärer Macht zu erkennen. Was heißt da Staat und wie verhält er sich, als Strafender, zu seinen Untergebenen, zu seinen Bürgern? Welch eine Rolle spielen dabei die gesellschaftlichen Schichten von Arm und Reich? Welche Veränderungen in den Produktionsbedingungen führen zu einer gesellschaftlichen Destabilisierung, deren Folgen an einem Anstieg der Kriminalität ablesbar sind? Und auf welche Formen vor allem von »Raub« und »Betrug« (lat.: *vis* und *dolus*) meint der Staat, jeweils zur Wiederherstellung der Ordnung, mit strengen und strengsten Strafen antworten zu müssen? Von dem Anspruch der Gerechtigkeit ist dabei kaum etwas zu sehen; er tritt zurück hinter der Demonstration der Staatsmacht mit dem Motiv der Abschreckung: man peinigt den einzelnen Delinquenten, um durch die erzeugte Strafangst andere davon abzuhalten, eine ähnliche Gesetzesübertretung zu begehen. Die Strafe selber wird eingesetzt als Mittel sozialer Erziehung; der Bestrafte fungiert als Schauobjekt eben dieser Zwecksetzung.

Das allerdings wird jetzt zur Frage: wann eigentlich wird man hinter der zu bestrafenden Tat den Täter zu Gesicht bekommen? Strafen kann nur, wer die Macht dazu hat, doch bestraft werden darf nur der Schuldige. Eine Tat wurde begangen, und der sie beging, wurde eben dadurch zu einem Schuldigen, – so einfach scheint es. Doch kein Täter ist seine Tat. Wer ist er selber? Und was ging in ihm vor sich, als er sich »verging« und vom rechten Wege abkam? Wohl, man straft schon um 1200 nicht mehr reinweg nach dem Ergebnis einer Handlung, man unterscheidet, wenn auch zögernd und nicht immer konsequent, zwischen einem beabsichtigten und einem unabsichtlichen Handlungsergebnis, man differenziert zwischen einer Tat im Affekt und einer wohl kalkulierten Tatbegehung; man führt eine gewisse Strafunmündigkeit für Minderjährige ein, und in all dem wird die Person eines Straftäters allmählich bedeutsamer. Doch so paradox wird es kommen: den eigentlichen Beitrag zur Entdeckung des

Subjekts im Strafrecht wird die Kirche mit ihren Inquisitionsverfahren leisten. Auf der Suche nach gottlosen Irrlehrern und teuflischen Sündern kam die Kirche nicht umhin, mit ihren Verhörpraktiken in die Seelen der verdächtig Gewordenen einzudringen. Es geht um Gott, also muss es gehen um den Glauben und das Wollen einzelner Personen; deren Persönlichkeit, deren Subjekt wurde jetzt zum Objekt sorgfältigster Untersuchungen. Doch wohlgemerkt geschah das nicht, um den Betroffenen besser zu verstehen und seiner seelischen Notlage besser »gerecht« werden zu können, es geschah, um die Anklageerhebung besser begründen zu können. Das Subjekt, der Inquisit, kam so tatsächlich in den Blick, doch man peinigte ihn jetzt nicht mehr, um ihn zu strafen, sondern um ihn zu einem Geständnis zu nötigen, das der Kirchenbehörde das Recht zur endgültigen Verurteilung gab, während es Gott, dem Allgütigen, Gelegenheit bot, den Hinzurichtenden, doch reuig Bekennenden von seiner Schuld zu befreien.

Perfider konnte die Botschaft Jesu nicht pervertiert werden. Doch gerade diese verobjektivierende Form der Entdeckung des Subjekts bot im Status der Anklage, wie wir bald sehen werden, vom Mittelalter an die Grundform des Strafrechts im Abendland; und an keiner anderen Stelle sollte sich das Versagen, ja, die Verfälschung der Botschaft Jesu, schmerzhafter und folgenschwerer auswirken als in der Instrumentalisierung der staatlichen Gewalt gegen ihre »Feinde« drinnen wie draußen, in der Exekution von Strafe und Krieg. Selbst in dem säkularisierten Denken moderner Strafrechtstheorien wird diese Grundstruktur zur Rechtfertigung des Strafrechts bis in die Gegenwart hinein erhalten bleiben. Als »Gegenwärtige Vergangenheit« werden wir deshalb den zweiten Band dieser Arbeit über »Christentum und Strafrecht« untertiteln.

Als begleitende Erinnerung an das ursprünglich mal Gemeinte mag dabei das Titelbild des vorliegenden Buches dienen, das Gemälde von GIOVANNI FRANCESCO BARBIERI, genannt *Guercino*: Die Ehebrecherin (L'adultera), aus dem Jahre 1621 (Dulwich Picture Gallery, London). Dargestellt ist die Szene aus Joh 8,1 – 11, als die Schriftgelehrten eine Frau zu Jesus bringen, die auf frischer Tat beim Ehebruch ertappt wurde; nach dem Gesetz des *Moses* muß sie dafür gesteinigt werden (Lev 20,10; Dtn 22,22–24, – was wird Jesus dazu sagen?

Schon hat einer der Gerichtsdiener mit sicherem Griff die Frau in Haft genommen, flankiert von einem helmbewehrten und administrativ bewährten Ordnungshüter, während die Beschuldigte, wie ergeben in ihr Schicksal, weder aufzublicken noch sich zu verteidigen vermag. Mit dem Rücken dem Betrachter zugewandt, nimmt ein Thorajurist mit breiter Schulter den rechten Vordergrund des Bildes ein. Sein Urteil steht fest: die Hände, wie ein Halseisen sich aneinander legend, weisen auf die überführte Gesetzesbrecherin hin, – sie ist des Todes schuldig. Wer daran zweifelt, muß an *Moses* zweifeln; ein solcher macht sich selbst des Todes schuldig. Es ist Jesus, der im Vertrauen auf Gott bezweifelt, daß Menschen, die selber schuldig sind, das Gesetz des *Moses* anwenden und andere Menschen als Schuldige hinrichten dürften. Seine gütigen Augen schauen ebenso beruhigend und besänftigend wie fragend und in Frage stellend den Gesetzeslehrer an; sein Finger, der auf die Angeklagte deutet, lädt dazu ein, sie aufzunehmen, statt sie auszustoßen.

Gerade wegen dieser seiner Einstellung hat man den Mann aus Nazareth zum Tode verurteilt und auf gräßliche Weise hingerichtet. Wir aber, wollen wir Christen sein, müssen eben deshalb in seinem Namen von dem Prinzip des gesamten Strafrechtes ein für allemal uns verabschieden.

»Hat niemand dich verurteilt?«, fragt Jesus die Ehebrecherin. Und als sie ihm entgegnet: »Nein Herr«, spricht er zu ihr die unerhörten Worte: »Dann will auch ich dich nicht verurteilen« (Joh 8,11).

Die Voraussetzungen und Folgen dieser Einstellung bewußt zu machen, ist Sinn und Ziel der vorliegenden Arbeit. Bisher ging es um Aggression und Machtgewinn; wie aber, wenn das Strafsystem, indem es nur lang genug besteht, eine »Moral« der Unterdrückung schafft, bestehend aus verinnerlichter Strenge und Gewalt im Über-Ich und einer angstgetriebenen Korrektheit? Dann haben wir den Typ des Gottesdieners im Gehorsam gegenüber dem Gesetz, – den strafenden Rechthaber im Zwang der Selbstbestätigung seiner Normengemäßheit; und wie befreit man ihn aus seiner Knechtschaft im Gesetz (Gal 4, 21–31; 5, 1–15)? Wie werden wir frei zu Gottes Güte?

Literaturverzeichnis

ANTHROPOLOGIE, BIOLOGIE, NEUROLOGIE, VERHALTENSFORSCHUNG

Affen haben einen Sinn für Gerechtigkeit. Verhaltenstests beweisen, dass Versuchstiere Belohnungen miteinander vergleichen, in: Weser Kurier, 27.09.03 (dpa)

RUDOLF BILZ: Ökonomie der Rang-Affekte im menschlichen Handeln und Werden (1965), in: Die unbewältigte Vergangenheit des Menschengeschlechtes, Frankfurt 1967, 190–212

RUDOLF BILZ: Mensch und Tier. Biologische Radikale in unserem Dasein (1965), in: Paläoanthropologie. Der neue Mensch in der Sicht einer Verhaltensforschung, 1. Bd., Frankfurt 1971, 123–131

RUDOLF BILZ: Über die menschliche Schuld-Angst. Erörterungen über die Tat und das Motiv-Objekt (1958), in: Paläoanthropologie. Der neue Mensch in der Sicht einer Verhaltensforschung, Frankfurt/M. 1971, 351–369

RUDOLF BILZ: Der Voodoo-Tod und die Daseinsangst, in: Paläoanthropologie. Der neue Mensch in der Sicht einer Verhaltensforschung, Frankfurt/M. 1971, 442–447

EUGEN DREWERMANN: Der sechste Tag. Die Herkunft des Menschen und die Frage nach Gott. Glauben in Freiheit, Bd. 3: Religion und Naturwissenschaft. 1. Teil, Zürich – Düsseldorf [3](erw.) 2004

EUGEN DREWERMANN: ... und es geschah so. Die moderne Biologie und die Frage nach Gott. Glauben in Freiheit, Bd. 3: Religion und Naturwissenschaft, 2. Teil: Biologie und Theologie, Zürich – Düsseldorf 1999

EUGEN DREWERMANN: Atem des Lebens. Die moderne Neurologie und die Frage nach Gott. Glauben in Freiheit, Bd. 1: Das Gehirn. Grundlagen und Erkenntnisse der Gehirnforschung, Gehirnforschung; Bd. 2: Die Seele. Zwischen Angst und Vertrauen; Bd. 3: Religion und Naturwissenschaften, 4. Teil: Neurologie und Theologie, Düsseldorf 2006/2007

VITUS B. DRÖSCHER: Überlebensformel. Wie Tiere Umweltgefahren meistern, (Wien 1979), München (dtv 1733) 1981

DEAN FALK: Braindance, New York 1992; dt.: Warum Schimpansen nicht steppen können. Die Entwicklung des menschlichen Gehirns übers. v. Gerald Bosch, (Basel 1994) Frankfurt/M. – Leipzig (insel tb. 1838) 1996

FRIEDRICH GOETHE: Über das „Anstoß-Nehmen" bei Vögeln in: Zeitschrift für Tierpsychologie III, 1939, 371–374

JANE VAN LAWICK-GOODALL: In the Shadow of Man, London 1971; dt.: Wilde Schimpansen. 10 Jahre Verhaltensforschung am Gombe-Strom. Fotos von Hugo van Lawick, übers. v. Mark W. Rieu, Reinbek (rororo 6920) 1975

JANE GOODALL: Through a Window. Thirty Years with the chimpanzees, London 1990; dt.: Meine 30 Jahre am Gombe-Strom, übers. v. Ilse Strasmann, Hamburg 1991

KONRAD LORENZ: Das sogenannte Böse. Zur Naturgeschichte der Aggression, Wien 1963

KONRAD LORENZ: Er redete mit dem Vieh, den Vögeln und den Fischen, München (dtv 173) 1964

HEINZ-ULRICH REYER: Formen, Ursachen und biologische Bedeutung innerartlicher Aggression bei Tieren, in: Klaus Immelmann (Hg.): Verhaltensforschung (Einzelausgabe zu „Grzimeks Tierleben"), Zürich 1974, 354–391

THORLEIF SCHJELDERUP-EBBE: Zur Soziologie der Vögel, in: Zeitschrift für Psychologie 95,1925

THORLEIF SCHJELDERUP-EBBE: Die Despotie im sozialen Leben der Vögel, in: R. Thurnwald (Hg.): Arbeiten zur biologischen Grundlegung der Soziologie, Bd. 2, Leipzig 1931

VOLKER SOMMER: Die Affen. Unsere wilde Verwandtschaft, Hamburg (GEO) 1989

WOLFGANG WICKLER – UTA SEIBT: Das Prinzip Eigennutz. Ursachen und Konsequenzen sozialen Verhaltens, Hamburg 1977

GESELLSCHAFT, PSYCHOLOGIE, SOZIOLOGIE, STAAT UND WIRTSCHAFT.

ERNEST BORNEMAN: Das Patriarchat. Ursprung und Zukunft unseres Gesellschaftssystems (1975), Frankfurt/M. (Fischer Tb. 3416) 1979

PIERRE BOURDIEU – JEAN CLAUDE PASSERON: Grundlagen einer Theorie der symbolischen Gewalt, Frankfurt 1973

STEFAN BREUER: Der charismatische Staat. Ursprünge und Frühformen stattlicher Herrschaft, Darmstadt 2014

JARED DIAMOND: Collapse. How Societies Choose to Fail or Succeed, New York 2005; dt.: Kollaps. Warum Gesellschaften überleben oder untergehen, übers. v. Sebastian Vogel, Frankfurt/M. (Fischer Tb. 16730), 2006

EUGEN DREWERMANN: Die Spirale der Angst. Der Krieg und das Christentum. Mit vier Reden gegen den Krieg am Golf, Freiburg – Basel – Wien (Herder spektrum 4003) [5]1991

EUGEN DREWERMANN: Geld, Gesellschaft und Gewalt (Kapital und Christentum, 1. Bd.: Faire Preise, faire Löhne, fairer Handel), Ostfildern 2016

EUGEN DREWERMANN: Finanzkapitalismus (Kapital und Christentum 2. Bd.), Ostfildern 2017

EUGEN DREWERMANN: Von Krieg zu Frieden (Kapital und Christentum, 3. Bd.), Ostfildern 2017

GERHARD FELDBAUER: Ein anderer Name. Kapitulationen und Kompromisse: Spätschriften von *Jürgen Kuczynski* über den schwierigen Weg neuer Gesellschaftsordnungen, in: junge Welt, Nr. 161, 15.7.19, S. 15

DAVID GRAEBER: Debts: The first 5000 Years, New York 2011; dt.: Schulden. Die ersten 5000 Jahre, übers. v. Ursel Schäfer, Hans Freundl und Stephan Gebauer, (Stuttgart 2012), München (Goldmann Tb. 15752) 2014

JÜRGEN KUCZYNSKI: Asche für Phönix oder: Vom Zickzack der Geschichte. Aufstieg, Untergang und Wiederkehr neuer Gesellschaftsordnungen, Köln 2019

GUSTAVE LE BON: Psychologie des Foules, 1895; dt.: Psychologie der Massen, eingef. v. Helmut Dingeldey, Stuttgart (Kröner Tb. 99) 1973

KARL MARX: Die Verhandlungen des 6. rheinischen Landtags. Dritter Artikel. Debatten über das Holzdiebstahlgesetz, 1842, in: Karl Marx – Friedrich Engels: Werke, Bd. 1, hg. von der Rosa-Luxemburg-Stiftung, Berlin [16](überarb.) 2006, [17]2017, 109–147

OTTO RANK: Der Mythus von der Geburt des Helden. Versuch einer psychologischen Mythendeutung (Schriften zur angewandten Seelenkunde (hg. v. Sigmund Freud, Heft 5), Leipzig – Wien [2](verb.) 1922

WOLFGANG SOFSKY: Ordnung des Terrors, in: Kritische Justiz 27, 1994, 385

WOLFGANG SOFSKY: Traktat über die Gewalt, Frankfurt/M. 1996

ARNOLD J. TOYNBEE: War and Civilization, from: A Study of History, selected by Albert V. Fowler, Oxford 1950; dt: Krieg und Kultur. Der Militarismus im Leben der Völker, übers. v. Heinrich Mattutat, Frankfurt/M. – Hamburg (Fischer Tb. 235) 1958

TRUTZ VON TROTHA: Zur Soziologie der Gewalt, in: Ders. (Hg.): Soziologie der Gewalt, Opladen/Wiesbaden 1997, 9–58

ROLAND VILLENEUVE: Le Musée des Supplices, Paris 1968; dt.: Grausamkeit und Sexualität. Sadistisch-flagellantische, pathologische, gesellschaftlich-machtpolitische und religiöse Hintergründe der Leibes- und Todesstrafen, Hinrichtungsarten, Martern und Qualen bis in die Gegenwart in Wort und Bild, übers. v. J. Fürstauer, Stuttgart 1968

POLITIK UND JÜNGERE GESCHICHTE

CHRISTIAN ALTHOFF: Arzus Bruder Osman unter Verdacht, in: Westfalen-Blatt, 17.01.2012

BRUNO CABANES: Oktober 1918. Jahrhundertpandemie und Spanische Grippe, in: Bruno Cabanes – Anne Duménil (Hg.): Larousse de la Grande Guerre, Larousse 2007; dt.: Der Erste Weltkrieg. Eine europäische Katastrophe, übers. v. Birgit Lamerz-Beckschäfer, mit einem Vorw. v. Gerd Krumeich, Darmstadt 2013, 357–362

FRANCISO CANTÚ: The line becomes a river: dispatches from the border, New York 2018; dt.: No man's land. Leben an der mexikanischen Grenze, übers. v. Matthias Fienbork, München 2018

JEAN-PIERRE CARTIER: La première guerre mondiale, 1914–1915, 1916–1918, Paris 1982, 1984; dt.: Der Erste Weltkrieg. 1914–1918. Weltgeschichte des 20. Jahrhunderts, übers. v. Ulrich Friedrich Müller, München 1984

NOAM CHOMSKY: Fateful Triangle. The United States, Israel and the Palestinians, Cambrigde 1983, 1999; dt.: Offene Wunde Nahost. Israel, die Palästinenser und die US-Politik, übers. v. Michael Haupt, Hamburg 2003

RAMSEY CLARK: The fire this time, 1992; dt.: Wüstensturm. US-Kriegsverbrechen am Golf, übers. v. Klaus Sticker u. Sebastian Vogel, mit einem Vorw. v. Alfred Mechtersheimer, Göttingen 1993

CARL VON CLAUSEWITZ: Vom Kriege. Ungekürzter Text nach der Erstauflage (1832–1834), Frankfurt/M. – Berlin – Wien (Ullstein Tb. 35051) 1981

THOMAS DARNSTÄDT: Der Richter und sein Opfer. Wenn die Justiz sich irrt, München-Zürich 2013

HANSGEORG HERMANN: Vom unrentablen Menschen. Der Neofaschismus ist in Europas Regierungen angekommen. Die Konsequenzen, insbesondere für Geflüchtete und Minderheiten, sind mörderisch, in: junge Welt, Nr. 194, 22.08.2018, 12–13

DUNCAN HILL (HG.): Chronicle of War: 1914 to the Present Day, 2009; dt.: Chronik der Kriege. 1914 bis heute, übers. v. Daniele Kronseder, St. Gallen 2010

ADOLF HITLER: Mein Kampf, 2 Bde. in einem Bd., 1. Bd.: Eine Abrechnung, 2. Bd.: Die nationalsozialistische Bewegung, München 1934

INGO KALISCHEK: Flüchtlingselend neben Luxusyachten. Italien: Seit Tagen liegt das Schiff „Diciotti" auf Sizilien im Hafen, an Bord 150 Menschen. An Land dürfen sie nicht, weil Europa darüber streitet, wo sie hin sollen. Bielefeld hat angeboten, einige Minderjährige aufzunehmen. Unser Reporter berichtet aus Catania, in: Neue Westfälische, 24.08.2018, S. 3

INGO KALISCHEK: „Ihr könnt uns nicht einfach so vergessen." Italien: Noch immer sitzen 150 Flüchtlinge an Bord der „Diciotti" im Hafen von Catania fest. 27 unbegleitete Kinder und Jugendliche durften das Schiff mittlerweile verlassen. Das Schicksal der auf dem Schiff Verbliebenen ist ungewiss, in: Neue Westfälische, 25./26.08.2018, S. 3

INGO KALISCHECK: Flüchtlingsdrama endet – Spuren bleiben. Nach zehn Tagen kommen 150 Migranten endlich an Land. Ein Großteil soll von der katholischen Kirche aufgenommen werden. Einige seien krank. Innenminister *Salvini* gerät in das Visier der Justiz, in: Neue Westfälische, 27.08.2018, S. 3

E.KEIM – E. WEDLER – K. CHAHROUR: Shilan (21) erschossen. Das Opfer der Bluthochzeit, in: Bild, 16.03.2016, S. 16

SIÂN REES: The Floating Brothel, London 2001; dt.: Das Freudenschiff. Die wahre Geschichte von einem Schiff und seiner weiblichen Fracht im 18. Jahrhundert, übers. v. Karin Dufner, München (Pieper 3999) 2003

KATRIN ROHNSTOCK – RALF PASCH: Mein Leben im Schatten der Blutrache. Die Geschichte des Gülnaz Bejaz, München (dtv 34480) 2008

CARL SCHMITT: Der Begriff des Politischen, Berlin 1932; mit einem Vorwort und drei Corollarien, Berlin 1963

JAN STERNBERG – THORALF CLEVEN: Die neue Macht der Clans. Kriminalität: Ein Mord am helllichten Tag. Erpressung und spektakuläre Überfälle – arabische Großfamilien machen den Sicherheitsbehörden in Berlin und anderswo zu schaffen. Jetzt versprechen Politik und Justiz ein härteres Vorgehen. Reicht das?, in: Neue Westfälische, 01.10.2018, S. 3

THOMAS URBAN: Spanien. Ende der Willkommenskultur, in: Süddeutsche Zeitung, Nr. 195, 25./26.08.2018, S. 4

MICHAEL ZIMMERMANN: Das Ruhrgebiet im Nationalsozialismus. 1933 bis 1945, in: Chronik Ruhrgebiet, Gütersloh-München ²(aktualisiert) 1997, 397–454

GESCHICHTE

Vorgeschichte; Völkerkunde

DAVID GRAEBER: Debts. The first 5000 Years, New York 2011; dt.: Schulden. Die ersten 5000 Jahre; übers, v. Ursel Schäfer, Hans Freundl und Stephan Gebauer, (Stuttgart 2012) München (Goldmann 15772) 2014

RICHARD JUNG: Inferno in der Bronzezeit. Das Ende der ostmediterranen Königreiche, in: Mykene. Die sagenhafte Welt des Agamenmon, hg. vom Badischen Landesmuseum Karlsruhe, Sonderausstellung vom 01.12.2018 bis 02.06.2019, Karlsruhe – Darmstadt 2018, 230–233

CLAUDE LEVI-STRAUSS: Tristes Tropiques, Paris 1955; dt.: Traurige Tropen, übers. v. Suzanne Heintz, Köln – Berlin 1970

ARNOLD TOYNBEE: Mankind and Mother Earth. A Narrative History of the World, Oxford 1976; dt.: Menschheit und Mutter Erde. Die Geschichte der großen Zivilisationen, übers. v. Karl Berisch, Düsseldorf 1979

Außereuropäische Kulturen, Ostasien

ARTHUR COTTERELL – YONG YAP: The Early Civilization of China, 1975, 1980; dt.: Das Reich der Mitte. Archäologie – Kunst – Kultur. 5000 Jahre Geschichte und Tradition des Alten China, übers. v. Herbert Drube, Kathrin Reiser und Karl Heinz Siber, Bern – München 1981

HERBERT FRANKE: Primäre Zentren der Hochkultur. Im Tal des Gelben Flusses, in: Weltgeschichte der Frühkulturen und der frühen Hochkulturen, Freiburg – Basel – Wien 1965, [2]1983, 334–354

HELMUT HOFFMANN: Primäre Zentren der Hochkultur. Im Industal, in: Weltgeschichte der Frühkulturen und der frühen Hochkulturen, Freiburg – Basel – Wien 1965, [2]1983, 326–333

Mittel- und Südamerika.

NIGEL DAVIES: The Aztecs. A History, London 1973; dt.: Die Azteken. Meister der Staatskunst – Schöpfer hoher Kultur, übers. v. Stasi Kull, bearb. v. Theodor Müller-Alfeld, (Düsseldorf – Wien 1974), Reinbek (rororo 6950) 1976

VICTOR W. VON HAGEN: Sonnenkönigreiche. Azteken, Maya, Inka, München – Zürich 1962

WALTER KRICKEBERG: Altmexikanische Kulturen. Anhang: Gerdt Kutscher: Zur Kunst Altmexikos, Berlin 1975

LINDA SCHELE – DAVID FREIDEL: A Forest of Kings. The Untold Story of the Ancient Maya, New York 1990; dt.: Die unbekannte Welt der Maya. Das Geheimnis ihrer Kultur entschlüsselt, übers. von Johann George Scheffner, München 1991

HERMANN TRIMBORN: Primäre Zentren der Hochkultur. Die Hochkulturen des alten Amerika, in: Weltgeschichte der Frühkulturen und der frühen Hochkulturen, Freiburg – Basel – Wien 1965; [2]1983, 379–448

Mesopotamien

DIETZ OTTO EDZARD: Primäre Zentren der Hochkultur. Im Zweistromland, in: Weltgeschichte der Frühkulturen und der frühen Hochkulturen, Freiburg – Basel – Wien 1965, [2]1983, 237–281

ELENA CASSIN – JEAN BOTTÉRO – JEAN VERCOUTTER: Die altorientalischen Reiche, Bd. 1: Vom Palaolithikum bis zur Mitte des 2. Jahrtausends, (Paris 1964), Frankfurt/M. (Fischer Weltgeschichte 2), 1965

ELENA CASSIN-JEAN BOTTÉRO-JEAN VERCOUTTER (Hg.): Die Altorientalischen Reiche, 3 Bde., (Fischer Weltgeschichte 2; 3; 4), Frankfurt 1965–1967

ADAM FALKENSTEIN: Das Gesetzbuch Lipit-Ištars von Isin. Philologisches zum Gesetzbuch, in: Orientalia: commentarii periodici de rebus Orientis antiqui 19, Roma 1950, 103–118

ADAM FALKENSTEIN: Fluch über Akkade, in: Zeitschrift für Assyriologie und vorderasiatische Archäologie 23, Berlin 1965, 43–124

ECKART FRAHM: Zerstörer, Bauherr, Reformer. Sanherib war sicherlich einer der tatkräftigsten Herrscher der assyrischen Geschichte. Die einen Quellen stellen ihn als großen Neuerer dar – die anderen als brutalen Gewaltherrscher. Wer also war dieser König, der so viel Bewunderung, aber auch so viel Abscheu auf sich zog?, in: Damals 10; 35. Jahrgang, 2003, 24–29

ANDREAS FUCHS: Waren die Assyrer grausam?, in: Martin Zimmermann (Hg.): Extreme Formen von Gewalt in Bild und Text des Altertums, München 2009, 65–119

Das Gilgamesch-Epos. Neu übers. und komm. v. Stefan M. Maul, München [2](durchges.) 2005

CHRISTOPH GUNKEL: Imperator aus dem Nichts. Vom Findelkind zum Weltherrscher. Die

Geschichte Sargons, der das akkadische Reich begründete, klingt vertraut, ist aber von Legenden überwuchert, in: Spiegel Geschichte 2/2016: Mesopotamien, 64–71

UWE KLUSSMANN: Der König, der gerecht sein wollte, Hammurapis Sammlung von Rechtssätzen war gleichermaßen hart und lebensklug, Spiegel Geschichte 2/2016: Mesopotamien, 78–80

S.N.KRAMER: Ur-Nammu Law Code, in: Orientalia: commentarii periodici de rebus Orientis antiqui 23, Roma 1954, 40–48; Appendix: Notes by Adam Falkenstein, 49–51

F.R. KRAUS: Ein Edikt des Königs Ammi-Ṣaduqa von Babylon, Leiden 1958

MATTHIAS MESENHÖLLER: Der Kriegerkönig vom Tigris. *Assurnasirpal II.* ist ein Liebhaber der Künste, großzügiger Gastgeber und aktiver Bauherr – vor allem aber ein brutaler Feldherr. Seine Truppen morden, foltern, zerstören, und immer wieder rühmt sich der Herrscher der grausamen Taten, die in seinem Namen begangen werden. Mit ihm beginnt der Aufstieg des Königreichs Assyrien zum gewaltigsten Imperium, das es bis dahin in der Geschichte gegeben hat. Illustrationen: Tim Wehrmann, in: Mythos Babylon. Die Geburt der Zivilisation 3300 – 500 v.Chr.; Geo Epoche 87, Hamburg 2017, 108–121

HANS NEUMANN: Recht im antiken Mesopotamien, in: Ulrich Manthe (Hg.): Die Rechtskulturen der Antike. Vom Alten Orient bis zum Römischen Reich, München 2003, 55–122

M. SAN NICOLÒ: Rechtsgeschichtliches zum Gesetzbuch (Lipit-Ištars von Isin), in: Orientalia: commentarii periodici de rebus Orientis antiqui 19, Roma 1950, 111–118

JAMES B. PRITCHARD (Ed.): Ancient near eastern texts, relating to the Old Testament, Princeton – New Jersey [3](with supplement) 1969, 159–198: Collections of Laws from Mesopotamia and Asia Minor

CAY RADEMACHER: Hammurabi: Die Macht Babylons, in: Mythos Babylon. Die Geburt der Zivilisation 3300 – 500 v.Chr., in: Geo Epoche 87, 2017, 90–107

KAREN RADNER: Handel im Wandel. Die Stadt Assur liegt an einem Verkehrsknotenpunkt des alten Orients – diese Position ließ die Stadt zu Beginn des 2. Jahrtausends v. Chr. zum wichtigsten Zwischenhandelszentrum Nordmesopotamiens werden, in: Damals 10, 35. Jahrgang, 2003, 32–37

HENRY WILLIAM FREDERICK SAGGS: The Greatness that was Babylon, London 1962; dt.: Mesopotamien. Assyrer, Babylonier, Sumerer, übers. v. Wolfram Wagmuth, Zürich 1966

HARTMUT SCHMÖKEL: Ur, Assur und Babylon. Drei Jahrtausende im Zweistromland, Stuttgart – Zürich – Salzburg (Große Kulturen der Frühzeit, hg. v. Helmut Th. Bossert) 1955

ANDREAS SEDLMAIR: Die Geschichte Mesopotamiens. Über Jahrtausende prägen die Hochkulturen zwischen Euphrat und Tigris die Menschheitsgeschichte. Die Mesopotamier errichten die ersten Metropolen und Großreiche der Welt, sie fördern Kultur, Handel und Wissenschaften. Bis 539 v.Chr. eine fremde Macht die Region erobert. Karten: Stefanie Peters; in: Mythos Babylon. Die Geburt der Zivilisation 3300 – 500 v.Chr., Geo Epoche 87, 2017, 152–159

IRENE STRATENWERTH: Mord in Nippur. Früh schon existiert in Mesopotamien eine Urform des modernen Rechtsstaats: Gerichte prüfen Indizien und Beweise, Richter fällen Urteile auf der Grundlage verbindlicher Gesetze. Als um 1900 v.Chr. in der Tempelstadt Nippur ein Priester getötet wird, kommt es zum ersten überlieferten Mordprozess der Geschichte, in: Mythos Babylon. Die Geburt der Zivilisation 3300 – 500 v.Chr. Geo Epoche 87, 2017, 82–89

HEINZ-DIETER VIEL: Der Codex Hammurapi, Göttingen 2002

Altes Ägypten

Ägyptische Unterweltsbücher, eingeleitet, übers. und erläutert von Erik Hornung, Zürich – München 1972

SCHAFIK ALLAM: Recht im pharaonischen Ägypten, in: Ulrich Manthe (Hg.): Die Rechtskulturen der Antike. Vom Alten Orient bis zum Römischen Reich, München 2003, 15–54

Altägyptische Märchen, übertr. u. bearbeitet v. Emma Brunner Traut, Düsseldorf – Köln 1963

JAN ASSMANN: Ma'at. Gerechtigkeit und Unsterblichkeit im Alten Ägypten, München 1990
JAN ASSMANN: Tod und Jenseits im Alten Ägypten, München 2001
HELLMUT BRUNNER: Altägyptische Weisheit. Lehren für das Leben, eingeleitet, übers. und erläutert, Zürich – München 1988
ADOLF ERMAN: Die Literatur der Aegypter. Gedichte, Erzählungen und Lehrbücher aus dem 3. und 2. Jahrtausend v. Chr., Leipzig 1923
ADOLF ERMANN: Die Religion der Ägypter. Ihr Werden und Vergehen in vier Jahrtausenden, Berlin – Leipzig 1934
ADOLF ERMAN: Ägypten und ägyptisches Leben im Altertum, neu bearbeitet v. Hermann Ranke, mit einem Vorw. zur Sonderausgabe v. ARNE EGGEBRECHT, (Tübingen 1923) Hildesheim ²1981
GISELA GOTTSCHALK: Die großen Pharaonen. Ihr Leben – Ihre Zeit – Ihre Kunstwerke. Die bedeutendsten Gottkönige Ägyptens in Bildern, Berichten und Dokumenten, (Bern – München 1979), Herrsching 1984
KURT LANGE – MAX HIRMER: Ägypten. Architektur – Plastik – Malerei in drei Jahrtausenden. Mit Beiträgen v. Eberhard Otto und Christiane Desroches-Noblecourt, Aufnahmen v. Max Hirmer; (München 1967), München 1978
RENATE MÜLLER-WOLLERMANN: Symbolische Gewalt im Alten Ägypten, in: Martin Zimmermann (Hg): Extreme Formen von Gewalt in Bild und Text des Altertums, München 2009, 47–64
EDOUARD NAVILLE: Das ägyptische Totenbuch der XVIII. bis XX. Dynastie, aus verschiedenen Urkunden zusammengestellt und herausgegeben, 1. Bd.: Text und Vignetten, 2. Bd.: Varianten, (Berlin 1886), Graz 1967
JÜRGEN OSING: Zur „Politischen Stele" Thutmosis' III., in: Jan Assmann – Elke Blumenthal (Hg.): Literatur und Politik im pharaonischen und ptolemäischen Ägypten, Kairo 1999, 75–86
EBERHARD OTTO: Primäre Zentren der Hochkultur. Im Niltal: Ägypten, in: Weltgeschichte der Frühkulturen und der frühen Hochkulturen, Freiburg – Basel – Wien 1965, ²1983, 282–325
CHRISTINE SEEBER: Untersuchungen zur Darstellung des Totengerichts im Alten Ägypten, München – Berlin (Münchner Ägyptologische Studien, Heft 35) 1976
Das Totenbuch der Ägypter, eingeleitet, übers. und erläutert v. ERIK HORNUNG, Zürich – München 1979

Persien, Naher Osten

RICHARD FRYE: The Heritage of Persia, London; dt.: Persien bis zum Einbruch des Islam, übers. v. Paul Baudisch, Essen (Magnus Kulturgeschichte) 1975
JOHN GRAY: New Eastern Mythology, Feltham, Middlesex 1969; dt.: Mythologie des Nahen Ostens, übers. v. Julia Schlechta, Wiesbaden (Vollmer Verlag) o. J.
BRUNO JACOBS: Grausame Hinrichtungen – friedliche Bilder. Zum Verhältnis der politischen Realität zu den Darstellungsszenarien der achämenidischen Kunst, in: Martin Zimmermann (Hg.): Extreme Formen von Gewalt in Bild und Text des Altertums, München 2009, 121–153
PLUTARCH: Artaxerxes, in: Lebensbeschreibungen, 5. Bd.: Phokion – Cato der Jüngere – Artaxerxes – Agis und Kleomenes – Tiberius und Gaius Gracchus – Demosthenes – Cicero, übers. v. Johann Friedrich Kaltwasser (1799–1806), in der Bearbeitung v. Hans Floerke (1913), Textrevision u. Biographischer Anhang v. Ludwig Kröner, München (GG Tb. 1438–1439) 1966, 103–131

Griechenland

ARISTOTELES: Politik. Schriften zur Staatstheorie, übers. u. hg. v. Franz. F. Schwarz, Stuttgart (RUB 8522) 1989
ARRIAN: Alexanders des Großen Zug durch Asien, eingel. u. übertragen v. Wilhelm Capelle, Zürich 1950
ERICH BAYER: Die Entstehung weltgeschichtlicher Berührungszonen. Die minoische Kultur, die Kykladen, Mykenai, in: Weltgeschichte der Frühkulturen und der frühen Hochkulturen, Freiburg – Basel – Wien 1965, ²1983, 532–550

Benselers Griechisch-Deutsches Schulwörterbuch, bearb. v. Adolf Kaegi, Leipzig – Berlin [12](erweitert und vielfach verbessert) 1904
JACOB BURCKHARDT: Griechische Kulturgeschichte, 4 Bde., hg. v. Max Oeri; 1898–1902; kritische Gesamtausgabe v. A. Wurden von Staehlin, Gesammelte Werke, Bd. 5–8, Darmstadt 1956–1957; vollständige Neuausgabe v. Karl-Maria Guth. Alle vier Bände in einem Buch, Berlin 2014
ELENA CASSIN – JEAN BOTTÈRO – JEAN VEROUTTER (Hg.): Die Altorientalischen Reiche III. Die erste Hälfte des 1. Jahrtausends, Frankfurt/M. (Fischer Weltgeschichte 4) 1967, S. 283–340: Die Griechen
DIODOR VON SICILIEN: Historische Bibliothek, übers. v. Julius Friedrich Wurm, I. Bd. (Volumes 1–5): Buch I-V, Bruchstücke aus den Büchern VI-X, Stuttgart 1827–1831; 2. Bd. (Volumes 6–10): Buch XI-XIV, Stuttgart 1831–1832; 3. Bd. (Volumes 11–15): Buch XV-XIX, Stuttgart 1834–1839; 4. Bd. (Volumes 16–19): Buch XIX (Schluß) – XX.
EUGEN DREWERMANN: Grenzgänger. Rebellen, Frevler und Heroen in antiken Mythen, Ostfildern 2015
WILL DURANT: The Story of Civilization. I. Our oriental Heritage III; II. The Life of Greece I-II, New York 1935/1939; dt.: Der Ferne Osten und der Aufstieg Griechenlands, übers. v. Ernst Schneider, München 1976
VIKTOR ENGELHARDT: Die geistige Kultur der Antike, Stuttgart (reclam 8034–41) 1956
GEMOLL: Griechisch-deutsches Schul- und Handwörterbuch v. W. Gemoll und K. Vretska, München [16](völlig neu bearb.) 2006
STEFAN HILLER: Herren der Paläste. Vom Selbstverständnis mykenischer Herrschaftselite, in: Zeit der Helden. Die „dunklen“ Jahrhunderte Griechenlands 1200–700 v. Chr., hg. v. Badischen Landesmuseum Karlsruhe 2008, 41–46
HERODOT: Historien, griech.-dt., hg. v. Josef Feix, 1. Bd.: Bücher I-V; 2. Bd.: Bücher VI-IX, Düsseldorf 2001, [7]2007
HESIOD: Erga (Werke), in: Sämtliche Gedichte: Theogonie – Erga – Frauenkataloge, übers. u. erl. v. Walter Marg, Zürich – Stuttgart 1970, 305–392
HOMER: Ilias, neue Übersetzung, Nachwort und Register v. Roland Hampe, Stuttgart (reclam) 1979
HOMER: Odyssee. griech.-dt., Übersetzung, Nachwort und Register v. Roland Hampe, Stuttgart (RUB 18640) 1979, 2010
KARL KERÉNYI: Die Mythologie der Griechen. Bd. 1: Die Götter- und Menschheitsgeschichten, München (dtv 1345) [3]1976; Bd. 2: Die Heroengeschichten, München (dtv 1346) 1966, [3]1977
HANS KLEES: Herren und Sklaven. Die Sklaverei im ökonomischen und politischen Schrifttum der Griechen in klassischer Zeit, Wiesbaden 1975
FLORIAN KNAUSS: Sport im Altertum, in: Lockender Lorbeer. Sport und Spiel in der Antike. Staatliche Antikensammlungen München, hg. v. Raimund Wünsche u. Florian Knauß, München 2004, 15–23
SUSAN LANGDON: „It's a Man's Man's World.“ Soziales Leben in den Dunklen Jahrhunderten, in: Zeit der Helden. Die „dunklen Jahrhunderte“ Griechenlands 1200–700 v. Chr., hg. vom Badischen Landesmuseum Karlsruhe, Darmstadt – Karlsruhe 2008, 101–102
JUSTUS HERMANN LIPSIUS: Das attische Recht und Rechtsverfahren. Mit Benutzung des „Attischen Prozesses“ von M. H. E. Meier und G. F. Schömann, 3 Bde., Hildesheim 1966
SUSANNE LORENZ: Frauen von mörderischer Stärke, in: Starke Frauen. Staatliche Antikensammlungen München, hg. v. Raimund Wünsche, München 2007, 279–309
LUDWIG MADER: Griechische Sagen, eingeleitet und neu übertragen: Apollodoros – Parthenios – Antoninus Liberalis – Hyginus, Zürich – Stuttgart 1963
TOBIAS MÜHLENBRUCH: Am Anfang war das Ende. Wie die Zerstörung der mykenischen Paläste die Gesellschaft und die Siedlungsweise veränderte, in: Antike Welt 4, 2015, 17–22
DIAMANTIS PANAGIOTOPOULOS: Das große Vorbild. Das minoische Kreta und die mykenische Welt, in: Mykene. Die sagenhafte Welt des Agamemon, hg. vom Badischen Landesmuseum Karlsruhe, Sonderausstellung vom 1. Dezember 2018 bis 2. Juni 2019, Karlsruhe – Darmstadt 2018, 64–68

PLATON: Apologie, in: Sämtliche Werke, in der Übersetzung v. Friedrich Schleiermacher mit der Stephanus-Numerierung hg. v. Walter F. Otto, Ernesto Grassi und Gerd Plamböck, 1. Bd.: Apologie, Kriton, Protagoras, Hippias II, Charmides, Laches, Ion, Euthyphron, Gorgias, Briefe, Reinbek (rk 1,1a) 1957, 7–31

PLATON: Gorgias, in: Sämtliche Werke, in der Übersetzung v. Friedrich Schleiermacher mit der Stephanus-Numerierung hg. v. Walter F. Otto, Ernesto Grassi und Gert Plamböck, 1. Bd.: Apologie, Kriton, Protagoras, Hippias II, Charmides, Laches, Ion, Euthyphron, Gorgias, Briefe, Reinbek (rk 1,1a) 1957, 197–283

PLATON: Phaidon, in: Sämtliche Werke, in der Übersetzung v. Friedrich Schleiermacher mit der Stephanus-Numerierung hg. v. Walter F. Otto, Ernesto Grassi und Gerd Plamböck, 3. Bd.: Phaidon, Politeia, Reinbek (rk 27, 27a) 1958, 7–66

PLATON: Politeia, in: Sämtliche Werke, in der Übersetzung v. Friedrich Schleiermacher mit der Stephanus-Numerierung hg. v. Walter F. Otto, Ernesto Grassi und Gerd Plamböck, 3. Bd.: Phaidon, Politeia, Reinbek (rk 27, 27a) 1958, 67–310

PLATON: Nomoi, in: Sämtliche Werke, Bd. 6, nach der Übersetzung v. Hieronymus Müller mit der Stephanus-Numerierung, hg. v. Walter F. Otto, Ernesto Grassi und Gerd Plamböck, Reinbek (rk 54, 54a) 1959

PLUTARCH: Lykurgos; in: Lebensbeschreibungen, 6 Bde., 1. Bd., übers. v. Johann Friedrich Kaltwasser (1799–1806), bearb. v. Hans Floerke (1913), Textrevision u. biographischer Anhang v. Ludwig Kröner, eingel. v. Otto Seel, München (GG Tb. 1430–1431) 1964, 104–170

PLUTARCH: Solon, in: Lebensbeschreibungen 6 Bde., 1. Bd., übers. v. Johann Friedrich Kaltwasser (1799–1806), bearb. v. Hans Floerke (1913), Textrevision u. biographischer Anhang v. Ludwig Kröner, eingel. v. Otto Seel, München (GG Tb. 1430–1431) 1964, 177–212

PLUTARCH: Themistokles, in: Lebensbeschreibungen, 6 Bde., 1. Bd., übers. v. Johann Friedrich Kaltwasser (1799–1806), bearb. v. Hans Floerke (1913), Textrevision u. biographischer Anhang v. Ludwig Kröner, eingel. v. Otto Seel, München (GG Tb. 1430–1431) 1964, 240–273

PLUTARCH: Aristeides; in: Lebensbeschreibungen, 6 Bde., 2. Bd., übers. v. Johann Friedrich Kaltwasser (1799–1806), bearb. v. Hans Floerke (1913), Textrevision u. biographischer Anhang v. Ludwig Kröner, eingel. v. Otto Seel, München (GG Tb. 1432–1433) 1964, 242–275

POLYBIOS: Historien (Auswahl), Übersetzung, Anmerkungen und Nachwort v. Karl Friedrich Eisen, Stuttgart (RUB 6210) 1973, bibliogr. erg. 2006

ALEXANDER RUBEL: Die Griechen. Kultur und Geschichte in archaischer und klassischer Zeit, Wiesbaden 2012

EBERHARD RUSCHENBUSCH: Kleine Schriften zur griechischen Rechtsgeschichte, Wiesbaden (Philippika. Marburger altertumskundliche Abhandlungen 10) 2005: Der sogenannte Gesetzescode vom Jahre 410 v.Chr. (1956), S. 11–16; Dikasterion pántôn kýrion (sc. Das allmächtige Volksgericht, d. V.) (1957), S. 17–31; Phónos: Zum Recht Drakons (1960), S. 32–53; Hēliaia (sc. Volksgericht, d. V.). Die Tradition über das solonische Volksgericht (1965), S. 63–66; Untersuchungen zur Geschichte des athenischen Strafrechts (1968), S. 75–123; Der Ursprung des gerichtlichen Rechtsstreits bei den Griechen (1977, 1982), S. 135–140; Die Polis und das Recht (1981), S. 141–158; Das Vergehen und dessen Ahndung (1988), S. 188–192; Die Grenze im athenischen Recht (1990), S. 197–200; Solon (1994), S. 204–230; Drei Beiträge zum Strafrecht Athens (1995, 1997), S. 231–236.

EBERHARD RUSCHENBUSCH: Solon: Das Gesetzeswerk – Fragmente. Übersetzung und Kommentar, hg. v. Klaus Bringmann, Stuttgart (Historia, Heft 215) 2010

FRITZ SCHACHERMEYR: Griechische Geschichte. Entwicklung und Zusammenbruch, (Stuttgart 1960), München (Heyne Geschichte 11) 1978

SEBASTIAN SCHMIDT-HOFNER: Das klassische Griechenland. Der Krieg und die Freiheit, München 2016

ANDREA SCHMÖLDER-VEIT: Wagenrennen, in: Lockender Lorbeer. Sport und Spiel in der Antike. Staatliche Antikensammlungen München, hg. v. Raimund Wünsche u. Florian Knauß, München 2004, 181–193

LEONHARD SCHUMACHER: Handelsware Mensch (Interview), in: Geo Epoche 5, 2001, 68–81

LEONHARD SCHUMACHER: Sklaverei in der Antike – Alltag und Schicksal der Unfreien, München 2001

SOPHOKLES: König Ödipus, in: Dramen. Griechisch und deutsch, hg. v. übers. v. Karl Bayer, mit Anmerkungen und einer Einführung v. Bernhard Zimmermann, Düsseldorf 2003, 52007, 264–357

SOPHOKLES: Elektra, in: Dramen. Griechisch und deutsch, hg. u. übers. v. Karl Bayer, mit Anmerkungen und einer Einführung v. Bernhard Zimmermann, Düsseldorf 2003, 52007, 359–451

SOPHOKLES: Ödipus auf Kolonos, in: Dramen. Griechisch und deutsch, hg. u. übers. v. Karl Bayer, mit Anmerkungen und einer Einführung v. Bernhard Zimmermann, Düsseldorf 2003, 52007, S. 547–657

ELKE STEIN-HÖLKESKAMP: Das archaische Griechenland. Die Stadt und das Meer, München 2015

THUKYDIDES: Geschichte des Peloponnesischen Krieges, übers. u. mit einem Essay „Zum Verständnis des Werkes", Anmerkungen und Register hg. v. Georg Peter Landmann, Reinbek (rowohlts Klassiker 100–102, Griechische Literatur, Bd. 3) 1962

GEORG THÜR: Recht im antiken Griechenland, in: Ulrich Manthe (Hg.): Die Rechtskulturen der Antike. Vom Alten Orient bis zum Römischen Reich, München 2003, 191–238

ARNOLD J.TOYNBEE: War and Civilization, from: A Study of History, selected by Albert v. Fowler, Oxford 1950; dt.: Krieg und Kultur. Der Militarismus im Leben der Völker, übers. v. Heinrich Mattutat, Frankfurt/M. – Hamburg (Fischer Tb. 235) 1958

ERIK WOLF: Vorsokratiker und frühe Dichter. Griechisches Rechtsdenken I, Frankfurt/M. 1950

ERIK WOLF: Rechtsphilosophie der Sokratik und Rechtsdichtung der alten Komödie. Griechisches Rechtsdenken III 1, Frankfurt/M. 1954

ERIK WOLF: Die Umformung des Rechtsgedankens durch Historik und Rhetorik. Griechisches Rechtsdenken III 2, Frankfurt/M. 1956

ERIK WOLF: Platon. Dialoge der mittleren und späteren Zeit. Briefe. Griechisches Rechtsdenken IV 2, Frankfurt/M. 1970

RAIMUND WÜNSCHE: Boxen, in: Lockender Lorbeer. Sport und Spiel in der Antike. Staatliche Antikensammlungen München, hg. v. Raimund Wünsche u. Florian Knauß, München 2004, 158–171

RAIMUND WÜNSCHE: Pankration, in: Lockender Lorbeer. Sport und Spiel in der Antike. Staatliche Antikensammlungen München, hg. v. Raimund Wünsche u. Florian Knauß, München 2004, 173–179

XENOPHON: Anabasis. Der Zug der Zehntausend, übertragen und erläutert v. Hans Feix, München (GG Tb. 512) 1964

XENOPHON: Memorabilien. Erinnerungen an Sokrates, übertr. u. erl. v. Paul M. Laskowsky, München (GG Tb. 597) 1960

MARTIN ZIMMERMANN: Extreme Formen physischer Gewalt in der antiken Überlieferung, in: Ders. (Hg.): Extreme Formen von Gewalt in Bild und Text des Altertums, München (Münchener Studien zur Alten Welt, Bd. 5) 2009, 155–192

Rom

PETER APATHY – GEORG KLINGENBERG – HERWIG STIEGLER: Einführung in das römische Recht, Wien – Köln – Weimar 2(verb.) 1998

LUCIUS APULEIUS: Der goldene Esel, übers. v. August Rode, München (GG Tb. 476) 1961

AUGUSTUS: Res gestae – Tatsachenbericht. (Monumentum Ancyranum). Lateinisch – Griechisch – Deutsch, übers. komm. u. hg. v. Marion Giebel, Stuttgart (RUB 9773), 1975, bibliogr. ergänzt 2007

MARC AUREL: Wege zu sich selbst, übers. und mit einem Essay „Zum Verständnis des Werkes" und mit Erläuterungen hg. v. Willy Theiler, Reinbek (rk 181) 1965

MARIO BRETONE: Storia del Diritto Romano, Rom – Bari 1987; dt.: Geschichte des römischen Rechts. Von den Anfängen bis zu Justinian, übers. v. Brigitte Galsterer, München 1992, 21998

HEINRICH BRUNNER: Das Constantinum Constantini (1888), in: Abhandlungen zur Rechtsgeschichte. Gesammelte Aufsätze, hg. v. Karl Rauch, Bd. 1, Weimar 1931, 673–707

FRIEDERIKE BUBENHEIMER-ERHART: Die Etrusker, Darmstadt 2014

MARCUS TULLIUS CICERO: Von der Weissagung (De divinatione), übers., eingeleitet und erläutert v. Raphael Kühner, München (GG Tb. 871) o. J. (1972)

MARCUS TULLIUS CICERO: Vom pflichtgemäßen Handeln, De officiis, übers., eingel. u. erl. v. Karl Atzert, München (GG Tb. 534) 1972

MARCUS TULLIUS CICERO: De re publica – Vom Staat, lat.-dt., übers. u. hg. v. Michael von Albrecht, Stuttgart (RUB 18880) 2013

CORPUS IURIS CIVILIS. Die Institutionen. Text und Übersetzung, v. Rolf Knütel, Berthold Kupisch, Sebastian Lohsse; Thomas Rüfner (bis zur 3. Aufl. besorgt v. Okko Behrends, Rolf Knütel, Berthold Kupisch, Hans Hermann Seiler), 4(überarb. u. erw.) Heidelberg – München – Landsberg – Frechen – Hamburg 2013

ALEXANDER DEMANDT: Das große Vorbild, Der Historiker Alexander Demandt über Augustus und seine Nachfolger von der Antike bis heute, in: Die Zeit Geschichte 2: AUGUSTUS: Roms erster Kaiser, 2014, 98–104

DIGESTA IUSTINIANI AUGUSTI recognoverunt et ediderunt P. Bonfante – C. Fadda – C. Ferrini – S. Riccobono – V. Scialoia, Milano (Piccola Biblioteca Scientifica) 1931, 1960

RUDOLF DÜLL: Das Zwölftafelgesetz. Texte, Übersetzungen und Erläuterungen, Zürich 1995

WALTER EDER: Servitus publica. Untersuchungen zur Entstehung, Entwicklung und Funktion der öffentlichen Sklaverei in Rom, Wiesbaden (Forschungen zur antiken Sklaverei, Bd. XIII) 1980

WERNER EISENHUT: Fetiales, in: Konrat Ziegler u. Walther Sontheimer: Der Kleine Pauly. Lexikon der Antike 2, (München 1975), München (dtv 5963) 1979, Spalte 541–542

EVA JACOB – ULRICH MANTHE: Recht in der römischen Antike, in: Ulrich Manthe (Hg.): Die Rechtskulturen der Antike. Vom Alten Orient bis zum Römischen Reich, München 2003, 239–317

THEODOR KISSEL: Sieg der Verweigerer, in: Spektrum Spezial – Archäologie, Geschichte, Kultur 2, 2014, 14–19

PETRA KLEINAU: Die Parallelgesellschaft. Sklaverei galt im alten Rom als Selbstverständlichkeit. Zwischen den Unfreien gab es große Unterschiede; manchen gelang sogar der Aufstieg ins Bürgertum, in: Rom. Aufstieg und Fall der Republik, Der Spiegel Geschichte 5, 2015, 69–71

PIERRE GRIMAL: Liebe im Alten Rom, übers. v. Ulla Schuler, Frankfurt 1981

REYMER KLÜVER: Im Zentrum der Macht. Das Wort des römischen Kaisers gilt um 40 n. Chr. von der Kanalküste bis nach Nordafrika, von Spanien bis ans Schwarze Meer. Als letzte Instanz gebietet er über Recht, Wohlstand, Frieden und Glauben von etwa 55 Millionen Untertanen. Um diese gewaltige Aufgabe zu bewältigen, hatte bereits AUGUSTUS einen Stab Berater um sich, doch erst Kaiser CLAUDIUS wird die Verwaltung des Reiches perfektionieren, in: Geo Epoche 54, 2012: Rom – Die Geschichte des Kaiserreichs, 27 v. Chr.-476 n. Chr., 28–35

ROBERT KNAPP: The Dawn of Christianity. People and Gods in a Time of Magic and Miracles, London 2012; dt.: Pilger, Priester und Propheten. Alltag und Religionen im Römischen Reich, übers. v. Helmut Dierlamm und Karin Schuler, Stuttgart 2018

ROLF KNÜTEL – BERTHOLD KUPISCH – SEBASTIAN LOHSSE – THOMAS RÜFNER: Corpus Iuris Civilis. Die Institutionen. Text mit Übersetzung, Heidelberg – München – Landsberg – Frechen – Hamburg 4(überarb. u. erw.) 2013

JENS-UWE KRAUSE: Staatliche Gewalt in der Spätantike: Hinrichtungen, in: Martin Zimmermann (Hg.): Extreme Formen von Gewalt in Bild und Text des Altertums, München 2009, 321–350

WOLFGANG KUNKEL: Prinzipien des römischen Strafverfahrens (1968), in: Hubert Niederländer (Hg.): Kleine Schriften. Zum römischen Strafverfahren und zur römischen Verfassungsgeschichte, Weimar 1974, 11–31

WOLFGANG KUNKEL: Quaestio (1963), in: Hubert Niederländer (Hg.): Kleine Schriften. Zum römischen Strafverfahren und zur römischen Verfassungsgeschichte, Weimar 1974, 33–110

WOLFGANG KUNKEL: Gesetzrecht und Gewohnheitsrecht in der Römischen Republik (1971), in: Hubert Niederländer (Hg.): Kleine Schriften. Zum römischen Strafverfahren und zur römischen Verfassungsgeschichte, Weimar 1974, 367–382

WOLFGANG KUNKEL: Zum römischen Königtum (1959), in: Hubert Niederländer (Hg.): Kleine Schriften. Zum römischen Strafverfahren und zur römischen Verfassungsgeschichte, Weimar 1974, 345–366

WOLFGANG KUNKEL: Über das Wesen des augusteischen Prinzipats (1961), in: Hubert Niederländer (Hg.): Kleine Schriften. Zum römischen Strafverfahren und zur römischen Verfassungsgeschichte, Weimar 1974, 383–404

WOLFGANG KUNKEL – MARTIN SCHERMAIER: Römische Rechtsgeschichte, Köln – Weimar – Wien [14](durchges.) 2005

LANGENSCHEIDT: Großes Schulwörterbuch Lateinisch – Deutsch, bearb. v. der Langenscheidt-Redaktion auf der Grundlage des Menge-Güthling, Berlin – München 2001

ERNST LEVY: Die Kapitalstrafe, in: Sitzungsberichte der Heidelberger Akademie der Wissenschaften, Philosophisch-historische Klasse, Jahrgang 1930/31, 5. Abhandlung, Heidelberg 1931

DETLEF LIEBS: Unverhohlene Brutalität in den Gesetzen der ersten christlichen Kaiser, in: Okko Behrends – Malte Diesselhorst – Wulf Eckart Voss (Hg.): Römisches Recht in der europäischen Tradition. Symposion aus Anlaß des 75. Geburtstages von Franz Wieacker, Ebelsbach, 1985, 89–116

THEA VON DER LIECK-BUYKEN: Der lateinische Text der Konstitutionen, in: Die Konstitutionen *Friedrichs II.* von Hohenstaufen für sein Königreich Sizilien. Nach einer lateinischen Handschrift des 13. Jahrhunderts hg. u. übers. v. Hermann Conrad, Thea von der Lieck-Buyken u. Wolfgang Werner, Köln – Wien 1973, LII – LVII

KLAUS-DIETER LINSMEIER: „Die Sklaverei setzen wir dem Tode gleich", in: Spektrum der Wissenschaft. Epoc 6, 2011, S. 17

TITUS LIVIUS: Römische Geschichte, Lateinisch-Deutsch, übers. u. hg. v. Robert Feger, Stuttgart 1981, bibliogr. erg. (RUB 2031) 2003

MARTIAL (MARCUS VALERIUS MARTIALIS): Epigramme, ausgewählt, übers. und erläutert v. Harry C. Schnur, Stuttgart (RUB 1611) 1966, 1976

THEODOR MOMMSEN: Römisches Strafrecht, (Leipzig 1899), Graz 1955

THEODOR MOMMSEN: Römisches Staatsrecht, 3 Bde., reprographischer Nachdruck der 3. Aufl., Berlin 1887. Handbuch der römischen Altertümer I–III, Vorwort v. Kai Brodersen und neue Einführung v. Stefan Rebenich, Darmstadt 2017

H. L. W. NELSON (unter Mitwirkung v. M. David): Überlieferung, Aufbau und Stil v. Gai Institutiones, Leiden (Studia Gaiana, Vol. VI) 1981

MARTIN PAETSCH: Geburt einer Weltmacht. Um 1000–264 v. Chr.: Anfänge, in: Geo Epoche 50, 2011, 20–38

PAULI SENTENTIARUM FRAGMENTUM LEIDENSE, hg. v. Archi, David, Levy, Marichal, Nelson, Leiden 1956

CAIUS PLINIUS SECUNDUS: Die Naturgeschichte, übers. u. mit Anmerkungen versehen von G. C. Wittstein (Leipzig 1880), hg. v. Lieselotte Möller u. Manuel Vogel, Wiesbaden 2007

REINHARD POHANKA: Die Römer. Kultur und Geschichte, Wiesbaden 2012

ROLF RILINGER: Humiliores – Honestiores. Zu einer sozialen Dichotomie im Strafrecht der römischen Kaiserzeit, München 1988

STEWART PEROWNE: Roman Mythology, London 1969; dt.: Römische Mythologie, übers. v. Rudolf Hermstein, Wiesbaden (Emil Vollmer Verlag) o. J.

PLUTARCH: Romulus, in: Lebensbeschreibungen, 6 Bde., 1. Bd., übers. v. Johann Friedrich Kaltwasser (1799–1806), bearb. v. Hans Floerke (1913), Textrevision u. biographischer Anhang v. Ludwig Kröner, eingel. v. Otto Seel, München (GG Tb. 1430–1431) 1964, 62–98

PLUTARCH: Numa, in: Lebensbeschreibungen, 6 Bde., 1. Bd., übers. v. Johann Friedrich Kaltwasser (1799–1806), bearb. v. Hans. Floerke (1913), Textrevision u. biographischer Anhang v. Ludwig Kröner, eingel. v. Otto Seel, München (GG Tb. 1430–1431), 1964, 141–176

GAIUS SALLUSTIUS CRISPUS: Die Verschwörung des Catilina. Der Krieg mit Jugurtha, übers. v. Georg Dorminger, München (GG Tb. 489) o. J. (1969)

CHRISTINA SCHNEIDER: Drei-Kind-Politik. Um seine Herrschaft zu sichern, griff Augustus mit strengen Sittengesetzen ins Private ein. Er selbst hielt sich am allerwenigsten an die Vorschriften in: Die Zeit Geschichte 2: Augustus. Roms erster Kaiser, 2014 78–82

LEONHARD SCHUMACHER: Servus iudex. Sklavenverhör und Sklavenanzeige im republikanischen und kaiserzeitlichen Rom, Wiesbaden (Forschungen zur antiken Sklaverei, Bd. XV) 1982

LUCIUS ANNAEUS SENECA: Ad Marciam de consolatione; dt.: Trostschrift an Marcia, übers. eingel. u. mit Anm. vers. v. Manfred Rosenbach, in Philosophische Schriften, lat. – dt., Bd. 1, Darmstadt 1980, 313–395

LUCIUS ANNAEUS SENECA: Ad Lucilium Epistulae morales – An Lucilius Briefe über Ethik. Lateinisch – Deutsch, lat. Text v. Francois Prêchac, hg. v. Manfred Rosenbach; übers., eingel. u. mit Anm. vers. v. Manfred Rosenbach, in: Philosophische Schriften, Bd. 3 u. 4, Darmstadt 1974, 1984

MARITA SLAVULJICA: Die Stunde des Siegers. 167 v. Chr.: Triumphzug, in: Geo Epoche 50, 2011, S. 82–97

ETHELBERT STAUFFER: Jerusalem und Rom im Zeitalter Jesu Christi, Bern – München (Dalp Tb. 331) 1957

PETER G. STEIN: Römisches Recht und Europa. Die Geschichte einer Rechtskultur, übers. v. Klaus Luig, Frankfurt/M. (Europäische Geschichte) 1996

TIMO STICKLER: Griff nach der Weltmacht. Augustus dehnte die römische Herrschaft weiter aus als alle seine Vorgänger. Wollte er sich zum Herrn über den gesamten Erdkreis aufschwingen?, in: Die Zeit Geschichte 2: AUGUSTUS, Roms erster Kaiser, 2014, 52–57

STOWASSERS Lateinisch-Deutsches Schul- und Handwörterbuch, umgearbeitet von Michael Vetschenig, Einleitung und etymologischer Teil bearb. v. Franz Skutsch, Wien – Leipzig [5]1918

SUETON: Leben der Caesaren, übers. u. hg. v. Andre Lambert, (Zürich 1955) München (dtv 6005) 1972

TACITUS: Germania. Übersetzung, Erläuterungen und Nachwort von Manfred Fuhrmann, Stuttgart (RUB 726) 1971

VERGIL: Hirtengedichte (Eklogen), übers. u. erl. v. Harry C. Schnur, Stuttgart (RUB 637) 1968, 1976

S. AURELIUS VICTOR: Die römischen Kaiser – Liber de Caesaribus, lat.-dt., hg., übers. u. erl. v. Kirsten Groß-Albenhausen u. Manfred Fuhrmann, Düsseldorf [3](verb.) 2009

FRANZ WIEACKER: Textstufen klassischer Juristen, in: Abhandlungen der Akademie der Wissenschaften, Philologisch-historische Klasse, Dritte Folge, Nr. 45, Göttingen 1975

FRANZ WIEACKER: Römische Rechtsgeschichte. Quellenkunde, Rechtsbildung, Jurisprudenz und Rechtsliteratur, 1. Abschnitt: Einleitung, Quellenkunde, Frühzeit und Republik, in: Handbuch der Altertumswissenschaften: Abt. 10, Rechtsgeschichte des Altertums, Teil 3, Bd. 1, München 1988

FRANZ WIEACKER: Römische Rechtsgeschichte, 2. Abschnitt: Die Jurisprudenz vom frühen Prinzipat bis zum Ausgang der Antike im weströmischen Reich und die oströmische Rechtswissenschaft bis zur Justinianischen Gesetzgebung. Ein Fragment, aus dem Nachlaß hg. v. Joseph Georg Wolf, mit einer Bibliographie v. Ulrich Manthe, unter Mitarbeit v. Marius Bolten, München 2006

JUDENTUM UND NAHER OSTEN

ALBRECHT ALT: Der Gott der Väter (1929), in: Kleine Schriften zur Geschichte des Volkes Israel, 3 Bde., München [3]1963, I 1–78

ALBRECHT ALT: Die Landnahme der Israeliten in Palästina. Reformationsprogramm der Universität Leipzig, 1925

JAN ASSMANN: Exodus. Die Revolution der Alten Welt, München 2015

MANFRED CLAUSS: Das Alte Israel. Geschichte, Gesellschaft, Kultur, München (beck wissen 2073) 1999, [4](aktualisiert) 2014

GAALJAHU CORNFELD – G. JOHANNES BOTTERWECK (HG.): Die Bibel und ihre Welt. Eine Enzyklopädie, 6 Bde., (Tel Aviv 1964 – Bergisch Gladbach 1969), München (dtv 3092–3097) 1972

EUGEN DREWERMANN: Gedanken des Friedens, nicht des Leidens. Die Botschaft des Propheten Jeremia. Predigten über den Propheten Jeremia, hg. von Bernd Marz, Zürich – München 1999

ISRAEL FINKELSTEIN – NEIL A. SILBERMAN: David and Solomon. In Search of the Bible's Sacred Kings and the Roots of the Western Tradition, Free Press 2006; dt.: David und Salomo. Archäologen entschlüsseln einen Mythos, übers. v. Rita Seuß, München 2006

ISRAEL FINKELSTEIN – NEIL A. SILBERMAN: Keine Posaunen vor Jericho. Die archäologische Wahrheit über die Bibel, München 2002, 52003

WILHELM GESENIUS: Hebräisches und aramäisches Handwörterbuch über das Alte Testament, bearb. v. Frants Buhl, unveränderter Neudruck der 1915 erschienenen 17. Aufl., Berlin – Göttingen – Heidelberg 1962

ANTON JIRKU: Die Welt der Bibel. Fünf Jahrtausende in Palästina – Syrien, Stuttgart (Große Kulturen der Frühzeit, hg. von Helmuth Th. Bossert) 1957

FLAVIUS JOSEPHUS: Jüdische Altertümer, übers. u. mit Einleitung und Anmerkungen versehen von Heinrich Clementz (2 Bde. Köln 1959), Wiesbaden (Fourier Verlag) o. J.

FLAVIUS JOSEPHUS: Der Jüdische Krieg. De bello Judaico, 2 Bde., übertragen u. eingeleitet von Hermann Endrös, München (GG Tb. 1642/43, 1644/45) 1965

ADOLF KAMPHAUSEN (Übers. u. Hg.): Das zweite Buch der Makkabäer, in: Emil Kautzsch (Hg.): Die Apokalypsen und Pseudepigraphen des Alten Testaments, 1. Bd.: Die Apokryphen des Alten Testaments, (Tübingen 1900) Darmstadt 1962, 81–119

OSWALD LORETZ: Ugarit und die Bibel. Kanaanäische Götter und Religion im Alten Testament, Darmstadt 1990

ECKART OTTO: Recht im antiken Israel, in: Ulrich Manthe (Hg.) Die Rechtskulturen der Antike. Vom Alten Orient bis zum Römischen Reich, München 2003, 151–190

MARVIN H. POPE – WOLFGANG RÖLLIG: Syrien. Die Mythologie der Ugariter und Phönizier, in: Hans Wilhelm Haussig (Hg.): Wörterbuch der Mythologie, Erste Abteilung: Die alten Kulturvölker, Bd. I: Götter und Mythen im Vorderen Orient, Stuttgart 1965, 217–312

H. W. ROBINSON: The Hebrew Conception of Corporate Personality, in: Biblische Zeitschrift für Alttestamentliche Wissenschaft 66, 1936, 49–62

BARBARA SCHMITZ: Geschichte Israels, Paderborn 2011, 2(aktualisiert) 2015

WOLFGANG SCHNEIDER: 587–538 v. Chr. Verbannung. Das babylonische Exil, in: Geo Epoche 45: Das Heilige Land. Das Zeitalter der Bibel: 1200 v. Chr. bis 200 n. Chr., 2010, 48–59

PETER VAN DER VEEN: König David erobert Jerusalem, Erzählt das Alte Testament nur von einem Mythos oder stecken dahinter historische Fakten? In: Spektrum der Wissenschaft Spezial: Archäologie – Geschichte – Kultur 4: Juda und Israel. Vom Tempel Salomos bis zum babylonischen Exil, 2015, 30–32

MAX WEBER: Gesammelte Aufsätze zur Religionssoziologie, 3. Bd.: Das antike Judentum, Tübingen 1920, 6(photomechan. gedr. Aufl.) 1976

ELISABETH YEHUDA: Verkanntes Kulturvolk. Den Autoren der Bibel galten sie als Erzfeinde und unkultivierte Barbaren. Die archäologischen Funde jedoch zeichnen ein differenzierteres Bild der Philister, in: Spektrum der Wissenschaft Spezial: Archäologie – Geschichte- Kultur 4, Juda und Israel. Vom Tempel Salomos bis zum babylonischen Exil, 2015 19–23

WOLFGANG ZWICKEL: Wie entstand Israel?, in: Spektrum der Wissenschaft Spezial: Archäologie – Geschichte – Kultur 4: Juda und Israel. Vom Tempel Salomos zum babylonischen Exil, 2015, 6–11

CHRISTENTUM

Apostolische Väter, aus dem Griechischen übers. v. Franz Zeller, Kempten – München (BKV 35) 1918

AUGUSTINUS: Bekenntnisse, übers. v. Joseph Bernhart, Nachw. u. Anm. v. Hans Urs von Balthasar, Frankfurt/M. – Hamburg (Fischer Tb. 103) 1955

AURELIUS AUGUSTINUS: Der Gottesstaat, aus dem Latein. übers. v. A. Schröder, in: Augustinus' ausgewählte Schriften, Bd. I-III, eingel. v. Joh. Espenberger, Kempten – München (BKV 15/16/28) 1911; 1914; 1916

AURELIUS AUGUSTINUS: Ausgewählte Briefe, 2 Bde., aus dem Lateinischen mit Benutzung der Übersetzung von Kranzfelder übers. v. Alfred Hoffmann, in: Ausgewählte Schriften, Bd. IX-X, München – Kempten (BKV 29, 30) 1917

AURELIUS AUGUSTINUS: Contra Epistolam Parmeniani libri III, in: Opera Omnia, accurante J.-P. Migne, Tomus IX, Paris 1865, 33–108

AURELIUS AUGUSTINUS: Sermones ad populum, in: Opera omnia, Tomus V, Pars 1, in: J. P. Migne: Patrologiae Latinae, Tomus XXXVIII, Paris 1865

ERNST BARNIKOL: Römer 13. Der nichtpaulinische Ursprung der absoluten Obrigkeitsbejahung von Römer 13, 1–7, in: Studien zum Neuen Testament und zur Patristik: Erich Klostermann zum 90. Geburtstag dargebracht, hg. von der Kommission für spätantike Religionsgeschichte (Texte und Untersuchungen zur Geschichte der altchristlichen Literatur, Bd. 77) Berlin 1961, 65–133

KARL BARTH: Der Römerbrief, (München 1922, neu bearb.), Zürich 1940, [11]1976

JOSEPH BLINZLER: Der Prozeß Jesu. Das jüdische und das römische Gerichtsverfahren gegen Jesus Christus auf Grund der ältesten Zeugnisse dargestellt und beurteilt, Regensburg [3](erw.) 1960

HUBERT CANCIK: Christentum und Todesstrafe: Zur Religionsgeschichte der legalen Gewalt, in: Heinrich von Stietencron (Hg.): Angst und Gewalt. Ihre Präsenz und ihre Bewältigung in den Religionen, Düsseldorf 1979, 213–251

CAECILIUS CYPRIANUS: An Donatus, aus dem Latein. übers. u. eingel. v. J. Baer, in: Des heiligen Kirchenvaters Caecilius Cyprianus Traktate in 2 Bden., Kempten – München (BKV 34; 60) 1918; 1928, Bd. I, 33–55

KARLHEINZ DESCHNER: Kriminalgeschichte des Christentums. Bd. 1: Die Frühzeit. Von den Ursprüngen im Alten Testament bis zum Tod des hl. Augustinus (430), Reinbek 1986; Bd. 2: Die Spätantike. Von den katholischen „Kinderkaisern" bis zur Ausrottung der arianischen Vandalen und Ostgoten unter Justinian I. (527–565), Reinbek 1988; Bd. 3: Die Alte Kirche. Fälschung, Verdummung, Ausbeutung, Vernichtung, Reinbek 1990

DIONYSIUS AREOPAGITA: Über alles Licht erhaben. Mystische Theologie – Die Namen Gottes – Himmlische Hierarchie – Kirchliche Hierarchie, übers. v. Edith Stein, Kevelaer (Topos Tb. 1009) 2015

EUGEN DREWERMANN: Der Krieg und das Christentum. Von der Ohnmacht und Notwendigkeit des Religiösen, Regensburg 1982, [3]1991; Neuausgabe: Die Spirale der Angst. Der Krieg und das Christentum. Mit vier Reden gegen den Krieg am Golf, Freiburg – Basel – Wien (Herder spektrum 4003) 1991, [5]1993

EUGEN DREWERMANN: Tiefenpsychologie und Exegese, Bd. 1: Die Wahrheit der Formen. Traum, Mythos, Märchen, Sage und Legende, Olten 1984, [8]1990; Bd. 2: Die Wahrheit der Werke und der Worte. Wunder, Vision, Weissagung, Apokalypse, Geschichte, Gleichnis, Olten 1985, [6]1920

EUGEN DREWERMANN: Das Markus-Evangelium. Bilder von Erlösung, 2 Bde., Düsseldorf – Zürich 1988, [6]2003

EUGEN DREWERMANN: Das Matthäus-Evangelium. Bilder von Erfüllung, 3 Bde., Olten – Freiburg 1992–1995

EUGEN DREWERMANN: Jesus von Nazareth. Befreiung zum Frieden. Glauben in Freiheit, Bd. 2, Düsseldorf – Zürich 1996, [6]2001

EUGEN DREWERMANN: Das Johannes-Evangelium. Bilder einer neuen Welt, 2 Bde., Düsseldorf 2003

EUGEN DREWERMANN: Das Lukas-Evangelium. Bilder erinnerter Zukunft, 2 Bde., Düsseldorf 2009

EUGEN DREWERMANN: Die Apostelgeschichte. Wege zur Wirklichkeit, Ostfildern 2011

EUGEN DREWERMANN: Wendepunkte oder: Was eigentlich besagt das Christentum?, Ostfildern 2014

EUGEN DREWERMANN: Giordano Bruno oder Der Spiegel des Unendlichen, München 1992; Kevelaer (Topos plus) 2017

EUGEN DREWERMANN im Gespräch mit Jürgen Hoeren: Jan Hus im Feuer Gottes. Impulse eines unbeugsamen Reformators, Ostfildern 2015
WILL DURANT – ARIEL DURANT: The Story of Civilization. Caesar und Christ IV-V. The Age of Faith I-II, 1935; dt.: Kulturgeschichte der Menschheit, Bd. 5: Weltreiche des Glaubens, übers. v. Ernst Schneider, Frankfurt/M. – Berlin – Wien (Ullstein Nr. 36105) 1981
EPHRÄM DER SYRER: Drei Reden über den Glauben, in: Ausgewählte Schriften, aus dem Griechischen und Syrischen übers. v. Otto Bardenhewer, Bd. 1, Kempten – München (BKV 17) 1919, 1–61
EUSEBIUS: Leben Konstantins, in: Ausgewählte Schriften, aus dem Griechischen eingel. von Andreas Bigelmair, Bd. 1, Kempten – München (BKV 9) 1913, 1–190
EUSEBIUS: Kirchengeschichte, aus dem Griech. übers. von Phil. Häuser, in: Ausgew. Schriften, Bd. 2, München (BKV, 2. Reihe, Bd. 1) 1932
ERICH FROMM: Die Entwicklung des Christusdogmas. Eine psychoanalytische Studie zur sozialpsychologischen Funktion der Religion (1930), in: The Dogma of Christ and other Essays on Religion, Psychology and Culture, New York 1955; dt.: Das Christusdogma und andere Essays, übers. v. C. Diethmeier, überarb. v. Rainer Funk, Stuttgart 1981, 9–87; ERICH FROMM: Gesamtausgabe, hg. v. Rainer Funk, Bd. VI: Religion, Stuttgart 1980, 11–68
Frühchristliche Apologeten und Märtyrerakten, 2 Bde., aus dem Griechischen und Lateinischen übers., Kempten – München (BKV 12; 14) 1913
MICHAEL VON FAULHABER (Erzbischof von München): Waffen des Lichtes. Gesammelte Kriegsreden, Freiburg [5](verm.) 1918
GRATIAN: The Treatise on laws (Decretum DD.1–20), translated by Augustine Thompson, with the Ordinary gloss, translated by James Gordley and an introduction by Katherine Christensen. Includes bibliographical references, San Francisco (The Catholic University of America Press) 1993
HUBERT JEDIN: Kleine Konziliengeschichte. Die zwanzig Ökumenischen Konzilien im Rahmen der Kirchengeschichte, Freiburg – Basel – Wien (Herder Tb. 51) 1961
JUSTIN: Die beiden Apologien, übers. v. Gerhard Rauschen, in: Frühchristliche Apologeten, aus dem Griechischen und Lateinischen übers., 2 Bde., Kempten – München (BKV 12, 14) 1913, I 55–155
HANS KÜHNER: Lexikon der Päpste von Petrus bis Johannes XXIII,, Frankfurt/M. – Hamburg (Fischer Tb. 315), (neubearb.) 1960
LUCIUS CAELIUS FIRMIANUS LACTANTIUS: Auszug aus den Göttlichen Unterweisungen, aus dem Lateinischen übers. v. Aloys Hartl, in: Schriften, Kempten – München (BKV, 36) 1919, 127–218
JOSEPH LORTZ: Geschichte der Kirche in ideengeschichtlicher Betrachtung, Bd. 1: Altertum und Mittelalter, Münster 1962; Bd. 2: Die Neuzeit, Münster 1964
JOHANNES EV. NIEDERHUBER: Allgemeine Einleitung, zu Ambrosius: Exameron, aus dem Lat. übers., in: Ausgew. Schriften, 1. Bd., Kempten – München (BKV 17) 1914, S. VII-CXXIV
ORIGENES: Gegen Celsus, aus dem Griech. übers. u. eingel. v. P. Koetschau, in: Des Origenes ausgewählte Schriften in 3 Bden; Bd. II u. III, Kempten – München (BKV 52 und 53) 1926–1927
JOHANNES SCOTUS ERIUGENA: De divisione naturae (864–866): Über die Einteilung der Natur, übers. v. Ludwig Noack, Nachdruck der 1. Aufl. 1870–1874, 3. unveränderte Aufl., mit einer Vorbemerkung und neuer Bibliogr. von Werner Beierwaltes, Hamburg 1994
ETHELBERT STAUFFER: Christus und die Caesaren. Historische Skizzen (1948), München – Hamburg (Siebenstern Tb. 83–84) 1966
ETHELBERT STAUFFER: Botschaft Jesu damals und heute, Bern – München (Dalp Tb. 333) 1959
TERTULLIAN: Vom Kranze des Soldaten, in: Tertullians apologetische, dogmatische und montanistische Schriften, übers. u. mit Einleitung vers. v. K. A. H. Kellner, durchges. v. G. Esser, 2 Bde., Kempten – München (BKV 7; 24) 1912, 1915, Bd. 1, 230–263
TERTULLIAN: Apologetikum, in: Tertullians apologetische, dogmatische und montanisti-

sche Schriften, übers. u. mit Einleitung versehen v. K. A. H. Kellner, durchges. v. G. Esser, 2 Bde., Kempten – München (BKV 7; 24) 1912, Bd. 2, 1915, 33–182

THEODORET VON CYRUS: Kirchengeschichte, aus dem Griechischen übers. u. mit Einleitung u. Anmerkungen versehen v. Andreas Seider, München (BKV 51) 1926

GERMANISCHES RECHT / DEUTSCHES RECHT / FRANZÖSISCHES, EUROPÄISCHES RECHT

KARL VON AMIRA: Germanisches Recht. 4. Aufl. bearbeitet von Karl August Eckhardt, Bd. 1: Rechtsdenkmäler, Berlin 1960

HEINRICH BRUNNER: Schwurgericht (1876), in: Karl Rauch (Hg.): Abhandlungen zur Rechtsgeschichte. Gesammelte Aufsätze, Bd. 1, Weimar 1931, 82–104

HEINRICH BRUNNER: Sippe und Wergeld nach niederdeutschen Rechten (1882), in: Karl Rauch (Hg.): Abhandlungen zur Rechtsgeschichte. Gesammelte Aufsätze, Bd. 1, Weimar 1931, 104–208

HEINRICH BRUNNER: Über die Strafe des Pfählens im älteren deutschen Rechte (1905), in: Karl Rauch (Hg.): Abhandlungen zur Rechtsgeschichte. Gesammelte Aufsätze, Bd. 2, Weimar 1931, 313–322

HEINRICH BRUNNER: Über das Alter der Lex Salica und des Pactus pro tenore pacis (1908), in: Karl Rauch (Hg.): Abhandlungen zur Rechtsgeschichte. Gesammelte Aufsätze, Bd. 1, Weimar 1931, 628–672

HEINRICH BRUNNER: Der Totenteil in germanischen Rechten (1898), in: Karl Rauch (Hg.): Abhandlungen zur Rechtsgeschichte. Gesammelte Aufsätze, Bd. 2, Weimar 1931, 279–313

HERMANN CONRAD: Deutsche Rechtsgeschichte, Bd. 1: Frühzeit und Mittelalter, Karlsruhe ²(neubearb.) 1962

WILL DURANT – ARIEL DURANT: The Story of Civilization XI. The Age of Napoleon I-II (Kap. 1–14), New York 1967; dt.: Kulturgeschichte der Menschheit, Bd. 17: Die Französische Revolution und der Aufstieg Napoleons, übers. v. H. Roland Floerke, Frankfurt/M. – Berlin (Ullstein 36117) 1982

Fünf Geschichten von Ächtern und Blutrache, übertr. v. Andreas Heusler und Friedrich Ranke. (Thule). Altnordische Dichtung und Prosa, Bd. 8, hg. v. Felix Niedner u. Gustav Neckel, Neuausgabe mit Nachw. v. Heinrich Hempel, Darmstadt 1964

UTA VON FREEDEN – SIEGMAR VON SCHNURBEIN (Hg.): Spuren der Jahrtausende. Archäologie und Geschichte in Deutschland, Stuttgart 2002

ROBERT HOLTZMANN: Französische Verfassungsgeschichte von der Mitte des neunten Jahrhunderts bis zur Revolution, in: G. v. Below – F. Meinecke (Hg.): Handbuch der mittelalterlichen und neueren Geschichte, Abt. III: Verfassung, Recht, Wirtschaft, München – Berlin 1910

Leqes Langobardorum (643–866), bearb. v. Franz Beyerle, mit einem Glossar v. Ingeborg Schröbler, Witzenhausen (Historisches Institut des Werralandes) 1962

Lex Salica, hg. v. KARL AUGUST ECKHARDT, in: Leges nationum Germanicarum, edidit Societas aperiendis fontibus rerum Germanicarum, Tomus IV, pars II, Hannover 1969

MAGNUS MAGNUSSON: Hammer of the North. Fotos: Werner Forman, London 1976; dt.: Der Hammer des Nordens. Mythen, Sagas und Heldenlieder der Wikinger, übers. v. Ursula Stadler, Freiburg 1977

HARALD MELLER – KAI MICHEL: Die Himmelsscheibe von Nebra. Der Schlüssel zu einer untergegangenen Kultur im Herzen Europas, Berlin 2018

HERMANN NEHLSEN: Entstehung des öffentlichen Strafrechts bei den germanischen Stämmen, in: Karl Kroeschell (Hg.): Gerichtslauben-Vorträge. Freiburger Festkollegium zum fünfundsiebzigsten Geburtstag von Hans Thieme, Sigmaringen 1983, 3–16

ERNST PROBST: Deutschland in der Bronzezeit. Bauern, Bronzegießer und Burgherren zwischen Nordsee und Alpen, München 1999

PROKOP: Der Gotenkrieg, nebst Auszügen aus Agathias, sowie Fragmenten des Anonymus Valesianus und des Johannes von Antiochia, nach der Übers. v. D. Coste, Essen 1981

WOLFGANG REINHARD: Geschichte der Staatsgewalt. Eine vergleichende Verfassungsgeschichte Europas von den Anfängen bis zur Gegenwart, (Frankfurt/M. – Wien) München 1999

KURT ROSSA: Todesstrafen. Ihre Wirklichkeit in drei Jahrtausenden, Oldenburg – Hamburg 1966
Sachsenspiegel, hg. v. KARL AUGUST ECKHARDT; IV. EIKE VON PEPCHOW und HOYER VON WALKENSTEIN, Hannover (Historisches Institut des Werralandes) 1966
Sachsenspiegel, hg. v. KARL AUGUST ECKHARDT; V. Landrecht in hochdeutscher Übertragung, Hannover (Historisches Institut des Werralandes) 1967
EBERHARD SCHMIDT: Einführung in die Geschichte der deutschen Strafrechtspflege, Göttingen 1947 [3](unverändert) 1983
Strafgesetzbuch (StGB) mit Einführungsgesetz, Völkerstrafgesetzbuch, Wehrstrafgesetz, Wirtschaftsstrafgesetz, Betäubungsmittelgesetz, Auszügen aus dem Jugendgerichtsgesetz und dem Ordnungswidrigkeitengesetz sowie anderen Vorschriften des Nebenstrafrechts. Textausgabe mit ausführlichem Sachregister und einer Einführung von Thomas Weigend, München (dtv 5007) [55]2017, Stand 01.02.2017
Thule. Ausgewählte Sagas von altgermanischen Bauern und Helden, übertr. und bearb. v. KONSTANTIN REICHARDT, Jena 1934
FRANZ WIEACKER: Privatrechtsgeschichte der Neuzeit unter besonderer Berücksichtigung der deutschen Entwicklung, Göttingen [2](neubearb.) 1967
EUGEN WOHLHAUPTER: Altspanisch-gotische Rechte, in: Germanenrechte, Texte und Übersetzungen, Bd. 12, Weimar 1936

MITTELALTER

HERMANN CONRAD: Die Gesetzgebung der normannisch-staufischen Herrscher im Königreich Sizilien, in: Die Konstitutionen Friedrichs II. von Hohenstaufen für sein Königreich Sizilien. Nach einer lateinischen Handschrift des 13. Jahrhunderts hg. u. übers. v. Hermann Conrad, Thea von der Lieck-Buyken u. Wolfgang Wagner, Köln – Wien 1973, XXXV-LI
JAN DHONDT: Das frühe Mittelalter, aus dem Französischen übers. v. Wolfgang Hirsch, Frankfurt/M. (Fischer Weltgeschichte 10) 1986
HERMANN DILCHER: Die sizilische Gesetzgebung Kaiser Friedrichs II. Quellen der Constitutionen von Melfi und ihrer Novellen, Wien 1975
WILL DURANT: The Story of Civilization. The Age of Faith III-IV, 1935; dt.: Kulturgeschichte der Menschheit, Bd. 6: Das frühe Mittelalter, übers. von Ernst Schneider, Frankfurt/M. – Berlin – Wien (Ullstein Nr. 36106) 1981
WILHELM A. ECKHARDT: Die Kapitulariensammlung Bischof Ghaerbalds von Lüttich, Berlin – Frankfurt – Göttingen (Historisches Institut des Werralandes) 1955
EINHARD: Das Leben Kaiser Karls des Großen, (Vita Caroli magni), übertr. v. Johannes Bühler, Leipzig 1924
MARTIN ERBSTÖSSER: Die Kreuzzüge. Eine Kulturgeschichte, Leipzig [2](überarb.) 1980
RUDOLF HIS: Das Strafrecht des deutschen Mittelalters. Teil 1: Die Verbrechen und ihre Folgen im allgemeinen, (Weimar 1920); Teil 2: Die einzelnen Strafen, (Weimar 1935), Aalen 1964
ERNST KONTOROWICZ: Kaiser Friedrich der Zweite, (Berlin 1928), Düsseldorf – München [4]1936; Ergänzungsband [1]1931, Düsseldorf – München [4]1973
Die Konstitutionen FRIEDRICHS II. von Hohenstaufen für sein Königreich Sizilien. Nach einer lateinischen Handschrift des 13. Jahrhunderts, hg. und übers. v. Hermann Conrad, Thea von der Lieck-Buyken u. Wolfgang Wagner, Köln – Wien 1973
PETER MILGER: Die Kreuzzüge. Krieg im Namen Gottes, München 1988
BERNHARD POLLMANN (Hg. u. Bearb.): Lesebuch zur Deutschen Geschichte, Bd. 1: Von den Germanen bis zum Beginn der Neuzeit. Mit einem Geleit und Nachwort v. Walter Scheel, Dortmund 1984
CAY RADEMACHER: Der erste Kaiser. Karl der Große, in: Geo Epoche 70: KARL DER GROSSE und das Reich der Deutschen, 800–1806, 2015, 26–41
Thietmar von Merseburg. Die Chronik, übers. v. M. Laurent, 2. Aufl. v. J. Strebitzki, mit Berichtigungen und einer vergleichenden Tabelle der neuen Eintheilungen versehen v. W. Wattenbach, Leipzig (Die Geschichtsschreiber der deutschen Vorzeit, 11. Jh., 1. Bd.) 1892

BRIGITTE VACHA (Hg.): Die Habsburger. Eine europäische Familiengeschichte, Graz – Wien – Köln ²1993

WOLFGANG WERNER: Die Konstitutionen als gedankliche Gestalt und übersetzerische Aufgabe, in: Die Konstitutionen Friedrichs II. von Hohenstaufen für sein Königreich Sizilien, Nach einer lateinischen Handschrift des 13. Jahrhunderts hg. u. übers. v. Hermann Conrad, Thea von der Lieck-Buyken u. Wolfgang Werner, Köln – Wien 1973, LVIII-LXIII

PHILOSOPHIE

JOHANNES SCOTUS ERIUGENA: Über die Einteilung der Natur, übers. v. Ludwig Noack, Hamburg (Philosophische Bibliothek 86/87) 1994

LUDWIG FEUERBACH: Über Philosophie und Christentum in Beziehung auf den der Hegelschen Philosophie gemachten Vorwurf der Unchristlichkeit, in: Werke in 6 Bden., hg. v. Erich Thies, 2. Bd.: Kritiken und Abhandlungen I (1832–1839), Frankfurt 1975, 261–330

MICHEL FOUCAULT: Le société punitive. Cours au Collège de France 1972–1973, ed. Bernard E. Harcourt, Paris 2013; dt.: Die Strafgesellschaft. Vorlesung am Collège de France 1972–1973, übers. v. Andrea Hemminger, Berlin 2015

MICHEL FOUCAULT: Surveiller et punir. La naissance de la prison, Paris 1975; dt.: Überwachen und Strafen. Die Geburt des Gefängnisses, übers. v. Walter Seitter, (Frankfurt/M. 1976), Frankfurt /M (stw 2271) 1994, ¹⁶2016

MICHEL FOUCAULT: La verité et les formes juridiques, Paris 1994; dt.: Die Wahrheit und die juristischen Formen, übers. v. Michael Bischoff, Nachw. v. Martin Saar, Frankfurt/M. (stw 1645) 2002, ⁴2015

MICHEL FOUCAULT: Il faut défendre la société, hg. von Mauro Bertani u. Alessandro Fontana, Paris 1996; dt.: In Verteidigung der Gesellschaft. Vorlesungen am Collège de France (1975–1976), übers. v. Michaela Ott, Frankfurt/M. (stw 1585) 2001, ⁵2016

G. W. F. HEGEL: „Der Geist des Christentums". Schriften 1796–1800, mit bislang unveröffentlichten Texten, hg. u. eingel. v. Werner Hamacher, Frankfurt/M. – Berlin – Wien (Ullstein-Buch 3360) 1978

G. W. F. HEGEL: Vorlesungen über die Philosophie der Religion, mit einem Vorwort von Philipp Marheineke, 2 Bde., in: Sämtliche Werke. Jubiläumsausgabe in 20 Bden., hg. v. Hermann Glockner, Bd. 15–16, Stuttgart – Bad Cannstatt 1965

G. W. F. HEGEL: Philosophie der Geschichte, nach der Ausgabe von F. Brunstäd, mit einer Einführung von Theodor Litt, Stuttgart (RUB 4881–85) 1961

THOMAS HOBBES: Leviathan or the Matter, Forme and Power of a Commonwealth Leviathan Ecclesiastical and Civil, London 1651; dt.: Leviathan, 1. u. 2. Teil, übers. v. Jacob Peter Mayer, Nachw. v. Malte Disselhorst, Stuttgart (RUB 8348) 1970, bibliogr. erg. 1980

SÖREN KIERKEGAARD: Die Krankheit zum Tode. Eine christliche psychologische Entwicklung zur Erbauung und Erweckung, von Anti-Climacus, Kopenhagen 1849; übers. u. komm. v. Lieselotte Richter, Reinbek (rk 113) 1962

SÖREN KIERKEGAARD: Der Augenblick. Aufsätze und Schriften des letzten Streits, übers. v. Hayo Gerdes, Simmerath (Ges. Werke und Tagebücher, Bd. 24) 2004

FRIEDRICH NIETZSCHE: Die Fröhliche Wissenschaft („La Gaya Scienza"), Chemnitz 1882; mit einem Nachw. v. Walter Gebhard, Stuttgart (Kröner Tb. Bd. 74) ⁷1986

FRIEDRICH NIETZSCHE: Also sprach Zarathustra. Ein Buch für alle und keinen (1.-3. Teil: Leipzig 1881–1884, 4. Teil: 1885), mit einem Nachw., Lebensabriß und Literaturhinweisen v. Walter Gebhard, Stuttgart (Kröner Tb. 74) ¹⁸1988

FRIEDRICH NIETZSCHE: Der Antichrist. Versuch einer Kritik des Christentums (1888), in: Götzendämmerung. Wagner-Schriften. Der Antichrist. Ecce Homo. Gedichte, mit einem Nachwort v. Walter Gebhard, Stuttgart (Kröner Tb. 77) ⁸1990, 189–283

JEAN-JACQUES ROUSSEAU: Du contract social; ou principes du droit politique, Amsterdam 1762; dt.: Vom Gesellschaftsvertrag oder Grundsätze des Staatsrechts, in Zusammenarbeit mit Eva Pietzcker neu übers. u. hg. v. Hans Brockard, Stuttgart (RUB 1769) 1977

JEAN-JACQUES ROUSSEAU: Diskurs über die Ungleichheit. Discours sur l'inégalité, kritische Ausgabe des integralen Textes, mit sämtlichen Fragmenten und ergänzenden Materialien nach den Originalausgaben und den Handschriften neu ediert, übers. und kommentiert von Heinrich Meier, Paderborn 1984, ⁵(verb.) 2001, ⁶2008

ARTHUR SCHOPENHAUER: Preisschrift über die Grundlage der Moral, *nicht* gekrönt von der Königlich Dänischen Societät der Wissenschaft, zu Kopenhagen, am 30. Jan. 1840, in: Sämtliche Werke, 7 Bde., nach der ersten v. J. Frauenstädt besorgten Gesamtausgabe bearb. u. hg. v. Arthur Hübscher, Bd. 4: Schriften zur Naturphilosophie und Ethik, Wiesbaden [3]1972, 103–275

ALBERT SCHWEITZER: Die Weltanschauung der indischen Denker. Mystik und Ethik (1935), in: Rudolf Grabs: Ausgewählte Werke in fünf Bänden, Bd. 2, Berlin 1971, 421–662

MANFRED STIENECKE: Ein Despot stürmt das Rathaus. Vor gut 400 Jahren wird der Bürgermeister gevierteilt. – Zehn Biografien, in: Westfalenblatt, Nr. 194, 21./22.08.2009

FRIEDRICH UEBERWEGS Grundriß der Geschichte der Philosophie, 2. Teil: Die mittlere oder die patristische und scholastische Zeit, 10. vollständig neu bearbeitete und stark vermehrte, mit einem Philosophen- und Literatoren-Register versehene Auflage, hg. v. Matthias Baumgartner, Berlin 1915

KARL VORLÄNDER: Philosophie des Mittelalters. Geschichte der Philosophie, Bd. II, bearb. v. Erwin Metzke, mit einem Schlußkapitel v. Ernst Hoffmann und einem Anhang „Quellentexte" ausgewählt v. Ernesto Grassi u. Eckhard Kessler, Hamburg (rde 193–194) 1964

BELLETRISTIK

TSCHINGIS AITMATOW: Placha, Moskau 1986; dt.: Der Richtplatz, übers. v. Friedrich Hitzer, Zürich 1987

DANTE ALIGHIERI: Die göttliche Komödie, in deutscher Übertragung von Konrad Falke, mit 29 Illustrationen von Gustave Doré, Wiesbaden (Löwit-Verlag) o. J.

FJODOR MICHAILOWITSCH DOSTOJEWSKIJ: Besy, Petersburg 1872; dt.: Die Dämonen, übers. v. Gregor Jarcho, München (GG Tb. 575–577) 1959

PAUL ETTIGHOFFER: Verdun. Das große Gericht. Mit einem Nachwort von Maurice Genevoix, Wiesbaden – München [6]1976; München 1992

NATHANIEL HAWTHORNE: The Scarlet Letter, 1850, dt.: Der scharlachrote Buchstabe, übers. u. mit Nachw. versehen v. Richard Mummendey, Zürich 1957

HENRIK IBSEN: Kaiser und Galiläer. Welthistorisches Schauspiel (1873), aus dem Norwegischen übertr. v. Ernst Brausewetter, Leipzig 1887; 1. Teil: Cäsars Abfall. Schauspiel in fünf Akten, S. 5–121; Zweiter Teil: Kaiser Julian, Schauspiel in fünf Akten, S. 123–274

KARL KRAUS: Die letzten Tage der Menschheit. Tragödie in fünf Akten mit Vorspiel und Epilog. (Wien – Leipzig 1926), hg. v. Christian Wagenknecht, in: Schriften, Bd. X, Frankfurt/M. (suhrkamp tb. 1320) 1986, [16]2016

PROSPER MÉRIMÉE: Colomba, Paris 1840; dt.: Colomba, übers. v. Otto Ebbecke, München (GG Tb 426) 1957

WILLIAM SHAKESPEARE: The Merchant of Venice (1595); dt.: Der Kaufmann von Venedig, übers. von August Wilhelm Schlegel, in: Sämtliche Werke, Wiesbaden (Löwit) o. J., 165–187

LEO TOLSTOI: Rede gegen den Krieg. Politische Flugschriften, hg. von Peter Urban, (Frankfurt/M. 1968), Frankfurt/M. (insel tb. 703) 1983

ÉMILE ZOLA: Germinal, Paris 1885; dt.: Germinal, übers. v. Johannes Schlaf, bearb. v. Hans Balzer, Nachw. Rita Schober, (Berlin 1955), München (GG Tb. 7605) 1982

Register der Autorinnen und Autoren

Register der Personen in Geschichte und Mythos

Bildnachweis

Abb. 1: in: Édouard Naville: Das ägyptische Totenbuch der XVIII. bis XX. Dynastie. Aus verschiedenen Urkunden zusammengestellt, Bd. 1, S. CXXXVI, Graz 1971, Kap. 125.
Abb. 2: Paul Wolters, Sandalokratie, MDAI(A) 30, 1905, S. 399–407, wieder abgebildet in: Leonhard Schumacher: Sklaverei in der Antike. Alltag und Schicksal der Unfreien, München 2001, S. 279, Abb. 2.
Abb. 3 und 4: Manfred Clauss: Das Alte Israel. Geschichte, Gesellschaft, Kultur, München 1999, [4]2014, S. 18 und 32.
Abb. 5: Stele aus Dschekke, im NO von Aleppo, in: Anton Jirku: Die Welt der Bibel. Fünf Jahrtausende in Palästina – Syrien (Große Kulturen der Frühzeit, hg. v. Helmuth Th. Bossert), Stuttgart 1957, Tafel 95.
Abb. 6: Rollsiegel aus Nordsyrien, in: John Gray, Mythologie des Nahen Ostens, übers. v. Julia Schlechta, Wiesbaden o. J., S. 33.
Abb. 7, 8 und 9: Bruno Jacobs: Grausame Hinrichtungen – friedliche Bilder. Zum Verhältnis der politischen Realität zu den Darstellungsszenarien der achämenidischen Kunst, in: Martin Zimmermann (Hg.): Extreme Formen von Gewalt in Bild und Text des Altertums, München 2009, 121–153, S. 134, 136 und 141.
Abb. 10: in: Roland Villeneuve: Grausamkeit und Sexualität. Sadistisch-flagellantische, pathologische, gesellschaftlich-machtpolitische und religiöse Hintergründe der Leibes- und Todesstrafen, Hinrichtungsarten, Martern und Qualen bis in die Gegenwart in Wort und Bild, übers. v. J. Fürstauer, Stuttgart 1968, S. 111.
Abb. 11, 12 und 13: Johannes Hartmann: Das Geschichtsbuch – von den Anfängen bis zur Gegenwart, Frankfurt [11]1966, S. 81, 89 und 99.
Abb. 14: Wolfgang Stürner, Die Konstitutionen Friedrichs II. für das Königreich Sizilien (MGH – Constitutiones et Acta Publica Imperatorum et Regum), Wiesbaden o.J., Tafel II.

Tafel 1 und 2: Ägyptisches Museum, Kairo, Kat.-Nr. CG 14716, Inventar-Nr. JE 32169.
Tafel 3: in: Édouard Naville: Das ägyptische Totenbuch der XVIII. bis XX. Dynastie, Bd. 1, CXXXVI, Graz 1971, P.a., zu Kapitel 125.
Tafel 4: in: Mythos Babylon. Die Geburt der Zivilisation 3300 – 500 v. Chr. Geo Epoche Nr. 87, Hamburg 2017, S. 88. Foto: © akg-images / Erich Lessing.

Trotz gründlicher Recherche konnten nicht für alle Bilder Rechteinhaber ermittelt werden. Für Hinweise ist der Verlag dankbar. Wenn sich ein Rechteinhaber meldet, zahlt der Verlag das übliche Honorar.